U0154424

移民理論與移民行政

陳明傳、高佩珊、許義寶、謝文忠、王寬弘、柯雨瑞
孟維德、黃文志、林盈君、王智盛、蔡庭榕　著

　　國際間之移民學術研究，對於人員跨越國境的人口遷徙或移動稱之為「migration」；而若以國境為界線，則人口之移動本來就具有雙向性的，人口由國境內往外移出，稱之為移民出境或移出（emigration）；從國境外向內移動，稱之為移民入境或移入（immigration）。我國根據相關現行之移民法制，或人口移動之管理措施，則通稱此種人口移動之現象（migration）為移民。因此本書之論述中，所謂之「移民」即為「人口移動或人口遷徙」（migration）之現象；而非僅為移民入境或移入（immigration），故亦應包括移民出境或移出（emigration）。故而，本書將人口移動（或遷徙）與移民二關鍵詞，視之為同義詞。然而，在我國之移民法制、政策或實務工作上，所謂之移民，則較偏向「移民入境或移入」之規範與管理。

　　本書共分為十三章，分別由移民研究之學者、專家或移民實務之工作者，共同來創作。其中包括第一章「緒論」由陳明傳教授、高佩珊助理教授共同撰寫；第二章「移民之相關理論暨非法移民之推估」由陳明傳負責；第三章「國際法與國內法對移民之相關規範」由許義寶副教授撰寫；第四章「各國移民政策概述」由內政部移民署南區事務大隊謝文忠大隊長撰寫；第五章「移民與國境管理」由王寬弘老師負責；第六章「非法移民之研究」由柯雨瑞教授、高佩珊助理教授共同撰寫；第七章「人口販運之研究」由柯雨瑞教授主筆；第八章「非法移民與國際執法合作」由孟維德教授負責；第九章「情報導向之國際執法合作：我國警察聯絡官之經驗與實踐」由黃文志助理教授負責；第十章「婚姻移民與移民輔導」由林盈君助理教授撰寫；第十一章「我國專技移民及移工之政策與實務」由王智盛助理教授撰寫；第十二章「移民面談制度」由蔡庭榕副教授負責；第十三章「移民管理之發展」由陳明傳教授負責。

　　本書之編撰其目的在為我國移民事務之研究，期盼能注入些許新的資訊；更期望能為我國移民之政策規劃與移民事務之推展，略盡棉薄之力，至企盼各方賢達，不吝多予鞭策、賜教與斧正。

陳明傳、王智盛 主編 謹記

中華民國一○五年四月一日

編者序

第一章 緒 論

陳明傳、高佩珊

第一節 前言

　　移民就是人口在空間內移動的現象。移民產生的原因很多，有時是出於自願，有時是迫於現實的無奈，必須移居至他處。自古人類即有大批遷徙、移居至他地的紀錄，也就是說移民並非當代才有的現象。而人口的跨國界移動使得各國得以在人力資本上互通有無，但是各國同時也因此感受到國際移民帶來的好處與壞處。因而國際移民也促成已開發國家與發展中國家之間的人才與技術交流，有助於發展中國家取得發展的契機。但是於此同時，國際移民卻也對於移民接受國帶來不同程度的社會治安與國家安全等等之問題。

　　學界對於國際移民現象的研究卻發展的相當晚。早期國內、外學界針對國際移民的研究，多著重在移民歷史的部分，對於移民活動產生的原因及動機的相關研究，一直到1970年代才因國際移民繁盛的發生才開始漸形成熟；更進而發展出較有體系以及較爲完整的移民之重要理論。在移民之實務處理方面，先進民主國家則亦重新考慮移民之利弊之議題，因爲儘管目前全球經濟之不景氣逐漸減緩，許多已開發國家的經濟還是因缺少電腦技術人員、醫生、工程師和其他關鍵人員而受到阻礙。在這樣的背景下，一些國家開始重新考慮對待移民的態度。

　　我國並非傳統的移入國，面對外來移民快速的增加及全球化影響，衍生許多重要議題，包括大量外籍勞工的管理與人權維護、違法停居留、假結婚來臺、移民生活適應與輔導、難民庇護安置、外籍優秀人才的延攬、行政單位事權分散以及資訊欠缺整合運用等等問題。而我國政府遲未研擬完整的移民政策及相關配套措施，亦無一套針對管理或融合外籍人士的政策，甚至缺乏統合協調之機制。故而我國移民政策之擬定與規劃，誠爲處理移民議題之關鍵發展措施與作爲。

第二節　國際移民現象暨全球人口移動概述

壹、移民之定義

　　所謂「移民」之定義不但抽象，且具有流動性，常令人感到混淆。[1]
在國際間之移民的研究，對於人員跨越國境的人口之遷徙或移動稱之爲
「migration」；而若以國境爲界線，則人口之移動本來就具有雙向性的，人口
由國境內往外移出，稱之爲移民出境或移出（emigration）；從國境外向內移
動，稱之爲移民入境或移入（immigration）。然而，從傳統之移民研究中，
例如本書第二章第三節之移民理論中所論之人口學者，以及英國之地理學者
Ernst G. Ravenstein，於1876、1885及1889年發表之「移民之規律」（The Laws
of Migration），其所謂之人口移動（或謂移民），則尚包含在其國內之人口
的相互遷徙活動。

　　然而我國根據相關現行之移民法制，或人口移動之管理措施，則通稱此
種人口移動之現象（migration）爲移民。因此本書之論述中，所謂之「移民」
即爲「人口移動或人口遷徙」（migration）之現象；而非僅爲移民入境或移入
（immigration），故亦應包括移民出境或移出（emigration）。故而，本書將
人口移動（或遷徙）與移民二關鍵詞，視之爲同義詞。然而，在我國之移民法
制、政策或實務工作上，所謂之移民，則較偏向「移民入境或移入」之規範與
管理，對於移出則較無著墨。亦即雖然我國在入出國及移民法第九章「移民輔
導及移民業務管理」中之第51條至第54條，及其之施行細則之第五章「運輸業
者責任及移民輔導」中之第24條至28條等，對於國民之移出有所簡要之規定，
然而並未在我國國民之「移出」或者「移入與移出」，在移民政策或者相關之
移民綱領中，做更爲有系統之規範。至於，爾來國際間人口移動或者移民之研
究，則較偏重於國境間之人口遷徙（人口移動）的研究，亦即較無論及國內人
口之遷徙。因此本書之移民觀點與理論之論述，亦遵循此移民研究之學術發展
趨勢，而據以論述之，特此述明。

　　然亦有移民研究者認爲，人口之遷移或移動（本書所謂之移民），其定

---

[1]　Peter Stalker原著、蔡繼光譯（2002），國際遷徙與移民，頁21-22。

義可歸納如下：1.遷移乃是一個人的住處從一個地區換到另外一個地區；2.遷移乃是指個人或團體從一個社會遷移到另一個社會，這種改變通常包括放棄舊的社會環境進到另一個社會環境；3.遷移乃是指個人或家庭自願性地自一個國家移到另一個國家；4.遷移乃是永久住處的改變；5.遷移乃是人們在一特定時間內，遷移至特定距離以改變其永久性之住處；6.遷移乃是一個人為了改變住處，從一個地方搬到另一個地方；7.遷移乃是指一個人在某一段時間內，期初與期末有不同的住處。[2]另根據國際移民組織（International Organization for Migration, IOM）之定義，認為國際移民係指當事人離開其來源國或居住地，並在其他國家建立了永久或暫時性之居處，而一國之邊界就因此而被跨越。[3]在本書第二章所論之人口學的觀點中，移民被稱為「人口遷移或人口移動」（human migration），其乃指人民從某地區移動到另一地區。聯合國對移民的定義亦認為，在空間上而言，地區間的移動可能是發生於城鎮間或是國家間；在時間上而言，依其遷移的目的不同，可分為短期的遷移（如因求學、就業等原因而遷移）以及長期的遷移（通常指為定居之目的而進行的移動）。而在一般的概念中，移民指的是人口在地理或其占有的空間做較長時間的流動，或在不同地區之間做較長期的移動，並且從原居住地遷徙到目的地而發生居所變更的事實。所以這種移民遷徙係屬於永久性，而與不改變其居住所之臨時性移動有所不同。部分學者則認為移民指的是，為了至他地定居之目的而進行跨國移動的人民。

貳、國際移民之現象

移民如前之所述，就是人口在空間內移動的現象。移民產生的原因很多，有時是出於自願，有時是迫於現實的無奈，必須移居至他處。自古人類即有大批遷徙、移居至他地的紀錄，也就是說移民並非當代才有的現象。然而不同於發生在一國之內之遷徙，跨國境的移民即伴隨著歐美資本主義及殖民主義的擴張，而更顯加劇。跨國境的移民如前項之所述，又可以分為移民出境

---

[2]　廖正宏（1985），人口遷移，頁2-3。

[3]　Perruchoud (2004). "International Migration Law: Glossary on Migration", p. 33.

（emigration）與外來移民之所謂移入（immigration）。尤其在第二次世界大戰之後，伴隨著全球化（globalization）時代的來臨，國際資本、商品、技術與勞力的跨國界移動，以及主權國家疆界的消失，更進一步促進國際移民的活動。全球化的發生推動著國際之移民活動。人口的跨國界流動使得各國得以在人力資本上互通有無，但是各國同時也因此遭遇到國際移民帶來的好處與壞處。例如，低成本的勞動力從低度發展國家或發展中國家，流向已開發國家，得以彌補並解決已開發國家高昂且不易尋得的廉價勞動力。尤其是在發達國家步上高齡化與少子化的國家發展問題之後。此外，國際移民也促成已開發國家與發展中國家之間的人才與技術交流，有助於發展中國家取得發展的契機。但是於此同時，國際移民卻也對於移民接受國帶來不同程度的社會治安與國家安全等問題。無論是難民問題、非法移民或人口販賣與偷渡，皆為各國帶來許多嚴重的問題；此外，優秀人才的流失也對發展中國家造成國家發展的阻礙。因此，各國政府開始認知到國際移民不僅是經濟問題，同時也是一個重要的政治問題。不同於過往，各國開始對於移民政策的制訂與修改、管理皆投入並花費相當多的心血與人力，以便於加強控制。

　　然而，學界對於國際移民現象的研究卻發展的相當晚。早期國內、外學界針對國際移民的研究，多著重在移民歷史的部分，對於移民活動產生的原因及動機的相關研究，一直到1970年代才因國際移民繁盛的發生才開始漸形成熟；進而發展出較有體系以及較為完整的關於移民之重要理論。移民之研究者開始從社會學、經濟學、人口學、人類學、政治學、法學及史學等等角度，解釋移民發生之動機和原因。也就是說，研究者試圖了解移民之諸多現象，例如移民為何會發生；為什麼必須離開母國，移往他國；是政治性因素亦或是經濟性因素居多；或者兩者皆具。移民者又是透過何種方式與管道，獲取與移民有關的相關訊息與聯繫；移民之後的生活是否如預期般令人滿意；移民者在國家認同與文化認同上是否產生差異；移民活動是連續性的亦或是短暫性的；是否具有連帶影響的關係等等之議題。此外，移民之研究者更細心的將移民者的身分，依移民活動產生之原因與動機加以區分，並試圖分析探究國際移民對於國家可能帶來之衝擊與影響，以及思考相應對的移民管理政策。關於研究國際移民的每個理論皆試圖解釋移民發生的原因，但也受限於理論的發展，每個對於移民現象的解釋皆有其缺陷，故而遂招受到批評。因此學者專家們皆投入相當多的

關注，試圖建構完整的理論。因此，本章將首先著重在探究移民之定義與全球移民之現象；接著闡述移民現象產生之原因及其動機；最後並對於移民的類型加以區分、說明。至於有關移民研究相關之觀點與更詳盡之理論內容，將於本書之第二章再次詳細的闡述之。

參、全球人口移動暨我國移民之概述

國際移民組織（International Organization for Migration, IOM）表示，2050年全球移民總數將高達4億500萬人。該組織更進一步指出，移民人口增加的關鍵，在於開發中國家勞動人口明顯成長，而已開發國家人口則逐漸老化。當今美國仍然是全球移民之首選，2010年湧入4,280萬移民人口至美國，約占全球移民人口的20%。但隨著近年來世界之景氣衰退，逐漸改變各國之移民政策與處理移民之態度。例如美國於國內經濟之蕭條時期，民眾輿論和部分當權者歸咎「移民」使失業率上揚。《亞利桑那共和報》就曾報導美國是世界上外來移民最多的國家，當經濟持續下滑之際，政府遂採取較嚴格之邊境管制和更多的驅逐措施。根據聯合國的數字顯示，2010年世界上有2億1,400萬移民，比十年前增加了6,400萬的移民人口，占世界人口總數的3.1%。又根據2008年歐盟執行委員會（European Commission）研究結果顯示，歐盟國家有200至400萬的非法移民。[4]

聯合國全球移民委員會亦曾經於2005年公布全球移民報告指出，當時全球近2億移民人口前往其他國家工作，總共貢獻2兆美元收益，並匯出2,400億美元回到母國，成為推動全球經濟成長的重要引擎。擁有19名成員的該全球移民委員會說，各國承接移民人口少則數千，有時甚至達數百萬，但國際社會並未掌握移民帶來重大契機，也無法因應控管移民形成的挑戰。該委員會主席之一，即瑞典前移民發展部長卡森表示，委員會從事近兩年研究，其中最顯著發現在於：「移民在經濟成長與發展方面的重要性，亦即移民造就成長與發展」。根據聯合國人口署統計，全球各地將近2億全球移民人口，其所謂之移民人口係指在母國以外國家居住超過一年以上者，包括920萬名難民。該報告

---

[4] Pchome個人新聞臺（2011），「全球移民2050年破4億」。

指出，全球移民人口總數占全球人口百分之三，相當於全球第五大國巴西人口數，而且正快速增加。報告中論述，過去35年來，全球移民人口從1970年的8,200萬人，2000年增爲1億7,500萬人，至2005更增爲近2億人；報告更指出，移民人口中近半數爲女性，其在獨立移民人口中比例逐漸增加。報告亦指出，估計每年非法移民人口介於250萬至400萬間。據美國研究中心Pew Hispanic Center的估計，2000年到2004年間，每年來到美國的合法移民人數平均大約在60萬，而非法移民卻高達70萬。[5]

因此隨著全球化浪潮，因爲通婚、外勞、偷渡等合法或非法途徑所形成之新興移民，已成爲不少工業先進國家所應面臨之重要課題，許多國家歷經大規模人口的移出或移入，且受到其經濟、政治、社會、文化等影響，制訂不同的移民政策以因應國家發展的需要。而移民政策的制訂不僅要考量經濟成長所帶來的利益，也必須考量新進移入者對當地既有的勞動市場所帶來的衝擊，以及移民後可能引發一連串新的社會問題。

20世紀後半期，許多國家人口問題隨著經濟開發程度愈高而日益嚴重，尤其歐洲國家人口自然增加率停滯，甚至呈現衰退，以及高齡化現象普遍，造成人口扶養比率失衡的現象，爲維持既有的經濟成長，開始引進外籍勞工，使得人口流動日趨頻繁。再者，世界各國爲追求經濟高度發展，對專業人才及特殊工作類型勞工的需求也日益迫切。由於技術性人才短缺，且衛星通信設備與網路技術普及化，以及交通工具的改良等因素，使得跨國界的遷移行爲更爲便利。因此，專業人才更積極選擇最能發揮其之所長與獲得報酬最高的地區，進而造成人才眾多的國家更能吸引愈來愈多技術性人才的移入，在這樣的循環下，其他國家則將會面臨本國人才流失的窘境。

因而在全球化的過程中，人口移動本是自然的現象。而在2015年之前，已開發國家每一年將有4,500萬人口進入就業市場，但因人數過多而將有許多人找不到工作，因此有一些人就會使用各種合法與非法手段進行移民。人口移動包括「移民」、「國內移民」、「國際移民」、「非法移民」等類型，其中「非法移民」指的是沒有合法證件、或未經由必要之授權，而進入他國之人民。若「非法移民」的過程是透過第三者之協助而完成，就涉及了非法

5　陳明傳（2009），全球情資分享系統在人口販運上之運用與發展。

交易或販運（trafficked）與偷渡（smuggled）。至於所謂之偷渡，即屬於無證明文件之移民（undocumented migration）一般多屬於志願性的。雖然其為非法的進入他國，但其目的則在「自由的」選擇其工作以及定居。由於外國人走私（alien-smuggling）集團之運作，以及腐敗的政府官員受賄，而使非法移民情形加劇。[6]此外發展中國家之暴力衝突，經濟危機與自然災害亦會造成大量移民。因而偷渡方面則已然成為是全球運動，在發展中國家的很多地區，季節性、循環性、臨時性以及永久性人口流動，已經成為人民生活不可分割的一部分。對於收入狀況不斷惡化的很多人來說，移徙將為自己和家人帶來更好的生活甚至是生存的希望。

　　至於所謂之非法交易或販運則是一個較複雜之概念，不僅要考慮移民進入國家之方式、也要考慮其工作條件，以及移民者是否同意非法進入或者受到控制與剝削。其主要目的不僅是從一個國家到另一個國家之非法移民，也是在經常侵害其人權情況下剝削其勞力。因此非法交易是一種「非自願性的」，很可能是誘拐、綁架、強制性勞動、監禁及其他人權侵害的結果。同時在龐大的被販運之人口，有相當部分係從事與性剝削有關的工作，包括賣淫、色情表演及其他性服務等。這似乎是很自然的一種「發展」，因富裕國家的男性民眾，似乎永遠無法滿足於其合法或非法性產業（sex industry）所提供之需求。在有利可圖的情況下，各國犯罪集團開始相互合作，將婦女大量地由貧窮國家運往相對富裕國家；國際人口販運問題，於焉惡化。[7]

　　所以人口販運亦已成為全球性的商業犯罪問題，沒有一個國家可以避免人口販運問題，它帶給組織型的犯罪集團龐大的非法利潤。據美國國務院估計，每年約有1萬8,000至2萬婦女、兒童及數千名男性被人口販運，60至80萬人被跨越國境販賣。聯合國兒童基金會估計全球每年有200萬人被人口販運，有2,700萬人被奴役，至少有6,000萬名兒童被以嚴重形式之童工剝削，全球人口販運的不法所得更超過70億美元。又根據聯合國毒品犯罪防制署（United Nations Office on Drugs and Crime, UNODC）2007年報告指出，世界上幾乎沒有一個國家不遭受人口販賣的影響；全球人口販賣來源國計有

---

[6]　汪毓瑋（2002），非法移民問題威脅。

[7]　高玉泉、謝立功等（2004），我國人口販運與保護受害者法令國內法制化問題之研究。

127國，中繼國98個，目的國高達137國。[8]至於美國國務院2015年人口販運報告，販賣人口最惡劣被評等為第三級（Tier 3）的23國，分別為阿爾及利亞（Algeria）、白俄羅斯（Belarus）、貝里斯（Belize）、布隆迪（Burundi）、中非共和國（Central African Republic）、葛摩（Comoros）、赤道幾內亞（Equatorial Guinea）、厄立特里亞（Eritrea）、甘比亞（The Gambia）、幾內亞比索（Guinea-Bissau）、伊朗（Iran）、北韓（Korea, North）、科威特（Kuwait）、利比亞（Libya）、馬紹爾群島（Marshall Islands）、毛利塔尼亞（Mauritania）、俄國（Russia）、南蘇丹（South Sudan）、敘利亞（Syria）、泰國（Thailand）、葉門（Yemen）、委內瑞拉（Venezuela）以及辛巴威（Zimbabwe）等國[9]。

　　至於人口販運形成之原因及其防處之道，則根據國際警察主管會議（International Police Executive Symposium, IPES）於2004年之溫哥華年度會議中，所討論人口販運的相關議題——亦即婦女與兒童被人口販運之原因（Criminal Exploitation of Women and Children），甚值得研究者參酌。[10]其之總結報告中論述人口販運形成原因有下列諸因素：1.該地區之貧窮與失業等經濟之困境，造成人口販運市場之猖獗；2.該區域傳統之文化影響對人口販運問題認知的偏誤，以為其亦為謀生的方式之一；3.戰爭、饑荒、水災等天災人禍造成生活上之困難；4.政府不太重視人口販運的問題及其防制策略；5.政府或執法人員的縱容或貪瀆，從中得到不法利益；6.沒有足夠的資源來打擊人口販運之組織；7.被害者的不了解並接受不法的販運人口，且對未來充滿憧憬與幻想；8.對少數民族與低社經地位人民的不當歧視與對待；9.各國政府以及執法機構之政策，將其列入較低的優先問題，對被害者亦給予較不足之資源或協助；10.政府、執法機構、以及社政福利機構較缺乏對此問題的溝通與合作機制與平臺，以及共同的對被害者給予協助；11.詭譎狡黠的人口販運犯罪組織與運用網絡科技來迴避偵查；12.立法無法有效的制訂新的防制人口販運之法規，因此在訴追其犯罪時相對的較無效；13.因為被害者對於執法人員與刑事

8　UNODC (2007). "UNODC launches Global Initiative to Fight Human Trafficking."

9　US Department of State, Trafficking in Persons Report 2015, Tier Placements.

10　Zaccardelli (2004)，國際警察幹部會議（IPES）之會議之主持人及報告人，會議主題：「剝削婦女及兒童之刑事犯罪」（Criminal Exploitation of Women and Children）。

司法系統的懼怕與不信任、懼怕被報復，以及在訴訟時巨大的經濟負擔。

　　至其對於防制人口販運之道，則有下列之結論與建議：1.人口販運之防制，可以被歸納成國內與國際或全球的防制策略兩大類；2.其策略又可分為短期立即的關懷被害者之方法，例如提供必要的資源或司法協助；以及長期的策略，例如訂定新的防制法規、建立國際或跨機關間的簽定協議或合作之計畫、對於特殊之國家或地區提供針對根本的人口販運之肇因，如貧窮或傳統文化再造與各類防制之計畫或資助等。

　　然而，亞洲開發銀行亦曾分析報導，外勞有助改善亞洲貧窮狀況。亞洲5,400萬外勞有助改善廣泛的貧窮狀況，亞洲政府應簡化外勞移動與工作的程序。位於馬尼拉的亞洲開發銀行在年度展望報告中說，亞洲外勞2007年匯款1,081億美元回到開發中地區，匯款額超過全球三分之一。報告說：「移民確實讓許多貧民收入增加，國際移民與匯款對於亞洲國家降低貧窮有重要之貢獻。」雖然有這些好處，但許多國家的規定仍限制重重，與商品流通之規定相比，亦不若其之便利。故其呼籲區域間之國家或政府需要加強合作，更進一步地開啟勞動市場，促進有秩序與有管理規範的勞工流動，並縮小外勞的匯款支出。而移民也有助人口高成長與經濟疲弱不振的國家降低失業壓力。其中香港、臺灣、南韓與新加坡等地由於人口與結構改變，已成為亞洲外勞的重要目的國，而這些外勞主要來自東南亞國家。[11]

　　又根據德國之聲的報導，那些在富裕國家生活的移民，匯往國內的匯款被稱做無聲的發展援助。這些移民的匯款往往可以幫助他們的家庭擺脫困境，過上相對富裕的生活。雖然每個移民的匯款數額比較小，但正是這涓涓細流最後彙成了大江大河。據八大工業國集團（G8）工作組的調查報告顯示，全球這些匯款的總量遠遠超過了官方的發展援助資金之數額。北海道八國峰會曾指派世界銀行副總裁克萊恩領導一個國際工作組，專門調查移民的匯款問題，並提出具體改善建議。而該世界銀行根據已有的資料估計，2008年移民往其國內匯款的總額將達3,000億美元。這是全球發展援助資金的三倍。據世界銀行提供的資料，移民的匯款數額自2000年至2008年增長了兩倍。但至2008年，當時的金融危機已使得匯款的增長率有所減緩。克萊恩表示，儘管移民的匯款總額沒

---

[11] Yahoo奇摩部落格（2007），引述網路新聞（法新社馬尼拉二日電），「亞洲開發銀行：外勞有助改善亞洲貧窮狀況」。

有減少，但增長速度不再像以往那麼快。在當時2008年前後幾年的增長率，一直保持在15%-20%左右。[12]

　　而先進民主國家則亦重新考慮移民問題；德國設在柏林的移民委員會公布的一份高層報告建議，該國移民領域的政策應得到澈底的重新考慮，以結束其經濟停滯狀況。報告說，除非德國接受更多其他國家的移民，否則其之未來前景將是技術人員極其短缺及人口急劇下降。德國、日本、義大利和其他一些發達國家的人口數量預計將急劇下降。另一個壓力是技術人員短缺，儘管目前全球經濟之不景氣逐漸減緩，許多已開發國家的經濟還是因缺少電腦技術人員、醫生、工程師和其他關鍵專業人員而受到阻礙。在這樣的背景下，一些國家開始重新考慮對待移民的態度，其都欲從其他國家吸引最好和最聰明的人才。例如，美國放鬆了對入境簽證的限制，這曾使得50萬名有電腦技能的移民，於近幾年中來到美國找到了工作。其中許多人來自印度，因為印度的電腦專業畢業生比其他任何國家都多。英國政府也在考慮如何放鬆其極為嚴格的入境要求，以使得更多有技能的人才前來定居。[13]

　　至於我國之移民狀況，早期臺灣政治上受到兩岸關係的影響，人口外移比例較高，多數移往美國，且部分臺灣的美國留學生完成學業後，便直接申請移民，90年代以後，因臺灣經濟起飛及兩岸關係趨於穩定，開始出現移民迴流現象；根據內政部警政署統計，臺閩地區外僑居留人數從1990年的3萬888人增加至2002年的40萬5,751人，換言之，臺灣在近十年之時間內，外僑居留人數明顯快速增加十倍。

　　然而臺灣並非傳統的移入國，面對外來移民快速的增加及全球化影響，衍生許多重要議題，包括大量外籍勞工的管理與人權維護、違法停居留、假結婚來臺、移民生活適應輔導、難民庇護安置、外籍專業優秀人才的延攬、行政單位事權分散以及資訊欠缺整合運用等等。而我國政府遲未研擬完整的移民政策及相關配套措施，亦無一套針對管理或融合外籍人士的政策，甚至缺乏統合協調之機制。其中監察院曾於2003至2004年進行的移民制度總體檢，其即是希望藉由此種專案之調查與報告，促使行政機關正視在面對全球化挑戰下，臺灣應

---

[12] DW在線報導（2001），「三千億移民匯款：靜靜的發展援助」；又見BBC CHINESE.com（2001），「分析：發達國家的移民問題」。

[13] 大紀元（2001），「發達國家應重新考慮移民問題」。

如何健全相關法令與制度，並參考其他國家政策與相關問題的解決方式，以吸引與留住更多人才，並協助移民人口迅速融入我國社會，提升國家競爭力。[14]至於其之詳細內容與進一步之移民組織與政策之發展，將於後述之各章節中論述之。

第三節　移民發生之原因與動機之概述

移民之研究者對於國際移民產生的原因，進行許多不同的解釋；有些學者從社會學（Sociology）的角度、經濟學（Economics）的層面或以政治科學（Political Science）之理論發展出不同的關於移民之理論。其中，又以經濟學及社會學的發展較早，政治學的解釋則相對發展較晚，一直到1980年代才發展成熟。如果從經濟學角度來解釋國際移民發生的原因，則有新古典經濟平衡理論（Neo-classical Economic Equilibrium Theory），其中包含推拉理論（Push-Pull Theory）、歷史結構主義理論（Historical-Structuralist Theory）、雙重勞動市場理論（Dual-Labor Market Theory）與移民系統理論（Migration System Theory）。倘若以社會學角度進行解釋，則有移民網絡（Migration Network Theory）理論。在政治學上，則可以用世界體系理論（World-System Theory）、全球化理論（Globalization Theory）、新現實主義（Neo-Realism）與新自由主義（Neo-Liberalism）進行分析。不同於經濟學和社會學理論，政治學理論從環境保護、人權、外交政策、恐怖主義等議題出發，對於國際移民現象進行探究。其中，研究國際關係（International Relations）的學者更從國際人口遷移、族群融合和民族主義著手，分析國際移民對於一國國家主權（sovereignty）和國家安全（national security）所產生的影響與衝擊，進行研究。

經濟學中的新古典經濟平衡理論，包含從該理論基礎上衍生出來的推拉理論，成本效益分析理論，歷史結構主義理論與雙重勞動市場理論等，也對於國際移民的現象進行深層探究和思考。研究人口遷移理論最重要的推拉理論，起

---

[14] 監察院，監察院公報（2007），我國移民政策與制度總體檢案調查報告（五）。

源於前述英國地理學家Ernst G. Ravenstein在1885年提出的遷移法則（The Laws of Migration）。[15]推拉理論認為遷移發生的主要原因，是由移民原來居住地所具有的推力或稱排斥力（push force），和移民欲遷入地區所具有的拉力或吸引力（pull force），互相影響而形成。Everett S. Lee在他所提出的人口遷移理論（Theory of Migration）中分析，[16]因為戰爭所引起的動亂、飢餓、種族隔離、大屠殺和經濟下滑等狀況，會形成一個推力，將人口推出原本所居住的區域。而遷入地則因為良好的生活環境，對人口形成一股拉力，吸引人口遷入該地。至於影響人口移出的推力包含自然資源枯竭、農業生產成本不斷提高、農業勞動力過剩導致失業、較低的經濟收入水準等。吸引人口遷入的拉力則包含較高的就業機會、較高的工資收入、較好的生活水準，以及完備的文化設施或交通條件等。移民研究者李允斐在研究屏東縣長治鄉印尼客家移民的生活形態與社會結構一文中[17]，即以推拉理論做為解釋印尼客家移民離開動亂的社會體制，而移民來臺灣為尋求一個更美好更優質的生活環境。由於推拉理論將移民視為個人收支成本理性比較的結果，而未重視其他外部因素，例如移入國對外來移民的完備之政策等，因而引起許多批評。

新古典經濟平衡理論則從國家間勞工薪資的差距，認為是移民產生的主要原因。該理論認為隨著移民的產生，國家之間勞工薪資與福利的差距也會逐漸拉近，進而消弭移民現象。新古典經濟平衡理論與推拉理論皆強調個人「最大效用原則」（principle of utility maximization），認為個人會在詳細比較及計算之後，尋找能夠使他享受福利最大化的國家居住。[18]在此情況之下，移民將使得發達國家與發展中國家的薪資差距逐漸縮小。但是新古典經濟平衡理論同樣受到許多批評；例如移民並非每個人都能夠做到，而且生活環境較為貧困的人，並不能掌握移民的資源，更遑論能計較移民的結果。又新古典經濟平衡理論預言移民會由人口稠密之區移往人口稀少的區域，但這與實際現象並不完全相符。此外，該理論亦無法解釋移民的地區傾向性問題，也就是無法解釋為何有些移民傾向於移往特定國家。又例如該理論被批評為忽視政治性因素，也就

---

[15] Ravenstein (1885). "The Law of Migration," pp. 167-227.

[16] Lee (1966). "A Theory of Migration," pp. 47-57.

[17] 李允斐（2005），移動與定居的經驗：長治鄉印尼客家移民的生活形態與社會結構。

[18] Borjas (1989). "Economic Theory and International Migration," pp. 457-485.

是國家對於移民的影響。[19]我國之移民研究者鄭又平亦認爲，如果將國際移民現象簡化爲單純的經濟利益與成本效益之間的邏輯推論，誠然是一項嚴重的錯誤。他認爲任何關於國際移民的政治與政策分析，都不能忽略每個國家的文化、歷史、信仰、價值觀與國家認同；因此移民政策的制訂並非單純的成本效益考量；相反地，國家主權與國家認同的考量才是最重要的。[20]

　　至於源自於馬克思主義的歷史結構主義理論則強調世界政治、經濟不平衡的發展，對於國際人口遷移的影響。不同於推拉理論僅注重個人意願因素，歷史結構主義理論，試圖從巨（宏）觀角度來分析大量移往發達國家的移民。該理論認爲爲降低生產成本並尋求廉價的勞動力和原料，國際資本會從核心國家（core country）擴展至邊陲國家（periphery country），進而造成邊陲國家社會經濟與政治結構的劇烈變動。歷史結構主義理論似乎與世界體系理論相當類似，皆認爲是核心國家對於邊陲國家的壓榨，才有跨國移民現象的產生，並導致邊陲國家和區域形勢的動盪。該理論由於強調資本的作用，將資本視爲決定性的因素，進而忽略其他因素。此外，歷史結構主義理論亦無法解釋移民類型的多樣性，以及實際的多元移民現象。

　　雙重勞動市場理論，或稱爲勞動市場分割理論（Segmented Labor Market Theory）是另一項試圖探究與研究移民現象的重要理論，是第一個從國家內部之因素來探討國際移民的原因。該理論認爲已開發國家的經濟體系分爲兩個主要的部門，資本密集和勞力密集部門。雙重勞動市場理論認爲由於已開發國家的勞工不願從事低收益和高危險的工作，因而必須引進較爲廉價的外籍勞工。也就是說，外籍勞工的產生是因爲已開發國家內需所導致，但外籍勞工的引進國，並不會影響當地勞工的就業機會。然而，雙重勞動市場理論同樣受到許多批評。例如，該理論只從已開發國家的需求面來處理分析移民的原因，卻忽略供給面的因素；另外，該理論亦無法對引發當代國際移民的主要原因進行合理解釋，純粹強調市場的作用似乎有些過時。最重要的是，雙重勞動市場理論忽略移民網路（Migration Network），也就是移民鏈（Migration Chain）在當代國際移民中扮演的重要作用。

19　周聿峨、阮征宇（2003），當代國際移民理論研究的現狀與趨勢，頁3-4。

20　鄭又平（2006），全球化與國際移民：國家安全角度的分析，發表於「政府再造與憲政改革系列研討會－全球化之下的人權保障」，頁3。

　　另外所謂之修正新古典經濟平衡理論或者修正之雙重勞動市場理論，其即是所謂之「移民系統理論」，試圖從移出國與移入國之間所有形成的關係進行探究，包含從兩國之間的關係、政治、經濟、文化與家庭社會網路關係等著手。該系統理論認爲正是這些多重密切的關係，促進大量及連續性移民的產生，這便修正新古典經濟平衡理論之中，無法解釋移民地區傾向性的問題。此外，也彌補新古典經濟平衡理論在分析國際移民現象與原因時，所忽略的政治性因素，也就是國家對於移民的影響。移民系統理論認爲研究國際移民時，應該從移民的巨（宏）觀（macro structure）與微觀結構（micro-structure）著手，巨（宏）觀結構指全球市場的脈動、國際關係、國家移民政策及相關法律制度等。微觀結構則指移民網絡，也就是可以使移民族群在移民過程中，協助他們獲取移民資訊、適應移民環境，因此促進移民的產生。移民系統理論在這架構基礎上，便修正雙重勞動市場理論一味強調和重視市場的作用，並且忽略移民網絡在當代國際移民中扮演的重要角色。因此，移民系統理論認爲移民就是發生在巨（宏）觀結構與微觀結構交互作用影響之下的產物。

　　社會學的移民網絡與跨國主義等理論，同樣關注國際移民現象產生的原因。所謂移民之網絡乃指與移民相關的一系列人際關係的組合；例如，移民族群之間的血脈親緣、家鄉背景和情感關係等組合而成的網絡關係。由於移民群體之間會互相傳遞有關移民的資訊和訊息，進而促成移民的產生；也就是說，每一位新移民都會帶入其家庭之成員，進而形成一個連鎖效應的移民現象。或者，在其親戚朋友的介紹之下，移民者開始對於移入的國家產生了解與認識，進而選擇移入該國。這種移民理論亦被稱爲「連鎖因果說」或「習慣說」。

　　在政治學界裡，則有全球化理論、世界體系理論、新現實主義與新自由主義等相關之移民理論，嘗試著解釋國際移民的現象。自由主義當中的全球化理論認爲，由於國家相互依賴程度的提升，國家主權之界線，因爲跨國力量的影響而逐漸模糊。無論是商品、技術、資金或人力的跨國流動與相互交流，移民成爲相當普遍的現象。故而爲了追求更好的工作待遇與薪資，更多的就業機會，越來越多的跨國社群在國際間流動。也就是說，全球化的來臨爲國際移民塑造有利的環境，帶動並促進跨國之移民活動。支持全球化理論的學者認爲，移民能夠促進國家經濟的成長，無論是客工（guest worker）或稱外籍勞工和外來移民，都會爲國家帶來經濟成長。亦即外來移民與本地勞工之間並非零和

（zero-sum）的競爭關係。世界體系理論與全球化理論持類似的觀點，其同樣認爲國際經濟分工體系存在著二元性（duality），一旦這種二元性存在，勞工便會跨過國界尋找更好的就業環境。在全球化的浪潮之下，由於跨國社群存在強大的聯繫性，移民現象便會持續發生。因此，國家很難控制國際移民的產生。但在解釋國際移民現象時，因爲強調經濟及社會因素，全球化理論便忽略考慮政治性因素，無法對移民做一政治面向之解釋。因此，從政治性因素考慮，新現實主義和新自由主義便分別從國家內部政治穩定（political stability）和外部安全（national security），以及制度變項來研究國際移民的現象。

至於所謂之新現實主義認爲，在國際政治呈現無政府（anarchy）狀態之下，深處其中的國家，在面對大量成長的國際移民狀況時，會在國家安全上產生兩難的困境，也就是所謂之安全困境（security dilemma）。而其主張雖然國際移民有助於國家經濟的成長，但是也可能造成國家之間的衝突或國內政治上緊張的局面。例如，2014年2月由於瑞士以公投方式通過限縮歐盟（European Union）移民的政策，便造成歐盟與瑞士之間的緊張關係；因此歐盟揚言，將對瑞士設置進入歐盟市場的經濟管理措施以爲回應。[21]因之有部分學者，例如Myron Weiner則仍主張無論是國際移民或者是難民，都將嚴重影響國家安全。因此在制訂移民政策時，國家應以國家利益（national interests）爲最主要的考量。[22]另有學者亦認爲大批移民的流入，將對當地居民本身的文化認同、國家認同，產生嚴重的影響，進而影響西方社會的自由民主制度；其因而主張政府應限縮管制移民的流入。這方面之見解從近年來香港人士大聲疾呼，要求限制大陸內地居民大量移往香港的爭論中可見一般。另外，還有Brettell、Hollifield、Bommes與Geddes等移民學者，則從公民權、社會權等角度研究移民的原因。[23]他們認爲移民的大量移入，最終會改變一國的國內政治結構和國

---

[21] 自由時報（2014），「限縮歐盟移民瑞士公投通過」。瑞士1999年曾與歐盟簽署人口自由流動協議，因此自2007年協議生效後，歐盟居民便開始大量的前往瑞士工作與生活，引發瑞士本地民眾不滿。瑞士國會第一大黨，瑞士人民黨（Swiss People's Party）開始發動「停止大量移民」（Stop Mass Immigration）運動，認爲占瑞士總人口23%的新移民不僅造成經濟與社會沉重負擔，亦導致當地租金高漲、教育衛生系統與交通運輸負荷超載等問題。最後在全民公投之後，獲得過半瑞士民眾的支持（50.3%）限縮歐盟移民。

[22] Weiner (1995). The Global Migration Crisis: Challenge to States and to Human Rights; and Weiner (ed.) (1993). International Migration and Security.

[23] Brettell and Hollifield (2000). Migration Theory: Talking Across to Disciplines; also see Bommes and Geddes (eds.) (2000). Migration and the Welfare State in Contemporary Europe.

家政策的制訂；因為移民將改變一國的社會族群分布，進而因為公民權的獲得，而影響國內政治勢力和選舉的結果。無論是參與選舉的政治人物，或者是對於外籍勞工有強烈需求的企業和利益團體等，也將成為遊說團體，並企圖影響國家移民政策的制訂。另一方面，反對移民的群體亦會對政府施加壓力，反對開放移民的政策。其贊成與反對國際移民之兩種團體，將因此對國家移民政策產生激烈的辯論。所以對於移民的是否開放或拒絕，在此複雜的多重因素交錯之下，將成為高度政治化的議題。雖然新自由主義者與新現實主義者，同樣支持國際間之無政府狀態，但不同於新現實主義者，新自由主義者支持國際合作的可能性。[24]該學派學者強調制度的重要，堅信制度能使人與人互相合作且在一起工作，因此國家之間的合作是有可能的。

至於國際移民現象是否會繼續發生並持續成長，美國學者James Mittelman則持肯定之態度。Mittelman認為由於全球各地貧富差距的擴大，各國人民將以移民的方式來改善生活的物質條件。此外，國家內部的環境，無論是人口成長壓力、政治生態的改變、生活環境的惡化，亦會使得一些族群以移民的方式來改變其之生活方式。冷戰的結束，國際情勢的改變與國際權力結構的變化，一些國家內部的種族衝突問題，也可能導致難民的發生。最後，他指出由於國際經濟激烈的競爭，以及貿易保護主義的興起，進而產生貿易糾紛，亦會促使大規模勞動力的移動。全球經濟與生產體系的重整，擴大已開發國家與開發中國家之間的差距，更會影響吸引勞動力的遷移。因此本文作者認為，無論各國政府對於移民所持態度為何，在全球化潮流之下，移民現象已成為常態且將持續存在。然而如前節之論述，以上諸多之觀察與解釋全球的移民現象，並據而歸納形成之較具體關鍵之理論，將再次於本書第二章的移民理論篇章中詳述之。

第四節　移民之類型

關於國際移民的類型，移民研究者則將其依照不同的起源、不同的歷史情

---

[24] 倪世雄（2003），當代國際關係理論，第2版，頁142-151。

境，將它們分為不同的類型。Castles和Miller認為如果是因為經濟因素而進行跨國界移民的人，通常會經歷四個時期，因而會形成四種之移民類型。第一個時期是年輕勞工的暫時性移民之移民類型；第二個時期是返國或延長居留時期之移民類型；第三個時期則是進行長期居留或提出依親之移民類型；最後一個階段則是永久居留時期之移民類型。[25]在移民最初始，年輕的勞工，尤其是男性，為賺取更多薪資而甘願暫時前往海外工作，所得薪資也會努力匯回母國以改善家人生活。經過一段時間之後，這些勞工可能賺取預期中的薪資後返回母國，但也有一部分人，可能會因為其他原因，例如結婚生子、習慣當地生活而選擇繼續留在移民接受國生活。這些勞工最後便會提出依親至其移民接受國之親屬的移民申請，準備長期居住在當地，並發展出移民族群之團體。移民的最後階段則是永久居留，但受限於移民接受國的政策或當地人民的接受程度，有些移民或許能成功融入當地社會，有些則可能受到排斥而終究成為社會邊緣人。也就是說，國際移民的最終結果，並不能保證所有之移民者，均能如原先預期般的達成美好的結果。

　　倘若從移民的動機和原因區分，移民研究者鄭又平認為，可以將移民劃分為：1.經濟型移民；2.國際難民與政治型難民；3.家庭團聚（依親）型移民；4.非法移民；和5.身分轉換的移民。[26]鄭又平認為經濟型移民為比例最高的移民類型，移民的原因多為追求更加美好的生活與就業機會；且此類移民多為「需求導向」型之移民。也就是因為地主國缺乏勞動力，因而需要來自國外移入的人力。倘若將經濟型移民視為自願性的、自主的移民，國際難民與政治型難民則為非自願性的移民，多發生在母國長年內戰動亂、遭遇種族報復或政治迫害、險惡的生存環境與遭受污染的環境，而不得不移居他國。家庭團聚（依親）型移民，則為其他類型移民所產生出來的結果。基於人道精神，多數國家都會允許已獲得永久居留權的移民為其家人申請依親團圓。非法移民則已經對多數國家，尤其是已開發國家造成許多社會問題與形成安全上之嚴重負擔。這些由非法管道進入地主國的移民，不僅會成為政治問題，尤其在遇上選舉之際，更是政治上之熱門議題。其也會在遇上地主國經濟不景氣之際，因高升的

---

[25] Castles and Miller (1993). The Age of Migration: International Population Movement in the Modern World.

[26] 鄭又平（2006），全球化與國際移民：國家安全角度的分析，頁4-6。

失業率問題，與本地勞工產生齟齬。因此，如何妥善解決非法移民問題已經成爲各國政府的一大難題。身分轉換的移民則指的是入境之後，尋求政治庇護，或者通過婚姻、依親等方式改變身分，進而成爲外籍勞工或獲得永久居留權利的移民。例如，1989年「六四天安門」事件發生之後，由美國眾議員Nancy Pelosi提出，准許中國留學生續留美國的法案，在國會獲得通過，有許多中國留學生因「裴洛西（Pelosi）法案」的通過，[27]得以延長居住在美國，最後獲得永久居留權。

　　若以移民的身分區分，Peter Stalker則將移民分爲：1.屯墾移民（settlers）；2.契約勞動移民（contract workers）；3.專門技術移民（professionals）；4.沒有身分的勞動移民（undocumented workers）；和5.難民和庇護申請者（refugees and asylum seekers）等五種類型。[28]移民研究者莊博智在研究美國前總統之小布希政府，對拉丁裔移民政策之研究時，則以美國爲研究個案，將移入美國的拉丁美洲移民的身分分爲：1.勞工移民；2.難民與流亡人士；3.美國公民。他認爲勞工移民可以分爲非法及合法移民，合法移民又可以分爲依親和契約勞工兩種類型。難民與流亡人士，則指在國際上或國內遭受到結構性暴力的受難者[29]。例如，因戰爭動亂、屠殺或種族報復、宗教迫害等因素所產生的難民，即使擁有一個國家的國籍，卻無法受到該國籍屬國的保護與照顧。冷戰期間（1945-1989年）即有許多移民以難民的身分進入美國，然而當時美國的移民政策，基本上是爲了配合國家整體之外交政策，而執行該種類難民之安置。近期在國際間，則有敘利亞因爲持續多年的內戰，加上國際間各國拒絕協助安置難民，而造成國際難民數量的爆增；目前至少有320萬敘利亞難民，登記在聯合國難民署的名單之中。聯合國預估，2014年敘利亞難民數字將大幅上升至520萬人，且大約有超過半數的敘利亞人民，約1,000多萬人會逃離該國而成爲國際難民。[30]根據聯合國在2013年6月20日世界難民日前夕所公布的資料，國際難民人數已經超越4,500萬人。其中發展中國家，接收全

27　Foot (2000). Rights beyond Borders: The Global Community and the Struggle over Human Rights in China, p. 125.

28　Stalker (2002). The No-Nonsense Guide to International Migration.

29　莊博智（2006），小布希政府對拉丁裔移民政策之研究：以古巴裔與墨西哥裔爲例，頁71-76。

30　方家敏（2013），2013年人權事件多件引爆難民潮。

世界約85%的難民。[31]

綜上所述，在國際的移民經驗中，移民有許多不同之類型。其可區分之爲志願性的、被迫性的，或者地方性的、區域性的、全球性的，亦或是合法的、非法的，也可以是經濟性的、政治性的、社會性的等等類型。而這些類型往往是綜合而成的。若就合法性分類而論，則移民可包括合法與非法兩大類別，其分類可區分爲如下述。[32]

一、合法移民

就各國通例而言，主要爲下述四類：

（一）政治性移民：政治庇護與難民屬之。

（二）社會性移民：婚姻移民、依親移民、屯墾移民等屬之。

（三）經濟性移民：專技（技術）、投資、外籍勞工（變相移民）屬之。

（四）宗教性移民：美國有所謂的宗教移民。根據美國移民局審查之標準，申請宗教移民人士必須完成該宗教規定的教義課程，其工作必須直接和其教義有關。

二、非法移民

即通稱之爲偷渡犯，亦即含偷渡與人口販運等是。

然而亦有研究移民之學者，依入境身分及居留時間，將移民區分爲以下各種類型：

一、定居移民（settlers）

這是以永久居住爲目的遷移至他國之人。此種移民以依親爲理由，申請移入他國之移民爲大宗，其目的地大多是美國、加拿大、澳洲、紐西蘭等國，其國家之國民所得較高的先進國家。

---

[31] 里奇韋爾（2013），美國之音，「世界難民人數超過4,500萬人」。

[32] 吳學燕（2004），國內外移民政策與輔導之探討，頁5。

二、遷移勞工（migrant worker）

在二次大戰後全球經濟復甦期間，許多是以勞工身分遷移至他國的人民，其在決定遷移之初，並沒有打算在工作之國家落地生根，而是想要工作一段時間再衣錦榮歸。但隨著停留居住時間的延長、財產的不斷累積，以及歐、美先進國家重視家庭團聚的政策下，這些移民將其本國的親屬接來同住，最後成為該移入國的移民。然而近來由於世界人口膨脹，以及各國認為移入之遷移勞工多屬低技術或無技術之勞工，自1970年代開始，某些阿拉伯產油國家開始實施契約勞工（contract worker）制度，以為該國移民之新政策與移民管理之新措施。[33]

三、難民和庇護申請者（refugee and asylum seeker）

受國際難民規章、聯合國難民協定承認其難民身分者，遭受宗教、種族、國籍、政治或社會團體迫害，不能居留或是畏懼居留在原居住的國家時，可以合法地申請庇護其人身之安全，而移居該國。[34]

四、非法移民（illegal migrant）

因旅行、逗留、就業目的而違背國際協議或該國之法律，未透過正式申請居留的程序，或自身條件不足被拒絕者，而長期居留於該國之謂。此類移民沒有正式的身分，如前之所述，又稱之為「無身分移民」（undocumented migrant）或「地下移民」（clandestine migrant）。非法移民是所有移民研究中，不易進行觀察及研究統計的對象，然而本書之第二章第四節中有關「非法移民之推估模式」，即有介紹國內、外之移民研究者之非法移民的推估模式可供參酌。至於非法之移民當中，有些用短期停留名義，合法入境他國再逾期停留；有些則是以非法偷渡方式入境。此類移民遷移之目的，大抵出於經濟之考量。各國政府無法對非法移民，進行有效的管理與控制。因此非法移民造成的就業、教育、社會福利、逃稅、犯罪等問題，會對當地政府帶來直接而嚴重的衝擊。

---

[33] 楊國霖（2005），臺灣外來移民現況及其問題之探討，頁8。

[34] 聯合國難民署（2008），「關於難民地位的公約」（Convention Relating to the Status of Refugees）。

第五節　小結

　　全球化的發展推動著國際之移民活動。人口的跨國界流動使得各國得以在人力資本上互通有無，但是各國同時也因此面臨到國際移民帶來的優劣與利弊互見之影響。至於研究國際移民的每個理論皆試圖解釋移民發生的原因，但也受限於理論的發展，每個理論對於移民現象的解釋皆有其缺陷，故而遂招受到批評，因此移民研究之學者與專家們皆投入相當多的關注，試圖建構更加完整的移民理論。

　　移民之研究者對於國際移民產生的原因，亦曾進行許多不同的解釋；有些學者從社會學的角度、經濟學的層面或以政治學理論發展出不同的移民之理論。至於其相關之國際移民的類型，移民研究者則將其依照不同的起源、不同的歷史情境，將它們分為不同的類型。在國際的移民經驗中，移民有許多不同之類型。其可區分之為志願性的、被迫性的，或者地方性的、區域性的、全球性的，亦或是合法的、非法的，也可以是經濟性的、政治性的、社會性的等等類型。而這些類型往往是綜合而成的。

　　然而隨著全球化浪潮，以及通婚、外勞、偷渡等合法或非法途徑所形成之新興移民，已成為不少工業先進國家所應面臨之重要課題，許多國家歷經大規模人口的移出或移入，且受到其經濟、政治、社會、文化等之影響，制訂出不同的移民政策以因應國家發展的需要。而移民政策的制訂，不僅要考量經濟成長所帶來的利益，也必須考量新進移入者對當地既有的勞動市場所帶來的衝擊，以及移民後可能引發一連串新的社會問題。其中例如全球人口快速與大量之移動，人口販運亦伴隨著成為全球性的商業犯罪問題，它帶給組織型的犯罪集團龐大的非法利潤。

　　至於臺灣並非傳統的移入國，然而面對外來移民快速的增加及全球化之影響，亦已衍生出許多問題，包括大量外籍勞工的管理與人權維護、違法停居留、假結婚來臺、移民生活適應輔導、難民庇護安置、外籍專業優秀人才的延攬、行政單位事權分散及資訊欠缺整合運用等等。然而如前所述，我國政府至今亦遲未研擬較為完整的移民政策及相關配套措施，亦無一套針對管理或融合外籍人士的政策，甚至缺乏統合協調之機制。故而我國未來移民政策之擬定與規劃，誠為處理移民議題之關鍵發展措施與當務之急。至於其之發展進程，與

未來之移民管理策略，則將於本書後續之篇章中詳述之。

參考文獻

一、中文

吳學燕（2004），國內外移民政策與輔導之探討，國境警察學報，第3期，中央警察大學國境警察學系出版。

汪毓瑋（2002），非法移民問題威脅，非傳統安全威脅研究報告2002，國家安全叢書。

周聿峨、阮征宇（2003），當代國際移民理論研究的現狀與趨勢，暨南學報，第25卷第2期。

倪世雄（2003），當代國際關係理論，第2版，五南圖書。

高玉泉、謝立功等（2004），我國人口販運與保護受害者法令國內法制化問題之研究，內政部警政署刑事警察局委託研究報告，臺灣終止童妓協會執行。

陳明傳（2009），全球情資分享系統在人口販運上之運用與發展，2009年防制人口販運國際及兩岸學術研討會，中華警政研究學會、中央警察大學移民研究中心。

莊博智（2006），小布希政府對拉丁裔移民政策之研究：以古巴裔與墨西哥裔為例，國立政治大學外交研究所碩士論文。

楊國霖（2005），臺灣外來移民現況及其問題之探討，中央警察大學外事警察研究所碩士論文，2005年5月。

鄭又平（2006），全球化與國際移民：國家安全角度的分析，發表於「政府再造與憲政改革系列研討會－全球化之下的人權保障」，臺北：國立臺北大學公共行政暨政策學系，2006年2月21日。

廖正宏（1985），人口遷移，三民書局。

Peter Stalker原著、蔡繼光譯（2002），國際遷徙與移民，書林出版有限公司。

二、外文

Bommes, Michael and Geddes, Andrew (eds.) (2000). Migration and the Welfare State in Contemporary Europe, London: Routledge.

Borjas, George J. (1989). "Economic Theory and International Migration," International Migration Review, Vol. 23, No. 3.

Brettell, Caroline and Hollifield, James F. (2000). Migration Theory: Talking Across to Disciplines, NY: Routledge, 2000.

Castles, Stephen and Miller, Mark (1993). The Age of Migration: InternationalPopulation Movement in the Modern World, NY: The Guilford Press.

Foot, Rosemary (2000). Rights beyond Borders: The Global Community and the Struggle over Human Rights in China, New York: Oxford University Press.

Lee, Everett S. (1966). "A Theory of Migration," Demography, Vol. 3, No. 1.

Perruchoud, Richard (2004). "International Migration Law: Glossary on Migration", Switzerland, IOM.

Ravenstein, Ernst G. (1885). "The Law of Migration," Journal of the Royal StatisticalSociety, Vol. 48, Part 2.

Stalker, Peter (2002). The No-Nonsense Guide to International Migration, Oxford, UK: New International Publications.

Weiner, Myron (1995). The Global Migration Crisis: Challenge to States and to Human Rights, New York: Harper Collins; and Myron Weiner (ed.)(1993), International Migration and Security, CO: Westview Press.

Zaccardelli, Giuliano (2004). Commissioner of Royal Canadian Mounted Police, Keynote Speech, International Police Executive Symposium (IPES) Annual Meeting. Conference Theme: Criminal Exploitation of Women and Children, Vancouver Canada.

三、網路資料

監察院（2007），監察院公報，我國移民政策與制度總體檢案調查報告（五），http://tpr.link.net.tw/newPage/MICO/2584/2584_type21_01_p01.htm，瀏覽日期：2014年2月10日。

大紀元（2001），「發達國家應重新考慮移民問題」，http://www.epochtimes.com/b5/1/7/5/n106500.htm，瀏覽日期：2013年12月11日。

聯合國難民署（2008），「關於難民地位的公約（Convention Relating to the Status of Refugees）」，http://www.unhcr.org.cn/refugee_convention.htm，瀏覽日期：2008年4月。

BBC CHINESE.com（2001），「分析：發達國家的移民問題」，news.bbc.co.uk/chinese/trad/hi/newsid_1420000/newsid_1423000/1423032.stm，瀏覽日期：2013年12月11日。

DW在線報導（2008），「三千億移民匯款：靜靜的發展援助」，www.dw-world.de/dw/article/0,2144,3806129,00.html，瀏覽日期：2013年12月11日。

Pchome個人新聞臺（2011），全球移民2050年破4億，http://mypaper.pchome.com.tw/the-caiyi/post/1321856097，瀏覽日期：2013年12月9日

Yahoo奇摩部落格（2007），引述網路新聞（法新社馬尼拉二日電），「亞洲開發銀行：外勞有助改善亞洲貧窮狀況」，http://tw.myblog.yahoo.com/jw!zYCKfwCLHwC6xy3XjhnJ94KH/article?mid=1056，瀏覽日期：2013年12月11日。

自由時報，「限縮歐盟移民瑞士公投通過」，http://www.libertytimes.com.tw/2014/new/feb/10/today-int2.htm，瀏覽日期：2014年2月10日。

方家敏（2013），「2013年人權事件多件引爆難民潮」，臺灣醒報，2013年12月29日，http://anntw.com/articles/20131229-P99p，瀏覽日期：2014年2月10日。

李允斐（2005），移動與定居的經驗：長治鄉印尼客家移民的生活形態與社會結構，行政院客家委員會，http://www.hakka.gov.tw/ct.asp?xItem=41553&ctNode=1879&mp=1869，瀏覽日期：2014年3月7日。

里奇韋爾，「世界難民人數超過4,500萬人」，美國之音，http://m.voachinese.com/a/global-20130628/1690927.html，瀏覽日期：2014年2月10日。

UNODC (2007). "UNODC launches Global Initiative to Fight Human Trafficking," retrieved from www.unodc.org/newsletter/en/perspectives/no03/page009.html, retrieved Feb. 2014.

US Department of State, Trafficking in Persons Report 2015, Tier Placements, retrieved from http://www.state.gov/j/tip/rls/tiprpt/2015/index.htm, Apr. 1, 2016.

第二章
移民之相關理論暨非法移民之推估

陳明傳

第一節　前言

　　社會科學在解釋某種社會現象時，往往從該學術領域之特性與研究主軸來說明此一現象。因此很難有所共識或者共同之觀點；每一學術領域均有其特殊之偏好、假設、變項或者因素等來推論其因果關係。因此必須從不同學門之研究議題、理論架構、基本假設、研究之自變項與依變項之中，來比較、歸納與整合出較有系統之解釋移民現象的理論。

　　另外亦應從各個學門所主張的解釋移民現象之現有諸多理論中，歸納、比較與分析其中之優劣、差異與互補之處，期能提供未來之研究者，一個不同思考與探究之新途徑。亦可提供研究者，能更進一步的研發與改進相關移民理論之不足處，而能整理出更有解釋能力之移民新理論。

　　至於，在做移民現象之理解與嘗試解釋其現象時，在原始資料之完整取得，以及較爲全面的深入認知方面，亦應該有更爲周延的取得之管道，與其研究之途徑。因此本章在探討解釋移民現象的理論建構時，亦欲另外介紹此一解釋移民現象的關鍵性方法，其即所謂之「非法移民之推估」；並以研究此非法移民之推估模式多年，並累積甚爲豐碩成果之歐、美移民之大國爲例，加以論述與說明之如後。

第二節　不同學門研究移民之觀點

　　在解釋人口移動或者移民（Migration）的議題時，Brettell and Hollifield遂

以表2-1來說明各類社會科學之學門，在論述移民議題時之不同觀點。[1]然而此不同學門之比較，亦提供一個對於移民議題的對話與整合之平臺。然而自1990年代開始國際的移民趨勢，受到國際政治與經濟快速變遷的影響下，呈現更多元的快速發展現象，因此如同學者Salt所論，亟需新的移民概念與新的理論建構來理解它。所以現有之各種移民之觀點或理論，都無法很準確有效的預測移民之現象與其趨勢。學者Skeldon更主張，現有之移民之觀點或理論，僅侷限於質化的（qualitative）、文獻與資料解釋之方式，而完全無法掌握多變的現代之移民現象。學者Findley亦觀察到現有之移民研究，必須更強調其與全球變遷與發展之關聯性。[2]因此，筆者認爲除了汲取本章所引述之觀點與理論之外，則應以更多元與整合創新之模式，來理解移民之諸多議題。

表2-1　不同學門之移民觀點比較

分項　　　　學門	1.研究之議題（Research Questions）	2.主要之理論架構（Dominant Theories）	3.基本之假設（Sample Hypothesis）	4.自變項（Independent Variables）	5.依變項（Dependant Variables）
人類學（Anthropology）	移民如何影響文化改變與族群認同？	理性的、結構性的、以及跨國的分析等模式	社會網絡維繫著文化的差異	移民之行爲（移民出境、整合）	社會與文化層面（跨國之網絡）
人口學（Demography）	移民如何影響人口之改變？	理性分析模式：借重經濟學的理論	移民提升了出生率	人口之動態（分布、比率）	移民對人口之影響
經濟學（Economics）	移民產生之經濟效應爲何？	理性的分析模式：效益分析與推拉理論	移民之人力資本促進了經濟之整合發展	移民之行爲（移民與整合以及對經濟之影響）	薪資與收入的差異、經濟上之供需影響
史學（History）	如何了解移民者之經驗？	閃避以理論爲主軸之研究模式	文獻未論及此	移民之經驗	社會與歷史層面之影響
法學（Law）	法規如何影響人口之移動？	制度論與理性的分析模式：借重所有社會學的相關理論	移民者之人權維護與相關之議題	移民者在法律、政治、社會、經濟上之待遇	移民法制與移民政策

1　Brettell & Hollifield (2000). Migration Theory-Talking across Disciplines, pp. 2-20.

2　Siddique and Allpeyard (2001). International Migration into the 21st Century, pp. 1-2.

表2-1 不同學門之移民觀點比較（續）

學門 ＼ 分項	1.研究之議題（Research Questions）	2.主要之理論架構（Dominant Theories）	3.基本之假設（Sample Hypothesis）	4.自變項（Independent Variables）	5.依變項（Dependant Variables）
政治學（Political Science）	政府管理移民之困境為何？	制度論與理性的分析模式	移民支持論者對政府的影響	移民之政策（接受論或反對論）；結果（管制與整合）	移民制度、人權與利益
社會學（Sociology）	移民者如何融入社會？	結構性與功能性的分析模式	移民者之整合發展與社會資本之相關影響	移民之行為（移民與其整合）	經濟特區（en-claves）、網絡、社會資本

壹、人類學的移民觀點

人類學者傾向以人種之特性來主觀的說明移民現象的特殊性（idiographic）。然而其終極之目的，乃期望藉由跨文化的比較，來探究出移民在不同時、空環境之影響下，推演出解釋移民現象的客觀性之移民理論（nomothetic）。此種人類學實徵的研究，能促進對於人類移民現象之了解。因此，人類學者不僅僅要了解「何者」、「何時」以及「為何」有人口移動之現象，其更進一步乃要了解移民者之經驗及其移民之方式，以及何種社會與文化因素的影響下，而促使其移往他境。而這些因素之研究，均為人類學家研究移民現象之焦點。

早期人類學者在研究移民問題時，乃以跨文化的比較之方法來進行研究，亦即比較移民之相同點與相異處。其乃區別不同的親屬關係與族裔，並且分別不同的宗教儀式與行為，以及分辨不同的政治組織與經濟制度等等變項因素，來探究移民的現象。人類學研究者Gonzales亦曾增加了衝突的人口移動（conflict migration）之因素，來探討移民的議題，其主張人口之移動乃因為其母國社會之暴力衝突，才引發人口的移動。而此論述亦可用來分辨移民與難民之不同。自1970年代起，人類學的移民學者，亦開始倡導多元的途逕（multi-sited approach）來研究移民之議題，而其被歸納成為「現代的人類學

移民研究者」。某些現代的人類學移民研究者，就曾提出所謂迴流移民之研究
主題（return migration）。其主張移出人口中應該有兩種分類，一種是永久的
移居外國，另一種則是暫時的移居，但其最後則仍期望回到母國。其中例如
Gmelch主張較強的家庭聯繫關係，為影響移民迴流的主要因素，而不是經濟
的因素使然。同時人類學者仍然著重於人類不同的移民策略之研究，然而其亦
認知到大環境之變遷，仍然會改變個人之移民取向。[3]

貳、人口學的移民觀點

人口學者的移民基本議題，乃為人口的自然變遷之研究；而出生率、死亡
率以及人口移動，則為人口變遷的重要變項。其根據大量的人口統計數據，歸
納出人口移動之類型、移動之方向以及其特性，包括年齡、性別、職業與教育
程度等等特性。這就是人口學者Keely所謂之人口學對移民現象的主要見解。[4]
但其進一步說明，人口學者亦不會避開移民理論與原因之探究。因此其援引社
會學之原則來論述社會、經濟與政治等因素，影響著移民現象或被移民現象所
影響。據此觀點，則人口學論者似乎在移民研究的各學門間，建立起一個整合
的平臺一般。因而如同歷史學者、人類學者以及社會學者，均在探究何種人會
移民，以及何時會移民。但是，人口學論者在探究此類問題時，卻期望建立一
套預測人口移動的模式。因此，人口學論者確實有預測人口移動的方法，而歷
史學者、人類學者以及社會學者，則比較專注於過去或現在發生之個人或群體
人口移動之行為。

參、經濟學的移民觀點

經濟學者亦著力於建立預測人口移動的模式。Chiswick即曾建構一個預測
移民之模式，並以何種人會移民為例來說明之。其主要論點則聚焦於移民如何
作出移動之選擇。也就是說如何根據人力資本與勞力市場之經濟評估與考量，

3　Siddique and Allpeyard (2001). op. cit., pp. 97-102.

4　Brettell & Hollifield (2000). op. cit., p. 6.

來決定選擇何者可能被選爲移民之對象。而Chiswick的理論乃偏向於移民對象之供應面（移出國）的經濟考量之理論（supply-side theory），而較不是結果面（接受國）與其效益之關注（需求面，outcomes theory）。而經濟學者對於移民之主要論點，亦即爲個人理性的分析，往往爲決定其移動之關鍵因素，而此觀點即所謂微觀的經濟移民模式（microeconomic model）。[5]

　　然而，人類學者與史學者卻認爲，經濟學者僅以經濟之因素來預測移民之趨勢與活動，就無法完全掌握移民之態勢，因爲其忽略了社會與文化因素對於移民活動的影響。另外人類學者與史學者亦不贊成經濟學者以及經濟人口學者（economic demographer），將移民之正面或負面效益影響評估，當作探究移民的主要議題。因此在移民理論之探究與移民政策的釐定上，在此不同的觀點下，就產生了甚多的辯正與論戰。例如，Chiswick曾發表移民者之經濟同化率論述（the economic assimilation rate of immigrant），稱新移民之收入可能低於該國勞工17%，但是十至十五年後，根據美國國內之統計數據顯示，其收入已整合變成在國民平均水準，或甚而超過平均水準之上。而此論點，亦曾被同爲經濟學研究者的George Borjas引述最新之統計數據將其推翻。[6]另外，經濟學者以及人口學者亦主張，因爲移民之影響，使得政府在教育資源、社會福利以及社會安全等方面之支出大幅的成長，因此引起移民政策之宜寬或宜嚴的政治論戰。同時亦因而引來移民准駁條件設定之爭辯。例如強調經濟因素之國家，會將經濟條件與專長技能，列爲移入者之首選要件，反之強調家庭團聚與難民救援者，則將人道、人權與社會因素，列爲移民者之要件。而後者亦是引起政治學者與法律學者之興趣，遂而成爲新進的研究移民現象的成員之一。

肆、史學的移民觀點

　　史學研究者則處在人道與社會科學的焦點議題間觀望，而其研究的主軸乃在與移民相關的時間與地區作探索與研究。該研究領域者Diner主張史學研究者閃避移民理論與其相關假設的研究主軸，雖然史學研究者與社會科學研究者

5　Faist (1997). The Crucial Meso-Level.

6　Faist (1997). op. cit., p. 5.

之移民研究類似，亦即著重於人口移動的決定因素以及其影響之研究。換句話說，其僅著眼於誰會移民、何時會移民、為何會移民、為何有些人不會移民，以及移民者如何經歷離境、移動、如何安置過程之諸多議題而已。而其研究之標的，往往是一個群體甚而個人之移民行為，而非跨族群之整體研究。史學的研究者，乃用敘述性的方式，亦即在分析該移民之過程之前，先論述移民之族群如何的安置下來，如何的規範其生活之新社區，以及如何的自我認知（shape their identities）。另外史學研究者，在探究影響移民之因素時，其將重點放在個人移民之成因探討之上，而較不著重社會整體因素對移民活動之影響。

　　另外，史學研究者不同於人類學、社會學、政治學與經濟學門研究者之研究途徑，其不認為社會現象可以歸納成一定之「理論」。因而亦不適宜一致性的來解釋此類特定之移民現象。所以其認為移民之研究，就較不適合用「理論」之途徑來研究。因此，史學研究者被訓練成以時間與地區為研究之關鍵變項，因而比較傾向於根據不同的時間與地點之歷史軌跡，來個案的論述該現象。所以亦無法根據此類移民之資料或文獻，而預測未來可能產生何種之移民現象或效應。亦即文獻與資料為一切移民研究之準據，而文獻與資料會因為時、地之不同而有所差異，所以不宜歸納成放諸四海而皆準之特定「理論」。[7]

伍、法學的移民觀點

　　法律學者對於人口移動之見解或可分為兩大類，其一以理性與微觀經濟之觀點（rationalist or microeconomic）來論述移民之現象；另一派經濟學者則聚焦於制度、程序以及移民人權等之議題。[8]後者例如Shuck主張，多數的法律學者，對於建構「法律科學」（science of law）的可能性多有所質疑，因此其主要的研究途徑均以分析移民之判例為主。而研究人口移動之此兩派學者，均一反傳統之法學研究之方法，而試著以法學之角度來說明法律對國際移民之影

7　Brettell & Hollifield (2000). op. cit., pp. 37-39.

8　Legomsky (1987). Immigration and Judiciary: Law and Politics in Britian and America.

響，以及移民活動對於政治經濟的影響。並進一步分析說明，很難規範出移民法規與移民實務真正的吻合與一致性的配合發展。亦即為何移民之政策（所謂法律之明文規定）以及移民政策之執行（所謂法律之實際執行或自由裁量），有如此大的落差。而此種見解，與政治學者之主張，所謂在民主國家中，很難對於移民活動作有效之管控是相類似的。而移民人權因素之考量，會直接影響移民政策之制訂，則與政治學者及社會學者之主張亦雷同。

法律學者亦進一步主張，其實國內法有關移民法之規範，很不容易對國際移民產生影響作用，尤其對於非法之移民更難有嚇阻之效果。因此，移民法僅能規範合法之移民歸化。而移民法之真正落實執行，則往往要考量費用、民主自由與人權的問題。例如，法律學者運用理性之分析，亦即微觀經濟之觀點，尤其是貿易理論（trade theory），來說明移民法與移民政策，必須有其合乎國際法之人權規範與正當性。[9]另亦有法律學者擔憂在民主國家中，其移民法制無法控制移民之正常運作。反之，亦有法律學門之移民學者，根據微觀經濟之理性分析，主張移民活動會促進經濟發展與社會福利，因此美國應該要有更寬鬆之移民法與移民政策。

因此，法律學者對移民之探究，顯然與社會學者或歷史學者不太相同。亦即法律學者，不太著重移民理論之建構與假設的測試，而是運用較寬廣粗略之社會科學之分析技術，來論說特定議題之移民政策。同理，其乃根據對於移民機制與移民實務之鉅細靡遺的了解與分析，來否定一般性之移民理論與見解的不妥當處。

陸、政治學的移民觀點

政治學者對於移民之研究可有三個研究主軸，其一為政府機構在管制移民與邊境管制上的角色與責任。其二為政府與移民之關係，以及外交政策與國家安全之考量；其三為如何對於移民，建立整合之平臺或融入社會之機制。政治學者與社會學者、經濟學者，所探究移民在社會、經濟上之融入與整合，有同樣的關注之外，更加上政治方面的融入與整合面向。其中尤其是公民權與

9　Brettell & Hollifield (2000). op. cit., pp. 8-9.

人權之因素，而此類議題，則與法律學者相似。而其之關注，則例如政治學
之移民研究者Salyer所論述19世紀時，中國人移民美國而被稱之爲「僑居者」
（sojourners），故而當時中國之移民，積極的爭取權益，來挑戰美國對僑居
者，不公平而帶有歧視的法律。[10]

　　另外如同社會學者一般，政治學者對於移民的研究議題，均較偏重於移入
現象之研究。而不論其探究的是移出國或接受國之移民現象，政治學者往往將
其區分爲此兩類之理論規範，然較偏重於移入之研究。另外政治學者之研究重
心，亦可區分爲兩大類，其一爲運用效益爲基礎以及微觀經濟之理性分析途
徑，來研究移民之議題；另一類則偏好從制度面、文化面以及自然想像之方
式，來論述與探索民主先進國家移民人口增加之原因。[11]

柒、社會學的移民觀點

　　社會學者之基本移民議題乃是，爲何人口移動會發生，以及其會如何的持
續發展等議題。此種議題，則與前述人類學者相關移民理論之架構相類似。
此二類學者，均以社會學家馬克思、涂爾幹以及韋伯等大師（Marx, Durkheim,
and Weber）之理論爲基礎，並以強調社會之關係與網絡，爲了解移民活動與
其融入社會程序的關鍵因素。然而社會學者幾乎是以移入地爲研究之主體，而
人類學者則亦同時關注到移出地的議題之探討。因而社會學者之研究，乃起源
於研究西方的制度與社會問題，人類學者則更擴而研究其他地區之演進狀況。
因此人類學者比社會學者，較慢進入移民領域之研究，但是對於社會整體之研
究卻有很久遠的研究經歷。另外，社會學者之研究，較著重於移民結果的議
題，縱然其亦有不少社會學者，從事移民原因之探索，然而其卻將重點放在移
民的融入與整合的研究之上。

　　但是近期社會學者之研究，已經從較爲單一性研究主題的移民結果之探
究，演進至較多元性的研究架構，因而其對於社會資本、勞力市場以及社會組
織與架構等方面，亦同時有所探究。其中例如社會學者Heisler即認爲，特定族

---

[10] Ibid., pp. 6-7.

[11] Weiner (1995). The Global Migration Crisis.

群之經濟特區（ethnic enclave economy，例如中國城等），以及特定族群之企業組織（ethnic entrepreneurship），即為社會學者研究移民問題時應注意之議題。[12]因此當人類學者主張文化的架構與族群認同的符號、標誌，為研究移民之重要變項時，社會學者則認為在社會之機制功能上，有關該族群差異性狀態的探討，才是研究移民的重點。然而，此二學門亦有相互融合之觀點，例如在研究移民者之社會關係時，其均認為社會網絡（social network）的重要性，以及其誠為影響移民活動的重要關鍵因素。

學術界研究移民現象容或有先來後到之別，誠如本文前述七類學門之論述，即有其先後與假設，或者焦點主題之明顯差異。然而移民之探究隨著不斷的討論與演進，也朝向同化、整合（assimilation and integration）的方向來發展。例如早期歷史學者、社會學者以及人類學者所主張，研究移民之主流模式應朝著同化模式（assimilation model）來發展，然而亦有批評者稱此模式，以預測一個單一之結果，仍不足以說明多元移民因素的內涵。因此就有Portes and Rumbaut於1990年提出一個更多元的移民模式，其即為多元融合之移民解釋模式（complex model of incorporation）。[13]此新模式乃以美國之移民現象為基礎，並運用移民美國之不同族群，其被美國之移民政策所被動的接受或積極的支持；其所處的勞力市場是中立公平的、抑或是歧視不公平的；以及特殊族群的社區是否有存在著等等多方面因素的新模式，來分析並解讀移民之現象。其中，例如論及移民之特區經濟（the ethnic enclave economy，如中國城等），到底是增進或減緩了移民的融入社會？社會學者則主張，「社會資源」（social capital）的移民網絡與其之社會關係，實為增進其融入社會的因素。反之，經濟學者則主張，「人力資源」之變項（human capital criteria），包括學歷、專業條件以及語言能力等等因素，則為減緩移民融入社會的因素。至於人類學者早期即已存在之跨國移民論述（transnationalism），亦受到整合趨勢之影響，而著重於多元因素之移民分析，而其亦造成社會學者與政治學者的跟進。

近期對於人口移動之研究，如前所述雖然有不同的學門提出不同之議題、

12　Brettell & Hollifield (2000). op. cit., pp. 4-5.

13　Brettell & Hollifield (2000). op. cit., p. 15.

假設、變項與預測之途逕或模式。唯建立一個整合的觀點或多元聯結的平臺（bridge building），或許爲探討移民現象較爲究竟與完整的方式。各種學門建議整合的平臺，則例如表2-1所示，各學門間可以將相關之自變項與依變項，列入其實徵研究與資料蒐集之範圍內，以便成爲較有系統的全面分析。然而，當各學門間在相互融合與援引之時，經濟學者卻主張其雖然也整合其他學門之觀點與方法，唯其所主張的經濟理性選擇模式（rational choice model），則較具備有科學之眞確性。[14]

第三節　移民之理論

本文作者擬以下列數種理論，來論述與解釋移民相關的跨國人口移動之現象：壹、推拉理論；貳、新古典移民理論（或新古典經濟平衡理論）；參、移民新經濟理論；肆、雙重勞動市場理論；伍、移民網絡理論、移民系統理論與跨國移民概念；以及陸、世界體系理論。[15]

壹、推拉理論

此學派之代表人物爲英國之地理學家Ernst G. Ravenstein，於1876、1885及1889年發表之「移民之規律」（The Laws of Migration）當中，提出了移民之七項「移民法則」：即1.遷移與距離：一般都傾向短距離的遷徙，長距離的遷徙則爲儘量往工商業發達的市中心；2.階段性遷移：由鄉村至市鎮，再由市鎮遷移至大都市；3.流向與反流向：兩種併存；4.都市與鄉村遷移之差別：都市居民比鄉村居民有較少之遷移；5.短距離之遷移大都爲女性；6.技術與遷移：交通運輸與工商業之發展會影響遷移；7.遷移以經濟動機爲主：尋求更好

---

[14] Brettell & Hollifield (2000). op. cit., pp. 17-19.

[15] 陳明傳（2007），跨國（境）犯罪與跨國犯罪學之初探，「第一屆國土安全學術研討會」；Also see Kurekova (2011). Theories of migration: Conceptual review and empirical testing in the context of the EU East-West flows.

的經濟發展以便改善生活。[16]根據此移民法則，則衍生而成後來之推拉理論，其認為人類之遷徙，其發生之原因，乃基於原居住地之推力或排斥力（push force）與遷入地之拉力或吸力（pull force）交互作用而成。而其理論隱含著二個假設，第一即認為人之遷徙行為是經過理性的選擇；其次，此一學說認為遷徙者對於原居住地及目的地之訊息，均有一定程度之了解。而遷徙者會根據其本身對客觀環境之認識，加以主觀之感受及判斷，最後做出是否遷徙之決定。

　　人口推拉理論（push-pull theory）在1959年Bogue亦曾發表人口推拉理論（push-pull theory）。其之推拉理論認為遷移之所以發生，是因為遷移者受到原住地的推力或排斥力（push force）；以及遷入地的拉力或吸引力（pull force）交互作用而成的。移民研究汗牛充棟，而多數以「推拉理論」為主要分析架構。Bonacich和Cheng（1984）曾批判推拉理論，只針對移出國和移入國的「推力」和「拉力」，而無宏觀的分析架構，並提出移民與資本主義發展的關係理論架構圖，主張勞動移民（labor immigration）為資本主義發展邏輯下的產物。「推拉理論」儘管只能解釋現象，卻也引發出一個更高層次的問題。也就是誰在推，是誰在拉。或者說，究竟是什麼因素促使國與國之間、地區與地區之間產生推拉效應。[17]

　　Everett S. Lee於1966認為，影響遷徙之因素有四：即1.原居住地之正負因素；2.目的地之正負因素；3.中間阻礙因素；以及4.個人因素。而遷徙之發生，都是前述四種因素交互作用之結果。事實上，推拉理論乃是綜合、整理19世紀後期至20世紀中期，各家所提出之移民理論與研究發現而成。遷徙之成因乃是由於原居住地之推力或排斥力，包括所得水準低、就業機會少、生活條件差、社會關係不良、政治情況不穩、天然災害等因素；而遷入地區之拉力或吸引力，包括就業機會多、較高待遇、較佳之生活環境、社會治安良好等因素交互作用而產生。

　　基本上，此一理論之立論，主要係建立在移民者乃是理性之行為者的基礎之上。亦即當移民者本身感受到威脅或認為有離開定居地之必要時，移民者便會選擇離開。此外，另有學者進一步將各種可能影響遷徙者之因素列入考慮

---

[16]　楊翹楚（2012），移民政策與法規，頁40-41。

[17]　http://www.revision-notes.co.uk/revision/171.html, retrieved Nov. 2007. 又見陳明傳（2007），同註15。

中，並依據成本效益之公式計算分析，解釋人們是否遷徙之決定。在此一分析
中可知，移民其實是需要許多成本的。因為從遷徙過程中所花費之費用、遷徙
者本身之健康狀況、家庭等因素，均須列入考量之中。然而推拉理論與下述之
新古典理論，是有其高度相關的，因為推拉理論亦是強調勞動力經濟背景因素
與移民有其相關性。而此推拉理論的移民經濟因素論述，乃是以理性的科學分
析，來論說移民之量化數據之關係，以及其趨勢之變化。但是由於推拉理論之
移民因素，往往是互為因果關係的變項，因此其之理論架構，常被批評為無法
真確的指出移民的真正原因。[18]

貳、新古典移民理論（或新古典經濟平衡理論）

　　在前述推拉理論之後之人口學及經濟學家，便以此理論為基礎加以補
充，在二次大戰後提出「新古典移民理論」（The Neoclassical Theory of
Migration）。此理論認為國際移民是個人追求利益最大化的一種選擇，乃人力
資本之投資行為。其源自於國家間或區域間的工資差異，而人口流動可以消除
這種差距，並最終使得移民現象消失。此派理論所依據之理論基礎則為人們所
熟悉之概念，例如「理性選擇」、「預期收益」、「工資差距」等原則。然而
由於該理論結構簡要、易於理解，故在1970年代之前乃在學術界居主要地位。
而1970年代中期以降，由於全球化之發展極其迅速，國際間人口移動出現了許
多新模式與新特色，對於這些較以往更為複雜之人口遷徙現象，新古典主義已
難以自圓其說。此外，新古典經濟平衡理論存在著嚴重的理論缺陷，即該理論
假設過於完美，僅將人口遷徙視為個人對收支成本理性思考後之結果，完全無
視於外部因素之侷限，如國家或環境對於移民本身之影響，以及個人本身在移
民相關工具取得方面之限制。例如對於現代人口遷徙之原因進行分析便可得
知，有相當數量之移民，乃肇因於移民者本國國內政治動盪、經濟蕭條等其他
外在因素，而非基於移民本身之想法；換言之，這些移民係屬「被迫移民」。
據統計，截至2000年底，世界難民人數已達1,600萬之譜，其中有1,300萬之難

---

[18] Kurekova, op. cit.

民集中在發展中國家。[19]

又新古典主義的移民理論，主張人口之移動，乃由整個市場的勞動力的差異所驅動與影響。此論述最初的模型乃源於解釋人口移動的Hicks（1932），Lewis（1954）以及Harris and Todaro（1970）之所謂人口移動，乃由於國際間實際的工資差異以及國家間勞動市場之不同，而造成人口之移動。根據這個理論，人口移動乃由於勞動力之供應面與需求面的地域差異，和勞動力豐富與資本豐富的國家之間的工資之差別所造成。因而新古典主義移民理論之中心論點，即聚焦在工資之上。爲達成其理論所主張之充分就業的假設，因而其預測工資差別和遷移流動之間，存在著線性的互動影響之關係。而此論述又被稱之謂，巨（宏）觀的新古典主義的移民理論（macro framework）。因此人口移動的模式，往往會因此而形成駝峰形之互動影響關係，亦即當國家財富的增長時，會加速人口移動率的增加，因爲更多的個人或家庭，都能夠提供資金來從事人口之遷移。然而，隨著國家繼續的發展，則移出率會漸次減少，同時移出之誘因亦開始降低。這些論點曾經是新古典主義的移民理論被批判與挑戰之論點，但是亦同時是該理論掌握人口移動事實的有力論證。[20]

上述對於新古典主義之論述或可稱之爲巨（宏）觀的新古典主義的移民闡述，然而其亦可以轉移到以個人選擇爲主要變項的所謂之微觀新古典主義的移民模型（micro-level model），而其亦被稱之爲移民的人力資本理論。介紹人力資本理論的Sjaadstad（1962），其納入個體的人口特質，作爲人口移動微觀層面的重要決定因素，因而亦豐富了新古典主義的理論架構。此理論分析的中心乃是，一個理性的人在決定遷移時，乃以是否能較容易達成其目標或擴增其最佳之受益爲主要之考量因素。因此人力之資本、技能、年齡、婚姻狀況、性別、職業、和在勞力市場的狀況，以及個人之偏好與預期，強烈的影響著是否決定要移民之因素。[21]所以個人之間的差異，是一個是否移民的重要影響因素。因此不同的個體，在同一移出之國家亦會表現出不同的移民傾向，以及選擇不同的移入之國家。因而人口之移動，可能受到年齡之增長因素影響而逐漸下降，亦通常因爲教育水準之提高而漸次增加。因此，根據移民微觀之人力資

---

[19] 邱丞燁（2006），大陸地區人民來臺管理之研究－以國境安全維護爲中心，頁25-26。

[20] Kurekova, op. cit.

[21] Sjaadstad (1962). The costs and returns of human migration, pp. 80-93.

本理論，移民往往是相對的具備有更多的技能，才能增加其因爲移民而功成名就的機會。

參、移民新經濟理論

移民的新經濟理論（New Economics Theory of Migration）乃在挑戰移民新古典主義的某些假設，其提供了一個新的移民分析與人口移動的決定因素。其研究移民之重點，從個體獨立的因素轉向相互依存的經濟關係。至其主要之論點，認爲遷移的決定不是孤立的個體行爲，而通常是由家庭或全家成員所決定的。此外，移民的各項決定，都受到其本國一套全面的狀況或因素所左右。據此，移民的決定不純粹基於個人最大效益的算計，而是整個家庭對收入之風險評估，與各種市場之因素考量（例如勞力市場、信貸市場或保險市場等）所作出之回應。因此，人口移動若不考量工資差異，則遷移的抉擇亦並不意味著是非理性的，因爲其亦必須考慮另外一些相關的影響因素。例如，相對的剝奪（如其他家庭將送其成員出國移民等）、經濟風險的規避以及家庭收入風險最小化的考量等等。

移民學者Oded Stark論說了上述移民新經濟理論的概念，其認爲在發展中國家的貧窮家庭，了解到其國家很少有好的政府，或私人保險市場機制等之存在，因此遷移提供了有意義的生活上之轉變。例如移民者的匯款回原母國家庭之行爲，成爲移民新經濟學中，研究人口移動的重要和不可或缺的一部分，因爲其證明家庭之間的相互聯繫與分散經濟風險的概念。並且證實移民之原因和後果之間確有其關聯性。[22]然而儘管此新理論，能夠分析移民之決定因素和遷移的影響，然而新移民經濟理論仍被批評爲，此僅爲移出國的偏見而已。並且其對於移民之解釋，乃有其適用上的侷限，因爲僅單一考量勞力市場與保險的不完善，而未論及其他經濟因素或其他勞力市場之因素，則仍難免偏於一隅。總體而言，該理論並沒有受到很多學者之接受，或更進一步的實證檢驗。基本上其亦被批判爲，太強調家庭對個人移民的影響，以及太過於考量移民現象的未來發展方向，故可能不太著重於實際之發展情況。

---

[22] Kurekova, op. cit.

肆、雙重勞動市場理論

雙重勞動市場理論（The Dual-Labor Market Theory）也被稱為勞動市場分割理論（Segmented Labor Market Theory）。此理論是在60年代末期，由兩位經濟學家Piore和Doeringer所提出。此派學者認為隨著工業化之發展，已開發國家出現了資本密集的高收益、高保障、高收入之上層市場，以及勞力密集之低效能、低收入之下層市場，此即所謂之「雙重勞動市場」。由於已開發國家之本地居民，不願進入低效能、低收入之勞動市場，導致其本國不得不以外來移民來填補職業之空缺。故外來移民，便成為已開發國家之經濟體制下之結構性需要。由於已開發國家的勞動力市場存在對外國勞動力的內在需求，使得移民接受國（即需求國），對勞力之需求而促進了人口之跨國遷移。然而此理論排除了移出國之各種移民相關因素的考量，並且太過於強調前述正式的招聘移民之程序與做法而遭到批評。同時其亦無法論證，為何在同樣經濟條件下的國家間，其移民之比率卻不盡相同。[23]

而在「雙重市場理論」的基礎之上，更有學者提出了「三重市場需求理論」，亦即在前述之上、下層市場以外，再加上一「族群聚集區」的層級。此說認為，此一於移民族群自身發展基礎上所形成之經濟圈，對其原居地之人群有特殊之吸引力。亦即一方面該經濟圈之運作需引進新的低廉勞力，以增強其產品之市場競爭力；另一方面，則由於族群經濟圈之形成，移民企業家在社會上之地位更顯突出，原居地人群往往以這些成功者為榜樣，做為移民之動力。而此新論點與本章之前節，社會學門之移民觀點的特定族群之經濟特區（ethnic enclave economy），以及特定族群之企業組織（ethnic entrepreneurship）的論述，有相雷同之處。

雙重市場理論，較完整地解釋了當代國際移民之普遍規律。該理論首次從移民接受國內在機制的角度，探討國際移民之成因。該理論並不在國際移民之成因上多所著墨，而是針對引發國際人口遷徙之一項因素進行探討。亦即對於現今之已開發國家，在對於外來勞動力之結構性需求進行詳細之研究，以解釋為何一國在無法有效降低失業率的同時，卻能夠保持經濟之持續成長，而對於

---

[23] Ibid.

外來勞動力之需求卻有增無減。而該理論另一個重要之貢獻，在於消除、修正了一般大眾普遍認爲外籍勞工會與本地勞工爭奪勞動機會，以及他們會減少本地勞工之薪資等謬誤看法。

伍、移民網絡理論、移民系統理論與跨國移民概念

此派學者認爲國際人口移動不僅是特定經濟關係下的產物，亦是特定之政治、文化及歷史相互作用下之產物。人口之流動有著明顯之地域特徵，在全球化之背景下，形成若干相對獨立之「國際移民體系」。換言之，該理論自移民之人際關係與聯繫狀況著手，諸如移民本身之友誼、同鄉等聯繫關係，均可能塑造一移民社群，使得新來的移民者更容易在移入國得到協助。在某些情況下，新移民投靠他們在海外的親戚和朋友；而與他們的同一族群就近生活，具有許多有利之條件，如獲得學習、就業和得到幫助之機會較大。透過此種途徑，新移民可以選擇在當地之移民社會生活，並尋求融入該社區。亦可以透過自己的能力，與新移入地建立社會關係。這種人際聯絡方式，讓先到者可提供渠等之經驗與資源，協助後到者，得以降低遷徙所可能面臨之風險，並獲得某種程度之保護。[24]

因此國際之移民，可視之爲詳細策略分析後之成果。同胞的移民難易、經驗，與先行者的提供給新移民者之優勢，減少了移民之代價與風險。是以，將移民輸出國與輸入國彼此間之歷史、社會、經濟及心理因素，均列入考量之範疇，如此方能深入體認移民之具體原因及其特色。例如牙買加移民之於英國，蘇利南移民之於荷蘭，阿爾及利亞移民之於法國等等，均與殖民時期之殖民地，與宗主國所形成之政治、經濟與文化有著關係緊密之聯繫。

移民網絡理論（The Migration Network Theory）最大之貢獻爲將遷徙之研究從個人（individual）之層次推向遷徙家族（Migrant Household）之層次。並且嘗試在個人與結構之間切入，了解遷徙者個人之行爲。亦同時解構體系對遷徙者的制約，並分析文化、社會因素，以及政治、經濟因素對遷徙所造成之影響。該理論不僅對於遷徙過程與遷徙本身之持續性進行探討，亦關切遷徙者

---

[24] 吳學燕（2009），移民政策與法規，頁15-17。

在移入國國內之生活、定居，以及包括移民網絡如何提供移民者之社區資源（Social Capital）、以及移民連結（Chain Migration）等之現象。

移民網絡理論與另一種移民理論，亦即Magobunje於1970年首創之「移民系統理論」（Migration Systems Theory）有著密切的關聯性。此移民系統理論的主要假設為，人口移動同時改變了移出國與移入國之社會、文化、經濟與體制等系統與狀態。同時其亦在人口移動的過程中，建立起一個全新的環境系統。[25]然而當移民系統理論在地理學中有它的根源基礎，移民網絡理論卻是起源於社會學和人類學的影響。而移民網絡理論的主要論點，則是探討移民和非移民之間的個人關係方面之作用與關聯性。至於移民系統理論則是更進一步強調，人口移動乃是重組、甚而重建了移出與移入國的整個社會環境。其並說明人口之移動後之各類調適，乃是為了回應移出與移入國之間，先前即已存在之關聯，而進一步建立起一個更緊密之新系統關係。例如運用即已存在之殖民地之關聯、相互貿易或者投資之管道等等，來進行移民之活動等是。[26]

過去數十年全球化的加速發展下，上述之網絡與系統移民概念，已進一步發展成存在於跨國社會之間的跨國移民之概念（transnational migration）。它強調以多元的形態來論述何種移民者，會積極的聯結或者參與原生母國或移入國之政治、經濟、社會和文化等方面之發展。跨國移民之概念乃描述人口移動之新的方式，以及移民者為了追求更好的經濟生活與社會之環境，運用了跨越國界的各類網絡關係，而期望能融入移入國之社會；因此其理論架構已經不再只是解釋移民的原因而已。所以跨國移民的概念具有理解跨國移民者之遷移方式，以及其對於移出國與移入國的影響程度。然而，其論述移民現象，則經常被質疑過於新穎與不切實際，而且其研究之模式與架構亦常被批評，其對於依變項（dependent variable）的選擇太過於狹隘與侷限。

陸、世界體系理論

世界體系理論（The World-System Theory）由1970年代中期之社會歷史學

---

[25] Mabogunje (1970). Systems approach to the theory of rural-urban migration, pp. 1-18.

[26] Kurekova, op. cit.

家Immanuel Wallerstein所建構。他以16世紀以來之歐洲國家爲研究對象，並將之分爲三種層次：1.核心國家（core）；2.半邊陲國家（semi-periphery）；3.邊陲國家（periphery）。此理論認爲人口遷徙係核心之已開發國家，在充斥著衝突與緊張之國際關係氛圍當中，壓迫、主導其他邊陲之發展中或未開發國家之產物。[27]從近代國際資本主義發展的過程中可看出，資本主義的擴散導致不平等的發展模式，因而造成了核心、半邊陲和邊陲國家的國際分工關係。核心國家爲進一步打開市場及投資園地，便藉由各種國際經貿組織，迫使邊陲國家開放投資。處於資本主義發展初期的邊陲國家而言，則往往受制於核心國家及其代理組織（如國際貨幣基金及世界銀行）的集體力量，而被迫加劇扭曲國內資源的分配，求取資金的積累，以圖發展資本主義。這種扭曲主要表現在兩方面，一是大開國門，遵照強權國家之指示，改造本國投資環境以迎合外資；二是出口農村經濟破產後，流離失所的大規模勞動力。在上述政治經濟力量的作用之下，資本國際化與勞力自由化於焉形成，並促使資本主義的進一步發展。此種情形表現在半邊陲國家，造成了大量工廠的關閉，與大量勞工的被迫解雇。同時，核心及半邊陲國家引進大量遷移之勞工（migrant workers），以取代本國低技術的較昂貴勞動力，使得原本即已破產的農村勞動力，更難以在勞動力市場上得到生存的機會。同樣的國際形勢表現在邊陲國家，則是原有的農村經濟破產，而引進之外資不僅使得本國工業難以發達，更惡化勞動條件，因而產生一群群等待轉往較發達國家勞力市場的勞動者。[28]

　　綜上所述，此理論乃以歷史結構之方法來研究人口之移動，對於移民之探討引入了不同之概念。Wallerstein曾論述世界體系理論，乃爲聯結移民與全球市場的結構變化的關聯性，並視移民爲全球化（globalization）的必然結果。因爲全球化會增加經濟的相互依存以及刺激新的產品的產出，故而誘發了移民的潮流。然而，此理論亦可追溯至1980年代之Alejandro Sassen與Saskia Portes，其認爲跨國遷徙乃全球化及市場滲透（Market Penetration）之結果。在全球化的影響之下，商品、資金、資訊和人員在全球流動，而經濟要素亦因此在全球會被合理的配置。此外經濟之全球化，必然會推動國際人口之跨國移

---

[27] 邱丞爗（2006），前揭書，頁24-30。

[28] 夏曉鵑（2002），流離尋岸—資本國際化下的「外籍新娘」現象，頁161-163。

動。是以，國際移民可說是市場經濟之全球化影響下的必然結果。現代之資本主義，對各國之穿透已然創造出可對外流動、找尋較佳機會之勞動力。而此一過程削弱了發展中國家的人口之穩定性，尤其是那些因爲農業改革導致失去立足之地的農業階級。此一發展之結果，造成了無所依靠之人們由鄉村湧向都市，因而造成生產力相對較低之傳統服務階層膨脹的趨勢。在此種情況之下，人們會相對地被其他開發程度較高國家所提供之工作機會所吸引。國際人口遷徙遂成爲全球勞動力之需求與供給，以及與人口流動本身所形成一種互動關係的大型控制機制。

　　因此，資本的自由流動是世界體系理論所論述的一個關鍵因素。該理論提出了資本與勞動力的流動二者，是爲相互關聯依存與一體兩面的關係。人口遷移時所產生的衝突與混亂，不可避免地發生在資本主義的社會，其亦是從歷史上觀察的到之自然產物。該理論之歷史結構之研究途徑，不認爲個人眞正有自由選擇遷移之決策，而其乃依據更爲廣泛多元的結構或程序所決定的。國際移民問題，在近年來的研究，已較不論及世界體系理論之研究途徑，或較不以全球發展的角度來探究此移民議題。其之發展遲延，或許是因爲制訂一個可測試的假設是較爲困難，以及此途徑較著重的是描述性的論說，而非實徵性之研究方法所致。

　　綜上所述，移民乃是個人的行爲之結果，但它同樣是社會整體的現象與形態。因此研究移民從微觀的角度來探究其決定之過程，亦可轉移到成爲國家或國際間之發展議題。至於各種移民理論之差異，則可用表2-2加以比較與說明之。表2-2乃本文作者根據Lucia Kurekova之論述，並結合本章前節各學門之研究主軸，而由作者自行歸納與整理之比較分析表。其中各學門屬性與各種理論之間的關聯性，僅爲本文作者根據相關文獻作初略之歸納，學術界並無此類之論理與說明。而此種歸納、比較與分析之目的，乃一方面藉由此種比較，期望能引發研究移民領域者之審思，亦即期望能有拋磚引玉之效果；再者，期能提供研究者與讀者一個不同思考與探究之新途徑。至於表中所謂之評論點，則爲該理論受到質疑與批判的主要項目，亦可供研究者快速掌握該理論的不足之處，而能更進一步的研發與改進。

表2-2　移民理論之比較

比較理論	分析的主軸	分析的層次	學門屬性	主要的變項	評論點
推拉理論	以移民之影響、決定因素為分析之主軸	巨（宏）觀	經濟學、社會學	推力與拉力	只針對移出國和移入國的「推力」和「拉力」，而無宏觀的分析架構。例如「推力」和「拉力」來自何者，以及其他可能之影響因素的忽略。
新古典移民理論（或新古典經濟平衡理論）		巨（宏）觀與微觀	經濟學、人口學	資本與收入之差異、受顧之可能性	過於機械式地減少移民的決定因素，亦即對政治和政策的排斥不使用。假設其有線性的關聯性，而無法解釋不同的遷移現象。亦即為何某些人不移民，亦或者為何遷移活動在工資差別拉平之前就停止了。以及忽略了市場的不完美性與太過於做靜態的評估等等之批判。
移民新經濟理論		微觀與適中	經濟學、政治學	資本與收入之相對剝削感、信用與勞力市場之潰敗	僅僅是在批判新古典經濟理論，而沒有自己理論上之主張。其理論很難於援用，因為其僅分析市場之缺陷以及其風險，而忽略了與收入和就業等有相關之其他因素。
世界體系理論		巨（宏）觀：全球與國際觀	經濟學、人類學、政治學	資本引發結構上（含勞動市場等）之改變	僅適用於全球層級之分析。僅為事前的、制式化的解釋，無法作實徵性的測試。
雙重勞動市場理論		巨（宏）觀：國家觀與適中	經濟學、政治學	國家間勞動需求之落差、國家之移民政策以及吸引移民之實務努力	無法包含推力的因素考量，而過於強調移民之正式招募，亦即拉力之考量。無法評估與比較在類似的經濟結構下之經濟先進國家間，其移民之差異性。
移民網絡理論	以移民之趨勢、現象與過程流向為分析之主軸	適中	社會學、人類學、人口學、史學	網絡關係、族群移居之情況	僅是一種移民研究之概念框架而不是一種理論。網絡也可以是排他性和破壞性的，亦即其亦可能不利於遷徙之活動。

表2-2　移民理論之比較（續）

比較 理論	分析的 主軸	分析的 層次	學門 屬性	主要的變項	評論點
移民系統 理論		巨（宏） 觀	社會學、 人類學、 人口學、 史學	建構移民之環 境與空間	純粹僅是描述性的理論架 構。無法有效評估遷移系統 之長期變化。
跨國移民 概念		跨國觀	社會學、 人類學、 法學、 政治學	跨國的社會環 境建構	此理論新奇的概念已受到質 疑。這種理論的研究通常只 著重於依變數的選擇，亦即 只強調移民之結果，而較不 注意移民原因之探究。

資料來源：Lucia Kurekova（2011），本文作者自行重製。

第四節　非法移民之推估模式

在估計和測量非法移民人口，往往會受到現象本質所影響。相對應於一般人口，非法移民人口在本質上有下列三項特性：

一、稀少性

在一定時間內，大部分移民人口爲合法移民人口，非法移民人口僅占總人口的一小部分，例如Burgers估計荷蘭的非法移民人口大約占總人口的0.4%，因此，如欲直接藉由調查方法，對於移民人口之中，調查其非法人口數、特性或現況（如非法工作、逾期停留、非法移民等），爲避免誤差干擾，大樣本與代表性有其必要性。

二、不平均分布

非法移民人口集中在某些特殊的空間，有時城市內的差異遠高於城市間的差異。例如：Van der Leun, Engbersen與Van der Heijden等人對荷蘭四大城市所進行的非法移民人口估計研究發現，非法移民有集中在大都市某些特定鄰里的情形。以隨機抽樣方式由移民人口中抽取樣本，顯然很容易錯過他們，

如果採用一般的抽樣調查技術，則明顯須花費很大的工夫、很多的經費，卻只能研究一小部分團體。而抽樣和測量誤差更會使推論產生了問題。拒答或沒有回答（non-response）常與其非法停留、居留或工作有關。因此，除了大樣本的人口調查外，有些研究以質性訪談法（interview）來了解非法移民的管道和狀況。[29]此外，許多研究在估計非法移民人口並未藉助於抽樣調查，而是以官方資料做推估，例如美國人口局（US Census Bureau）即曾以移民歸化局（Immigration and Naturalization Service, INS）的資料來估計非法移民人口。[30]

三、隱密性

非法移民人口可能以非法的方式入境，或者合法入境從事違法活動，因此他們的官方資料往往是闕如、不完整或不實。此外，為逃避偵查，在沒有被發現以前，他們會隱藏身分或避免被發現。隱密性使研究者難以找到研究對象，使研究者和政府無法正確估計實際人數。此即為導致非法移民人口評估困難的最大原因。

由於非法人口現象的特性，所有資料型態均有其本質上的不確定性，Futo與Tass歸納導致缺乏非法人口估計的四個主要原因為[31]：1.蒐集非法人口資料面臨辨識和計算這些非法人口的困難；因為這些非法人口大都會隱蔽其行蹤，甚至連明顯的非法人口（如被逮捕者）亦會隱匿其重要的個人資料。2.不同的政府機構間，可用以建立非法人口的資訊或資料往往付之闕如。例如政府相關部門、警察機關、勞工機關等，所儲存的資料整合或估計均有困難。3.法律上的定義可能導致計算上的困難，例如在有些國家，非法入境本身不是犯罪行為，因此官方犯罪統計尚無法有效顯現此一現象。4.各國有關非法或合法人口的定義不同，致使國際間亦缺乏非法人口的比較資料。

壹、非法移民人口估計之途徑——資料之型態

Delaunay與Tapinos 1998年對現有關於非法人口估計研究做了完整而深入

---

[29]　Black et al., (2005). A Survey of the Illegally Resident Population in Detention in the UK.

[30]　Pinkerton et. al., (2004). Sizing the Illegally Resident Population in the UK, pp. 20-23.

[31]　Pinkerton et. al., (2004). op. cit., p.3.

的回顧，他們將估計非法人口的資料來源，分為直接測量資料與間接測量資料兩種。以下就兩種不同性質的測量非法移民之資料來源分述如後[32]：

一、直接測量資料

（一）行政統計資料（administrative statistics）

　　政府行政體系所建立的檔案，可作為估算潛在非法移民的資料來源，如拒絕入境簽證資料、工作或居留簽證與被拒絕庇護者之資料等。而警察機關臨檢與逮捕資料，以及勞工的檢查資料亦可用於估計非法移民人口。例如Van der Leun, Engbersen與Van der Heijden等人利用1995年警察逮捕非法移民資料，以重複捕取抽樣法（capture-recapture method）估計荷蘭四大城市的非法移民人數。

（二）赦免或合法化非法移民人口之統計資料（regularization statistics）

　　赦免使非法移民者的身分合法化，並為估計非法移民人口的主要指標。而身分合法化計畫曾於許多歐洲國家和美國被實施過，但估計出來的結果會受限於某些特定的對象，且此種計畫並不是每年實施，一旦非法者身分被合法化，其他新的非法移民者，將取代他們的位置而成為非法移民人口。如Pinkerton等人分析1981-2001年歐洲各國和美國，非法人口合法化的相關研究與其之資料，以此估計被合法化人數占已登記外國人口總數的百分比，並將申請合法化人數視為估計非法人口的重要指標。

（三）特殊調查（special survey）

　　許多估計非法移民人口的研究計畫，係使用代表性樣本為基礎的特殊調查，這些調查通常有關非法工作議題，或者是以縱貫性設計，結合描繪移民者傳記為目的之研究。例如義大利的ISTAT（統計局），以德非法對公司負責人、協會會員、宗教團體和學術研究者等進行非法移民勞工調查，以了解非法與合法移民勞工人數。其之調查結果並與官方的勞動力統計進行比較，以了

---

[32] Ibid., p. 4.

解調查結果的可靠度。[33]又如Black等人對拘留於英國的非法移民者進行質性訪談，以觀察其人口特質、移民者選擇英國做為非法移民國的理由、非法移民的過程、經濟來源和對英國經濟的影響，以及在英國的生活狀況和拘禁生活史等。

二、間接測量資料

（一）人口統計資料比較（comparison of sources-population statistics）

不同人口和登錄統計的比較，可了解出境國和入境國的實際人口，這項資料可用於檢驗移民人口的假設。例如根據男性比女性有較高的非法移民的假設，因此出境國的「性別比例」（sex ratio）資料，就可用為一種估計因移民而流失該國人口的方法。

（二）由次級事件推估（inferences from secondary events）

由次級事件彙集而成的統計資料，亦為計算非法移民人口的間接資料來源。例如一般的犯罪、出生、死亡、教育、社會服務、健康和就業等資料，可能登載社會上非法移民者，顯著而重要的活動等。然而受限於訊息收集過程中通常無法預測哪些人會參與這些活動，以此為基礎的報告較少被發表出來。

貳、非法移民人口估計之模式與方法

根據前述有關非法移民人口估計途徑和資料來源，可將非法移民人口估計方法區分為直接估計法與間接估計法等兩大類型。直接估計法係根據前述相關的非法移民人口資料直接估計其總數，但因非法移民人口的隱密性，在統計資料上，往往無法將實際人口納入。因此，以此法估計非法移民人口所得的結果是不周延的。

而為彌補此一缺陷，運用間接估計法來協助非法移民人口的估計，也是相當有意義的。因為縱使非法人口在本質上有其稀少性、分布不均和隱密性，他們居留或停留期間，仍然會留下許多紀錄或資料。這些資料如警察紀錄、

---

[33] Pinkerton et. al., op. cit., (2004). p. 12.

表2-3　直接估計與間接估計兩大類型之方法比較

兩大類型	一、直接估計	二、間接估計
各種方法	1.官方統計或登錄資料分析法 2.德非法（Delphi method） 3.滾雪球取樣法（snowball sampling）	1.資料連結（如人口、登錄資料） 2.警察統計、人口統計（如出生、死亡人口） 3.重複捕取法（Capture-recapture method） 4.非法工作調查（Survey on irregular employment） 5.性別比例法（Sex-ratio method），依原始和移民者之人口之年齡層分布計算（by age of population of origin and migrants counted） 6.殘差估計法（method of residual estimate）

就業紀錄、醫療紀錄、庇護收容或監禁紀錄等等。此外，間接估計方法常被用以估計非法人口的殘差估計（residual estimations）或謂之爲黑數估計（the estimation of dark figure）。而在估算非法總人口估計和調查時，殘差估計又經常與直接估計方法混合使用。表2-3爲直接估計法與間接估計法之比較。

　　本文將不予論述直接估計中的官方統計和登錄資料分析法，亦不說明間接估計中之資料連結、警察統計與人口統計等方法，因爲其均屬於現有統計數據之直接截取與使用。故而，除了上述直接截取與使用的方法外，僅就更廣泛之非法移民估算的科學之預估方法中，有關之兩種直接估計法和四種間接估計法分述之如下：

一、直接估計法

（一）德非法（**Delphi method**）

　　所謂的德非法（Delphi method）係研究者運用系統性的科際整合方式，匯集專家針對某特定議題的看法，藉以建立專家的共識。進而使用專家所提供之寶貴意見，針對研究現象的特性或未來的可能狀況進行預估，以作爲重大決策參考的一種研究方法。德非法已被廣泛使用於教育、商業、公共政策和犯罪學等領域的研究之中。

　　以德非法進行研究通常包含下列數項步驟：1.採匿名問卷調查；2.通常有二次以上調查，過程中可以反覆與分享回饋方式進行；3.受調查的專家根據自己既有的經驗，來回答或評估調查的現象之特性或意見；4.研究者就回收的資料加以整理，並在編製的問卷中提供統計資料，以爲專家之參考；5.反覆收集

資料過程，促使專家意見趨向一致，並得到精確的結果。

就非法移民人口的估計而言，以德非法所獲得的結果是一種直接的測量。而此一結果是一種對現象的估計，而非精確的統計數值。德非法常被用於預測或評估資料欠缺或不存在的現象，而受訪者通常是相關業務的政府人員、雇主或社區代表等。他們根據工作或生活經驗，來估計不同的非法移民人口。例如Piguet與Losa以德非法對勞動雇主進行調查，以估計瑞士的非法移民工作人口，研究中整合勞動雇主的意見，最後以受訪者平均數（mean）為瑞士非法移民勞工人數的估計值。[34]

將德非法運用於估計非法移民人口仍有其研究上的限制。首先受訪者在回答調查問卷時，僅就其所知的部分來回答。其次，有些具有重要意見的受訪者，可能沒有被調查到。最後，有時候受訪者間很難達成共識。因此，慎選具有代表性的受訪者，來估計非法移民人口是相當重要的。此外在無法以多次重複調查取得一致共識之情況下，結合統計方法可以獲得較為一致或集中的估計值。例如許春金、周文賢等，曾經以電話調查訪問19位專家學者的方式，探討不同類型犯罪黑數的百分比。該研究發現性侵害的犯罪黑數達45%，其次為強盜搶奪達14%，殺人犯罪為3.6%。[35]另外，許春金、馬傳鎮、陳玉書等亦曾以調查刑事司法之實務工作者的方式，來估計性侵害犯罪黑數，該研究估計性侵害犯罪黑數平均估計值分別為強制性交、共同強制性交為48.76%、猥褻為53.54%，引誘未滿16歲男女為49.80%。此二研究均以專家估計不同類型犯罪的黑數，來推估實際發生的犯罪件數等是。[36]

（二）滾雪球取樣法（snowball sampling）

滾雪球取樣法為直接估計的一種方法。但更精確的說，它是一種以間接技術，來達到直接測量非法移民人口的方法。當非法移民的母群體不確定且很難找到樣本時，常會以滾雪球的方式來進行研究。在以滾雪球法對非法移民進行調查時，研究者須熟知研究群體的特性，從中找到最初的受訪樣本，再以其為滾動者，以便獲得更多符合研究條件的樣本。因此，滾雪球法是立基於受訪者

[34] Pinkerton et. al., op. cit., pp. 5-28.

[35] 許春金、周文賢（2000），犯罪率之國際比較。

[36] 許春金、馬傳鎮、陳玉書等（1998），臺灣地區性侵害犯罪狀況與型態之調查研究。

相互之間訊息的連結，如果無法找到適當的滾動者，則無法建立此種接觸和連結。滾雪球取樣法，常被運用於觀察具隱密性或受訪者難以接觸的研究中，例如偷渡、幫派、娼妓、走私、毒品等研究。

滾雪球取樣法通常可以兩種不同方式進行。第一種方式研究者以非正式的管道，來獲得以傳統調查方式無法接觸的樣本。此一接觸管道是建立在彼此的信賴關係之上，使研究者有機會調查難以接觸的群體。以非正式管道進行的滾雪球取樣法的研究，大都爲探索性的質性研究，其重點在廣泛且深入的蒐集所需的資料。

第二種方式則是較爲正式的滾雪球取樣法。該法主要的目的在獲得難以接觸樣本的量化資料，每一個接受調查的樣本單位（sampling unit）除了回答自己所知道的訊息外，也回答他所知道的其他樣本的訊息。Snijders與Frank即曾以此方法估計荷蘭的北部城市Groningen的海洛因使用人數，而Bieleman等人亦曾以此方法估計鹿特丹（Rotterdam）使用古柯鹼的人數。

在從事相關研究之後，研究者Snijders對於以滾雪球取樣法進行研究提出兩項建議。首先，原始樣本須盡可能以隨機方式取得；但研究實務上對於隱密性的母群體，要以隨機方式來選取樣本有其困難度。因此選擇異質性較大的初始樣本，以降低抽樣誤差是有必要的。其次樣本數不可太小，爲了得到較精確的估計，研究樣本最好大於母群體的平方根（如估計母體人數爲1萬人，則樣本需大於100人）。[37]

二、間接估計法

（一）重複捕取法（Capture-recapture method）

重複捕取法（Capture-recapture method）最早被用於生物學研究之上，以估計魚類和動物群體的大小，而此法亦可用於人類社會的相關研究。此方法假設，如果在不同時間對同一地區進行兩次的獨立觀察，假設在每一次觀察中，母群體中的每一個觀察單位，均有相同的機率被抽中。其機率和人數估計的過程如下：

假設有X人，在其中第一次被抽中者做上記號x，之後另一次調查中有y個

---

[37] Pinkerton et. al., op. cit., p. 6.

人在同一個區域被抽中。則根據每一個觀察單位在兩次調查中被抽中的機率相等的假設，得到下列公式1，計算而得母群體數（Y）：

$$\frac{x}{y} = \frac{X}{Y}$$

經過移項後，我們可以得到母群體數Y如下：

$$Y = \frac{yX}{x}$$　　　　　　　　　　　　　　　　　（公式1）

在非法移民人口研究時，再次被逮捕人數可以由警察紀錄中獲得，因為非法移民人口中有移出、移入、出生、死亡等誤差，此法則可將非法移民的誤差比例估計於再次被逮捕的人數中推估得知。Leun等人即曾以重複捕取法（Capture-recapture method）藉由警察逮捕資料，對荷蘭四大城市進行調查，他們觀察警察資料中，被逮捕的非法移民被逮捕的次數，再以上述公式估計這四大城市的非法移民人口。

（二）性別比例法（Sex-ratio method）

根據過去人口存活曲線（survival curves），非法移民人口移出國之男性的性別比例（sex-ratio），可以算出該國性別比例的期望值。此法假設偷渡入境的非法移民人口以男性為主，透過比較該國的期望人口數與目前實際人口數，以及移入國期望人口數與目前實際人口數，即可估計移入國由該國移入的非法移民人口。由於移民過程的複雜性與非法移民的隱密性，期望人口數與目前實際人口數之間的落差，僅成為估計非法移民人口的粗略指標。因為當移出國移民的型態（如移民散布到哪些國家）無法明確知道時，則以此性別比例估計非法移入某一國家的人數，就顯得有困難。但在某些特定的例子中，這個困難或許能夠被克服；例如阿爾及利亞移民到法國的非法移民人口性別比例，可以從兩國過去所建立的良好的移出國與移入國的移民歷史中推估出其初略之結論。

（三）就業調查法（**employment methods**）

對雇主做調查，或許可以間接顯現外籍勞工中有多少非法移民。但是以非法移民勞動力調查來估計非法移民人口，仍然有其問題存在。因為非法移民勞工人口，並不等於非法移民人口或非法入境人口。此外，比較移民人口紀錄和居留許可資料，可以知悉哪些移民勞工是逾期停留、無居留或工作許可，或取得的許可證並非以工作為目的。因此，如欲估計非法移民勞工人數，此法需要與其他資料共同使用。

（四）殘差估計法（**method of residual estimate**）

殘差法原被用以估計外國裔出生人口（foreign-born population）。例如Bean等人即曾以殘差估計法，來估計1996年美國境內未經官方許可的墨西哥移民人數，而其之計算過程，則如公式2及3如下：

首先之估算為：

$$外國裔出生人口 = [L - (M + E)] + T + R \qquad （公式2）$$

其中：

L = Legal Immigrants（合法移民人數）

M = Mortality to legal immigrants（合法移民死亡人數）

E = Emigration to legal immigrants（他國移出之合法移民）

T = Temporary legal migrants（合法暫時移民人數）

R = Residual foreign-born（外國裔出生人口殘差）

而外國裔出生人口殘差又包括兩部分：

1. 已知外國裔出生人口殘差（the known components of the residual foreign-born），其中大部分是準合法（quasi-legal）移民人口。例如收容於庇護機構或拘禁的非法移民人口；
2. 非法移民人口，即未經官方許可入境的移民人口（unauthorized migrants）。

其次若進一步以殘差法來估計「非法移民人口」，則其公式就如下所

示：[38]

$$R_2 = R - R_1 \qquad\qquad （公式3）$$

其中：

R$_2$＝非法移民人口

R　＝外國裔出生人口殘差

R$_1$＝已知外國裔出生人口殘差

　　由於各國對於非法移民人口的定義不同，有關非法移民人口的估計也會有所差異，如以公式3美國人口局的定義，所謂之非法移民人口，僅指官方未知的非法移民人口（或所謂的黑數），官方已知的非法移民人口視爲準合法人口，並不涵蓋其中。

　　另外，若以2006年我國曾研究之「大陸地區人民非法在臺人數之分析」來作爲非法移民（或謂移民黑數）研究之案例說明，則其研究之目的乃在探究當時究竟臺灣地區的非法移民人口有多少。[39]然而當時仍然沒有一項較爲科學客觀的數字，可以提供政府和國人參考。其主要的原因是有關這一方面相關研究較爲不足。因此當時之該研究，乃根據國外主要移民國家（如美國、英國、荷蘭等）相關研究文獻，先從研究方法的觀點，介紹非法移民人口估計之途徑和方法。其次，爲了解目前各國有關非法移民之研究現況，該研究分析1994-2004年間美國、英國、荷蘭和瑞士等國之研究，其主要的估計方法和研究發現；最後綜合比較各國研究經驗，對於我國未來從事非法移民研究提出有關之建議和省思。

　　至於上述2006年我國之研究，其估算非法移民（或移民黑數）之方法則援用下列兩種途徑：

　　（一）運用問卷調查：對於相關移民執法單位之抽樣調查，得知下列六種類型黑數，亦即未查獲的大陸地區人民非法在臺占實際全部非法在臺人數

---

[38] Pinkerton et. al, op. cit., p. 7.

[39] 陳玉書、謝立功、陳明傳（2007），非法移民人口估計之相關研究與省思。

約78.78%，合法入境非法工作未查獲人數占實際合法入境非法工作人數約76.50%，非法入境未查獲人數占實際非法入境人數約76.89%，未查獲假結婚人數占實際人數約77.58%，未查獲非法工作人數占實際人數約78.57%及未查獲逾期停留人數占實際人數約77.14%。而此六種態樣之移民黑數估計之平均數均約在77%左右，標準差在15至18之間，表示經過問卷調查實務工作者之估計，大陸地區人民非法在臺人民約有77%左右的黑數存在，此估計呈現穩定一致。

（二）運用質化訪談結果方面：警察單位根據被查獲的大陸人民供稱，則10餘人中約僅有2、3人被查獲。換言之，被查獲者僅占總數的20%左右。海巡署之海巡人員的估算約為10%至20%左右。海巡署之岸巡人員推估偷渡遭查獲者約為實際非法來臺的3至5成，合法來臺遭查獲者約3至4成。亦有估計合法入境後從事非法打工者，約為已被查獲者的4倍。而未被查獲之偷渡客，約為已查獲者的5倍上下。至於合法入境非法打工者，未被查獲者約為已查獲數的5到7倍。換言之，已查獲數約占實際人數的14%至20%。我國調查局的推估係參考外勤單位查獲數量來推估偷渡者約60%查獲，逃逸40%；假結婚、假依親者則約40%查獲，60%逃逸。若根據實際查獲者之供稱，則110人左右約僅查獲10人，僅占實際人數的十分之一不到，亦即約占10%左右。至於移民業者表示，很難估計黑數。對媒體記者之訪談結果，認為以色情行業的現況來估算，其中一人估計查獲數約為實際人數的20%左右；另一人估算約只占10%左右。仲介業者推估被查獲者約為實際人數的10%左右，並推估當時非法在臺工作的大陸人民約有2至3萬人。假結婚之比率約占在臺結婚者的7至8成，並以女子為絕大部分；而真實結婚後，因家庭經濟等因素而無實際履行婚姻關係者，又占真實結婚當中的6成。綜上，將各受訪人員估算之大陸地區人民非法在臺黑數比例平均計算，得到約80.77%，與問卷獲致之結果78.78%相近。

綜上所述，該研究以官方非法在臺大陸地區人民統計資料（官方統計數據），結合專家之非法在臺大陸地區人民估計結果（移民黑數），擬出當時大陸地區人民非法在臺人數公式如下，可供後續之研究者參採：

大陸地區人民非法在臺人數＝非法入境人數（已查獲偷渡人數＋黑數）＋合法入境非法在臺人數（虛偽結婚＋虛偽結婚黑數＋逾期停留

＋脫逃漁工）。

　　以上之案例說明，僅提供讀者在研究移民議題時，亦要思考非法移民之估算方法，並將移民問題之探究，擴大到合法、非法等移民的歸納整理與考量之上，以便能更周延的觀察到移民問題的全貌。

第五節　小結

　　綜上所述，不同學門對於移民現象之研究、論述與相互的批判及比較，可以提供一個對於移民議題的對話與整合之平臺。本章共援引了人類學、人口學、經濟學、史學、法學、政治學與社會學等七個學門之論述，並探討其對於移民現象所關注之研究主軸與論述之重點。然而各學門之解釋移民現象，則仍多有不足之處，有待有志之士繼續的根據這些論述，加以進一步的深入解析與歸納整合。

　　至於各學門所累積之研究發現或論述之觀點，其所形成較為重要之移民理論，則本章共引述了推拉理論、新古典移民理論、移民新經濟理論、雙重勞動市場理論、移民網絡理論、移民系統理論與跨國移民概念以及世界體系理論等當今多種之理論。然而移民之理論探究，亦宜同樣的朝向同化、整合的方向來發展。以便能歸納出更有解釋移民現象能力的較完善之理論架構。

　　在非法移民之推估模式方面，其能幫助移民研究者對於移民之現象，作更為完整的認知與全方位之深入理解。因此亦為研究移民現象之重要工具與途徑，誠然不宜偏廢。而歐美之移民大國，在此方面之研究方法與途徑，已然累積甚多之科學方法與甚為有效之成功經驗，甚值得研究者之參酌與運用。

參考文獻

一、中文

吳學燕（2009），移民政策與法規，文笙書局。

邱丞爗（2006），大陸地區人民來臺管理之研究—以國境安全維護為中心，中央警察大學外事警察研究所國境組碩士論文。

夏曉鵑（2002），流離尋岸—資本國際化下的「外籍新娘」現象，臺灣社會研究。

陳玉書、謝立功、陳明傳（2007），非法移民人口估計之相關研究與省思，法務部，刑事政策與犯罪研究論文集。

陳明傳（2007），跨國（境）犯罪與跨國犯罪學之初探，「第一屆國土安全學術研討會」，中央警察大學國土安全研究中心。

許春金、周文賢（2000），犯罪率之國際比較，行政院新聞局委託研究。

許春金、馬傳鎮、陳玉書、王珮玲、蔡田木、李樹中、盧淑惠（1998），臺灣地區性侵害犯罪狀況與型態之調查研究，內政部性侵害防治委員會委託研究。

楊翹楚（2012），移民政策與法規，元照出版。

二、外文

Brettell, Caroline B. & Hollifield, James F. (2000). Migration Theory-Talking across Disciplines, N.Y.: Routledge.

Faist, Thomas (1997). "The Crucial Meso-Level", in Tomas Hammer, Grete Brochmann, Kristof Tamas, and Thomas Faist eds., International Migration, Immobility and Development: Multidiscipline Perspective, pp. 187-217, New York: Berg Publishers.

Legomsky, Stephen (1987). Immigration and Judiciary: Law and Politics in Britian and America, Oxford: Oxford University press.

Mabogunje (1970). Akin, "Systems approach to the theory of rural-urban migration," Geographical Analysis 2.

Sjaadstad, Larry (1962). "The costs and returns of human migration," Journal of Political Economy 70.

Siddique, M. A. B. and Allpeyard, Reginald. (2001). "International Migration into the 21st Century," in Siddique, M. A. B. ed., International Migration into the 21st Century, Cheltenham, UK: Edward Elgar.

三、網路資料

Black, Richard, M. Collyer, R. Skeldon, & C. Waddington (2005). A Survey of the Illegally Resident Population in Detention in the UK, retrieved from http://www.homeoffice.gov.uk/rds/pdfs05/rdsolr2005.pdf, 2006.; also retrieved from http://sro.sussex.ac.uk/11170/, Jan. 20, 2014.

Kurekova, Lucia, Theories of migration: Conceptual review and empirical testing in the context of the EU East-West flows, Paper prepared for Interdisciplinaryconference on Migration. Economic Change, Social Challenge, April 6-9, 2011, University College London., retrieved from http://cream.conference-services.net/resources/952/2371/pdf/MECSC2011_0139_paper.pdf, Jan. 20, 2014.

Pinkerton, Charles, McLaughlan, Gail. & Salt, John. (2004). Sizing the Illegally Resident Population in the UK. Home Office Online Report 58/04, retrieved from http://webarchive.nationalarchives.gov.uk/20110218135832/rds.homeoffice.gov.uk/rds/pdfs04/rdsolr5804.pdf, Jan. 20, 2014.

Weiner, Myron (1995). The Global Migration Crisis, New York: Harper Collins, retrieved from http://www.revision-notes.co.uk/revision/171.html, Nov. 2007.

第三章
國際法與國內法對移民之相關規範

許義寶

第一節　前言

　　2014年3月13日國內新聞有一篇報導標題稱：「逃逸外勞在臺未婚生下女兒」。即越南籍女子阿水與女兒玲玲、臺灣人阿鍾3人住在墳場一年多，3人DNA送驗結果出爐，依照法令，阿水必須先離境。

　　對此案，移民署表示，「玲玲若非阿鍾所生」，加上阿鍾與阿水沒有婚姻關係，母親將先被遣送出境。這對母女目前仍接受社會局的安置，相對事件剛曝光時所引發的震撼，兩人心情這幾天都相當平靜。社會局表示，依照現行法令，「玲玲若非阿鍾所生」，阿水必須要先被遣送出境，但基於母女長期相處，有深厚情感，不可能會在這時間點上拆散母女，因此女兒應該會與媽媽一起離境。由於一家3口感情很好，阿鍾也有意與阿水結婚，但依照移民署的作業，母女可能要先離境，等到阿鍾、阿水辦理結婚後，母女才能再度來臺。社會局表示，在輔導安置的過程中，一切都會以母女利益、玲玲的成長為最大考量。[1]對本案例之處理，涉及有關移民之國際法與國內法制的相關規定。[2]

---

[1] 參見中央社，2014年3月13日報導。

[2] 對本案有論者指出：又若玲玲是我國人，則屬阿水的非婚生子女。依前述情形，玲玲的生父並未盡扶養之責，完全是母親阿水在照顧。因此，本案若是到法院酌定子女之親權，八成會是由母親取得單獨行使親權的結果。依據《聯合國兒童權利公約》第11條第1項規定：締約國應確保不違背兒童父母的意願使兒童與父母分離，除非主管當局按照適用的法律和程序，經法院審查，判定這樣的分離符合兒童的最大利益而確有必要。臺灣雖非公約之締約國，但就保護兒童之普世價值亦應遵守。我國《兒童及少年福利與權益保障法》第5條也明文規定：政府及公私立機構、團體處理兒童及少年相關事務時，應以兒童及少年之最佳利益為優先考量。今日玲玲唯一的親人就是母親，依她們弱勢到要住祖墳的程度，一旦阿水被遣送出境，母女二人恐怕難有再相見的一日。這種拆散母女的粗殘作法難道可以說有考量兒童的最佳利益嗎？參見焦點評論：許映鈞，蘋果日報，「讓玲玲母女一起留在臺灣」，2014年3月14日。

　　移民法制[3]，乃移民之相關規範。[4]國際移民之現象，關係到各相關國家之法制，對移民的權利，關聯甚大。基於國際人權，邁向積極保障的趨勢，我國亦制定人權兩公約之施行法，使國際人權兩公約，具有我國國內法之效力。即公民與政治權利國際公約、經濟社會文化權利國際公約，得在我國施行。移民一般是社會弱勢，其權利往往容易被忽視，就以我國為數甚多之外籍勞工與外籍配偶（新住民），常可在社會新聞中，見到其權益受侵害等報導。[5]相關移民議題，包括入出國之程序、在我居留之規範、申請歸化與永久居留之要求、工作之權益與限制等。又有關「移民」之定義，如從廣義上而言，凡長期居住於某一國家、地區之外來人口，均可視為是移民之人。而狹義之移民，依目前之法制，應歸化、永久居留、定居之人，始為符合其要求。

　　有關國際法對移民的規範，傳統上認為只有國家是法律的主體，個人或團體在本質上，屬於國家的主權範圍，或為國內管轄權的問題；在傳統的國際法中，一直以為如此。對外國人的權益，從早期即成為國家之間的問題，並轉而成為國際法上的問題。如以宗教活動或經濟活動等目的，住在外國的個人應享有外國人法律地位的權利；對其規範，應依一般國際法的原則，基於關係國家間的合意決定。但為顧及私人生活，認為其應享有必要之最少限度的權利，以此基準，作為一般國際法原則及相互主義或關係國家間依據；特別是外國人的國籍國與所在國之間的合意，在任何情形下，皆認為比較該當外國人的權利問

---

[3]　相關日文文獻，請參考吉田彩子（2015），フランスから見るヨーロッパの不法移民・難民問題：深刻化する問題にどう対応するのか？，日本戦略研究フォーラム季報，第66期，頁90-96。小畑郁，移民・難民法における正義論批判：「地球上のどこかに住む権利」のために，世界法年報，第34期，2015年3月，第111-131頁。奧田曉代〔訳〕，オバマ政権の移民法不執行と憲法（翻訳），法学研究，第88卷6号，2015年6月，慶応義塾大学法学研究会，頁67-82。

[4]　相關中文文獻，請參考陳正根（2012），移民署面談工作之人權保障，法學新論，第37期，頁47-84。廖元豪（2012），不夠司法，又太過司法—移民收容程序之檢討，月旦法學，第204期，頁34-50。孫友聯（2013），移動中的剝削：臺灣外勞人權問題剖析，臺灣人權學刊，第2卷2期，頁113-128。詹凱傑（2013），論現行入出國及移民法第三十八條之外國人收容制度，警學叢刊，第44卷3期，頁125-141。許雅惠（2013），從「外」人變「內」人：檢視婚姻移民女性的人權保障，研習論壇，第147期，頁10-22。

[5]　涉及移民人身自由，大法官第708號解釋謂：中華民國96年12月26日修正公布之入出國及移民法第三十八條第一項：「外國人有下列情形之一者，入出國及移民署得暫予收容……」（即100年11月23日修正公布同條項：「外國人有下列情形之一，……入出國及移民署得暫予收容……」）之規定，其因遣送所需合理作業期間之暫時收容部分，未賦予受暫時收容人即時之司法救濟；又逾越上開暫時收容期間之收容部分，非由法院審查決定，均有違憲法第八條第一項保障人民身體自由之意旨，應自本解釋公布之日起，至遲於屆滿二年時，失其效力。

題，應與國家實力的關係及國家利益的理論，最爲優先。因此，在二國間如果沒有條約、協定或合意的存在，實際上是委由所在國自由裁量，或爲恣意的對待外國人的。[6]因此，二國之間的條約、協定，即成爲規範依據之一。

　　在國內法方面，移民到我國來，首先必須要有居留之核准，其居留之目的爲依外國人護照簽證條例所規定之類別，加以申請居留簽證，於入國接受查驗後，須在法定期間內申請居留簽證。移民在我國有一定的規範要求，從廣義言，其如在我國取得一年以上之居留核准，即廣泛融入我國的社會，可以視之爲廣義之移民。因其，有一定的居留原因，所以其活動之內容，亦必須與該居留之原因相符。

　　移民居留之原因，限於在我國所開放之類別中申請，因我國爲非接受移民的國家，因此，對外國人在我國居留之事由，有一定之門檻，並非一般外國人皆得任意到我國居留。狹義之移民，爲指歸化我國之外國人，及在我國取得永久居留之外國人，另外依我國之制度，無戶籍國民在我國定居與大陸地區人民、香港澳門居民在我國定居，皆屬之。因此，從移民取得居住之名稱看，歸化、永久居留、定居三者，皆屬於外來人口，移民到我國。有關移民之國內法規範，包括入出國及移民法、國籍法、就業服務法、臺灣地區與大陸地區人民關係條例、外國護照簽證條例等。本章擬從國際法與國內法之二個面向，探討國家對移民之相關規範。依前述案例主要爲移民之居留，相對的移民之入國前、在我國工作、其他活動權利，亦涉及國家主權與個人權利，亦擬一併探討之。

第二節　國際法對移民之規定

壹、國際法與移民

　　國際人權之規定，大都是針對個人而來的，它是一種先驗的，超越國界、超越時間的一種人類共同行爲標準，它先於國家及國際法而存在，且不得解釋

---

[6]　金東勳（2003），國際人權法と在日外國人の人權，收於國際人權法とマイノリティ，東信堂，頁162。

為源自國際條約之同意或由國家意志所創設。否則人權保障將受國家主權之作用與藉口，而受不當限制。[7]

　　規定國家對其國內居住的外國人移民，有依保護義務的國際法標準，也有依歐美各國所主張的國際標準主義，或是文明國家標準主義，以作為依據的最低標準（minimum standard）；為此，在非屬歐洲地區，特別是中南美各國的所在地，對於歐美各國國民的提出對其採取特別待遇的要求，包括差別性的內容；中南美各國為了予以抵抗，形成合意性的主張國內的標準。結果歐美各國的要求，最後成為失敗的結果，也是眾所周知的。[8]

　　國家為保護在外國的本國國民，在國際法有被稱為屬「外交保護權」之範圍；為保護該當屬於其國民之外國人的權利，歐美大國為達成其政治目的，以此作為對弱小國家實施干涉內政的「隱藏藉口」，而為濫用。即所謂的「卡魯波（カルボ）條款」，即隱藏在外交保護權中的干涉其他國家之內政，造成中南美各國共同採取抵抗之措施。在外交保護上個人對於自己的國籍國，並沒有要求的權利；而其目的與名義，皆是為了該當國家的權利。其行使或不行使的實際情形，會因與相對國之間的友好關係，或因為其他政治目的的理由而受影響。為此，特別是屬於弱小國家的國民，要保護與強調其作為外國人的權利，及要求由國籍國的行使外交保護權，而獲得相對保護，幾乎是無法被期待的。[9]

　　國際法為國際社會之規範，其包括成文的國際法與國際習慣法。成文的國際法規範有條約、公約、議定書、協定、備忘錄等。國際習慣法包括國際慣例、外交禮儀、國家相互尊重及友誼、傳統國際法之習慣與學說等。成文的國

---

[7]　李震山（2003），論「程序基本權」之建構與落實—幾個行政程序法適用問題之探討，收於行政程序法之檢討、傳播行政之爭訟，臺灣行政法學會主編，元照出版，頁87。

[8]　卡魯波條款，衍生出目前之國民待遇原則，是國際習慣法中重要的原則，意思是外國人與當地居民有同等的待遇。根據國民待遇，如果一個國家將特定的權利、利益或特權授予自己的公民，它也必須將這些優惠給予處在該國的他國公民。在國際協定的背景下，一國必須向其他締約國的公民提供平等的待遇，這通常指對進入當地市場的進口貨品和本地生產的貨品一視同仁。雖然國民待遇的安排可對外國人有利，但同時意味著當一國剝奪了本國公民權利，可相應剝奪外國人的權利。因此，國際間出現訴求，要求制定待遇的最低標準，以提供基本的保障，以及容許進入司法程序。「國民待遇」與「待遇的最低標準」之間的衝突通常與「徵收」有關，並反映了工業化和發展中國家之間的角力。許多發展中國家可徵收本國公民的財產，並希望行使相同權力，徵收外國人的財產。參見維基百科網頁，2015年5月16日。

[9]　金東勳（2003），同註7，頁163。

際法，在簽署國家而言，具有如同法律之拘束力，簽署國家有義務遵守。國際法之規範，其目的在於透過國家與國家間，彼此合作共同的簽署國際法規範，依此規範並能進一步落實在各國家之內，以有效確保最低之國際人權標準。如在外國人入出國之事務上，有關區域之國家間或相關國家以條約明文訂定，對於相互之國民入國，亦得免除取得簽證之義務。即是依照明文之訂定區域條約，保障相對國家外國人的入國權利規定。

國際上最主要之保障國際人權公約，有稱為「國際人權公約」，其包括世界人權宣言、公民與政治權利國際公約、經濟社會文化權利國際公約等三個國際公約。個人在國際上所可主張的法律地位，與國家及國際組織有所不同，在國際法上早期並不承認個人具有國際法的地位。19世紀時，僅國家得成為國際法主體，然而過去數十年之發展，已然對上述觀點有所修改，個人、公司、國際組織等等相當多實體已然均擁有不等程度之國際人格[10]。原則上外國人進入一個國家，必須經過主權國家許可，個人並不能主張，有進入相關國家的權利。雖然「世界人權宣言」第13條規定：人人有離去任何國家包括其本國在內的自由。但世界人權宣言的法律效力僅屬宣示的性質，相對於國內法律而言，其只屬於弱法的層次。有關處理國際社會事務的能力，重點在於國家與國家之間，因相關國際法的擬定、決議、簽署、執行，皆需透過各國家及國際組織，其中有關個人可單獨行使的權利，仍屬有限。

移民，指人口在空間上流動的現象，或從甲地遷移到較遠的乙地定居的人。在現代以民族國家為主體的國際體系下，移民現象可分為國境內的移民，以及跨國境的移民；跨國境的移民又分為移民出境（英語：emigration）與外來移民（英語：immigration）兩種。指涉人的移民，在不同的場合和環境下有不同的稱謂，如「出境移民」、「外來移民」、「開拓者」等。自地理大發現時代以來，移民勞工即成為跨國界人口移動的大宗；隨著經濟全球化的深化，國際移民勞工（簡稱「移工」）的規範、權益保障及相關執法，更在許多輸出或引進大量移工的地區（例如美國），成為受到高度關注的政治、社會議題。[11]

---

[10] 姜皇池（2004），國際法之主體（上），月旦法學教室，第24期，頁108。

[11] 參見維基百科對移民之定義，2015年5月17日。

　　觀之早期傳統的國際社會，其一般從實證之實定法觀點，以把握主權國家的存在作爲前提。以這個觀點，傳統的國際法學，所謂國家主權在國際的關係，被理解爲對外的獨立權力。依此立場，國際社會皆被理解爲合意的社會；而國內的社會，被定位爲屬於和平與安定的必然社會。總括以國家主權的獨立爲前提，來定義國際法上國家間的關係與規範爲其原則。[12]國際法上構成國家的要素，被認爲最主要的在於：領域、永久住民、政府及外交能力（遵守國際法的意思與能力）。此四個要件，最早在國際社會的條約被明文列出的，爲在1933年的「美洲各國之間有關國家權利義務的條約」（Inter-American Commission on Human Rights）的第1條規定。上述條約中明確規定，屬永久性住民的國民，爲主權國家不可欠缺的要件之一。其他有關各別人權的如何對待，要尊重各別國家的意思，該個別人權並被定位爲屬於國內的管轄事項。而傳統以來有關如何對待外國人，原則上均以國際習慣法爲主要依據。對此，在基本前提上「即使任何國家均不反對有最低限度的保障」，從執行上而言，此對各國亦有其必要性，特別的對於在本國之內的私人國民有違反國際法的行爲時，國家被認爲須負有對於該當行爲的事前及事後的注意（due diligence）義務，國家如何執行，此屬國家的國際法上義務。因此，對於在我國之內的外國人，國家的法令在基本上，也應以國內的標準主義爲基礎，實現一貫的形式上「內外國人平等的對待原則」。[13]

　　人權的普遍性與人權享有的無差別、平等，在18世紀之後半，歐美各國在市民革命過程中所通過、宣布的權利典章及人權宣言中，已爲確認。在此之後，即使國家的憲法標榜著人權與民主主義，也表示此是既存的原理與明白的確認。但儘管如此，人權即使到了歷史上的今天，也並非是（所有）人（human）的權利，而是以有產階級或資產（bourgeois）階級、社會身分高的人、男性或是健康者的權利；另勞工或是無產階級、女性或是殘障者等，就沒有此權利。特別的，即使以人權與基本的自由作爲民主主義發展的先驅，已產生具功能性成果的美國、法國與英國的國內社會與其殖民地；其原住民、黑人及非歐洲系的有色人，其也並非是享有人權的「人民」；其受到迫害與差別待

---

[12] 福王守，公法判例研究，法学新報，第111卷第1‧2号，中央大学法学会，頁422。

[13] 福王守，同註13，頁422。

遇，或成為被殺害的對象待遇，也是眾所周知的。也就是，人權普遍性的觀念或只是停留在概念的階段，實際上其只有特定的個人或團體，才能享有；其差別性—持續被維持著，該不平等的內容與相對性的狀況。為此，人權的歷史，應該伴隨其所享有權利的擴大性，廢除各種的差別與實現平等的享有權利；即達成人權的普遍性目標，而為努力及奮鬥的歷史。

在人權的普遍性上—為了達成無差別、平等的努力，特別是在國內所展開的運動，或對於阻礙的議題為奮鬥。此為，是一直到第二次大戰前的時期，及在第二次世界大戰後也曾有一短暫時期，外國人的地位並非是個人；而因其是在亞洲、非洲或中南美洲等，非在歐洲地區所居住者，或是否以有歐美各國血緣背景的基因，作為考量。為此，在傳統的或是近代國際法下，依領事裁判或不平等條約所享有特權的地位，或是為了外國資本所共同進出所在的，而依有經濟性之優位的立場的人、企業之特別規範作法；如此，可說無法達成外國人權利與人權普遍性的目標。在第二次世界大戰後的國際社會，附隨的非殖民地化的特徵—伴隨著殖民地的獨立，急速增加舊殖民地的住民；象徵著西歐的整合，另此地區社會需要統合，伴隨著跨越國境的人民，與資本的自由移動，外國人的急速增加等原因。接著，伴隨著國際化與世界化的潮流，離去國籍國及本國，在外國居住的人民，特別是在國外尋求勞動與雇用的遷徙勞工（migrant workers），且外國人工作者也快速的增加。或是因地區的戰亂或國內的動亂，因生命與生活受到威脅，往國外尋求庇護的難民也持續增多；可說即使到現代的國際社會，移民外國人的狀況有這樣的特徵。像這樣移民的外國人中，幾乎以勞工、難民及女性、兒童等；屬於法律上及社會上的弱者。要達成保障人權及撤銷差別（待遇）的現代國內社會與國際社會，需要克服此課題。[14]

貳、相關國際法中具體移民人入出國規定

國際上為保障外國人的權益及進入他國，紛紛訂有相關之國際法，其中如世界人權宣言、公民與政治權利國際公約、經濟社會文化國際公約、歐洲人權

---

[14] 金東勳（2003），同註7，頁165-167。

公約議定書、有關外國人入國許可及強制驅逐之國際規則等規定。

一、世界人權宣言等

　　世界上各國因應時代的發展，對於外國人入國的限制，已漸漸有緩和的趨勢，其中並以1948年聯合國所頒布的「世界人權宣言」為開始，以此啟動國際人權的全面保障。因此，未來對有關外國人的人權探討，即有其迫切性。國際公約上特別是1966年聯合國所簽訂的「國際人權規約」〔經濟社會文化權利國際公約（社會權規約）與公民及政治權利國際公約（自由權規約）〕。此公約中要求「規約的各個締約國，對於在各簽署國的國家領域內，且對在其管轄下的所有個人，……各國不能有任何的差別對待，對於被明確認定的權利要予尊重及確保，並有明文的約束〔自由權規約二條一項、社會權規約二條二項亦相同〕規定。[15]」

　　有關世界人權宣言之效力，在大法官第372號解釋中，林永謀大法官提出協同意見書認為：世界人權宣言之前言第一句即謂，「鑑於人類一家，對於人人固有尊嚴及其平等不移權利之承認確保係世界自由、正義與和平之基礎；」而第一條亦明白揭示：「人皆生而自由；在尊嚴及權利上均各平等。人各賦有理性良知，誠應和睦相處，情同手足。」世界人權宣言是會員國本身及其所轄人民均應永享咸遵之國際憲章，我國亦為簽署國之一。為維護民主憲政國家之形象，國家亦應盡保障國際人權之義務。」依世界人權宣言其屬宣言的性質，本不需簽署及批准，當初通過時，我國仍為聯合國會員國，早已聲明願意接受。雖然現已退出聯合國，不過外交部於1998年12月10日發表聲明，重申願意維護並遵循宣言所揭示的各項原則，[16]可見其在我國具有規範之效力。

　　國家領土主權的管轄範圍，不僅限於本國國民，亦及於在此領域居停留的外國人，但是有關行使領土主權，對國民與外國人之間，有其不同之處。即對於外國人主張欲進入本國領域的權利，並非是無限制的。於此所在領域的國家，不負有必須許可外國人入國的義務，原則上由國家裁量決定可入國者或予拒絕者，或是課予一定的條件，[17]始為許可。

---

[15]　日比野勤（1998），外国人の人権(1)，法学教室，第210期，頁35。

[16]　林孟楠（2004），論外國人的國際遷徙自由，國立政治大學法律學研究所碩士論文，頁33。

[17]　藤田久一（1996），国際法講義2—人権・平和，東京大学出版会，頁15。

二、歐洲人權公約及議定書規定之適用

（一）歐洲人權公約第四議定書

另一重要之國際人權公約，也就是歐洲人權公約第四議定書，相關條文規定如下[18]：

1. 合法定居於特定國家領土內之人民，於該國家領土內，享有自由遷徙與居住之權利。
2. 人民可以自由離去任何國家，包括他的祖國。
3. 上述權利不得作任何限制，除了是依據法律規定，並且是在民主社會中，爲了維護國家安全社會安定之利益、或是爲了維持公眾秩序或是爲了預防犯罪、或是爲了維護健康與社會風俗、或是爲了保護他人之自由所必須。
4. 第一項所列舉之權利，於特殊地域中，可依據法律爲限制並且爲該民主社會之公共利益所證立。
5. 沒有人會以個人或集體的方式，被驅離於他所具有國籍之國家。
6. 沒有人可以被剝奪返回他所具有國籍國家領土之權利。
7. 集體驅逐外國人之行爲是被禁止的。

（二）歐洲人權公約第5條之適用舉例[19]

1. 基本規定

第5條：

一、人人享有自由和人身安全的權利。任何人不得被剝奪其自由，但在下列情況並依照法律規定的程序者除外：

（甲）經有管轄權的法院的判罪對其人加以合法的拘留；

（乙）由於不遵守法院合法的命令或爲了保證法律所規定的任何義務

---

[18] 陳長文、林超駿（2006），論人民返國入境權利之應然及其與平等權、國籍等問題之關係—以釋字第558號解釋爲中心，政大法學評論，第92期，頁143。

[19] 江島晶子（2009），「安全と自由」の議論における裁判所の役割—ヨーロッパ人権条約・2005年テロリズム防止法（イギリス）・コントロール・オーダー，明治大學法律論叢，第81卷第2、3號合併，頁69。

的履行而對其人加以合法的逮捕或拘留；

（丙）在有理由地懷疑某人犯罪或在合理地認為有必要防止其人犯罪或在犯罪後防其脫逃時，為將其送交有管轄權的司法當局而對其人加以合法的逮捕或拘留；

（丁）為了實行教育性監督的目的而依合法命令拘留一個未成年人或為了將其送交有管轄權的法律當局而予以合法的拘留；

（戊）為防止傳染病的蔓延對其人加以合法的拘留以及對精神失常者、酗酒者或吸毒者或流氓加以合法的拘留；

（己）為防止其人未經許可進入國境或為押送出境或引渡對某人採取行動而加以合法的逮捕或拘留；

二、被逮捕的任何人應以他所能了解的語文立即告以被捕理由及被控罪名。

三、依照本條第1款（丙）項的規定而被逮捕或拘留的任何人，應立即送交法官或其他經法律授權行使司法權的官員，並應有權在合理的時間內受審或在審判前釋放。釋放得以擔保出庭候審為條件。

四、由於逮捕或拘留而被剝奪自由的任何人應有權運用司法程序，法院應依照司法程序立即對他的拘留的合法性作出決定，並且如果拘留不是合法的，則應命令將其釋放。

五、由於違反本條規定而受逮捕或拘留的任何人應具有可執行的賠償權利。

2. 事實概要

在具體案例適用上，其個案中英國對於6名外國人（其中5名為伊拉克國籍，另一名為伊拉克或伊朗國籍），處以秩序監控。該6人涉有可疑參與恐怖主義相關的活動，其在英國或國外將對公眾造成危險；因此，內務大臣基於判斷，依據2005年法律的規定，對其處以秩序監控。而這6名中，並無任一人被依與恐怖主義關連的犯罪行為加以起訴。

這6名被依秩序監控課予的義務，為須配帶電子監控手環、除了早上十點到下午四點的六個小時外，必須停留在特定的住所（十八小時的禁止外出）、有報告的義務、限制訪問人、在住所外面會面的限制、禁止與特定人見面、限

制使用網路、行動電話等通訊配備、可以參與特定的教會禮拜、沒有內務大臣的同意，禁止外出到一定的地區以外範圍、往國外的出發前及回來時，有通知的義務、對銀行帳戶的限制、及匯款、文件、書類及物品寄送的限制，及對於護照的限制，另在無得到內務大臣的同意前，不得進入航空站、港口等。

有關其問題點，大致分為以下二項：

(1)據秩序監控所課予的義務，是否相當於「自由的剝奪（人權條約第5條）」？（問題點之一）

(2)依法院的判決無效，是否可能該秩序監控解釋為並非無效；可只予修正有問題的部分？（問題點之二）

3. 英國高等法院判決

2006年6月，高等法院Sullivan法官認為，因該當秩序監控所課予的義務過於嚴苛，已相當於剝奪人身自由；判決認為其已違反歐洲人權條約第5條（問題點之一）。而且本件秩序監控無外乎，應為無效（問題點二）。本判決並以先前人權法院的Guzzardi v the United Kingdom判決，為主要依據。

4. 英國上訴法院判決

依上述判決，內務大臣上訴於最高法院。對於本上訴2006年8月，（最高法院）判決支持Sullivan法官的見解，判決如下。依秩序監控所課予的各種義務，「有累積的效果」，其並非對自由的限制，而是對自由的剝奪；支持Sullivan法官的判斷。在狹隘的住宅為十八小時的拘束，即使採取最狹義的解釋自由的意義，此也是對自由最深切的侵害；對政府方面的論點，加以駁回。與Sullivan法官同樣的，也是以先前之人權法院的Guzzardi v the United Kingdom判決，作為依據。

5. 英國貴族院（參議院）判決

參議院有以下的議決：所謂對「自由的剝奪」，有自律性的意義，比依特定場所的拘束，要更廣的意義。對於個人生活課予各種限制的累積性效果，該當意義應達到何種效果，法院應予以評價。以禁止十八小時外出為起點，對各種限制為全體性評價檢討的Sullivan法官的看法，應屬正確；對該法官的決定，應無批評的餘地（反對意見也有）。有關於問題點二，認為內務大臣沒有

權限課予秩序監控，此應不符合歐洲人權條約第5條；本件的秩序監控無效。有關本件秩序監控的瑕疵，無法依司法的（指示）修正而治癒，判決應予以廢棄[20]。因此，歐洲人權條約之相關規定，亦有其保障人權之適用，相關行政具體處分，應受到公約之限制。

三、有關移民入出國規範與強制驅逐之國際規則

（一）入出國之規範

國際法之目的，在於宣示與落實屬於普遍全體人類社會之人權，可以得到世界各國的遵守與保護，並藉由各國的參與簽署，可以有效的執行。外國人離開一個國家，比本國人出國的權利與正當性上，都要更強，應受到進一步的保障。在歐盟國家中[21]，屬於其成員國之人民得自由的出入國、居住，其到任何成員國境內，不需事先獲得許可與人民之往來不使用簽證，以一般身分證明代替出入國之護照、簽證，可說已經形成無國界之區域，增加人民可自由遷徙之範圍。另依美洲人權公約（Inter-American Commission on Human Rights）第2條第2項[22]，亦明文保障人人有自由離去任何國家之權利。[23]

移民外國人離境或出境的條件，一般由國內法加以規定，如須辦理出境簽證、付清稅捐或債務、沒有未了結的民事、刑事糾紛等。對於合法出境的外國人，應允許按照居留國法律的規定，帶走其所有的金錢與物品。[24]而從國家的形成理論，有主張依社會契約說。而國民主權的概念，最早出現在法國革命

---

[20] 江島晶子（2009），同註20。

[21] 歐盟最初僅有6個成員國：比利時、德國、法國、義大利、盧森堡及荷蘭。其後，丹麥、愛爾蘭及英國於1973年加入歐盟，希臘1981年加入，西班牙及葡萄牙於1986年加入，奧地利、芬蘭及瑞典於1995年加入。2004年，歐盟史上規模最大的一次擴大呈現在世人面前，此次共有10位新成員國加入，2007年羅馬尼亞以及保加利亞的加入，使歐盟會員國增加到28個。歐盟成立初期，成員國之間的合作多數集中在貿易及經濟方面，但現在歐盟同時還處理各種各樣直接影響我們日常生活的事宜，如公民權利，確保自由、安全與司法正義，就業政策，地區發展，環境保護，以及促進人民享受全球化進程所帶來的利益。參見歐洲經貿辦事處簡介，http://www.deltwn.ec.europa.eu/CH/whattheeuis/whattheeuis_theeuataglance.htm，瀏覽日期：2014年7月9日。

[22] 芹田健太郎（1987），日本における外国人の国際法上の権利と義務，ジュリスト，No.877，頁36。

[23] 以下轉引自許義寶（2014），入出國法制與人權保障，第2版，五南圖書，頁212-217。

[24] 王鐵崖等（2002），國際法，五南圖書，頁303-304。

的過程。僅管依據盧梭的「社會契約說」，高唱人民主權，但是在法國大革命時期，是以國民主權爲口號，於此可能認爲人民爲較低層之意思，而予避免使用[25]。人與國家的關係，傳統的理論認爲主權國家最初建立時，各國家都嚴格的管制外國人進出本國，並認爲此已是一種入侵本國的現象。但時至今日，外國人與另外一個國家的關係，已經依其居住的型態而有所變更，甚或可依外國人與居住國的密切關係，而取得居住國所承認的永久居留權，在此之後，其法律地位則有如本國國民。保障國民入國的權利，爲國際法上國家的義務；保障長期居住的外國人，有出國旅行與回到居住國的權利，[26]則爲近來有力的學說。

　　外國人的入國與再入國，依國際習慣法上的理論基礎，是屬於國家的自由裁量範圍。於此二種情形，入國與再入國二者，並非可以採取同樣程度的限制。外國人在具備居留資格的合法居留期間內，通常被認爲可以再入國。[27]外國人所居留的國家，對於外國人的出國，如果沒有合理的原因是不能禁止的，此爲國際法上的原則。保障外國人可以自由出國，亦爲一個國家國際法上的義務。[28]日本學者認爲從學說與理論，皆認爲人有出國的自由，依世界人權宣言第13條第2項規定：「任何人有自由離去任何國家的權利，包括其本國在內。[29]」世界人權宣言（第13條第2項）及公民與政治權利國際公約（第12條），明文規定此自由，從國際習慣法原理，外國人的出國比國民的出國，具有更強應受到保障的意義。因此，外國人有欲出國者，國家在政策上不得審查其原因。從外國人的出入國規範上言，雖說此屬國家固有的權利，但在查驗的程序上除有特殊的情形之外，一個國家應沒有禁止其出國的權力。[30]、[31]

---

25 鷲見誠一、蔭山宏編（1998），国家主権と国籍条項，收於近代国家の再檢討，慶應義塾大學法學部政治學科開設百年紀念論文集，頁322。

26 芹田健太郎（1991），永住者の權利，信山社，頁238-239。

27 鷲見誠一、蔭山宏編（1998），同註26，頁312。

28 日比野勤（1998），外国人の人権(1)，法学教室，No. 210，頁43。

29 荻上泰男，出入国管理と行政庁の裁量権，法律のひろば，26卷11号，頁27-28。

30 荻野芳夫（1969），外国人の出入国の自由，法律時報，第41卷4号，頁16。

31 轉引自許義寶（2014），同註24，五南圖書，頁212-217。

（二）入國許可與驅逐出國的規則

依1892年日內瓦國際法學會通過之「有關外國人入國許可與驅逐出國的規則」[32]，其中有關外國人入國的部分，規定如下：

第1條：本規則外國人的意義，並不區別單純過境者、居住者、長期居住者、難民或是否依照本身意思的入國；所指的爲不能享有如本國國民權利的所有外國人。

第3條：對於外國人的入國許可及驅逐出國原因，期望各國能以法律規定。

第6條：外國人希望進入文明國家的領土，一個國家除了有因造成公共危害的重大事由，如基於風俗或文明的不相容，因顧慮入國會產生危險的外國人組織或集團等理由外；一般不能永遠的禁止外國人入國。

第8條：國家在發生戰爭、國內動亂或有疾病蔓延時，對於外國人入國，得保留一時的限制或禁止。

第9條：各國須依據法律或法規，訂定外國人的入國許可或遷徙規定；且必須在實施的相當期間之前公布。

第12條：對於屬於流浪、無力維生、身染危害公眾健康疾病的外國人，或是對人的生命、健康、公共財產或信仰，及在外國有造成重大侵害或有此重大嫌疑的外國人或有依其違反之行爲而被處刑者，在其欲進入本國時，得予禁止。

上述「有關外國人入國許可與驅逐出國的規則」[33]，對於外國人的入國許可與否，國家在行使裁量權上，須附加明確且合理的依據爲限制，此爲確保對外國人自由權利的尊重。[34]上述規則揭示「各國對於外國人之許可入境，或附帶條件之許可入境、或強制驅離之權，乃是源自該國主權及獨立理論的必然認定」，其中「對外國人自由的入境文明國領土，除了有公共利益及極重大的理由外，不得全般且恆久地禁止」，是以，外國人入國的條件及程序，悉聽各國

---

[32] 荻野芳夫（1980），基本的人權の研究—日本国憲法と外国人，法律文化社，頁92-93。

[33] 國際法上與本規則相關之規定有二：關於戰時保護平民的日內瓦公約，即1949年日內瓦第4公約。另一爲Draft articles on the expulsion of aliens 2014。

[34] 荻野芳夫（1980），同註33，頁93。

自由決定，此乃係基於一國主權的行使，任何其他國家不得加以干涉。[35]

第三節　移民之國內法相關法制

壹、移民之入國法制

　　國家身為國際社會之一分子，亦應盡國際義務、遵守國際慣例、考量外國人人權。因此，特定禁止外國人入國之原因，亦應符合國際法之規定。

一、概說

　　有關國際人權條約及備忘錄在我國之效力，依法務部之函示：按條約及協定處理準則第8條規定：「條約或協定草案內容獲致協議時，除事先獲行政院授權或時機緊迫者外，主辦機關應先報請行政院核可，始得簽訂。」同準則第10條規定：「協定應於簽署後三十日內報請行政院核備；除內容涉及國家機密或有外交顧慮者外，並應於生效後，送立法院查照。」至備忘錄之性質，依司法院大法官議決釋字第329號解釋，如其內容直接涉及國家重要事項或人民之權利義務且具有法律上效力，除經法律授權或事先經立法院同意簽訂，或其內容與國內法律相同者外，應送立法院審議。故備忘錄之簽署，若符合前揭解釋之意旨，則應送立法院審議始具有條約之效力；反之，則難認該備忘錄具有條約之效力。[36]

　　我國憲法第141條規定：「中華民國之外交，應本獨立自主之精神，……尊重條約及聯合國憲章……。」上開條文，僅言及「條約」，未及「協定」，惟學者通說：「條約」是普通國際協定名詞。另1969年維也納條約法公約第2條亦明文規定「條約」係「國際書面協定」。從而上開憲法條文所稱尊重「條約」，宜涵蓋「國際協定」，似無疑義。查司法院於民國20年7月27日以訓字第459號函訓示（前）司法政部：「查原則上法律與條約牴觸，應以條約之效

---

[35] 李震山（2003），論移民制度與外國人基本權利，臺灣本土法學雜誌，第48期，頁61。

[36] 法務部（2001），法律字第044632號，2001年12月7日。

力爲優。若條約批准在後，或與法律頒布之日相同，自無問題。若條約批准在法律頒布之前，應將其牴觸之點，隨時陳明候核。」前開司法院訓示，已明確宣示條約效力，原則上優於國內法。最高法院23年上字第1074號判例亦謂：「國際協定之效力優於國內法」。「立法院係於民國37年5月8日成立，上開判例成立時，尚無立法院，則判例內所稱之『國際協定』，是否泛稱一切之協定？有待探討。」另我國法院實務見解就一般而論（最高法院73年度臺非字第69號刑事判決爲例），亦傾向於條約（協定）具有特別法性質，其效力應優於國內法。……我國與無邦交國家訂定之各種行政協定，是否應送立法院查照，宜視該協定之內容是否涉及人民權義或國家機關組織重要事項等而須具有立法行爲性質而定。若協定締結之作用，並非單純之行政行爲，而具有立法性質時，宜送請立法院查照，俾符合尊重條約（協定）之精神與法院判例（決）之意旨，同時遵守國際信義之國際慣例。[37]

　　我國所簽訂之國際協定，例如「臺灣、澎湖、金門及馬祖個別關稅領域服務業特定承諾表及最惠國待遇豁免表」[38]（我國於2001年11月7日加入世界貿易組織WTO），有關自然人入境及短期停留之規定：除有關下列各類自然人之入境及短期停留措施外，不予承諾：(a)商業訪客得入境且初次停留期間不得超過90天。商業訪客係指爲參加商務會議、商務談判、籌建商業據點或其他類似活動，而在中華臺北停留之自然人，且其在停留期間未接受中華臺北境內支付之酬勞，亦未對大眾從事直接銷售之活動。(b)跨國企業內部調動人員得入境並居留。初次居留期間爲三年，惟可申請展延，每次一年，且展延次數無限制。跨國企業內部調動人員係指被其他會員之法人僱用超過一年，透過在中華臺北設立之分公司、子公司或分支機構，以負責人、高級經理人員或專家身分，短期入境以提供服務之自然人。負責人係指董事、總經理、分公司經理或經董事會授權得代表公司之部門負責人。高級經理人員係指有權任免或推薦公司人員，且對日常業務有決策權之部門負責人或管理人員。專家係指組織內擁有先進之專業技術，且對該組織之服務、研發設備、技術或管理擁有專門知識之人員（專家包括，但不限於，取得專門職業證照者）。(c)受中華臺北企業

---

[37] 法務部（1990），法律字第10900號，1990年7月30日。

[38] 參見外交部網站，http://cwto.trade.gov.tw/kmDoit.asp?CAT313&CtNode=657。

僱用之自然人得入境並居、停留，但不得超過三年。(d)在中華臺北無商業據
點之外國企業所僱用之人員，得依下列條件入境及停留：該外國企業已與在中
華臺北從事商業活動之企業簽訂服務契約。此類人員應受僱於該外國企業一年
以上，且符合前述「專家」之定義。此類人員在中華臺北期間不得從事其他工
作。本項承諾僅限於契約所定之服務行爲。並未給與此類人員以取得專業證照
之身分，在中華臺北廣泛執業之資格。每次停留之期間不得超過90天或契約期
間，以較短者爲準。此類入境許可之有效期間爲十二個月多次入境。[39]

　　有關國際法效力之問題，因國際上各國利益分歧、國力南轅北轍，又加上
民族的天然鴻溝，所以難以指出能被公認爲對大家都有利、讓各國都同時覺得
公正、有利的價值規範，所以也就沒有各國一致強力地認同支持「第二層規
則」體系。缺乏這種支持，就談不上會有由其所生的中心化的國際中央政府。
因爲光是國家的強弱懸殊，採取什麼樣的行爲模式才對國家有利就大不相同
了，強國絕不接受基於各國平等的原則下的國際法，而只願接納在其主導下、
維持其優勢地位的國際法，如此一來，弱國亦不願接受了；這是個永遠解不開
的結。[40]如我國並未簽署之國際公約其效力如何？依司法院大法官釋字第428
號解釋，曾引用我國並未簽署，於1969年生效之萬國郵政公約最後議定書，做
爲憲法解釋之依據，即似已有將國際法引爲憲法法源之意。從憲法第141條明
文規定條約及聯合國憲章應受尊重的意思加以觀察，亦可認爲條約及聯合國憲
章可以構成憲法之法源，而具有拘束一般法令之效力。[41]

二、移民入國之原則

　　一般外國人不能主張以入國自由作爲基本的人權，而受憲法保障的[42]。但
事實上今日的國際社會，由多數的主權國家所組成，有關入出國基本上各國均

---

[39] 契約必須係爲提供下列服務而簽訂：建築服務業、工程服務業、工程綜合服務業、都市規劃與景
觀建築服務業、電腦及其相關服務業、研究與發展服務業、市場研究與公眾意見調查服務業、管
理顧問服務業、與管理顧問相關之服務業、與科技工程有關之顧問服務業、設備維修服務業（海
運船隻及陸運設備除外）及旅行社與旅遊服務業。

[40] 林立（2005），試以哈特的分析法學解決國內法與國際法拘束力來源之永恆難題，收於黃宗樂教
授六秩祝賀—基礎法學篇，學林出版，頁465。

[41] 李念祖（2001），論我國憲法上外國人基本人權之平等保障適格，收於國際法論集—丘宏達教授
六秩晉五華誕祝壽論文集，三民書局，頁161。

[42] 尾吹善人（1986），解說憲法基本判例，有斐閣，頁53。

實施嚴格的管理。對此，或多或少對於外國人的自由與國民相比，會課予較為嚴格的限制。[43]另如從國際交通及有關難民條約的訂定，此對人權的國際性保護已有一定的進展情況來看，有關外國人的入國及居留，亦有見解認為各國家應被要求遵守國際間一定的禮讓原則。[44]

　　外國人的入出國，具有國際交通一環的地位。依其性質，應維持這樣的自由。但是，從今日國際社會的實際情形來看，對於有危害國家安全與福祉顧慮的外國人，對其之入國應得拒絕，此屬該當於國家主權作用的權力。[45]原則上外國人是否有入國的自由？關於外國人的入國自由，對其應該要絕對的保障，實質上亦成為同一個問題。此原則如反過來說，實際上也是否定說，即是並沒有改變現狀的見解，其結果亦與今日的情形相同。另外依庇護權事實上，已經達到國家以法律所規定的程度，此也可以成為重要的討論議題。對此皆認為憲法上默示外國人的入國，如依照憲法所明確的宣示，國家並非完全處於鎖國的政策與政策上接受移民，理論上應僅於如此。[46]國家對於外國人入國，雖得自由規定，但此自由並非恣意。此從，尊重「國際禮讓」或者「國際友誼」而言，事實上，國家可考量權宜性的及認為屬善意的外國人，原即有廣泛的決定空間。但是如「對於與我國沒有條約關係國家之國民，以未訂定條約之理由而拒絕其入國，即使沒有違反國際法，亦有違反國際禮讓的原則。[47]」

　　有關外國人的入國，學說上亦有主張可予有限度承認者，如「依照今日尊重國際人權的傾向與自由交流的原則觀點，原則上應認為外國人有出入國的自由；但是，如果因為國家的獨立與安全上有被侵害或有違反公序良俗的具體、明確事由之虞時，得以拒絕該外國人入國。」但是，對此亦有反對的見解。[48]一般禁止外國人入國之原因，[49]有因為其不具備合法之入國證件者；有因為外國人身患傳染病，為避免影響國內之衛生者；有因為外國人攜帶非法物品，觸

---

[43] 日比野勤（1998），同註29，第35頁。

[44] 佐藤幸治編著（1992），憲法Ⅱ基本的人權，成文堂，頁53-54。

[45] 荻野芳夫（1980），同註33，頁15-16。

[46] 斎藤靖夫（1987），外国人の政治活動の自由，收於憲法判例百選Ⅰ，第2版，頁14-15。

[47] 荻野芳夫（1980），同註33，頁16。

[48] 中村睦男（1992），外国人の基本的人権，收於氏著憲法30講，青林書院，頁28。

[49] 請參考入出國及移民法第18條規定。

犯國家法令者；有因基於國家安全，禁止特定之外國人入國者；有因爲外國人有曾經違反法令之行爲，而被驅逐出國者。

日本憲法第22條規定居住、遷徙的自由，有學者主張應宣示不問國內外的移動行爲，皆受保障。而此自由，最優先爲保障日本國民，應無疑義。但，此自由在性質上，外國人應該亦可準用，亦是當然的。爲何如此，詳細分析此自由作爲國民的權利，含有身爲人即有的權利性質。再者，此自由在性質上，如只有一個國家的保障是無法達成的。解釋上，除本國憲法的保障，另應有其他國家的保障，且及其他國家的國民。也就是說憲法22條，雖保障國民出國的自由，但此自由，必須以其目的地之國家要許可入國爲起點，才有實現的可能。且，國民爲了實現此自由，期待其他國家，許可本國國民的入國。對此，我國也要考慮他國國民的入國。依照這樣解釋，憲法第22條規定，爲包括國民與外國人，且不問國內外的移動行爲事項，是所謂國際交通自由的規定。[50]

外國人再入國的權利。其問題在於定住外國人（長期居留）的居留資格，是否被保障而不被任意的剝奪？日本最高法院認爲依據憲法第22條第2項，應保障外國人的出國自由。出國一般以回國、再入國爲前提，因此，再入國的自由，對於外國人應也能適用。但依最高法院的判決，並不保障外國人有一時的往外國旅行的自由權利，即不認爲外國人有再入國的自由。學說上，認爲外國人出國自由的根據爲國際習慣法，關於再入國與首次入國不同特殊性，必須考量，惟理論上並許可予以最小限度的規範。[51]於此有關外國人的入管行政，日本最高法院一貫認爲主管機關有廣泛的裁量權。

難民入國的問題，與一般外國人的入國有所不同。此庇護權的問題，依世界人權宣言第14條第1項規定：「人人爲避免迫害，有權在他國尋求並享有庇身之所。」所謂政治庇護，即因政治迫害所引起，因此，有些國家之憲法就明文規定保護受政治迫害者[52]。依照1951年「關於難民身分地位公約（Convention relating to the Status of Refugees）」，又簡稱爲「日內瓦難民公

---

50 荻野芳夫（1980），同註33，頁90-91。

51 後藤光男（1999），外国人の人権，收錄於憲法の爭點，第3版，有斐閣，頁65。

52 李震山（2004），論憲改與基本權利保障，收於新世紀臺灣憲政研討會論文集，行政院研考會與臺大法律學院共同舉辦，2004年10月31日，頁26。本文並刊載於中正法學集刊第18期，94年5月，頁183-252。

約」第1條A第2款之規定：難民者，應係指「因為其種族、宗教、國籍、隸屬特定社會團體、或由於政治信念，因而引起遭迫害之恐懼，以致居住在其所屬國籍以外之國之人，並且其無法要求他以前經常居住國家給予保護，或因其恐懼而不願要求該國之保護，……」，此一難民之概念[53]，又稱「公約難民」（Convention refugee），或稱「尋求庇護者」（asylum-seekers）、「受庇護者」（asylees）。[54]

如眾所周知的尹秀吉事件[55]所造成的議論，日本最高法院認為（1976年1月26日判334号頁105），「所謂政治犯不引渡的原則，爲尚未被確立的一般國際習慣法」，並以此否認庇護權的存在。此後，日本最高法院也採取同樣的立場，並未變更（如1996年7月12日判時1584号頁100）。但關於這樣的判例，其理解國際習慣法的方式，應有問題，在憲法解釋上也有疑問。如以日本憲法而言，並沒有像德國基本法第16條a、義大利憲法第10條第4項明文規定亡命權或庇護請求權。但是，依日本憲法前言規定，「我們應致力於使全世界的國民，有平等的免於恐怖與匱乏，並確保其有和平的生存權利。」依日本憲法的前述規定，應可得出有保障庇護權的結論。此權利的主體，爲「全世界的國民」，也包含外國人。另外國人的「免於恐怖與匱乏的生存權利」中，特別的包括外國人的庇護權。對此，在解釋上應無問題。確實的依憲法前言的性質，並不具有裁判的規範性，爲向來被議論的。但像這樣的認定方法，並不妥當。此成爲問題的爲免於政治性迫害的維持生存與安全，應屬於具體性的緊急權利。像這樣的權利，不得以抽象的、沒有裁判規範性的事件視之。在第二次世界大戰後，各外國的憲法，特別的如德國與義大利的憲法，有如上述明文規定，鑑於該精神，如依日本憲法前文規定，在解釋方向上，亦應採取符合國際的趨

---

[53] 相關譯著請參考陳正根譯（2004），德國行政法院入境難民申請庇護問題判例，國境警察學報，第3期，頁173-177。

[54] 刁仁國（2001），外國人入出境管理法論，中央警察大學出版社，頁87-88。

[55] 尹秀吉事件，即發生在日本之政治犯不引渡原則之例外案例。政治犯（Political prisoner），是指以一些人對犯罪時有政治目的，或者以政治目的被認罪的人的稱呼，其歷史可以上朔到古代。但由於政治犯本身通常不涉及暴力行爲，因此也被稱作良心犯或持不同政見者。由於這個稱呼是主觀性的，對於一個犯人是否爲政治犯通常會議很大，被一國政府認定是不法人士或恐怖主義者的犯人可能自另一國看來是政治犯。因此，關於政治犯的國際爭執通常很激烈，一些政府甚至否認政治犯的存在。參見維基百科網頁，瀏覽日期：2015年5月16日。

勢。[56]即使依據向來憲法的學說，有憲法前言、第98條第2項等的根據，有主張承認庇護權的見解。另多數說，則持不同的看法。而處在各國一致提唱「國際貢獻」論的趨勢下，各外國的憲法均肯認庇護權，如果在憲法上有不予認可的狀況，將是非常奇怪的。因此，有必要及早在理論及立法上，加以整備。[57]對於屬難民及其他因婚姻、永久居留資格者之入國，國家應予積極保障。[58]

　　曾發生一案例，因來臺反核之原因，一德國志工遭我國拒入境。一位22歲德籍男子何某，於民國102年3月期間搭機自上海入境來臺時遭到拒絕，被遣送回德國。何某因過去來臺時未經登記即參與臺灣的反核遊行，違反外籍人士持免簽來臺只能從事觀光的規定，遭到臺灣境管三年。外傳他此行要來臺參加反核遊行，他受訪時不願對此說明。何某過去是臺南市社區大學志工，全力推動使用環保杯。因此，認識他的網友也批評政府之作法。[59]

　　另為防範外國人假藉依親名義來臺，依規定「外交部及駐外館處受理簽證申請時，應衡酌國家利益、申請人個別情形及其國家與我國關係決定准駁；其有下列各款情形之一者，外交部或駐外館處得拒發簽證：……四、對申請來我國之目的作虛偽之陳述或隱瞞者……。」、「持外國護照申請簽證，應填具簽證申請書表，並檢具有效外國護照及最近六個月內之照片，送外交部或駐外使領館、代表處、辦事處或其他經外交部授權機構核辦。……外交部及駐外館處得要求申請人面談、提供旅行計畫、親屬關係證明、健康檢查合格證明、無犯罪紀錄證明、財力證明、來我國目的之證明、在我國之關係人或保證人資料及其他審核所需之證明文件。」外國護照簽證條例第12條第1項第4款、同條例施行

56　山內敏弘（1997），外国人の人権と国籍の再檢討，國際人權法學會，1997年報第8號，信山社，頁3。

57　山內敏弘，同上註，頁3。

58　轉引自許義寶（2013），外國人作為基本權利主體相關問題之研究，國土安全與國境管理學報，第19期，頁22-45。

59　移民署表示，該署於民國100年12月27日開會審查後，決議廿二歲德籍男子何丹霖禁止入國三年在案，時間從100年7月26日起至103年7月26日止。據了解，他因先前來臺時未經登記就參與臺灣的反核遊行，違反外籍人士持免簽來臺只能從事觀光的規定，本月8日下午，他從中國上海搭機來臺，入境遭拒，當晚就被遣送回德國。外傳他此行也是來臺參與反核遊行，但他不願說明。對於德籍環保志工何丹霖3月8日入境遭拒絕，外交部副發言人何震寰表示，有關外國人出入境事宜，外交部僅負責核發簽證，不清楚何丹霖被拒絕入境原因；此外，德國人來臺灣適用免簽待遇。參見自由時報，2013年3月15日。

細則第5條定有明文。**60**

貳、居留與定居法制

一、概說

　　一般對「移民」之定義，其大概指長期在我國居住之外來人口而言；所謂長期有指居住期間達一年以上者或三年以上者，依各國不同之政策，而有不同之界定。依我國之法制，「居留」為在我國居住超過六個月以上之外來人口，即屬之。「居留」之原因與對象，為移民制度之重點。包括居留之申請門檻、核准人數、基本條件要求、消極事由之規定等。

　　居留中，外國人參加集會遊行活動的規範問題，有立委提出應讓正式管道，得以停留在臺灣的外國人能夠擁有參加正當集會遊行的權利。內政部對此表示，若要讓外國人在臺參加集會遊行，政治活動及敏感時間應當排除，至於如何規範則必需再研議。立委認為，依照入出國及移民法第29條規定，外國人在我國停留、居留期間，不得從事與許可停留、居留原因不符的活動或工作。但合法居留者，其請願及合法集會遊行，不在此限。也就是說停留者在請願及集會遊行方面有所限制，因此提案賦予停留的外國人此部分的權利。此外有立委指出，我國有簽署公民與政治權利國際公約及經濟社會文化權利國際公約，而依照兩公約施行法第2條規定，兩公約所揭示保障人權的規範，具有國內法律效力，因此限制外國人參加集會遊行會形成是否違反兩公約的疑慮。內政部表示，原則上尊重兩公約精神，針對外國人集會遊行方面可做適度的修正規範，至於要從那方面的規範予以著手修改，可以再研議討論，但需保留空間，

60　次按「申請文件證明者，應檢具身分證明文件，並提出申請書載明下列各款事項：……三、申請之意旨及用途……。」「文書驗證之申請，有下列各款情形之一者，主管機關或駐外館處應不予受理。但其情形得補正者，應先定期令其補正：……三、申請目的或文書內容明顯違反我國法令、國家利益，或有背於公共秩序、善良風俗或有其他不當情形……。」亦為文件證明條例第5條第1項、第11條第1項第3款所明定。又面談作業要點第11點第2款規定：「外交部或駐外館處經面談雙方當事人後，有下列情形之一者，應不予通過：……（二）雙方對於結婚重要事實陳述不一或作虛偽不實陳述……。」經核上開面談作業要點外交部為建立所屬人員及駐外館處辦理外國人與我國國民結婚申請來臺面談處理準據所訂頒之行政規則，以防範外國人假藉依親名義來臺從事與原申請簽證目的不符之活動，維護國家利益，與外國護照簽證條例之立法目的無違。參見最高行政法院103年度判字第7號判決。

像是政治性活動或某段敏感時間除外，其他活動原則上同意可以參加。[61]

有關外國人永久居留之制度，參考新加坡政府日前所公布人口白皮書，其中提到，為了維持經濟動能，將有計畫地引進移民，並且預估在2030年讓人口從目前的530萬成長為690萬，而該報告一公布後，立即引發新加坡民眾的反彈，認為690萬人口是不合理的數字，基礎設施無法負擔，並且聚集抗議政府的白皮書內容；其國會也因此通過動議，將人口政策字眼刪除，並表示只是供政府參考用的人口預測。世界各個國家都有制定屬於自己的人口政策，而該政策對於各國國民的影響甚為重大，因此對於人口政策的問題，都是各國民眾所關注的議題。此在我國，依照入出國及移民法第25條第1項規定，外國人在我國合法連續居留五年，每年居住超過183日，或居住臺灣地區設有戶籍國民，其外國籍配偶、子女在我國合法居留十年以上，其中有五年每年居留超過183日者，得向移民署（民國104年1月2日更名以前為「入出國及移民署」）申請永久居留；而對於移民，依照同法第51條第1項規定，政府應予保護、照顧、協助、規劃以及輔導。[62]相對於移民之居留，有關永久居留之條件，更加嚴格。並且依移民政策，我國並不許外籍勞工及外國學生申請永久居留。因依其居住之目的，前者是在工作，而後者為留學；在目的完成之後，即要求其應回到其原來之國籍國家。

二、相關案例評釋

（一）禁止入國居留

依入出國及移民法第18條第1項第3款規定：「外國人有下列情形之一者，入出國及移民署得禁止其入國：……三、冒用護照或持用冒領之護照……。」

本案被管制入國者為黃某。原告屬於臺灣地區有戶籍國民，因其外國人配偶（黃某），遭禁止入國管制期間五年，而提起行政救濟。原告主張，此管制致使其夫妻分隔兩地，對原告之婚姻關係及家庭生活產生極大無影響，其屬

---

61 該敏感時間主要是指選舉期間，同時將會和學者專家研議如何界定政治活動範圍，並將此部分明確界定。參照集會遊行法第8條第1項規定，室外集會遊行，應向主管機關申請許可。參見外國人參加集會遊行，應排除政治活動及敏感時間，法源編輯室，2013年4月25日。

62 新加坡擬在2030年將人口增加至690萬引發爭議民眾聚集抗議人口政策。參見法源編輯室，2013年2月17日。

於利害關係人，依法提起訴願及撤銷訴訟，並要求「訴願決定、原處分均撤銷」。

對上述情節臺北高等行政法院認為：本件原告2011年9月1日陳情書內容略謂：「……希望貴署對吾妻黃某……能不予禁止入國辦理……。」原告主張並非要求被告減半對其配偶黃某之禁止入國期間改為五年。此從法理而言，「凡人民之其他自由及權利，不妨害社會秩序公共利益者，均受憲法之保障。」為中華民國憲法第22條所明定，然同法第23條亦規定，基本人權於為防止妨礙他人自由、避免緊急避難、維持社會秩序或增進公共利益所必要者，得以法律加以限制。外國人之入境，事涉國家安全，係與社會秩序及公共利益有關，入出國及移民法第18條就禁止行為明文列舉，此管制處分自無違反憲法及國際人權公約之可言。[63]

對此議題，近來有立法委員建議國民之外籍配偶有關禁止入國限制，其上限改為二年。因考量家庭團聚權之保護，主管機關表示將蒐集外國法制，再為研議。如何兼顧保障人權與維護國家安全，確實是未來之發展方向。[64]

（二）不予許可在臺定居

依規定：大陸地區人民為臺灣地區人民配偶，得依法令申請經許可進入臺灣地區長期居留，居留期間無限制，長期居留符合一定要件者，得申請在臺灣地區定居，又有關居留、長期居留或定居條件、程序，方式、限制、撤銷或廢止許可及其他應遵行事項之辦法，由內政部會同有關機關擬定，報請行政院核定，為臺灣地區與大陸地區人民關係條例（以下簡稱兩岸條例或兩岸關係條例）第17條第1項、第5項及第9項所規定，據此授權，制定居留或定居許可辦法，其中第33條第1項第2款、第2項第2款、第4項規定，大陸地區人民申請在臺灣地區定居，有妨害善良風俗之行為或有妨害風化、妨害婚姻及家庭之紀錄

---

[63] 臺北高等行政法院2011年度訴字第2109號判決。

[64] 有關禁止外配入國部分，目前已修正「禁止外國人入國作業規定」，自民國102年1月25日生效……七、外國人因逾期停留、居留，且有下列各款情形之一者，得不予禁止入國：（一）逾期停留、居留未滿91日者。但一年內不得以免簽證或落地簽證方式入國。（二）未滿18歲。（三）現就讀公立學校或依法立案、設立之私立學校或外國學校之在學學生。（四）與居住臺灣地區設有戶籍國民（以下簡稱有戶籍國民）結婚滿三年，並在臺灣地區辦妥結婚登記（以下簡稱辦妥結婚登記）。（五）與有戶籍國民結婚並辦妥結婚登記，且育有與配偶所生之親生子女。（六）經入出國及移民署審酌後認情況特殊，禁止入國將造成重大且難以回復損害之虞。

者，得不予許可。並於一年至三年內不得再申請進入臺灣地區定居。期間之計
算，申請定居不予許可，且不撤銷或廢止居留許可者，自不予許可之翌日起
算。上開規定，乃規範大陸地區人民申請定居臺灣之條件，無逾母法授權範
圍，自應援用。原告係大陸地區人民，前為臺灣地區人民配偶，因依親而經許
可於臺灣長期居留，於2009年間涉犯意圖使成年女子與他人性交而容留營利
罪，經高雄地院判處有期徒刑四月，併宣告緩刑二年確定。原告於2011年4月
22日申請在臺定居，原處分以原告有妨害風化之紀錄，不予許可在臺定居，自
不予許可之翌日起三年內不得再申請在臺灣地區定居。[65]

　　對於違反法令之大陸地區人民，依兩岸人民條例中規定強制出境及加以限
制其入境之年限，以保護國家之安全與秩序。除法律與命令明文規定之外，有
關構成要件及證據之認定，亦甚為重要。另在裁處上，亦應遵守比例原則與平
等原則等，以求其適切。

（三）放寬年滿20歲的外籍人士繼續在臺居留

　　內政部表示，將放寬某類年滿20歲的外籍人士得繼續在臺延期居留，並放
寬外籍白領人士及僑外生居留效期屆滿時的離境期限。因媒體曾披露，爸爸是
德國人，媽媽是波蘭人的臺灣藝術大學舞蹈系學生雷堤娜，6歲時就隨父母來
臺生活，即將畢業的她卻因為不具有永久居留權，畢業後無法續留臺灣。因為
還有其他像雷堤娜的案例，內政部部務會報審查通過「外國人停留居留及永久
居留辦法」部分條文修正草案，近期修正發布。此外，為吸引外籍優秀人才來
臺，內政部增列外國人來臺就學者畢業後得申請延期六個月，以利求職；並放
寬白領外籍人士工作期限屆滿得申請離境期限，由90天延長為六個月，以利其
轉換工作，營造友善外籍人士的環境。但六個月內無法順利就職或轉換工作，
仍需依規定離境。[66]

---

[65] 臺北高等行政法院2012年度訴字第255號判決。

[66] 內政部說，因應少子女化趨勢，且考量部分外籍人士的子女在臺出生，且長住臺灣，與國人子
女無異，為維護其家庭團聚權，放寬年滿20歲後可在臺延期居留，但須符合在臺居住一定期間規
定。內政部表示，例如曾在臺灣合法累計居留十年，每年居住超過270天；或未滿16歲在臺，每年
居住超過270天；或在臺灣出生，曾在臺灣合法累計居留十年，每年居住超過183天等，就可以申請
繼續在臺居留三年，並得再延期一次。參見中央社，2014年3月27日報導。

（四）重新申請居留權之審查

　　依英媒報導，一位模里西斯籍的女高中生巴格拉蒂（Yashika Bageerathi），近日遭英國政府「驅逐出境」，無法考試。當地有17萬人支持她，走上街頭抗議、示威，揚言要政府留下她。不過，巴格拉蒂最終仍遭遣返回國。報導指出，模里西斯（Republic of Mauritius）的優秀女學生巴格拉蒂，2011年起來到英國；由於今年她年滿19歲，依當地法令，需重新申請居留權。法官近日拒絕新申請，導致她面臨被驅逐出境的困境。[67]

參、工作之法制

一、概說

　　為保障國民之工作權，有關外國人在我國工作，原則上應經過主管機關之許可。例外不須經過許可之外國人，如與有戶籍國民結婚，並獲准居留之新住民，或經許可居留之難民等。[68]

　　依就業服務法第46條之規定，我國所開放外國人工作之類別，有一定的項目與條件限制。依實務上之稱呼，分成白領工作外國人與藍領工作者。即以專業、特殊技術、技能之工作，為白領外國人；而以勞力或家庭幫傭之工作者，為藍領之外國人。專業與特殊技能之外國人，為補充我國在特殊領域之不足，考慮其與國民工作機會之衝突，並設有一定之資格、待遇及領域之門檻。[69]移民之工作，其主管機關為勞動部。而是否引進特殊專長之外國人教練、教師等，亦有相關之主管機關，如教育部等。

---

[67] 據了解，有17萬名支持者，近日為巴格拉蒂請願，希望英國政府留下她，參加今年度的英國高考。巴格拉蒂的母親受訪時指出，女兒相當努力，但「政府卻要毀掉她的人生」！可惜的是，儘管有17萬人連署請願，法官仍未改變判決，巴格拉蒂最終無法留下，已被送至機場搭機返回模里西斯。參見自由時報，2014年4月3日報導。

[68] 例外不須經過許可之外國人，如與有戶籍國民結婚，並獲准居留之外籍配偶，或經許可居留之難民等。

[69] 考慮外國人與國民工作機會之衝突，並設有一定之門檻。依外國人基本權利享有性質，得加以區分。

二、相關案例評釋

（一）保障國民的工作權

外國人未經許可在我國從事工作，將影響我國國民工作權利，對國民在憲法上所保障的工作權，影響至為深遠。就業服務法第42條規定：「為保障國民工作權，聘僱外國人工作，不得妨礙本國人之就業機會、勞動條件、國民經濟發展及社會安定。」第43條規定：「除本法另有規定外，外國人未經雇主申請許可，不得在中華民國境內工作。」第68條第1項規定：「違反第九條、第三十三條第一項、第四十一條、第四十三條、第五十六條、第五十七條第三款、第四款或第六十一條規定者，處新臺幣三萬元以上十五萬元以下罰鍰。」又法律限制外國勞工從事許可以外之工作，旨在保護本國人工作權，以免妨礙本國人的就業機會，為貫徹就業服務法第43條立法目的及憲法第15條、第152條對人民工作權之保障及充分就業規定意旨，就業服務法第43條之「工作」應兼指有償性及無償性之工作。勞委會函：「所謂工作並非以形式上之契約型態或報酬與否加以判斷，若外國人有勞務之提供或工作之事實，即令無償亦屬工作。[70]」

因工作權屬社會權之性質，優先保留給國民從事，對於外國人之工作，原則上其依法須申請許可。即使是自營業、無償性之工作，亦應受到規範。

（二）外國人在臺工作之申請

依就業服務法第43條規定：「除本法另有規定外，外國人未經雇主申請許可，不得在中華民國境內工作。」，非經許可不得聘僱，亦有同法第57條第1款規定：「雇主聘僱外國人不得有下列情事：一、聘僱未經許可、許可失效或他人所申請聘僱之外國人。……」，若是違反，則應依同法第63條第1項規定「違反……第五十七條第一款……規定者，處新臺幣十五萬元以上七十五萬元以下罰鍰」論處。例外情形（可以無須經許可者），並不包括外籍學生。參照同法第48條第1項：「雇主聘僱外國人工作，應檢具有關文件，向中央主管機關申請許可。但有下列情形之一，不須申請許可：一、各級政府及其所屬學術

---

[70] 臺北高等行政法院2012年度簡字第85號判決。

研究機構聘請外國人擔任顧問或研究工作者。二、外國人與在中華民國境內設有戶籍之國民結婚,且獲准居留者。三、受聘僱於公立或經立案之私立大學進行講座、學術研究經教育部認可者」。外籍學生受第46條第1項規定之限制,其在臺工作仍屬外國人在臺工作之範圍,原則上仍應經許可。參見就業服務法第46條規定外國人從事工作之限制,而同法第50條規定:「雇主聘僱下列學生從事工作,得不受第四十六條第一項規定之限制」,法規範並未敘明聘僱外籍學生得不適用就業服務法第42條、第43條、第57條、第63條等規定。[71]

外國籍學生在我國打工,有一定的時數限制。如雇主欲聘僱外籍學生工作,仍須依就業服務法規定,向主管機關申請許可。特殊不須申請許可者,依規定限於如下:1.各級政府及其所屬學術研究機構聘請外國人擔任顧問或研究工作者。2.外國人與在中華民國境內設有戶籍之國民結婚,且獲准居留者。3.受聘僱於公立或經立案之私立大學進行講座、學術研究經教育部認可者。

(三)外籍配偶之工作權

依就業服務法第48條規定:「雇主聘僱外國人工作,應檢具有關文件,向中央主管機關申請許可。但有下列情形之一,不須申請許可:一、各級政府及其所屬學術研究機構聘請外國人擔任顧問或研究工作者。二、外國人與在中華民國境內設有戶籍之國民結婚,且獲准居留者……。」;第57條第1款規定:「雇主聘僱外國人不得有下列情事:一、聘僱未經許可、許可失效或他人所申請聘僱之外國人。……」;第63條第1項規定:「違反……第五十七條第一款……規定者,處新臺幣十五萬元以上七十五萬元以下罰鍰。」依勞委會函:「客觀而言,雇主於進用員工時會請受僱者出示或繳交學經歷或身分證明文件影本等供查證或建檔,若應徵者係外國人,因外國人受聘僱從事工作,依法應由雇主申請許可始得為之,故雇主當應注意其是否應申請許可始得工作,如係外籍配偶應徵工作,雖依前開說明無需申請許可即可在華工作,惟仍應具備『與我國設有戶籍之國民結婚』及『取得合法居留』之要件,故若雇主對前來應徵之外國人除以比對過其所持居留證上之照片及所載資料外,再由其出示或繳交之證件資料(例如:依親之戶籍資料等)核對後,仍確信該外國人係獲准

---

[71] 臺北高等行政法院2010年度簡字第725號判決。

居留之外籍配偶進而聘僱者，似已盡其注意義務，得免其疏失之責。」[72]。

　　臺灣地區有戶籍國民之外籍配偶，其法律地位屬於實質上之國民，因此，應予保護其基本權利與工作權；但仍有基本之要求條件，即「外國人與在中華民國境內設有戶籍之國民結婚，且獲准居留者」。於符合結婚與合法居留之二要件，始有此權利。

肆、移民其他權利規定

一、擔任公務員

　　「歸化」我國之外國人移民者，得參加國家考試成為公務員。但有特殊之公務員，如部會首長、縣市長等，須有歸化滿十年，始得擔任之限制。擔任公務員屬於人民工作權之一種，亦為間接的參政權，關係著移民的權利。另如屬於「永久居留」之移民，依目前我國公務人員任用法規定，對不具有我國國籍者，屬於該法第28條之消極事由，尚不得擔任我國之公務員。[73]

　　大陸地區人民[74]，須在臺灣地區居住滿一定期間，始得申請定居。其年限為依親居留四年與長期居留二年，於符合兩岸條例相關之規定後，得予申請定居，以在我國取得戶籍。但依兩岸人民關係條例第21條規定，並限制大陸地區人民在臺灣擔任公務人員，須在臺設立戶籍滿十年，始有此項權利。其為基於國家安全之考量，所為之特別限制。對此大法官第618號解釋認為：「……八十九年十二月二十日修正公布之兩岸關係條例第二十一條第一項前段規定，大陸地區人民經許可進入臺灣地區者，非在臺灣地區設有戶籍滿十年，不得擔任公務人員部分，乃係基於公務人員經國家任用後，即與國家發生公法上職務

---

[72] 臺北高等行政法院2012年度簡字第299號簡易判決。

[73] 依目前我國公務人員任用法第28條之規定，擔任公務員必須具有中華民國國籍。

[74] 有關大陸地區人民人身自由與強制出境之程序保護，大法官第710號謂：「……中華民國九十二年十月二十九日修正公布之臺灣地區與大陸地區人民關係條例第十八條第一項規定：『進入臺灣地區之大陸地區人民，有下列情形之一者，治安機關得逕行強制出境。……』……不符憲法第八條保障人身自由之意旨。又同條例關於暫予收容未設期間限制，有導致受收容人身體自由遭受過度剝奪之虞，有違憲法第二十三條比例原則，亦不符憲法第八條保障人身自由之意旨。前揭第十八條第一項與本解釋意旨不符部分及第二項關於暫予收容之規定均應自本解釋公布之日起，至遲於屆滿二年時失其效力……。」

關係及忠誠義務，其職務之行使，涉及國家之公權力，不僅應遵守法令，更應積極考量國家整體利益，採取一切有利於國家之行為與決策；並鑑於兩岸目前仍處於分治與對立之狀態，且政治、經濟與社會等體制具有重大之本質差異，為確保臺灣地區安全、民眾福祉暨維護自由民主之憲政秩序，所為之特別規定，其目的洵屬合理正當。基於原設籍大陸地區人民設籍臺灣地區未滿十年者，對自由民主憲政體制認識與其他臺灣地區人民容有差異，故對其擔任公務人員之資格與其他臺灣地區人民予以區別對待，亦屬合理，與憲法第7條之平等原則及憲法增修條文第11條之意旨尚無違背。又系爭規定限制原設籍大陸地區人民，須在臺灣地區設有戶籍滿十年，作為擔任公務人員之要件，實乃考量原設籍大陸地區人民對自由民主憲政體制認識之差異，及融入臺灣社會需經過適應期間，且為使原設籍大陸地區人民於擔任公務人員時普遍獲得人民對其所行使公權力之信賴，尤需有長時間之培養，系爭規定以十年為期，其手段仍在必要及合理之範圍內，立法者就此所為之斟酌判斷，尚無明顯而重大之瑕疵，難謂違反憲法第二十三條規定之比例原則。」表示其規定，並未違憲。

二、歸化

外國人欲歸化成為中華民國國民，依國籍法規定，一般外國人須於中華民國境內合法連續居留滿五年，且符合經濟能力、無犯罪紀錄及符合國家利益等條件，始得申請。另國民之外籍配偶，其合法連續居留之期間，為達3年即可。[75]有關國家之組成要素，其中之一即為「國民」。而國民之來源，有生來取得國籍者，亦有後來取得國籍者。後來取得國籍者，即依歸化之申請，而受核准取得國籍之人。「移民」，即長期居住於本國之外來人口。狹義的移民，一般指歸化或永久居留而言。

另有關大陸籍配偶定居與外籍人士歸化我國國籍之程序，有所不同。依臺北市政府民政局即表示，大陸配偶於入境時辦理結婚登記，並申請依親居留滿四年後、再申請長期居留滿二年，即可申請定居證，毋須申請歸化我國國籍，亦毋須參加歸化測試。有關市議會民政部門質詢，為何大陸配偶不需參加歸化測試即可取得身分證及如何提升新移民暨其家人文化認同的部分？外籍配偶歸

---

[75] 請參考國籍法第4條之規定。

化國籍，依據國籍法第3條第1項第5款規定，外籍人士欲歸化我國國籍，需具備我國基本語言能力及國民權利義務基本常識，按同法第4條第1項第1款、歸化取得我國國籍者基本語言能力及國民權利義務基本常識認定標準第3條第2項第2款及第7條第2款規定，認定方式為需通過歸化測試（六十分）或參加新移民研習程（七十二小時），並於申請準歸化、放棄原屬國籍後始得申請歸化，期間約需四年。而大陸配偶則依據臺灣地區與大陸地區人民關係條例第17條第1項、第3項及第5項第1款規定，於入境辦理結婚登記並申請依親居留滿四年後、再申請長期居留滿二年（每年在臺居住滿183日）即可申請定居證，毋須申請歸化我國國籍，故大陸配偶毋須參加歸化測試，此二者均適用中央機關的法令，市府也將評估後建議中央機關統一外籍配偶及大陸配偶有關參加測試及取得身分證之相關規定。另對於議員指出跨國婚姻因文化認同不一，容易產生家暴案件的部分，臺北市民政局進一步說明，跨國婚姻的經營確實比一般國人更不容易，為了協助新移民，市政府無論就生活適應、社區支持、家庭關懷等方面皆有跨局處協助，鼓勵新移民跟家人一起參加各式活動，期達到家庭和諧終極目標。[76]

第四節　小結

　　狹義移民包括，歸化、定居與永久居留。外國移民如欲歸化我國，依國籍法第3條規定：「外國人或無國籍人，現於中華民國領域內有住所，並具備下列各款要件者，得申請歸化：一、於中華民國領域內，每年合計有一百八十三日以上合法居留之事實繼續5年以上。二、年滿二十歲並依中華民國法律及其本國法均有行為能力……。」即得依法申請。有關歸化的要件，所要求的門檻是否嚴格？此與國家之移民政策有關。因我國並非傳統接受移民之國家，及考量我國之人口密度，已非常高。在擬定接受外來人口移民之門檻上，會相對提高，以減緩人口過多之壓力。另無戶籍國民之申請定居與外國人之申請永久居留要件，則規定於入出國及移民法中。為保護國家安全依我國入出國及移民法

---

[76] 大陸配偶取得國籍─臺北市民政局：與外籍配偶取得國籍方式不同，參見法源編輯室，2014年4月1日資料。

第18條規定，外國人如有法定禁止入國之原因情形，依法得予禁止其入國，以免造成我國之不利影響。其原因包括使用偽變造之護照、簽證，在國內外有犯罪紀錄、持有違禁物品、有危害我國國家安全、公共秩序、善良風俗之虞者、有從事恐怖活動之虞者等。

國際法為國際社會之規範，其包括成文的國際法與國際習慣法。成文的國際法規範有條約、公約、議定書、協定、備忘錄等。國際習慣法包括國際慣例、外交禮儀、國家相互尊重及友誼、傳統國際法之習慣與學說等。成文的國際法，在簽署國家而言，具有如同法律之拘束力，簽署國家有義務遵守。特別是我國近年來制定「公民與政治權利國際公約及經濟社會文化權利國際公約施行法」，以表示我國保護國際人權之決心。對於我國國內之移民權利，秉持加以保護之原則。

每一個人皆有機會成為外國人；個人離開其本國後，有關其個人權利之保護，即有賴於所停留或居住之國家加以落實。因此，國際法便成為外國人權利保護之一種連繫。國際間人口的移動，並非單指永久居留之移民、難民、移工，亦包括短期停留人士及非法外勞。因此，國際法對移民之保護，即相對有其重要性。

參考文獻

一、中文

刁仁國（2001），外國人入出境管理法論，中央警察大學出版社。
王鐵崖等（2002），國際法，五南圖書。
李念祖（2001），論我國憲法上外國人基本人權之平等保障適格，收於國際法論集—丘宏達教授六秩晉五華誕祝壽論文集，三民書局。
李震山（2003），論「程序基本權」之建構與落實—幾個行政程序法適用問題之探討，收於行政程序法之檢討、傳播行政之爭訟，臺灣行政法學會主編，元照出版。
李震山（2003），論移民制度與外國人基本權利，臺灣本土法學雜誌，第48期。
李震山（2005），論憲改與基本權利保障，中正法學集刊，第18期。
林　立（2002），試以哈特的分析法學解決國內法與國際法拘束力來源之永恆難題，收於黃宗樂教授六秩祝賀—基礎法學篇，學林出版。

林孟楠（2004），論外國人的國際遷徙自由，國立政治大學法律學研究所碩士論文。

姜皇池（2004），國際法之主體（上），月旦法學教室，第24期。

孫友聯（2013），移動中的剝削：臺灣外勞人權問題剖析，臺灣人權學刊，第2卷2期。

許雅惠（2013），從「外」變「內」：檢視婚姻移民女性的人權保障，研習論文147期。

許義寶（2014），入出國法制與人權保障，第2版，五南圖書。

陳正根（2012），移民署面談工作之人權保障，法學新論，第37期。

陳正根譯（2004），德國行政法院入境難民申請庇護問題判例，國境警察學報，第3期。

陳長文、林超駿（2006），論人民返國入境權利之應然及其與平等權、國籍等問題之關係
　　—以釋字第五五八號解釋為中心，政大法學評論，第92期。

詹凱傑（2013），論現行入出國及移民法第三十八條之外國人收容制度，警學叢刊，第44
　　卷3期。

廖元豪（2012），不夠司法，又太過司法—移民收容程序之檢討，月旦法學雜誌，第204
　　期。

二、日文

荻上泰男，出入国管理と行政　の裁量権，法律のひろば，第26卷11号。

芹田健太郎（1991），永住者の　利，信山社。

芹田健太郎（1987），日本における外国人の国際法上の権利と義務，ジュリスト，
　　No.877。

金東勳（2003），國際人權法と在日外國人の人權，收於國際人權法とマイノリティ，東
　　信堂。

佐藤幸治編著（1992），憲法II基本的人権，成文堂。

斎藤靖夫（1987），外国人の政治活動の自由，收於憲法判例百選I，第2版。

中村睦男（1992），外国人の基本的人権，收於氏著憲法30講，青林書院。

藤田久一（1996），国際法講義2—人権・平和，東京大学出版会。

日比野勤（1998），外国人の人権（1），法学教室，第210期，1998年3月。

萩野芳夫（1969），外国人の出入国の自由，法律時報，第41卷4号。

萩野芳夫（1980），基本的人権の研究—日本国憲法と外国人，法律文化社。

尾吹善人（1986），解說憲法基本判例，有斐閣。

福王守，公法判例研究，法学新報，第111卷第1・2号，中央大学法学会。

鷲見誠一、蔭山宏編（1998），国家主権と国籍条項，收於近代国家の再檢討，慶應義塾
　　大學法學部政治學科開設百年紀念論文集。

第四章　各國移民政策概述

謝文忠

第一節　前言

　　依據聯合國人口署報告，2013年世界各地的移民人數從1990年的1.54億增加到2.32億，占全球人口的3.2%。這顯示我們處於全球化的世代，必須面對愈來愈普遍的移民現象，而各國移民政策皆不同，且對於移民政策的定義亦有不同，廣義而言，移民政策係指入出一國國境所涉及之相關政策，特別是針對意圖停留在該國及在該國工作者[1]，綜言之，包含投資、學生、難民等各類移民之政策與法制、非法移民與國境管理。本章主要概述先進國家、典型移民國家及臺灣周邊重要國家或互動最頻繁國家之移民政策，資料主要來自官方網站、白（藍）皮書、計畫或各該國政府對民眾之宣示。因此，會因各國對於移民政策偏重某些部分而呈現不同的內容，但可一窺現今其他國家移民政策的重點，其寬鬆或緊縮情形值得檢視參考。

第二節　美國之移民政策

壹、美國移民政策的發展

一、早期移民政策

　　美國在18世紀及19世紀初期採取較開放的移民政策，南北戰爭後甚至有數州通過屬於地方的移民法規，直到1875年美國最高法院宣布移民法是聯邦的權責。1882年的中國人排除法案（Chinese Exclusion Act of 1882）及1885年

---

[1] Retrieved from http://en.wikipedia.org/wiki/Immigration_policy, Dec. 21, 2013.

及1887年的外國勞工法（Alien Contract Labor laws）禁止特定的外國人移民美國，並課予人頭稅和禁止有精神疾病和可能犯罪者移入之規定[2]。

二、20世紀後期的移民政策

1980和1990年代，由於國際人口移動愈趨頻繁，美國移民單位的工作重點轉向控制非法移民。1986年移民改革及管理法（Immigration Reform and Control Act of 1986）授權當時的「移民及歸化局」（Immigration and Naturalization Service, INS）取締僱用非法外國人的雇主，並將遭取締之非法外勞遣送出境，該法同時也規定符合特定條件的非法外國人可獲得合法身分。1990年移民法（The Immigration Act of 1990）開始增加移民簽證的類別，主要為家庭團聚、僱用及配額抽籤移民三大類，此法也規定了移民歸化的准駁依據，也使INS的員額從二戰時期的8,000人增加到現在的超過3萬人[3]。

三、911事件後的移民政策[4]

2001年的911攻擊事件，使美國移民法的執法重點轉置於國境安全及非法外國人的查緝，但美國的移民政策仍舊歡迎合法移民，並有協助其融入美國社會之措施。2002年國土安全法（The Homeland Security Act of 2002）將「移民及歸化局」（INS）分成三個新單位，分別是海關及邊境保護局（Customs and Border Patrol, CBP）、移民及海關執法局（Immigration and Customs Enforcement, ICE）、美國公民及移民服務局（U.S. Citizenship and Immigration Services, USCIS），三個單位皆隸屬於新成立的國土安全部（Department of Homeland Security）。

---

[2] Retrieved from http://www.uscis.gov/history-and-genealogy/our-history/agency-history/early-american-immigration-policies, Dec. 22, 2013.

[3] Retrieved from http://www.uscis.gov/history-and-genealogy/our-history/agency-history/late-twentieth-century, Dec. 22, 2013.

[4] Retrieved from http://www.uscis.gov/history-and-genealogy/our-history/agency-history/post-911, Dec. 22, 2013.

貳、移民藍皮書「建立21世紀的移民系統」[5]

持續到來的移民成就了今日的美國，而美國並持續地吸引全球各地素質最佳的人，也豐富了美國文化、創造更多工作機會，從鋼鐵公司到Google網站，移民長久以來協助美國居於世界領導地位。

面對美國長期發展衍生的移民相關問題，歐巴馬總統的移民政策改革著重下列四個面向：

一、持續強化國境安全

持續強化國境管理作為，執法部門需將資源集中於防止任何可能危害美國國家安全者入境美國。

二、加強對非法外勞的違法雇主課責

遏止雇主違法僱用非法移民的情形，但也要提供平臺供雇主能查詢所僱用者是否具有合法身分。

三、建立能反映價值觀和多元需求的移民系統，以強化經濟競爭力

移民法應持續促進家庭團聚，鼓勵美國名校畢業生留美發展。且應停止處罰年幼就隨家庭非法入境美國的年輕人，讓他們有機會留在美國[6]，甚至可接受更好的教育或從軍貢獻美國，移民政策也應允許農民僱用農忙所需的勞工，並改善國內缺工時，外國人僱用之程序。

四、非法居留者的管理

非法居留者必須通過身分安全查核、繳納稅金和罰款、學習美語，才能等

---

[5]　The President's Blueprint for Building a 21st Century Immigration System, retrieved from https://www. whitehouse.gov/blog/2011/05/10/president-s-blueprint-building-21st-century-immigration-system, May 10, 2011.

[6]　2012年6月15日，美國國土安全部部長宣布「暫緩遣返兒童時期來美者計畫」（Deferred action for childhood arrival，簡稱DACA），該計畫對於兒童時期來美但逾期居留的無證居民（須符合一定條件者）給予二年期（並可延期二年）的臨時合法身分，並可以申請駕照及合法工作，但不給予永久居留身分，http://www.uscis.gov/humanitarian/consideration-deferred-action-childhood-arrivals-process。

候申請成為公民，要成為美國公民不僅享受權利也必須善盡義務。

就以上四個面向，進一步說明歐巴馬政府的移民政策藍皮書內容如下：

一、藍皮書揭示政策的進程

（一）投入更多資源保護國境

1. 投入更多執法人力：2004年邊境巡邏隊有1萬人，2010年時已超過2萬700人，擁有成軍87年以來，最大的執法能量。
2. 增加調查資源：移民及海關執法局（ICE）增加部署在西南邊境的人力，並與美國司法部及墨西哥執法部門合作。
3. 提升偵察能量：國土安全部將西南邊境，包含無人機偵察的區域，輔以地面人員巡邏，全長652英哩長的邊境線中完成長達649英哩的防護網，其中299英哩設有崗哨，可管制車輛入出。
4. 與墨西哥合作：共同打擊跨國犯罪組織、武器毒品走私及洗錢犯罪等。
5. 與加拿大合作：聯合執法，海巡單位共同使用船舶，加強邊境安全。
6. 強化邊境安全：投入更多邊境巡邏人力，自911事件後人力成長七倍，在35個入境關口架設各式體溫感應攝影、遙控攝影機等裝備。
7. 提升邊境建設：加速邊境貨物通關速度，強化基礎建設，減少通關等待時間。
8. 強化社群管理：CBP實施社群聯絡員計畫，深入掌握社區社群動態。

（二）提升工作及執法效率

1. 建立移民執法優先順序：移民及海關執法局設立執法優先順序，優先遣送對國家安全和社會有危害的犯罪分子。
2. 設立人性化拘留系統：投入資源強化受拘留人安全，設立網路查詢受拘留人所在處所的系統。
3. 保障犯罪被害人：確保犯罪被害人能獲得T類及U類簽證，宣導被害人可獲得簽證的資訊，勞工部強化與被害人合作，調查非法雇主。
4. 策訂新的執法策略：自2009年起，國土安全部加強查緝僱用非法外勞的雇主，並處以重罰。

5. 簡化僱用查證程序：建置E-Verify系統[7]，使雇主於僱用時，更易於確認文件的合法性。

6. 主動保護勞工和人權：以34種語言宣導勞工權益。

（三）修正移民法

1. 對合法移民、雇主提供更好的服務：2009年起，提供案件申請及進度查詢之西班牙語服務。

2. 提高從軍者家人權益：協助從軍者的家人能儘速獲得公民身分。

3. 降低高技能移民者的移民障礙：簡化投資移民及高技能移民者的簽證申請流程。

4. 提供公民身分申請資訊：設立公民資訊中心，使移民、教育者和各類申請者更清楚了解歸化流程。

5. 協助移民融入：2010年，公民及移民服務局（USCIS）發給27州的移民組織將近800萬美元的獎勵金，用來協助移民融入當地社會。

6. 提升服務品質：確保相關申請或通知的文件能及時寄達正確地址。

7. 改進移民法庭：增設移民法官員額，加速案件審理。

8. 協助難民：提供更多的醫療資源，定期與相關的服務提供者會談，了解難民需求。

二、經濟發展需要移民者

（一）移民是工作創造者

1990年到2005年間，25%的美國業績高成長公司是由外來移民管理，直接提供了22萬個工作機會，包括Intel, Google, Yahoo, eBay等公司，移民給予美國重要的競爭力。移民者相較於美國本土出生者，更願意創業設立新公司，這也是美國最重要的投資來源，實際上新成立的公司中，移民創設的占16.7%。

---

[7] 依USCIS說明「聯邦法律要求所有雇主在所有新雇員（包括美國公民）聘用後的三個工作日之內核實其身分以及合法工作資格……美國國土安全部（DHS）和社會安全總署（SSA）建立了一個稱為電子查證（E-Verify）的系統來進一步協助雇主對所有新聘雇員的合法工作資格做查證」，http://www.uscis.gov/sites/default/files/USCIS/Controlled%20Vocabulary/Native%20Documents/E-Verify/E-Verify_Employee_Brochure_M778_Chinese_0310.pdf。

Duke大學研究顯示1998年至2006年，海外出生的專利申請者，從7.3%上升到24.2%。顯示外籍生畢業後留美工作，確實有助於美國經濟的發展。

（二）移民是稅捐貢獻者

1. 國會預算辦公室2007年的報告指出，給予非法移民合法身分可帶來480億美元的稅收，而增加的相關支出只需230億美元。該辦公室2010年預估，2009年實施的夢想法案（Dream Act），使年幼被家人帶入美國者，可以取得合法居留身分，而十年後這些人能帶來的稅收可降低14億美元預算赤字。

2. 新移民人口的平均年齡低於美國公民的平均年齡，能投入更多的工作人口，有助於減緩人口老化現象。

三、強化國境安全

（一）持續投資於邊境所需的科技設施，例如監控設備。

（二）對偽冒用護照或簽證者施予刑事處罰。

（三）強化現行的處罰，特別是與移民相關的刑事起訴。

（四）加強邊境巡邏隊人員的人權教育訓練。

（五）修正移民法規定，使自願離境者能快速離境。

（六）解決拘留所問題，包括採用其他替代拘留的措施。

四、降低非法僱用情形

（一）分階段於數年內推行電子認證系統，第一階段優先適用於僱用超過1,000名員工的雇主。

（二）建立電子認證系統無法確認員工身分時的標準流程，包括提供員工可自行登錄更新資料，在未獲正式通知不得工作時，仍可繼續工作。

（三）檢視法令有無歧視情形及修正法令。

（四）對意圖犯的雇主（僱用無證工作者、違反平等規定），提高行政處罰。加強社會安全局（Social Security Administration, SSA）和國土安全部的橫向聯繫。

（五）對偽造社會安全卡（Social Security card）者訂定更嚴厲的處罰。

（六）挹注「社會安全局」更多資源，並提升社會安全資訊防偽技術。

（七）研發可用於防止偽造工作證明的生物辨識技術。

五、建立多元需求的移民系統，強化經濟競爭力

（一）鼓勵外國博碩士留學生畢業後留在美國工作，給予綠卡，特別是科技、工程、數學領域（science, technology, engineering and mathematics, STEM）

（二）通過特別法案，如2009年的夢想法案，使素質最佳的年輕人於軍隊服役或接受高等教育後，能獲得在美合法身分。

（三）增加投資類簽證，鼓勵外國企業家到美國投資創業，為美國創造就業機會。

（四）修正家庭團聚及工作移民簽證規定，調整每年各類移民配額及各國之配額，使高科技移民的家屬能更迅速取得移民簽證。

（五）兼顧雇主和勞工的權利，修正短期農業移工簽證規定。

（六）修正高技能工作者簽證規定，以因應美國此類移工不足的情形，並強化對移工的保護及管理機制。

（七）增設新的臨時性簽證，此類簽證主要發給低技術、非季節性的非農業勞工，以因應美國對此類勞工的需求，且每年均定有限額。

六、加強非法居留在美者的責任

（一）非法移民須辦理註冊，並提供相關身分資料及指紋，以利安全查核，註冊者需支付註冊費和相關罰鍰。

（二）犯罪或對國家安全有危害者，無法適用非法移民合法化政策。

（三）非法居留者可以排隊申請公民身分。

（四）強化移民融入美國社會，非法移民須學習美語和美國公民知識，且需納稅。

參、移民政策的啟思

歐巴馬總統於2011年提出的移民藍皮書，然各方爭議與意見不斷，直至歐巴馬於2012年連任後，始大力推動移民政策的改革。

2013年1月29日歐巴馬於Las Vegas發表移民政策演說，首先肯定移民對美國的貢獻，並指出現行移民法已不合時宜，其認為要從執法（嚴密國境安全和取締非法雇主）、使已在美國的非法移民能有取得合法身分的途徑、吸引外國優秀人才和投資者並給予身分或親屬依親的方便等三大方向來進行移民法改革，歐巴馬並肯定參議院於2013年1月28日所提出的「移民法全面改革跨黨派框架」（Bipartisan Framework for Comprehensive Immigration Reform）。該框架係由兩黨參議員提出的移民改革草案，和過去幾度闖關失敗的移民改革法案不同。其中有關非法移民合法化的最大不同在於，這次草案將讓非法移民在接受背景調查期間可以繼續留在美國，並可工作，而過去的草案都要求非法移民要先離境到第三國去等候通知，再「合法」入境。此一要如此大量的非法移民都離境的要求被認為在執行面根本不切實際[8]。

然而，非法移民合法化，其實就是「大赦」，此在各界引起極大爭議，參議員Jeff Sessions於2013年2月13日國會對移民改革法案舉行聽證會時指出「政府不願意執行現有法規，造成了非法移民人口的大量增加，而大赦只是拖延問題，真正該做的是加強國境安全」[9]。但在同場聽證會，國土安全部長Janet Napolitano提出證詞，表示「美國的邊界相當安全」（never been stronger），該部長更在2013年3月1日接受媒體專訪時表示「邊界是安全的，吸引非法移民跨過邊界的是因為有大量的非法移工需求」[10]。

一個跨黨派的參議員小組推出一項法案稱為「新創法案（Startup Act）3.0」，法案要求每年給創辦新企業的移民7萬5,000個綠卡名額，以及在美國獲得高等科學和技術學位學生5萬個綠卡名額，希望能獨立推動這一法案，以免

---

[8] 美國為避免因名稱連結負面形象，多使用「未經授權移民」（unauthorized immigrants）或「無證移民」（undocumented immigrants）來表示非法停留者或非法移民，但究竟美國境內有多少「無證移民」，是美國官方也無法提供精確數字的，依2014年5月8日美國國會智庫「國會研究（Congressional Research Service）發表「非法外國人在美之政策討論（Unauthorized Aliens in the United States: Policy Discussion），第一頁「摘要」指出：在任何時間點來看，究竟有多少非法外國人在美、從哪些國家而來、何時來到美國、現在住在哪裡、家庭組成情形等，都是無從而知的。」但一般共識認為有約1100萬人，http://fas.org/sgp/crs/homesec/R41207.pdf。

[9] Retrieved from http://blog.al.com/wire/2013/02/sessions_in_senate_hearing_say.html.

[10] Retrieved from http://abcnews.go.com/Politics/OTUS/napolitano-immigration-border-secure-fix-entire-system/story?id=18630676.

受非法移民「大赦」爭議的拖累[11]。

上述不同的移民改革法案因選舉關係而受到擱置，而民間力量仍持續推動，2015年12月，由科技界領袖臉書創始人馬克等人，所組成的移民維權團體——「前進美國」（FWD. us），主張推動移民改革法案，爭取高科技移民才能贏得全球人才爭奪戰[12]。由於移民政策複雜且改革涉及廣泛，歐巴馬當選後直至2016年美國總統大選前，美國官方移民改革法案始終未定，其改革爭議焦點所在，歸納如下：

一、美國國會兩黨立場差異在於「改革是否等同大赦」，共和黨反對大赦式給予非法者公民身分，而民主黨則認為給予合法身分才是解決現行境內1,100萬非法移民的最好方法。兩黨間雖立場有差距，但從共和黨提出折衷方案（先解決高科技移民身分問題），可解讀為兩黨都認同高科技移民對美國的重要性。

二、美國各科技業者紛表支持移民改革方案，其重點亦在「與全球爭奪高科技人才」，即使美國境內有1,100萬非法移民存在，國土安全部仍認為吸引人才與邊境管理等移民政策中，吸引高科技人才才是移民政策的重點所在。

美國以移民立國，是最典型的移民國家，然面對國際情勢及人口移動的國內外現況，移民政策是施政及國家社會安定的重大考驗，包含各類移民停居留問題、邊境管理、吸引人才等諸多面向，而美國移民政策的內容、推動方式及所面臨的問題都深值我國借鏡。

第三節　加拿大之移民政策

加拿大移民部依據該國政府發展經濟、增加就業的施政重點，於2015年3月24日公布2015至2016年計畫和優先事項報告[13]，該報告內容即為移民政策白

---

[11] Retrieved from https://www.govtrack.us/congress/bills/113/hr71.

[12] Retrieved from http://www.politico.com/story/2015/12/mark-zuckerberg-facebook-immigration-donald-trump-2016-election-216327.

[13] Retrieved from http://www.cic.gc.ca/english/resources/publications/rpp/2015-2016/index.asp, Dec. 28, 2015.

皮書[14]，內容指出政府應致力於確保移民系統支援就業、經濟成長和長期繁榮的目標，同時維持家庭團聚的目標和人道義務。該報告亦是加拿大官方公布最新的移民政策，概述如下：

自2007年起至2014年七年間，加拿大政府對於永久居民增加數一直控制在24萬至26萬5,000人的範圍內。2015年加國政府修正移民政策，預計將永久居民人數增加至26萬至28萬5,000間，使政策能更符合勞動市場需求且人力運用更彈性。此外，加國政府的改革措施亦包含確保新移民能儘速取得工作、融入社會。2015年的永久居民申請案經濟類移民將會比去年提高2%，占整體移民的65%強。

加拿大政府在2013年實施兩項新的經濟移民計畫：一是2013年1月2日的聯邦技術移民計畫，解決地區人力短缺，促進經濟成長。該計畫於2013年5月4日實施更新的計分系統，分數計算將加重語言能力，並使移民更年輕化，移民可以預先安排工作，以提高移民經濟狀況。另一項新的計畫是2013年4月1日實施的創業簽證計畫，目標在吸引全球高潛力且具創新力的企業家，政府並與加拿大風險投資公司及Angel基金公司合作，期使加拿大成為最有競爭力的國家。

經驗類移民部分，2013年該類人數創新高，估計該類移民中有高達1萬名外國畢業生和技術類的外籍勞工，是增加最快的移民類別。2013年加拿大政府繼續推動其他成效良好的移民計畫，並強化聯邦移民部與各省在移民政策的合作，總計吸引超過42萬名的新移民，以滿足加國區域經濟發展的需要。加拿大聯邦政府並將恢復馬尼托巴省和不列顛哥倫比亞省的安置服務補助，使安置服務在加拿大全境通行，以協助全境的新移民均能儘速融入社會。加拿大於2015年1月1日啟用一項快速通關系統Express Entry[15]，又稱新的意向表達系統（Expression of Interest system），以建立人力資源庫，該系統提供選擇經濟移民的方式，改善以往緩慢且以供給為導向的系統，使政府和雇主可以主動選擇所需人力，及時滿足人才需求。

家庭看護工部分，2015年將增加至歷史新高3萬名永久居留配額，並免除

---

[14] 「計畫和優先事項報告」等同是移民部的移民政策白皮書，它是國會對政府部門的主要究責工具之一，也是年度預算計畫，詳列部門之策略、成果及計畫活動，優先事項，預期成果，執行指標及以三年為基礎的資源需求。每年春天由財委會主席代表相關部會首長提交國會審查。

[15] Retrieved from http://www.cic.gc.ca/english/immigrate/skilled/profile.asp, Dec. 28, 2015.

看護工須於雇主家留宿限制，以顧及其應有人權。

　　家庭類移民部分，2015年加拿大核准6萬8,000家庭類移民，相當於移民總額的23.9%，包括約2萬名父母和祖父母移民及4萬8,000名配偶及兒女。繼續推廣成效良好的超級簽證政策[16]，有效減少父母、祖父母移民申請積壓案件數，使家庭團聚申辦程序更快捷。

　　2014年6月加拿大修正執行有關學生申請簽證、在學工作及畢業後停留之規定，主要內容爲：1.須在獲認可的院校報名並有繼續就學事實才能保有就讀許可；2.放寬留學生校外打工不需另外申請之許可，但每周不超過20小時；3.畢業後可以繼續停留90天，於等待工作許可期間可繼續工作，直到工作許可被批准。

　　加拿大移民政策亦相當重視難民問題。2015年加國預計推動的人道方案所接納的難民人數3萬200名，占新移民總量的10.6%。由於移民法中庇護規定的修正，加拿大自2012年12月開始執行新的庇護制度，使難民能適時得到保護。近期敘利亞難民問題，加國亦冒著國家安全風險，批准收容2萬5,000名敘利亞難民[17]，以婦、幼及家庭爲優先對象，排除單身男子及家庭背景不詳人士，並預計2016年2月底前完成專機接送返加拿大之任務。

　　有關移民執法之政策，加拿大推動行動計畫，全面審查公民身分，持續打擊居留權和公民身分虛僞詐欺案件。此外，加拿大政府於2013年6月19日實施外國罪犯快速遣返法案（The Removal of Serious Foreign Criminals）[18]，該法案目的使外國罪犯無法利用冗長上訴和程序之漏洞，逃避驅逐出境之執行。另有關加拿大與美國的邊界安全協議，亦將實施多項措施，強化邊境偷渡之查察能力，防止罪犯、恐怖分子和其他加拿大法令規定不受歡迎之人士進入加國，同時加速合法人流物流的進出。

　　2013年12月，加拿大開始運用生物特徵資料辨識系統[19]，並結合美國提供

---

[16] 2011年12月1日加拿大移民部針對父母或祖父母探親推出了新的超級簽證（Super Visa），該簽證的有效期可長達十年，且每次可在加拿大連續居住長達二年（原先一般是六個月）。該簽證類別只適用於加拿大永久居民或加拿大公民的父母或祖父母，其他人無法申請該簽證（例如申請人的受供養子女不適用該超級簽證，只能申請普通訪問簽證）。

[17] Retrieved from http://www.cic.gc.ca/english/refugees/welcome/overview.asp, Dec. 28, 2015.

[18] Retrieved from http://news.gc.ca/web/article-en.do?nid=973409, Dec. 28, 2015.

[19] Retrieved from http://www.cic.gc.ca/english/resources/publications/annual-report-2014/index.asp, Dec. 28, 2015.

之情資，篩選入出境旅客，加國並於2015年起陸續完成與美國完成雙向旅客電子通關系統建置，大幅縮減美加遊客通關時間。2016年3月15日起，繼美國、澳洲之後實施ETA（Electronic Travel Authorization）電子授權系統[20]，針對美國以外免簽證國家實行事前審核，以有效過濾免簽證國家恐怖分子利用簽證措施進入加國，另外為加強國境管理及有效打擊恐怖分子，尤其在2014年10月國會山莊警衛遭槍殺事件後，加國開始擬訂反恐法案，並於2015年6月起實施C51法案[21]，大幅擴張執法官員反恐執法權限，包含制定加拿大安全資訊共享法（Security of Canada Information Sharing Act），讓跨部門機關可共享資訊，制定安全空中旅行法（Secure Air Travel Act），擴大禁飛名單，修正刑法中逮捕拘留門檻，提早逮捕可能涉嫌恐怖活動人士及修改加拿大安全情報法（Canadian Security Intelligence Service Act），突破已往情報局（CSIS）僅可收集分析信息情報的權限，授權於加拿大境內、境外均可執行反恐行動。

第四節　英國之移民政策

壹、英國移民政策的發展

從1980年中期起，英國成為淨移民移入國。自1997年後，持續的經濟發展，加上工黨政府對經濟移民採寬容態度，使英國移民人數大幅增加。2004年歐盟擴張後，在歐盟範圍內有自由遷徙及工作權之東歐國民，更開始大量移入英國[22]，統計1997年至2010年間之移民高峰期，移入人口達到近400萬人[23]。

2008年，在國外出生之歸化英籍外國人數達90萬，占英國人口數量11%；在英國的外國居停留人數亦達到440萬，占英國人口數量7%。至2012年，前者維持在11.4%，後者維持在7.2%，比例相當穩定。這些外來移民人

---

[20] Retrieved from http://www.cic.gc.ca/english/visit/visas.asp, Dec. 28, 2015.

[21] Retrieved from http://www.parl.gc.ca/HousePublications/Publication.aspx?DocId=6932136&Col=1&File=4, Dec. 28, 2015.

[22] Retrieved from http://www.epochtimes.com/b5/13/11/9/n4006564.html, Jan. 11, 2014.

[23] Retrieved from Migration Watch UK, Six Key Facts, Retrieved from http://www.migrationwatchuk.org/, Jan. 8, 2014.

口以波蘭人（14.9%）最多、其次為印度（7.3%）、愛爾蘭（6.9%）、巴基斯坦（3.6%）、美國（3.2%）、立陶宛（2.9%）、法國（2.8%）、德國（2.4%）、義大利（2.4%）及奈及利亞（2.3%），近半數外來人口以歐洲及南亞國家為主[24]。2012年開始，英國政府為控制移民增長，減少對社會福利之衝擊，除對投資及高技能移民仍採開放態度外，其他移民申請條件之限制逐漸增加。

　　21世紀以來移入英國之人數持續增加且種族多元，這種現象引起英國國民的不安，2009年全球經濟不景氣時，一項民意調查顯示，六成以上的英國公民希望政府控制移民數量[25]。自2010年起，英國實施一系列移民制度的改革，目的在吸引最優秀的移民，同時「控制及減少」一般經濟移民，並期將英國淨移民數量（海外移入與境內移出人口之差額），減少到每年10萬人以下，改革政策實施後，英國淨移民數量從2011年9月的24萬人，減少到2012年9月的15萬人，達到2003年以來的低點；惟因英國薪資、福利、工作機會及通行英語，近幾來年仍吸引大批歐盟經濟移民入英尋求工作，依英國國家統計局2014年統計，淨移民人數在2014年更達新高，共計31.8萬人（移入人口64.1萬人、移出人口32.3萬人），致使英國政府積極計畫在2017年底舉行脫歐公投作準備及與歐盟國間進行談判，以有效控管歐盟移民入境人數。

　　就非法移民管理政策的發展而言，英國內政部2013年10月發表的一項報告顯示，境內非法移民享受的公共服務，平均每人每年消耗英國納稅人高達4,250英鎊，此外，英國倫敦政治經濟學院估計，在英國約有72萬5,000名非法移民，每年非法移民的總耗資額為31億英鎊，英國內政部每年研擬多項新措施，從各方面防制非法移民，並降低非法移民居留之誘因[26]。

---

[24] Cinzia Rienzo and Carlos Vargas-Silva. "Migrants in the UK: An Overview," Migration Observatory briefing, COMPAS, University of Oxford, Dec. 2012.

[25] Will Somerville and Madeleine Sumption (2009). "Immigration in the United Kingdom: The recession and beyond," Migration Policy Institute.

[26] Retrieved from http://www.bbc.co.uk/ukchina/trad/uk_life/, Oct. 13, 2013.

貳、英國移民政策的重點及各類移民政策[27]

一、移民政策願景

英國移民署（UK Border Agency, UKBA）於2013年4月1日改制爲3個獨立機關設於內政部下，分別爲「簽證及移民局」（UK Visas and Immigration），負責處理簽證申請、外國人短期及長期停居留、難民管理等業務；其二爲「移民執法局」（Immigration Enforcement），負責查緝外國人非法入國及收容遣送工作；另一爲「國境執行局」（UK Border Force），負責國境證照查驗、海關貨櫃安檢及邊防管理。

依英國移民署2011至2015年度計畫書，將「保障國境安全、管控移民」（Securing Our Border, Controlling Migration）列爲工作核心重點（UK Border Agency, 2013）。而英國主要移民法令有2009年國境、公民及移民法（Borders, Citizenship and Immigration Act 2009）、2007年英國國境法（UK Borders Act 2007）、1981年英國國籍法（British Nationality Act 1981）及其他移民行政法規（Immigration Rules）[28]

二、近期各類移民之政策趨勢

2012年開始，英國政府大幅緊縮移民政策，除取消國際學生畢業後可續留英二年之畢業生簽證（post-study work visa）外（國際學生仍可申請符合其他類別之工作簽證），以家庭團聚形式申請移民英國條件亦變得更嚴苛，而投資移民則未受影響。

家庭團聚方面，新移民政策主要針對非歐盟國家，以往申請配偶簽證不須附薪資證明，而新的政策增列配偶簽證之保證人最低年薪爲1萬8,600英鎊（約93萬元臺幣），而有小孩的家庭，收入最低標準爲2萬2,400英鎊，每增加1個小孩，收入限制相對提高2,400英鎊。

此外，自2013年10月開始，申請長期居留之外國人必須有一定英語能力，包括家庭團聚簽證申請人，必須提供英語聽說能力達到B1級，相當於雅思

---

[27] UK Border Agency, retrieved from http://ukba.homeoffice.gov.uk/aboutus/organisation, Dec. 14, 2013.

[28] Retrieved from http://www.ukba.homeoffice.gov.uk/policyandlaw/immigrationlaw/, Jan. 4, 2014.

（International English Language Testing System, IELTS）4.0至4.5水準以上的證明，更自2016年4月起改為須通過生活技能類雅思測驗（IELTS Life Skill），以顯示申請人適應英國生活之語言能力及對英國文化有基本了解。但英國政府鼓勵投資及企業家移民的政策仍未變，外界認為英國已進入一個「選擇性移民」的時代。

關於難民制度方面，相較於歐盟其他國家，英國對於難民採取更加嚴厲審查及保守態度，政府高層多次針對2015年歐盟提出的強制分配各國收容安置地中海難民機制，以及配額表達不滿及力抗之勢，英國首相卡麥隆即曾表示，英方強烈反對難民配額建議，並承諾至2020年間，將以分批接收2萬名敘利亞難民為額度，較其他歐盟國為少；英國內政部長Theresa May亦多次稱，大批來自非洲及中東偷渡歐洲民眾，多是求更好生活及福利而到歐洲之經濟移民，並非真正需要保護之難民，歐盟強制各國安置機制，將更行助長人口販子及蛇頭等跨國犯罪，反對歐盟提出任何非自願性收容難民配額提議。

申請難民庇護期間，政府將發給臨時許可，並可能准許其住在親戚或朋友之特定固定住所，或置於收容中心，申請人須定期到報到中心或警察局報到。在案件審查期間，並無工作權，若案件審理已逾一年，申請人則可請求工作許可。經准許在英國之難民及庇護申請人，將發給五年合法居留許可，然在此期間有證據顯示原受國際保護資格之原因已消失，其居留英國許可將會被複審。[29]

三、各類移民工作簽證制度[30]

英國政府自2008年起，對於非歐盟國之外籍人士實施「計點制度」（Point-Based System, PBS），將移民簽證分為5類，第一類（tier1）為高技能人士移民簽證；第二類（tier2）為一般技能人士工作簽證；第三類（tier3）為低技能工作臨時簽證；第四類（tier4）為學生簽證；第五類（tier5）為短期訪問簽證。另歐盟會員國公民依歐盟規定，均不需另申請簽證即可赴英工作及居留，且在英國合法居留滿五年後，可提出申請成為英國永久居民。各類計點移

---

[29]　Retrieved from https://www.gov.uk/claim-asylum, Dec. 16. 2015.

[30]　Retrieved from http://www.ukba.homeoffice.gov.uk/visas-immigration, Jan. 12, 2014.

民簽證說明如下：

（一）高技能人士類之移民簽證（**High-values migrants**）[31]

高技能人士類移民簽證，按照英國移民署之政策制訂背景，是為了吸引更多英國勞動力市場與資本市場需要的技能及資金人士來英國居留，居留一定期間並可申請永久居留權，分為下列項目：

1. 特殊傑出人才簽證（Exceptional talent）

在科學及藝術領域中，國際公認的世界領導者或有潛力的全球領軍人才，並希望赴英國工作，每年分別於4月及10月起開放500名。

2. 企業家簽證（Entrepreneur）

申請人需有20萬英鎊現金，並願意在英國創立企業或入股英國公司。資金必須存放在政府立案之金融機構，並可供申請人隨時支配使用。申請人須有一定英文能力且有足夠維持申請人及家人在英國日常生活的資金。

3. 投資移民簽證（Investor）

申請人可選擇投資200萬英鎊購買英國政府債券，為期五年，五年後可收回本金及利息，若五年內每年居住至少六個月，即可申請取得永久居留；投資500萬英鎊，居住3年，可申請永久居留；投資1,000萬英鎊，居住2年可取得永久居留。

4. 外國畢業生企業家簽證（Graduate Entrepreneur）

提供在英取得企業管理碩士或其他領域修習十二個月以上之畢業生（名額1,900人），或海外外國畢業生經英國貿易投資署（UKTI）認可（100人）。

（二）一般技能人士工作簽證（**Skilled workers**）

針對特定亟需外籍勞工填補之工作類別，外勞申請工作簽證前，必須具備雇主簽發的保證書（Certificate of Sponsorship）及受聘證明，受聘最低年薪必須為2萬800英鎊以上，並通過官方基本英語能力測驗之證明。

---

[31] Retrieved from http://www.ukba.homeoffice.gov.uk/visas-immigration/working/tier1/poststudy/, Jan. 11, 2014.

（三）低技能工作臨時簽證（**Unskilled migrants**）

由於歐盟國家公民進入英國工作不需簽證，致大量東歐勞工入境，影響英國低技術勞動市場就業機會，有鑑於此，英國內政部已於2013年3月宣布終止第三類人士類別之申請。

（四）學生簽證（**Student Visa**）

申請英國學生簽證需達計點（分）制所規定的40分，政府認可學校申請獲准及合格的英語成績可得到30分，另外10分是銀行帳戶需有足夠存款。

（五）短期訪問簽證（**Temporary workers**）

1. 運動員、演藝工作人員及藝術家簽證：可居留一年。
2. 慈善事業人員：須未支薪，可居留一年或服務期滿為止。
3. 宗教人員：在英居留最長不超過二年。
4. 受學術或英國政府部門邀請之研究或交換人員：居留期限為一至二年。
5. 依國際法或國際條約之國際組織、外國政府人職員或雇員：最長可在英居留二至六年。
6. 青年度假打工：與英國簽訂合約之國家（澳洲、加拿大、日本、南韓、臺灣、摩納哥、紐西蘭等），允許該國青年申請赴英打工度假簽證，最長不得超過二年。

（六）其他類別移民簽證

1. 不屬於計點制度之工作簽證：家事服務工、外籍船工及外國企業代表人或法人等。
2. 家庭團聚簽證：18歲以上英國永久居民或公民可為其外籍配偶（需滿18歲）申請在英居留，其程序需檢附財力及英文能力證明，經通過移民官面談後，發給三十三個月效期之居留簽證，並可展延，合法居留滿五年可申請永久居民，永居達一定法定期間將可申請歸化。此類雖無計點制度，但條件逐年嚴苛。

四、國境管理——快速通關計畫

英國內政部為便捷來自低風險國家之商務旅客，近年實施一項名為「註冊旅行者服務」（Registered Traveller Service）快速通關計畫[32]，並正研議擴大至更多國家，盼以便捷自動通關設施，提升查驗能量及節省政府人力，主要措施如下：

（一）適用對象：針對美國、加拿大、澳大利亞、紐西蘭及日本等低風險國，持有效英國簽證及晶片護照，且年滿18歲之旅客。

（二）申請方式：線上申請，初次申請需繳交70鎊費用，一年後每年需繳交50鎊年費。效期中，若需更新護照資料需另繳交20鎊。

（三）便利措施：比照本國人及歐盟會員公民走「自動通關櫃檯」（ePassport gates）及免填入境卡。

參、英國移民政策的趨勢

彈性調整移民簽證類別及計點項目是英國移民政策的特色。英國移民政策係以有利英國經濟發展之「經濟移民」為主，政府近年不斷祭出專案以吸引頂尖經濟移民，如英國簽證及移民局於2014年1月實施之GREAT Club簽證即是一例，該簽證係針對全球約百名經常往返英國的國際企業領袖，由移民局專人提供最快捷的服務[33]。另一例是針對中國大陸北京及上海符合VIP條件的對象，由英國簽證官員親自到府收件服務，並規劃推廣至全中國大陸，以吸引更多經濟移民。

為有效管控外來人口進入英國之質與量，英國政府規定家庭類團聚簽證申請人須有基礎之英文能力及財力，以減少英國社會負擔及政府福利支出。英國首相卡麥隆更多次表達，為長遠經濟著想，新移民之審核標準需更嚴謹，避免過多的新移民或非法移民，濫用國家福利系統及公共服務。英國仍開放新移民進入英國經商、投資，但不歡迎對英國社會無所貢獻的新移民，針對無居留權

---

[32] Retrieved from https://www.gov.uk/registered-traveller, Dec. 16, 2015.

[33] Retrieved from https://www.gov.uk/government/news/home-office-targets-business-travellers-with-new-premium-visa-services, Feb. 8, 2014.

之外國人積極遣返，以利英國社會的穩定與發展[34]。

　　未來，英國移民政策及移民管理勢必更趨於緊縮、嚴謹，以有效控管每年淨移入人口，並強化打擊非法移民，降低大批來自歐盟移民潮所帶來之社會衝擊，保障英國國民優先之社會福利政策，並重視一般民眾意見，防止社會對立；另一方面，將持續開放並吸引外籍優秀人才及外國企業家進入英國，以促進英國經濟成長。同時，英國未來可能舉行脫歐公投及與歐盟會員國間進行關於移民問題之談判，因此移民政策已提升為國際政治及外交層次的議題。

第五節　法國之移民政策

壹、法國移民政策的發展及執行單位

　　法國雖不像美國是大熔爐式的移民國家，但向來也有接受外來移民的慣例，尤其是19世紀中期以後，法國基於經濟、補充人口不足等因素，而採取開放的移民政策。二次世界大戰及共和主義的影響，催生戰後1945年的條例，該條例對所有合法移民開放，沒有配額及種族限制。然而，1970年以後法國經濟衰退，失業率高不再需要外籍勞工，移民政策由開放轉向緊縮。其後隨著不同政黨的執政，移民政策時嚴時寬，右派執政採取嚴格的限縮政策，尤以席哈克總理時期的內政部長巴斯卡（Charles Pasqua）為最，1988年社會黨執政後，法國移民政策朝向1980年強化管理勞動市場、打擊非法移民與協助合法移民融入法國的自由派路線，但1990年後經濟嚴重衰退，加上創戰後紀錄的失業率，右派民族陣線（front national）高票贏得國會選舉，巴斯卡再任內政部長並將改革目標設為零移民，希望終止所有移民，阻擋境內外籍居民歸化，然巴斯卡法案部分條文遭法國憲法委員會宣告違憲，非法移民問題更顯對立而棘手。總而言之，法國移民政策受到政治及經濟兩大因素影響甚大，但已無法像1970年前般的開放。[35]現任總統歐蘭德（François Hollande）於2012年競選時，曾對媒

34　中時電子報，取自http://www.chinatimes.com/realtimenews，瀏覽日期：2013年12月19日。

35　陳慶昌（2003），國內政治與歐洲整合研究：法國極右主義對歐盟移民政策影響為例，頁40-66。

體公布其移民政策[36]，重點如下：

　　一、移民數量：限制經濟移民；在國際及歐盟公約規範下，依親團聚數額維持不變；留學生數額維持。

　　二、拒絕大規模非法居留轉合法居留（特赦）；制訂明確審查標準。

　　三、改變行政收容方式；取消未成年人需移送收容所措施。

　　四、難民案件審查時間縮短為六個月。

　　五、合法居留五年以上外國人具投票權。

　　法國移民政策的實際執行，則為內政部（Ministère de l'intérieur）下設的外國人總處（la Direction generale des etrangers en France）負責，並與勞動、外交及歐洲事務、法務部、難民暨無國籍人民保護辦公室相互合作。依據法國內政部於2012年5月24日公布的第2012-771號法案，其業務範圍含蓋移民、難民及外人居停留等，並與勞動部（Minister for Labour）共同負責外人非法工作的問題；與外交及歐洲事務部（le ministre des affaires étrangères et européennes）共同策訂簽證事務，與法國（l'Office français de protection des réfugiés et apatrides），共同執行庇護政策；負責歸化與外國籍配偶婚姻移民業務，並與法務部（Ministre de la Justice）共同授與法國籍及頒發國籍證書[37]。

貳、移民概況暨現任總統的移民政策

　　根據法國國家統計及經濟研究所（Institut national de la statistique et des études économiques）的數據[38]，2006年到2013年間，法國的移民人數變化總量（即年度移入人數減去年度移出人數）是相對穩定的趨勢，2006年19萬3,000人移入但也有2萬9,000人移出，至2013年成長至23萬5,000人移入但更有9萬5,000人移出，也就是移入人口雖成長1.2倍但是移出人口成長3.3倍，據INSEE分析人口移出的原因，主要是外籍留學生學業完成後返回原屬國、外籍人退休

[36] 法國TF1電視臺網站，2012年5月7日報導，取自：http://lci.tf1.fr/politique/elections-presidentielles/immigration-le-programme-realiste-de-francois-hollande-7224268.html,2013/12/20。

[37] 外國人總處網頁：http://www.immigration.interieur.gouv.fr/La-Direction-generale/Presentation，瀏覽日期：2015年12月18日。

[38] 法國國家統計局網頁：http://www.insee.fr/fr/themes/detail.asp?reg_id=99&ref_id=td-nationalite-12，瀏覽日期：2015年12月18日。

後離開法國及法國人移居國外（2006年有13萬8,000名法國人移民國外，2013年則有19萬7,000人選擇離開法國，估計將近400萬名法國國民僑居國外）。

　　在這穩定的成長趨勢中，依親是進入法國定居最大宗的外國人來源，以2013年爲例，就有9萬3,000人取得依親居留資格，相較於2012年增加了約7％，次多的則是國際學生，有6萬3,000人，相較於2012年增加了約6％，以勞工身分獲得居留的人數，大致與人道庇護事由的一樣多，2013年都大約有1萬8,000人。

　　從移民人口占全國人口比例來看，2011年1月計有爲560萬人，約是法國總人口數的9％，其中分析其在原屬國，前三個國家分別是阿爾及利亞、摩洛哥及葡萄牙（如圖4-1），所有非洲裔的移民占240萬人（42.9％），高於歐洲裔的210萬人（37.5％）[39]，這是法國1945年至1975年黃金三十年（Belle Epoque）大量引進其前非洲殖民國青壯勞力，以補充國內勞動力的結果。

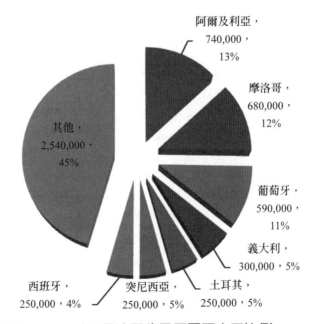

圖4-1　2011年1月法國移民原屬國人口比例

[39] OCED「2015國際移民展望分析」，取自：http://www.keepeek.com/Digital-Asset-Management/oecd/social-issues-migration-health/international-migration-outlook-2015/france_migr_outlook-2015-17-en#page1，瀏覽日期：2015年12月20日。

這也大致是現任總統歐蘭德2012年上臺迄今的施政結果，一方面堅定處理非法移民，一方面顧及人道考量並適度開放，法國在海外銷售量最大，也在法語國家地區極具影響力的世界報（Le Monde），就曾將其移民政策，整理如下[40]：

一、廢止爭議移民法規：2012年5月31日解除外籍畢業生留法工作限制，2013年1月1日公布第2012-1560號法案，取消一般人非基於利益，對非法移民者提供協助之處罰。

二、2012年6月宣布，除非外國人不遵守法國政府限制住居的規定，否則基於人道考量，育有未成年子女非法居留者，其家庭將不會被收容於收容所，亦不會被遣返出境。

三、取消吉普賽人返鄉補助：法國政府為鼓勵非法居留者自動返鄉，對主動投案願意回國者給予補助，俾其在原籍國生活。但因吉普賽人利用此一規定多次返回法國以領取補助款項，內政部遂於2012年12月7日宣布取消此一措施。

四、降低歸化門檻：內政部於2012年7月25日廢止申請歸化者語言程度須達國中三年級，且熟悉法歷史文化之規定，。

五、放寬簽證審核：2013年3月法國內政部協調法國各駐外使館，放寬申請案件之審核，使其更具彈性，尤其是對商務人士、科學家及藝術家。

六、加強管理吉普賽人：吉普賽人長年居無定所，居住於移動車輛或搭建簡單帳篷或空屋等，所在處多發生住宅竊盜案件或其他搶奪、詐騙案，法國民間對之印象惡劣。內政部遂於2012年8月29日下令強制拆除其群居營地。

另外，雖人口老化問題尚不及德國嚴重，但為了促進國內經濟發展，法國也採取「選擇性移民」（immigration chisie）政策，對於投資移民設有特殊經濟貢獻居留證，凡於法國開設或保證開設最少50個工作，或投資金額逾1千萬歐元以上之外國人，即能獲得效期十年之長期居留證；外國公司符合上述條件，投資人持有該公司30%股份以上者，亦可申請。此類居留證持有人之家屬得申請依親，但不允許在法工作。前述外國投資人入境一年後未如期投資，將

---

[40] 法國世界報，2013年10月16日分析評論，取自：http://www.lemonde.fr/societe/article/2013/10/16/immigration-quel-bilan-pour-la-politique-de-manuel-valls_3496760_3224.html，瀏覽日期：2013年12月20日。

被撤銷居留。

參、難民問題及移民政策的再思考

自2010年阿拉伯之春及2011年敘利亞爆發內戰後，歐盟地區在近五年內接受了大量的難民庇護申請；據歐盟外部邊境巡防協調管理局（European Agency for the Management of Operational Cooperation at the External Borders of the Member States of the European Union，簡稱FRONTEX）統計，2014年在歐盟邊境查獲的非法跨境人數超過28萬人，是二次大戰以來的歷史新高，主要原因乃敘利亞內戰影響所致[41]。據歐盟統計局的調查，2015年5月後申請難民庇護最多的五個國家分別是德國的12萬1,400件，匈牙利的4萬9,095件，義大利的2萬4,876件，法國的2萬4,300件及奧地利的1萬9,620件[42]。法國憲法明文規定「任何因尋求自由而受迫害之人，得在法國領土受到庇護」（tout homme persécuté en raison de son action en faveur de la liberté a droit d'asile sur les territoires de la République），雖然這波的難民人數仍在增加，短期內各歐盟國也無立即解決之道，法國秉持其憲法的精神，對於符合1951年7月28日日內瓦條約定義或聯合國難民事務署認定的難民，得以難民身分在法國合法居留，其實務上的作法為，讓抵達法國的難民先向警察局（Prefecture）報到取得臨時停留證，再由簡稱OFPRA（Office Français de Protection des Réfugiés et Apatrides）的法國難民暨無國籍人民保護辦公室進行資格審核，確認身分後，警察局即改發十年效期的難民居留證，該難民的隨行配偶或子女亦可同獲難民居留證。同時也會由移民及輔導辦公室（OFII）安排健康檢查及後續所需的醫療，並協助讓難民能在語言及文化上加速融入法國社會[43]。

雖然在這波歐洲難民潮中，法國並非難民最想落腳之國家（依據歐洲統計局的統計，2014年申請進入歐盟國的申請案有62萬6,065人，僅有不到一成

---

[41] FRONTEX年度危害分析（Annual Risk Analysis 2015），取自：http://frontex.europa.eu/assets/Publications/Risk_Analysis/Annual_Risk_Analysis_2015.pdf，瀏覽日期：2015年12月20日。

[42] 法國世界報，2015年9月4日分析報導，取自：http://www.lemonde.fr/les-decodeurs/article/2015/09/04/comprendre-la-crise-des-migrants-en-europe-en-cartes-graphiques-et-videos_4745981_4355770.html?xtmc=migration&xtcr=1。

[43] Retrieved from http://www.ofii.fr/la_demande_d_asile_51/refugees_159.html, Dec. 20, 2015.

的6萬2,735人申請留在法國[44]），但有鑑於進一步強化所有外來人口與社會的接納與整合，吸引國外人才及對抗非法移民等目標，執政黨於2015年7月23日經國民議會一讀通過「移民權益法草案」[45]（Projet de loi relatif au droit des étrangers），未來執行成效如何，仍值得後續觀察。2015年11月13日發生震驚世界的巴黎恐攻事件後，緊接著12月6日的法國行政劃區改革後大區選舉第一輪投票，極右政黨國民陣線（Front National, FN）取得近三成選票，雖然社會（Parti socialiste）、共和（Les Républicains）兩黨立即「策略結盟」在第二輪投票時反制成功，但正如法國總理瓦爾（Manuel Valls）所言「策略結盟長遠不能阻止極右思潮抬頭[46]」，未來歐盟間頻繁的人口移動現象勢必要在恐怖主義、難民潮、極右思潮等大環境中尋找新出路。

第六節　澳洲之移民政策

　　澳洲是個移民所組成的國家，約有四分之一的澳洲人是海外出生的，澳洲於1973年開始放棄白澳政策，制定較無歧視的新移民政策，1981年實施商業移民政策吸引亞洲新興工業國家技術移民和企業移民。過去半世紀以來，澳洲的移民政策從同化、整合轉變到多元文化，從白澳政策轉變到尊重各族裔的無種族歧視政策，相較於其他國家，澳洲對於移民的包容性及對於多元文化是相對更尊重的。[47]

　　澳洲為移民大國，現仍是移民、留學、投資選擇的主要目的國，尤其是澳洲投資移民門檻低、申請時間短、成本低，吸引很多的企業家前往。移民申請成功後，永久居留者只要證明與澳洲法律規定的關係即可，包括家人在澳洲居住、小孩在澳洲讀書、在澳洲有資產或經商，即可免受居住要求之限制。拿到

---

[44] Retrieved from http://ec.europa.eu/eurostat/documents/4168041/6742650/KS-QA-15-003-EN-N.pdf/b7786ec9-1ad6-4720-8a1d-430fcfc55018, Dec. 20, 2015.

[45] Retrieved from http://www.immigration.interieur.gouv.fr/Immigration/Projet-de-loi-relatif-au-droit-des-étrangers, Dec. 20, 2015.

[46] Retrieved from https://theinitium.com/article/20151214-dailynews-france-election-second-round/, Dec. 20, 2015.

[47] 許建榮（2014），澳洲多元文化的歷史教育建構。

澳洲的永久身分，除選舉權和被選舉權等政治權力外，可享有當地人所享受的福利待遇，如子女免費教育、國民免費醫療保障、兒童津貼等。近年澳洲移民政策不斷修正，相較以往有緊縮的趨勢，如留學生專長需符合澳洲移民部公布的類別，否則不易取得永久居留身分。綜觀澳洲近期移民政策重點如下：

一、2012年後40歲以上申請技術移民將更困難

技術移民就是申請人以職業為導向的澳洲移民類別，技術移民申請人需有大學文憑（技工類別除外），良好的英語水平，有一定工作經驗並且年齡最好在35歲之下。澳洲於2012年建置新的技術移民線上申請系統SkillSelect[48]，該系統將移民申請人分級，以利雇主或政府選擇，程序為Expression of Interest，簡稱EOI，藉此建立人才資料庫，以協助澳洲雇主、州政府快速尋找到合適人才。現行技術移民計分系統於2012年7月1日正式實施，這套計分系統能嚴格控管技術移民申請資格及時程[49]。澳洲近年技術移民增加最多之前五國為印度、中國大陸、英國、斯里蘭卡、馬來西亞[50]。

二、澳洲132投資永居簽證（business talent permanent visa）（subclass132）[51]

澳洲132投資永居簽證是澳洲所有投資移民項目中，唯一能一次程序就獲得永久居留權利的簽證。目前分為「顯著商業成就」及「風險投資企業家」兩類。為避免移民監阻礙人才引進，對於其在澳洲的居住時間沒有硬性的要求。132類的申請者在獲得永久居留身分前，不需要在澳洲投資任何一分錢，這在一定程度上降低了辦理移民手續的成本，申請人的資產來源審核簡單，申請人只需說明近幾年的財務狀況。

---

[48] Retrieved from http://www.immi.gov.au/skills/skillselect/, Jan. 12, 2014.

[49] Retrieved from http://www.immi.gov.au/skilled/general-skilled-migration/pdf/points-tested-migration-fact-sheet.pdf, Jan. 12, 2014.

[50] Retrieved from http://www.immi.gov.au/about/reports/annual/2012-13/pdf/2012-13-diac-annual-report.pdf,annual report 2012-2013,p56,57, Jan. 12, 2014.

[51] Retrieved from http://www.immi.gov.au/Visas/Pages/132.aspx, Jan. 12, 2014.

三、澳洲188創新投資臨時簽證（business innovation and investment provisional visa）（subclass188）[52]

此簽證申請對審計要求相對較鬆，注重公司的營業額，投資方式也可靈活變通，適合中、小型企業主、大型企業管理者及專業的投資成功人士。

四、澳洲888創新投資永居簽證（business innovation and investment permanent visa）（subclass888）[53]

2012年5月25日澳洲移民局宣布了新政的主要內容：商業臨時居留簽證類別更改為188簽證，商業綠卡簽證類別更改為888簽證，888簽證的主申請人必須是188簽證的主申請人。

澳洲移民政策最大特色為「邀請」與「彈性」制度，具資格的申請人尚需有州政府或雇主之證明才能順利移民，並透過篩選工具及評分方式設計多種移民程序，期望能吸引真正對澳洲有貢獻者。在澳洲，政府主導移民方向與政策，但亦授權各州可提出符合各州需求之移民政策，故有些申請人分數未達標準，但若各州邀請或背書亦可能通過移民的申請，制度彈性因地制宜，尊重地方需求與決定，簡言之，澳洲是以移民為基礎的國家，政府會依社會需求不斷調整移民政策。此外，澳洲尚有短期農工或度假打工政策，此雖非長期居留移民政策，但確實對澳洲經濟人力缺口有所助益，但由於其土地遼闊、加上開放的社會及法規（如性產業），也易衍生勞力剝削或性剝削問題，雖然非法移民管理未見於其官方主要的移民政策中，但可從相關研究或其他官方、媒體資訊，發現澳洲非法移民管理的問題與重要性。

第七節　巴西之移民政策

巴西移民在人口，文化和經濟等方面具有強烈的影響。估算自1872年（第一次人口普查年）至2000年止，約600萬人移民到巴西。進一步研析，巴西

---

[52] Retrieved from http://www.immi.gov.au/Visas/Pages/188.aspx, Jan. 11, 2014.

[53] Retrieved from http://www.immi.gov.au/Visas/Pages/888.aspx, Jan. 11, 2014.

1500年和1822年間的殖民地時期，完全由葡萄牙人從非洲撒哈拉以南地區引進奴隸，德國於1824年開始移民巴西，1875年後，則有來自義大利的移民潮。19世紀末和20世紀初之間，在聖保羅地區的咖啡農場是以勞動力爲主的移民，人數眾多的來源主要是義大利人，葡萄牙人、西班牙人和日本人。

　　19世紀後期，巴西興起海外開發風潮，當時的巴西思想科學，深受實證主義的影響，採用了達爾文社會主義和種族優生學的理論，認爲人口純白種化爲巴西發展的必要因素。當時巴西社會和政治精英，幾乎多爲白種人，同時也鼓勵歐洲白種人移民巴西，而勞動人口主要是黑人和其他混血人種。[54]

　　綜整巴西近年重要移民政策措施如下[55]：

一、鼓勵技術勞工移民

　　2012年7月26日巴西政府公報公布的第50號法令，成立專案小組研究移民政策是否制訂，小組研析移民政策會對巴西的國家發展影響深遠。巴西現今人口數相較於20世紀初增加十倍，但移民人數確只有1900年時的一半。有鑑於此，巴西鼓勵技術勞工移民，有助於控制製造成本，並結合新技術，爲巴西創造更多元的工作環境。

二、開放婚姻移民

　　外國人在巴西取得永久居留簽證者主要是結婚移民類別，其中包含同性婚姻，在巴西只要有婚姻關係，均可申請永久居留簽證，此外，小孩在巴西出生者，法律亦給與其父母居留權利。

三、鼓勵投資移民

　　依巴西國家入境事務理事會決議第84條規定，只要能提出在巴西當地至少投資150萬巴西幣的證明，也可以獲得永居簽證。

---

[54] Retrieved from http://pt.wikipedia.org/wiki/Imigra%C3%A7%C3%A3o_no_Brasil, Jan. 11, 2014.

[55] Retrieved from http://revistaescola.abril.com.br/geografia/fundamentos/quando-imigrante-tem-direito-permanecer-brasil-503732.shtml, Jan. 12, 2014.

四、大赦非法移民

「外國人在巴西移民協會」（ANEIB）指出，在巴西境內非法移民估計為20萬，大多來自玻利維亞、巴拉圭、中國大陸、秘魯和非洲國家。非法移民人數之多成為巴西政府的棘手問題。有鑑於此，巴西政府於2009年7月宣布，對於2009年2月1日前非法入境者實施大赦，受理期限至2009年12月30日。

五、保障移民者權利

獲得永居簽證的外國人與巴西人享有相同權利，如衛生和教育的服務，及開設公司、銀行帳戶，取得駕駛執照等，但不能競選與政治有關的職務。

六、重視人道濟助

巴西人同情非法移民，如在聖保羅，對於外國人，不論有無合法身分文件，均享有就學、就醫的服務。

巴西幅員廣闊、資源豐富，擁有吸引外來移民的獨天優越條件，筆者曾拜會巴西聖保羅當地主要的移民團體，其反應巴西政府對於移民組織互動有限，民間所反映的意見及管道均受限，對於移民管理仍較屬於政府單方性的施政。此外，當地受訪的巴西移民官員認為，巴西面積大、海域、陸境之邊境線均綿長，也讓巴西政府對於非法移民的管理相當困擾，整體而言，巴西具有相當良好的移民環境，但移民政策仍缺乏全面性。

第八節　新加坡之移民政策

新加坡是一個擁有多元種族文化的移民社會。依據新加坡政府2010年最新一次的全國性人口普查，新加坡人口有508萬人，其中在新加坡工作之外國人及其眷屬約131萬人，華人是最大種族，占總人口76.2%；馬來族占15.1%；印度族則占7.4%，其他族裔占3%，過去十年來人口結構與種族比例並無太大變動。

新加坡移民政策與人口及人才政策結合是其特色，新加坡為確保有足夠人

口建設國家、發展經濟，吸引各領域外國專才移民至新加坡，前總理李光耀於1989年設立一個部會級的委員會，負責跨部會協調事宜。現任總理李顯龍則於2013年1月公布新加坡人口政策白皮書[56]，強調須繼續引進移民，以達「可持續的人口，朝氣蓬勃的新加坡」之政策目標[57]。

壹、人口與移民政策

依前述2013年政策白皮書，2012年新加坡總人口約為531萬人，考量新加坡社會和經濟需求，包括彌補人口萎縮所需的新公民人數、維持經濟成長所需勞動力，透過人口政策之實踐，新加坡總人口將在2020年達到580萬至600萬人，2030年人口在新公民的填補下，將達到360萬至380萬人，永久居民會保持在目前的50萬至60萬人水準，其餘230萬至250萬人是非居民的外來人口，總人口介於650萬至690萬人，使外來人口比例在2030年增至接近五成，以達成「可持續的人口，朝氣蓬勃的新加坡」之政策目標。至其主要之人口及移民政策如下所述：

一、以新加坡人為社會的堅實核心

新加坡目前的總生育率是1.20，遠低於2.12人口替代率。面對人口老化且生育率逐年降低，政府採取下列因應措施：

（一）鼓勵結婚生育

新加坡政府於2001年及2012年提出下列措施：1.協助已婚夫婦更快獲得組屋分配；2.提高受孕及分娩補助費；3.提高養育子女的補助費，包括醫藥費；4.協助在職夫婦平衡家庭與工作的需要；5.通過父親陪產假及父母共用產假的計畫，鼓勵親職教育。

---

[56] Retrieved from http://population.sg/whitepaper/resource-files/population-white-paper.pdf, Jan. 26, 2014.

[57] Retrieved from http://population.sg/, Jan. 26, 2014.

（二）繼續引進移民

　　新加坡公民與非公民結婚占新加坡國人婚姻總數40%。爰此，引進年輕移民將有助於填補年輕人口之不足，並緩解新加坡人口老化問題。另為避免人口萎縮，新加坡每年將核准1萬5,000至2萬5,000新公民，並根據申請人之素質及國家需求，不定時檢討移民配額。每年並核准3萬名外籍人士成為永久居民，其人數將維持在50萬至60萬人間，以確保有合適的潛在公民人選。

（三）加強移民輔導及融合

　　使新移民能夠適應新加坡生活方式。與此同時，新移民將帶來不同且廣泛的經驗、技術和才能，增強新加坡社會之整體實力。

二、為新加坡人製造良好的就業機會

（一）透過加強教育和培訓，提升本勞之技能

　　預計至2030年，從事專業人員、經理、執行人員及技師工作的新加坡公民將從目前的85萬增加至125萬，增幅將近50%。非專業人員、經理、執行人員及技師的人員則預計會減少超過20%，從目前的85萬減至65萬。

（二）建立本勞與外勞互補的勞動隊伍

　　透過引進較低技能外籍勞工，輔助技能較高之新加坡員工，建立技能平衡的勞動力。此外，外籍勞工也將從事醫療保健、老年護理和家庭幫傭等行業，為新加坡老齡化人口及在職夫婦提供協助。外籍勞工亦協助興建基礎設施和房屋，及從事環境清潔及美化工作。

（三）降低人力需求

　　於2020年後，由於人口老化和勞動人口停止增長，新加坡總體勞動力增長將降低至每年約1%。因此，須減少對外勞之依賴，更加善用資源和加緊提高生產力，以確保經濟持續發展及提高實際工資。

三、提供優質的生活環境

持續建設基礎設施及打造優質城市環境，包括興建更多組屋、醫院和護理設施，及提供公眾更便利的交通網絡和服務，以克服目前的人口壓力與擁擠的問題，使新加坡能容納更多的人口。

貳、人流管理[58]

一、簽證措施

（一）短期停留（適用於未享有免簽證待遇國家人士）

1. 社會交流（探親、訪友及觀光）簽證

原則可停留新加坡30天；不可延期。主要簽發給前來新加坡探親訪友的人士。需要有新加坡公民或永久居民作擔保人及邀請人。並向移民與關卡局繳納星幣1,000元至3,000元的保證金。

2. 商務簽證

原則可停留新加坡30天；不可延期。主要簽發給商務活動人士，但需有新加坡公司邀請和擔保，並向移民與關卡局繳納星幣1,000至3,000元保證金。

（二）居留

欲取得新加坡永久居留權，除透過投資方式，主要可經由專技條件及依親方式取得，篩選機制主要依據申請人年齡、學經歷與專業能力，或政府公積金存款、繳稅能力與生育子女情形等項目，配合新加坡人力資源及不同期間需求政策而定，相關審查內規及配額並不對外公開。新加坡長短期居留方式有下列數種：

1. 專技類

(1)工作許可證（Work Permit）：核發予非技術性藍領外籍勞工，不准與新加坡公民結婚，其親屬亦不得隨同申請依親移民。

---

[58] Retrieved from http://www.ica.gov.sg/, Feb. 3, 2014.

(2)S許可證（S Pass）：核發予中階技術性藍領外籍勞工，須具有大專學歷和相關工作經驗之半專業技術人員和熟練工人，自2013年7月起，持有該許可證員工月入必須至少2,200元星幣。

(3)專業訪問許可證（Professional Visit Pass）：2008年2月1日起由人力部發出兩個新的工作許可證：「雜項工作許可證（Miscellaneous Work Pass）」和「表演藝人工作許可證（Performing Artiste）」，前者的期限是60天；後者最高期限為六個月。

(4)就業許可證（Employment Pass, EP）：人力部一般只發給具大學學歷、月薪最少3,000元星幣的外國人，該類許可證沒有限額，也無須繳交勞工稅；可分為P與Q許可證兩大類，P許可證再細分P1和P2兩種，前者發給基本月薪超過8,000元星幣的外籍人士，後者發給基本月薪介於4,500至8,000元星幣者；Q許可證僅有Q1一種，適用熟練工人和技師，月薪須超過3,000元星幣。P1、P2和Q1許可證持有之人，可為配偶及未滿21歲子女申請隨行眷屬許可證；P許可證持有人之21歲以上殘障子女、父母等眷屬，亦能申請長期社交探親許可證，在新加坡居留。

(5)創業入境許可證（Entre Pass）：核發有意在新加坡創業之外國人，居留效期一般為二年，期滿可延期，居留期內可無限次出入境。

(6)個人化就業許可證（Personalized Employment Pass, PEP）：自2012年12月1日起，外籍專業人士在其最後海外任職所支領之月薪達1萬8,000星幣或先前在新加坡任職所支領月薪達1萬2,000星幣之P1就業許可證持有人，可申請此類就業許可證，且可依持有人之專長從事各類的工作，免除更換工作時，必須重新申請就業許可證的麻煩，又其離職後，仍可繼續居留最長達六個月，以便尋求新的工作，另其配偶及21歲以下子女可申請隨行眷屬許可證，其父母則可申請長期社交探親許可證。

2. 依親類（家屬計畫）

(1)隨行眷屬許可證（Dependant's Pass）：適用就業許可證（PEP）持有者之配偶與21歲以下未婚子女隨同申請。

(2)長期訪問許可證（Long Term Visit Pass：LTVP）：適用父母、岳父母、繼子女、殘障子女、21歲以下未婚子女等親屬隨同申請。

3. 學生許可證

適用於在新加坡教育機構就讀全職學生之外籍人士。另部分特定國家大學或研究所在校學生、年齡介於18至25歲者，得申請打工度假許可證（Work Holiday Pass）在新加坡從事六個月以內之工作。

（三）永久居留（**Permanent Resident, PR**）

適用於新加坡公民及永久居民之配偶及其年齡21歲以下之子女、新加坡公民之年邁雙親、持有P、Q類就業許可證（Employment Pass）及特別許可證（S Pass，適用於中階技術人員）者，以及依新加坡全球投資計畫申請來新加坡投資者及企業人士均具申請永久居留資格。

（四）歸化

外籍人士符合以下情形者得申請歸化成為新加坡公民：

1. 年滿21歲，在申請日期前已擁有新加坡永久居民（Singapore Permanent Resident, SPR）身分至少二年。

2. 新加坡公民的配偶，擁有永久居民身分至少二年且申請時結婚至少滿二年。

（五）難民庇護

1. 新加坡政府因考量國土狹小、資源有限，自1965年建國以來，即不接受任何類別難民或政治庇護申請之一貫政策，故目前新加坡並無專屬之處理難民法規，現行「移民法」（Immigration Act）亦無規範處理難民或政治庇護專章。

2. 實務上，新加坡如於國境線上遇是類案件，均予以禁止入境並立即遣返，或僅對自稱難民者提供前往第三國之必要人道協助。

二、吸引投資移民

（一）全球投資者計畫（**Global Investor Program**）[59]

新加坡能夠成功的吸引大量的專業技術移民與國際資本，「全球投資者計

---

[59] Retrieved from http://www.contactsingapore.sg/gip/, Fed. 4, 2014.

畫」扮演重要的角色，該計畫提供外國投資者、企業家一種快速取得新加坡永久居留之捷徑，俾利渠等能更便利地在新加坡創業及經商，其隨行配偶及21歲以下子女亦得同時申請永久居留。該計畫由新加坡「經濟發展局（EDB）」負責管理，計有下列二種方案：

1. 投資250萬以上星幣於創辦新公司或擴展既有公司之營運。

2. 投資250萬元以上星幣於全球商業投資計畫認可之私募基金。

另自2012年4月15日起，申請人必須同時符合下列條件始具申請資格：

(1)申請者必須擁有至少三年的創業經驗，並提交其公司最近三年的會計師審計（查核）財務報表。

(2)如申請者的公司屬房地產或建築相關行業，其公司最近一年的營業額與最近三年間的年平均營業額須超過星幣2億元。如申請者的公司不屬於上述行業，其公司最近一年的營業額與最近三年間的年平均營業額則須超過星幣5,000萬元。申請者如經營多項事業，則必須以其經營企業中營業額最高的公司作為申請投資計畫之主公司。如單一事業之營業額未達申請門檻，申請者也可提出由其經營之關係企業的所有財務資料加總。

(3)如果申請者的公司屬於未上市之私人企業，申請者必須持有至少30%的股權。此外，申請者於公司內的任職狀況，與其經營企業的營收、獲利情形也一併列入審核考慮範圍。

(4)採取方案(1)者，尚須提出至少為期三年的詳細創業或投資計畫書，內容須包括徵才計畫及各年度財務規劃。

（二）創業入境許可證（Entre Pass）

新加坡政府除吸引大型跨國企業之外，2003年10月針對小型公司企業推出創業入境許可證，讓有意在本地創業的外國人可憑商業計畫，而非學歷和薪資，申請在新加坡居留，居留效期一般為二年，期滿可延期，居留期內可無限次出入境。另自2013年9月1日起，新加坡政府提高申請該類許可證之的門檻，申請人除需擁有其所據以申請公司之30%股份，且該公司須為新加坡會計及公司管理局登記有案、實收資本額達5萬元星幣以上之私人有限公司。其配偶及21歲以下子女得申請隨行眷屬許可證。

三、防制非法移民

（一）國境線

一般外國旅客進入新加坡時，不論從陸海空途徑，移民與關卡局均會用 Sentinel 掃瞄系統，將護照基本資料頁與入境卡等證件掃描存檔，俟旅客出境查驗時，電腦系統自動調出檔案比對。

依移民與關卡局現行作法，觸犯移民條例者，身分資料留存至入境者生物特徵資料庫（BDIC），因此，儘管以假身分入境，仍可查出眞實身分，特徵資料庫儲存違規者和被驅逐出境者指紋、照片、個人基本資料和違規紀錄等，自 2004 年 12 月起開始使用，半年後推廣到所有海陸空關卡。

（二）入國後停、居留管理

新加坡移民與關卡局依據移民法及其相關規定審查申請案，針對因婚姻關係申請成爲永久居民或公民之案件，每一件申請案均需經過面談，以杜絕假結婚；雖然移民法規定移民官有進入私人住宅搜查與逮捕之權力，但針對婚姻案件，不論婚前、婚後，移民官幾乎不進入當事人家中訪查或詢問，主要利用審查相關證明文件、電腦資料庫（入境者生物特徵資料庫 BDIC）檔案比對或民眾檢舉等方式，找出假結婚案件，若確有家中訪查必要，則多會透過警方爲之。

新加坡警察部隊「逃犯網路查詢系統」並無對外開放查詢，僅移民與關卡局有類似系統（iCheck），供一般民眾或雇主上網查詢新加坡永久居民身分證、學生證與工作許可證件是否虛假、報失或失效，只需輸入證件號碼等資料，立即可得知結果。

（三）查處非法移民

新加坡非法移民（Illegal Immigrant）區分爲非法入境（Illegal Entry）與逾期停留（Overstay）二部分，過去幾年來觸犯移民法而被捕的人數持續下降，不論在關卡或境內被逮捕的非法移民都減少，強化關卡檢查已達到遏阻非法移民試圖潛入新加坡的效果。但近幾年非法入境及逾期停留被捕人數雖有減少趨

勢，但窩藏及僱用非法移民被捕之人數反而增加，顯示新加坡移民當局已將執法的重點轉向源頭之防堵。

（四）非法移民管理法制

1. 根據新加坡法令，非法入境者和逾期停留者最長可判六個月刑期，或至少鞭刑三下。遭驅逐出境者若再非法入境，可判一至三年刑期，罰款最高6,000元星幣。

2. 新加坡並無設置移民法庭，新加坡移民或警政機關查獲違反移民法的外國人，不論非法入境、非法工作或逾期停留，案情嚴重者則移送初級法院審理，法庭裁定前，不論警方或移民官，逮捕嫌犯48小時內，均先羈押在看守所（Lockup），超過48小時仍須繼續調查或審理時，嫌犯需移至拘留所（Remand Prison）看管，法庭裁定後，若判刑確定，人犯則轉送監獄服刑。

3. 移民與關卡局發現虛偽結婚，除依移民法追究相關當事人、保證人法律責任外，還會將案件涉及金錢部分，移送「貪汙調查局（CPIB）」依據「防止貪污法」（Prevention of Corruption Act）起訴，因為防止貪污法的刑罰重於移民法，最高可判處五年有期徒刑或星幣10萬元罰金，並且需交出受賄所得，服刑期滿後還會被遣送回國，甚至會被永久禁止入境。

4. 新加坡針對有偷渡紀錄之外國人再入境之管制，移民法並未規範管制年限，但根據慣例，曾偷渡新加坡有案者，若無親屬在星，則永遠禁止其再入境，若有親屬，禁止入境管制期限為五年。

新加坡向以吸引人才著稱，新加坡於2010年規劃未來十年經濟發展策略，期推動成為「獨特之全球城市及令人喜愛之家園」，重點在吸引企業、人才與文化創意匯聚於新加坡，持續提升新加坡之競爭力。具體作為如設立「聯繫新加坡」之專門機構；吸引國際人才與海外星僑返新加坡貢獻；設立專技移民機構公司，替新加坡到世界各地延攬人才或人力；此外，新加坡控管大學的數量，考不上大學就往技職學校發展[60]，因此使新加坡的大學成為世界頂尖學府、吸引國際菁英就讀且留下為新加坡工作，並吸引國際著名大學至新加坡設立分校或與新加坡大學合作等。在多元族群融合方面，除強調國家認同與鄉土

---

[60] 遠見雜誌，「新加坡第一的秘密」，第294期，2010年12月，頁359。

關懷外，對於族群此一敏感議題，透過學校課程，強化對族群尊重與多元文化的認識，此與臺灣之新住民火炬計畫相似[61]。然而，新加坡也面臨地小人稠、快速發展帶來的貧富差距與外來人與本地人之緊繃關係等問題，因此，新加坡政府在社會福利措施加強了公民、永久居民及非居民的區隔、規定移民購宅須遵守族群融合政策及緊縮移民，並加強基礎建設等作為以應需求[62]。

第九節　日本之移民政策

壹、日本移民施政方針

依據日本入國管理局公布之資料[63]，日本移民政策的基本方向有以下四點：

一、開放接納能對日本社會帶來活力的外籍人士

（一）積極吸引優秀外籍人士
1. 善用高度人才積分制度。
2. 企業可僱用外籍人才的領域及其居留資格範圍更廣。
3. 吸引專門性、技術性外籍人士。
4. 企業僱用外籍人士之申請資料簡化及迅速審查。
5. 放寬牙醫師、護理師等在日本之工作年限。
6. 放寬於日本大學畢業後，取得看護士資格之外籍人士在日本之工作權。
（二）接納日本海外僑民
（三）加速推動國際交流
（四）簡化在日留學生畢業後變更居留資格之審查程序

---

[61] 張素紅（2012），考察新加坡移民政策，公務出國報告，取自http://report.nat.gov.tw/ReportFront/report_detail.jspx?sysId=C10104192。

[62] 梁振雄（2013），新加坡的移民困境，2013年移民政策國際研討會論文集，頁181至203。

[63] 日本入管政策（移民政策），取自：http://www.immi-moj.go.jp/seisaku/index.html，瀏覽日期：2014年1月25日。

（五）改善研修、實習制度

（六）加強對國民宣導，建立友善外國人之多元文化社會

二、為了建立安全的社會，加強制訂對非法居留之因應對策

（一）嚴格入國審查、強化港口國境安全

（二）加強逾期居停留、假結婚等不法態樣之查緝

（三）精進收容處遇制度

（四）善用居留特別許可

三、建立新的居留管理制度

（一）運用外籍人士居留資料、落實居留管理

（二）實現與外國人共生的多元社會

四、合理且迅速的處理難民庇護問題

（一）迅速審慎地認定難民身分

（二）接納在第三國定居的難民

貳、日本移民政策重要措施[64]

一、對日本震災的移民因應措施

　　有別於其他國家之移民政策，日本遭遇311地震海嘯重大災害，特別重視災害後外國人士的協處，並將作為列入入國管理局之施政報告中。日本政府為確保震災被害者的權益，針對符合法務省告示之外籍人士，其在留期限不需申請即可延長到2011（平成23）年8月31日止。另為儘快讓各國救援隊入境日本及協助急欲離開日本的外國人，無論入國手續或再入國許可手續上，都大幅簡化。便利震災欲回國之外國留學生、研修生、技能實習生，能儘快再回到日本。

　　為確認在震災地區外國人的安全，針對各地方自治體和在日本各外國使領

64　詳見日本入國管理白書，取自http://www.moj.go.jp/nyuukokukanri/kouhou/nyuukokukanri 06_00024.html，瀏覽日期：2014年1月25日。

館的請求，提供災區的外國人資料查詢及確認災區的外國人或他們的家人和有關人員的出境紀錄查詢。避難所的市區町村須前往外國人避難處辦理登錄，且設立專用諮詢電話供災區的外國人查詢。

二、針對人才導入積分優待制

為刺激日本經濟成長，亟需引進高素質、技能之外國人，入國管理局於2012年5月7日開始實行積分優待制度。針對「高度學術研究活動」,「高度專門技術活動」,「高度經營管理活動」三個領域，依各領域之需求對學歷、職業經歷、年收入三個方面評分，達到一定分數者即評定為「高度優秀外國人士」，並發給特定在留資格，享有一定的特殊優待。

三、導入新的在留管理制度

法務省為有效管理外國人，修正2009年7月實施之入國管理法，對於持有中長期在留資格的在日外國人，實行了新在留管理制度。新制度實施後，外國人開始適用住民基本臺帳法，外國人在居住地之市區町村役所可以申請住民票。

四、新的技能實習制度的運用

為落實保障勞動法令保護的技能見習生，日本法務省自2010年7月1日起實行新的技能實習制度，針對在研修，技能實習方面有非法活動的機構，依其違法情節輕重，入國管理局可處予一年、三年或五年的停權處分，2011年總計有184個機構被入國管理局認定有違法情節。

五、順利的接納留學生

引進30萬高素質的外國學生是一大目標。日本入國管理局為了實現這個計畫，積極改善對於留學生的在籍管理，並簡化大學入學程序，以推進順利接納留學生目標之進程。

六、對國內逾期居留和非法居留外國人的對策

依據2012年1月1日的調查結果，在日本之非法居留外國人約6萬7,000人，

所謂非法居留者是指利用僞造文書或僞造身分，假扮成合法居留者，如假結婚、假留學等。爲了減少日本逾期居留人數，日本入國管理局強化查緝工作，並推動鼓勵自首。由於非法居留者不易發覺，未來將更強化對於非法居留者的取締，信息的收集和分析。

七、在留特別許可的適當運用

「在留特別許可判斷標準」的制訂和實施，對於在留特別許可的透明性和預見可能性將大幅提高。對於是否准許在留特別許可、判斷方法、要素等都有更加明確的記載。

八、難民的適當與否及迅速庇護的推進

爲加速保障難民，規定難民認定申請案件之審查期限爲六個月，且統計2011年案件亦都於六個月期間內完成審查。

九、加強國際社會及國際形勢的對應

積極參與以G8、ASEM會員國代表的國際會議，透過與各會員國的討論以及交換意見進行國際合作。

日本政府爲實現觀光立國政策，推動多項措施，如自動化通關系統的設置等，縮短外國人入國的時間。此外，爲保障日本國民的安全，阻止恐怖分子入境，建置生物特徵辨識系統、ICPO遺失護照資料庫檢索系統，並靈活運用APIS管理國境安全，綜觀這些軟硬體措施均與臺灣相似，筆者認爲國境管理長遠成功的關鍵點應在於跨國的合作及資料、情報的分享。

第十節　韓國之移民政策

韓國人口結構中，預估經濟活動人口在2016年會達到高峰3,700萬人，2016年後經濟人口逐年減少，形成韓國須面對經濟成長減緩及國內市場萎縮之隱憂。韓國人口在2012年6月已突破5,000萬人，經濟活動人口預期在2040年時會跌至2,887萬人，約是2016年經濟活動人口的72.9%。此外，因愈來愈多的婚

姻移民、外籍勞工和其他類別之外國人在韓國定居，相關的社會福利支出勢必增加，且社會衝突和外國人犯罪，預期將隨著第二代移民人口的增加及移民原生家庭成員移居到韓國而增加。

　　針對上述問題，韓國政府於2008年至2012年開始推動第一階段移民政策的基礎計畫[65]，藉由引進有才能的勞動者及幫助新住民適應韓國社會，第一階段計畫聚焦在人權、多元文化及公眾服務有關之價值上，相關部會持續追求這些價值，並聚焦在社會秩序、社會安全及移民責任與貢獻的公眾意識上。

　　韓國移民政策第一階段的基礎計畫推動，為移民相關措施奠定了基礎，韓國政府因此賡續於2013至2017年的5年期間，執行第二階段移民政策基礎計畫，內容如下[66]：

壹、韓國移民政策第二階段願景及政策目標

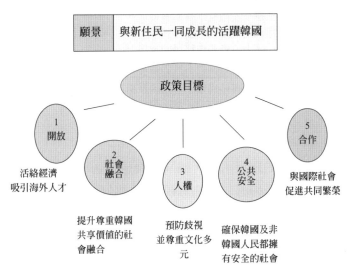

圖4-2　韓國移民政策第二階段願景及政策目標

---

[65] Korea Immigration Services (2009), The 1st Basic Plan FOR Immigration Policy, Jun. 2009.

[66] Korea Immigration Services (2012), The 2nd Basic Plan FOR Immigration Policy, Dec. 2012, pp.12-24.

貳、韓國移民政策第二階段政策目標及行動計畫

表4-1　韓國移民政策第二階段政策目標及行動計畫

政策目標	行動計畫
開放： 活絡經濟 吸引海外人才	1. 引進更多對經濟有貢獻之外籍人士 2. 從海外吸引有需求的人力資源 3. 吸引外籍學生確保未來成長動能 4. 吸引外國投資達成平衡的區域發展
社會融合： 提升尊重韓國共享價值 的社會融合	1. 以自力更生及社會融合為考量，改善國籍及移民制度 2. 為新住民施行完善的韓國移民及融合計畫 3. 預防虛偽結婚並協助新住民配偶安頓 4. 提供有外國背景的孩童一個友善環境 5. 增加社會融合必須的基礎建設及財政
人權： 預防歧視 尊重文化多元	1. 將移民人權保護及歧視預防制度化 2. 增進文化多元的社會包容性 3. 建造韓國人民及外國人能互動的國際環境
公共安全： 確保韓國及非韓國人民 都擁有安全的社會	1. 安全並穩當地管理邊境 2. 有效地管理違法移民 3. 擴大追查非法移民的程序 4. 提升廣泛外國人資訊的管理
合作： 與國際社會 促進共同繁榮	1. 提升與移民輸出國及國際組織間的國際合作 2. 提倡適合韓國國情的難民政策 3. 擴大與海外韓國社團的交流及合作

從前述各階段明確的政策可知，韓國政府意識到移民政策對國家發展的重要性，韓國政府推動兩階段五年期的移民政策成效如何，值得持續觀察。

第十一節　小結

本章係綜整各國官方網站、白皮書或其他正式資料，進一步分析可知，各國移民相關政策，內容以人才吸引、各項移民類別及移民管理（含非法移民）為主，部分國家會納入國境管理的政策，至於難民政策及移民融入政策比重相對較少，然中東地區戰爭大批難民湧現，已讓歐洲國家對難民政策再檢視，綜

上顯見移民政策仍以各國國家發展利益爲最大考量。研析本章各節內容，發現移民政策各國均不同，有寬鬆及緊縮之分，有些國家有側重人才吸引，如新加坡已將移民政策結合人口及人才政策，以利更通盤的長期規劃。有些國家則加強移民的管制，如英國。而影響移民政策的因素更是複雜，諸如政治、經濟、人口結構、環境資源、國際趨勢、周邊國家情勢、民意、國土狀況及國家安全、國際責任與參與等皆是。臺灣除面臨人口、人才結構問題及複雜之周邊環境情勢外，國土環境資源缺乏，加上兩岸關係問題及高度公民監督社會，影響移民政策因素複雜之程度不亞於各國。如何統整跨部會之權責及公私部門的思維，進而發展出最有利於臺灣永續發展的移民政策將是一大考驗。

參考文獻

一、中文

刁仁國（2008），九一一事件後美國移民政策初探，中央警察大學國境警察學報10期。

王保（2013）鍵，解析美國2013年移民改革政策，國會月刊。

呂惠華（2013），加、澳移民政策之比較分析，中興大學國際政治研究所碩士論文。

宋世傑（2009），臺灣與新加坡移民政策制定因素之比較研究，暨南國際大學東南亞研究所碩士論文。

林婉萍（2013），美國與加拿大技術性移民政策之研究，政治大學戰略與國際事務碩士論文。

柯雨瑞、李佳樺（2015），計分制技術移民政策之研究—以加拿大、紐西蘭與澳洲爲核心，中央警察大學國土安全與國境管理學報，第24期。

高永宏（2014），臺灣與新加坡移民政策之研究，中正大學戰略暨國際事務研究所碩士論文。

梁振雄（2013），新加坡的移民困境，2013年移民政策國際研討會論文集。

許建榮（2014），澳洲多元文化的歷史教育建構，臺灣國際研究季刊，第10卷第4期。

黃佳媛（2007），法國移民政策變遷之研究，臺灣大學國家發展研究所碩士論文。

張素紅（2012），考察新加坡移民政策，政府公務出國報告。

陳慶昌（2003），國內政治與歐洲整合研究：法國極右主義對歐盟移民政策影響爲例。政治大學外交學系碩士論文。

謝福助（2010），法國移民問題與探討，淡江大學歐洲研究所碩士論文。

謝立功、張先正等（2013），美國移民政策的發展，人類文化事業有限公司。

二、外文

Korea Immigration Services (2009). The First Basic Plan For Immigration Policy, Jun. 2009.

Korea Immigration Services (2012). The 2nd Basic Plan For Immigration Policy, Dec. 2012.

Rienzo, inzia and Vargas-Silva, Carlos (2012). "Migrants in the UK: An Overview," Migration Observatory briefing, COMPAS, University of Oxford, Dec. 2012.

三、網路資料

OCED「2015國際移民展望分析」，http://www.keepeek.com/Digital-Asset-Management/oecd/social-issues-migration-health/international-migration-outlook-2015/france_migr_outlook-2015-17-en#page1，瀏覽日期：2015年12月20日。

http://ukba.homeoffice.gov.uk/aboutus/organisation, Dec. 14, 2013.

http://lci.tf1.fr/politique/elections-presidentielles/immigration-le-programme-realiste-de-francois-hollande-7224268.html, Dec. 20, 2013.

http://www.lemonde.fr/societe/article/2013/10/16/immigration-quel-bilan-pour-la-politique-de-manuel-valls_3496760_3224.html, Dec. 20, 2013.

http://en.wikipedia.org/wiki/Immigration_policy, Dec. 21, 2013.

http://www.uscis.gov/history-and-genealogy/our-history/agency-history/late-twentieth-century, Dec. 22, 2013.

The White House, "Creating an Immigration System for the 21st Century"

http://www.whitehouse.gov/issues/immigration, Dec. 28, 2013.

http://blog.al.com/wire/2013/02/sessions_in_senate_hearing_say.html, Dec. 28, 2013.

http://abcnews.go.com/Politics/OTUS/napolitano-immigration-border-secure-fix-entire-system/story?id=18630676, Dec. 28, 2013.

http://www.ukba.homeoffice.gov.uk/policyandlaw/immigrationlaw/, Jan. 4, 2014.

Migration Watch UK, http://www.migrationwatchuk.org/, Jan. 8, 2014.

http://www.lemonde.fr/societe/article/2013/10/16/immigration-quel-bilan-pour-la-politique-de-manuel-valls_3496760_3224.html,2013/12/20, Jan. 8, 2014.

http://www.cic.gc.ca/english/resources/publications/rpp/2013-2014/index.asp, Jan. 11, 2014.

http://www.ukba.homeoffice.gov.uk/visas-immigration, Jan. 12, 2014.

http://www.ukba.homeoffice.gov.uk/visas-immigration/working/tier1/poststudy/, Jan. 11, 2014.

http://www.immi.gov.au/Visas/Pages/188.aspx, Jan. 11, 2014.

http://www.immi.gov.au/Visas/Pages/888.aspx, Jan. 11, 2014.

http://pt.wikipedia.org/wiki/Imigra%C3%A7%C3%A3o_no_Brasil, Jan. 11, 2014.

http://www.immi.gov.au/skills/skillselect/, Jan. 12, 2014.

http://www.immi.gov.au/skilled/general-skilled-migration/pdf/points-tested-migration-fact-sheet.
pdf, Jan. 12, 2014.

http://www.immi.gov.au/about/reports/annual/2012-13/pdf/2012-13-diac-annual-report.
pdf,annual report 2012-2013,p56, Jan. 12, 2014.

http://www.immi.gov.au/Visas/Pages/132.aspx, Jan. 12, 2014.

http://revistaescola.abril.com.br/geografia/fundamentos/quando-imigrante-tem-direito-permanec-
er-brasil-503732.shtm, Jan. 12, 2014.

http://www.immi-moj.go.jp/seisaku/index.html, Jan. 25, 2014.

http://www.moj.go.jp/nyuukokukanri/kouhou/nyuukokukanri06_00024.html, Jan. 25, 2014.

http://population.sg/whitepaper/resource-files/population-white-paper.pdf, Jan. 26, 2014.

http://population.sg/, Jan. 26, 2014.

http://www.ica.gov.sg/, Feb. 3, 2014.

http://www.contactsingapore.sg/gip/, Feb. 4, 2014.

https://www.gov.uk/government/news/home-office-targets-business-travellers-with-new-premi-
um-visa-services, Feb. 8, 2014.

https://www.gov.uk/claim-asylum, Dec. 16, 2015.

https://www.gov.uk/registered-traveller, Dec. 16, 2015.

FRONTEX (Annual Risk Analysis 2015): http://frontex.europa.eu/assets/Publications/Risk_
Analysis/Annual_Risk_Analysis_2015.pdf , Dec. 18, 2015.

http://www.immigration.interieur.gouv.fr/La-Direction-generale/Presentation , Dec. 19, 2015.

http://www.insee.fr/fr/themes/detail.asp?reg_id=99&ref_id=td-nationalite-12, Dec. 19, 2015.

http://www.lemonde.fr/les-decodeurs/article/2015/09/04/comprendre-la-crise-des-migrants-en-
europe-en-cartes-graphiques-et-videos_4745981_4355770.html?xtmc=migration&xtcr=1,
Dec. 19, 2015.

http://www.ofii.fr/la_demande_d_asile_51/refugees_159.html, Dec. 19, 2015.

http://ec.europa.eu/eurostat/documents/4168041/6742650/KS-QA-15-003-EN-N.pdf/b7786ec9-
1ad6-4720-8a1d-430fcfc55018, Dec. 19, 2015.

http://www.immigration.interieur.gouv.fr/Immigration/Projet-de-loi-relatif-au-droit-des-etrangers, Dec. 19, 2015.

https://theinitium.com/article/20151214-dailynews-france-election-second-round/, Dec. 19, 2015.

https://www.govtrack.us/congress/bills/113/hr71, Dec. 26, 2015.

http://www.politico.com/story/2015/12/mark-zuckerberg-facebook-immigration-donald-trump-2016-election-216327, Dec. 26, 2015.

http://www.cic.gc.ca/english/resources/publications/rpp/2015-2016/index.asp, Dec. 28, 2015.

http://www.cic.gc.ca/english/immigrate/skilled/profile.asp, Dec. 28, 2015.

http://www.cic.gc.ca/english/refugees/welcome/overview.asp, Dec. 28, 2015.

http://news.gc.ca/web/article-en.do?nid=973409, Dec. 28, 2015.

http://www.cic.gc.ca/english/resources/publications/annual-report-2014/index.asp, Dec. 28, 2015.

http://www.cic.gc.ca/english/visit/visas.asp, Dec. 28, 2015.

http://www.parl.gc.ca/HousePublications/Publication.aspx?DocId=6932136&Col=1&File=4, Dec. 28, 2015.

第五章　移民與國境管理

第一節　前言

　　國境管理乃彰顯國家主權的重要象徵之一，各國莫不重視，均列爲是國家行政施政的重點之一，尤其在地球村的時代，配合交通工具的進步，國與國之間人流、物流的數量高速成長，來往比以往更加密切，而國境管理對象主要是人流與物流管理。有關我國國境人流情形，觀諸入出我國人數，從民國92年約1,600萬人次，到103年約4,300萬人次（如表5-1）[1]，約爲三倍的成長。

表5-1　92年至103年入出我國人數表

年月	總入國人數（人次）	總出國人數（人次）	總入出國人數合計（人次）
92年	8,138,248	8,133,856	16,272,104
93年	10,699,122	10,679,246	21,378,368
94年	11,557,175	11,548,332	23,105,507
95年	12,148,694	12,160,919	24,309,613
96年	12,639,948	12,641,682	25,281,630
97年	12,297,825	12,293,887	24,591,712
98年	12,513,288	12,500,538	25,013,826
99年	14,980,936	14,909,299	29,890,235
100年	15,648,884	15,567,386	31,216,270
101年	17,491,283	17,463,534	34,954,817
102年	19,072,276	18,960,224	38,032,500
103年	21,707,379	21,614,937	43,322,316

資料來源：作者整理。

---

[1] 取自移民署網站，http://www.immigration.gov.tw/ct.asp?xItem=1309099&ctNode=29699&mp=1，瀏覽日期：2015年12月7日。

　　本文探討主題為移民與國境管理，即是國境管理中之人流管理，本文稱之為「國境人流管理」，為本文論述範圍。相對的「國境物流管理」部分則非本文論述範疇。有關國境入出國的人流管理，主要是對人民入國及出國的管理事項；若以管理時程為區分，即為入出國前、入出國時及入出國後的管理；若以管理對象為區分，則為國民及非國民（主要外國人）。本文認為國境入出國的人流管理，是以外國人之入國為主要的管理事項。為維護國家社會安全秩序，國境人流管理，有三道防線即：入國前著重於申請許可，為國家初步在境外把關；入國時則為查驗，為第二層在國境線上把關；入國事後查察乃第三層境內把關。至於管理機關，由外交部掌理廣義的境管事權，包括本國人護照與外國人簽證之核發；另由國境警察移民機關掌理狹義境管事權，包括入國證照查驗、境內居停留管理及入出國許可證件之核發。為方便說明，以外國人入國人流管理簡表說明如表5-2。

　　由於篇幅關係，本文僅擇國境線上管理主要所涉及的部分為介紹，即有關「入國前之申請」及「入國時之查驗」部分，並分為三部分說明：首先第一部分說明國境人流管理——法理、簽證與護照，法理是國境人流管理的執法理論基礎，而簽證與護照則是入出國境的旅行必要且經常攜帶的身分證件；其次第二部分說明入出國境之許可與限制，遷徙自由雖是人民基本人權，但國境管理是國家主權之行使，為國家社會的安全秩序，對入出國境為必要之許可與限制之管制；最後第三部分為證照查驗，透過證照查驗把關，尤其是防止不利我國之不法者入國，維護我國安全及社會秩序，是國境線上人流管理重點。

表5-2　外國人入國之國境人流管理表

三道防線	入國前之申請	入國時之查驗	入國後之查察
職權事項	護照[2]、簽證	證照查驗	停留居留
事務屬性	外交事務	內政事務	內政事務
管理機關	外交機關	國境警察移民機關	國境警察移民機關

---

[2]　外國人之護照係由外國政府核發，但該外國人入國需具備護照，因此入國前即應向該國政府外交機關申請護照，特此敘明。

第二節　國境人流管理——法理、簽證與護照

壹、入出境管理之法理

　　有關入出境管理之一般法理基礎，由於往昔將入出國之管理列屬爲國家主權行使之核心工作，外國或外國人自無權亦不得恣意干涉。但今日在國際法尤其是國際人權法與內國憲法之人權保障規範後，依據學者李震山認爲入出國管理之法理基礎已有所調整，即在尊重國家基本權之維護下，仍應重視人民基本權之保障，以及國際法之信守。換言之，入出境管理之一般法理基礎應係植基於國家基本權之維護、人民基本權之保障，以及國際法之信守等三原則。然各原則之間，並非即可絕然劃分，甚至會有衝突、競合情形，致衍生入出國之大部分問題，而該問題之核心即爲自由之保障與限制，亦即自由與安全秩序之調合問題[3]。上述三原則即可從國際、國家及個人等三個面向說明。

一、國際法之信守

　　從國際觀點主要是國際法之信守。根據世界人權宣言第13條第1項：「人人在一國境內有自由遷徙及擇居之權」，第2項：「人人有權離去任何國家，連其本國在內，並有權歸返其本國」。對於外國人原則上享有入國、居留、出國之自由，但在合乎一定要件下，亦有不准入國及離境之義務。就本國人而言，對於本國人之入境權是不可任意加以剝奪，而對於出境權原則上不受限制，惟根據「公民與政治權利國際公約」第12條的例外規範，即爲保護國家安全、公共秩序、公共衛生或道德，或他人的權利和自由所必需者時，得用法律加以限制。公民與政治權利國際公約第12條，共計四項[4]：

　　（一）在一國領土內合法居留之人，在該國領土內有遷徙往來之自由及擇

3　李震山（1999），入出國管理之一般法理基礎，收錄於李震山等，入出國管理及安全檢查專題研究，中央警察大學印行，頁1-12。

4　李震山（2000），入出國管理之一般法理基礎，收錄於蔡庭榕編，警察百科全書（九）—外事與國境警察，正中書局，頁153。及桃園縣政府，公民與政治權利國際公約及經濟社會與文化權利國際公約培訓講義，網址：http://www.tycg.gov.tw/files/031/%E5%85%AC%E6%B0%91%E8%88%87%E6%94%BF%E6%B2%BB%E6%AC%8A%E5%88%A9%E5%9C%8B%E9%9A%9B%E5%85%AC%E7%B4%84%E5%8F%8A%E7%B6%93%E6%BF%9F%E7%A4%BE%E6%9C%83%E8%88%87.pdf，瀏覽日期：2014年2月5日。

居之自由。

（二）人人應有自由離去任何國家，連其本國在內。

（三）上列權利不得限制，但法律所規定、保護國家安全、公共秩序、公共衛生或風化、或他人權利與自由所必要，且與本公約所確認之其他權利不牴觸之限制，不在此限。

（四）人人進入其本國之權，不得無理褫奪。

二、國家基本權之維護

從國家觀點主要是國家基本權立論。在國家基本權與之相關的有：1.自衛自保權：每一個主權國家爲了自我保護以及維護主權，有權禁止外國人進入其領域，或是在其認爲適當的某種條件下，始許可外國人入境。對於外國人採取禁止入境以及驅逐出境的權利是國家的固有權，其目的在保護國家利益（國家安全、國家秩序、公共衛生），是一種自衛措施。2.主權獨立完整性：各國有其自己之入出國管理，基於政治、道德、衛生等理由，可拒絕某特定國家人民或特定人士入國。3.受平等待遇之權：平等權之落實，關係國際正義伸張並加以拉近大國與小國間之差距，而各國政治狀況迥異，互惠原則之使用即爲調和手段。避免國家遭受歧視待遇，使其國家基本權利之受剝奪。

三、人民基本權之保障

從個人觀點主要是人民基本權之保障與限制。在遷徙自由之權利，我國憲法第10條明定保障。所謂遷徙自由，係指人民可自由選擇其住居處所，不受非法干涉之謂，包括擇居自由與旅行自由，也包含入出境自由。但憲法所保障的自由與權利並非不得限制，只要遵守公益前提要件、比例原則及法律保留原則即可限制，如憲法第23條規定：「以上各條列舉之自由權利，除爲防止妨礙他人自由，避免緊急避難，維持社會秩序或增進公共利益所必要者外，不得以法律限制之。」而在保障與限制之際，亦應考量憲法第7條之平等原則。

貳、簽證

一、簽證之意義

簽證的意義，國際上並無共通之定義與規範。依據維基百科註解：「簽證，是一個國家／地區的行政機關在非本國／地區人民所持的護照或其他旅行證件上的簽注、蓋印、附文（如另紙簽證），以示允許其出入本國國境（或者經過其國境前往第三國）的手續」[5]。法學辭典上之解釋：簽證（Visa）乃有權機關在護照上之背書證明，並經查證確實而承認外國人入境之證明文件。但一般持有該國之簽證並非代表當事人可順利入境或居留，亦即外國人抵達國境，依國境移民相關法律規定而不准入境者，縱使有簽證或其他證明文件，亦不得認其有入境之權利[6]。

我國對簽證之意義，依我國外國護照簽證條例第4條：「本條例所稱簽證，指外交部或駐外使領館、代表處、辦事處、其他外交部授權機構（以下簡稱駐外館處）核發外國護照以憑前來我國之許可。」依我國外交部領事事務局之解釋，簽證在意義上為一國之入境許可。依國際法一般原則，國家並無准許外國人入境之義務。目前國際社會中鮮有國家對外國人之入境毫無限制。各國為對來訪之外國人能先行審核過濾，確保入境者皆屬善意以及外國人所持證照真實有效且不致成為當地社會之負擔，乃有簽證制度之實施。依據國際實踐，簽證之准許或拒發係國家主權行為，故中華民國政府有權拒絕透露拒發簽證之原因[7]。

簡言之，簽證在意義上為一國之入境許可。雖國際法並無約束一個國家必須准許外國人入境與居留之義務，但依國際慣例任何國家均可設定某種資格與要件，對若符合有關資格與要件規定之外國人，則允許其入境。而入境許可之要件，一般係以當事人持有效之護照與有效之簽證為主。

---

[5] 維基百科，簽證，http://zh.wikipedia.org/zh-tw/%E7%AD%BE%E8%AF%81，瀏覽日期：2015年12月18日。

[6] 劉進幅（2000），簽證，收錄於蔡庭榕編，警察百科全書（九）—外事與國境警察，正中書局，頁21。

[7] 外交部領事事務局，中華民國簽證介紹，http://www.boca.gov.tw/ct.asp?xItem=30&CtNode=735&mp=1，瀏覽日期：2015年12月18日。

二、簽證功能

外國人申請簽證，通常必須填寫規定之申請書，並附當事人最近之照片（我國爲最近六個月）。並依入境之目的提出相關證明文件，同時必須提出當事人之護照，由受理單位核對審核，必要時尚可要求當事人親自面談。至於若是特定簽證如移民，則尚須加會其他單位。從簽證意義及申請流程，可以發現簽證具有形式、實質功能。簽證形式功能乃示允許外國人出入本國國境（或者經過其國境前往第三國）的文件手續。簽的實質功能則爲：1.確保國家利益與社會安全：簽證申請必須經由有關單位審查判斷當事人入境或居留目的，是否符合國家利益與社會安全，而決定是否核發簽證[8]。2.證實護照眞實性與有效性：外國人在申請簽證時，必須繳交護照經由檢查審核手續後才核發，因此簽證具有檢驗護照眞實性與有效性功能。3.確認遣送持證人出境可行性：護照本身即代表其爲發照國之國民，所以發照國具有接納其國民之義務，因此簽證國對違反入出境法規之外國人遣送出境時，對依其護照所屬國家，將列爲遣送出境之第一優先目的地。

三、我國簽證種類

簽證之種類依各國之規定而有不同，亦即應當事人之入境與居留目的而給予適當之簽證。我國簽證之種類依外國護照簽證條例第7條規定：「外國護照之簽證，其種類如下：一、外交簽證。二、禮遇簽證。三、停留簽證。四、居留簽證。前項各類簽證之效期、停留期限、入境次數、目的、申請條件、應備文件及其他相關事項，由外交部定之。」分述如下：

（一）外交簽證（**Diplomatic Visa**）

外交簽證依外國護照簽證條例第8條規定，適用於持外交護照或元首通行狀之下列人士：

1. 外國元首、副元首、總理、副總理、外交部長及其眷屬。

---

[8] 依外國護照簽證條例第12條規定，外交部及駐外館處受理簽證申請時，應衡酌國家利益、申請人個別情形及其國家與我國關係決定准駁；其有該條例第12條各款情形之一，外交部或駐外館處得拒發簽證。簽證持有人有外國護照簽證條例第13條各款情形之一，外交部或駐外館處得撤銷或廢止其簽證。

2. 外國政府派駐我國之人員及其眷屬、隨從。

3. 外國政府派遣來我國執行短期外交任務之官員及其眷屬。

4. 政府間國際組織之外國籍行政首長、副首長等高級職員因公來我國者及其眷屬。

5. 外國政府所派之外交信差。

（二）禮遇簽證（Courtesy Visa）

禮遇簽證依外國護照簽證條例第9條規定，適用於下列人士：

1. 外國卸任元首、副元首、總理、副總理、外交部長及其眷屬。

2. 外國政府派遣來我國執行公務之人員及其眷屬、隨從。

3. 前條第4款所定高級職員以外之其他外國籍職員因公來我國者及其眷屬。

4. 政府間國際組織之外國籍職員應我國政府邀請來訪者及其眷屬。

5. 應我國政府邀請或對我國有貢獻之外國人士及其眷屬

（三）停留簽證（Visiter Visa）

停留簽證依外國護照簽證條例第10條規定，適用於持外國護照，而擬在我國境內作短期停留之人士。所稱「短期停留」，依外國護照簽證條例施行細則第9條規定，指擬在我國境內每次作不超過六個月之停留者。

（四）居留簽證（Resident Visa）

居留簽證依外國護照簽證條例第11條規定，適用於持外國護照，而擬在我國境內作長期居留之人士。所稱「長期居留」，依外國護照簽證條例施行細則第11條規定，指擬在我國境內作超過六個月之居留者。

四、落地簽證與免簽證

一般外國人入境均應於入境前申請簽證，但「落地簽證」與「免簽證」即為特例。所謂落地簽證（on-arrival visa）通常在抵達該國時向外交領務部門申

請，短時間就可得到入境許可[9]。至於免簽證[10]常見情形有於區域性組織（如歐洲聯盟各成員國的國民，可以免簽證入境其他成員國旅遊觀光。）、兩國互免簽證（如我國與美國、日本，臺灣居民可免簽證進入美國、日本；反之美國國民、日本國民亦可免簽證進入臺灣）及單方面給予他國免簽證（如澳門承認中華民國臺灣地區的中華民國護照，並予免簽證待遇，臺灣居民憑中華民國護照，即可免簽證入境澳門；但澳門居民不可單憑澳門特區護照入境臺灣，而須申請並獲批中華民國臺灣地區入出境許可證）等。

參、護照

一、護照之意義

國家發給個人從事國際旅行的證件，通常是護照（Passport）。護照的意義，國際上並無共通之定義與規範。依據維基百科註解：「護照或護證是一個國家的政府發放給本國公民（citizen）或國民（national）的一種旅行證件，用於證明持有人的身分與國籍，以便其出入本國及在外國旅行，同時亦用於請求有關外國當局給予持照人通行便利及保護。」[11]

我國對護照之意義，依我國護照條例第4條定義如下：「護照：指由主管機關或駐外使領館、代表處、辦事處（以下簡稱駐外館處）發給我國國民之國際旅行文件及國籍證明。」[12]另美國國籍移民相關法律規定，「護照

9　適用我國落地簽證對象：
　　1.持效期在六個月以上護照之汶萊籍人士。
　　2.持效期在六個月以上護照之土耳其籍人士。
　　3.持效期在六個月以上護照之馬其頓籍人士。
　　4.適用免簽證來臺國家之國民（美國除外）持用緊急或臨時護照、且效期六個月以上者。
　　詳見外交部領事事務局網站，http://www.boca.gov.tw/ct.asp?xItem=1253&ctNode=737&mp=1，瀏覽日期：2015年12月8日。

10　適用我國免簽證對象：有日本（Japan）、韓國（Republic of Korea）、瑞士（Switzerland）、英國（U.K.）、美國（U.S.A.）、梵蒂岡城國（Vatican City State）等45國旅客。詳見外交部領事事務局網站，http://www.boca.gov.tw/ct.asp?xItem=32&ctNode=737&mp=1，瀏覽日期：2015年12月8日。

11　維基百科，護照，http://zh.wikipedia.org/wiki/%E6%8A%A4%E7%85%A7，瀏覽日期：2014年1月24日。

12　我國護照條例於2015年6月10日新修正，對護照定義之立法解釋。

乃有權機關發給之旅行證明文件，證明當事人之出生事項（origin）、身分（identity）、國籍（nationality）及有效出入境等事項之證明文件。」[13]日本入國管理及難民認定法第2條第1項第5款第1目規定「護照係指日本政府或日本政府承認之外國政府及國際機構發行之護照或難民旅行證或其他有效證明文件。」

　　簡言之，護照在意義上為一個國家的政府發給本國國民的一種國外旅行證件，用於證明持有人的身分與國籍。由於一個國家的移民官對出入其國境之旅客查驗護照，係屬行使國家的主權，亦即出入境之旅客有必須攜帶或出示護照，以供移民官查驗之義務。

二、護照功能

　　護照關係到人民在國外所受合法保護的權利與進入本籍國的權利。護照上通常有持有者的照片、簽名、出生日期、國籍和其他個人身分的證明。許多國家正在開發將生物識別技術用於護照，以便能夠更精確地確認護照的使用者是其合法持有人。如今國際間旅行通常要求出示護照，但也有例外的情況。護照實際上僅僅是一種國際認可的用來對旅行者身分鑑定的手段，而這樣的鑑定要求在很多情況下或針對某些旅行者可以免除。例如現在美國公民憑駕照即可進入墨西哥，而歐盟國民在歐盟內部旅行也不需要護照。同樣的，護照在一個國家內部也可以被當成身分證件而使用。雖然國際法或國際條約對於「護照」一詞並無明確共通定義與規範，但國際民航組織有就護照的標準格式和特點，做了指導文件。最近有許多關於在護照中採用生物識別技術以改進身分識別安全的討論，美國在911事件後已經針對27個免簽證國家要求啟用含有此種技術的護照，它是通過一張RFID卡片來存儲生物信息。

　　從護照上通常有持有者的照片、簽名、出生日期、國籍和其他個人身分的證明資料，讓個人從事國際旅行時攜帶，以便在國外個人身分證明及得到外國政府或本國駐外領事的保護。是個人從事國際旅行不可或缺之證明文件，其之功能有：1.所屬國籍之功能：護照有關記載事項，特別重視國籍一項，證明當

13　劉進幅（2000），簽證，收錄於蔡庭榕編，警察百科全書（九）—外事與國境警察，臺北：正中書局，頁12。

事人之所屬國家國民[14]，爲其他功能基礎。2.身分證明之功能：護照必須具備能夠證明持照人與護照記載之名義人爲同一人之功能。3.國境管理之功能：世界各國均要求出入境之旅客，必須攜帶護照並出示查驗，作爲出入國境管理之手段。4.接納回國之功能：護照本身即代表其爲發照國之國民，發照國具有接納其國民之義務，因此對違反入出境法規之外國人遣送出境時，其護照所屬國家將列爲遣送出境之第一優先目的地。5.保護方便之功能：國家對於國民當然應有保護之義務，護照用於證明持有人的身分與國籍，除以便其出入本國及在外國旅行，同時亦方便使其得請求發照國保護，及用於請求有關外國當局給予持照人通行便利及保護。

三、我國護照種類

我國護照之種類依護照條例第7條規定：「護照分外交護照、公務護照及普通護照。」其中外交護照及公務護照，由主管機關核發；普通護照，由主管機關或駐外館處核發（護照條例第8條）。其各適用對象分述如下：

（一）外交護照（**Diplomatic Passport**）

依護照條例第8條，外交護照由主管機關外交部核發；另依護照條例第9條規定其適用對象如下：

1. 總統、副總統及其眷屬。
2. 外交、領事人員與其眷屬及駐外館處、代表團館長之隨從。
3. 中央政府派往國外負有外交性質任務之人員與其眷屬及經核准之隨從。
4. 外交公文專差。
5. 其他經主管機關核准者。

（二）公務護照（**Official Passport of Special Passport**）

依護照條例第8條，公務護照由主管機關外交部核發；另依護照條例第10條規定其適用對象如下：

---

[14] 我國護照條例第25條第2項第5款規定，持照人喪失中華民國國籍時，主管機關或駐外館處應廢止原核發護照之處分，並註銷該護照。足見證明當事人之所屬國家國民。

1. 各級政府機關因公派駐國外之人員及其眷屬。
2. 各級政府機關因公出國之人員及其同行之配偶。
3. 政府間國際組織之我國籍職員及其眷屬。
4. 經主管機關核准，受政府委託辦理公務之法人、團體派駐國外人員及其眷屬；或受政府委託從事國際交流或活動之法人、團體派赴國外人員及其同行之配偶。

（三）普通護照（Ordinary Passport）

依護照條例第8條，普通護照由主管機關外交部或駐外館處核發；另依護照條例第6條規定，我國護照之適用對象爲具有我國國籍者。但具有大陸地區人民、香港居民、澳門居民身分者，在其身分轉換爲臺灣地區人民前，非經主管機關許可，不適用之。

護照之效期，依護照條例第11條規定，外交護照及公務護照之效期以五年爲限，普通護照以十年爲限。但未滿14歲者之普通護照以五年爲限。前項護照效期，主管機關得於其限度內酌定之。護照效期屆滿，不得延期。

四、難民旅行證及聯合國護照

護照種類大致可區分爲國民護照（National Passport）及外人護照（Alien Passport）。前者國民護照主要可分爲有外交、公務及普通護照等三種如我國之護照；至於外人護照則主要包含難民旅行證（Refugee travel document）及聯合國護照（又稱爲聯合國通行證Laissez Passer）在內，分述如下。

（一）難民旅行證件

難民旅行證件是護照般的小冊子，其前身爲南森護照（Nansen Passport）[15]。難民旅行證爲某些國家的政府根據1951年7月28日聯合國「關於

---

[15] 南森護照是一種被國際承認的身分證，由國際聯盟首推，當時是爲無國籍的難民而設。在1922年由挪威外交官弗里德托夫·南森（Fridtjof Wedel-Jarlsberg Nansen）設計倡導，故名之而沿用至今，幫助了數十萬無國籍人士移民到了其他國家。統籌南森護照簽發事宜的南森國際難民救濟局於1938年獲頒諾貝爾和平獎。而南森護照目前不再簽發，現有的國家和超國家機構，包括聯合國，爲無國籍人士和難民問題所核發的文件，包括：身分證明（或「外籍人士的護照」），以及「難民旅行證件」。維基百科，南森護照，http://en.wikipedia.org/wiki/Nansen_passport，瀏覽日期：2014年1月27日。

難民地位的公約」第28條及1967年1月31日「難民地位議定書」的規定，發給合法在其領土內居留的難民的旅行證，供持證人到發證國領土以外旅行，並回到發給難民的旅行證件之發證國[16]。

（二）聯合國護照

聯合國護照係聯合國和各專門機構根據「聯合國特權和豁免公約」和「專門機構特權和豁免公約」向本機構的職員頒發一種具有護照效力的身分證件。有紅皮通行證和藍皮通行證兩種，其效力分別相當於外交護照和公務護照。「Laissez-passer」是法文「請予通行」之意[17]（註：聯合國部分機構設立在使用法文的巴黎和布魯塞爾，以及法國之常任理事國地位，因此法文亦為聯合國官方語言之一）。

五、護照相關罰則

（一）買賣護照

依護照條例第29條第1項規定，有買賣護照（第1款）或以護照抵充債務或債權（第2款）情形，足以生損害於公眾或他人者，處一年以上七年以下有期徒刑，得併科新臺幣70萬元以下罰金。

（二）偽造變造護照

依護照條例第29條第1項規定，有偽造或變造護照（第3款）或行使偽造變造護照（第4款）情形，足以生損害於公眾或他人者，處一年以上七年以下有期徒刑，得併科新臺幣70萬元以下罰金。

（三）偽造變造冒用身分申請護照

依護照條例第30條第1項規定，有：「一、意圖供冒用身分申請護照使用，偽造、變造或冒領國民身分證、戶籍謄本、戶口名簿、國籍證明書、華僑

---

[16] 維基百科，難民旅行證件，http://en.wikipedia.org/wiki/Refugee_travel_document，瀏覽日期：2014年1月27日。

[17] 維基百科，護照，同註11，瀏覽日期：2014年1月27日。

身分證明書、父母一方具有我國國籍證明、本人出生證明或其他我國國籍證明文件，足以生損害於公眾或他人。二、行使前款偽造、變造或冒領之我國國籍證明文件而提出護照申請。三、意圖供冒用身分申請護照使用，將第一款所定我國國籍證明文件交付他人或謊報遺失。四、冒用身分而提出護照申請。」情形之一者，處七年以下有期徒刑，得併科新臺幣70萬元以下罰金。

（四）冒用護照

依護照條例第31條第1項規定，有「一、將護照交付他人或謊報遺失以供他人冒名使用。二、冒名使用他人護照。」情形之一者，處五年以下有期徒刑、拘役或科或併科新臺幣50萬元以下罰金[18]。

（五）非法扣留護照

依護照條例第24條第1項規定，護照非依法律，不得扣留[19]。有非法扣留他人護照、以護照作為債務或債權擔保，足以生損害於公眾或他人者，依護照條例第32條規定，處三年以下有期徒刑、拘役或科或併科新臺幣30萬元以下罰金。

（六）排除雙重犯罪原則

依刑法第7條規定，我國刑法於中華民國人民在中華民國領域外犯地5、6條以外之罪，而其最輕本刑為三年以上有期徒刑者，適用之。但依犯罪地之法律不罰者，不在此限。亦即我國刑法及犯罪地有處罰時，我國刑法始適用之，此乃所謂「雙重犯罪原則」。然依護照條例第33條規定，在我國領域外犯第29條至第32條之罪者，不問犯罪地之法律有無處罰規定，均依本條例處罰，顯然排除上述雙重犯罪原則。

---

[18] 冒用外國護照入境，則非依護照條例處罰，有犯行使刑法偽造變造或登載不實之文書等罪之嫌，而以此論處。

[19] 主管機關或駐外館處應扣留其護照情形，依護照條例第24條第2項規定，持照人向主管機關或駐外館處出示護照時，有一、護照係偽造或變造、冒用身分、申請資料虛偽不實或以不法取得、偽造、變造之證件申請。二、持照人在外國、大陸地區、香港或澳門，經查有前條第一項第二款（經司法或軍法機關通知主管機關）或第三款（經內政部移民署（以下簡稱移民署）依法律限制或禁止申請人出國並通知主管機關。）情形之一者，主管機關或駐外館處應扣留其護照。另依該條第3項規定，偽造護照，不問何人所有者，均應予以沒入。

第三節　國境人流管理——許可與限制

　　有關國境入出國的人流管理，主要是對人民入國及出國的管理事項。各國對於入出該國之管理，均有分國民或外國人而不同之管理機制，如同入出我們自家的門禁管理，會有因家人與非家人（外人）不同般一樣。另由於我國國情特殊，在國民有居住臺灣地區設有戶籍國民與臺灣地區無戶籍國民，而為不同之入出國境管理。另由於臺灣地區與大陸地區人民往來互動頻繁，為國家統一前規範臺灣地區與大陸地區間人民權利義務，乃依據憲法增修條文第11條「自由地區與大陸地區間人民權利義務關係及其他事務之處理，得以法律為特別之規定」所特別立法。因而在兩岸人民之間的入出境管理，也不同於我國與其他國家人民之間的入出境管理規定[20]。以下分為國民（本國人）、外國人及兩岸間（臺灣地區與大陸地區間）入出國管理等三部分說明[21]。

壹、國民入出國

一、國民定義

　　入出國及移民法第3條第1項第1款規定，國民指具有中華民國國籍之居住臺灣地區設有戶籍國民或臺灣地區無戶籍國民。入出國及移民法第3條第1項第4款規定，「居住臺灣地區設有戶籍國民：指在臺灣地區設有戶籍，現在或原在臺灣地區居住之國民，且未依臺灣地區與大陸地區人民關係條例喪失臺灣地區人民身分。」入出國及移民法第3條第1項第5款規定，「臺灣地區無戶籍國民：指未曾在臺灣地區設有戶籍之僑居國外國民及取得、回復我國國籍尚未在臺灣地區設有戶籍國民。」因此我國將國民區分為居住臺灣地區設有戶籍國民及臺灣地區無戶籍國民，而二者在入出國管理不同，分別規定。至於國民取得

---

[20] 中華民國81年7月31日公布之臺灣地區與大陸地區人民關係條例係依據80年5月1日公布之憲法增修條文第10條（現行增修條文改列為第11條）「自由地區與大陸地區間人民權利義務關係及其他事務之處理，得以法律為特別之規定」所制訂，為國家統一前規範臺灣地區與大陸地區間人民權利義務之特別立法。

[21] 中華民國103年12月26日行政院院臺規字第1030158355號公告，入出國及移民法所列屬「內政部入出國及移民署」之權責事項，自104年1月2日起改由「內政部移民署」管轄。特此說明。

外國國籍而持外國護照入國者，依入出國及移民法第93條，準用關於外國人之規定。

二、居住臺灣地區設有戶籍國民之入出國

（一）入出國基本不須經許可

依入出國及移民法第5條第1項規定，居住臺灣地區設有戶籍國民入出國，不須經許可。但涉及國家安全之人員，應先經其服務機關核准，始得出國[22]。申言之，居住臺灣設有戶籍國民入國，因國民具有返鄉權基本人權，不需申請許可，國家亦不得剝奪，不得拒絕。至於出國基本亦不須經許可，只有涉及國家安全之人員，應先經其服務機關核准，始得出國。對違反第5條第1項但書規定，未經核准而出國者，依入出國及移民法第77條規定，處新臺幣10萬元以上50萬元以下罰鍰。

（二）依法禁止出國

依據入出國及移民法第6條第1項規定：「國民有下列情形之一者，入出國及移民署應禁止其出國：

一、經判處有期徒刑以上之刑確定，尚未執行或執行未畢。但經宣告六月以下有期徒刑或緩刑者，不在此限。

二、通緝中。

三、因案經司法或軍法機關限制出國。

四、有事實足認有妨害國家安全或社會安定之重大嫌疑。

五、涉及內亂罪、外患罪重大嫌疑。

六、涉及重大經濟犯罪或重大刑事案件嫌疑。

七、役男或尚未完成兵役義務者。但依法令得准其出國者，不在此限。

八、護照、航員證、船員服務手冊或入國許可證件係不法取得、偽造、變造或冒用。

---

[22] 涉及國家安全人員，除國軍人員外，尚包括國家安全局、海岸巡防署、法務部調查局、警政署、入出國及移民署及其他相關機關人員。吳學燕（2009），入出國及移民法逐條釋義，文笙書局，頁59。

九、護照、航員證、船員服務手冊或入國許可證件未依第四條規定查驗。

十、依其他法律限制或禁止出國。」

受禁止出國處分而出國者，依入出國及移民法第74條，處3年以下有期徒刑、拘役或科或併科新臺幣9萬元以下罰金。

三、臺灣地區無戶籍國民之入出國

（一）入國應經申請許可

無戶籍國民入國雖不似外國人要簽證，但依入出國及移民法第5條第2項規定，臺灣地區無戶籍國民入國，應向入出國及移民署申請許可[23]。原則上，無戶籍國民除非有入出國及移民法第7條規定情事，均會予以許可入國。

（二）「應」不予許可或禁止入國情形

依入出國及移民法第7條第1項規定，「臺灣地區無戶籍國民有下列情形之一者，入出國及移民署應不予許可或禁止入國：

一、參加暴力或恐怖組織或其活動。

二、涉及內亂罪、外患罪重大嫌疑。

三、涉嫌重大犯罪或有犯罪習慣。

四、護照或入國許可證件係不法取得、偽造、變造或冒用。」

其中第3款所定重大犯罪或有犯罪習慣之認定標準，由主管機關內政部會同法務部定之。

（三）「得」不予許可或禁止入國情形

依入出國及移民法第7條第2項規定，臺灣地區無戶籍國民兼具有外國國籍，有前項各款或第18條第1項各款規定情形之一者，入出國及移民署得不予許可或禁止入國。

---

[23] 此項申請許可認為類似如簽證之事前境外申請。雖然已取得申請許可並代表其即可一定入境，若入境時有入出國及移民法第7條第1項規定情形之一者，入出國及移民署仍應不予許可或禁止入國。有第7條第2項規定情形之一者，入出國及移民署仍得不予許可或禁止入國。

（四）依法禁止出國

無戶籍國民入國之後，於居停留期間屆滿前應出國離境。逾期停留或居留者，依入出國及移民法第85條第4款規定，處新臺幣2,000元以上一萬元以下罰鍰。但若有入出國及移民法第6條第1項規定情形之一者，入出國及移民署應禁止其出國，與有戶籍國民相同。

（五）罰則

1. 強制出國

臺灣地區無戶籍國民未經許可入國，或經許可入國已逾期停留、居留或限令出國之期限者，依入出國及移民法第15條第1項，入出國及移民署得逕行強制其出國，並得限制再入國。另執行時應注意依入出國及移民法第15條第3項所授權訂定之臺灣地區無戶籍國民強制出國處理辦法之規定。

2. 刑事罰

臺灣地區無戶籍國民未經許可入國或受禁止出國處分而出國者，依入出國及移民法第74條，處3年以下有期徒刑、拘役或科或併科新臺幣9萬元以下罰金。

3. 行政罰

臺灣地區無戶籍國民逾期停留或居留者，依入出國及移民法第85條第4款規定，處新臺幣2,000元以上1萬元以下罰鍰。

四、有雙重國籍國民之入出國

關於具有雙重國籍之國民其入出國管理是依入國所持之護照認定其身分，而有不同之入出國管理：

（一）持中華民國護照入國者

雙重國籍之國民若持中華民國護照入國者，依我國實務運作，將以國民身分對待。

（二）持外國護照入國者

雙重國籍之國民若持外國護照入國者，依我國實務運作，將被視為外國人來對待，準用外國人入出國、停留、居留及永久居留之相關規定，並且需要有我國外交部核發之有效簽證始准其入國，並不得在臺辦理戶籍登記或恢復在臺原有戶籍。依入出國及移民法第93條規定，本法關於外國人之規定，於國民取得外國國籍而持外國護照入國者及無國籍人民，準用之。

五、國民返鄉權不得剝奪

國家是否得以法律規定禁止或不予許可本國國民返國、返鄉？探討此議題之前以下幾個文獻必須先知瞭：

（一）世界人權宣言

世界人權宣言第13條第1項：「人人在一國境內有自由遷徙及擇居之權」，第2項：「人人有權離去任何國家，連其本國在內，並有權歸返其本國」。

（二）國際人權公約

公民與政治權利國際公約第12條第4項：人人進入其本國之權，不得無理褫奪。

（三）大法官釋字解釋

大法官釋字第558號解釋指出。憲法第10條規定人民有居住、遷徙之自由，旨在保障人民有自由設定住居所、遷徙、旅行，包括入出國境之權利。人民為構成國家要素之一，從而國家不得將國民排斥於國家疆域之外。於臺灣地區設有住所而有戶籍之國民得隨時返回本國，無待許可，惟為維護國家安全及社會秩序，人民入出境之權利，並非不得限制，但須符合憲法第23條之比例原則，並以法律定之。動員戡亂時期國家安全法制訂於解除戒嚴之際，其第3條第2項第2款係為因應當時國家情勢所為之規定，適用於動員戡亂時期，雖與憲法尚無牴觸（參照本院釋字第265號解釋），惟中華民國81年修正後之國家安全法第3條第1項仍泛指人民入出境均應經主管機關之許可，未區分國民是否於

臺灣地區設有住所而有戶籍，一律非經許可不得入國，並對未經許可入國者，予以刑罰制裁（參照該法第6條），違反憲法第23條規定之比例原則，侵害國民得隨時返回本國之自由。國家安全法上揭規定，與首開解釋意旨不符部分，應自立法機關基於裁量權限，專就入出境所制訂之法律相關規定施行時起，不予適用[24]。

依以上國際公約規定，擁有該國國籍者，即具返國之絕對權利，不得以任何理由加以限制，僅國境內自由移動及出國之權利得在特殊情況下方得加以限制。由釋字558號解釋之意旨，人民為構成國家要素之一，從而國家不得將國民排斥於國家疆域之外。於臺灣地區設有住所而有戶籍之國民得隨時返回本國，無待許可。然因我國國情特殊而有所謂之無戶籍國民，其情形與有戶籍國民有別，得加以限制之情形。此法理基礎在於無戶籍國民之本質，相較於有戶籍國民，有較高流動性與不穩定性，其享有之權利自不可與具有高度穩定性之有戶籍國民一視同仁。另大法官釋字第558號亦肯認應區別有戶籍國民與無戶籍國民之意旨，本文認為對無戶籍國民所設之入國限制規定，未違反憲法第7條之平等原則，因為平等原則可因規範事物本質的不同，容許合理的差別待遇。

貳、外國人之入出國

一、外國人的定義

對於外國人的定義，我國在入出國及移民法並無正面的規定，而只能由相關法令為反面推出外國人的範圍。如依據憲法第3條：「具有中華民國國籍者，為中華民國國民。」推知未具中華民國國籍者即為外國人。然我國國情特殊，憲法增修條文第11條規定，「自由地區與大陸地區間人民權利義務關係及其他事務之處理，得以法律為特別之規定」因而對未具中華民國國籍之大陸地

---

[24] 原國安法第3條第1項規定「人民」入出境均應經主管機關許可，即居住臺灣地區設有戶籍國民、臺灣地區無戶籍國民、無國籍人、外國人、大陸地區人民、香港、澳門地區人民等皆屬之。而未區分國民是否於臺灣地區設有住所而有戶籍，一律非經許可不得入境，並對未經許可入境者，予以刑罰制裁。釋字558號解釋認為，此違反憲法第23條規定之比例原則，侵害國民得隨時返回本國之自由。另國家安全法於中華民國100年11月23日總統華總一義字第10000259741號令修正公布第6條條文；刪除第2、3條條文。

區人民及港澳地區居民，並不能即認為外國人。從依入出國及移民法、臺灣地區與大陸地區人民關係條例及香港澳門關係條例規定觀諸，我國入出境管理法規所指的外國人為「未具有中華民國國籍及大陸地區人民及港澳地區居民以外之自然人，包括無國籍者。」

二、外國人之入出國

（一）入國應經申請許可

外國人入國應申請許可，入出國及移民法未明文規定外國人入國應申請許可，此乃外國人進入我國之前，即應向我國駐外領事單位辦理簽證事宜。從我國外國護照簽證條例第4條：「本條例所稱簽證，指外交部或駐外使領館、代表處、辦事處、其他外交部授權機構（以下簡稱駐外館處）核發外國護照以憑前來我國之許可。」因此「簽證」即為外國人進入我國「申請許可」之程序。

（二）「得」禁止入國情形

入國許可之要件，一般係以當事人持有效之護照與有效之簽證為主。從國際習慣法原則，外國人不具有要求進入一個國家權利，一個國家是否准予外國人入國有裁量空間，因此國家得立法得禁止有特殊原因之外國人的入國[25]。所以有入出國及移民法第18條情形者，入出國及移民署得禁止其入國。其禁止入國之規定可分為「列舉明禁止」及「概括互禁止」等二類，分述如下：

1. 列舉明禁止入國

依入出國及移民法第18條第1項規定，「外國人有下列情形之一者，入出國及移民署得禁止其入國：
一、未帶護照或拒不繳驗。
二、持用不法取得、偽造、變造之護照或簽證。
三、冒用護照或持用冒領之護照。
四、護照失效、應經簽證而未簽證或簽證失效。
五、申請來我國之目的作虛偽之陳述或隱瞞重要事實。

[25] 許義寶（2014），入出國法制與人權保障，第2版，五南圖書，頁9。

六、攜帶違禁物。

七、在我國或外國有犯罪紀錄。

八、患有足以妨害公共衛生或社會安寧之傳染病、精神疾病或其他疾病。

九、有事實足認其在我國境內無力維持生活。但依親及已有擔保之情形，不在此限。

十、持停留簽證而無回程或次一目的地之機票、船票，或未辦妥次一目的地之入國簽證。

十一、曾經被拒絕入國、限令出國或驅逐出國。

十二、曾經逾期停留、居留或非法工作[26]。

十三、有危害我國利益、公共安全或公共秩序之虞。

十四、有妨害善良風俗之行為。

十五、有從事恐怖活動之虞。」

2. 概括互禁止入國

依入出國及移民法第18條第2項規定，「外國政府以前項各款以外之理由，禁止我國國民進入該國者，入出國及移民署經報請主管機關會商外交部後，得以同一理由，禁止該國國民入國。」

（三）依法禁止出國

外國人進入我國之後，於居停留期間屆滿前，即應出國離境。逾期停留或居留者依入出國及移民法第85條第4款規定，處新臺幣2,000元以上一萬元以下罰鍰。但若有入出國及移民法第21條情形者，入出國及移民署禁止其出國。其禁止出國之規定可分為「應禁止」及「得禁止」等二類，分述如下：

1. 「應」禁止出國

依入出國及移民法第21條第1項規定，「外國人有下列情形之一者，入出國及移民署應禁止其出國：

一、經司法機關通知限制出國。

二、經財稅機關通知限制出國。」

---

[26] 依入出國及移民法第18條第3項規定，曾經逾期停留、居留或非法工作之禁止入國期間，自其出國之翌日起算至少為一年，並不得逾三年。

2.「得」禁止出國

依入出國及移民法第21條第2項規定，「外國人因其他案件在依法查證中，經有關機關請求限制出國者，入出國及移民署得禁止其出國。」

對於禁止出國者，入出國及移民署應以書面敘明理由，通知當事人。

（四）罰則

1. 強制驅逐出國

(1)應強制驅逐出國

外國人有「一、違反第四條第一項規定，未經查驗入國。二、違反第十九條第一項規定，未經許可臨時入國。」者，入出國及移民署應強制驅逐出國（入出國及移民法第36條第1項）。

(2)得強制驅逐出國

外國人有入國後發現有「第十八條第一項及第二項禁止入國情形之一」者，入出國及移民署得強制驅逐出國，或限令其於10日內出國，逾限令出國期限仍未出國，入出國及移民署得強制驅逐出國（入出國及移民法第36條第2項）。

入出國及移民署於知悉前二項外國人涉有刑事案件已進入司法程序者，於強制驅逐出國10日前，應通知司法機關。該等外國人除經依法羈押、拘提、管收或限制出國者外，入出國及移民署得強制驅逐出國或限令出國。入出國及移民署依規定強制驅逐外國人出國前，應給予當事人陳述意見之機會；強制驅逐已取得居留或永久居留許可之外國人出國前，並應召開審查會（入出國及移民法第36條第3、4項）[27]。曾經被驅逐出國者，日後入出國及移民署依入出國及移民法第18條第1項第11款，得禁止其入國。而執行時應注意依入出國及移民

---

[27] 入出國及移民法第36條第4項但書規定，當事人有下列情形之一者，得不經審查會審查，逕行強制驅逐出國：
一、以書面聲明放棄陳述意見或自願出國。
二、經法院於裁判時併宣告驅逐出境確定。
三、依其他法律規定應限令出國。
四、有危害我國利益、公共安全或從事恐怖活動之虞，且情況急迫應即時處分。
入出國及移民法第36條第6項規定，第四項審查會由主管機關遴聘有關機關代表、社會公正人士及學者專家共同組成，其中單一性別不得少於三分之一，且社會公正人士及學者專家之人數不得少於二分之一。

法第36第5項所授權訂定之外國人強制驅逐出國處理辦法之規定[28]。

2. 刑事罰

外國人未經許可入國或受禁止出國處分而出國者，依入出國及移民法第74條，處三年以下有期徒刑、拘役或科或併科新臺幣9萬元以下罰金。

3. 行政罰

外國人逾期停留或居留者，依入出國及移民法第85條第4款規定，處新臺幣2,000元以上1萬元以下罰鍰。

參、臺灣地區與大陸地區人民之入出境

一、臺灣地區人民至大陸地區

（一）臺灣地區人民之定義

依臺灣地區與大陸地區人民關係條例第2條，臺灣地區係指臺灣、澎湖、金門、馬祖及政府統治權所及之其他地區；臺灣地區人民，係指在臺灣地區設有戶籍之人民。

（二）赴大陸應經查驗

臺灣地區人民進入大陸地區，依臺灣地區與大陸地區人民關係條例第9條第1項，應經一般出境查驗程序。依據入出國及移民法第84條，入出國未經查驗者，處新臺幣1萬元以上5萬元以下罰鍰。

（三）基本上赴大陸不需許可

人民赴大陸是不需經過申請許可，也非禁止的。僅有部分人民例外地需先經申請許可，或例外地禁止人民赴大陸。例外需先經申請許可有：公務員、具特殊身分人員及受政府委託處理兩岸事務者；例外禁止為，遇有特殊重大情形

---

[28] 入出國及移民法第36條第5項規定，第1項及第2項所定強制驅逐出國之處理方式、程序、管理及其他應遵行事項之辦法，由主管機關定之。另受強制驅逐出國處分者，有入出國及移民法第38條規定情事，得暫予收容。

時禁止人民赴大陸，詳如後說明。然而，不論是誰，任何臺灣地區人民進入大陸地區者，不得從事妨害國家安全或利益之活動，則為兩岸條例第9條第8項所明定。

（四）例外一──公務員赴大陸應申請許可

公務員及於特殊機關服務未具公務員身分人員進入大陸地區，應向內政部申請許可。臺灣地區與大陸地區人民關係條例第9條第3項規定，臺灣地區公務員，國家安全局、國防部、法務部調查局及其所屬各級機關未具公務員身分之人員，應向內政部申請許可，始得進入大陸地區。但簡任第十職等及警監四階以下未涉及國家安全機密之公務員及警察人員赴大陸地區，不在此限。依「臺灣地區公務員及特定身分人員進入大陸地區許可辦法」第3條，此處公務員乃指公務員服務法第24條規定之人員；而所謂特殊機關服務未具公務員身分人員乃指服務於國家安全局、國防部、法務部調查局及其所屬各級機關未具公務員身分之人員。

換言之，前述臺灣地區與大陸地區人民關係條例第9條第3項有關公務員及於特殊機關服務未具公務員身分人員之規定，亦可以如下理解：

1. 原則：應向內政部申請許可，始得進入大陸地區。

2. 例外：因官等因素之簡任第十職等及警監四階以下且因勤業務未涉及國家安全機密之公務員及警察人員赴大陸地區，不在此限。

公務員及於特殊機關服務未具公務員身分人員，若赴大陸地區應向內政部申請許可之者（如簡任第11職等之公務員或警監三階以上之警察人員），而違反上述應經申請許可規定者，依臺灣地區與大陸地區人民關係條例第91條第2項之規定，處新臺幣2萬元以上10萬元以下罰鍰。

（五）例外二──特殊身分者赴大陸應申請許可

特殊身分人員赴大陸應申請許可，臺灣地區與大陸地區人民關係條例第9條第4項規定：「臺灣地區人民具有下列身分者，進入大陸地區應經申請，並經內政部會同國家安全局、法務部及行政院大陸委員會組成之審查會審查許可：

一、政務人員、直轄市長。

二、於國防、外交、科技、情治、大陸事務或其他經核定與國家安全相關機關從事涉及國家機密業務之人員。

三、受前款機關委託從事涉及國家機密公務之個人或民間團體、機構成員。

四、前三款退離職未滿三年之人員。

五、縣（市）長。」

前項第2款至第4款所列人員，其涉及國家機密之認定，由（原）服務機關、委託機關或受託團體、機構依相關規定及業務性質辦理（第9條第5項）。第4項第4款所定退離職人員退離職後，應經審查會審查許可，始得進入大陸地區之期間，原服務機關、委託機關或受託團體、機構得依其所涉及國家機密及業務性質增減之（第9條第6項）。

上述具特殊身分人員違反赴大陸應申請許可規定者，依臺灣地區與大陸地區人民關係條例第91條第3項：違反第9條第4項規定者，處新臺幣20萬元以上100萬元以下罰鍰。

（六）例外三——受政府委託處理兩岸事務者赴大陸應經同意

受政府委託處理兩岸事務之機構或民間團體或具公益性質之法人於受託期間，派員赴大陸地區或其他地區處理受託事務或相關重要業務，應報請委託機關、兩岸條例第4條第1項或第2項所定之機構或民間團體同意，及接受其指揮，並隨時報告處理情形；因其他事務須派員赴大陸地區者，應先通知委託機關、兩岸條例第4條第1項或第2項所定之機構或民間團體。違反上述規定者，依兩岸條例第79條之3第1項，處新臺幣20萬元以上200萬元以下罰鍰。

（七）例外四——遇有特殊情形時禁止赴大陸

依臺灣地區與大陸地區人民關係條例第9條第7項，遇有重大突發事件、影響臺灣地區重大利益或於兩岸互動有重大危害情形者，得經立法院議決由行政院公告於一定期間內，對臺灣地區人民進入大陸地區，採行禁止、限制或其他必要之處置，立法院如於會期內一個月未為決議，視為同意；但情況急迫者，得於事後追認之。違反上述行政院公告之處置規定者，依臺灣地區與大陸地區人民關係條例第91條第2項，處新臺幣2萬元以上10萬元以下罰鍰。

二、大陸地區人民至臺灣地區

（一）大陸地區人民之定義

依臺灣地區與大陸地區人民關係條例第2條，所謂大陸地區，係指臺灣地區以外之中華民國領土；所謂「大陸地區人民」，係指在大陸地區設有戶籍之人民[29]。

（二）進入臺灣應經許可

大陸地區人民進入臺灣地區雖不似外國人要簽證，但依臺灣地區與大陸地區人民關係條例第10條第1項，大陸地區人民非經主管機關許可，不得進入臺灣地區。本文認為此許可具有簽證功能，因為即使取得入國許可，但有大陸地區人民進入臺灣地區許可辦法第13條第3項情形亦得禁止其入國並廢止及註銷入出境許可證。依臺灣地區與大陸地區人民關係條例第3條之1規定，行政院大陸委員會為該條例之主管機關，統籌處理有關大陸事務。另依臺灣地區與大陸地區人民關係條例第10條第3項規定前項大陸地區人民進入臺灣地區許可辦法，由有關主管機關擬訂，報請行政院核定之。其有關主管機關依大陸地區人民進入臺灣地區許可辦法第2條第1項規定指內政部。易言之，臺灣地區與大陸地區人民關係條例是母法，該條例的主管機關為行政院大陸委員會；大陸地區人民進入臺灣地區許可辦法為子法（授權命令），該辦法的主管機關為內政部。

（三）「得」不予許可或註銷許可情形

依大陸地區人民進入臺灣地區許可辦法第12條規定，「大陸地區人民申請進入臺灣地區，有下列情形之一者，得不予許可；已許可者，得撤銷或廢止其許可，並註銷其入出境許可證：

　　一、現擔任大陸地區黨務、軍事、行政或具政治性機關（構）、團體之職
　　　　務或為成員。
　　二、參加暴力或恐怖組織或其活動。

---

[29] 香港或澳門居民之入出境規定事宜，依香港澳門關係條例處理。如第11條規定，香港或澳門居民，經許可得進入臺灣地區。

三、涉有內亂罪、外患罪重大嫌疑。

四、在臺灣地區外涉嫌重大犯罪或有犯罪習慣。

五、曾有本條例第十八條第一項各款情形之一。

六、持用偽造、變造、無效或經撤銷之文書、相片申請。

七、有事實足認其係現（曾）與臺灣地區人民通謀而為虛偽結婚。

八、曾在臺灣地區有行方不明紀錄二次或達二個月以上。

九、有違反善良風俗之行為。

十、患有重大傳染性疾病。

十一、現（曾）於依本辦法規定申請時，為虛偽之陳述或隱瞞重要事實。

十二、原申請事由或目的消失，且無其他合法事由。

十三、未通過面談或無正當理由不接受面談或不捺指紋。

十四、同行人員未依規定同時入出臺灣地區。

十五、經主管機關或中央目的事業主管機關認定，對臺灣地區政治、社會、經濟有不利影響。

十六、從事違背對等尊嚴原則之不當行為。

十七、違反第六條第二項或第七條第二項變更保證人順序或更換保證人、第三十六條或第四十三條未事先報請備查或第四十二條轉任、兼任職務之規定。

十八、有事實足認其無正當理由現（曾）未與臺灣地區配偶共同居住。

十九、邀請單位、旅行業或代申請人未配合遵守主管機關或中央目的事業主管機關依第十五條第一項要求之行為，或拒絕、規避、妨礙各該機關依規定進行訪視、隨團或查核。

二十、有事證顯示進入臺灣地區，將有逾期停留之疑慮。

二十一、分別以不同事由申請進入臺灣地區。

二十二、已領有有效之入出境許可證，再申請進入臺灣地區。

二十三、違反其他法令規定。」

（四）「得」禁止入國並廢止及註銷許可情形

依大陸地區人民進入臺灣地區許可辦法第13條第3項規定，「大陸地區人民經許可進入臺灣地區機場、港口之際，有下列情形之一者，得禁止其入國，

並廢止其許可及註銷其入出境許可證：

一、未備第一項有效證照文件或拒不繳驗。

二、持用不法取得、偽造、變造之證照。

三、冒用證照或持用冒領之證照。

四、申請進入臺灣地區之目的作虛偽之陳述或隱瞞重要事實。

五、攜帶違禁物。

六、患有足以妨害公共衛生或社會安寧之傳染病、精神疾病或其他疾病。

七、有違反公共秩序或善良風俗之言行。

八、有事證顯示進入臺灣地區，將有逾期停留或從事違反法令之疑慮。

九、同行人員未依規定與申請人同時進入臺灣地區，或隨行人員較申請人先行進入臺灣地區。」

（五）依法禁止出國

大陸地區人民進入臺灣地區之後，於居停留期間屆滿前應出境。若有入出國及移民法第21條情形者，入出國及移民署依入出國及移民法第21條第4項規定，依其情形分為「應」及「得」禁止其出國。

（六）罰則

1. 強制出境

依臺灣地區與大陸地區人民關係條例第18條規定，「進入臺灣地區之大陸地區人民，有下列情形之一者，內政部移民署得逕行強制出境，或限令其於十日內出境，逾限令出境期限仍未出境，內政部移民署得強制出境：

一、未經許可入境。

二、經許可入境，已逾停留、居留期限，或經撤銷、廢止停留、居留、定居許可。

三、從事與許可目的不符之活動或工作。

四、有事實足認為有犯罪行為。

五、有事實足認為有危害國家安全或社會安定之虞。

六、非經許可與臺灣地區之公務人員以任何形式進行涉及公權力或政治議

題之協商。

內政部移民署於知悉前項大陸地區人民涉有刑事案件已進入司法程序者，於強制出境十日前，應通知司法機關。該等大陸地區人民除經依法羈押、拘提、管收或限制出境者外，內政部移民署得強制出境或限令出境。內政部移民署於強制大陸地區人民出境前，應給予陳述意見之機會；強制已取得居留或定居許可之大陸地區人民出境前，並應召開審查會。但當事人有下列情形之一者，得不經審查會審查，逕行強制出境：

一、以書面聲明放棄陳述意見或自願出境。

二、依其他法律規定限令出境。

三、有危害國家利益、公共安全、公共秩序或從事恐怖活動之虞，且情況急迫應即時處分。」

前述所定強制出境之處理方式、程序、管理及其他應遵行事項之辦法，由內政部定之。而審查會由內政部遴聘有關機關代表、社會公正人士及學者專家共同組成，其中單一性別不得少於三分之一，且社會公正人士及學者專家之人數不得少於二分之一[30]。

2. 刑事罰

大陸地區人民未經許可入國或受禁止出國處分而出國者，依入出國及移民法第74條，處三年以下有期徒刑、拘役或科或併科新臺幣9萬元以下罰金。

3.行政罰

大陸地區人民逾期停留或居留者，臺灣地區與大陸地區人民關係條例第87-1條規定，由內政部移民署處新臺幣2,000元以上1萬元以下罰鍰[31]。

---

[30] 受強制出境處分者，有臺灣地區與大陸地區人民關係條例第18-1條規定情事，得暫予收容。

[31] 此為民國104年06月17日增定臺灣地區與大陸地區人民關係條例第87-1條之規定。往昔大陸地區人民逾期停留或居留者，是否可依入出國及移民法第85條第4款規定，處新臺幣2,000元以上1萬元以下罰鍰？恐有疑慮。因入出國及移民法第85條第4款規定處罰對象為臺灣地區無戶籍國民或外國人，又無如入出國及移民法第21條第4項準用規定。至於是否得依行政執行法第27條、第30條處以怠金，亦有爭議疑慮。使大陸地區人民逾期停留或居留者，恐只得逕行強制出境，而無處罰鍰之情形。因此民國104年06月17日增訂臺灣地區與大陸地區人民關係條例第87-1條處罰規定之規定。

第四節　證照查驗

壹、證照查驗意義與功能

一、證照查驗意義

　　證照查驗乃是查驗入出國旅客之簽證、護照等旅行證件，以確定其身分與所持證照是否相符，以爲准許或限制、禁止其入出國之依據[32]；亦即，證照查驗乃是於國境線上進行人別核對以及證照之真偽辨認，以防杜未經我國同意許可入國者入國，危害我國安全及社會秩序。在入出國的程序上，入出國旅客除須持有入出國所需之證件外，仍須由證照查驗單位之核驗後，始完成入出國的程序。

二、證照查驗功能

　　證照查驗是國境人流管理一道重要防線，透過對入出國旅客的證照上核驗與身分確認，以過濾、遏阻不法人員之潛逃入出國，甚可阻絕不受我國歡迎的外國人入國，進而維護國家安全、社會秩序之目的。亦即，入出國旅客除須持有入出國所需之證件外，仍須由證照查驗單位之核驗後，始完成入出國的程序。所以，可謂入出國前之申請證照程序，是國境人流管理之「第一道防線」；證照查驗工作則爲國境人流管理之「第二道防線」。足見證照查驗在國境人流管理的重要性，具有維護國家社會安全秩序的功能。

貳、證照查驗法令依據

　　依入出國及移民法第4條第1項：「入出國者，應經內政部入出國及移民署查驗；未經查驗者，不得入出國。」第2項：「入出國及移民署於查驗時，得以電腦或其他科技設備，蒐集及利用入出國者之入出國紀錄。」第3項：「前二項查驗時，受查驗者應備文件、查驗程序、資料蒐集與利用應遵行事項之辦

---

[32] 刁仁國（2000），證照查驗工作之探討，收錄於蔡庭榕編，警察百科全書（九）—外事與國境警察，正中書局，頁202。

法，由主管機關定之。」另由於入出國及移民法第4條授權入出國及移民署，得蒐集及利用入出國者之入出國紀錄；且入出國及移民法第91條規定，外國人、臺灣地區無戶籍國民、大陸地區人民、香港及澳門居民於入國（境）接受證照查驗時，入出國及移民署得運用生物特徵辨識科技，蒐集個人識別資料後錄存。

是故，證照查驗法律依據主要為入出國及移民法；執行的行政命令依據有入出國查驗及資料蒐集利用辦法、個人生物特徵識別資料蒐集管理及運用辦法等授權命令及執行外來人口入出國（境）辨識個人生物特徵作業要點等職權命令。又因證照查驗須核對旅客入出境旅行證件，亦即查驗時會涉及到護照、簽證等相關旅行證件，所以證照查驗之相關法律有：護照條例、外國護照簽證條例等。

參、證照查驗的性質

證照查驗的性質如何？其與簽證、護照之關係如何？其之核驗與入出國許可之關係如何？其究竟僅為執行簽證許可之入國核對而已，並無更改簽證之事實行為？或能審查入出境者之要件所為之處分行為？值得進一步探討。上述疑點，本文認為可從入出國程序與法律性質分析，而得到清楚地了解。

上述分析以外國人入出國為例說明。查依入出國及移民法第4條授權訂定之入出國查驗及資料蒐集利用辦法第10條規定，「外國人入國，『應備下列證件』，經入出國及移民署查驗相符，且『無本法第十八條第一項、第二項禁止入國情形者』，於其護照或旅行證件內加『蓋入國查驗章戳後，許可入國』……」[33]。次查入出國查驗及資料蒐集利用辦法第11條規定，「外國人出

---

[33] 入出國查驗及資料蒐集利用辦法第10條規定：「外國人入國，應備下列證件，經入出國及移民署查驗相符，且無本法第十八條第一項、第二項禁止入國情形者，於其護照或旅行證件內加蓋入國查驗章戳後，許可入國：
　一、有效護照或旅行證件；申請免簽證入國者，其護照所餘效期須為六個月以上。但條約或協定另有規定或經外交部同意者，不在此限。
　二、有效入國簽證或許可或外僑永久居留證。但申請免簽證入國者，不在此限。
　三、申請免簽證入國者，應備已訂妥出國日期之回程或次一目的地之機（船）票或證明。但提出得免附機（船）票證明者，不在此限。
　四、次一目的地國家之有效簽證。但前往次一目的地國家無需申請簽證者，不在此限。
　五、填妥之入國登記表。但持有中華民國居留證者，免予填繳。」

國，『應持憑護照或旅行證件，經入出國及移民署查驗符合下列各款情形之一』，且『無本法第二十一條第一項、第二項禁止出國情形者』，於其護照或旅行證件內加『蓋出國查驗章戳後出國』……」[34]。依此分析如下：

一、入出國證照查驗之程序

（一）入國證照查驗之程序

1. 首先，入出國及移民署對入國者「應備證件」查驗是否相符；

2. 其次，入出國及移民署審查入國者是否為「無入出國及移民法第十八條第一項、第二項禁止入國情形者」；

3. 最後，入出國及移民署對符合上述二點入國者，於其護照或旅行證件內加「蓋入國查驗章戳後，許可入國」。反之，對不符合上述二點入國者，禁止其入國。

（二）出國證照查驗之程序

1. 首先，入出國及移民署對出國者「應備證件」查驗是否相符；

2. 其次，入出國及移民署審查出國者是否為「無入出國及移民法第二十一條第一項、第二項禁止出國情形者」；

3. 最後，入出國及移民署對符合上述二點出國者，於其護照或旅行證件內加「蓋出國查驗章戳後出國」。反之，對不符合上述二點出國者，禁止其出國。

---

[34] 入出國查驗及資料蒐集利用辦法第11條規定，「外國人出國，應持憑護照或旅行證件，經入出國及移民署查驗符合下列各款情形之一，且無本法第二十一條第一項、第二項禁止出國情形者，於其護照或旅行證件內加蓋出國查驗章戳後出國：
一、持停留簽證或免簽證入國者，未逾許可停留期限。
二、持居留簽證入國或經改辦居留簽證者，其外僑居留證，未逾效期或未經註銷；持外僑永久居留證入國者，其外僑永久居留證，未經註銷。
三、持臨時停留許可證入國者，未逾停留許可期限。
四、外國人在我國出生者，已取得外僑居留證。
五、外國人在我國遺失原持憑入國之護照或旅行證件者，出國時已尋獲原報遺失之護照或旅行證件，或取得新護照或其他有效之旅行證件，且辦妥出國手續。
六、逾期停留、居留、未辦妥外僑居留證或其他特殊情形，已依相關規定補辦或處理。」

二、入出國之要件

（一）外國人入國要件有二

  1. 積極條件：有效護照或旅行證件及有效入國簽證或許可等證件；

  2. 消極條件：無入出國及移民法第18條第1項、第2項禁止入國情形。

（二）外國人出國要件有二

  1. 積極條件：有效護照或旅行證件等證件；

  2. 消極條件：無入出國及移民法第21條第1項、第2項禁止出國情形。

三、入出國證照查驗之內容

  入出國及移民署之證照查驗工作內容：

  （一）對入出國者查驗證件；

  （二）審查入出國者有無禁止入出國情形；

  （三）對入出國者為許可或禁止入出國之處分。

  從此得知，證照查驗的法律性質如何？以外國人入國為例，證照查驗是否具有入國之許可審查效力？亦即是否得為一入國許可處分？或單純為執行之事實行為？學者間有不同之見解。有學者以簽證為「入國許可」，證照查驗之移民官員無權更改[35]，顯然認為證照查驗是執行簽證許可的事實行為。亦有學者認為，簽證並非等同入國許可，也不具許可效力，證照查驗始具入國許可效力，具有「行政處分」之法律性質[36]，顯然其認為簽證非入國許可，證照查驗才為入國許可之行政處分。由上述證照查驗之程序、入出國之要件及證照查驗工作內容等面向分析，本文認為上述以簽證為「入國許可」，證照查驗之移民官員無權更改入國許可；或以簽證非入國許可，證照查驗才為入國許可之行政處分等意見均恐過於簡約。

  本文認為簽證與證照查驗均為入國許可之一環，二者具有前後連結關係（先簽證後證照查驗）。換言之，將入國許可分為二階段：簽證為第一階段

---

[35] 劉進幅（1997），外事警察學，中央警察大學，頁53。

[36] 刁仁國（2000），證照查驗工作之探討，收錄於蔡庭榕編，警察百科全書（九）—外事與國境警察，正中書局，頁202-203。

（初核審查），證照查驗為第二階段（複核審查）。在入出國的程序上，入出國旅客除須持有入出國所需之證件外，仍須由證照查驗單位之核驗後，始完成入出國的程序[37]。亦即，入出國境之旅客，無論本國人或外國人，也就是無論臺灣地區有戶籍國民、外國人、臺灣地區無戶籍國民、大陸地區人民、香港及澳門居民，入出國境除須持有效入出國所需之證件外，仍須由證照查驗單位之核驗後，始完成入出國的程序。因此，由上歸納證照查驗性質結論如下：

1. 簽證與證照查驗均為入國許可之一環，二者具有前後連結關係（先簽證後證照查驗）。

2. 入出國旅客持有入出國所需之證件，不必然就一定得以入出國，必須經證照查驗單位之核驗後，始得以入出國。證照查驗得更改簽證之許可，進行實質審查，非僅單純執行簽證之事實行為。

3. 證照查驗官於入出國旅客護照或旅行證件內加蓋入國查驗章戳後，許可入國之行為，為一具發生法律效果之行政處分。

肆、證照查驗之法律效果與罰則

如前所述，證照查驗為入出國許可的一環，亦即，入出國許可分為，前階段之簽證等與後階段之證照查驗。另查入出國及移民法第22條規定，外國人持有效簽證或適用以免簽證方式入國之有效護照或旅行證件，經入出國及移民署查驗許可入國後，取得停留、居留許可。

因而，證照查驗之法律效果，以入國證照查驗之為例：

經查驗 { 許可後：得予入國並取得停留居留許可。

不予許可：不得入國。

未經查驗：違反入出國應經證照查驗之義務，且有未經許可入國之嫌。

---

[37] 簽證與證照查驗均為入國許可之一環具有前後連結關係（先簽證後證照查驗），二者前後連結關係，如朋友到家來訪之情形：首先，朋友要來之前，先以電話詢問主人：「等會兒，來訪是否方便？」，主人回「方便」表示「核發簽證」給予同意意思；若回「不方便」即表示「不核發簽證」給予拒絕意思。之後，得到「方便」回復的朋友，來到家大門按門鈴，主人聽到門鈴除要「了解」按門鈴者的「身分」外，也對來客是究竟是「善者或惡者」進行「查察」，以決定是否「開門歡迎」或「閉門不歡迎」來客。簽證如前往之前的「電話詢問」；證照查驗則宛如對「按家門鈴者」的「身分了解與善惡查察」以決定「歡迎或不歡迎」入門。

　　未經查驗入國之法律效果，則違反入出國及移民法第4條第1項入出國者應經證照查驗之義務。其罰則依入出國及移民法第84條規定，「違反第四條第一項規定，入出國未經查驗者，處新臺幣一萬元以上五萬元以下罰鍰。」但由於證照查驗爲入出國許可的一環，未經查驗入國，將會有未經許可入國之嫌。入出國及移民法對入國規定，有不須經申請許可及須經申請許可之分。因此，不需經許可之入國者，未經證照查驗入國，則單純依入出國及移民法第84條處罰行政罰；若需經許可之入出國，未經證照查驗者，有未經許可入國之嫌，分有入出國及移民法第74條刑事罰及第84條行政罰處罰之適用，依行政罰法第26條[38]規定，以入出國及移民法第74條刑事罰之，並依入出國及移民法第36條第1項第1款，未經查驗入國之外國人，應強制驅逐出國。上述違反入出國應經證照查驗之義務之罰則，整理如下：

一、入國不需經許可者，處行政罰

　　不需經許可之入國者，如居住臺灣地區設有戶籍國民，入出國未經查驗者，即依入出國及移民法第84條，處新臺幣1萬元以上5萬元以下罰鍰。

二、入國需經許可者，處刑事罰及得驅逐出國

　　需經許可之入國者，如臺灣地區無戶籍國民、外國人、大陸、港澳地區人民等，入出國未經查驗者，即以未經許可入國論處，依入出國及移民法第74條處三年以下有期徒刑、拘役或科或併科新臺幣9萬元以下罰金。另得依入出國及移民法第36條第1項第1款規定應強制驅逐出國。

第五節　小結

　　國境管理主要對象，亦是管理重點：一爲「人」，一爲「物」。移民即屬

38　入出國及移民法第74條規定，「違反本法未經許可入國或受禁止出國處分而出國者，處三年以下有期徒刑、拘役或科或併科新臺幣九萬元以下罰金。違反臺灣地區與大陸地區人民關係條例第10條第1項或香港澳門關係條例第11條第1項規定，未經許可進入臺灣地區者，亦同。」
　　行政罰法第26條第1項規定：「一行爲同時觸犯刑事法律及違反行政法上義務規定者，依刑事法律處罰之。但其行爲應處以其他種類行政罰或得沒入之物而未經法院宣告沒收者，亦得裁處之。」

於「人」的部分，因此本文探討主題「移民與國境管理」，即為國境管理中之人流管理，可稱之為「國境人流管理」，不同於「國境物流管理」。國境管理有三道防線：入國前、入國時及入國後。進而國境人流管理之三道防線即：首先阻絕於國外，故入國前著重於申請許可，為國家初步在境外把關；其次攔阻於國境線上，故入國時著重於查驗，為第二層在國境線上把關；最後查察於國內，故入國後強調查察、查證等，第三層境內把關。移民在國境管理屬重要部分，世界各國亦相當重視，一方面希望吸引外國人來國內投資、觀光等增進該國經濟。一方面又不希望不良外國人來國內，破壞秩序安全。另入出國涉及人民遷徙自由權，在移民管理法制與執行均必須要顧及人民基本權利保障。在自由與秩序、經濟與安全中，找一個平衡，是移民國境管理隨時要面對與思考的問題，亦是國境人流管理之重點。

參考文獻

一、中文

刁仁國（2000），證照查驗工作之探討，收錄於蔡庭榕編，警察百科全書（九）—外事與國境警察，正中書局。

李震山（1999），入出國管理及安全檢查專題研究，中央警察大學印行。

李震山（2000），入出國管理之一般法理基礎，收錄於蔡庭榕編，警察百科全書（九）—外事與國境警察，正中書局。

吳學燕（2009），入出國及移民法逐條釋義，文笙書局。

許義寶（2014），入出國法制與人權保障，第2版，五南圖書。

劉進幅（2000），簽證，收錄於蔡庭榕編，警察百科全書（九）—外事與國境警察，正中書局。

二、網路資料

外交部領事事務局，中華民國簽證介紹，http://www.boca.gov.tw/ct.asp?xItem=30&CtNode=735&mp=1，瀏覽日期：2015年12月18日。

桃園縣政府，公民與政治權利國際公約及經濟社會與文化權利國際公約培訓講義，http://www.tycg.gov.tw/files/031/%E5%85%AC%E6%B0%91%E8%88%87%E6%9

4%BF%E6%B2%BB%E6%AC%8A%E5%88%A9%E5%9C%8B%E9%9A%9B%E
5%85%AC%E7%B4%84%E5%8F%8A%E7%B6%93%E6%BF%9F%E7%A4%BE-
%E6%9C%83%E8%88%87.pdf，瀏覽日期：2014年2月5日。

第六章　非法移民之研究

柯雨瑞、高佩珊

第一節　前言

「非法移民」之議題，從過去四十年以來迄今，受到全球各國政府、學者及專家們之熱切關注，進行非常大量之研究與分析，然而，並未有跡象顯示，非法移民之現象，業已衰退；或者，非法移民者之生活與工作環境，業已作大幅度之改進[1]。

人口販運、非法移民及偷渡三者之關係，可謂緊密地相關。根據聯合國「毒品與犯罪辦公室」（United Nations Office on Drug and Crime）2010年所出版之「遷徙者之偷渡」（Smuggling of Migrants）一書中所載，在不正常人口移動中，遷徙（移居）偷渡之行為，事實上，是扮演一個決定性之角色，以利非法移民者能從甲國偷渡至乙國[2]。

在遷徙偷渡（Smuggling of Migrants，又被稱為偷運移民）之定義方面，則規範於「聯合國打擊跨國有組織犯罪公約關於打擊陸、海、空偷運移民之補充議定書」[3]（Protocol Against the Smuggling of Migrants by Land, Sea and Air, Supplementing the United Nations Convention Against Transnational Crime）（此乃為聯合國打擊跨國有組織犯罪公約之附件文件）中之第3條及第6條之條文內涵中。根據上開議定書第3條第(a)款之規定，所謂之「偷運移民」，係指「為直接或間接獲取金錢或其他物質利益，安排非某一締約國國民或永久居民之人，以非法方式進入該締約國」。因上開議定書是對聯合國打擊跨國有組織犯

---

[1] International Organization for Migration (2008). World Migration Report 2008, UN: Geneva, p. 201.

[2] United Nations Office on Drug and Crime (2010). Smuggling of Migrants :A Global Review and Annotated Bibliography of Recent Publications, pp. 6-12.

[3] 「聯合國打擊跨國有組織犯罪公約關於打擊陸、海、空偷運移民的補充議定書」又名為「遷徙偷渡議定書」（Migrant Smuggling Protocol）。

罪公約之補充，故「聯合國打擊跨國有組織犯罪公約關於打擊陸、海、空偷運移民之補充議定書」應連同「聯合國打擊跨國有組織犯罪公約」一併予以解釋，亦即，上開議定書亦具有國際法之法律效力。

　　「聯合國打擊跨國有組織犯罪公約關於打擊陸、海、空偷運移民之補充議定書」第6條則係規定，各締約國應將偷渡行為加以刑事犯罪化。根據上開議定書第6條第1項之規定，「各締約國均應採取必要之立法和其他措施，將下列為直接或間接地獲取經濟或其他物質利益，而故意實施之行為，規定為刑事犯罪：

(a) 偷運移民；

(b) 為得以偷運移民而實施下列行為：

　　1.製作欺詐性旅行或身分證件；

　　2.獲取、提供或持有此種證件；

(c) 使用本項(b)款所述手段或任何其他非法手段，使並非有關國家國民或永久居民之人，以不符合合法居留於該國之必要規定之方式，而居留於于該國。」

　　根據上述之議定書，可得知國際社會對於遷徙偷渡之行為，並不站在同情或認可之立場，而是使用嚴厲之刑事手段加以制裁之。

　　根據「聯合國毒品與犯罪辦公室」之文獻資料[4]，偷渡與人口販運有以下之最主要差異點：

一、利益（潤）之來源不同

　　人口販運罪行之最主要利潤來源處，以及主要之目的係為「剝削」。相反地，偷渡私梟之利益來源，則為協助偷渡者非法入境或停留。當私梟順利地協助遷徙者非法進入他國或停留之後，偷渡者與私梟兩者間之關係，即告結束。綜合上述，人口販運罪行之構成要件中，非常核心之要素，乃為「剝削」。「剝削」是人口販運罪行中，至為重要之要素。

---

[4] United Nations Office on Drug and Crime (2010). Smuggling of Migrants: A Global Review and Annotated Bibliography of Recent Publications, pp. 6-12.

二、跨國性質

在遷徙偷渡之行為態樣中，通常會涉及至少兩個國家以上，且具有跨國性質。偷渡之目標，乃在於幫助某人以非法之手段從A國進入B國；偷渡之概念，係著重在利用非法手段，協助他人非法進入他國或非法停留，它具有跨國性。在人口販運方面，於某些情況之下，亦會涉及利用非法之手段，協助某人進入或停留於另一國家；在一般而論，並非如此。有關人口販運被害人之中途運送及停留於他國之情形，亦有可能透由合法之方式進行之。人口販運之被害人，並不會限定於不具備合法之機會進行遷移（移居）。在地點方面，人口販運罪行之發生處，有可能是在國內，而不會涉及任何之國境移動。人口販運所涉及之範圍，包括跨國及國境之內，兩者可能均有之。

三、被害特性

在偷渡之行為中，不必然一定會涉及遷徙者之被害性。偷渡之遷徙者對於其被私梟進行偷渡之行為，通常是知情，且加以同意之。然而，在整個偷渡之流程中，私梟有可能會對於偷渡者施加暴力，或從事威脅偷渡者生命之犯行。當偷渡者之身體或生命遭受威脅時，在此情況下，不排除偷渡者有可能會撤回其最初之同意與承諾之可能性。與偷渡相反的，人口販運罪行之本質，它是一種侵犯他人之犯罪，人口販運本身即是一種罪行。

在人口販運之被害人方面，則不存在同意與承諾之現象。假若人口販運被害人遭受他人綁架或販賣，此時，被害人不會同意之。另外一種之情形，係人口販運私梟透由詐欺或暴力等不法之犯罪手法，而掌控被害人。此時，即使被害人作出同意或承諾，因此種同意，係出於在他人不法之控制下作出，故不具法律效力[5]。主要之法理，在於契約不得違反善良風俗習慣。

為何有必要對於偷渡與人口販運作詳細之區別？從實務與法律效力之觀點著眼，兩者之區別具有重大之意義性。被人口販運之人，她（他）是具有被害人之資格，一般被稱為人口販運被害人，被賦予法律上之權利，可接受法律保護與經濟財政上之補償（助）。相對而論，偷渡者則無此種權利。

---

[5] United Nations Office on Drug and Crime (2010). Smuggling of Migrants: A Global Review and Annotated Bibliography of Recent Publications, pp. 6-12.

在非法移民之定義方面，有關於「非法移民」（illegal immigration）一詞，尚有另外一種說法，即爲「不正常人口移動」（irregular migration），不過，乃以「非法移民」較被廣泛之使用。在國際社會上，聯合國之專門機構之一——「毒品與犯罪辦公室」亦漸漸使用「不正常人口移動」一詞。「非法移民」與「不正常人口移動」於諸多文獻之中，常被混用之。因兩者具有可替代性，故本文就先針對「不正常人口移動」下定義。在國際社會及學術圈內，有關於不正常人口移動之定義，最被人們廣爲接受者，乃爲「國際移民組織」（International Organization for Migration，簡稱爲IOM）之定義與見解。

IOM認爲「不正常人口移動」之定義，在於它是指非法入國、非法（逾期）停留及非法工作，共計有三個次級概念，共同組成「不正常人口移動」之內涵。

在「非法移民」之定義中，簡而言之，乃指在未取得他國之審核同意之下，非法進入他國。除了以上之介紹之外，「非法移民」尚有很多不同之說法，亦被人們所使用之，這些不同之名稱，包括：非法外國人（illegal alien）、非法移入者（illegal immigrant）、黑工（clandestine workers）、無證件之人（sans papiers/ without papers）、不正常移入者（irregular immigrant）、不正常遷徙（移居）者（irregular migrant）、不正常外國人（irregular alien)、不正常工人（irregular worker）、不正常居留者（irregular resident）、躲在陰暗處之人（hiding in the shadows）、住在陰暗處之人、停留於黑暗處之人、於黑暗處工作者、未取得核可移入者（unauthorized immigrant）、未取得許可遷徙（移居）者、未取得許可外國人、未取得許可工人、未取得許可居留者、未具移民身分之移入者（immigrant without immigration）、未具合法身分之移入者（out of status immigrant）、無身分移入者、無身分遷徙（移居）者、無身分外國人、無身分工人、無身分居留者、未入國籍移入者（unnaturalized immigrant）、未入籍遷徙（移居）者、未入籍外國人、未入籍工人及未入籍居留者等[6]。

6　Wikipedia, irregular migrant population, retrieved from http://en.wikipedia.org/wiki/Illegal_immigration, Nov. 1, 2010.

第二節 國際非法移民之現況、特色與防制作為

壹、國際非法移民之現況與特色

在2001年，根據國際移民組織（IOM）之估計，當時全世界之國際移民人口，約1.5億，其中，約有4,000萬屬於非法移民，比例約為26.6%（4,000萬／1.5億＝26.6%）[7]。在美國部分，於2000年時，當時之非法移民人數，約為840萬；於2001年，非法移民人口約930萬；於2002年，非法移民人口約940萬；於2003年，非法移民約970萬；於2004年，非法移民約1,040萬；於2005年，非法移民約1,110萬；於2006年，非法移民約1,130萬；於2007年，非法移民約1,200萬。

於2007年之際，美國境內之非法移民人數，達到歷史上之最頂點，係為1,200萬。之後，由於：1.美國經濟疲軟；2.美國加強國境執法；3.墨西哥人口老化，非法移民之數目，似乎未再達到2007年時1,200萬之高峰點[8]。另外，根據美國「人口普查局」（U.S. Census Bureau）於2007年3月之調查，當時之全般外來移入人口約為3,800萬人，其中約三分之一，係屬非法移民，非法移民人數約為1,200萬，占約31.6%（1,200萬／3,800萬＝31.6%），近約1/3[9]。

於2008年，非法移民約1,160萬；2009年，非法移民約1,110萬（Passel & Cohn, 2010: 1-3）；於2009年，在美國境內之外國出生之人口，約為3,940萬人（100%）。其中，合法之移入者，約為2,840萬，占約72%。在合法之移入者中，歸化美國籍人口為1,460萬人，占約37%；合法永久居留者為1,240萬人，占約31%；合法短期停留者，約為140萬，占約4%，以上合計約72%，均為合法移入者。在未持有核准證件之移入者部分，約為1,110萬人，占約28%。是以，在2009年時，美國非法移民所占之比例，約為在美國境內之外國出生人口

---

[7] 徐軍華（2007），非法移民的法律控制問題研究，華中科技大學出版社，頁1-3。

[8] BBC中文網（2012），「美非法移民數量下降亞裔移民增多」，http://webcache.googleusercontent.com/search?q=cache:d2PRMLzbAlwJ:www.bbc.co.uk/zhongwen/trad/world/2012/12/121206_us_census_immigration.shtml+&cd=7&hl=zh-TW&ct=clnk&gl=tw。

[9] Abhijit Naik (2010). Illegal Immigration Statistics, retrieved from http://www.buzzle.com/articles/illegal-immigration-statistics.html, Nov. 2, 2010.

之28%[10]，比例相當高。

　　於2010年，美國境內之非法移民人數，係為1,160萬人[11]。於2012年，美國境內非法移民人數，則達1,110萬至1,150萬之間。美國約55%至59%之非法移民，係來自墨西哥[12]。就「未具有合法旅行證件移民者（遷徙者）之國際合作論壇組織」（The Platform for International Cooperation on Undocumented Migrants，簡稱為PICUM）根據美國人口普查局（Census Bureau）之實證調查結果，於2013年，美國境內之非法移民人數，係為1,110萬人左右[13]。

　　在俄國部分，根據俄羅斯聯邦移民局（the Federal Migration Service）於2010年10月之估計，超過1,000萬之外國人進入俄國，其中，非法工作者約為400萬人，占約40%（400萬／1,000萬＝40%）[14]。從以上之粗估數據，可以綜合發現非法移民之問題非常嚴重，且在外來移入人口中所占之比例相當高，約為三成至四成之間。在2010年，根據聯合國經濟暨社會理事會之推估，全球人口約為69億900萬人，其中國際之移動人口，約為2億1,394萬3,812人，占約全球人口之2.9%，近約3%[15]。

---

[10] Jeffrey S. Passel & D'Vera Cohn (2010). U.S. Unauthorized Immigration Flows Are Down Sharply Since Mid-Decade, NW: Pew Research Center, pp. 1-3.
柯雨瑞（2010），2010年來國際反制人口販運與非法移民之作為，收錄於非傳統安全威脅研究報告第10輯，國家安全局，頁91-118。

[11] BBC中文網（2012），「美非法移民數量下降，亞裔移民增多」，http://webcache. googleusercontent.com/search?q=cache:d2PRMLzbAlwJ:www.bbc.co.uk/zhongwen/trad/world/2012/12/121206_us_census_immigration.shtml+&cd=7&hl=zh-TW&ct=clnk&gl=tw，瀏覽日期：2014年2月2日。
BBC中文網（2012），「美國境內非法移民人數達1,150萬」，http://www.bbc.co.uk/zhongwen/trad/rolling_news/2012/03/120324_rolling_us_illegals.shtml，瀏覽日期：2014年2月2日。
CBS News (2010). Number of Illegal Immigrants Plunges by 1M: Department of Homeland Security Reports Sharp Drop in Undocumented Population, Renewing Divisive Debate, retrieved from http://www.cbsnews.com/stories/2010/02/11/national/main6197466.shtml, Nov. 2, 2010.

[12] Ibid.

[13] The Platform for International Cooperation on Undocumented Migrants (PICUM) (2013). PICUM Submission to the UN Committee on the Protection of the Rights of All Migrant Workers and Members of their Families-Day of General Discussion on the role of migration statistics for treaty reporting and migration policies, UN: Geneva, p. 1.

[14] RIA Novosti (2010). Russia reports 4 mln illegal migrant workers, retrieved from http://en.rian.ru/russia/20100908/160519155.html, Nov. 2, 2010.

[15] U.N. Department of Economic and Social Affairs (2010), retrieved from http://esa.un.org/migration/p2k0data.asp, Nov. 2, 2010.

　　假若依照國際移民組織（IOM）於2000年及2001年之估計標準，非法移民占全球移民人口之比例，約為1/8至1/4之間[16]，則2010年全球非法移民之總數，人數約為2,600萬至5,250萬之間。有關於近年來全球非法移民之人數，仍是以聯合國「國際移民組織」（International Organization for Migration，簡稱為IOM）於2010年所出版之全球移民報告書（World Migration Report）為最新之依據與標準[17]。根據「未具有合法旅行證件移民者（遷徙者）之國際合作論壇組織」（The Platform for International Cooperation on Undocumented Migrants，簡稱為PICUM）於2013年向聯合國「保護所有移工及其家庭成員權利國際公約」委員會（the UN Committee on the Protection of the Rights of All Migrant Workers and Members of their Families）之年度大會，針對上述公約所要求，須呈交移民統計報告與移民政策之角色等議題之一般性討論大會之當日（Day of General Discussion on the role of migration statistics for treaty reporting and migration policies），所提交之統計報告數據顯示[18]，全球之移民者，約為2億1,400萬，其中，非法移民之比例，約為10%至15%[19]，約占一成至一成五左右。

　　依據上述「聯合國國際移民組織」與「未具有合法旅行證件移民者之國際合作論壇組織」等機構之看法，大多數之移民者，仍屬於合法移民。不過，非法移民之比例，約為10%至15%之數據，這是一個平均數，實際未具有合法旅行證件移民者之人數與比例，會隨著各國與各地區，而有非常大之差異性，這是一個相當嚴重之議題。

　　再者，「非法移民」係屬於一個牽涉移民、勞動市場、入出國管理及國際

---

[16] 石剛（2010），全球非法移民問題綜述，http://www.annian.net/show.aspx?id=19740 &cid=16，瀏覽日期：2010年11月2日。

[17] International Organization for Migration (2010). World Migration Report 2010—The Future of Migration: Building Capacities for Change, UN: Geneva.

[18] The Platform for International Cooperation on Undocumented Migrants (PICUM) (2013). PICUM Submission to the UN Committee on the Protection of the Rights of All Migrant Workers and Members of their Families—Day of General Discussion on the role of migration statistics for treaty reporting and migration policies, UN: Geneva, pp. 1-30.

[19] The Platform for International Cooperation on Undocumented Migrants (PICUM) (2013). PICUM Submission to the UN Committee on the Protection of the Rights of All Migrant Workers and Members of their Families—Day of General Discussion on the role of migration statistics for treaty reporting and migration policies, UN: Geneva, p. 1.

人權法之複雜性議題，總結而言，它具有以下若干之重要特徵（色）[20]：

　　一、從發生之趨勢而言，非法移民之現象，普遍地發生於全球各大主要之地區，故它能廣泛地吸引國際社會之普遍重視（it is of general interest of the international community）；亦即，它具有廣泛性及普遍性。

　　二、在不同之地區，非法移民者之數量，呈現巨大之差異性；不同之地區，會有不同之非法移民數量（人數）；假若吾人鎖定某一個地區加以觀察，「非法移民」似乎是具有以下四種「功能」：1.首先它是屬於全般移民數量中之一項「功能性」之機制（a function of the overall volume of migration），換言之，從全部移民總量加以切入，非法移民具有「功能性」之機制；它具有何種之「功能」或「作用」（function）？它能補強合法移民需求之不足；2.從地緣關係而論，非法移民者之出發地與目的地，兩者距離頗為接近（the proximity），由於地緣接近，故非法移民有發揮與運行之空間與功能；當目的國所需之合法移民人數不足時，此時，非法移民即可發揮其「功能性」之機制，滿足目的國所需之移民人數；3.從可穿透性（the permeability）而論，「非法移民」具有「穿透」國境之功能；4.從移民網絡強度（the strength of migration networks）而論，「非法移民」之功能，透由非法移民之機制，主要顯現在它能連繫非法移民者之移民社會網絡，並增強之。歸納言之，「非法移民」之機制在下列四個區塊之中，著實地發揮其本質中之「功能」：1.全般性之移民數額（量）；2.「出發地」與「目的地」之兩地距離；3.穿越國境；4.強化移民社會網絡。在上述四個區塊中，「非法移民」機制能有效地將其本質中之「功能」（或稱作用）加以展現出來。

　　三、根據IOM之研究，發現一個頗為重要之原則，即為「工作機會」（work opportunities）之吸引。針對於低薪資、低技術之移民工作者（移工）而言，「工作機會」之變項，係為一個重要之動力（刺激）變項（an important incentive）；是以，就非法移民者而論，「工作機會」是一個非常大之誘因變項，不容加以忽略之。非法移民者心目中之考量重點，係為「工作機會」。何處有「工作機會」，就向何處進行非法遷徙。

　　四、「非法移民」另外之重要特點，根據IOM之觀察，它具有「全球化

---

[20] International Organization for Migration (2008). World Migration Report 2008, UN: Geneva, p. 221.

產業」（a global industry）之特性，為何稱之為「全球化之企業」？因其具有廣泛性、普遍性及全球化之屬性；再者，它在「合法移民機關（構）」（legitimate migration agencies）與「犯罪網絡」（criminal networks）之間，建立一個「聯結」機制（connections）。當移民者無法透由合法之移民機構或管道進行人口移動時，即會選擇「非法移民」。

五、一位移民者之所以會選擇「合法」或「非法」之移民（人口移動）管道，受到一系列因素之影響，這些影響因子，計包括：1.合法管道之可利用性（availability of regular channels）；2.完成移民程序所需花費之時程；3.在申請移民之程序中，可能遭遇之行政官僚之困難問題（bureaucratic difficulties in the process）；4.過多之移民條件與要求（excessive conditions and requirements）；5.移民者當事人本身偏愛能獲得「立即性」之利益，而非「長遠」福利（preference for immediate profit over long-term benefits）；6.其他可供代替性之合法選擇方案，對於移民者而言，係為缺乏或難以取得之狀態（lack of or difficult access to available alternatives）。

六、假若將人口移動整個流程區分為若干個部分，則人口遷徙可被切割為以下之區塊：通越國境；入國；停、居留；在目的國工作。就非法移民而言，最受到廣泛關注之處，係為「非法通越國境」（irregular crossings）；不過，在實際之現實情境中，最常發生之情景，乃為移民者以合法之身分，進入目的國（lawful entry）；之後，因逾期居停留或未取得工作許可證而私自就業，將其合法身分轉為非法狀態（drift into irregularity）；是以，為何會產生非法移民，乃起因於非法移民者之最終極之目的，在於尋找「工作機會」（finding work is the ultimate determinant of irregular migration）。

貳、國際處置非法移民之防制作為

為了處理非法移民之問題，國際社會所採行非法移民之防制對策，可行因應方案如下所述：1.與販運移民者之有組織化之走私犯罪集團進行對抗（打擊人口走私犯罪集團）（fight against organized smuggling in migrants）；2.當事國應有效控制該國之外部國境，俾利降低非法入國之現象；3.勞動主管機關加強勞動場所之勞動（工）檢查，俾利降低非法就業情形；4.與非法移民之來

源國進行發展性合作（cooperation towards development），以緩和來源國人民
海外移民之壓力（ease migration pressure from countries of origin）；5.「遣送
回母國」與「歸國計畫」（repatriation and return programmes），以及來源母
國、過境中轉國與目的國三者相互簽署防制非法移民之國際協定；6.當事國採
取「合法化」（the regularization of migrant）策略，以降低境內非法移民之人
數；不過，此項作法，尚未取得多數國家之共識；7.非法移民向當地國政府公
部門登記註冊，當事國利用「登記註冊」之手段，管制非法移民；8.目的國與
相關國家進行跨國合作；9.勞動移民管理計畫；10.難民保護政策；11.（聯合
國）重視非法移民者之人性尊嚴之模式；12.將非法移民者加以犯罪化執法模
式。

　　上述各式非法移民之防制對策，其相關之實際內涵，如下所述[21]：

一、強力打擊走私（販運）人口之有組織化犯罪集團（團伙）

　　國際社會在打擊有組織化走私人口犯罪集團（Organized Smuggling）
所作之努力，係採取制定及簽署各類國際條約、協定或宣言，此包括以下
重要之國際法文件：1.1990年12月18日聯合國通過「保護所有移工暨其家
庭成員權利公約」（International Convention on the Protection of the Rights
of All Migrant Workers and Members of Their Families）（第67條[22]、第68

---

[21]　Collyer, M. (2006). "States of insecurity: Consequences of Saharan transit migration," Working Paper No.
31, UK: Centre on Migration Policy and Society (COMPAS), University of Oxford; Also see.Levinson,
(2005). "The Regularisation of Unauthorized Migrants: Literature Survey and Country Case Studies,"
COMPAS, UK: University of Oxford; Redpath, J. (2007). "Biometrics and International Migration"
in R. Cholewinski, R. Perruchoud and E. MacDonald (eds.), International Migration Law: Developing
Paradigms and Key Challenges, The Hague: Asser Press, pp. 427-445; also see International Organization
for Migration (2004). World Migration Report 2004, UN: Geneva; also see International Organization for
Migration (2008). World Migration Report 2008, UN: Geneva.
International Organization for Migration (2010). World Migration Report 2010, UN: Geneva.
International Organization for Migration (2011). World Migration Report 2011, UN: Geneva. 又見孟維德
（2010），跨國組織犯罪及其防制之研究—以人口販運及移民走私活動為例，警學叢刊，第40卷
第6期，頁1-30。又見孟維德（2015），跨國犯罪，修訂第3版，五南圖書。孟維德（2013），全
球性執法合作組織的運作與挑戰，涉外執法與政策學報，第3期，頁1-39。江世雄（2013），論刑
事司法互助之基本理論與其在海峽兩岸的實踐困境，涉外執法與政策學報，第3期，頁159-180。

[22]　「保護所有移工暨其家庭成員權利公約」第67條：
　1. 有關締約國應酌情合作採取措施，使移徙工人及其家庭成員在決定返回或在居住許可或工作許
　　可滿期時或在其在就業身分不正常時，有秩序地返回其原籍國。

條[23]及第69條[24]）；2.2000年「聯合國打擊跨國有組織犯罪公約關於打擊陸、海、空偷運移民補充議定書」（第3條）；3.國際勞工組織於1930年通過「禁止強迫勞動公約」（Forced Labour Convention）（第1條[25]、第2條[26]、第4條[27]、第5條[28]、第6條[29]、第7條[30]）[31]；4.於2006年，歐洲及非洲

---

2. 關於身分正常的移徙工人及其家庭成員，有關締約國應根據這些國家共同議定的條件酌情進行合作，爲他們重新定居創造適當的經濟條件，並便利他們在原籍國在社會和文化方面的持久重新融合。

[23] 「保護所有移工暨其家庭成員權利公約」第68條：
1. 締約國、包括過境國在內，應進行協作，以期防止和杜絕身分不正常的移徙工人非法或秘密移動和就業。有關各國管轄範圍內爲此目的採取的措施應包括：
   (a)制止散播有關移民出境和入境的錯誤資料的適當措施；
   (b)偵查和杜絕移徙工人及其家庭成員的非法或秘密移動，並對組織、辦理或協助組織或辦理這種移動的個人、團體或實體加以有效制裁的措施；
   (c)對於對身分不正常的移徙工人或其家庭成員使用暴力、威脅或恫嚇的個人、團體或實體加以有效制裁的措施。
2. 就業國應採取杜絕其境內身分不正常的移徙工人的就業的一切適當和有效措施，包括適當時對雇用此類工人的雇主加以制裁。這些措施不得損害移徙工人由於受雇對其雇主而言的權利。

[24] 「保護所有移工暨其家庭成員權利公約」第69條：
1. 締約國遇其境內有身分不正常的移徙工人及其家庭成員時，應採取適當措施確保這種情況不會繼續下去。
2. 有關締約國在考慮按照適用的國家立法和雙邊或多邊協定使這類人的身分正常化的可能性時，應適當顧及他們在就業國入境時的情況、他們逗留的時間長短及其他有關的考慮，特別是有關其家庭狀況的考慮。

[25] 「禁止強迫勞動公約」第1條：
1. 凡批准本公約之會員國，應於最短期間內，從事廢止各種強迫勞動。
2. 爲完全廢止強迫勞動，在過渡時期，只有因公共事業，得例外的使用強迫勞動，但須受本公約下列各條之限制。
3. 本公約發生效力五年之後，國際勞工局理事會，當其編具按本公約第31條所規定之報告時，須審查能否不再延長過渡時期而立刻廢止各種強迫勞動；及可否將此問題列入大會議事程。

[26] 「禁止強迫勞動公約」第2條：
1. 本公約所稱「強迫勞動」係指一切工作或勞役，得自於某種刑罰之威脅，而非出於本人自願者而言。
2. 本公約所稱「強迫勞動」不包括下列各項：
   2.1.任何工作或勞役，強制軍役法所徵取，而純屬軍事性質者。
   2.2.任何工作或勞役，爲完全自治國普通公民義務之一部分者。
   2.3.任何工作或勞役，爲法庭判決之結果者，但其工作或勞役，應受主管機關之監督及管理，而該工作人，不得由私人、公司及社團隨意僱用或處理之。
   2.4.任何工作或勞役，因意外事變而徵取之者；所謂意外事變，係指戰爭或已發生或即發生之災害、如火災、水災、饑荒、地震、劇烈的傳染病，或寄生蟲病，禽獸侵害，昆蟲及植物之毒害，概言之，凡危害全體或一部分人民生命或幸福之一切事變。
   2.5.社會之某種輕微勞役，與該社會有直接之利益，得視爲該社會人士之普通公民義務者，但此項勞役之需要與否，該社會人士或其直接代表應有權發表意見。

[27] 「禁止強迫勞動公約」第4條：

國家之外交部長，聯合簽署及發表「拉巴特宣言」（Rabat Declaration[32]）；
5.2007年東協簽訂「保護與促進移工權利宣言」（Declaration on Protection and
Promotion of the Rights of Migrant Workers）；6.歐洲地區於1999年通過「歐
洲家事勞動移工權利憲章」（A Charter of Rights for Migrant Domestic Workers
in Europe）；7.國際社會於2005年通過「移工社會保障與全球化宣言」[33]。除
了上述之國際法文件之外，全球許多地區性之區域會議，亦會不斷地重覆探
討如何打擊有組織化走私人口犯罪集團之課題；不過，上述之作為，正亦可
顯示出國際社會在打擊有組織化走私人口犯罪集團上，遭遇很多之困境與瓶
頸。

---

1. 主管機關不得徵取強迫勞動，或為私人或公司或社團之本身利益，認許該私人或公司或社團實
   施強迫勞動。
2. 凡會員國於批准本公約向國際勞工局局長登記之時，如仍有為私人或公司或社團利益之強迫勞
   動存在，須於本公約發生效力之日起，將此種強迫勞動完全廢止之。

28 「禁止強迫勞動公約」第5條：
1. 凡私人、公司或社團之獲得特許經營權者，不得因此而附有使用何種強迫勞動之權，以為從事
   生產或收集其欲使用或售賣物料之利用。
2. 如該種特許中已附此類強迫或強制勞動權者，此項條件，應從速取消，以符本公約第一條之規
   定。

29 「禁止強迫勞動公約」第6條：
行政官員縱遇其負有鼓勵所屬人民從事勞動之責時，仍不得強迫全部或各個人民為私人，公司或
社團之利益而勞動。

30 「禁止強迫勞動公約」第7條：
1. 凡無行政權之官員，不得使用強迫勞動。
2. 凡有行政權之官員，如未受其他方式之適當報酬者，得許其在法律規定之下享受他人之服役，
   並須採取一切必要辦法以防流弊。

31 又被國際社會稱為第29號公約，乃國際勞工組織大會，經國際勞工局理事會召集，於1930年6月10
日在日內瓦舉行其第14屆會議，經決定採納本屆會議議成第1項關於強迫或強制勞動的某些提議，
並經確定這些提議應採取國際公約的形式，於1930年6月28日通過本公約，引用時得稱之為1930年
強迫勞動公約，供國際勞工組織會員國按照國際勞工組織憲章的規訂與以批准。

32 本項宣言之全名為：EURO-AFRICAN PARTNERSHIP FOR MIGRATION AND DEVELOPMENT
RABAT DECLARATION. 本項之宣言，計有以下之國家及組織共同參與：Ministers for Foreign
Affairs, Ministers responsible of Migration and Development and other representatives from partner
countries: Austria, Republic, Chad, Congo, Cyprus, Czech Republic, Denmark, Egypt, Estonia, Finland,
France, Gabon, Gambia, Germany, Ghana, Greece, Guinea-Bissau, Guinea, Guinea Equatorial, Hungary,
Iceland, Ireland, Italy, Ivory Coast, Latvia, Liberia, Libya, Lithuania, Luxemburg, Mali, Malta, Mauritania,
Netherlands, Niger, Nigeria, Norway, Poland, Portugal, Republic of Congo, Romania, Senegal, Sierra
Leone, Slovakia, Slovenia, Spain, Sweden, Switzerland, Togo, Tunisia, and the United Kingdom and the
European Commission.

33 International Organization for Migration (2008). World Migration Report 2008, UN: Geneva.
孫健忠（2008），移工社會保障宣言及實施：國際經驗與我國現況的初探，社區發展，第123期，
頁160-170。

二、國境管控（理）（Control of Borders）

在美國境內遭受911恐怖攻擊之後，國際社會所關注之焦點，有股新興發展之趨勢，即集中於移民與國境之安全與管控（控制）兩者之關聯性之上。為了防制非法移民者通過國境，對目的國進行恐怖攻擊或從事犯罪行為，主權國家遂強化國境線上之各式管控措施。最佳之例證，即為美國政府在「2006年安全化國境圍牆條例」（the 2006 Secure Fence Act）之授權下，於美墨國境交界線上，建構長達700餘里之綿延圍牆（build a 700-mile long fence），用以阻卻墨西哥之非法移民。

在加強國境之控管作為方面，除了於國境線上建造國境圍牆（邊牆）之作法外，國際社會尚運用以下之相關措施：1.移動式與熱感應式之器材（movement and heat sensor devices）；2.精密之雷達系統（sophisticated radar systems）；3.結合個人生物特徵資料之自動化生物辨識系統。

三、目的國所採行之境內管控與勞動場所檢查（Labour Inspections）

在目的國為了解決非法移民問題，可採行之境內管控措施方面，係為加強人別身分之辨識。但對於境內民眾所進行之人別身分辨識之工作，主要之挑戰，在於非法移民者通常很流行使用偽變造之證件（forged documents）。目的國如何有效克服上述之偽造證件之問題？可行之因應作法，係在旅行證件之內，嵌入高科技之安全防偽（tamper-proof）設計。目的國可透由審查核發高科技之防偽入出國證件，俾利防杜非法移民者。就非法移民者而言，為了突破目的國上述之措施，有組織化之人口走私犯罪集團通常會建議非法移民者採取以下之反制作為：1.將旅行證件藏匿；2.破壞相關之旅行證件（destroy their travel documents）。由於非法移民者身上欠缺可辨識之旅行證件，目的國執法人員在人別身分之辨識過程中，時程將受到延遲，並令遣送回國之作業，更加困難；最後，非法移民者終於達到於目的國居停留之終極目標。

目的國在境內控管與掃蕩非法移民之另一個相當有效之利器，係為針對於勞動場所，所進行之勞動檢查。目的國執法機關所進行之上述勞動檢查，其背後之理論基礎與哲學，乃在於非法移民者至目的國之終極化目的，在於尋找工作機會；此種人口移動理論，可稱之為「尋找工作機會理論」。刺激非法移民

之因素中，「工作機會」扮演一個「核心關鍵性角色」（play a key role）。是以，目的國在因應非法移民之作為中，即應掌握上述之背景脈絡；可採行之執法作為，即加強目的國境內勞動場所之檢查。相關可行之執法作為如下：1.針對外國人之工作領域，進行檢查與掃蕩勤務；2.在勞動場所中，對外國人進行人別身分辨識；3.對非法移民者，加以遣送出境；4.透由法令之修改，嚴懲雇用非法移民之雇主。然而，目的國在採行上述之勞動檢查執法作為之中，會面臨以下之困境：1.目的國對於外國人聚集之勞動地點所發動之勞動檢查作為，通常，較屬於次數不多，偶發性之大陣仗檢查作為，普遍缺乏具有規劃性、長期性及系統性之例行性機制；2.目的國進行勞動領域檢查之執法人力，普遍出現人力不足之問題；3.相關執法機關之執法優先順序，亦須被列入考量，在有些情況下，勞動場所之檢查作法與其他執法勤務相較之下，勞動場所之檢查，並未被列入優先執法之順位；4.在目的國之農場內，或其他非法外勞易逃散（migrants are scattered）之工作領域，當執法人員到達後，非法移民者容易逃散，不易被緝捕；5.在家事勞動之私人住宅內，不易偵測僱主是否已雇用非法移民？此時，執法機關僅能採取「間接式」之管控作為（controls can be carried out only indirectly）。

四、協助非法移民來源國進行社經發展以防制非法移民

國際社會在探討如何有效防制非法移民之對策上，近年來，有一股新之發展趨勢，即由國際社會共同協助非法移民者之母國（來源國）之社會與經濟上之發展；當來源國之社經層級達到目的國社經發展之水準時，自然會終止非法移民之現象。學者Martin與Taylor於1996年時，曾提出「移民峰」（migration hump）之理論，該理論之核心思想，乃在於防制非法移民之對策，應回歸至關注非法移民者之來源國（母國）。亦即，國際社會應共同協助來源國之社經發展（socio-economic development in countries of origin）。在當前之國際社會氛圍中，上述之「移民峰理論」，具有以下若干之特色：

1.「移民峰理論」尚僅止於熱烈討論之階段；2.面臨非常多之爭論（has been much debated over the years）；3.尚未形成具有可實際操作之具體與持續性之干預對策（Concrete and sustainable intervention strategies）；4.由於在短期內，無法達到抑制非法移民數量之目標，該理論較未被主權國家採行；5.「移

民峰理論」之功效，在於長期性，須經過長時期之時程，始可顯示出成效；6.國際社會爲何會如此廣泛地探討協助來源國進行社經之發展，主因在於發現來自於發展中國家之海外移工，將其工作所得，大量地匯回母國；此種移工所進行之國際匯款之金額（匯回母國），並不斷地增加（increase in the recorded levels of remittances transferred to developing countries）；7.「移民峰理論」在國際社會已激起廣大之迴響，很多建議性之行動方案或計畫已出爐，但，整體而言，全球國際社會仍欠缺實際之具體作爲。

五、「遣送回國」（Repatriation）、「協助返國」（Return）與「強制驅逐出國」（Deportation）之相關計畫與協定。

目的國在回應非法移民之問題上，亦常採行「遣送回國」、「協助返國」與「強制驅逐出國」之執法作爲。目的國爲了有效率地執行上述之執法作爲，經常與非法移民之「過境國」與「來源母國」，相互簽訂協議，這些協議之實際功效，究竟可達到何種之效果？這些之協議，是否果眞可協助目的國，順利地將非法移民者遣送回母國？根據聯合國IOM之研究與評估，上述協議之簽署數量，與被遣送回母國之非法移民人數，兩個變項之間，並未存有緊密之關聯性（there are no indications of a close correlation）。就遣送回國，協助返國及強制驅逐出國之課題而論，「目的國」與「來源母國」所簽署之協議數量，對於目的國將非法移民者遣送回母國之人數而言，並非全然具有正面之效果；主因在於來源國通常會拒絕承認非法移民者係爲其國民（refuse to recognize the migrants）。

（一）就目的國所採行之「遣送回國」（Repatriation）執法措施而論，該項之對策，通常具有以下之重要特徵：1.對於主權國家而言，經常對於非法移民者採用「遣送回國」之作法；2.在特定之國家或區域中，亦會運用大規範「遣送回國」之對策，如泰國與緬甸、馬來西亞或印尼；3.在何種之條件（情境）下，遣送回國始可發揮最佳之成效？關鍵之點，乃在於假若目的國對於被遣送回國者（非法移民者）提供准其合法再次入國（進入目的國）之簽證，俾利其在目的國就業（legitimate reentry for the purpose of employment）；4.在已開發之工業國家中，於渠等國家境內之非法移民者，對於「遣送回國」（Repatriation）之接受，一般而言，僅爲中等之程度（the acceptance is generally modest）；即使在對於被協助回國者提供返國資金之誘人條件下（when return assistance is provided），亦復如是；亦即，非法移民者對於此等之措施，可接受程度僅爲中等層級。

（二）另外，就「強制驅逐出國」（Deportation）而言，目的國如採行此項作爲，其會具有以下重要之特色：1.目的國亦會對於境內之非法移民者，採行「強制驅逐出國」之措施，本項之措施，在實務上，亦會被國際社會運用執行；2.假若目的國採行大規模之強制驅逐出國作爲，在費用方面，頗爲昂貴（expensive）；3.根據聯合國IOM之估計，目的國在執行強制驅逐出國勤務之費用方面，目的國強制驅逐境內每位非法移民者所需之費用，不盡相同，平均而論，從西班牙強制驅逐至羅馬尼亞，每驅逐一位非法移民者，計需2,300美元，約7萬新臺幣；從西班牙將非法移民者強制驅逐至塞內加爾（Senegal），計需2,500美元，約7.5萬新臺幣；從西班牙將非法移民者強制驅逐至厄瓜多（Ecuador），則計需4,900美元，約15萬新臺幣；從西班牙將一位非法移民者強制驅逐至中國大陸（China），計需8,600美元，約26萬臺幣；4.由於目的國考量強制驅逐出國之費用，實過於昂貴，於2004年4月，歐盟諸國之內政部長，決定採行「聯合航班」（organizing joint flights）之模式，運用合組「聯合航班」之機制，強制驅逐非歐盟之第三國國民，俾利降低歐盟各國執行強制驅逐出國之費用。由此，亦可發現目的國所採行之「強制驅逐出國」執法勤務，係一項頗爲昂貴之執法作爲。

再者，值得關注之議題，係非法移民之母國（來源國）之接受意願問題；不論係就「遣送回國」或「強制驅逐出國」措施而言，非法移民者來源國之接受（納）意願，扮演關鍵性角色。非法移民者之母國身分，具有以下之特徵：1.目的國所採行之「遣送回國」或「強制驅逐出國」之勤務，是否能發揮預期正面之成效，核心之關鍵點（crucial aspect），乃在於來源國是否願意承認被目的國遣返回國者或被目的國強制驅逐出國者，乃其所屬之國民？來源國有時會拒絕上述之承認；2.以非洲「次（亞）撒哈拉國家」（sub-Saharan countries）而論，絕大多數國家均拒絕承認被遣送回國者，或被強制驅逐出國者，爲其國民；3.當來源國不願承認時，目的國被迫可採行之回應作爲，通常係爲暫緩執行強制驅逐出國處分。以西班牙爲例，在2001年1月1日至2005年5月31日之間，計有12萬2,238個強制驅逐出國處分被迫暫緩執行（were not carried out）。由此亦可發現，爲何有組織化之人口走私犯罪集團，常常教導非法移民者，將其各式旅行證件銷燬或加以隱藏之，當來源國無法有效辨別欲被強制驅逐出國者究竟是否屬於其國民時，通常會拒絕承認；由於來源國不願接納非法移民者，迫使目的國暫緩執行強制驅逐出國處分。

（三）在目的國可採行之「遣送回國」、「強制驅逐出國」及「協助返國」（包括強迫性與自願性）（Return Programmes）三項措施中，「協助返國」之作爲，有其重要性。「協助返國」計畫具有以下之重要特色：1.在目的國所採行全面性之移民管理作爲中，「協助返國計畫」成效最佳（Return Programmes are best implemented）；2.如何將「協助返國」機制發揮至最完美之境界？成功之關鍵點，係將「協助返國」機制定位爲「先發式」（或「立即式」）作爲，勿將其定位爲「事後補救」政策（must not be a policy afterthought）；當非法移民者一抵達（進入）目的國之際，目的國應立即啓動「協助返國」機制；即向非法移民者提供有關「協助返國」機制之立即性與正確性之資訊，令當事人可選擇自願返國，並告知若不配合「協助返國」機制，須面臨何種嚴重之後果（consequences）；勿將「協助返國」機制作爲最後手段性；亦即，勿在非法移民者已進入目的國數週或數月之後，始啓動「協助返國機制」，此時，爲時已晚矣；3.假若目的國能向非法移民者提供具有權威性及可信賴性之可被諮詢人員（authoritative and credible interlocutors），則能創造一個令非法移民者當下決定願接受「協助返國」措施之情境；4.在「協助返國」機制中，基本之必要條件，係爲目的國須保障非法移民之人性尊嚴與個人人格之完整性（the dignity and integrity of the individuals）；5.「協助返國」機制之設計，須包括：強迫性與自願性之計畫（both mandatory and voluntary programmes），兩者不可偏廢，宛如飛機之雙翼，兩者具有互補性（complementary）與相互支援性（mutually supportive）；6.「協助返國」機制能否被目的國成功地執行，另外一個核心關鍵處，乃在於目的國與來源母國之間，須建構夥伴關係；當夥伴關係一建立，則「協助返國計畫」能被最佳化地實施（Return programmes are best developed）；如何建構上述之夥伴關係？必要之條件，乃在於目的國須與來源母國進行對話與有效地溝通；此外，彼此須互信。假若欠缺有效之溝通（effective communication）與互信（mutual confidence），則上述之夥伴關係，不易被建構之；7.審愼地設計一

套「重建恢復式計畫」（reintegration programmes），此套計畫須能夠整體考量當地民眾及被協助返國者之相關需求（the needs of the local residents as well as of returnees），俾利相當有效地令「協助返國」機制能持續穩定地運作（contribute significantly to the sustainability of return）。亦即，在上開「重建恢復式計畫」之中，須考量之焦點，除了當地民眾之需求（如對於非法移民者之相關依賴）外，另須一併考量非法移民者本身個人之需求；8.目的國所設計之「協助返國」機制，其範疇可包括：(1)協助非法移民返國探視（to return visit）；(2)從旁協助與提供工作技能訓練機會；(3)協助非法移民從事小規模經商或企業活動（setting up of small business）；(4)協助非法移民者參與「社區發展活動」（community development activities）；對於已處目的國之非法移民者而言，上述之機制，可令其儲備返國所需之資金，或返國後之工作技能，可令「協助返國」機制發揮積極正向之成效；9.根據聯合國IOM之研究，最為成功之「協助返國」機制，須同時具備以下之數個要素（條件）：(1)以小規模模式運作（a small scale）；(2)在特殊情境下，針對特定之返國者（非法移民者）而發動此機制（the particular circumstances of particular returnees）；(3)針對特定之非法移民者之來源母國啟動此項「協助返國」機制。

六、目的國「合法化」境內非法移民者措施之評估

　　站在全球之立場，歐洲國家比較偏向使用「合法化」之對策，以回應境內非法移民之問題。在南歐，從1990年代以來，南歐國家採取「合法化」措施之次數，遠多於其他地區。從1990年代迄今，南歐地區採行「合法化」非法移民之國家及其頻次，如下所述：希臘，採行「合法化」政策計3次；葡萄牙，3次；義大利，4次；西班牙，5次。上述「合法化」措施之對象，合計將300萬之非法移民，就地合法化。目的國所採行「合法化」境內非法移民之對策，該對策具有以下之重要特徵：1.從1980年代迄今，「合法化」之手段，經常被國際社會所採行；易言之，它具有可操作性及實際可執行性；2.「合法化」之對象與人數，經常是處理「大規模」之非法移民；3.那些非法移民者易被目的國「合法化」？渠等族群須具備以下之條件：(1)具有穩定之工作；(2)已整合至當地社會之中；(3)假若目的國採行「非合法化」之對策，在政治上或社會上，無法被當地社會接納；(4)假若目的國執行「非合法化」之措施，很難

被加以開展；4.「合法化」之措施，有時，亦被稱爲「特赦」（amnesties）；5.就南歐國家而言，南歐所進行之移民管理對策，主要之回應措施，即爲「合法化」非法移民者；6.對於非法移民者而言，目的國所採行之「合法化」對策，可令非法移民者獲取巨大之利益與福利，諸如：可在目的國合法工作與獲得相關之服務；7.「合法化」政策亦引起很多之批評，諸如：(1)非法移民者可透由理性之計算，歸納出非法入國與非法居停留之風險值；亦即，非法移民者可事先評估風險，再進行非法移民活動；(2)由於非法移民者事先可預測得知目的國終將被迫採行「合法化」對策，遂認爲非法移民係一項值得投資之活動。

七、非法移民者須向目的國執行機關「登記註冊」（Registration）對策之評估

在海灣合作委員會地區（the Gulf Cooperation Council，簡稱爲GCC）、東南亞及東亞地區之國家，渠等處置非法移民之問題，並不在於「合法化」境內之非法移民者，而改採非法移民者須向目的國之執行管制機關，進行「登記註冊」。非法移民者完成「登記註冊」之程序後，可取得以下之相關暫時性權利：1.在目的國居停留之權利；2.工作權。在上開之GCC、東南亞與東亞地區，「登記註冊」之政策，頻頻被目的國運用之；「登記註冊」政策被實踐之頻次，高於「合法化」（Regularizations）。由於「登記註冊」經常被上開地區之目的國使用，亦可發現就抑制非法移民（in discouraging irregular migration）之實際功用而論，該項政策不必然是更加有效用（is not necessarily more effective）。亦即，假若將「登記註冊」與「就地合法化」兩項政策之效用作比較，「登記註冊」之實際功效，並不優於「合法化」政策。

八、目的國與相關國家進行多樣化之跨國合作對策

在抗制非法移民對策之選項上，尚包括目的國與其他相關國家所開展之各式跨國合作模式；這些模式計約略可分爲以下數種：1.目的國與中轉過境國（countries of transit）進行合作，共同攔阻非法移民；2.降低非法移民將工作所得匯回母國之費用（降低匯款成本）；3.針對（非法）移民者創造儲款機制（saving schemes）；4.將非法移民之匯款，應用至具有可持續發展性之企業活

動（apply the remittances to sustainable development enterprises）；5.動員（調用）非法移民者之資源（to mobilize the resources of diasporas）。

在上述諸多模式中，值得特別加以留意之部分，係為目的國與中轉過境國所開展之合作模式，它具有以下之重要特色：1.傳統上，雙方國家會強化執法人員之訓練，添購執法應勤設備（procurement of equipment）；2.雙方開展聯合執法行動，並以合作之模式，相互增強執法能量；3.此種合作模式，卻產生一種意想不到之負面效果，非法移民者被迫從事非正規之經濟活動（informal economies），並在過境國落腳生根；4.由於非法移民無法獲得正規之工作，生活不易，淪為社會邊緣人，被過境國或目的國社會排斥；再者，非法移民者所從事之輕微犯罪（petty criminality），亦困擾著中轉過境國或目的國之社會[34]。

九、勞動移民（Labour migration）管理計畫

在抗制非法移民之諸多具有可實踐性之政策中，「勞動（工）移民管理計畫」亦經常被加以運用；一般而言，對於此項計畫之成效，大都抱持樂觀（optimistic）之態度，認為透由管制（理）勞動移民（工），可有效地抑制非法移民之數量。「勞動（工）移民管理計畫」（Labour migration programmes）具有以下之特點：1.根據聯合國IOM之研究，「勞動移民計畫」並無法有效地終止非法移民潮；亦即，並未有證據顯示本項計畫可抑制非法移民；2.本項計畫可提供目的國在回應非法移民之議題上，作為一項頗為重要，具有可管理性與預測性之替代方案（offor an important, more manageable and more predictable alternative）；3.「勞動移民計畫」尚具有以下之優勢：(1)對於勞動移民者提供更佳化之權利保障；(2)可有效地保障勞動移民者（移工）之「人性尊嚴」（dignity of migrants）。

在各式抗制非法移民之政策或計畫中，聯合國IOM比較偏好之模式，係為「勞動（工）移民管理計畫」之方案；亦即，目的國政府部門，透由合法及正式之管理聘用機制，提供移民者一份穩定及合法之工作，促進移民者能擁有正

---

[34] International Organization for Migration (2008). World Migration Report 2008, UN: Geneva.
Collyer, M. (2006). "States of insecurity: Consequences of Saharan transit migration," Working Paper No. 31, UK: Centre on Migration Policy and Society (COMPAS), University of Oxford.

式之工作機會，並鼓勵移民者融入目的國之社會中；爲何聯合國IOM較偏愛本項模式？因「勞動（工）移民管理計畫」與其他政策相互比較之結果，本項「勞動移民管理」模式對於移工能提供更佳之權利保障，且能有效地保障移民者之人性尊嚴。再者，站在聯合國IOM之高度，提倡本項計畫，更能廣爲國際社會所接受。換言之，上述計畫具有可被實踐性與接受性。不過，值得特別加以關注之處，係「勞動（工）移民管理計畫」之效用，並無法有效地抑制非法移民潮；亦即，即使目的國採行本項計畫，仍無法有效解決非法移民之問題；由此，不難發現「非法移民」問題之本質，極具複雜化、多元化、人權化與爭議性。整體而言，聯合國之立場，係爲同情、悲憫與關懷非法移民者，而此種之觀點，卻頗難被目的國所認同。

十、難民保護政策

　　聯合國IOM建議各個主權國家於採行國境管理措施時，應有效地從「混合移民潮（流）」（Mixed flows）之中，區別「非法移民」、「難民」與「尋求庇護者」三者之差異性[35]。「混合移民潮（流）」（Mixed flows）有時亦被稱爲「混合遷徙移動」（mixed migratory movements），「混合移民潮（流）」之中，「難民」與「尋找庇護者」此兩類之移民者，與非法移民者具備以下之共通性：1.運用相同之移民路線；2.使用相同之非法移民手段與工具；3.尋求相同之人口走私犯罪集團之援助；4.均會向同一人或同一集團購買虛僞之證件（purchase fraudulent documents from the same suppliers）；5.經過相同之過境中轉國；6.抵達相同之目的國。

　　在「混合移民潮」之中，針對其中之難民，或相類似情境之移民者而言，經常遭遇以下之悲慘經驗，實值得國際社會大眾加以關注：1.會遭受很多相同之危害（many of the same hazards），以及違背人權之事件；2.在令難民及庇護尋求者無法接受之條件下，被執法機關收容與監禁（detention and imprisonment）；3.身體上被酷刑（physical abuse）；4.難民及庇護尋求者常遭受種族差異性之騷擾（racial harassment）；5.難民及庇護尋求者易遭致被竊、被敲詐勒索、貧窮無以爲生及窮困缺乏之情境；6.假若此類難民及庇護尋求

---

35 International Organization for Migration (2010). World Migration Report 2010, UN: Geneva, pp. 29-42.

者採行海路模式，則易遭受被執法機關攔截、被遺棄（abandonment）與溺斃（亡）之高風險；7.假若難民及庇護尋求者採行陸路模式，則易遭受被遣返回母國或被運送至偏僻遙遠或危險之區域（to remote or dangerous locations）；8.難民及庇護尋求者如遺失或銷毀其旅行身分辨識證件，將導致成為無國籍人士（stateless），如擬將無國籍人士遣返回母國，將是一件非常困難之工作。

　　有鑑於上開之新發展情境與趨勢，「混合移民潮」之問題，已引發國際社會諸多團體之關注；並提出可行之解決對策，此等團體包括：聯合國國際移民組織（IOM）；國際紅十字會暨紅新月社會團體聯盟（International Federation for Red Cross and Red Crescent Societies，簡稱為IFRC）；地中海過境中轉移民對話論壇組織（Mediterranean Transit Migration Dialogue）；歐盟理事會（the Council of Europe）；非洲聯盟（African Union，簡稱AU）；及聯合國難民高級公署（U. NHCR）。在上述相關組織之中，UNHCR對於「混合移民潮」特別關注，因在混合移民潮之中，會夾帶難民與申請庇護者。UNHCR發現主權國家在採行攔阻非法移民之對策中，常以無差別式（in discriminately）之執法方式進行之，導致執法人員很難有效地區別「非法移民者」與「難民」之差異性，結果導致難民無法到達其可申請庇護之目的國。

　　聯合國UNHCR遂推出一個保護難民之方案，名為「難民保護暨混合移民潮（流）：一項十個要點之行動計畫」（Refugee Protection and Mixed Migration: a 10 Point Plan of Action），在此一行動計畫之中，計包含以下重要之內涵：1.針對難民與庇護尋求者而論，當彼等抵達目的國之後，目的國宜將渠等人士安置於適當地點（putting in place arrangement），俾利辨識其身分；給予上述人士申請庇護之機會，並適切地考量是否賦予上述人士庇護權；2.在非法移民者如利用海運部分，對於被主權國家救護或被執法機關攔截之非法移民者而言，在渠等人士上岸之後續處理方面，UNHCR期望主權國家在安全與迅速安置上岸（safe and speedy disembarkation of passengers）區塊，能改進目前之處置作為；3.對於符合難民地位（quality for refugee status）人士而言，UNHCR呼籲相關主權國家實宜發展出合適之難民政策、實務暨機制（制度），俾利當符合難民資格之移民者抵達國境時，能令彼等庇護尋求者有權限可進入其國境之內（admit asylum-seekers to their territory），評估難民之主張（assess their claims），以及提供回應難民需求之解決對策（to provide solutions）。

十一、（聯合國）重視非法移民者之人性尊嚴之人權模式

　　由於聯合國站在全球高位之觀點，故其對非法移民之關注，係聚焦於維護非法移民之基本人權。就宛如光譜之兩端，聯合國之立場，是站在光譜之極右一端，大力倡導應重視非法移民之人權。聯合國所屬位於日內瓦之專門組織「全球移民團體」（Global Migration Group），於2010年9月間，結合聯合國所屬之其他12個專門組織（combining 12 U.N. agencies），包括「世界銀行」及「國際移民組織」（International Organization for Migration, IOM）等，表示全球各國政府應重視非法移民之人權問題。聯合國之所以重視此一問題，相當明顯地，導因於2010年美國亞利桑那州政府通過立法，對於該州境內近約50萬之非法移民，採取嚴厲之掃蕩與執法；再者，歐盟之法國，對於法國境內之非法移民Roma族群，採取強硬之驅逐執法作為。由於美國亞利桑那州及法國政府對於非法移民採取嚴厲之取締執法，業已引起聯合國「全球移民團體」之高度重視[36]。

　　聯合國「人權高級專員」（High Commissioner for Human Rights）Navi Pillay表示，國際社會對於移民政策，似乎是採取限制性之作法，嚴格管控移民人口，針對此種趨勢，聯合國之反制作為，係強調各國政府應重視全球數以千萬計（tens of millions）「非正常移動人口」之人權。這些非正常（常規）移動之人口，包括非法移入者及非法移民（遷徙者），於這些人口中，亦包含那些已申請政治庇護之要求，但不被認為符合庇護要件之非正常移動人口，上述對於非法移民之對策，即為上開Navi Pillay所主張之聯合國之策略，強調保護非法移民之基本人權。

　　Navi Pillay並批評國際社會所採取之緊縮性移民政策，視野過狹，僅是基於國家安全及國境管理之理由。「全球移民團體」並指出，全球非正常移民（非法移民）之處境，事實上，是特別地脆弱，尤易遭受虐待。國際社會常用國家安全之理由，對待不正常移動人口，然而，上述之「國家安全」，卻常被具有「仇恨色彩」之國內政治壓力所導引之。亦即，很多國家處理非法移民之

---

[36] Reuters, U.N (2010). Warns states on illegal immigrant rights, retrieved from http://www.reuters.com/article/idUSTRE68T2OT20100930, Nov. 2, 2010.

對策，常是基於仇外之因素，因為仇恨外國人，形成國內之政治壓力，再包裝國家安全之理由，加以嚴厲取締。事實上，國家安全是外在包裝，其本質是國人之心理層面之仇恨情感——對於非法移民有一種深層之心理仇恨情結[37]。

聯合國每年均會按例舉行「移民暨發展論壇」（the Global Forum on Migration and Development），在此論壇中，與會之聯合國官員關於美國亞利桑那州警察基於有合理懷疑之際，對於可疑為非法移民者，有權可以加以攔停及搜索乙事，上述官員認為不妥，並加以譴責，認為警察對於非法移民之執法作為，帶有歧視色彩。此外，聯合國官員亦表示，法國政府於2010年夏天驅逐Roma非法移民之執法作法，亦具有極大之爭議性[38]。

不僅聯合國官員不表贊同，於2010年夏天，法國與德國舉行之歐盟高峰會議之中，與會之歐盟官員表示，法國之作法，已令人勾起當年納粹迫害猶太民族之回憶，亦即，歐盟對於法國政府驅逐境內Roma非法移民之執法作為，亦不表贊同。由於聯合國站在全球之觀點出發，故會比較同情、憐憫及偏向非法移民權利之保障，強調應依照國際人權法之標準，維護非法移民之人權及人性尊嚴。

十二、將非法移民者加以犯罪化執法模式

在新加坡，主管移民事務及國境安全管理的機關，係為「移民暨邊境關卡署」（Immigration & Checkpoints Authority，簡稱為ICA）。新加坡移民法之中，創設相當多的罪名，將非法移民定位為犯罪人，內政部並嚴加取締[39]。基於內政部官方之認知，新加坡內政部對於移民罪犯、窩藏移民罪犯之犯罪人、僱主或協助移民罪犯非法進入或停留之人，採取強硬之立場，打擊上述之罪犯。

由於新加坡ICA對於移民法採取從嚴執法之態度與策略，根據ICA2009年度報告的統計數據資料[40]，顯示出相當豐碩之取締執法成效。此等查緝違反移

---

[37] Ibid.

[38] Ibid.

[39] Ministry of Home Affairs (2010). Immigration (Amendment) Bill 2004, retrieved from http://www.mha.gov.sg/basic_content.aspx?pageid=81, Nov. 2, 2010.

[40] Singapore Immigration & Checkpoints Authority (2009). ICA annual report 2009, pp. 65-70.

民法之犯罪類型，計可分爲以下數個部分。在逮捕非法移民[41]人數之執法成效方面，於2007年，計逮捕3,000位非法移民；於2008年，逮捕2,400位非法移民者；於2009年，則逮捕約1,800位非法移民。在逮捕逾期停留人數之執法成效方面，於2007年，逮捕4800位逾期停留者；於2008年，逮捕3,600位；於2009年，則逮捕3,800位逾期停留者。

目前，新加坡在規制入出國人流管理之法律，主要是移民法（the Immigration Act），該法律共計有6章及62條條文[42]，與打擊非法移民相關之規範，如下所述：

（一）新加坡對於入境（國）及出境（國）之治理與管控（移民法第6條）

有關於入出境之管控部分，根據新加坡移民法（簡稱爲本法）第6條第1項之規定，係利用相關准證加以治理。依據移民法第6條第1項之規範，除非符合以下之要件，否則，任何人（公民除外）不得入境新加坡：

1. 必須持有有效之入境（國）准證，或再入境准證（依據本法第10或第11條所核發）；
2. 其姓名須被加註於已被審核通過且已核發之他人有效入境准證或再入境准證之上，且在持有有效入境准證（或再入境准證）之人之伴行下；
3. 持有合法及有效之通行證；
4. 根據本法第56條之規定，取得移民豁免（無須准證或通行證，即可入境）；

由上述之規定，可得知新加坡對於入境旅客之管制，係透由「入境准證」及「通行證」等相關入境文件加以控管。在出境部分，原則上，根據移民法第6條第2項之規範，除非是公民，或已取得本法第56條之移民豁免，於出境時，必須完成出境表格（單）之塡寫，之後，隨同護照或其他旅行證明文件，陳交給移民官檢查，始可離境。

違反上述移民法第6條第1項之規定者，構成非法入境罪；根據移民法第6

---

[41] 此處之非法移民的數據，係指非法入境。

[42] Singapore Statutes Online (2010). Retrieved from http://statutes.agc.gov.sg/non_version/html/homepage.html, Nov. 2, 2010.

條第3項第(a)款罰則之規定，非法入境罪之刑度，係有期徒刑六個月以下，同時，另根據刑事訴訟法第231條之規定，再科處三次以下之鞭刑（用鞭條用力地抽打移民罪犯之屁股）。如移民罪犯無法承受鞭刑，則另行科處罰金6,000元以下之新幣。在非法出境罪部分，根據移民法第6條第3項第(b)款之規定，非法出境罪之刑度，係科處罰金2,000元以下之新幣，或者，六個月以下之有期徒刑，或者併科之。

有關於移民法第6條第1項之「非法入境罪」之定義方面，何謂「非法入境」？根據本法第6條第4項之闡釋，若移民被告係在新加坡所屬港口之水域被發現，執法人員只要能向法院證明符合以下之要件者，被告即構成非法入境罪，此要件係為：

1. 當移民官或警察官要求移民被告出示移民證件時，被告無法或拒絕提示（交）有效之護照或其他之旅行證件。
2. 被告無明顯可供維持其生活之費用。
3. 被告事先採取防範措施，以利隱藏其身分，或躲避警察官或移民官之檢查。

（二）非法入境罪及非法停留罪之構成要件與罰則

假若當事人之入境准證或入境所需之證明文件已被新加坡政府撤銷，或者，依據移民法第14條第4項之規定，移民長官已撤銷當事人之入境或停留所需之准證或證明文件，或者，相關入境證件已到期，則根據移民法第15條第1項之規範，除非當事人被授權能停留於新加坡，否則，當事人不應於新加坡停留（禁止停留於新加坡）。另外，依據移民法第15條第2項之規定，當事人如有違反本法第62條之情事者，不得停留於新加坡。

假若未具有合理之理由，而有違反移民法第15條之行為者，則屬於犯罪行為。根據移民法第15條第3項之規定，對於外國人非法停留罪之懲罰，如外國移民罪犯非法停留期間未超過90日，則法院可判處罰金4,000元以下之新幣，或是，科處有期徒刑六個月以下之刑期，或併科之（移民法第15條第3項第(a)款）。如外國移民罪犯非法停留期間業已超過90日，則應判處有期徒刑六個月以下之刑期；同時，依據刑事訴訟法第231條之規定，再科處3次以上之鞭刑；如移民罪犯不適於接受鞭刑，則應判處罰金6,000元以下之新幣（移民法第15

條第3項第(b)款）。

（三）違反移民法之罪行與制裁（移民法第57條）

在新加坡移民法之中，共計創設以下之移民罪行：非法入境罪（違反移民法第6條第1項之規定者）[43]；非法出境罪（違反移民法第6條第2項之規定者）[44]；非法停留罪（違反移民法移民法第15條之規定者）[45]；教唆他人違法入境罪、教唆他人違法出境罪、非法運送他人入、出境罪、窩藏（藏匿）移民罪犯罪行、僱用非法移民罪……等等。

綜觀新加坡移民法（the Immigration Act）之規範，在新加坡移民法之中，幾乎所有之不法行為，均是刑事不法，而非行政不法。移民法中所規範之犯行，大多散見於各個法條之中，而以第57條所規範之犯行，最為廣泛與周延，移民法第57條創設相當多之犯罪行為。

第三節　美國回應非法移民之防制作為(1)——小布希總統時代之「夢想（幻）法案」（DREAM Act）

本文在介紹小布希總統政府時期提出的「夢想（幻）法案」（DREAM Act）草案之前，擬先行回顧與檢視該草案之整體背景與脈絡。在2009年，美國聯邦「移民暨海關執法局」（Immigration and Customs Enforcement，簡稱ICE），共遣返約39萬無證件移入者，將其送回母國或其他妥適之地點。在2010年8月，美國政府對於非法移民之政策，略有改變。國土安全部助理部長

---

[43] 根據移民法第6條第3項第(a)款罰則之規定，非法入境罪之刑度，係有期徒刑六個月以下，同時，另根據刑事訴訟法第231條之規定，再科處三次以下之鞭刑（用鞭條用力地抽打移民罪犯之屁股）。如移民罪犯無法承受鞭刑，則另行科處罰金6,000元以下之新幣。

[44] 在非法出境罪部分，根據移民法第6條第3項第(b)款之規定，非法出境罪之刑度，係科處罰金2,000元以下之新幣，或者，六個月以下之有期徒刑，或者併科之。

[45] 根據移民法第15條第3項之規定，對於外國人非法停留罪之懲處，如外國移民罪犯非法停留期間未超過90日，則法院可判處罰金4,000元以下之新幣，或是，科處有期徒刑六個月以下之刑期，或併科之（移民法第15條第3項第(a)款）。如外國移民罪犯非法停留期間業已超過90日，則應判處有期徒刑六個月以下之刑期；同時，依據刑事訴訟法第231條之規定，再科處三次以上之鞭刑；如移民罪犯不適於接受鞭刑，則應判處罰金6,000元以下之新幣（移民法第15條第3項第(b)款）。

Morton於2010年8月宣布，被收容於ICE收容中心之非法移民，假若其未有犯罪紀錄，並且已向聯邦政府申請將自身之移民身分地位合法化，同時，若其在美國境內有一位家屬，或者，有一位合法永久居民之家屬，表示願意承擔其在美國生活所需支付之費用，則其遣返作業將被ICE中止，並從ICE移民收容中心加以釋放[46]，估計約有1萬7,000位非法移民將被釋放[47]。

　　有論者表示，國土安全部所屬之ICE，上述對於非法移民之新政策，只不過是回復將瀕臨被遣送出國之非法移民之司法正義而已。以往之作法，ICE比較不重視將被遣返之非法移民之人權，較不考量非法移民業已積極地向聯邦政府申請合法化其移民身分地位，同時，ICE亦比較不著眼繫屬於移民法庭待審理之移民案件，業已累積至相當寵大之數量。對於歐巴馬聯邦政府之良善作法，來自於猶他州之共和黨議員Grassley表示，上述被美國聯邦政府所編織出來之新移民政策，顯示歐巴馬政府準備給無證件非法移民一道後門，允許其利用未持有合法證件之情況進入美國，並合法化其身分，Grassley頗表不然。

　　在布希執政時代，前布希總統將移民執法之政府，聚焦在對於美國境內有聘僱非法移民之工作場所，進行突擊檢查與強力掃蕩；而歐巴馬總統則改變上述之移民執法政策，比較強調將非法移民遣送出國。由此亦可知，美國對於非法移民之政策，常會因執政總統之不同理念，而有所改變。在2010年8月20日，ICE頒布內部之執法備忘錄，其效力約等同於ICE內部之行政規則，鼓勵ICE所屬之政府律師及移民官員，對於無犯罪紀錄，且已著手申請合法化其移民身分，而擬成為美國公民者之遣送出國案件，加以撤銷（dismiss）[48]。

　　支持之論者表示，此種之作法，不僅可保障非法移民之人權，亦可有效地改善美國聯邦移民法庭之效率，在2010年6月，根據紐約州西那庫斯大學（Syracus University）之研究，聯邦移民法庭累積之移民案件，業已高達24萬

---

[46] Marcos Restrepo (2010). New ICE rules stop deportation of immigrants trying to gain legal status (Corrected), retrieved from http://floridaindependent.com/6677/new-ice-rules-stop-deportation-of-immigrants-trying-to-gain-legal-status, Nov. 2, 2010.

[47] Alonso Chehade (2010). ICE Upgrade: Dismissing 17,000 Unjust Removal Proceedings, retrieved from http://immigration.change.org/blog/view/ice_upgrade_dismissing_17000_unjust_removal_proceedings, Nov. 2, 2010.

[48] Elise Foley (2010). ICE Halts Some Deportation Proceedings, retrieved from http://washingtonindependent.com/95926/ice-halts-some-deportation-proceedings, Nov. 2, 2010.

7,922件，近約25萬件，每件移民案件之等待時間，已長達459天，故ICE之新移民政策，可有效減輕移民法院之負擔[49]。

在州的層級方面，在2010年之4月，亞利桑那州政府通過一項新的移民法案，名為「支持我們執法工作暨保障社區安全條例」（Support Our Law Enforcement and Safe Neighborhoods Act）[50]，此項移民法案，號稱是全美在打擊非法移民領域方面，屬於最嚴厲（酷）之反非法移民法案，本法案強調對於可疑之非法移民，有權可以進行攔停、辨識身分、起訴及驅逐出國[51]。上開反非法移民法案要求移民者必須遵守聯邦法令之要求，即須隨身攜帶移民證件，用以證明其合法化之身分。

同時，授權亞利桑那州之警察人員，當其對於移入亞利桑那州人口之外在特徵，有所疑慮時，基於「合理懷疑」（reasonably suspect），則警察人員可在無授權之下，於無令狀之情形，亦無須相互與美國聯邦政府官員進一步核對上開可疑移入者之移民身分地位，警察人員有權可逕予拘留，並加以收容。

同時，移入人口若未隨身攜帶移民證件，亦屬一種輕罪。上述反非法移民法案相當特殊之處，授權亞利桑那州之州民，如其認為在該州境內，美國聯邦政府或亞利桑那州之相關移民法規，未被真正落實執法，在此情況之下，上述州民有權可以控告亞利桑那州之州政府或機關[52]；亞利桑那州之上述移民法案，在全美引起非常大之爭議，歐巴馬總統則較偏向認為，該反制非法移民之法案，是屬於無效之法律。

美國「夢幻（想）法案」草案（DREAM Act，本文以下簡稱為Dream）之全名，乃為「外國籍未成年人發展、救援暨教育法」（Development, Relief, and Education for Alien Minors Act）；Dream對於在美國境內之青少年非法移民者而言，有無比之重要性，假若該法案被美國參眾兩院通過，則目前在美

---

[49] Julia Preston (2010). Immigration Agency Ends Some Deportations, retrieved from http://www.nytimes.com/2010/08/27/us/27immig.html?_r=1, Nov. 2, 2010.

[50] 王孟平、張世強（2010），涉外執法中的政治考量與人權爭議：美國亞利桑納州移民法爭議的借鏡與省思，收錄於中央警察大學外事警察研究所舉辦之「2010年涉外執法政策與實務學術研討會論文集」，頁18-37。

[51] 陳明傳（2010），涉外執法與社區警政，收錄於中央警察大學外事警察研究所舉辦之「2010年涉外執法政策與實務學術研討會論文集」，頁88-90。

[52] Randal C. Archibold (2010). Arizona Enacts Stringent Law on Immigration, retrieved from http://www.nytimes.com/2010/04/24/us/politics/24immig.html, Nov. 2, 2010.

國境內之青少年非法移民者，可取得以下之權利：1.永久居留權利；2.在大學註冊，並可修習大學學位；3.服兵役；4.繼續在美生活，追求其人生之希望與夢想（pursue their hope and dreams）；不過，截至2014年爲止，Dream法案仍未被美國國會通過；Dream法案之本質，具有「在地合法化」目前仍處在美國境內之非法未成年移民者之特質與色彩；在回應非法移民之課題上，美國對於「合法化」之政策，始終具有極高度之爭議性，在Dream法案之立法過程中，即可發現正反兩派支持者相互不認同對方之見解，最後，Dream法案仍未通過，僅屬草案而已；但因支持者眾，乃有國會議員力圖於未來重新再提草案，企圖令Dream法案草案能順利被通過[53]。

　　Dream法案有數個版本，分別於2001、2005、2007、2009與2011年進入國會，接受國會議會之審查；最近於國會接受審查之年度，係爲2011年，但未被通過，可看出Dream法案極具有爭議性，民主黨與共和黨很難取得共識，逐導致Dream法案未被美國參議院通過。Dream法案之內涵，很多之部分，係由過去未被通過之相關移民改革法案所構成，此類之內涵，包括：1.「2006年全面性移民改革法」（the Comprehensive Immigration Reform Act of 2006）；2.「2007年全面性移民改革法」（the Comprehensive Immigration Reform Act of 2007）。移民改革法案之所以未在國會被審議通過，主因在於共和黨議員之反對，共和黨（Republicans）對於移民改革之議題，似乎是較持保守之作法與態度。故當Dream法案進入參議院後，即遭共和黨參議員加以封殺[54]。

　　就2011年版本之Dream法案草案而言，本法案係由參議員Richard Durbin所主導與倡議，於2011年5月11日送進國會參議院接受國會議員審查；於2011年6月28日，國會參議院所屬之「移民、難民暨國境安全司法次委員會」（Committee on the Judiciary Subcommittee on Immigration, Refugees and Border Security）遂針對Dream法案先進行委員會之審議工作；於2011年11月5日，Dream法案呈交由參議院審議，最終結果因共和黨參議員們之反對，導致Dream法案草案未被國會通過。

　　上述2011年版本之Dream法案草案，重要之立法內涵與法律規範，如下所

---

[53] Dream Act of 2009 © 2009 at Homestead (2013). Dream Act 2013, retrieved from http://www. dreamact2009.org/, Mar. 1, 2014.

[54] Ibid.

述：

一、本案授權美國國土安全部部長（United States Department of Homeland Security，簡稱為DHS）可針對符合特定條件之非法外國人，撤銷遣送出國之處分，並且可調整非法外國人之身分，令其具有合法之身分（由非法移民轉變為合法者），可在美國境內永久居留（lawfully admitted for permanent residence）；非法外國人須符合以下之構成要件：1.須在滿15歲之前，已進入美國境內，且在Dream法案正式施行之前，業已在美國居停留五年以上（has been present in the United States for five years）；2.該名非法外國人須具備良好之品行操守（good moral character）；3.根據「移民暨國籍法」之特定條款要求，非法外國人並非被拒絕入國（is not inadmissible under specified grounds of the Immigration and Nationality Act）；4.非法外國人並未基於種族、宗教、國籍、特定社會團體之成員或政治立場，因而參與對於任何人之迫害行為（has not participated in the persecution）；5.非法外國人未曾因觸犯美國聯邦或州政府法律所禁制之特定犯行，而被法院判刑定罪（has not been convicted of certain offenses under federal or state law）；6.非法外國人須取得高等（級）教育機構（an institution of higher education，簡稱為IHE）之入學許可，或者，已獲取美國高中畢業之文憑，或者，已取得美國「普通教育發展證書」（general education develop certificate）；7.在Dream法案實施後，非法外國人之年齡，須在35歲以下。

二、針對導因於不具備入國資格之非法外國人，Dream法案可授權國土安全部部長有權基於人道（humanitarian）、家庭團聚或公共利益（public interest）等目的，特別許可非法外國人可在美國居留；亦即，將其不具備入國之條件，加以豁免之（to waive specified grounds of inadmissibility）。

三、非法外國人須在下列特定之時限（程）已完成之後之一年以內，向美國國土安全部申請撤銷遣送出境之行政處分，及申請取得附條件式之永久居留身分（conditional permanent resident status），此等特定之時程，計可分為：1.已取得美國高中畢業之文憑，或者，業已取得美國「普通教育發展證書」；2.相關之最終已確定行政規章之有效日（the effective date of related final regulations）。亦即，非法外國人須在符合上述二項條件之一年以內（within one year），向美國國土安全部提出前開之申請案，俾利其遣送出境之命令被

撤銷，且可取得附條件之永久居留權利。

　　四、非法外國人如擬申請附條件式之永久居留身分，在被賦予此項權利之前，須符合以下之法律要求：1.非法外國人須向美國政府提交生物特徵辨識暨個人自傳之資料（biometric and biographic data）；2.美國國土安全部須對非法外國人進行安全暨法律背景之查核（Security and law enforcement background checks），且業已完成此項之安全查核工作。

　　五、非法外國人如擬申請附條件式之永久居留身分，另亦須符合下列之要件：1.假若法令有要求，則須先依照「軍事選擇性服役條例」（the Military Selective Service Act）之規範，進行註冊登錄，俾利符合上開法令之規範；2.先進行健康檢查（體檢）（undergo a medical examination）；

　　六、假若非法移民之外國人業已向美國政府提出撤銷遣送出境處分與附帶條件式永久居留身分之申請案，且已符合初步之審查資格（establishes prima facie eligibility）者，此時，Dream法案禁止國土安全部部長（the Secretary）或司法部部長（總檢察長）（the Attorney General）將上述位於美國境內之非法外國人遣送出境；

　　七、假若非法外國人符合以下之構成要件，Dream法案要求司法部長須中止將非法外國人遣送出境之程序：1.非法外國人符合撤銷遣送出境處分與附帶條件式調整移民身分之要件，此處之要件並非指中等學校文憑（Secondary school diploma），或中等學校後之文憑身分（post-secondary school）；2.非法未成年外國人已在小學或中等學校以全職身分就讀至少五年以上（at least five years of age and enrolled full-time in a primary or secondary school）；

　　八、Dream法案授予非法外國人長達六年期程之附帶條件式永久居留之移民身分，但非法外國人如符合以下之構成要件，上述附條件永久居留身分將被中止之（terminates such status）：1.非法外國人不再具有良好品行，或者，根據美國移民暨國籍法之規範，非法外國人在特定條款之下，未具備入國資格（becomes inadmissible）；2.假若非法外國人已在美國軍中服役，但未服完役期即退役（未光榮地退伍）（did not receive an honorable military discharge）；

　　九、假若非法外國人符合以下五個構成條件，Dream法案授權美國國土安全部部長撤銷賦予外國人永久居留身分所需具備之「附帶條件」（remove the conditional basis）：1.非法外國能提示其具備優良品行之證明（has demonstrated good moral character）；2.在移民法特定條款之要求下，非法外國人並非未具備入國資格（not inadmissible）；3.並未放棄在美居留之資格（持續在美國境內居留）；4.非法外國人業已取得位在美國境內「高等教育機構」（Institution of High Education，簡稱爲IHE）之教育學位文憑，或者，至少已完成位在美國境內碩士學位或更高級學程之二年學業課程（has completed at least two years in a bachelor's or higher degree program）；或者，至少已在美國軍中服役二年，如業已從軍中退役，則須服完法律規範之役期，而光榮地退伍（if discharged, was honorably discharged）；5.非法外國人須提出曾在美國境內就讀每一所中等學校之學校清單證明（has provided a list of each secondary school attended in United States）。

　　十、授權Dream法案有權限設定「艱困情境例外條款」之構成要件（hardship exception to such requirements）；

　　十一、非法外國人如業已取得在美國境內附帶條件式之永久居留身分，假若擬欲撤銷上述之「附帶條件身分」要件（having his or her conditional status removed），則外國人須先符合以下三個構成要件：1.業已符合取得美國公民國籍之要件；2.須向美國政府提交個人生物特徵辨識或自傳之資料（submitted biometric and biographic data）；3.外國人之安全與執法背景資料，業已被查核完成之（have had security and law enforcement background checks completed）；

　　十二、非法外國人如已取得附帶條件式之永久居留移民身分，如擬撤銷此等之「附帶條件」之要件，則須在下列時程將屆滿之前之六個月前，提出上述撤銷附帶條件之申請案：1.外國人第一次被Dream法案賦予爲時六年之附帶條件之永久居留資格之屆滿日；2.業已被延期（展期）之附帶條件式之永久居留時程屆滿之日（any extended expiration date of the alien's conditional permanent resident status）；

　　十三、Dream法案明文禁止外國人尚處在「附帶條件式永久居留身分」之階段，向美國政府提出歸化國籍之申請案（Prohibits an alien from applying for naturalization）；

　　十四、Dream法案尚規範以下相關之事項：1.資訊之隱私保密機制（Confidentiality of information）；2.資料揭密公開之要件（required disclosure）；3.利用詐欺方式申請之效果；4.使用僞變造證件或虛僞陳述申

請，或濫用資訊之處罰機制；

十五、非法外國人如擬依據「1965年高等教育贊助條例」第4篇（title IV of the Higher Education Assistance Act of 1965）之相關規範，向美國政府申請附帶條件式之永久居留移民身分，則除了須符合該條例第4篇贊助之規定外，尚須具備以下三個構成要件：1.該非法外國人當初所申請之貸款，須為Ford或Perkins型之就學貸款；2.「工作與研究」計畫（work-study programs）；3.教育服務（educational services）；

十六、根據「1996年非法移民改革暨移民者責任條例」（the Illegal Immigration Reform and Immigrant Responsibility Act of 1966）之規範，在美國境內之非法外國人，於完成高中學業之後，不具備利用其在各州居留之身分，就讀高等教育機構之註冊入學資格（denial of an unlawful alien's eligibility for higher education benefits based on state residence），除非美國本地之公民，亦能不以在各州居住之身分，而仍具備就讀高等教育機構之資格；Dream法案廢棄上述條例之規定，而改為在美國境內之非法外國人，能以在各州居留之身分，取得就讀高等教育機構之註冊入學資格；亦即，根據上開「1996年非法移民改革暨移民者責任條例」之規範，非法外國人無法就讀於高等教育機構，但Dream法案將上述規定廢止，改為非法外國人仍可就讀高等教育機構。

本文綜合整理與分析上述2011年版本之Dream法案草案之重要內涵之後，發現Dream法案具備以下頗為重要之特色：

一、就某種程度而言，Dream法案係將美國境內之非法外國人，進行「合法化」或「大赦」；但「大赦」之射程，並非所有在美境內之非法外國人，均可「在地合法化」，美國仍設定相當多之條件及要求；非法外國人須符合上述之要求，始可被合法化；雖然Dream法案已設定合法化之諸多要求，仍受到「反對合法化」參議院議員之攻擊，導致Dream法案草案並未被通過；

二、截至2014年為止，美國政府在處理非法移民之議題上，仍不放棄使用「在地合法化」或「大赦」之移民管理政策；不過，從Dream法案之經驗中，在國會之中，尤其是共和黨籍之參議員，相當反對「就地合法化」之移民管理政策，渠等非常擔憂一旦將在美國境內之非法移民者就地合法化之後，彼等將與美國公民爭食美國之社會福利與利益，且恐導致更多之非法移民者湧入美國，而期待另一個與Dream法案相似之合法化法案；在此等氛圍之下，雖然民

主黨籍國會議員支持在地合法化之移民管理政策，仍遭受多數共和黨籍參議員之封殺；

　　三、即使美國推出Dream法案，擬合法化在美境內之非法外國人（非法移民者），但仍會設定相當多之條件，挑選各式條件較佳之外國人（非法移民者），加以合法化；亦即，條件惡劣之外國人，無法被合法化；美國所設定合法化之門檻中，值得關注之條件如下：1.Dream法案實施後，年齡須在35歲以下；2.外國人須在15歲之前，業已進入美國，且已居留五年以上；3.須具備良好操守；4.須取得高中或高中以上之文憑；5.建立一個「附帶條件式永久居留」之觀察考核機制，禁止外國人直接取得美國國籍；換言之，在成為美國公民之前，須經歷「附帶條件永久居留」及「永久居留身分」之觀察考核期；通過此兩項觀察考核期，始可申請歸化入籍美國；6.外國人如欲取得「永久居留」之身分，在門檻方面，其要求比「附帶條件式永久居留」機制更加嚴格，諸如：已取得高等教育機構之入學資格，或已光榮退伍。

　　綜合以上之特色，可發現美國雖然有意將非法移民者加以合法化，但在本質上，仍是用心地挑選優秀之非法移民者，賦予其附帶條件之永久居留權；並非針對所有之非法外國人（非法移民者），一律加以「在地合法化」；透過Dream法案精心設計之挑選與合法化機制，仍遭受共和黨籍參議員反對；由此可知，美國在處理非法移民之課題上，就「合法化」政策而言，其所持之態度，可謂非常保守與謹慎。即便人權團體不斷地對美國政府與國會施壓，期待Dream法案草案能被國會通過，美國國會仍是採取最謹慎之作法，未令Dream法案生效，頗令移民人權團體大失所望。因此，亦更能驗證非法移民議題之本質，它本身極具爭議性與複雜性，並非一個簡單（易）之課題。

第四節　美國回應非法移民之防制作為(2)──歐巴馬總統時期的移民改革法案

壹、非法移民情況

如同本書第一章所言，如果依照移民理論當中的「推拉理論」（Push-Pull

Theory）或「成本效益分析理論」，人口遷移，也就是移民發生的主要原因是
因爲移民原來所居住的國家具有推力（push force），將移民推出那個國家。
而在此同時，別的國家卻對外來移民具有相當的吸引力（pull force），吸引
外來族群的遷入。李氏（Everett S. Lee）在他提出的人口遷移理論（Theory of
Migration）當中就有分析，[55]當一個國家因爲戰爭產生動亂、飢餓、種族隔
離、大屠殺或經濟下滑的狀況時，這些因素會成爲一個推力，將人口推出他原
來居住的國家，進而移入其他具備更好的生活環境。例如，1990年代發生的南
斯拉夫內戰，便造成大批的人口外移。墨西哥在90年代發生的金融危機，造成
財政危機，披索大幅貶值，同樣造成大量的墨西哥人口移往美國。無論一個國
家是因爲貧瘠的自然資源、高昂的農業生產成本、或是過剩的農業勞動力、高
失業率、惡劣的工作環境或極低的工作收入水準，都會成爲將人口推出的推
力。而其他國家較多的就工作機會、較好的工作收入、較好的生活條件，以
及完善的社會環境或社會福利，都是吸引外來人口移入的主要拉力。例如，歐
洲、美國、日本和新加坡，都是因爲良好的生活條件和工作環境，不斷的吸引
來自各國的人口移入。

　　經濟學中的「新古典經濟平衡理論」則是從發達國家和發展中或不發達國
家之間勞工薪資的差距，認爲是移民產生的主要原因。按照新古典經濟平衡理
論，移民的產生將會逐步拉近不同國家之間勞工薪資與福利的差距，進而消弭
移民的現象。例如，過去做爲全球主要勞力輸出國的東南亞國家，以菲律賓
爲例，因爲移民勞動力量的輸出，將所賺取的薪資匯回國內，提升國民所得，
勞工意識亦逐漸抬頭，勞工薪資水準開始逐漸拉近與其他國家的差距。新古典
經濟平衡理論與推拉理論皆強調個人的「最大效用原則」（principle of utility
maximasation），也就是是說，每個人在經過詳細的計算之後，會試圖尋找能
夠讓他達到利益最大化的國家居住。[56]因此，移民將會使得發達國家與發展中
國家的薪資差距縮小。移民理論中的「歷史結構主義理論」則從宏觀的角度分
析移民產生的原因。歷史結構主義理論認爲核心國家（core country）爲降低生
產成本，會積極往邊陲國家（periphery country）尋找廉價的勞動力和原料，

---

[55] Everett S. Lee (1996). "A Theory of Migration," Demography, Vol. 3, No. 1, 1966, pp. 47-57.

[56] George J. Borjas (1989). "Economic Theory and International Migration," International Migration Review, Vol. 23, No. 3, pp. 457-485.

因此國際資本便會從發達國家流往發展中或不發達國家，進而改變邊陲國家的經濟結構。雙重勞動市場理論則從國家內部因素研究移民的原因，認為是因為發達國家的勞工不願從事低收入但卻具高危險性的工作，因此才必須引進廉價的外籍勞工；這從臺灣在1990年代積極開放、引進外籍勞工來代替本國勞工的移民政策發展上得以窺知。

　　無論是以移民理論當中的推拉理論、新古典經濟平衡理論來分析，歐洲與美國便具有上述理論說明的情況，能夠吸引來自全球各地的人口移入。以歐洲為例，每年瑞典、荷蘭、奧地利和盧森堡即吸引大批移民的移入；其中，德國則是相當受到外國學生喜愛的留學地，又以中國留學生為最大族群。在歐盟成員國內，許多國家接收相當多的外來移民，外籍人口所占的比例最高達到39%，以盧森堡為例。[57]一般的外籍人口所占比例約為2%到8%。與過去不同的是，近年來，許多歐洲國家，例如德國，則開始也有移民潮的產生；也就是說，當大多數外國移民選擇移民德國之際，許多德國人也開始移民至國外。所以這樣的移民潮是雙向流通的，許多國家不再像過去一樣只做為移民輸入國；這便是臺灣學者鄭又平所言的，當代國際移民所具有的全球化特性。[58]當代移民的另一個新趨勢變化則是女性移民人數比例的不斷成長；例如，菲律賓每年有大量女性人口移往全世界發達國家輸出勞力；移民不再是只以男性為主體。另一個吸引大批移民的國家則是美國。美國則為一多元文化、豐富民族色彩和多國籍裔人民所組成之國家，人口組成分子向來多元、複雜，一向最受外國移民青睞；也因此移民問題向來與美國國家發展問題具高度關連性；為此朝野各界也紛紛對移民法案之改革提出意見。本章前一節便討論小布希政府時代提出的「夢想（幻）法案」（DREAM Act）一案在美國引起的激烈辯論，本文將接續探討、分析歐巴馬時期的移民改革法案。

---

[57] 臺北歌德學院（2011），歐洲移民潮的新動向，2011年11月，http://www.goethe.de/ins/cn/tai/ges/pok/cn8368613.htm。

[58] 鄭又平（2006），全球化與國際移民：國家安全角度的分析，發表於「政府再造與憲政改革系列研討會—全球化之下的人權保障」，國立臺北大學公共行政暨政策學系，頁1。

貳、歐巴馬時代移民改革法案

　　一直以來，美國國內對於移民的看法與做法，大致上可分爲兩種。在美國經濟發展過程中，迫切需要龐大勞動人力時，民眾對於移民的態度多持正面積極之看法，且在政策制訂上對於移民亦多所接納。此外，由於美國採取多元文化主義，因此過去多數民眾皆認爲移民能夠豐富美國文化。然而，在遇上經濟情勢不明朗、金融危機或失業率高升之際，則開始排斥移民，限縮移民員額；也就是排外現象的出現。許多民眾認爲，非法移民會占用本地居民的工作機會和社會福利，並對當地文化造成衝擊。尤其在由外來移民所策劃及發動的911恐怖攻擊事件眞實發生在美國之後，移民又與國家安全發生高度聯結。因此，杭廷頓（Samuel P. Huntington）在分析外來移民對美國國家認同上造成的影響時，便認爲外來移民已經影響到美國的社會、政治制度與傳統文化。[59]所以，對於移民到底該採取寬鬆或緊縮的政策；另外，已經進入且停留在美國的非法移民又該如何處置，一直以來都是美國朝野熱烈辯論的議題。由於本節主要討論美國在非法移民的管理；因此，暫不討論合法移民至美國之多重途徑與管道。本節將主要著重在美國國內對於非法移民的看法及所持態度，以及歐巴馬政府推動的移民改革法案。

　　如同本書第一章所言，勞工移民可以分爲非法（illegal）及合法（legal）移民；合法移民又可以分爲依親和契約勞工（contract worker）兩種，皆是透過合法的管道申請移民美國並獲得合法居留權的移民。非法移民則是以不合法之方式，以偷渡或逾期居留方式違法長久停留於美國。[60]由於非法移民人數實在太過龐大，因此實際待在美國的非法移民人數很難判定。根據「美國非法移民人口估計」（Estimates of the Unauthorized Immigrant Population Residing in the United States）2012年的報告書，依照美國聯邦國土安全部（Department of Homeland Security）估計，進入美國的非法移民人數於2007年大約達到1,220萬人的高峰，至2009年才因美國國內經濟表現不佳問題降低至1,130萬人（見

---

[59] 關於外來移民對於美國國家認同形成的挑戰，見Samuel P. Huntington (2004). Who Are We? The Challenges to America's National Identity, NY: Simon & Schuster。

[60] 進入美國的非法移民當中，有許多是以合法入境美國的方式，即持非移民種類之簽證；例如，以學生簽證或觀光、旅遊及探親等方式進入美國，卻逾期不願返回母國，刻意永久居住在美國。

圖6-1）。[61]而主要的非法移民來源國爲中南美洲國家；例如，墨西哥、薩爾瓦多與瓜地馬拉等國。若是以被拘押的非法移民人數來看，則以墨西哥、瓜地馬拉與宏都拉斯等國人民爲主；光是2012年，因非法入境美國而遭到拘押的即有64萬人，其中墨西哥人即占44萬人。[62]從長期居留在美國的非法移民人數（1,170萬人）與遭到警方逮捕的人數來看（64萬人），即可發現差距不成比例；顯見美國在管理非法移民問題上仍有段路要走。因此，非法移民管理屢次成爲美國國內辯論議題，至於如何有效管理非法移民，大致上可以分爲從源頭處加以管控，即有效防範阻擋非法移民的進入美國；另外一個問題則是如何管

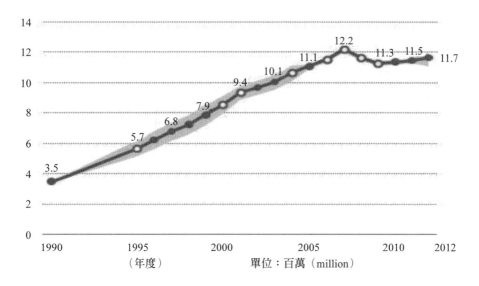

圖6-1　1990-2012年美國非法移民人口估計

資料來源：Jeffrey S. Passel, D'Vera Cohn and Ana Gonzalez-Barrera (2013). "Population Decline of Unauthorized Immigrants Stalls, May Have Reversed," Pew Research Center, Sep. 23, 2013, retrieved from http:// www.pewhispanic.org/2013/09/23/population-decline-of-unauthorized-immigrants-stalls-may-have-reversed/.

---

[61] Jeffrey S. Passel., D'Vera Cohn & Ana Gonzalez-Barrera (2013). "Population Decline of Unauthorized Immigrants Stalls, May Have Reversed," Pew Research Center, Sep. 23, 2013, retrieved from http://www. pewhispanic.org/2013/09/23/population-decline-of-unauthorized-immigrants-stalls-may-have-reversed/.

[62] John F. Simanski & Lesley M. Sapp (2013). "Immigration Enforcement Action: 2012," US Department of Homeland Security, retrieved from http://www.dhs.gov/sites/default/files/publications/ois_enforcement_ ar_2012_0.pdf.

理已然入境美國的非法移民。

在防範阻擋非法移民進入美國這一部分，美國每年即花費龐大預算及人力在邊境的管理之上。如何對待與如何管理已然入境美國的非法移民，則已多次在美國國內引發激烈的辯護。有學者及政治人物從人權觀點出發，主張政府應在各種條件配合之下，給與非法移民一個合法的身分，從而保障其權益。有些人士則主張非法移民會造成美國社會內部不安，不僅政府每年需花費龐大預算在管理非法移民上，非法移民過高的犯罪率也引起民眾不滿。[63]尤其2001年的911恐怖攻擊事件發生之後，美國民眾便大力要求政府收緊移民政策。因此，這派人士主張應將非法移民遣送回國，而非以就地合法的方式接納這些非法移民。以2012年為例，遭到美國移民及海關執法局（Immigration and Customs Enforcement, ICE）遣返的將近41萬名非法移民上，其中96%的人為首次遭遣返者，包含罪犯、威脅美國國家安全與多次違反美國移民法的人；而移民局為遞解每一非法移民出境的花費大約為2萬3,000元美元。[64]而尚未遣返，仍被監禁在美國的非法移民；據估計，每一天美國政府即需花費美元120元在每位被監禁者身上。[65]其中，遭到逮捕的非法移民大部分都被監禁在威斯康辛州（Winsconsin）。除了經濟型的非法移民，政治型的難民也是另一個造成美國國家經濟負擔、社會治安、政治對立問題的主要來源。例如，從過去到現在，每年皆有大批的中國、古巴和海地的難民湧入美國。大批的古巴裔族群就定居在離古巴最近的佛羅里達州，因此西班牙語遂成為該州的主要語言之一。

在政治上，古巴裔美國人全國基金會（Cuban American National Foundation）亦成為以色列團體之外，美國最主要的遊說團體，在政治上不斷的影響美國對古巴政策的制訂，包括移民政策的制訂。也就是說，這些已經定居在美國的移民團體會試圖對美國國會施加壓力，要求放寬對移民的管制或就地合法化這些少數族群。

---

[63] 自2008年開始，在遭美國移民及海關執法局（ICE）遞解出境的非法移民當中，有犯罪紀錄或被判斷對美國國家安全和公共安全造成威脅的人數成長89%；沒有犯罪紀錄的遭驅逐的非法移民人數，則下降29%。見大紀元（2013），「美國遣返有犯罪紀錄移民五年增89%」，2013年11月5日，http://www.epochtimes.com/b5/13/11/5/n4002957.htm。

[64] 同上註。

[65] Bloomberg (2013). "The Madness of U.S. Immigration Policy, Continued," Sep. 26, 2013, retrieved from http://www.bloomberg.com/news/2013-09-26/the-madness-of-u-s-immigration-policy-continued.html.

因此，美國移民管理政策便在這樣的複雜形勢下，幾經變革。繼小布希時代的「夢想法案」之後，在歐巴馬上臺之後，同樣也積極主動的推動移民改革。一直以來，移民政策因為關係到外來移民的權益問題，因此受到重大關注，在美國國內更引起朝野激烈爭辯。2013年1月份，由民主黨主導的參議院提出移民改革方案，當時受到歐巴馬總統的支持，宣稱只要國會通過移民改革法案，它便會立即簽署。因此，4月17日參議院跨黨派小組便以「邊境安全與經濟發展暨移民事務現代化法案」（Border Security, Economic Opportunity, and Immigration Modernization Act），做為正式提案。該法案以滯留非法移民之合法化、改革移民體系與經濟發展、查證受僱者系統以及外籍勞工與勞工人權等四大議題為核心。[66]參議院司法委員會隨後於5月21日通過該項移民改革法案，該法案隨後便交由參議院全體議員審議。根據該法案，美國將給予境內現有的非法移民成為公民的機會，而且將投入上億美元經費加強美國與墨西哥的邊境安全。

然而，一向對於移民政策採取保守態度的共和黨保守派勢力希望進行的是分批的改革，認為應該先通過邊界安全，且加快遣返非法移民犯罪者等執法工作的加強的改革，而不是設法給與1,100萬無證移民（非法移民）合法的身分。當時又因波士頓馬拉松比賽爆炸案的發生，更使得保守派眾議員，愛荷華州代表金（Steve King）認為國會應當對快速進行移民政策的改革採取謹慎的態度。[67]金認為應將國家安全放置於最重要的位置，而非積極推動非法移民的合法化。由於民主黨和共和黨就移民改革法案的看法大相逕庭，雖然稍後參議院在6月27日以壓倒性多數通過該項法案。然而，由共和黨主導的眾議院向來反對進行全面的移民改革，尤其不贊成給與非法移民合法身分，認為此舉視同大赦非法移民。因此，移民改革法案便拖延至2014年3月，仍然遭遇來自共和黨的阻力而被擱置。眾議院議長博納宣稱不信任歐巴馬政府能確實依照目標實施移民改革，因此移民改革法案在2014年仍未能順利通過。[68]

---

[66] 王保健（2013），解析美國2013年移民改革政策，國會，第41卷第9期，頁34-35。

[67] 梁勇（2013），波城爆炸案移民改革延遲，梁勇律師事務所，2013年4月16日，http://www.lianglaw.com/illegal-immigrant-reform/illegal-immigrant-plan-update.htm。

[68] 中國新聞網（2014），美國參議院提議移民改革為保通關可延後實施，2014年2月10日，http://www.chinanews.com/gj/2014/02-10/5816123.shtml。

追溯美國移民的歷史，便會發現美國的外來移民與國家經濟發展具有相當高的關連性。早期由於經濟發展所需，需要大批外籍勞工的移入；但隨著經濟的快速發展，美國相較其他國家所具有的良好生活及工作環境，以及較佳的薪資，這些拉力便吸引外來移民的湧入。外來移民由於本國生活環境及經濟發展的滯後，這些推力便把人口推往更好的國家居住。在愈來愈多外來移民的湧入美國後，又引發許多社會治安問題、經濟、勞工與人權議題、國家安全問題，以及國家內部政治結構紛爭等，致使移民法規成為美國最複雜的聯邦法規之一。歷屆政府都曾經思考修改移民法與移民政策，但都在政治角力之下未曾成功。

小布希政府時期亦曾經試圖選擇中間路線，推動務實的移民改革，雖然其政府主張嚴格打擊非法移民，但也支持讓非法移民能夠獲得合法身分。2005年12月，小布希總統宣布其移民政策的三點主張為：加強邊境安全、加強工作場所的執法以及實施「臨時工人計畫」。[69]但是當時同樣遭受來自共和黨傳統力量的強力反對，特別是堅持反對給予非法移民合法化。這一次歐巴馬移民改革方案的推出，民主黨和共和黨的看法同樣大相逕庭，雖然參議院在2013年6月27日以壓倒性多數通過移民法案。然而，由共和黨主導的眾議院向來反對進行全面的移民改革，尤其不贊成給與非法移民合法身分；因此，移民改革法案便拖延至今。目前看來，美國移民政策改革仍有段路要走。

於2014年，歐巴馬總統利用頒布行政命令之方式，發布二道移民之行政命令，其一為「美國公民及永久居民父母暫緩遣返計畫」（Deferred Action for Parents of Americans and Lawful Permanent Residents，或名為Deferred Action for Parental Accountability, DAPA），主要之內容係為[70]：

---

[69] 當時小布希政府提出「臨時工人計畫」，希望藉此讓非法移民能夠合法化，卻遭遇眾議院在2005年12月通過的移民法案，主張透過嚴格的邊境執法，將非法移民和收留他們的行為視為重罪，引發美國社會內部激烈爭論與示威抗議活動。參議院司法委員會與參議院則分別在2006年3月及5月，通過溫和的移民改革法案，允許在美居住超過六年的非法移民獲得合法身分。關於小布希政府的移民改革法案內容，可見趙海涵（2007），美國移民法案的現狀及其展望，瀋陽建築大學學報，第1期，頁53-55。

[70] 柳芳，大紀元（2015），「美移民局：緩遣年輕非法移民2月開始受理」，http://zh-tw.kankan.today/98287eafc00dfb220e3234b156fcb3ace5a914a9/%E3%80%90%E5%A4%A7%E7%B4%80%E5%85%83%E3%80%91%E7%BE%8E%E7%A7%BB%E6%B0%91%E5%80%EF%BC%9A%E7%B7%A-9%E9%81%A3%E5%B9%B4%E8%BC%95%E9%9D%9E%E6%B3%95%E7%A7%BB%E6%B0%91-2%E6%9C%88%E9%96%8B%E5%A7%8B%E5%8F%97%E7%90%86.html，瀏覽日期：2016年3月25日。

一、申請人是美國公民或永久居民之父母，但沒有在美居住之合法證件；

二、「美國公民及永久居民父母暫緩遣返計畫」（Deferred Action for Parents of Americans and Lawful Permanent Residents，或名為Deferred Action for Parental Accountability, DAPA）實施之時，申請人須處在美國（Be physically present in the United States when applying to the program）；

三、於2010年1月1日前，即在美國持續居住（Have lived in the United States without interruption since January 1, 2010）；

四、於2014年11月20日或之前，申請人之子女，業已為美國公民或永久居民（Have had, as of November 20, 2014, a child who is a U.S. citizen or lawful permanent resident）；

五、於2014年11月20日之時，申請人須處在美國（Have been physically present in the United States on November 20, 2014, the date the program was announced）；

六、於2014年11月20日之時，缺乏合法證件（Have lacked lawful immigration status on November 20, 2014）；

七、未被判處重罪、特殊之輕罪、或三個及更多項之輕罪，且對美國國家安全和公共安全不構成威脅（Not have been convicted of a felony, significant misdemeanor or three or more other misdemeanors, and not "otherwise pose a threat to national security or be an enforcement priority for removal."）；

八、非美國政府需要優先遣返之人。

歐巴馬總統之第二道移民之行政命令，乃為「童年抵美者暫緩遣返計畫」（Deferred Action for Childhood Arrivals, DACA），DACA之申請人，須滿足以下之條件[71]：

一、截至2012年6月1日為止，DACA之申請人未滿31歲（Were under age 31 on 15 June 2012）；

二、DACA之申請人於16歲之前，須抵達美國（Came to the United States before 16th birthday）；

三、自2007年6月15起，DACA之申請人即持續在美國居住（Have lived

___
[71] 同上註。

continuously in the United States since 15 June 2007）；

　　四、於2012年6月15日之時，DACA之申請人須在美國，且於當日提出暫緩被美國國土安全部公民暨移民局遣返之要求（Were physically present in the United States on June 15, 2012, and at the time of making your request for consideration of deferred action with USCIS）；

　　五、在2012年6月15之前，DACA之申請人係為取得在美合法居留之身分；

　　六、在2012年6月15，DACA之申請人未取得在美合法居留之身分（Had no lawful status on June 15, 2012）；

　　七、DACA之申請人，目前係為在校之就學學生、或已經獲得高中畢業文憑、或已經獲得GED之證書、或是一名從美國海岸防衛隊或武裝部隊退役之軍人（Have completed high school or a GED, have been honorably discharged from the armed forces or the Coast Guard, or are enrolled in school）；

　　八、DACA之申請人，未被判處重罪、特殊之輕罪、或三個及更多項之輕罪，且對美國國家安全和公共安全不構成威脅（Have not been convicted of a felony or serious misdemeanors, or three or more other misdemeanors, and do not otherwise pose a threat to national security or public safety）。

　　不過，上述二個行政命令，受到多個美國州政府之集體反對，目前，計有26個州政府，聯合向聯邦最高法院提起控告，指稱歐巴馬總統利用頒布行政命令之方式，所發布之上述二道移民之行政命令，均係屬違憲，聯邦最高法院決定於2016年年中審理本案，一般認為，聯邦最高法院應會支持歐巴馬總統之上述二個移民行政命令[72]。

第五節　臺灣非法移民問題之現況、特色與檢討

　　以下，有關臺灣面臨非法移民問題之檢討方面，本文擬聚焦於以臺灣地區為目的地之非法移民活動。臺灣地區「非法移民」之現況與重要特徵（色），

---

[72] 林妍，大紀元（2016），「美最高法院受理移民改革案500萬人或將受益」，http://www.epochtimes.com/b5/16/1/20/n4620854.htm。

如下所述[73]：

一、從兩岸地緣關係而論，非法移民者之出發地與目的地（臺灣地區），兩者距離頗為接近

在兩岸交流未普及化時，就男性非法移民者之來源地而言，來自於中國大陸地區大多數之非法移民者，係來自於福建省，男性比例占97.4%，女性則占33.9%，平均則為64.8%。尤其是來自於平潭地區，故福建地區有一句順口溜：「美國怕長樂，日本怕福清，臺灣怕平潭。」[74]。近年來，就女性非法移民者之來源地而言，來自於中國大陸地區大多數之女性非法移民者，亦是來自於福建省，比例占59.2%，其次，則為四川省，占9.6%，再其次，則為廣西省，占4.0%[75]。綜上，來自中國大陸而以臺灣地區為目的地之非法移民者，主要係來自於中國大陸福建省。上述之論點，與「國際移民組織」全球移民報告書（World Migration Report）之觀點——非法移民者之出發地與目的地，兩者距離頗為接近（the proximity）之見解，非常符合[76]。

二、「非法移民」具有「穿透」臺灣地區國境執法與管制之能量

就兩岸而論，早期來臺之「非法移民」，主要係透由海路進入臺灣地區；近年來，則以持合法證件，利用國際機場進入臺灣地區為大宗；透由海路進入

---

[73] 孟維德（2007），犯罪分析與安全治理，五南圖書，頁331-389。孟維德（2010），跨國組織犯罪及其防制之研究—以人口販運及移民走私活動為例，警學叢刊，第40卷第6期，頁1-30。孟維德（2015），跨國犯罪，修訂第3版，五南圖書。孟維德（2013），全球性執法合作組織的運作與挑戰，涉外執法與政策學報，第3期，頁1-39。

孟維德教授之研究，施測對象共計為600人，其中，男性大陸人民樣本為300人，女性大陸人民樣本為300人，樣本來自於宜蘭及新竹靖盧，經清除廢卷之後，實際分析之樣本卷數，則為471人。本研究調查之時間，係在移民署尚未成立之前，故宜蘭及新竹之收容所，在當時，均稱為靖盧，移民署成立之後，則改為收容所。

陳素珍（2008），大陸女子來臺非法打工問題之實證研究，國立中正大學犯罪防治研究所碩士論文，頁125-215。陳素珍氏之實證調查研究，係使用立意抽樣法，施測之對象，係為宜蘭收容所之125位女性受收容人。

[74] 孟維德（2007），犯罪分析與安全治理，五南圖書，頁331-389。

[75] 陳素珍（2008），大陸女子來臺非法打工問題之實證研究，國立中正大學犯罪防治研究所碩士論文，頁125-215。

[76] International Organization for Migration (2004). World Migration Report 2004. UN: Geneva.
International Organization for Migration (2008). World Migration Report 2008. UN: Geneva.
International Organization for Migration (2010). World Migration Report 2010. UN: Geneva.
International Organization for Migration (2011). World Migration Report 2011. UN: Geneva.

臺灣地區者，則屬極少數部分。綜上，即使我國負責國境管理之相關機關，計有：警政署航警局、港務警察總隊、海巡署海岸巡防總局、海洋巡防總局、移民署、財政部關務署、憲兵與法務部調查局等執法機關，但來自於中國大陸之「非法移民」，仍具備有「穿透」臺灣地區國境之能量與能力，可順利地進入臺灣地區。上述之論點，與「國際移民組織」全球移民報告書（World Migration Report）之觀點，亦非常符合。

三、非法移民在臺灣地區已逐漸形成社會網路

就兩岸而論，來自於中國大陸地區之人民，多數以「合法」身分進入臺灣，亦即，多使用配偶團聚之方式入臺，此等「非法移民者」，根據國內相關實證調查之結果顯示，渠等於進入臺灣地區之後，逐漸已有相互聯絡之網絡。若以來自於中國大陸地區之女性非法移民者（偷渡者）而言，其來臺後第一份工作之安排爲例加以驗證，則可發現63.4%係爲臺灣人安排，但亦有36.6%之非法移民者（偷渡者），其來臺後第一份工作之安排，卻由大陸人安排。大陸人爲何能於臺灣地區爲來自於中國大陸地區之非法移民者（偷渡者）安排工作機會，顯見渠等非法移民者，在臺灣社會之中，已逐漸形成一個社會網路。上述之實證調查，可驗證此一觀點[77]。上述之論點，與「國際移民組織」全球移民報告書（World Migration Report）之觀點——「非法移民者」具備強化移民社會網絡之功能之見解，亦相當地符合。

四、來臺非法移民者主要動機乃為尋找更佳之「工作機會」

就兩岸而論，近年來，來自於中國大陸地區之女子，來臺之主要動機，乃爲尋找更佳之工作。中國大陸地區之女子，爲了達到在臺打工賺錢之目的，在手法上，會以配偶團聚爲手段，來臺之後，其非法行爲之態樣，則以從事色情服務業爲最大宗，以賺取最大之經濟利潤[78]。另外，根據孟維德教授之相關實證調查數據顯示，來自於中國大陸地區之非法移民者（偷渡者），來臺之主要目的，係爲賺錢，占83.8%；男性之比例，更高達95.2%。偷渡者之主要動

[77] 孟維德（2007），同註75，頁331-389。
[78] 陳素珍（2008），同註76，頁125-215。

機，屬於非賺錢之目的者，則僅為16.2%。根據IOM之研究，非法移民者心目中之考量重點，係為「工作機會」。上述涉及來臺非法移民者主要動機，乃為尋找更佳之「工作機會」之論點與調查結果，與IOM之研究，係完全符合。

五、人蛇集團安排中國大陸女性非法移民來臺之走私人口方式，在犯罪手法上，逐漸捨棄暴力、恐嚇、與詐欺手法，而改採取「假結婚」之模式

於兩岸交流尚未普及之時，活躍於兩岸地區之人蛇組織犯罪集團，具備以下之特性：1.扮演催化劑角色；2.經營及走私手法，不斷翻新；3.就大陸女子非法來臺之問題而言，人蛇組織犯罪集團居關鍵性地位。以上，係較早期之現象。不過，晚近以來，因兩岸交流愈來愈普及，來自於中國大陸地區之大陸女子，因遭受被人蛇組織犯罪集團強迫或被騙之方式而來臺者，所占之比例，極其少數，僅占4.8%。換言之，來自於中國大陸地區之大陸女子，絕大多數並非以遭受人蛇組織犯罪集團強迫或被騙之方式來臺。絕大多數來自於中國大陸地區之女子，係出於「理性」及「自願」之方式，由人蛇組織犯罪集團一手安排，而進入臺灣地區。由此，亦可發現人蛇組織犯罪集團之經營及走私手法，係不斷翻新與精進化；假若缺乏人蛇組織犯罪集團之幕後操控，大陸女子很難非法來臺[79]。根據「國際移民組織」全球移民報告書（World Migration Report）之研究，移民者假若可透由合法管道到達目的國[80]，則較不會使用偷渡與非法移民之手段。IOM上述之論點，與本文此部分之發現，頗為相合。

特別值得加以留意之處，係中國大陸女性之所以可透由「假結婚」之模式來臺，根據國內實證科學之調查結果顯示，最核心之關鍵點，在於人蛇組織犯罪集團之背後安排[81]。是以，如欲有效地防制中國大陸女性以「假結婚」之模式入臺，非常重要之防制對策，即為兩岸執法人員共同打擊人蛇組織犯罪集團。假若兩岸執法機關未積極且持續地打擊人蛇組織犯罪集團，則無法有效地抗制與斷絕中國大陸女性以「假結婚」方式來臺，之後，非法在臺打工之現

---

[79] 陳素珍（2008），同註75，頁125-215。

[80] 如配偶團聚等方式。

[81] 孟維德（2007），同註75，頁331-389。
陳素珍（2008），同註75，頁125-215。

象。

六、來自於中國大陸地區之大陸女子多以合法之身分來臺，之後，因逾期居停留或從事非法工作，合法身分遂轉爲非法狀態

兩岸交流普及化之後，來自於中國大陸地區之大陸女子，六成以上，均是以合法婚姻團聚之方式，合法進入臺灣地區。持合法證件來臺之大陸女子，高達88%。亦即，近約九成來臺之大陸女子，其來臺之方式，係以持合法證件入臺。而以持僞造證件入臺之比例，僅爲1.6%。以偷渡方式來臺者，則占約8.8%。是以，來自於中國大陸地區之大陸女子，大多以合法之身分來臺。之後，渠等所從事之非法行爲，由高至低之比例，分別爲：1.從事色情服務業，37.6%；2.逾期居停留，22.4%；3.假結婚，17.6%；4.非法打工，12.0%；5.其他非法行爲，7.2%[82]。上述之論點，與「國際移民組織」全球移民報告書（World Migration Report）之觀點——移民者以合法之身分，進入目的國（lawful entry）；之後，因逾期居停留或從事非法工作，將其合法身分轉爲非法狀態之見解，亦相當地一致與吻合，頗有異曲同工之妙。

針對臺灣社會目前所面臨之非法移民相關課題而論，臺灣社會非法移民之問題點，經本文整理之結果，如下文所述，相當值得社會大眾加以重視[83]：

一、非法移民之相關課題似乎未受到臺灣社會大眾廣泛之關注

就臺灣而論，相對於防制傳統犯罪之區塊，非法移民是一個相當複雜及糾纏之問題，它通常具有跨國（境）性，但卻未受到相當廣泛之重視；傳統犯罪之類型，諸如：殺人、傷害……等等，受到犯罪學者、社會學者及相關領域學

---

[82] 陳素珍（2008），同註75，頁125-215。

[83] 孟維德（2007），同註75，頁331-389。孟維德（2010），跨國組織犯罪及其防制之研究—以人口販運及移民走私活動爲例，警學叢刊，第40卷第6期，頁1-30。孟維德（2015），跨國犯罪，修訂第3版，五南圖書。孟維德（2013），全球性執法合作組織的運作與挑戰，涉外執法與政策學報，第3期，頁1-39。黃翠紋、孟維德（2012），警察與犯罪預防，五南圖書。楊舒涵（2010），歐盟非法移民問題之研究，中央警察大學外事警察研究所碩士論文，頁109-135。陳素珍（2008），同註75，頁125-215。陳瑞榆、杜旻霏（2013），「620世界難民日，我要活下去，給我難民法」，https://www.tahr.org.tw/node/1246，瀏覽日期：2014年6月22日。江世雄（2013），論刑事司法互助之基本理論與其在海峽兩岸的實踐困境，涉外執法與政策學報，第3期，頁159-180。汪毓瑋（2010），移民政策之犯罪與安全思考及未來發展方向初探，發表於中央警察大學國境警察學系與移民研究中心共同舉辦之「國境管理與移民事務學術研討會」。

者專家之普遍重視，故臺灣對於傳統犯罪之研究，成果相當豐碩。但就非法移民問題而言，似乎未受到廣泛之關注。國內之犯罪學者、社會學者及相關領域學者專家，投注於防制非法移民之相關問題者，仍屬相對少數。

二、非法移民（含難民）之人性尊嚴未受到高度之重視

在非法移民之人性尊嚴方面，未受到廣泛之討論；臺灣地區之學者專家，於討論非法移民之議題時，大多側重於防制對策，就非法移民之人性尊嚴與基本人權保障方面，則較少探討之；似乎是重防制對策，而輕忽非法移民之人性尊嚴與基本人權保障之課題；此與聯合國之見解，頗不相同；然而，過度地強調非法移民之人性尊嚴與基本人權之保障議題，是否會影響及擠壓國家主權、國家安全與社會治安之空間，且亦難受到國人普遍地接受，亦值得深思；有關非法移民之人性尊嚴課題，它是一個相當複雜之問題。

三、國境管理能量與執法尚有不足之處

臺灣國境線上之國境管理機制、能量、國境執法及防制非法移民之諸多作為與措施，似乎仍存有精進之空間；茲以移民署規劃與建置之航前旅客資訊系統（Advance Passenger Information System, APIS）及航前旅客審查系統（Advanced Passenger Processing System, APP）為例，就目前而論，遭遇以下之困境：1.國內外各航空公司之旅客訂位資訊網路系統，彼此具有差異性，並非具有一定之統一格式，故APIS與APP在實際之運用上，APIS與APP必須長期及不間斷地與各個航空公司之旅客訂位資訊網路系統，進行旅客資料之介接與測試。常發生之問題，係國內外航空公司所傳送之資料易有錯誤，或者，當航空公司使用新式之旅客訂位系統時，即無法利用APIS與APP輸送旅客之資料，須再次介接與測試；2.就兩岸而論，假若航空公司於旅客Check-In時，係讀取其臺胞證或大通證之相關資訊，而非讀取護照資訊；但在入境臺灣時，我國移民署國境事務大隊移民官則查核其護照資訊，而非審核及讀取其臺胞證或大通證資訊，形成兩岸雙方勾稽資訊不一致，增加比對與查核旅客資料之困難度；3.就國內航站班表資訊而論，因欠缺統一控管之單位，假若各個航站網頁進行

更新或更動，即會產生航班資訊無法介接之困境[84]；此外，APIS尚存有以下之問題，假若飛機航班從中國大陸起飛，偶會發生航空公司於班機即將快抵達我國國際機場前十多分鐘，始利用APIS輸送旅客之資料至臺灣，造成移民署回應之時間，大為縮短。

四、勞動場所之檢查機制，仍有精進空間

為加強查處行蹤不明外勞、非法雇主及非法仲介之違法情事，移民署業已於民國100年，啟動「查察行蹤不明外勞實施計畫」，執行方式主要可分為「聯合查察作為」及「宣導作為」。針對聯合查察作為而論，主要係由移民署規劃全國聯合查察專案，整合勞政、海巡、警政等權責機關之人力，針對公共處所、營業處所、工廠、工地、重大公共工程及醫療安養院所等非法外勞易聚集場所，每月執行二次聯合查察勤務[85]。

我國現階段處置行蹤不明外勞面臨之問題，就查處面而論，某些執法機關查緝之能量，尚可再次增強。在查察之方式部分，除了規劃聯合查察勤務之外，前開各個國境執法相關機關亦可各自規劃單獨之查察勤務，非唯賴聯合查察勤務之機制。

立法院於審議103年度中央政府總預算案時，針對內政部入出國及移民署歲出預算第二目「入出國及移民管理業務」項下「違反入出國及移民相關法規之調查處理」原列2,556萬3,000元，立法院先將其凍結五分之一。待該署檢討外來人口管理追蹤之管理規劃，向立法院內政委員會提出專案報告經同意後，始得動支，以維護我國社會安全。為何立法院為凍結內政部入出國及移民署上述之預算，主要之原因，亦與本文之觀點，有若干某種程度之契合。

立法院認為，雖然入出國及移民署自101年7月1日，業已策定「加強查處行蹤不明外勞在臺非法活動專案工作」（祥安專案），結合各國安機關查察能量共同查處行蹤不明外勞。就移民署而言，該署民國101年查獲逾期停（居）外來人口（不包括行蹤不明外勞）之人數，計為2,814人（其中大陸人士421人，外國人2,393人）。民國102年度查獲逾期停（居）外來人口（不包括行蹤

---

[84] 陳英傑（2013），內政部入出國及移民署「航前旅客系統」簡介，政府機關資訊通報，第309期。

[85] 內政部入出國及移民署（2012），如何澈底解決行蹤不明外勞之問題？，http://www.immigration. gov.tw/ct.asp?xItem=1148449&ctNode=32862&mp=soc，瀏覽日期：6月22日。

不明外勞）共7,007人（其中大陸人士975人，外國人6,032人），但似乎仍有精進之空間，故立法院採取上述之作法。

此外，亦有立委嚴肅地指出，在臺灣境內，逾期外來人口達6萬餘人，逾期滯臺一年以上者，近5萬人，嚴重影響臺灣社會之治安；立委並擔憂，上述之逾期外來人口，甚至有大陸人士來臺滯留之情事，應儘速依法查處；立委認為：入出國及移民署並未認真執行此項工作。綜上，亦可看出，立法院亦認為入出國及移民署查處查獲逾期停（居）外來人口之能量與效能，似乎，尚有改進之餘地[86]。由此，亦可驗證本文所主張之勞動場所之檢查機制，仍有精進空間，並非空穴來風，其來有自，代表臺灣民意之立法院，亦有相同之見解。

五、課予僱用非法外國人雇主之懲處額度尚容有精進空間

對於僱用非法外國人雇主之懲罰部分，我國對於對於僱用非法外國人之雇主，第一次之制裁，係使用行政罰，而非刑事罰，尚未將僱用非法外國人之行為加以犯罪化；如五年內再犯，則將僱用非法外國人之行為加以犯罪化，最重之懲處額度，係為處三年以下有期徒刑、拘役或科或併科新臺幣120萬元以下罰金。上述我國之處罰額度，似有討論之空間；以澳大利亞為例，僱用非法移民之行為，被加以犯罪化，對於僱用非法外國人之雇主，最重之懲處額度，係為處二年以下有期徒刑，併科1.32萬澳元罰金，違法公司每僱用一位非法移民，則處以6.6萬澳元[87]。

若以日本為例，對於僱用非法外國人之雇主，最重之懲處額度，係為處三年以下有期徒刑，或科300萬日元以下之罰金。對舉報非法移民之線民，則酌情給予5萬日元以下之情報舉發獎金（中工網工人日報，2012）。另外，以新加坡為例，對於僱用非法外國人之雇主，在罰則部分，依據新加坡移民法第57A條第6項之規定，違反新加坡移民法第57A條第1項之行為[88]，構成刑事犯行，每發現一位非法移民罪犯，應被判處罰金1萬5,000元以上3萬元以下之新

---

[86] 立法院（2014），第8屆第5會期第2次會議議案關係文書，院總第887號政府提案第14717號之76案。立法院（2014），第8屆第5會期第2次會議議案關係文書，院總第887號政府提案第14717號之75案。

[87] 中工網工人日報（2012）「，非法移民──『難念的經』」，http://news.163.com/12/0525/02/82AKFC7600014AEE.html，瀏覽日期：2014年6月22日。

[88] 工作場所占有人不應允許（同意）任何之移民罪犯進入或停留於工作場所。

幣，或應判處有期徒刑十二個月以下，或兩者併科之。上述之刑罰，其標準在於工作場所被發現之非法移民罪犯之人數，每發現一名非法移民罪犯，處罰之標準如上。如被告再次累犯（第二次或超過二次之罪行），則在工作場所每發現一名非法移民罪犯，應被判處罰金3萬元以上6萬元以下之新幣，或判處有期徒刑二年以下，或兩者併科之。上述之刑罰，亦是以非法移民罪犯之人數，作為科刑之基準。每發現一名非法移民罪犯，刑罰如上。之所以加重處罰，主因在於懲治被告之累犯罪行。反觀臺灣對於僱用非法外國人之雇主之懲處額度與機制，並非以非法移民罪犯之人數為標準，我國之懲處額度與機制，容有精進之空間。

六、我國外勞聘用與管理機制存有若干之缺陷

我國於聘用與管理外勞之機制方面，面臨以下之問題與困境：1.我國國內勞動市場勞動力供需差距過大，有關引進外勞之總量，常受到民意及反對引進外勞團體左右，但民意常缺乏科學之實證基礎；2.引進外勞之申請門檻偏高；3.在外勞重新轉換新雇主部分，原雇主將外勞轉出之後，視同放棄原名額，遞補另外一名新外勞，須重新申請，實務上，最快約需一個月，對原雇主而言，會有一段空窗期及等待期；4.在外勞轉出之機制方面，限定由原雇主提出，恐非良善之作法；5.引進外勞之直聘方式，面臨以下之問題：(1)無法確保外勞之素質；(2)無法落實培訓工作；(3)無法落實管理工作；(4)常發生外勞基本人權受到雇主之侵犯與踐踏。5.直聘中心與民間仲介公司之功能與角色，相互排斥，無法發揮整體之仲介功能[89]。

七、我國與兩岸及外國執法機關之合作，仍有相當大之改進空間

我國與外國、中國大陸及港澳地區執法機關之合作連繫機制，尚待進一步提升；就大陸地區女子來臺非法打工之非法移民者而言，其之所以能夠透由「假結婚」之模式，取得合法證件而順利地進入臺灣地區，主要之原因，係大陸地區女子來臺之背後，透由人蛇集團操控與安排所導致。目前，偵查執法機關主要係透由誘捕偵查之方式，逮捕來臺非法打工之大陸地區女子與馬伕。執

---

[89] 李雲陽（2010），臺灣當前外勞政策之盲點，http://www.maar.org.tw/maa-4_view.php?vid=18，瀏覽日期：2014年6月22日。

法機關偵查資源運用之重點與偵查方向，偏向於查緝個案，諸如上述提及之來臺非法打工之大陸地區女子與馬伕；偵查作為之困境，較無法向上追源，將背後兩岸人蛇集團一網成擒。

然而，根據實證調查之結果，上述之大陸地區女子，當初大多持合法之證件入臺，渠等在臺大多有假老公，整個「假結婚」機制之核心關鍵點，即在於兩岸人蛇集團之安排與操控[90]。是以，打擊兩岸人蛇集團是解決大陸地區女子來臺非法打工之非常核心重點工作。但，如欲有效地打擊活躍於兩岸地區之人蛇集團，須賴兩岸執法機關之合作，此一區塊，仍有相當大之改進空間。尤其是我方之執法機關，宜強化與中國大陸公安部常態性與定期性之聯繫機制。

八、對於非常特殊之族群採取「就地合法化」對策之檢討

就滯臺泰國緬甸地區國軍後裔可否在臺灣居留或定居之問題而論，內政部雖於民國98年6月8日，以台內移字第0980959988號令，公布及施行「滯臺泰國緬甸地區國軍後裔申請居留或定居許可辦法」，同意滯臺泰國緬甸地區國軍後裔可在臺灣居留或定居[91]，但仍有少數之泰國緬甸地區孤軍後裔，因當初進入國內大學之方式不同，導致雖擁有「國軍後裔證明」，卻無法申請合法居留[92]。再者，因有時程之限制（民國88年5月21日至97年12月31日期間入國），以至於97年12月31日以後入國者，亦不適用之。形成滯臺泰國緬甸地區之國軍後裔，少部分之人士，仍無法在臺灣居留或定居。此一問題，涉及渠等之人權問題，亦值得加以關注。

---

[90] 陳素珍（2008），同註75，頁125-215。

[91] 「滯臺泰國緬甸地區國軍後裔申請居留或定居許可辦法」第2條：
本辦法所稱滯臺泰國緬甸地區國軍後裔（以下簡稱泰緬地區國軍後裔），指中華民國88年5月21日至97年12月31日期間入國，由教育部或僑務委員會核准自泰國、緬甸地區回國就學或接受技術訓練，現仍在臺灣地區，經國防部查證，為滯留泰緬甸地區前國軍官兵之後裔，發給國軍後裔證明者。

[92] 呂苡榕（2011），「元旦慶融合，孤軍後裔仍流浪」，https://groups.google.com/d/topic/yotu/tEX7zGxrBeE，瀏覽日期：2014年4月14日。

九、臺灣尚未通過「家事勞工保障法」草案，造成合法外勞演變成為非法外勞之情事持續不斷發生

截至2016年上半年爲止，我國勞動部草擬之「家事勞工保障法」草案，尚未被立法院通過。臺灣自從開放外勞家庭幫傭機制以來，外勞家庭幫傭之基本人權議題，不斷地受到各界之重視與關注。渠等之人權問題，如下所述：1.無法休假；2.同工不同酬；3.遭受雇主身體及心理之侵害；4.無法順利地轉換雇主；5.超時工作；6.受到不人（仁）道之非人待遇；7.被雇主扣留護照旅行證件及薪資等等。上述之人權問題，有賴於「家事勞工保障法」對人權課題之明文規範與施行，俾利前開外勞家庭幫傭之人權與人性尊嚴，受到法律高密度之保障。

十、臺灣尚未通過「難民法」草案，且未建構難民保護之機制

截至2016年上半年爲止，我國尚未通過「難民法」草案，難民保護之法律機制，尚未被完整地建構，難民之人性尊嚴，未受到政府之積極保障。我國難民保護之機制，面臨以下非常嚴重問題[93]：1.雖有「難民法」草案，但尚未通過；2.「難民法」草案之內容，對於難民之保護，欠缺完整性；3.在臺灣境內，目前已有數百位流亡藏人及十餘位之中國異議人士陸續來臺尋求政治庇護，至今已逾十年；4.中國六四民運之異議分子，渠等人士來臺尋求政治庇護之後，均持短期簽證，無法工作，亦無法出境，基本權利無法獲得政府之保障，亦造成許多家庭被迫分離，無法團聚；5.在臺之流亡藏人，雖持有合法婚姻登記之證明，配偶卻無法取得依親居留，每六個月被迫出境再入境，家庭團聚權遭受嚴重之侵犯；6.政府在解決藏人來臺尋求庇護之問題時，缺乏難民法作爲依據，以致於渠等之人性尊嚴，未受到保障；7.政府在處理中國難民問題時，因考量中國大陸之政治因素，致使其臺灣社會之黑戶；民間人權團體看待此一問題，認爲政府缺乏完善的難民政策；8.我國政府因考量中國大陸之政治因素，遂將政治與人權及人道的問題掛勾於一處，造成問題之複雜性；9.來臺之難民，係欲爭取我國一個合法之難民身分，這是一個卑微之要求，國家應給

---

[93] 陳瑞榆、杜旻霏（2013），「620世界難民日，我要活下去，給我難民法」，https://www.tahr.org.tw/node/1246，瀏覽日期：2014年6月22日。

予其基本之尊重與保障。臺灣亦是全球社會之一分子，有國際義務接受難民，並給予人權之保障。事實上，我國尚未達到此一目標。

十一、大陸地區人民來臺因違規脫團、逾期停（居）留或從事非法活動所造成之境內國家安全與社會治安之潛在性風險，未受到政府主管部門積極與正面之重視

兩岸開放之後，大陸地區人民可以觀光旅遊、社會交流、專業（商務）參訪、探親團聚等各項事由進入臺灣地區，但來臺之後，因違規脫團、逾期停（居）留或從事其他非法活動，所造成之境內國家安全與社會治安之各式風險，則未受到政府主管部門積極與正面之重視。本文認為，宜重視兩岸目前仍屬於軍事衝突與對立之局面。

依據日本防衛省之觀察與了解，中國大陸對於臺灣之政治主張，係認為臺灣是屬於中國大陸之一部分，而關於臺灣問題之政治屬性，中國大陸則堅持所謂之臺灣問題，是屬於中國之內政問題，並非國與國之國際問題。中國大陸與臺灣間相關議題之討論與研究，均須植基於一個大前提（大原則）之上，即一個中國。在兩岸問題上，中國大陸仍未放棄以和平之手段，促使兩岸在政治上之統一；有關於運用和平之手段以達統一之目標，是中國大陸努力之方向。就兩岸在政治上之統一議題而論，這是臺灣人民非常關切之問題；在中國大陸方面，中國則極力反對外國勢力從中阻撓或干涉兩岸政治上之統一，及臺灣獨立之行為。中國大陸為了有效地反制外國勢力阻撓兩岸之統一，及臺灣之獨立，經常表明仍未放棄軍事武力之行使與運用。亦即，於必要時，透由人民解放軍之軍力，排除外國勢力之阻撓，並殲滅臺獨。日本防衛省指出，為了令上述之軍事行動具有法律之基礎，於2005年3月，中國大陸制訂「反國家分裂法」，將不放棄使用武力之原則，透由「反國家分裂法」之制定與頒布，使其明文化與合法化[94]。

根據2005年3月14日由中華人民共和國第10屆全國人民代表大會第3次會議通過之反分裂國家法第1條之規定：「為了反對和遏制『臺獨』分裂勢力分裂國家，促進祖國和平統一，維護臺灣海峽地區和平穩定，維護國家主權和領土

---

[94] 日本防衛省（2013），防衛白書，http://www.mod.go.jp/j/publication/wp/wp2013/pc/2013/index.html，瀏覽日期：2013年8月26日。

完整，維護中華民族的根本利益，根據憲法，制訂本法。」

　　就中國學者專家之觀點而論，有關於臺灣獨立建國運動之定性，是屬於分裂國家的行為，它一直是被否定的。在國際實踐中，主權國家以非和平方式維護國家主權和領土完整的事例屢見不鮮[95]。是以，在上述背景之下，中國制定反分裂國家法。另外，根據反分裂國家法第2條之規定：「世界上只有一個中國，大陸和臺灣同屬一個中國，中國的主權和領土完整不容分割。維護國家主權和領土完整是包括臺灣同胞在內的全中國人民的共同義務。臺灣是中國的一部分。國家絕不允許『臺獨』分裂勢力以任何名義、任何方式把臺灣從中國分裂出去。」

　　根據反分裂國家法第2條之明文規定，大陸和臺灣同屬一個中國，不允許「臺獨」分裂勢力以任何名義、任何方式把臺灣從中國分裂出去。在反分裂國家法公布之後，上述之主張，已成為正式之法律文件。

　　再者，依據反分裂國家法第8條之規定：「『臺獨』分裂勢力以任何名義、任何方式造成臺灣從中國分裂出去的事實，或者發生將會導致臺灣從中國分裂出去的重大事變，或者和平統一的可能性完全喪失，國家得採取非和平方式及其他必要措施，捍衛國家主權和領土完整。依照前款規定採取非和平方式及其他必要措施，由國務院、中央軍事委員會決定和組織實施，並及時向全國人民代表大會常務委員會報告。」

　　另外，根據反分裂國家法第9條之規定：「依照本法規定採取非和平方式及其他必要措施並組織實施時，國家盡最大可能保護臺灣平民和在臺灣的外國人的生命財產安全和其他正當權益，減少損失；同時，國家依法保護臺灣同胞在中國其他地區的權利和利益。」

　　根據上述反分裂國家法第8條之規定，採取非和平方式及其他必要措施的決定權，由國務院及中央軍事委員會決定和組織實施，並及時向全國人民代表大會常務委員會報告。是以，在緊急狀況之下，國務院及中央軍事委員會可以決定非和平方式及其他必要措施，以非和平方式攻擊臺灣。

　　由前開反分裂國家法第8條及第9條之規定，中國對臺灣仍不放棄武力攻臺。不僅未放棄武力攻臺，尚且積極備戰，準備奪臺。本文認為，上述之反分

---

[95] 王翰靈（2006），「《反分裂國家法》的非和平方式條款」，2006年7月22日，http://www.chinatopnews.com/MainNews/Opinion/2005_4_15_7_53_34_622.html；chinesenewsnet.com。

裂國家法，已嚴重地涉及侵略之行爲。在第二次世界大戰之後，當時的同盟國各國，與日本簽訂一項非常重要之和平條約，名爲「對日和平條」，通稱「舊金山和約」或「舊金山和平條約」。根據對日和平條約第2條[96]之規定，日本放棄對臺灣、澎湖等島嶼的一切權利、權利名義與要求。但是，對日和平條約第2條並未明文規定，日本對臺灣、澎湖等島嶼的一切權利、權利名義，全部歸還給中華人民共和國。依據上述對日和平條約第2條之條文，臺灣、澎湖等島嶼的一切權利、權利名義，絕非屬於中華人民共和國所擁有。

目前，因中華民國政府以實際及不間斷之方式，持續統治臺灣，故有關於臺灣之主權，法理上，係歸於中華民國。是以，上述反分裂國家法之法理，已嚴重地破壞對日和平條約第2條之精神，恐已站不住腳。再者，反分裂國家法僅是中國大陸內部之法律，其法律效力遠不及於對日和平條約第2條，亦不對中華民國產生任何之拘束力量。

由於反分裂國家法第8條及第9條授權中國人民解放軍可對臺灣進行武力攻臺，故在此氛圍之下，大陸地區人民來臺因違規脫團、逾期停（居）留造成之境內國家安全與社會治安之潛在性風險，政府主管部門宜積極與正面之重視之。有必要進一步深入了解與掌控大陸地區人民來臺之後，因違規脫團、逾期停（居）留或從事其他非法活動，所造成之境內國家安全與社會治安之各式風險爲何？再者，上述渠等之行蹤及來臺目的等，政府宜有效地進行管控。

第六節　臺灣因應非法移民問題可行之對策

臺灣因應非法移民問題可行之解決對策，如下所述：

---

[96] 舊金山和平條約第2條：
　(a)日本承認朝鮮獨立並予以放棄對朝鮮包括濟州島、巨文島與鬱陵島等島嶼的一切權利、權利名義與要求。
　(b)日本放棄對臺灣、澎湖等島嶼的一切權利、權利名義與要求。
　(c)日本放棄對千島群島、1905年9月5日獲得之庫頁島部分，以及鄰近各島嶼的一切權利、權利名義與要求。
　(d)日本放棄國際聯盟委任統治相關的一切權利、權利名義與要求，同時接受聯合國安全理事會於1947年4月2日所採取有關日本前述太平洋島嶼委任統治地之信託統治安排。
　(e)日本放棄因爲日本國家或國民在南極地區活動所衍生的一切權利、權利名義與要求。
　(f)日本放棄對南沙群島與西沙群島的一切權利、權利名義與要求。

一、重視非法移民者之人權及人性尊嚴，同時，宜採取符合臺灣實際國情之對策

在非法移民之議題上，臺灣宜高度重視，不宜輕忽其複雜性及嚴重性。如就在臺行蹤不明之外勞人數而論，截至2013年9月30日為止，根據內政部入出國及移民署之統計資料，目前在臺行蹤不明的外勞人數，業已突破4萬人，達到4萬158人[97]。非法移民在全球移入人口之中所占之比例，可謂是相當地高。在全球社會方面，近年來，非法移民在移入人口之中所占之比例，約占13%至26%。美國約占1/3，俄國更高達40%。綜合上述相關之非法移民比例數據，非法移民在移入人口之中所占之比例，約占13%至40%之間。是以，臺灣宜重視移入人口之中，占相當高比例之非法移民問題。

在防制非法移民之對策模式方面，有很多防制模式之選項，可供臺灣從其中選擇適合之模式，究竟是偏愛聯合國之重視人權模式？抑或是美國亞利桑那州與新加坡之嚴厲執法掃蕩模式？或是，將在地之非法移民加以合法化模式[98]？均各有利弊優劣。考量兩岸仍屬於高度之政治與軍事對立與衝突，若採取過於寬鬆之防制非法移民之對策，恐會造成臺灣人流管理之諸多缺失。是以，宜在符合國際人權法，重視與維護非法移民之基本人權及人性尊嚴之標準下[99]，採取符合臺灣實際國情之對策為佳。

美國強化美墨及其他處國境線上之國境管理之諸多作為與措施，由於史無前例地投入相當多之資源（unprecedented resources），業已非常有效地控制美國境內非法移民之總數[100]，有效遏阻非法移民之流入美國。上述美國強化國境管理之作為，頗值得臺灣參考之。不過，美國非法移民人數下降之原因與現

---

[97] 大智人力（2013），「外勞行蹤不明人數破4萬人大關，越政府提懲罰防堵措施，勞委會肯定」，http://www.dart-wits.com.tw/_chinese/06_latestnews/02_newsdetail.aspx?NID=170，瀏覽日期：2014年2月22日。又見大智人力（2013），「法令不具嚇阻效果，外勞逃逸毫無忌憚，行蹤不明人數破4萬，社會治安隱憂」，http://www.dart-wits.com.tw/_chinese/06_latestnews/02_newsdetail.aspx?NID=163，瀏覽日期：2014年2月25日。

[98] 楊舒涵（2010），歐盟非法移民問題之研究，中央警察大學外事警察研究所碩士論文，頁109-135。

[99] 許義寶（2010），我國移民政策與法制之初探，發表於中央警察大學國境警察學系與移民研究中心共同舉辦之「國境管理與移民事務學術研討會」。

[100] Teresa Watanabe (2010). Illegal immigrant numbers plunge, retrieved from http://articles.latimes.com/2010/feb/11/local/la-me-immig11-2010feb11, Nov. 2, 2010.

象，亦不容忽視，根據美國國土安全部發言人Matthew Chandler之見解，即美國經濟之疲軟不振（weak economy），已對非法移民缺乏及喪失經濟上之巨大誘因[101]，故近年以來，在美國境內非法移民之人數，出現下降之現象。而上述美國經濟上之衰退（weak economy），或許有可能引發美國國力逐漸削弱，及美國在國際社會上影響力之減弱及發言份量（此即部分論者所主張之美國國力逐漸衰弱論），亦值得臺灣正視之，俾利臺灣預為因應。

二、不斷精進及強化國境管理機制與能量

美國因強化美墨及其他國境線上之國境管理之諸多作為與措施，業已相當程度地達到控制非法移民之措施，給予臺灣非常大之啟發與借鏡。臺灣在強化國境人流管理方面，可由五個面向加以著力及精進之，此為：1.境外審核過濾；2.生物特徵辨識[102]；3.風險評估分析；4.自動通關系統；5.國際情資交流[103]，藉以確保臺灣國境人流管理之實效。除了上述之國境人流管理之對策之外，其他涉及完善及精進臺灣國境管理之諸多作為與措施，尚可包括下列之對策：

1. 建立執法機關聯繫平臺，以利資源整合[104]；
2. 精進國境線上之面談審核機制[105]，防止不法居停留[106]；
3. 重視恐怖組織與其他各類型跨國犯罪之結合或戰術上交互學習[107]；

---

[101] Teresa Watanabe (2010). Illegal immigrant numbers plunge, retrieved from http://articles.latimes.com/2010/feb/11/local/la-me-immig11-2010feb11, Nov. 2, 2010.

[102] 刁仁國（2010），淺論生物辨識技術在機場安全維護之運用與對隱私權之影響，發表於中央警察大學國境警察學系與移民研究中心共同舉辦之「國境管理與移民事務學術研討會」。

[103] 有關境外審核過濾、生物特徵辨識、風險評估分析、自動通關系統及國際情資交流，係參考由謝立功教授所提出之想法，請參見：謝立功（2010），境外過濾及國際情資交流精實國境人流管理，http://www.nownews.com/2010/04/30/301-2597676.htm，瀏覽日期：2010年11月2日。

[104] 洪孟君（2010），我國防制人口販運執法現況之研究—以警察、移民與海巡機關為例，中央警察大學外事警察研究所碩士論文，頁163-174。

[105] 王寬弘（2010），我國警察機關防制人口販運執行作為之實證調查研究，發表於中央警察大學國境警察學系與移民研究中心共同舉辦之「國境管理與移民事務學術研討會」。

[106] 許義寶（2010），我國移民政策與法制之初探，發表於中央警察大學國境警察學系與移民研究中心共同舉辦之「國境管理與移民事務學術研討會」。

[107] 汪毓瑋（2010），移民政策之犯罪與安全思考及未來發展方向初探，發表於中央警察大學國境警察學系與移民研究中心共同舉辦之「國境管理與移民事務學術研討會」。

4. 建構一套可行之國境管理成效評估之機制；

5. 建構國境安全情資整合與分享平臺，及情資導向之新警政策略[108]。此種之機制，可俾利國境線上及境內之海關、移民署、檢疫機關、海巡署、調查局、勞動部及警察機關之執法能量，能進行整合，發揮相加及相乘之效果。

三、強化勞動檢查機制

美國政府在前布希總統主政之時期，其移民執法之政策，亦曾採用強化勞動檢查之機制，對於聘僱非法移民之工作場所，進行突擊檢查與強力掃蕩；根據聯合國IOM之研究，強化勞動檢查機制有相當佳之成效。是以，本文建議我國可增強勞動檢查之檢查人力及相關資源，包括增加移民署移民官與勞動部檢查官員之人力，並建立常態化之勞動檢查機制，以定期及突擊式之模式，對於潛在有僱用非法外國人風險之場所，進行勞動檢查。

四、對於僱用非法外國人之雇主，提升懲罰之額度

目前，雇主如有聘僱未經許可、許可失效或他人所申請聘僱之外國人之行為，我國已將其定位為不法行為[109]；對於僱用非法外國人之雇主，依據就業服務法第63條之規定[110]，第一次之違反者，處新臺幣15萬元以上75萬元以下罰

---

[108] 陳明傳、潘志成（2010），移民與國境執法，發表於中央警察大學國境警察學系與移民研究中心共同舉辦之「國境管理與移民事務學術研討會」，2010年11月。王書錚，全球非法移民現況及發展之研究，收錄於非傳統性安全威脅研究報告第3輯，2004年2月，頁217-240。

[109] 就業服務法第57條（雇主行為之限制）：
雇主聘僱外國人不得有下列情事：
一、聘僱未經許可、許可失效或他人所申請聘僱之外國人。
二、以本人名義聘僱外國人為他人工作。
三、指派所聘僱之外國人從事許可以外之工作。
四、未經許可，指派所聘僱從事第46條第1項第8款至第10款規定工作之外國人變更工作場所。
五、未依規定安排所聘僱之外國人接受健康檢查或未依規定將健康檢查結果函報衛生主管機關。
六、因聘僱外國人致生解僱或資遣本國勞工之結果。
七、對所聘僱之外國人以強暴脅迫或其他非法之方法，強制其從事勞動。
八、非法扣留或侵占所聘僱外國人之護照、居留證件或財物。
九、其他違反本法或依本法所發布之命令。

[110] 就業服務法第63條（罰則）：
違反第44條或第57條第1款、第2款規定者，處新臺幣15萬元以上75萬元以下罰鍰。5年內再違反者，處3年以下有期徒刑、拘役或科或併科新臺幣120萬元以下罰金。

鍰。五年內再違反者，處三年以下有期徒刑、拘役或科或併科新臺幣120萬元以下罰金。本文建議，對於僱用非法外國人之雇主，宜再提升懲罰之額度。

五、精進我國外勞之聘用與管理機制，並將我國勞動市場之需求，廣作宣傳

根據聯合國IOM之研究，非法移民者之主要關鍵性動力，係為尋找更高利潤之工作條件及機會（職缺），此乃為工作尋找理論。植基於工作尋找理論，可採行之對策，係為將我國勞動市場之需求，諸如：需求名額、職種、工作地點及時間等資訊，於國內及外勞之來源母國，廣作適切地宣傳，俾利外勞於來源母國，即可得知如何透由合法管道來臺工作，避免淪為非法外勞之窘（困）境。

再者，在精進我國外勞之聘用與管理機制之對策方面，本文提出以下之建議與方案，供社會各界參考：

1. 對我國勞動市場勞動力之需求而論，我國究竟需要多少名額之外籍勞工？此須經由實證調查與分析，始可得知。根據李秀娟氏、林師模氏、李高朝氏等人之研究，外籍勞工人數如達到37萬人，對國內市場仍不會產生排擠效用[111]，是以，如將外籍勞工人數控制在一定之數量之下，似不會占用國內勞工勞動力之市場缺額。

2. 當國內勞動市場勞動力供需差距過大，則會鼓勵雇主聘用非法外勞，故根本之解決之道，係宜使用非常科學之實證調查技術，精算臺灣所需之外勞人數，避免國內供需不足。

3. 降低引進外勞之申請門檻。

4. 假若原雇主將外勞轉出之後，根據目前之規定，視同放棄原名額，會受到政府管制，無法立即遞補。原雇主如欲重新申請，則相當費時，且原雇主須再一次支付外勞申請費用，造成外勞轉出之機制不易執行，衍生外勞直接以逃逸方式解決問題。本文建議，原雇主將外勞轉出之後，可直接進行遞補，原

法人之代表人、法人或自然人之代理人、受僱人或其他從業人員，因執行業務違反第44條或第57條第1款、第2款規定者，除依前項規定處罰其行為人外，對該法人或自然人亦科前項之罰鍰或罰金。

[111] 李秀娟、林師模、李高朝，外籍勞工的競爭性與互補性對我國勞動需求及外勞政策的影響，http://proj3.sinica.edu.tw/~tea/images/stories/file/WP0074.pdf，瀏覽日期：2010年11月2日。

雇主無須重新申請。

在外勞轉出之機制方面，須由原雇主提出，亦非合理，宜設計一套機制，亦可由外勞提出申請，而非一律須由原雇主提出申請。假若外勞擬提出申請，但原雇主拒絕提出申請，此時，亦會衍生外勞直接以逃逸方式解決問題。

我國目前引進外勞之方式，尚有直聘方式，宜改進直聘所引進外勞之素質與培訓工作，俾利符合雇主之實際要求；再者，亦宜強化以直聘方式引進外勞之管理工作。此外，以直聘方式引進之外勞，因欠缺仲介公司協助解決其相關之問題，其基本人權常受到雇主之侵犯與踐踏，此部分，亦宜改善之。

在引進外勞之機制方面，我國可採取透由直聘中心與民間仲介公司之雙軌並行模式，彼此進行良性競爭，同時，直聘中心與民間仲介公司之功能與角色，亦可進行合作與互補。以外勞之培訓與管理而論，此是直聘中心致命傷與弱點之所在，但卻是民間仲介公司之強項，故以外勞之培訓與管理而論，亦可考量委由民間仲介公司執行。是以，直聘中心與民間仲介公司之角色，似亦可相互合作與互補，進行不同之分工。

六、加強與外國、中國大陸及港澳地區執法機關之合作連繫機制，並積極推展情報之交換

為有效地降低臺灣非法移民者之人數，可行之對策，係與外國、中國大陸及港澳地區執法機關，建立及增強雙方之合作連繫機制，相互交流打擊走私人口有組織化犯罪集團之治安情報。此外，尚可調整兩岸刑事司法互助之策略框架，以警政協力合作之概念，共維兩岸地區性之治安[112]，並建議中國大陸及其他非法移民者之來源母國或地區，應加強反制非法移民之執法作為[113]。

茲以越南政府為例，於2013年，越南政府實施新的執法作為，亦即提出懲罰措施，針對聘僱期滿、入境他國亦即逃逸，或引誘他人逃逸者等，將對上述非法行為，處罰1億越南盾之罰款，外勞本人於被遣返回越南後二年至五年

---

[112] 陳明傳、潘志成（2010），移民與國境執法，發表於中央警察大學國境警察學系與移民研究中心共同舉辦之「國境管理與移民事務學術研討會」。

[113] 張增樑（2004），國際反制非法移民作為，收錄於非傳統性安全威脅研究報告，第3輯，頁77-110。

內，將禁止再次至國外工作[114]。此種作為，廣受我國勞委會之肯定。臺灣可以越南政府為例，說服中國大陸及其他非法移民者之來源母國或地區，鼓勵其提出反制非法移民之可行對策，共同防制非法移民。

七、對於非常特殊之族群，宜考量該族群特別艱困之處境，採用有限度、有條件及小幅度之「就地合法化」對策

內政部雖於民國98年6月8日，以台內移字第0980959988號令，公布及施行「滯臺泰國緬甸地區國軍後裔申請居留或定居許可辦法」，同意滯臺泰國緬甸地區國軍後裔可在臺灣居留或定居[115]，但仍有少數之泰國緬甸地區孤軍後裔，因當初進入國內大學之方式不同，導致雖擁有「國軍後裔證明」，卻無法申請合法居留[116]。再者，因有時程之限制（民國88年5月21日至97年12月31日期間入國），以至於97年12月31日以後入國者，亦不適用之。本文認為，考量當初泰國緬甸地區之國軍，為中華民國之生存，作出巨大之貢獻，渠等用其寶貴之生命，為中華民國之生存而戰，此等情節，令人動容。故對於在臺境內，尚未取得居留權之泰緬孤軍後裔，宜考量該族群特別艱困之處境，及其祖父輩與父親輩付出生命對中華民國所作之重大貢獻，宜採用有限度及有條件之「就地合法化」對策，放寬賦予其長期居留權及定居權所需之相關條件及其時程。

---

[114] 大智人力（2013），「外勞行蹤不明人數破4萬人大關越政府提懲罰防堵措施勞委會肯定」，http://www.dart-wits.com.tw/_chinese/06_latestnews/02_newsdetail.aspx?NID=170，瀏覽日期：2014年2月2日。又見大智人力（2013），「法令不具嚇阻效果，外勞逃逸毫無忌憚，行蹤不明人數破4萬，社會治安隱憂」，http://www.dart-wits.com.tw/_chinese/06_latestnews/02_newsdetail.aspx?NID=163，瀏覽日期：2014年2月25。

[115] 「滯臺泰國緬甸地區國軍後裔申請居留或定居許可辦法」第2條：
本辦法所稱滯臺泰國緬甸地區國軍後裔（以下簡稱泰緬地區國軍後裔），指中華民國88年5月21日至97年12月31日期間入國，由教育部或僑務委員會核准自泰國、緬甸地區回國就學或接受技術訓練，現仍在臺灣地區，經國防部查證，為滯留泰國緬甸地區前國軍官兵之後裔，發給國軍後裔證明者。

[116] 呂苡榕（2011），「元旦慶融合，孤軍後裔仍流浪」，https://groups.google.com/d/topic/yotu/tEX7zGxrBeE，瀏覽日期：2014年2月22。

八、臺灣宜儘速通過「家事勞工保障法」草案或「家事勞工權益保障法草案」，俾減少合法外勞因其權益受損，求助無門，而演變成為非法外勞之情事

截至2016年上半年爲止，相當可惜地，臺灣尚未通過「家事勞工保障法」草案；行政院勞動部所草擬之「家事勞工保障法」草案，該草案之條文規範，共計有20條[117]：第1條爲立法目的，目前家事勞工係由勞雇雙方透過契約議定勞動條件，但私法契約缺乏強行性。現行勞動基準法雖已適用大部分行業之受僱者，惟家事勞工多在家庭處理家務、照料家庭成員起居、從事看護工作等，其工作型態具個案化及多元化，契約約定及終止事由與勞動基準法規定性質不同、工作時間與休息時間不易釐清、職業災害認定困難等，適用該法確有窒礙難行之處。爲加強保障家事勞工之勞動條件權益，特制訂本法[118]；第2條爲家事勞工之定義及工作內容[119]；第3條爲主管機關[120]；第4條爲家事勞動契約[121]；第5條爲工資議定，爲保障勞工之基本生活，其工資不得低於中央主管機關公

---

[117] 行政院勞動部（2013），家事勞工保障法草案，http://webcache.googleusercontent.com/search?q=cache:SwVBoaHTRYsJ:w3.mol.gov.tw/site/business/414eaa4b/475608e8/4d9bde4e/files/%25AEa%25A8%25C6%25B3%25D2%25A4u%25ABO%25BB%25D9%25AAk%25AF%25F3%25AE%25D71020921.doc+&cd=2&hl=en&ct=clnk&gl=tw，瀏覽日期：2014年7月3日。

[118] 「家事勞工保障法」草案第1條：
爲保障家事勞工之勞動條件，特制訂本法。
雇主與勞工所定之勞動條件低於本法規定者，依本法之規定。

[119] 「家事勞工保障法」草案第2條：
本法所稱家事勞工，指受僱於個人從事家庭看護工作或幫備工作之勞工。但不包含其配偶、直系血親尊（卑）親屬、二親等內血親及姻親。
前項所稱家庭看護工作或幫備工作，內容如下：
一、家庭看護工作：照顧身心障礙者或病患日常生活等相關事務工作。
二、家庭幫備工作：清理房舍、烹調、照料家庭成員起居等相關事務工作。

[120] 「家事勞工保障法」草案第3條：
本法所稱主管機關：在中央爲行政院勞工委員會（現已改爲勞動部）；在直轄市爲直轄市政府；在縣（市）爲縣（市）政府。

[121] 「家事勞工保障法」草案第4條：
家事勞動契約定有期間者，其勞雇關係於期間屆滿時消滅。
家事勞動契約未定期間者，勞雇任一方得隨時終止契約。
家事勞動契約因可歸責於他方之事由終止者，得向其請求損害賠償。

告之基本工資數額[122]；第6條為工資之給付[123]；第7條為工資之一部得以實物給付[124]；第8條為雇主不得預扣勞工工資[125]；第9條為工作時間及休息[126]；第10條為每七日中至少應有一日之休息[127]；第11條為每年勞工特別休假[128]；第12條為勞工工作年資之計算，以受僱於同一雇主為原則，如契約定有期間屆滿後未滿三個月而訂定新約或不定期契約因故停止履行後繼續履行原約之情形時，勞工前後工作年資，仍應合併計算[129]；第13條為特別休假排定及未休完之處理原則[130]；第14條為有關勞工請婚假、喪假及事假之規定，準用勞動基準法有關勞

---

[122] 「家事勞工保障法」草案第5條：
工資由勞雇雙方議定，不得低於中央主管機關公告之基本工資數額。

[123] 「家事勞工保障法」草案第6條：
工資之給付，應以法定通用貨幣為之，每月定期發給。
工資應全額直接給付勞工。但法令另有規定者，從其規定。
雇主應發給勞工工資明細表，將發放之工資、工資計算項目等事項記入，並自行保存五年。

[124] 「家事勞工保障法」草案第7條：
勞工與雇主或其家庭成員同住者，得於勞動契約內訂明工資之一部以實物給付，其實物之作價應公平合理，並符合勞工之需求。

[125] 「家事勞工保障法」草案第8條：
雇主不得預扣勞工工資作為違約金或賠償費用。

[126] 「家事勞工保障法」草案第9條：
工作時間，由勞雇雙方在不損及勞工健康及福祉之原則下議定之。
雇主每日至少給予勞工連續八小時之休息。但有特殊情況，連續休息期間須勞工工作者，應由勞雇雙方就工作內容及工資計算標準，另以書面議定之。

[127] 「家事勞工保障法」草案第10條：
勞工工作每七日中至少應有一日之休息，作為例假，工資應由雇主照給。
前項例假，雇主因緊急狀況有使勞工繼續工作之必要者，應加給一日之工資。勞工選擇於七日內補假休息者，雇主得不加給工資。

[128] 「家事勞工保障法」草案第11條：
雇主應依勞工繼續工作之年資，依下列規定每年計給勞工特別休假：
一、一年以上三年未滿者七日。
二、三年以上五年未滿者十日。
三、五年以上十年以下者十四日。
四、十年以上者，每一年加給一日，加至三十日止。
勞工請特別休假，工資應由雇主照給。雇主經徵得勞工同意或因緊急狀況有使家庭看護工於特別休假日工作者，當日應加給一日工資。

[129] 「家事勞工保障法」草案第12條：
雇主依前條規定計給特別休假時，勞工之工作年資應自受僱當日起算。契約定有期間者，屆滿後未滿三個月而訂定新約，或不定期契約因故停止履行後繼續履行原約時，勞工前後工作年資，應合併計算。

[130] 「家事勞工保障法」草案第13條：
特別休假日期應由勞雇雙方協商排定之。

工請假之規定辦理[131]；第15條為雇主應依勞工保險條例規定為其加保，以確保勞工權益及減輕雇主之負擔[132]；第16條為雇主違反本法時，其主管機關為地方主管機關[133]；第17條為反本法之罰則，衡酌個別家庭經濟負擔及確實保障勞工權益，應以督促雇主改善勞動條件為優先，如經限期改善而屆期未改善者，再處以罰鍰。至已構成違法，且無法於事後改善者，則應逕予處罰[134]；第18條為罰鍰之裁處[135]；第19條為罰鍰之處理[136]；第20條為為使雇主於本法公布後，能有緩衝期做適當之調整及配合我國長期照護制度之開辦，爰規定本法之施行日期由行政院定之[137]。

另外，立法院之楊麗環、張嘉郡、江惠貞、吳育仁、盧嘉辰、蔣乃辛、王進士、廖正井、林正二、李應元、陳碧涵、翁重鈞、楊應雄、陳鎮湘、王惠美、呂玉玲、紀國棟、羅明才等18位委員，尚共同草擬乙份「家事勞工權益保障法草案」，本法案之公文編號係為立法院院總第1788號，委員提案第13286號[138]。本草案是由上述楊麗環、張嘉郡、江惠貞等18位立法委員所提案，共計

特別休假因年度終結或終止契約而未休，係可歸責於雇主之原因者，雇主應發給勞工應休未休日數之工資。

[131] 「家事勞工保障法」草案第14條：
勞工得請婚假、喪假或事假。雇主給假日數及工資給付標準，準用勞動基準法有關勞工請假之規定。
勞工因傷害、疾病或生理原因必須治療或休養者，得請病假。雇主給予之病假，一年內以三十日為度，工資折半發給。
勞工請病假逾前項規定之期限者，得以事假或特別休假抵充。
勞工依前三項規定請假者，必要時雇主得要求其提出相關證明文件。

[132] 「家事勞工保障法」草案第15條：雇主應依勞工保險條例規定為勞工投保勞工保險。

[133] 「家事勞工保障法」草案第16條：
地方主管機關應建立申訴處理機制，並得依職權對雙方當事人進行協調。
雇主不得因勞工申訴而予不利之待遇。

[134] 「家事勞工保障法」草案第17條：
雇主有下列行為之一者，處新臺幣6,000元以上6萬元以下罰鍰：
一、違反第5條至第8條、第9條第2項、第10條、第11條、第13條第2項或第14條之工資給付規定，經通知限期改善；屆期未改善。
二、違反第14條第1項至第3項給假規定、第15條或第16條第2項規定。

[135] 「家事勞工保障法」草案第18條：本法所定罰鍰，由直轄市及縣（市）主管機關處罰之。

[136] 「家事勞工保障法」草案第19條：依本法所處之罰鍰，經限期繳納，屆期仍未繳納者，移送強制執行。

[137] 「家事勞工保障法」草案第20條：本法施行日期，由行政院定之。

[138] 立法院之楊麗環、張嘉郡、江惠貞等18位立法委員，有鑑於以下之事實：現行勞動基準法雖已

31條。

本「家事勞工權益保障法草案」之立法理由如下[139]：

（一）目前家事勞工係由勞雇雙方透過契約議定勞動條件，但私法契約缺乏強行性。現行勞動基準法雖已適用大部分行業之受僱者，惟家事勞工多在家庭處理家務、照料家庭成員起居、從事看護工作等，其工作型態具個案化及多元化，契約約定及終止事由與勞動基準法規定性質不同、工作時間與休息時間不易釐清、職業災害認定困難等。（第1條至第3條）

（二）基於家事工作具有多樣化並涉個人或家庭經濟能力，無法比照一般事業單位予以明確規範，其契約期間、契約性質，應考量個別需求。惟如有可歸責他方之事由致有損害，他方應負損害賠償責任。（第4條至第9條）

（三）家事勞工若有與雇主或被看護者同住之情形，基於家事工作之特殊性，雇主宜提供其膳宿，並可約定為工資給付之一部，惟膳宿費用應公平合理，以符實需。為保障勞工之基本生活，其工資不得低於中央主管機關公告之基本工資數額。（第10條至第13條）

（四）家庭看護工之工作內容與被照顧者權益息息相關，工作型態確具特殊性，基此，上開休息時間，如因特殊情形仍須家庭看護工工作，由勞雇雙方另行議定。規定勞工每7日中至少應有1日之休息，以避免連續勞動影響勞工身心健康。（第14條至第20條）

（五）家事勞工大多是女性勞工，雇方及其家庭成員不得以性要求、具有性意味或性別歧視之言詞或行為，對其造成敵意性、脅迫性或冒犯性之工作環境，致侵犯或干擾其人格尊嚴、人身自由或影響其工作表現。女性受僱者因生

適用大部分行業之受僱者，惟家事勞工多在家庭處理家務、照料家庭成員起居、從事看護工作等，其工作型態具個案化及多元化，契約約定及終止事由與勞動基準法規定性質不同、工作時間與休息時間不易釐清、職業災害認定困難等。又，目前從事家庭照顧勞工大多是外勞，因尚未受勞動基準法的保障，因此超時工作的情況時有所聞，甚至沒有休假，也有雇主強迫外勞從事非工作範圍內的工作，滋生諸多問題。為加強保障家事勞工之勞動條件權益，故爰擬具「家事勞工權益保障法草案」，提請立法院審議。以上，請參閱：立法院（2012），立法院第8屆第1會期第8次會議議案關係文書，中華民國101年4月18日印發，http://webcache.googleusercontent.com/search?q=cache:Q-nFqUuyP_AJ:lci.ly.gov.tw/LyLCEW/agenda1/02/word/08/01/08/LCEWA01_080108_00040.doc+&cd=3&hl=zh-TW&ct=clnk&gl=tw，瀏覽日期：2015年12月31日。

[139] 立法院（2012），立法院第8屆第1會期第8次會議議案關係文書，2012年4月18日印發，http://webcache.googleusercontent.com/search?q=cache:Q-nFqUuyP_AJ:lci.ly.gov.tw/LyLCEW/agenda1/02/word/08/01/08/LCEWA01_080108_00040.doc+&cd=3&hl=zh-TW&ct=clnk&gl=tw，瀏覽日期：2015年12月31日。

理日致工作有困難者，每月得請生理假1日，其請假日數併入病假計算。（第
21條至第23條）

（六）勞工發現事業單位違反本法及其他勞工法令規定時，得向雇主、主
管機關或檢查機構申訴。雇主不得因勞工為前項申訴而予解僱、調職或其他不
利之處分。主管機關應於接獲申訴後7日內展開調查，並得依職權對雙方當事
人進行協調。檢查員執行職務，應出示檢查證，雇主不得拒絕。雇主拒絕檢查
時，檢查員得會同當地主管機關或警察機關強制檢查之。檢查員執行職務，得
就本法規定事項，要求雇主提出必要之報告、紀錄及有關文件或書面說明。
（第24條至第25條）

（七）為保障家事勞工工作與生活安全，明定雇主依勞工保險條例規定得
為其加保，或選擇相當保障之商業保險投保，以確保勞工權益及減輕雇主之負
擔。衡酌個別家庭經濟負擔及確實保障勞工權益，應以督促雇主改善勞動條件
為優先，如經限期改善而屆期未改善者，再處以罰鍰。（第26條至第31條）

上述之「家事勞工權益保障法草案」，全部條文內容為31條，相關之內
容，如下所述[140]：第1條為立法目的[141]，本條之立法理由，乃在於目前家事勞
工係由勞雇雙方透過契約議定勞動條件，但私法契約缺乏強行性。為加強保障
家事勞工之勞動條件權益，特制定本法；第2條為家事工作之種類[142]，本條之
立法理由，乃在於：適用對象包括家庭看護工與幫傭，其定義係參考「外國人
從事就業服務法第四十六條第一項第八款至第十一款工作資格及審查標準」規
定。親屬間相互照料及家務之分擔乃倫常之理，如以法相繩，恐有違親屬間共

---

[140] 立法院（2012），立法院第8屆第1會期第8次會議議案關係文書，2012年4月18日印發，http://
webcache.googleusercontent.com/search?q=cache:Q-nFqUuyP_AJ:lci.ly.gov.tw/LyLCEW/agenda1/02/
word/08/01/08/LCEWA01_080108_00040.doc+&cd=3&hl=zh-TW&ct=clnk&gl=tw，瀏覽日期：2015
年12月31日。

[141] 「家事勞工權益保障法草案」第1條：
為保障家事勞工之勞動條件，特制定本法。
雇主與勞工所定之勞動條件低於本法規定者，依本法之規定。

[142] 「家事勞工權益保障法草案」第2條：
本法所稱之家事勞工，為受僱於個人從事家庭看護工作或幫傭工作之勞工，但不包含其配偶、直
系血親尊（卑）親屬、二親等內血親及姻親。
本法所稱之家事工作，種類如下：
一、家庭看護工：從事照顧身心障礙者或病患日常生活之勞工。
二、家庭幫傭：從事清理房舍、烹調、照料家庭成員起居之勞工。

同生活照扶之本質，影響家庭和諧，徒增困擾。第3條為主管機關[143]；第4條為家事勞動契約[144]，本條之立法理由，乃在於：基於家事工作具有多樣化並涉個人或家庭經濟能力，無法比照一般事業單位予以明確規範，其契約期間、契約性質，應考量個別需求。考量勞工工作地點係在家庭，對個人或家庭提供勞務及其非屬營利性質等特性，當具有緊密之信賴關係，如勞雇間之信賴關係不復存在時，勞雇任一方應可隨時終止契約。惟如有可歸責他方之事由致有損害，他方應負損害賠償責任。

　　第5條為雇主預告勞工終止勞動契約之要件[145]；第6條為雇主得不經預告終止契約之情形[146]；第7條為雇主不得終止契約之情形[147]；第8條為雇主依勞動基

---

[143] 第3條：
本法所稱主管機關：在中央為行政院勞工委員會（本文註：現已改為勞動部）；在直轄市為直轄市政府；在縣〈市〉為縣〈市〉政府。

[144] 第4條：
家事勞動契約定有期間者，其勞雇關係於期間屆滿時消滅。
家事勞動契約未定期間者，勞雇任一方得隨時終止契約。
家事勞動契約因可歸責於他方之事由終止者，得向其請求損害賠償。

[145] 第5條：
非有左列情形之一者，雇主不得預告勞工終止勞動契約：
一、歇業或轉讓時。
二、虧損或業務緊縮時。
三、不可抗力暫停工作在一個月以上時。
四、業務性質變更，有減少勞工之必要，又無適當工作可供安置時。
五、勞工對於所擔任之工作確不能勝任時。

[146] 第6條：
勞工有左列情形之一者，雇主得不經預告終止契約：
一、於訂立勞動契約時為虛偽意思表示，使雇主誤信而有受損害之虞者。
二、對於雇主、雇主家屬、雇主代理人或其他共同工作之勞工，實施暴行或有重大侮辱之行為者。
三、受有期徒刑以上刑之宣告確定，而未諭知緩刑或未准易科罰金者。
四、違反勞動契約或工作規則，情節重大者。
五、故意損耗機器、工具、原料、產品，或其他雇主所有物品，或故意洩漏雇主技術上、營業上之秘密，致雇主受有損害者。
六、無正當理由繼續曠工三日，或一個月內曠工達六日者。
雇主依前項第1款、第2款及第4款至第6款規定終止契約者，應自知悉其情形之日起，三十日內為之。

[147] 第7條：
勞工在勞動基準法第50條規定之停止工作期間或勞動基準法第59條規定之醫療期間，雇主不得終止契約。但雇主因天災、事變或其他不可抗力致事業不能繼續，經報主管機關核定者，不在此限。

準法第五條或勞動基準法第七條但書規定終止勞動契約之要件[148]；第9條爲雇主依前條終止勞動契約者，應依規定發給勞工資遣費[149]；第10條爲勞工與雇主或其家庭成員同住者，得於勞動契約內訂明工資之一部以實物給付[150]；第11條爲工資由勞雇雙方議定[151]；第12條爲工資之給付，應以法定通用貨幣爲之，每月定期發給[152]；第13條爲雇主不得預扣勞工工資[153]；第14條爲雇主每日至少應給予勞工連續8小時之休息[154]；第15條爲勞工工作每7日中至少應有1日之休息[155]。

「家事勞工權益保障法草案」之第16條爲雇主應依勞工繼續工作之年資，

---

[148] 第8條：

雇主依勞動基準法第五條或勞動基準法第7條但書規定終止勞動契約者，其預告期間依左列各款之規定：

一、繼續工作三個月以上一年未滿者，於十日前預告之。

二、繼續工作一年以上三年未滿者，於二十日前預告之。

三、繼續工作三年以上者，於三十日前預告之。

勞工於接到前項預告後，爲另謀工作得於工作時間請假外出。其請假時數，每星期不得超過二日之工作時間，請假期間之工資照給。

雇主未依第1項規定期間預告而終止契約者，應給付預告期間之工資。

[149] 第9條：

雇主依前條終止勞動契約者，應依左列規定發給勞工資遣費：

一、在同一雇主之事業單位繼續工作，每滿一年發給相當於一個月平均工資之資遣費。

二、依前款計算之剩餘月數，或工作未滿一年者，以比例計給之。未滿一個月者以一個月計。

[150] 第10條：

勞工與雇主或其家庭成員同住者，得於勞動契約內訂明工資之一部以實物給付，其實物之作價應公平合理，並符合勞工之需求。

[151] 第11條：工資由勞雇雙方議定，不得低於中央主管機關公告之基本工資數額。

[152] 第12條：

工資之給付，應以法定通用貨幣爲之，每月定期發給。

工資應全額直接給付勞工。但法令另有規定者，從其規定。

雇主應發給勞工工資明細表，將發放之工資、工資計算項目等事項記入。

[153] 第13條：雇主不得預扣勞工工資作爲違約金或賠償費用。

[154] 第14條：

工作時間，由勞雇雙方在不損及勞工健康及福祉之原則下議定之。

雇主每日至少應給予勞工連續八小時之休息。但如有特殊情況，連續休息期間須家庭看護工工作者，應由勞雇雙方就工作內容及工資計算標準另予議定。

[155] 第15條：

勞工工作每七日中至少應有一日之休息，作爲例假，工資應由雇主照給。

前項例假，雇主經徵得家庭看護工同意繼續工作或因緊急狀況有使家庭看護工繼續工作之必要者，應加給一日之工資。勞工選擇於七日內補假休息者，雇主得不加給工資。

依規定每年計給勞工特別休假[156]；第17條爲計給特別休假時，勞工之工作年資應自受僱當日起算[157]；第18條爲特別休假日期應由勞雇雙方協商排定之[158]；第19條爲勞工得請婚假、喪假或事假[159]；第20條爲勞工分娩前後，應停止工作，給予產假8星期；妊娠三個月以上流產者，應停止工作，給予產假4星期[160]；第21條爲雇方及其家庭成員不得以性要求、具有性意味或性別歧視之言詞或行爲，對勞工造成敵意性、脅迫性或冒犯性之工作環境[161]；第22條爲受僱者或求職者因第21條之情事，受有損害者，由雇主及行爲人連帶負損害賠償責任[162]；

---

[156] 第16條：
雇主應依勞工繼續工作之年資，依下列規定每年計給勞工特別休假：
一、一年以上三年未滿者七日。
二、三年以上五年未滿者十日。
三、五年以上十年以下者十四日。
四、十年以上者，每一年加給一日，加至三十日止。
勞工請特別休假，工資應由雇主照給。雇主經徵得勞工同意或因緊急狀況有使家庭看護工於特別休假日工作者，應加給一日工資。

[157] 第17條：
雇主依前條規定計給特別休假時，勞工之工作年資應自受僱當日起算。其契約定有期間者，屆滿後未滿三個月而訂定新約，或不定期契約因故停止履行後繼續履行原約時，勞工前後工作年資，應合併計算。

[158] 第18條：
特別休假日期應由勞雇雙方協商排定之。
特別休假因年度終結或終止契約而未休，係可歸責於雇主之原因者，雇主應發給勞工應休未休日數之工資。

[159] 第19條：
勞工得請婚假、喪假或事假。雇主給假日數及工資給付標準，準用勞動基準法有關勞工請假之規定。
勞工因傷害、疾病或生理原因必須治療或休養者，得請病假。雇主給予之病假，一年內以三十日爲度，工資折半發給。
勞工請病假逾前項規定之期限者，得以事假或特別休假抵充。
勞工依第1項至第3項規定請假者，必要時雇主得要求其提出相關證明文件。

[160] 第20條：
勞工分娩前後，應停止工作，給予產假八星期；妊娠三個月以上流產者，應停止工作，給予產假四星期。
前項勞工受僱工作在六個月以上者，停止工作期間工資照給；未滿六個月者減半發給。

[161] 第21條：
雇方及其家庭成員不得以性要求、具有性意味或性別歧視之言詞或行爲，對其造成敵意性、脅迫性或冒犯性之工作環境，致侵犯或干擾其人格尊嚴、人身自由或影響其工作表現。

[162] 第22條：
受僱者或求職者因第21條之情事，受有損害者，由雇主及行爲人連帶負損害賠償責任。但雇主證明其已遵行本法所定之各種防治性騷擾之規定，且對該事情之發生已盡力防止仍不免發生者，雇主不負賠償責任。

第23條為女性受僱者因生理日致工作有困難者,每月得請生理假1日[163];第24條為勞工發現雇主違反本法及其他勞工法令規定時,得向雇主、主管機關或檢查機構申訴[164];第25條為管機關得就本法規定事項派員檢查,雇主不得拒絕[165];第26條為雇主應依勞工保險條例規定為勞工投保勞工保險[166];第27條為雇主不得因勞工之申訴而予不利之待遇[167];第28條為雇主有特定之違法行為之一者,處新臺幣6,000元以上6萬元以下罰鍰[168];第29條為罰鍰,由直轄市及縣(市)主管機關處罰之[169];第30條為罰鍰,經限期繳納,屆期仍未繳納者,移送強制執行[170];第31條為本法之施行日期。

　　本文認為,我國國會如能儘速通過「家事勞工保障法草案」,或是「家事勞工權益保障法草案」,當可保障外勞之人權,減少合法外勞因其權益受損,求助無門,並可有效地降低合法外勞演變成為非法外勞之情事與人數。

如被害人依前項但書之規定不能受損害賠償時,法院因其聲請,得斟酌雇主與被害人之經濟狀況,令雇主為全部或一部之損害賠償。

雇主賠償損害時,對於為性騷擾之行為人,有求償權。

[163] 第23條:

女性受僱者因生理日致工作有困難者,每月得請生理假一日,其請假日數併入病假計算。

生理假薪資之計算,依各該病假規定辦理。

[164] 第24條:

勞工發現雇主違反本法及其他勞工法令規定時,得向雇主、主管機關或檢查機構申訴。

雇主不得因勞工為前項申訴而予解僱、調職或其他不利之處分。

主管機關應於接獲申訴後七日內展開調查,並得依職權對雙方當事人進行協調。

前項申訴處理辦法,由主管機關定之。

[165] 第25條:

主管機關得就本法規定事項派員檢查,雇主不得拒絕。雇主拒絕檢查時,主管機關得會同檢察機關強制檢查之。

主管機關執行職務,得就本法規定事項,要求雇主提出必要之報告、紀錄及有關文件或書面說明。

[166] 第26條:

雇主應依勞工保險條例規定為勞工投保勞工保險,或新臺幣50萬元以上含有傷害、失能及死亡保障之商業保險。

[167] 第27條:雇主不得因勞工之申訴而予不利之待遇。

[168] 第28條:

雇主有下列行為之一者,處新臺幣6,000元以上6萬元以下罰鍰:

一、違反第10條至第13條、第14條第2項、第15條、第16條、第18條第2項或第19條及第20條之工資給付規定,經通知限期改善;屆期未改善者。

二、違反第19條第1項至第3項給假規定、第20條第1項、第26條或第27條規定者。

[169] 第29條:本法所定罰鍰,由直轄市及縣(市)主管機關處罰之。

[170] 第30條:本法所處之罰鍰,經限期繳納,屆期仍未繳納者,移送強制執行。

九、臺灣宜儘速通過「難民法」草案，並建構本土型難民保護之機制

依據相關之國際人權法公約，諸如：1948年聯合國「世界人權宣言」（Declaration on Human Rights）、1951年「難民地位公約」（Convention Relating to the Status of Refugees）、1967年「難民地位議定書」（Protocol Relating to the Status of Refugees）及1967年12月14日聯合國「領域庇護宣言」（Declaration on Territorial Asylum）之相關規定，人人為避免迫害，享有在他國尋求並享受庇護之權利，各國應尊重他國給予難民之庇護。

我國行政院所擬具「難民法」之草案，共計有17條之內容，其要點如下（行政院版本之「難民法」草案）[171]：

（一）本法之立法目的（草案第1條）[172]。

（二）本法之主管機關（草案第2條）[173]。

（三）1951年聯合國「難民地位公約」及1967年「難民地位議定書」雖未將戰爭及自然災害納為申請難民認定之條件，惟從人權角度觀之，因戰爭或大規模自然災害致自由、生命受到威脅，與因政治因素遭到迫害而逃離者均應有權享有基本之人權保障，爰明定外國人或無國籍人，因戰爭或大規模自然災害不能在該國生活或受該國保護者，得向我國申請難民認定。此外，亦明定申請我國難民認定之情形；我國雖非「難民地位公約」締約國，亦非國際難民組織成員國，對於難民認定，固擁有絕對權限，惟為與國際接軌，爰明定當事人向我國申請難民認定後，我國主管機關得依個案情節，先向聯合國難民事務高級專員辦事處請求協助難民認定，或透過聯合國難民事務高級專員辦事處轉介（草案第3條）[174]。

---

[171] 行政院（2012），難民法草案，http://www.ey.gov.tw/News_Content5.aspx?n=875F36DB32CAF3D8&sms=7BD79FE30FDFBEE5&s=9D4DF164339330E5，瀏覽日期：2014年7月3日。

[172] 難民法草案第1條：為保障難民地位，維護難民權益，促進人權國際合作，特制訂本法。

[173] 難民法草案第2條：本法之主管機關內政部。

[174] 難民法草案第3條：
外國人或無國籍人，因戰爭或大規模自然災害被迫離開其原國籍國或原居住國，致不能在該國生活或受該國保護者，得向我國申請難民認定。
外國人或無國籍人，因種族、宗教、國籍、屬於特定社會團體或持特定政治意見，離開其原國籍國或原居住國，且有充分正當理由恐懼受迫害，致不能受該國之保護或因該恐懼而不願返回該國者，得向我國申請難民認定。
外國人有前二項所定事由，且具有二個以上國籍者，以有充分正當理由不能在各該國籍國生活或

　　（四）草案第4條第1項規定申請難民認定之方式，在國外者，由我國駐外使領館、代表處、辦事處或其他外交部授權機構受理；在國境線或機場、港口尚未入國者，由檢查或查驗機關受理；已入國者，由主管機關受理。為防止已入國之申請人藉故無限期停留，爰第2項規定應提出申請之期限，屆期未提出者，不受理其申請。為預防身分假冒及可能出現濫用等情形，爰規定應由本人親自申請，惟考量不可抗力或患重病等無法親自辦理之情形，但書規定有特殊情形，經主管機關同意者，不在此限。另基於人道考量，明定難民之配偶及未滿20歲子女得隨同辦理（草案第4條）[175]。

　　（五）為防止不法分子假藉申請難民認定為由，達成滯臺目的，耗費我國行政資源，爰參考美國預審機制，主管機關對於難民認定申請案，應先行初步審查；又為遵照「難民地位公約」第33條「不推回原則」[176]，如未經許可入國，其入國行為雖屬不法，惟經初步審查後，認應予受理者，仍予審查，並於審查通過後，依本法第11條規定，免予刑罰；未通過者，依法處以刑罰，並強制驅逐出國。再者，考量難民認定之審查，事涉各相關機關權責，認應予受理者，應邀集相關機關代表、專家、學者及其他社會公正人士組成審查會共同審查，並明定作成決定之期限（草案第5條）[177]。

　　受各該國籍國保護者，或恐懼受迫害，致不能受各該國籍國之保護，或因該恐懼而不願返回各該國籍國者為限。

　　申請人依前三項規定向我國申請難民認定者，主管機關得先向聯合國難民事務高級專員辦事處請求協助認定，或透過聯合國難民事務高級專員辦事處轉介。

[175] 難民法草案第4條：

　　外國人或無國籍人申請難民認定，應以書面敘明理由，依下列方式提出申請：

　　在國外者，由我國駐外使領館、代表處、辦事處或其他外交部授權機構受理，並轉報主管機關辦理。

　　二、於我國國境線或機場、港口尚未入國者，由檢查或查驗單位受理，並轉報主管機關辦理。

　　三、已入國者，由主管機關受理並辦理之。

　　依前項第3款規定申請者，應於入國翌日起六十日內，或於知悉有難民事由之日起六十日內提出申請，屆期不予受理。但有特殊情形，經主管機關同意者，不在此限。

　　依前二項規定提出申請者，應由本人親自辦理，其配偶及未滿二十歲之子女得隨同辦理。但有特殊情形，經主管機關同意者，不在此限。

[176] 「難民地位公約」第33條——「不推回原則」禁止驅逐出境或送回（「推回」）：

　　（一）任何締約國不得以任何方式將難民驅逐或送回（「推回」）至其生命或自由因為他的種族、宗教、國籍、參加某一社會團體或具有某種政治見解而受威脅的領土邊界。

　　（二）但如有正當理由認為難民足以危害所在國的安全，或者難民已被確定判決認為犯過特別嚴重罪行從而構成對該國社會的危險，則該難民不得要求本條規定的利益。

[177] 難民法草案第5條：

　　（六）參酌美國、日本立法例，主管機關爲調查事證，得要求申請人舉證無法於原國籍國或原居住國生活或受保護，或有其他充分正當理由恐懼受迫害等事實，並實施面談、到場陳述意見等必要措施；另參酌英國、美國、加拿大及日本立法例，得令申請人按捺指紋（草案第6條）[178]。

　　（七）主管機關在審查期間內，得給予申請人在臺停留許可，並享有法律諮詢、醫療照顧及維持基本生活權利。申請人於主管機關審查期間，在我國之權利義務及法律地位（草案第7條）[179]。

　　（八）爲遵照「難民地位公約」第33條「不推回原則」，並保護申請人，本條第1項明定主管機關於審查期間，得對申請人暫予指定住居所或安置。又爲避免難民之移入，對我國國家安全、社會治安造成不利影響，並規定「不推回原則」之例外情形。草案第8條第2項授權主管機關訂定安置之實施、管理及其他應遵行事項之辦法（草案第8條）[180]。

　　（九）大量難民申請移入我國，因數量太大非我國單方得予負擔處理，須組成專案小組與聯合國難民事務高級專員辦事處聯繫，共同研議處置。故當大量難民申請移入我國時，主管機關應邀集外交部、相關部會及民間團體組成專案小組，並與聯合國難民事務高級專員辦事處聯繫，研議處置事宜（草案第9

　　主管機關接獲難民認定之申請後，應先經初步審查；初步審查結果認應予受理者，應邀集相關機關代表、專家、學者及其他社會公正人士召開審查會，並於六個月內作成決定。必要時，得延長一次，並通知申請人。

　　經依前項初步審查後，其顯非屬第3條第1項至第3項所定情形者，依相關規定處理或強制驅逐出國，並將處理情形提審查會報告。

　　前二項審查會組成、審查要件及程序之辦法，由主管機關定之。

[178] 難民法草案第6條：

　　主管機關審查難民認定案件，得要求申請人舉證因戰爭或大規模自然災害無法於原國籍國或原居住國生活或受其保護，或有其他充分正當理由恐懼受迫害，不能受該國之保護或因該恐懼而不願返回該國之事實、接受面談、到場陳述意見、按捺指紋及其他必要措施。

[179] 難民法草案第7條：

　　主管機關依第5條第1項規定審查難民認定案件期間，得給予申請人在臺灣地區停留許可。

　　申請人於前項所定審查期間，享有法律諮詢、醫療照顧及維持基本生活權利，並應遵守我國相關法規。

[180] 難民法草案第8條：

　　主管機關審查難民認定案件期間，得對申請人暫予指定住居所或安置，非有下列各款情形之一者，不得強制驅逐出國：

　　一、有危害我國公共秩序之虞。

　　二、曾有重大非政治性犯罪紀錄。

　　前項暫予指定住居所或安置之實施、管理及其他應遵行事項之辦法，由主管機關定之。

條）**181**。

　　（十）難民認定之申請，得不予許可之情形。衡諸國家利益及難民權益，於草案第10條第1項規定申請難民認定，得不予許可之情形：1.認定及庇護之用意，係爲保護受迫害者，如申請人本身即係加害者，或曾從事暴力、恐怖活動，自不存在庇護之前提。又上開加害行爲不限於申請人原國籍國或原居住國內，其於航空器、船舶所爲之行爲，例如劫機，亦屬參與恐怖活動之範疇，爰參酌「難民地位公約」第1條**182**規定及國際刑事法院（ICC）所列追訴犯罪類

181　難民法草案第9條：
　　大量難民申請移入我國時，主管機關應邀集外交部、相關部會及民間團體組成專案小組，並與聯合國難民事務高級專員辦事處聯繫，研議處置事宜。

182　「難民地位公約」第1條——「難民」一詞的定義：
　　（一）本公約所用「難民」一詞適用於下列任何人：
　　（甲）根據1926年5月12日和1928年6月30日的協議、或根據1933年10月28日和1938年2月10日的公約、以及1939年9月14日的議定書、或國際難民組織約章被認爲難民的人；
　　國際難民組織在其執行職務期間所作關於不合格的決定，不妨礙對符合於本款（乙）項條件的人給予難民的地位。
　　（乙）由於1951年1月1日以前發生的事情並因有正當理由畏懼由於種族、宗教、國籍、屬於某一社會團體或具有某種政治見解的原因留在其本國之外，並且由於此項畏懼而不能或不願受該國保護的人；或者不具有國籍並由於上述事情留在他以前經常居住國家以外而現在不能或者由於上述畏懼不願返回該國的人。
　　對於具有不止一國國籍的人，「本國」一詞是指他有國籍的每一國家。如果沒有實在可以發生畏懼的正當理由而不受他國籍所屬國家之一的保護時，不得認其缺乏本國的保護。
　　（二）（甲）本公約第1條（一）款所用「1951年1月1日以前發生的事情」一語，應了解爲：
　　　　（子）「1951年1月1日以前在歐洲發生的事情」；或者（醜）「1951年1月1日以前在歐洲或其他地方發生的事情」；締約各國應於簽字、批准、或加入時聲明爲了承擔本公約的義務，這一用語應作何解釋。
　　（乙）已經採取上述（子）解釋的任何締約國，可以隨時向聯合國秘書長提出通知，採取（醜）解釋以擴大其義務。
　　（三）如有下列各項情況，本公約應停止適用於列入上述（甲）款的任何人：
　　（甲）該人已自動接受其本國的保護；或者
　　（乙）該人于喪失國籍後，又自動重新取得國籍；或者
　　（丙）該人已取得新的國籍，並享受其新國籍國家的保護；或者
　　（丁）該人已在過去由於畏受迫害而離去或躲開的國家內自動定居下來；或者
　　（戊）該人由於被認爲是難民所依據的情況不復存在而不能繼續拒絕受其本國的保護；
　　但本項不適用於列入本條（一）款（甲）項的難民，如果他可以援引由於過去曾受迫害的重大理由以拒絕受其本國的保護；
　　（己）該人本無國籍，由於被認爲是難民所依據的情況不復存在而可以回到其以前經常居住的國家內；
　　但本項不適用於列入本條（一）款（甲）項的難民，如果他可以援引由於過去曾受迫害的重大理由以拒絕受其以前經常居住國家的保護。
　　（四）本公約不適用於目前從聯合國難民事務高級專員以外的聯合國機關或機構獲得保護或援助的人。

型，訂定草案第10條第1項第1款；2.已受其他國家，或重新接受原國籍國之保護者，自無請求我國庇護之必要。所稱其他國家，指臺灣地區以外之國家，含申請人原出國或無國籍人之最後居住國；所指保護，指許可居留及安置，惟主管機關仍得參酌申請人在他國所受保護之內容，決定是否予以庇護，爰訂定訂定草案第10條第1項第2款；3.參酌德國、加拿大、日本及韓國「安全源出國」及「安全第三國」之概念，現行部分國家對難民已提供庇護，申請人既已途經或來自該等國家，即可向其尋求庇護，應無須再至我國申請庇護，爰訂定草案第10條第1項第3款；4.難民政策往往涉及國家主權與人權之衝突，惟國家主權係維繫生存所需，爲自衛、自保、獨立自主之權，亦爲世界各國所接受，爰訂定草案第10條第1項第4款，對有危害國家利益、公共秩序或善良風俗之虞者，得不予許可；5.爲維護社會治安，申請人如曾有重大非政治性犯罪紀錄、遭拒絕入國、限期令其出國或強制驅逐出國者，自不宜予以庇護。惟其犯罪紀錄如係當次未經許可入國者，不在此限，爰訂定草案第10條第1項第5款；第2項規定不予許可之決定，應作成書面送達當事人；第3項授權主管機關公告第1項第3款所稱可受理難民申請之第三國（草案第10條）[183]。

（十一）未經許可入國之外國人或無國籍人，經許可認定爲難民者，不適用入出國及移民法第74條規定（草案第11條）[184]。

當上述保護或援助由於任何原因停止而這些人的地位還沒有根據聯合國大會所通過的有關決議明確解決時，他們應在事實上本享受公約的利益。
（五）本公約不適用於被其居住地國家主管當局認爲具有附著于該國國籍的權利和義務的人。
（六）本公約規定不適用於存在著重大理由足以認爲有下列情事的任何人：
（甲）該人犯了國際文件中已作出規定的破壞和平、戰爭罪、或危害人類罪；
（乙）該人在以難民身分進入避難國以前，曾在避難國以外犯過嚴重政治罪行；
（丙）該人曾有違反聯合國宗旨和原則的行爲並經認爲有罪。

[183] 難民法草案第10條：
外國人或無國籍人申請難民認定，有下列各款情形之一者，得不予許可：
一、曾從事國際條約或協定所規定之侵略罪、戰爭罪、滅絕種族罪或違反人道罪。
二、已受其他國家或原國籍國保護。
三、曾途經或來自可受理難民申請之第三國。
四、有危害我國利益、公共秩序或善良風俗之虞。
五、曾有重大非政治性犯罪紀錄或曾遭拒絕入國、限期令其出國或強制驅逐出國。但犯罪紀錄係當次未經許可入國者，不在此限。
原申請事由已消失。
前項不予許可之決定，主管機關應以書面送達申請人。
第1項第3款所稱可受理難民申請之第三國，由主管機關公告之。

[184] 難民法草案第11條：

（十二）難民身分之取得，主管機關得擬訂管制數額，報行政院核定。美國、加拿大、澳洲及紐西蘭等地廣人稀歡迎移民之國家，對難民之認定尚訂有數額限制，我國地狹人稠，為免造成社會沉重負擔，對於難民身分之取得，仍應採數額管制，爰於草案第12條第1項明定。考量第9條大量難民移入之情況特殊，公告之難民數額恐不敷使用，爰於第2項明定得不受公告數額之限制（草案第12條）[185]。

（十三）草案第13條第1項規定主管機關對取得難民身分者，應發給難民證明文件。參酌「難民地位公約」第28條難民旅行權[186]規定，於草案第13條第2項規定持有難民證明文件者，得申請外僑居留證及難民旅行文件，並得依入出國及移民法、國籍法等相關規定，申請永久居留或歸化。草案第7條所定難民申請人在我國之停留期限、法律地位、相關權利義務、核發證件種類、效期及經許可認定為難民後應發給之難民證明文件、難民旅行文件等事項，涉及其他相關機關職掌，爰於草案第13條第3項授權主管機關會同相關機關訂定法規命令，以為規範（草案第13條）[187]。

（十四）難民認定之申請，得撤銷或廢止許可之情形。參酌「難民地位公約」第1條規定，草案第14條第1項規定得撤銷或廢止已許可難民認定之情形。第2項規定依前項規定撤銷或廢止許可者，主管機關應作成書面送達當事人

未經許可入國之外國人或無國籍人，經許可認定為難民者，不適用入出國及移民法第74條規定。

[185] 難民法草案第12條：
難民身分之取得，主管機關得擬訂數額，報請行政院核定後公告之。
依第9條規定申請移入我國者，不受前項公告數額之限制。

[186] 「難民地位公約」第28條——旅行證件：
（一）締約各國對合法在其領土內居留的難民，除因國家安全或公共秩序的重大原因應另作考慮外，應發給旅行證件，以憑在其領土以外旅行。本公約附件的規定應適用於上述證件。締約各國可以發給在其領土內的任何其他難民上述旅行證件。締約各國特別對於在其領土內而不能向其合法居所地國家取得旅行證件的難民發給上述旅行證件一事，應給予同情的考慮。
（二）根據以前國際協定由此項協定締約各方發給難民的旅行證件，締約各方應予承認，並應當作根據本條發給的旅行證件同樣看待。

[187] 難民法草案第13條：
取得難民身分者，主管機關應發給難民證明文件。
持有難民證明文件者，得申請外僑居留及難民旅行文件，並得依法申請永久居留或歸化。
第7條所定難民申請人及經許可認定為難民者在我國之停留期限、法律地位、相關權利義務、核發證件種類、效期及其他應遵行事項之辦法，由主管機關會同相關機關定之。

（草案第14條）[188]。

　　（十五）經主管機關不予許可認定為難民者，或許可經撤銷或廢止者，得限期令其出國，屆期未出國者，得強制驅逐出國。惟基於人道考量，但書規定有特殊情形之難民，得暫緩執行強制驅逐出國（草案第15條）[189]。

　　（十六）授權主管機關訂定施行細則（草案第16條）[190]。

　　依據1949年5月24日生效之德國基本法第16條之1[191]第1項之規定，「受政

---

[188] 難民法草案第14條：
經許可認定為難民，有下列各款情形之一者，得撤銷或廢止其許可：
一、有第10條第1項所定各款情形之一。
二、自願再接受原國籍國之保護。
三、重新取得原喪失之國籍或自願回復原國籍。
四、取得新國籍，且得由新國籍國予以保護。
五、自願定居於其他第三國，或再定居於曾因恐懼受迫害而離開之國家。
六、難民認定之事由消滅。但因恐懼再受迫害，而拒絕原國籍國或原居住國之保護者，不在此限。
依前項規定撤銷或廢止許可者，主管機關應以書面送達當事人。

[189] 難民法草案第15條：
主管機關對於不予許可認定為難民者，或許可經撤銷或廢止者，得限期令其出國，屆期未出國者，得強制驅逐出國。但有下列各款情形之一者，得暫緩執行：
一、懷胎五個月以上或生產、流產後二個月未滿。
二、罹患疾病而強制驅逐出國有生命危險之虞。
三、遭遇天災或其他不可避免之事變。

[190] 難民法草案第16條：
本法施行細則，由主管機關定之。

[191] 德國基本法第16條之1：
一、受政治迫害者，享有庇護權。
二、由歐洲共同體之成員國或由一個保障關於難民法律地位之協約或歐洲人權公約有其適用之第三國入境者，不得主張第一項所定之權利。歐洲共同體成員國以外，符合第一句所定要件之國家，以須經聯邦參議院同意之法律定之。在第一句所定之情形，終結居留之措施不因對其提起法律定之。在第一句所定之情形，終結居留之措施不因對其提起法律救濟而停止執行。
三、基於法律狀況、法律適用及一般之政治關係，而顯示出有保障人民不受政治迫害及非人道或侮辱性處罰或處置之國家，得以須經聯邦參議院同意之法律規定之。由此等國家入境之外國人，除其舉出確受政治迫害之事實外，推定為未受迫害。
四、在第3項所定情形及申請庇護為顯無理由可視為顯無理由者，終結居留措施之執行僅於對此等措施之合法性有顯著之懷疑時，始得經由法院中止之；審查範圍得受限制且事後之請求應不予考慮。其細節以法律定之。
五、歐洲共同體成員國相互間之其與第三國所締結之國際條約，係尊重於締約國內應予適用之有關難民法律之協約與歐洲人權公約，而所締結之國際條約中規定審查庇護申請之管轄與庇護決定之相互承認者，第一項至第四項之規定不得與之抵觸。
以上，引自：司法院（2011），德意志聯邦共和國基本法（朱建民原譯，陳沖增譯，張桐銳增譯，林子平增譯，李震山增修，楊子慧增譯），http://www.judicial.gov.tw/db/db04.asp，瀏覽日期：2014年7月4日。

治迫害者，享有庇護權（Right of asylum）。」反觀我國憲法，並未明定受政治迫害者，享有庇護權（Right of asylum）。此為我國憲法之漏洞，似宜透由修憲之方式，加以補強。如欲作為一個文明且重視人權之國家，我國憲法實宜賦予外來人口享有政治上之庇護權（Right of asylum）。就目前之實況而論，我國憲法尚未明文地賦予外來人口享有政治上之庇護權（Right of asylum）。臺灣截至2016年上半年為止，不僅在憲法上，尚未賦予外來人口享有政治上之庇護權（Right of asylum），再者，「難民法」草案亦尚未通過。我國難民法制，遠遠落後德國已達近約70年。假若我國難民法制一直處於「難民法」草案之階段，則很有可能臺灣之難民法制，未來，會遠落後德國一個世紀以上。此會令人提出相當大之質疑，臺灣之難民法制，有必要如此般地不文明、不先進與落後嗎？

有關於我國行政院所擬具之上述「難民法」草案，本文建議國會似宜儘速通過之，俾利行政機關有法源之依據，能建構本土型難民保護之機制，落實對難民之保護。同時，亦宜強化執法人員對於非法移民者與難民兩者差異性之辨識，勿將難民誤認為非法移民者。

十、於警察機關裝設外國人指紋辨識設備，或者，移民署所建構之指紋辨識系統，宜與警政署及其所屬警察機關系統相容

為了強化各警察機關於查獲疑似逃逸外勞或逾期居留之外籍人士時，查證渠等正確身分之功效，建議於警察機關裝設外國人指紋辨識設備；或者，移民署所建構之指紋辨識系統，宜與警政署及其所屬警察機關系統相容，以方便警察人員查證上述渠等正確之身分資料[192]。

十一、針對大陸地區人民在臺進行違規違法活動之情形，相關國安執法機關宜積極重視、預防及偵處

由於根據中華人民共和國反分裂國家法第8條及第9條之規定，中國對臺灣仍不放棄武力攻臺。是以，兩岸目前仍處於政治及軍事上對立之局面，針對大陸地區人民在臺進行違規違法活動之情形，我國宜積極加以面對與重視。臺灣

---

[192]　入出國及移民署（2013），「祥安專案」102年度第4次工作協調會會議紀錄。

宜思考如何從預防面及偵查面加以防制。避免中國軍事及國安特工，假藉名義進入臺灣，實際上，卻從事軍事情蒐及相關之情報活動，破壞臺灣之國家安全及憲政體制，進而危及中華民國之生存。

第七節　小結

壹、結論

在非法移民部分，亦仍是一個頗為嚴重及極具爭議性之問題，在防制非法移民之對策方面，有數種不同之觀點。聯合國站在維護人權之高度觀點，主張國家若基於國家安全與國境安全管理之理由，而對非法移民進行規制時，宜用國際人權法之標準，善待非法移民，不應侵犯非法移民者之人權。

就美國聯邦政府而論，美國政府非常重視非法移民之遣返工作。在此同時，亦為非法移民另開一道門，如其已開始申請入籍為美國公民，且符合相關條件者，則可獲得釋放，2010年以來，約1萬7,000人從移民收容中心被釋放出來。此外，美國聯邦政府防制非法移民之另一個對策，係強化美墨邊境之國境管理工作。另外，非常值得注意之處，是由於美國經濟疲弱之因素，目前，在美之非法移民總人數，與2007年相較，業已出現小幅下降。

承上所述，就美國而言，非法移民管理屢次成為美國國內辯論之重大議題，至於如何有效管理非法移民，大致上可以分為：（一）從源頭處加以管控，即有效防範阻擋非法移民的進入美國；（二）另外一個問題，則是如何管理已然入境美國的非法移民。首先，在防範阻擋非法移民進入美國這一部分，美國每年即花費龐大預算及人力在邊境的管理之上。如何對待與如何管理已然入境美國的非法移民，則已多次在美國國內引發激烈的辯護。綜上，可以發現非法移民之本質與特色，它本身具有極高度之爭議性，非法移民問題之本質，極端錯綜複雜，不易解析。

在新加坡之防制對策方面，由於新加坡自認是一個城市國家，屬於一個小國，其對防制非法移民之對策，無所謂在地合法化之主張，基於非法移民會對新加坡之國內造成社會安全問題，同時，亦會衍生其他之問題，遂一貫採取嚴

加取締及掃蕩之嚴厲執法對策以爲因應[193]。

貳、建議

在防制非法移民之建議方面，本文提出以下之建言：

一、臺灣宜重視非法移民是一個相當複雜之問題，不宜輕忽其嚴重性。

二、在防制非法移民之對策模式方面，宜在符合國際人權法，重視與維護非法移民之基本人權及人性尊嚴之標準下，採取符合臺灣實際國情之對策爲佳。

三、美國強化美墨及其他處國境線上之國境管理及防制非法移民之諸多作爲與措施，頗值得臺灣參考之。

四、不斷精進及強化國境管理機制與能量，臺灣在強化國境人流管理及防制非法移民方面，可由以下個面向加以著力及精進之，此爲：境外審核過濾、生物特徵辨識、風險評估分析、自動通關系統、國際情資交流、建立執法機關聯繫平臺，以利資源整合、精進國境線上之面談審核機制，防止不法居停留、重視恐怖組織與其他各類型跨國犯罪之結合或戰術上交互學習、建構一套可行之國境管理成效評估之機制、建構國境安全情資整合與分享平臺，及情資導向之新警政策略。

五、強化勞動檢查機制。行政院勞動部所屬的300餘位「勞動檢查員」，人數偏低，其勞動檢查率亦非常低，此會令雇主可有恃無恐地恣意剝削外勞的勞動力。

六、對於僱用非法外國人之雇主，提升懲罰之額度。

七、精進我國外勞之聘用與管理機制。

八、加強與外國、中國大陸及港澳地區執法機關之合作連繫機制，並積極推展情報之交換。

九、對於非常特殊之族群，宜考量該族群特別艱困之處境，採用有限度、有條件之「就地合法化」對策。

十、臺灣宜儘速通過「家事勞工保障法草案」，或是「家事勞工權益保障

---

[193] 柯雨瑞（2010），新加坡移民法之初探，發表於中央警察大學國境警察學系與移民研究中心共同舉辦之「國境管理與移民事務學術研討會」。

法草案」，減少合法外勞演變成為非法外勞之情事。

十一、臺灣宜儘速通過「難民法」草案，並建構本土型難民保護之機制。

十二、於警察機關裝設各式外來人口指紋辨識設備，或者，移民署所建構之指紋辨識系統，宜與警政署及其所屬警察機關系統相容。

十三、移民署目前各項外來人口之電子資料庫，宜建構與警政署之資訊交換平臺；再者，警政署宜採購手持平板通訊查詢設備，並與移民署各項外來人口之電子資料庫進行連結，以強化基層員警查處非法移民之執法效能。

十四、國內執法機關宜每二個月或三個月，聯合召開績效及查處工作協調會，強化橫向聯繫與情報之交流。

十五、強化與外籍勞工來源國之協調合作。

十六、勞動部宜將外勞主動投案自行出國案件，列入獎勵範圍，各相關執法機關亦宜增加受理行蹤不明外勞主動投案之據點。

十七、持續精進「加強查處行蹤不明外勞在臺非法活動專案工作」（祥安專案）及「聯合查處大陸地區人民在臺違規違法活動專案工作」，並大幅提高查處之獎勵金。

十八、針對大陸地區人民在臺違規違法活動之情形，相關國安執法機關宜積極重視、預防及偵處之機制。亦即，建構以事前預防為主之管理機制，防制大陸地區人民在臺之不法活動；主要之作法，乃為落實審核與管制機制，強化邀請單位或代申請人之責任等，以遏止大陸地區人民在臺之不法活動。

十九、由勞動部積極就行蹤不明外勞之結構性問題，進行科學實證之分析，及研擬妥適之外勞政策，期望從源頭降低外勞逃逸率。

二十、移民署受理大陸地區人民以各類事由來臺之申請案件，目前設有初審及二審之雙重審查機制；由於來臺大陸地區人民眾多，故移民署宜思考如何精進、改善與落實執行初審及二審之雙重審查機制，避免流於形式審查。

二十一、外勞無法「自由地」轉換雇主不符合自由經濟市場原則；外勞的薪資，應回歸到自由市場，由市場決定價格。

參考文獻

一、中文

刁仁國（2010），淺論生物辨識技術在機場安全維護之運用與對隱私權之影響，發表於中央警察大學國境警察學系與移民研究中心共同舉辦之「國境管理與移民事務學術研討會」。

王孟平、張世強（2010），涉外執法中的政治考量與人權爭議：美國亞利桑納州移民法爭議的借鏡與省思，收錄於中央警察大學外事警察研究所舉辦之「2010年涉外執法政策與實務學術研討會論文集」。

王保鍵（2013），解析美國2013年移民改革政策，國會，第41卷第9期。

王書錚（2004），全球非法移民現況及發展之研究，收錄於非傳統性安全威脅研究報告，第3輯。

王智盛（2008），兩岸條例的國家安全解析—以「臺灣地區人民進入大陸地區」為例，臺灣大學國家發展研究所博士論文。

王智盛（2012），全球化下的人才競逐—臺灣專技移民法制的探討，收錄於中央警察大學移民研究中心主辦2012年人口移動與執法學術研討會論文集。

王智盛（2014），中共兩會對臺政策解析，亞太和平月刊，第6卷第4期。

江世雄（2013），論刑事司法互助之基本理論與其在海峽兩岸的實踐困境，涉外執法與政策學報，第3期。

汪毓瑋（2010），移民政策之犯罪與安全思考及未來發展方向初探，發表於中央警察大學國境警察學系與移民研究中心共同舉辦之「國境管理與移民事務學術研討會」。

汪毓瑋（2012），安全脈絡下之移民政策發展，收錄於中央警察大學移民研究中心主辦2012年人口移動與執法學術研討會論文集。

汪毓瑋（2014），不同學科探討移徙現象之理論型塑努力，中央警察大學國土安全與國境管理學報，第22期。

孟維德（2007），犯罪分析與安全治理，五南圖書。

孟維德（2010），跨國組織犯罪及其防制之研究—以人口販運及移民走私活動為例，警學叢刊，第40卷第6期。

孟維德（2015），跨國犯罪，修訂第3版，五南圖書。

孟維德（2013），全球性執法合作組織的運作與挑戰，涉外執法與政策學報，第3期，頁1-39。

柯雨瑞（2010），2010年來國際反制人口販運與非法移民之作為，收錄於非傳統安全威脅研究報告，第10輯，國家安全局。

柯雨瑞（2010），新加坡移民法之初探，發表於中央警察大學國境警察學系與移民研究中心共同舉辦之「國境管理與移民事務學術研討會」。

柯雨瑞、蔡政杰（2014），論大陸地區人民來臺之源頭安全管理，中央警察大學國土安全與國境管理學報，第21期。

柯雨瑞、蔡政杰（2015），警察角色演進與「犯罪預防警政」之興起—兼論外來人口犯防之策略，中央警察大學國土安全與國境管理學報，第23期。

孫健忠（2008），移工社會保障宣言及實施：國際經驗與我國現況的初探，社區發展，第123期。

徐軍華（2007），非法移民的法律控制問題研究，華中科技大學出版社。

高佩珊（2015），美國移民問題分析，國土安全與國境管理學報，第24期。

張增樑（2004），國際反制非法移民作為，收錄於非傳統性安全威脅研究報告，第3輯。

許義寶（2010），我國移民政策與法制之初探，發表於中央警察大學國境警察學系與移民研究中心共同舉辦之「國境管理與移民事務學術研討會」。

許義寶（2012），港澳居民在臺居留與定居相關問題之研究，收錄於中央警察大學移民研究中心主辦2012年人口移動與執法學術研討會論文集。

許義寶（2014），論移民的概念與其基本權利的保障，中央警察大學國土安全與國境管理學報，第22期。

陳明傳（2010），涉外執法與社區警政，收錄於中央警察大學外事警察研究所舉辦之「2010年涉外執法政策與實務學術研討會論文集」。

陳明傳（2012），國家安全、移民與國境執法，收錄於中央警察大學移民研究中心主辦2012年人口移動與執法學術研討會論文集。

陳明傳（2014），移民理論之未來發展暨非法移民之推估，中央警察大學國土安全與國境管理學報，第22期，中央警察大學國境警察學系。

陳明傳、潘志成（2010），移民與國境執法，發表於中央警察大學國境警察學系與移民研究中心共同舉辦之「國境管理與移民事務學術研討會」。

黃文志（2014），斷裂的社會鍵—外國移民在臺灣犯罪之研究，涉外執法與政策學報，第4期。

黃翠紋、孟維德（2012），警察與犯罪預防，五南圖書。

楊舒涵（2010），歐盟非法移民問題之研究，中央警察大學外事警察研究所碩士論文。

趙海涵（2007），美國移民法案的現狀及其展望，瀋陽建築大學學報，第1期。

鄭又平（2006），全球化與國際移民：國家安全角度的分析，發表於「政府再造與憲政改

革系列研討會—全球化之下的人權保障 ，國立臺北大學公共行政暨政策學系，2006
年2月21日。

二、外文

Borjas, George J. (1989). "Economic Theory and International Migration," International Migra-
tion Review, Vol. 23, No. 3.

Collyer, M. (2006). "States of insecurity: Consequences of Saharan transit migration", Working
Paper No. 31, UK: Centre on Migration Policy and Society (COMPAS), University of Ox-
ford.

Huntington, Samuel P. (2004). Who Are We? The Challenges to America's National Identity, NY:
Simon & Schuster.

International Organization for Migration (2004). World Migration Report 2004, UN: Geneva.

International Organization for Migration (2008). World Migration Report 2008, UN: Geneva.

International Organization for Migration (2010). World Migration Report 2010, UN: Geneva.

International Organization for Migration (2011). World Migration Report 2011, UN: Geneva.

Lee, Everett S. (1966). "A Theory of Migration," Demography, Vol. 3, No. 1.

Levinson, A. (2005). "The Regularisation of Unauthorized Migrants: Literature Survey and
Country Case Studies", COMPAS, UK: University of Oxford.

Passel, Jeffrey S. & Cohn, D'Vera. (2010). U.S. Unauthorized Immigration Flows Are Down
Sharply Since Mid-Decade, NW: Pew Research Center.

Redpath, J. (2007). "Biometrics and International Migration" in R. Cholewinski, R. Perruchoud
and E. MacDonald (eds.), International Migration Law: Developing Paradigms and Key
Challenges, The Hague: Asser Press.

Singapore Immigration & Checkpoints Authority (2009). ICA annual report 2009.

The Platform for International Cooperation on Undocumented Migrants (PICUM) (2013). PI-
CUM Submission to the UN Committee on the Protection of the Rights of All Migrant
Workers and Members of their Families-Day of General Discussion on the role of migration
statistics for treaty reporting and migration policies, UN: Geneva.

United Nations Office on Drug and Crime (2010). Smuggling of Migrants: A Global Review and
Annotated Bibliography of Recent Publications.

三、網路資料

大紀元（2013），「美國遣返有犯罪紀錄移民5年增89%」，2013年11月5日，http://www.epochtimes.com/b5/13/11/5/n4002957.htm。

大智人力（2013），「外勞行蹤不明人數破4萬人大關，越政府提懲罰防堵措施，勞委會肯定」，http://www.dart-wits.com.tw/_chinese/06_latestnews/02_newsdetail.aspx?NID=170，瀏覽日期：2014年2月22。

大智人力（2013），「法令不具嚇阻效果，外勞逃逸毫無忌憚，行蹤不明人數破4萬，社會治安隱憂」，http://www.dart-wits.com.tw/_chinese/06_latestnews/02_newsdetail.aspx?NID=163，瀏覽日期：2014年2月25日。

中工網工人日報（2012），「非法移民—『難念的經』」，http://news.163.com/12/0525/02/82AKFC7600014AEE.html，瀏覽日期：2014年4月14日。

中國新聞網（2014），「美國參議院提議移民改革為保通關可延後實施」，2014年2月10日，http://www.chinanews.com/gj/2014/02-10/5816123.shtml。

內政部（2012），難民法草案http://www.moi.gov.tw/chi/chi_Act/Act_detail.aspx?sn=2，瀏覽日期：2014年2月16日。

內政部入出國及移民署（2012），如何澈底解決行蹤不明外勞之問題？，http://www.immigration.gov.tw/ct.asp?xItem=1148449&ctNode=32862&mp=soc，瀏覽日期：2014年4月14日。

臺北歌德學院（2011），歐洲移民潮的新動向，2011年11月，http://www.goethe.de/ins/cn/tai/ges/pok/cn8368613.htm。

石剛（2010），全球非法移民問題綜述，http://www.annian.net/show.aspx?id=19740&cid=16，瀏覽日期：2010年11月2日。

呂苡榕（2011），「元旦慶融合，孤軍後裔仍流浪」，https://groups.google.com/d/topic/yotu/tEX7zGxrBeE，瀏覽日期：2014年2月22日。

梁勇律師事務所（2013），波城爆炸案移民改革延遲，2013年4月16日，http://www.lianglaw.com/illegal-immigrant-reform/illegal-immigrant-plan-update.htm。

陳瑞榆、杜旻霏（2013），「620世界難民日，我要活下去，給我難民法」，https://www.tahr.org.tw/node/1246，瀏覽日期：2014年4月15日。

謝立功（2010），境外過濾及國際情資交流精實國境人流管理，http://www.nownews.com/2010/04/30/301-2597676.htm，瀏覽日期：2010年11月2日。

BBC中文網（2012），「美非法移民數量下降，亞裔移民增多」，http://webcache.googleusercontent.com/search?q=cache:d2PRMLzbAlwJ:www.bbc.co.uk/zhongwen/trad/world/2012/12/121206_us_census_immigration.shtml+&cd=7&hl=zh-TW&ct=clnk&gl=tw，瀏覽日期：2014年2月2日。

BBC中文網（2012），「美國境內非法移民人數達1,150萬」，http://www.bbc.co.uk/zhongwen/trad/rolling_news/2012/03/120324_rolling_us_illegals.shtml，瀏覽日期：2014年2月2日。

柳芳，大紀元（2015），「美移民局：緩遣年輕非法移民2月開始受理」，http://zh-tw.kankan.today/98287eafc00dfb220e3234b156fcb3ace5a914a9/%E3%80%90%E5%A4%A7%E7%B4%80%E5%85%83%E3%80%91%E7%BE%8E%E7%A7%BB%E6%B0%91%E5%B1%80%EF%BC%9A%E7%B7%A9%E9%81%A3%E5%B9%B4%E8%BC%95%E9%9D%9E%E6%B3%95%E7%A7%BB%E6%B0%91-2%E6%9C%88%E9%96%8B%E5%A7%8B%E5%8F%97%E7%90%86.html，瀏覽日期：2016年3月25日。

林妍，大紀元（2016），「美最高法院受理移民改革案500萬人或將受益」，http://www.epochtimes.com/b5/16/1/20/n4620854.htm。

Archibold, Randal C. (2010). Arizona Enacts Stringent Law on Immigration, retrieved from http://www.nytimes.com/2010/04/24/us/politics/24immig.html, Nov. 2, 2010.

Bloomberg (2013). "The Madness of U.S. Immigration Policy, Continued," Sep. 26, 2013, retrieved from http://www.bloomberg.com/news/2013-09-26/the-madness-of-u-s-immigration-policy-continued.html.

CBS News (2010). Number of Illegal Immigrants Plunges by 1M: Department of Homeland Security Reports Sharp Drop in Undocumented Population, Renewing Divisive Debate, retrieved from http://www.cbsnews.com/stories/2010/02/11/national/main6197466.shtml, Nov. 2, 2010.

Chehade, Alonso. (2010). ICE Upgrade: Dismissing 17,000 Unjust Removal Proceedings, retrieved from http://immigration.change.org/blog/view/ice_upgrade_dismissing_17000_unjust_removal_proceedings, Nov. 2, 2010.

Dream Act of 2009 © 2009 at Homestead (2013), Dream Act 2013, retrieved from http://www.dreamact2009.org/, Mar. 1, 2014.

Foley, Elise. (2010). ICE Halts Some Deportation Proceedings, retrieved from http://washingtonindependent.com/95926/ice-halts-some-deportation-proceedings, Nov. 2, 2010.

Ministry of Home Affairs (2010). Immigration (Amendment) Bill 2004, retrieved from http://www.mha.gov.sg/basic_content.aspx?pageid=81, Nov. 2, 2010.

Naik, Abhijit. (2010). Illegal Immigration Statistics, retrieved from http://www.buzzle.com/articles/illegal-immigration-statistics.html, Nov. 2, 2010.

Novosti, RIA. (2010). Russia reports 4 mln illegal migrant workers, retrieved from http://en.rian.ru/russia/20100908/160519155.html, Nov. 2, 2010.

Preston, Julia. (2010). Immigration Agency Ends Some Deportations, retrieved from http://www.nytimes.com/2010/08/27/us/27immig.html?_r=1, Nov. 2, 2010.

Restrepo, Marcos. (2010). New ICE rules stop deportation of immigrants trying to gain legal status (Corrected), retrieved from http://floridaindependent.com/6677/new-ice-rules-stop-deportation-of-immigrants-trying-to-gain-legal-status, Nov. 2, 2010.

Reuters, U.N (2010). Warns states on illegal immigrant rights, retrieved from http://www.reuters.com/article/idUSTRE68T2OT20100930, Nov. 2, 2010.

Simanski, John F. & Sapp, Lesley M. (2013). "Immigration Enforcement Action: 2012," US Department of Homeland Security, Dec. 2013, from http://www.dhs.gov/sites/default/files/publications/ois_enforcement_ar_2012_0.pdf.

Singapore Statutes Online (2010), retrieved from http://statutes.agc.gov.sg/non_version/html/homepage.html, Nov. 2, 2010.

U.N. Department of Economic and Social Affairs (2010), retrieved from http://esa.un.org/migration/p2k0data.asp, Nov. 2, 2010.

Watanabe, Teresa. (2010). Illegal immigrant numbers plunge, retrieved from http://articles.latimes.com/2010/feb/11/local/la-me-immig11-2010feb11, Nov. 2, 2010.

Wikipedia (2010). irregular migrant population, retrieved from http://en.wikipedia.org/wiki/Illegal_immigration, Nov. 2, 2010.

第七章　人口販運之研究

柯雨瑞

第一節　前言

　　人口販運防制的問題，它是一個極爲重要的普世化，與全球化的人權議題，廣泛地受到全球各國的極高度重視。有關於人口販運的定義，它本身並不是很容易令人掌握其核心的定義，與眞實的意義，它很容易今人誤解其意。

　　在人口販運之定義部分，根據「聯合國打擊跨國有組織犯罪公約關於預防、禁止和懲治販運人口特別是婦女和兒童行爲的補充議定書」第3條之規定，人口販運之定義，乃指：「爲剝削目的而通過暴力威脅或使用暴力手段，或通過其他形式之脅迫，通過誘拐、欺詐、欺騙、濫用權力或濫用脆弱情境，或通過授受酬金或利益，取得對另一人有控制權之某人之同意等手段，而招募、運送、轉移、窩藏或接收人員。剝削應至少包括利用他人賣淫進行剝削，或其他形式之性剝削、強迫勞動或服務、奴役或類似奴役之做法、勞役或切除器官。」

　　根據中華民國人口販運防制法第2條（名詞定義）的規定，人口販運的法律上的意義，乃指：（一）指意圖使人從事性交易、勞動與報酬顯不相當之工作或摘取他人器官，而以強暴、脅迫、恐嚇、拘禁、監控、藥劑、催眠術、詐術、故意隱瞞重要資訊、不當債務約束、扣留重要文件、利用他人不能、不知或難以求助之處境，或其他違反本人意願之方法，從事招募、買賣、質押、運送、交付、收受、藏匿、隱避、媒介、容留國內外人口，或以前述方法使之從事性交易、勞動與報酬顯不相當之工作或摘取其器官。（二）指意圖使未滿18歲之人從事性交易、勞動與報酬顯不相當之工作或摘取其器官，而招募、買賣、質押、運送、交付、收受、藏匿、隱避、媒介、容留未滿18歲之人，或使未滿18歲之人從事性交易、勞動與報酬顯不相當之工作或摘取其器官。

另外，有關於人口販運防制法第2條（名詞定義）「人口販運罪」（特別強調犯行）的定義，乃指從事人口販運，而犯本法、刑法、勞動基準法、兒童及少年性交易防制條例或其他相關之罪。再者，上述人口販運防制法第2條所提及的「不當債務約束」，乃指以內容或清償方式不確定或顯不合理之債務約束他人，使其從事性交易、提供勞務或摘取其器官，以履行或擔保債務之清償。

有關於人口販運的定義，除了上述的人口販運防制法第2條（名詞定義）的規定之外，於行政院防制人口販運行動計畫之中，亦有定義。行政院防制人口販運行動計畫所指的人口販運，其定義如下：本計畫所稱「人口販運」，係指：以買賣或質押人口、性剝削、勞力剝削或摘取器官等為目的，而以強暴、脅迫、恐嚇、監控、藥劑、催眠術、詐術、不當債務約束或其他強制方法，組織、招募、運送、轉運、藏匿、媒介、收容國內外人口或使之隱蔽之行為。

在臺灣，有關於人口販運的定義，雖有上開二種不同的模式，一般而論，多數的學者、專家及實務工作者，乃以人口販運防制法第2條（名詞定義）涉及人口販運的規定，作為實務運作與學術討論的主要依據。

第二節　國際人口販運之現況、特色、防制作為與重大新挑戰

壹、國際人口販運之現況與特色

人口販運之現象，可謂是21世紀版之奴役制度[1]，嚴重地侵害人性尊嚴。有關於國際社會人口販運罪行之趨勢部分，根據美國國務院「監控暨打擊人口販運辦公室」於2010年所出版之「人口販運報告書」[2]中所載之文獻及統計數據，於國際上，人口販運罪行的總體趨勢，如下所述（以全球人口販運罪行之

---

[1] 葉毓蘭（2010），涉外執法政策的擬定與執行：以人口販運為例，收錄於中央警察大學外事警察研究所舉辦之「2010年涉外執法政策與實務學術研討會論文集」，頁119-146。

[2] US State Department (2010). Trafficking in Persons Report 2010, retrieved from http://www.state.gov/g/tip/rls/tiprpt/2010/142744.htm, Nov. 4, 2010.

趨勢為計算標準）：

　　一、針對全球成人及孩童而論，遭受被剝削及被債務束縛之勞工，與被性剝削之被害人，全球合計約1,230萬人；

　　二、於2009年，全球各國成功地起訴人口販運私梟之案件總數，合計約4,166件；

　　三、於2009年，全球各國成功地起訴遭受被剝削勞力之案件總數，合計約335件；

　　四、於2009年，全球人口販運被害人被鑑別之總人數，合計約4萬9,105人；

　　五、被起訴之人口販運罪犯人數與被鑑別為人口販運被害人人數之比值，計為8.5%。亦即，在每100位被害人中，計起訴8.5位人口販運罪犯；

　　六、被成功地鑑別為被害人人數與估計為被害人人數之比值，計為0.4；亦即，在100位被評估為被害人之中，成功地鑑別40人為被害人，兩者之差距，達到60%；

　　七、依據聯合國「關於預防、禁止和懲治販運人口特別是婦女和兒童行為議定書」[3]（又名為「巴勒莫（摩）議定書」）之規定，全球各國根據各自所屬之法律，已對人口販運私梟進行定罪之國家數目，計為62國；

　　八、全球人口販運被害人之盛行率，約為每1,000位居住者之中，有1.8位人口販運被害人；

　　九、在亞洲及太平洋地區，人口販運被害人之盛行率，約為每1,000人之中，有3位為人口販運之被害人。是以，亞太地區人口販運被害人之盛行率，高於全球之平均值（每1,000人之中，有1.8位被害人），約高出全球平均值之1.7倍。

貳、國際打擊人口販運犯罪之防制作為

　　依據美國國務院2010年之觀點，在1998年時，由於當時之柯林頓總統簽發「防制對於婦女與孩童進行販運行政備忘錄」（President Bill Clinton's

---

[3] 聯合國「關於預防、禁止和懲治販運人口特別是婦女和兒童行為議定書」是對聯合國打擊跨國有組織犯罪公約的補充，故本議定書之性質，亦屬於國際公約。

Executive Memorandum on the Trafficking of Women and Children），美國政府業已大力倡導基於3P之模範政策，用以反制人口販運罪行，此「3P」係爲：起訴（prosecution）、保護（protection）與預防（prevention）。後來，另外新增加1P之模範政策，名爲夥伴關係（Partnerships）[4]，如下所述。

一、起訴（人口販運罪犯）

美國國務院指出，人口販運的本質，它是一種犯罪，此種犯罪的性質，近似於殺人（謀殺）、強制性交及誘拐罪行。對於「巴勒（摩）議定書」（Palermo Protocol），又名爲「聯合國關於預防、禁止和懲治販運人口行爲的補充議定書」[5]之所有締約國而言，將人口販運行爲加以刑事犯罪化，是法律上之強制規定。美國政府認知起訴人口販運罪行的重要性，故已將此種機制落實及反應至美國之實際執法中。然而，令人感到相當抑鬱之處，仍有不少國家對於人口販運罪行之起訴作爲，每年之起訴率，實過於偏低。

國際社會各國實應儘速通過現代型之法律，禁止各種類型之人口販運行爲，特別是應聚焦於防制被害人被奴役之部分（focusing on the enslavement of victims），而非聚焦於防制被剝削勞工或被性剝削婦女的召募及運送工作（rather than the recruitment and transportation of workers or people in prostitution）。上述的作法，是有效地遵守「巴勒莫（摩）議定書」及美國「人口販運被害人保護法」（Trafficking Victims Protection Act）最低要求的第一個重要步驟。亦即，防制人口販運之法律建制，根據美國國務院之見解，核心之重點工作，應在全面性地禁止各種人口販運之形式，特別宜強調防制被害人被奴役之部分。

上述所建構之法律，如欲有實質之意義，這些法律應被落實執行。徒法不足以自行，重點應在於實際之執行。2009年全球各國對於人口販運罪行之定罪人數，總計約爲4,000人。假若全球每年之人口販運罪行之定罪人數，仍維持在4,000左右之人數，它顯示出一種訊息，即人口販運被害人所遭受之不公不義，仍非各國或全球之重要優先議題，被害人所承受之不公平待遇，仍未受到

---

[4] US State Department(2010). Trafficking in Persons Report 2010, retrieved from http://www.state.gov/g/tip/rls/tiprpt/2010/142744.htm, Nov. 5, 2010.

[5] 亦可名爲「關於預防、禁止和懲治販運人口特別是婦女和兒童行爲議定書」。

應有之重視。

　　依據美國國務院之看法，在很多之情況下，人口販運被害人被多數人視為是該社會的「垃圾物」，它等同於娼妓、逃亡（亡命）者、窮人、民族或種族上之少數族群、低社會地位人群或新近之移入者。人口販運被害人並不知曉與了解此類人口販運罪行之法律上的定義；因為不熟悉法律之定義，彼等認為其不應該要求進行「自我辨識」。

　　由於對於這些處於脆弱階級之被害人的不正確偏見，以及人們對於人口販運被害人缺乏正確認知之能力，故會影響對於被害人之辨識，以及對於人口販運私梟之調查追訴。由於上述之偏見、缺乏有效之辨識及追訴，已阻礙強而有力之執法作為，同時，令人口販運私梟能免於被處罰。此外，亦會削弱法律對每一個人進行平等保護之承諾，並會侵蝕法律之基本法理。

　　在追訴人口販運犯罪人之刑事訴訟過程中，應賦予所有之人口販運被害人有權利親眼目賭私梟被起訴及被定罪；被害人之案件，應受到法院適切之審理。在反制人口販運之司法措施上，具有熱情及智能之起訴作為，是充作為以人口販運被害人為中心模式之重要基石（礎）。綜整上述美國國務院的見解，認為在打擊與反制人口販運罪行之對策方面，起訴之措施與作為，應建構在以被害人為中心之體認與運作模式之上，並且，加以推展之。

二、保護（人口販運被害人）

　　宛如像通過立法打擊人口販運，但不加以執行前開法律，乃為一種空泛不實之承諾一般，假若僅有強調起訴及定罪等執法作為，但缺乏對於人口販運被害人提供保護措施，則此種僅有起訴執法但缺乏保護作為之對策，是屬於一種不適切之反應作為。以被害人為中心導向之模式，並不意味者協助潛在可能之證人，直到能取得人口販運被害人之法律證詞為止；而是應針對被害人之需求，提供符合其需求之保護與協助，並履行法律上所規範之保護義務，但並不限於與刑事案件有所牽連之部分。

　　提供給予被害人之協助與保護，應超越刑事案件之範疇。執法機關與相關保護及協助之資源提供者之間，兩者應建立夥伴關係，而非相互爭功，各欲爭取處理被害人案件之機會；亦即，兩者之關係，屬於一種同僚共事關係，共同承擔人道救助與協助之義務，以符合被害人最佳利益之需求。對於被害人所提

供之保護與援助，假若係被制約於端視被害人於政府之起訴過程中，其所扮演積極角色而定，則上述之保護與援助作為，並非適切之作為，已偏離保護被害人之原意，已被錯解與錯用之。

在很多國家之中，對於人口販運被害人所提供免除於移民上之法律義務，以及社會服務之資源，係被作為一種誘因，誘使被害人能主動（具證人角色）與政府執法機關進行合作。這些國家反制人口販運之對策，不強調（重視）應如何回復被害人之人性尊嚴或身體健康。然而，最理想之保護模式，係要聚焦於所有之被害人，提供她（他）們機會，令其能獲得庇護及廣泛之服務；在特殊之人口販運被害人案件中，對其提供移民豁免權利，免除移民上之法律責任與義務。在對於外國被害人所提供之諸多服務與援助選項中，遣送出國（遣返）不應該是第一個反應（回應）作為，除非是依據適切的行政處分所執行之遣返；同時，對於被害人所進行之遣返作為，必須應符合被害人之最佳利益化之考量。

將人口販運被害人加以收容（留置）於移民中心之作法，不僅不符合「巴勒莫（摩）議定書」國際公約之規定，且對於被害人有效之生、心理康復及刑事訴追的工作而論，會產生一種不良之效果，亦即，會產生一種反效果。對於被害人所提供之保護與援助，最佳化之模式，係植基於符合及考量被害人之需求，並且，在此被害人之需求上，建構及實施一連串反人口販運之法律及政策。

三、預防（人口販運）

在防制人口販運犯罪之4P對策方面，預防（Prevention）是一項非常重要之措施與目標；不論是在「聯合國關於預防、禁止和懲治販運人口行為的補充議定書」（又稱為巴勒莫（摩）議定書）或經美國政府修定之「人口販運被害人保護法」（簡稱TVPA）之中，均對於如何預防人口販運犯罪，訂定相當明確及多樣化之指導綱領，諸如：推展喚醒大眾對於反人口販運警覺之運動，強調側重於根除本質性之原因、執行相關法律，或是強化國境安全。在上述「巴勒莫（摩）議定書」通過後之約十年後，世界各國政府對於預防人口販運犯罪之正確認知，業已擴展至制訂可行之政策及實務作法（措施），俾利透由此等政策及實務作法，從現代版之奴役犯行之根本源頭加以斬除。

　　上述之政策及實務上之作為，包括諸多之行動方案，而從兩個面向著手，一方面打擊商業化性交易之需求；另一方面，宜確保對於廉價勞動力之需求，應規劃一套之平衡機制，諸如：在勞動力之整個供應鍊過程之中，對於勞工（力）之供應，應具有可追溯（蹤）性及透明性，並應對勞工提供妥適之保護作為。在反制勞力剝削部分，全球各國政府、民間公司團體及消費者（雇主）之間，應進行合作及對話，共同確認所謂的自由化商貿活動，係指以自由化之方式提供勞力，同時，雇主對於勞工應支付適當的補償薪資，而非免費地使用他人之勞力付出。

　　在防制人口販運犯罪之預防層面上，預防作為應著重於在法制系統中之關鍵性脆弱之處，常見之脆弱處，如下所述：

　　　　（一）諸如政策及實際推展過程中之漏洞，這些政策面及實務執行面之漏洞，易促發人口販運犯行；

　　　　（二）對於政府採購及對外之契約中，所存在之缺失，加以容忍之，不願改善此等缺失；

　　　　（三）缺乏道德使命的勞工召募仲介公司；

　　　　（四）嚴厲之簽證實務作為，因而被私梟用作強制及剝削被害人之工具；

　　　　（五）在勞工法規之執法部分，過於寬鬆（勞工法規之執法不力）。

　　有效之預防對策，實應聚焦於具有重點化之行動方案之上，旨在保護處在國際社會被邊緣化及低收入之勞工的權利，諸如：家庭幫傭、農場勞工、礦工及成衣勞工等。有效之人口販運預防方案，應有效地保護上述勞工之基本人權及權利。這些社會邊緣化之勞工，經常在處在犯罪之迫害下，諸如受到長時間之勞力剝削，而最嚴重之剝削，當屬人口販運中之勞力剝削。

　　預防之對策，它能夠及應該產生經濟上之動能，用以打擊人口販運；上述所謂之「經濟動能」，乃指對於那些直接依賴被強制（剝削）勞工進行貨品之生產或服務之提供的公司或雇主，增加刑事或民事的處罰額度，用刑事罰金或民事罰款打擊從事人口販運罪行之違法公司或雇主。

四、夥伴關係（Partnerships）

　　在防制人口販運之第4個對策方面，美國國務院之見解，仍是建構「夥伴

關係」。爲何要強調建立夥伴關係？主要之理由，因打擊人口販運犯行需要結合專門化知識（技術）、資源與很多個人及機關部門實體之努力。防制人口販運之議題，它是一個複雜化及多面向之課題，牽涉的範圍相當廣泛，諸如：基本人權、勞力（工）及招募（聘）、醫療健康與服務及執法作爲，故需要政府部門及民間團體組織提供廣泛性之回應措施。防制人口販運之工作，它需要上述所有機關組織之夥伴關係，以利能發揮正向之效果。

　　建立夥伴關係之所以會產生更大的正面影響，主要之因素，所下所述：

　　（一）可匯集各種不同及多樣化之防制經驗；

　　（二）擴展訊息之交流；

　　（三）運用槓桿原理分配資源。

　　上述夥伴關係所產生之效果，需要多個機關團體通力合作，並非一個單獨機關或團體所能獨力完成之。爲了促進起訴、預防及保護作爲，國際社會上，各政府之間現存之夥伴關係之範例，如下所述：

　　（一）世界各國政府間之執法合作，透由國際執法合作途徑，俾利分享情報（資），在不同司法管轄區執行反制人口販運工作及各國國境間之協同溝通；

　　（二）政府機關與商業團體組織之間建立夥伴聯盟關係，兩者共同訂定可行之協議，針對免於被奴役之勞力供應鍊，上述雙方共同建構一套可供遵循之機制。

　　（三）在區域中之各國，共同建立區域層級之夥伴關係，俾利推展反人口販運工作，諸如：美洲國家組織（OAS）或歐盟（EU）等。

　　政府機關外之非政府組織間相互建立的夥伴關係，基於共同防制人口販運犯行之理念，相互連結，主要的目的，如下所述：

　　（一）共同倡導反制人口販運；

　　（二）分享資訊；

　　（三）建構被害人之網路。

　　上述之非政府組織，以更加多元化及多面向之作爲與措施，開展反人口販運工作。國際社會對於建構夥伴關係之目的及其所帶來之利益，有廣泛之交集，且多數均加以認同；但，對於應採取何種已被證明爲有效且是成功之策

略，此一部分，則較少有共識；在未來之時日，有效及成功之防制策略，仍待國際社會共同努力研發創造及分享之。

參、全球打擊人口販運犯罪之重大新挑戰——3D（收容、遣返與使被害人失能）[6]

由於「巴勒莫（摩）議定書」之通過，在過往之十年間，國際社會運用上開議定書所揭示之3P（預防、保護及起訴），用以抗制人口販運罪行。根據美國國務院2010年之看法與見解，國際社會上，另存有所謂之3D——「收容」、「遣返」與「使被害人失能」（the "3D" phenomenon of detention, deportation and disempowerment）之不適切策略，正嚴重地阻礙反人口販運工作之推展。

在國際上，某些國家之移民政策，或是法律體系，未與時更新，過於陳舊，以致於這些國家之移民政策或法律，仍是在執行現代版之奴役機制。由於過時之移民政策或法律，導致對於人口販運之被害人，採行收容（留置）及遣返之對策。

然而，上述之回應作為之情形，係屬於新興之現象，是在最近幾年始出現，但業已嚴重地影響婦女之人權，尤甚於對男性之影響。為何上述國家會採行3D（因收容及遣返，遂導致被害人失能）對策？主要之動機，為了控制及降低潛在之政府財政負擔，遂出於國家自身利益之考量，而對於被害人進行收容（留置）與遣返。採取3D策略之國家，通常，會先短暫地收容（留置）被害人，之後，將此等被害人遣返其母國或原居地，而未提供充足可靠之機會，俾利渠等能獲得相關之保護與援助，諸如：

一、尋求法律上之補償（包括民事補償金）；

二、適切之心理修（平）復；

三、長期之居留與工作；

四、或再前往第三國。

6　US State Department (2010). Trafficking in Persons Report 2010, retrieved from http://www.state.gov/g/tip/rls/tiprpt/2010/142744.htm, Nov. 2, 2010.

　　上述之援助與保護作為，採行3D政策之國家，均未提供之。這些國家企圖將已被成功地辨識為人口販運之被害人，留置於以收容為主之機構之中，很諷刺的，這些收容機構被上述國家稱為「庇護所」，但，無論上開收容機構是如何地舒適與安全，其本質仍是收容中心，而非「庇護所」，會使被害人在她（他）們正需要回復個人自由感覺之關鍵性時刻，迫使被害人失去自由之能力，喪失個人人身之自由。

　　收容之模式，會切斷被害人與社會服務之提供者或偵查之執法人員有可能建立之和諧融洽的關係，收容會切斷此種信賴關係，其傷害頗深。人口販運被害人之原始創傷，它會持續數個月之久；此時，若加以收容而非提供治療，則會阻礙執法人員之偵查活動，喪失發現重大犯罪事實之時機。主要在於此時若對被害人加以收容，會加劇其創傷，令其失能，其所作出之被害供述，僅是片段且不完整，會嚴重地妨礙偵查之進行。

第三節　臺灣面臨人口販運問題之檢討

　　有關於臺灣面臨人口販運問題之檢討方面，本文擬以美國在2003年通過之「人口販運被害人保護授權法」為討論之基準，檢視臺灣歷年在TVPR[7]評比之等級，與臺灣面臨人口販運之相關問題，茲將其摘要整理如下所述[8]：

　　一、2003年（第二級）：號稱人權立國之臺灣，人口販運問題嚴重之程度，在東亞經濟發展程度較高之國家中，僅次於日本，與香港並列第二。

　　二、2004年（第一級）：臺灣是人口販運之來源地，同時也是中轉地、目的地。並認為臺灣當局已認知到人口販運之嚴重性，在案件之偵查與預防上均極為努力，達到杜絕人口販運之最低標準。

---

[7]　美國在2003年通過人口販運被害人保護授權法（Trafficking Victim Protection Reauthorization Act），該法簡稱為TVPR。

[8]　柯雨瑞、蔡政杰（2014），論大陸地區人民來臺之源頭安全管理，中央警察大學國土安全與國境管理學報，第21期。有關於TVPR評比等級及摘要內容，資料來源：參考美國在臺協會（American Institute in Taiwan）（2014），http://www.ait.org.tw/zh/officialtext-ot1306.html，瀏覽日期：2014年3月4日。復次，並參考以下之文獻：美國在臺協會（2015），美國2015年人口販運問題報告（2015 Trafficking in Persons Report）—臺灣部分（第一列），http://www.ait.org.tw/zh/2015-trafficking-in-persons-report-taiwan.html，瀏覽日期：2015年12月8日。

　　三、2005年（第二級）：臺灣是從事性剝削而被販運之女子之主要輸入地，這些女子大多數來自中國大陸，她們被暴力脅迫從事賣淫，或以工作、婚姻爲餌被騙來臺。臺灣當局並未完全達到杜絕人口販運之最低標準，不過，臺灣當時非常賣力欲達到此一目標，並已加強努力保護販運受害者。

　　四、2006年（第二級觀察名單）：臺灣主要是遭受強迫勞動與性剝削之男性、女性及兒童被販運之目的地，來自中華人民共和國及東南亞國家之婦女被販運至臺灣，目的是被強迫勞動及被性剝削。儘管臺灣擁有充裕之資源，過去一年以來它是否已盡力解決人口販運（特別是處理東南亞外勞及新娘合法入境後遭遇之強迫勞動與性奴役）仍不無疑問。

　　五、2007年（第二級）：（入出國及移民署成立）臺灣被列爲第二級，比第一級之香港還差，但比第二級觀察名單之中國、澳門尚佳。美方國務院官員強調，臺灣比香港差之原因，主要是尚未制定防制人口販運之專法，臺灣政府應該主動保護被害人，始能將人口販運之蛇頭一網打盡。

　　六、2008年（第二級）：臺灣當局未能完全符合消除人口販運之最低標準；但是當局正十分努力於達到這些標準。在報告期間臺灣當局有明顯之進步，包括加強調查與起訴人口販運案件；通過臺灣移民法修正案，大幅強化對人口販運受害者之法律保護。

　　七、2009年（第二級）：臺灣當局未能完全符合消除人口販運之最低標準；但是當局正十分努力於達到這些標準。有關當局亦提供執法人員、社工和司法人員相關之訓練，並強化偵辦技巧和提升對人口販運、被害人保護與有關法律議題之了解。唯過去一年臺灣在被害人鑑別與保護之努力上仍有不足。但非政府組織指出，仍有移民、警察和地方之執法官員將販運被害人視爲逃逸外勞或罪犯，讓一些被害人非但得不到保護，反而受到制裁。

　　八、2010年（第一級）：臺灣當局完全符合消除人口販運之最低標準，並鑑別出329名人口販運之被害人，並提供被害人工作許可，讓他們可以一邊賺錢，一邊協助起訴加害他們之人口販運罪犯。臺灣應該加強對性剝削與勞動販運罪犯之起訴。當局應針對2009年人口販運防制法，持續訓練執法官員、檢察官和法官，並根據此法大大加強對性剝削與勞動販運之調查、起訴和定罪。

　　九、2011年（第一級）：臺灣主要是以被強迫賣淫和強迫勞動爲目的而販運之男、女及兒童之目的地。亦是少數以強迫賣淫和勞動爲目的而販運之男、

女及兒童之來源地和過境站。臺灣大多數人口販運之被害人是來自越南、泰國、印尼、中國大陸、柬埔寨、菲律賓、孟加拉、和印度之勞工，透過招聘機構及仲介掮客被雇用，在臺灣製造業和漁業從事低技術性工作，或充當家庭看護和家庭傭工；臺灣也是中國公民非法入境美國之過境站，這些中國公民在美國很可能會成為債務與被迫賣淫之被害人。

十、2012年（第一級）：臺灣主要是以性販運和強迫勞動為目的而販運之男、女及兒童之目的地；再者，亦是少數以性販運和強迫勞動為目的而販運男、女及兒童之來源地和過境站。臺灣大多數人口販運之被害人是來自越南、泰國、印尼、中國大陸、柬埔寨、菲律賓、孟加拉、和印度之勞工，透過招聘機構及仲介掮客被僱用，在臺灣之製造業和漁業從事低技術性工作，或充當家庭看護和家庭傭工，部分來自中國和東南亞國家之婦女與女童，因為假結婚或不實受雇機會而受騙來臺，實則從事性販運或強迫勞動。

十一、2013年（第一級）：臺灣是以性販運和強迫勞動為目的而被販運之男女及兒童之目的地；再者，亦是少數以性販運和強迫勞動為目的而被販運之男、女及兒童之來源地和過境站。臺灣大多數人口販運之被害人，係來自越南、泰國、印尼、中國大陸、柬埔寨、菲律賓、孟加拉、和印度之勞工，透過招聘機構及仲介掮客被僱用，在臺灣營造業和漁業界，從事低技術工作，或充當家庭看護和家庭幫傭。部分來自中國大陸和東南亞國家之婦女與女童，因為假結婚或不實受雇機會而受騙來臺，實則進行性販運或強迫勞動。

十二、2014年（第一級）：臺灣是以強迫勞動和性販運為目的，而被販運之男、女及兒童之目的地；再者，亦是少數遭到性販運之女性來源地。臺灣大多數人口販運的被害人來自印尼、中國大陸、菲律賓、柬埔寨、泰國、越南，少數來自孟加拉和印度。50萬人左右的外籍勞工，多數透過招聘機構及仲介掮客被雇用，在臺灣的製造業、營造業、和漁業從事低技術工作，或充當家庭看護和家庭幫傭。許多這類外籍勞工在其母國受迫於仲介，有些仲介持有臺灣護照，或者在臺灣受迫於雇主，成為勞動販運的被害人[9]。

十三、2015年（第一級）：根據美國國務院2015年7月出版之TIP報告

9　美國在臺協會，美國2014年人口販運問題報告（2014 Trafficking in Persons Report）─臺灣部分（第一列），http://www.ait.org.tw/zh/2014-trafficking-in-persons-report-taiwan.html，瀏覽日期：2014年7月3日。

（2015 Trafficking in Persons Report），其指出：在2015年，臺灣仍然是勞力剝削和性販運受害男女，以及兒童被人口販運之目的地；再者，亦是少數一些勞力剝削和性販運之人口販運被害人之來源國。臺灣之人口販運被害人，就來源國加以分析，多數是來自印尼、菲律賓、泰國、和越南之外籍勞工，少數則來自中國大陸和柬埔寨。臺灣逾55萬之外籍勞工，在招募之方式部分，多數透過招聘機構及仲介掮客，在母國被僱用，有些招聘機構與仲介掮客，則是來自臺灣。被招攬之外籍勞工，其工作之範疇，主要係為：農漁業、製造業、及營造業從事低技術之工作，或充當家庭看護與家庭幫傭。有些外籍勞工被收取高額之仲介招募費用，導致其債臺高築，仲介公司或僱主因此得以利用債務相威脅，以獲得或留住外勞為其提供勞動之服務。再者，根據上開美國國務院2015年7月出版之TIP報告（2015 Trafficking in Persons Report），漁工之問題，甚值社會大眾加以關注，亦即，來自中國大陸、印尼、及越南等地，而在臺灣漁船上工作之外籍勞工，無論其是否登記在案，許多之上開外籍勞工，均有遭受人口販運之跡象，如雇主未給薪資或薪資給付不足、工時過長、身體虐待、供餐不足、及生活條件惡劣，作者認為，這是一個非常嚴重之問題。

　　美國國務院所公布之2014年版本之人口販運問題報告（2014 Trafficking in Persons Report），對於臺灣打擊人口販運之防制工作，提出以下正向及積極之建言，頗值得臺灣政府部門及社會大眾加以關注與共同解決之[10]：

一、植基於以臺灣的防制人口販運之法制規範為本，加強對人口販運罪犯進行起訴和定罪之執法作為；

二、積極調查、偵處並起訴涉嫌在遠洋漁船之上，虐待或販運漁工之臺灣籍漁船船主；

三、進一步減少外籍勞工被仲介剝削之狀況，其中包括宜有效防制臺灣之招募機構和雇主對外籍勞工之剝削情事；

四、為人口販運被害人提供永久居留簽證，而非對被害人處以罰金並將其驅逐出國（遣返）；

五、確保人口販運罪犯宜受到嚴厲之刑罰制裁；

六、修改全臺打擊與防制治人口販運之行動方案和方針，以符合當今人口

---

[10] 同上註。

販運犯罪趨勢，例如：臺灣宜將漁船上的虐待情節，以及家庭幫傭納入監督管控之範圍；

七、釐清中央協調機構內部之各單位之角色功能與其職權範圍，確保打擊與防制人口販運之資訊能有效共享，並能充分協調全臺打擊人口販運之各項執法作為；

八、蒐集並解析人口販運案件情報，確保接獲舉報之販運案件，皆為真實可信；

九、持續對執法人員、勞動部官員、勞動檢察員、檢察官及法官進行被害人識別措施和相關之法律訓練；

十、加強調查、偵處及起訴臺灣護照持有人所觸犯之兒童性觀光罪名；

十一、持續提升臺灣社會公眾對於各種形式人口販運之進一步認識（知）。

之後，於2015年7月，美國國務院依據往例，公布2015年版本之人口販運問題報告書（2015 Trafficking in Persons Report），對於臺灣打擊人口販運之防制工作，仍有提出以下正向及積極之若干建言，作者認為，亦是頗值得臺灣相關政府部門及社會大眾加以關注與共同解決之[11]：

一、臺灣政府應以防制人口販運之立法為根本，增加對人口販運罪犯之起訴和定罪之能量與力道。

二、使用新建立之執法程序，積極調查並起訴涉嫌在遠洋漁船上虐待或販運漁工之臺灣籍船公司，或臺灣籍之漁船。

三、藉由簡化直接聘僱外籍勞工之招募程序，以及向大眾推廣直接聘僱聯合服務中心之機制，進一步減少外籍勞工被仲介剝削之情況，其中，包括臺灣之招募機構和僱主。

四、在臺灣之偵查執法與司法部門之中，特別指定防制人口販運之專責訓練人員，以提升防制人口販運之訓練成效，以及縮小檢察官與法官，對人口販運犯罪定義之認知落差。

五、強制規定臺灣當局海外派駐單位之人員，務須接受人口販運防制之相

---

[11] 美國在臺協會（2015），美國2015年人口販運問題報告（2015 Trafficking in Persons Report）—臺灣部分（第一列），http://www.ait.org.tw/zh/2015-trafficking-in-persons-report-taiwan.html，瀏覽日期：2015年12月8日。

關訓練。

六、將家庭看護與幫傭，納入基本勞工權益之保障範圍。

七、確保人口販運之罪犯，能得到嚴厲之刑罰。

八、建立系統化之資訊共享程序，以進一步強化打擊人口販運之跨部會合作機制。

九、解析人口販運案件之情報，確保被舉報之人口販運案件，皆獲得正確之判別。

十、積極落實資訊共享之合作備忘錄之機制，包括那些犯下兒童性剝削罪名之個人旅遊紀錄。

十一、持續提升公眾對於各種形式人口販運之充分認識。

第四節　臺灣因應人口販運問題可行之對策

根據本文之研究，臺灣打擊人口販運犯罪可行之因應對策，如下所述：

一、在整體策略（戰略）上，臺灣宜繼續精進4P與強力掃除3D之障礙

在防制人口販運之對策上，臺灣宜繼續精進4P——起訴、保護、預防與夥伴關係之對策，且是以保護被害人權利為核心，加以開展之。在防制人口販運所面臨之3D——收容、遣返與令人口販運被害人失能之障礙與問題方面，臺灣宜檢討3D問題之所在，面對上述問題，並強力掃除3D——收容、遣返與令人口販運被害人失能之障礙，俾利有效保障被害人之人性尊嚴及人權。

二、應大幅提升人口販運被害人被鑑別成功之比例

於2009年，針對全球成人及孩童而論，全球人口販運被害人合計約1,230萬人。於同年一度（2009年）之中，全球人口販運被害人被成功鑑別之總人數，合計約4萬9,105人，其成功辨識比例僅為0.004；相對而論，失敗之辨識比例為0.996。亦即，每1,000位之人口販運被害人，僅有4人被成功地辨識為被害人，尚有996位未被成功地辨識為被害人。

在臺灣，執法與司法機關人員對於人口販運被害人的辨識能力，有待強化。根據美國國務院2014年版本的TIP報告指出，我國的執法與司法機關人員，在準確地辨識人口販運被害人方面，能力仍有所欠缺，有時，人口販運的被害人，未被精準地辨識出來，仍被視為人口販運的罪犯；事實上，他（她）是人口販運的被害人。另外，在2013年版本的TIP報告之中，美國國務院亦指出，根據在臺的非政府組織（NGO）向美國國務院的反應，在臺灣，人口販運的被害人，有時，仍被執法與司法機關視為人口販運的犯罪人，此涉及執法與司法機關人員對於人口販運被害人的辨識能力的問題。

此外，在美國國務院所出版的2012年版本的TIP報告之中，亦是提及臺灣將人口販運被害人視為人口販運的犯罪人，對於被害人進行收容，或裁處行政罰鍰。綜上，臺灣的執法與司法機關人員，對於人口販運被害人的辨識能力，尚待精進化。在臺灣，人口販運被害人被執法與司法人員誤判為犯罪人的情形，時有所聞，亦可顯示出此一問題的嚴重性，值得國人高度關注它。是以，政府及民間部門宜重視此一問題之嚴重性，並應大幅提升人口販運被害人被鑑別成功之比例。

三、強化與外國執法調查機關之連繫，並積極推展情報之交換

日本於平成16年（2004年）12月7日制訂「人口販運對策行動計畫」，經分析日本「人口販運對策行動計畫」之內容，發現日本防制人口販運之策略中，在預防策略部分，著重於防患於未然，這是一個良善之防制策略，其作法乃為相當重視與外國執法調查機關之連繫，並積極推展情報之交換。此外，關於偽變造及遺失之護造等旅行文書之情資而論，與外國相關執法機關建構一套情資共享之機制，著重於護造等旅行文書情資之交換及共享。由於人口販運是相當具有隱密性之犯罪活動，依賴正確之國內外情資，將使防制人口販運工作事半功倍。日本此種重視防制人口販運情資之作法與態度，值得我國效法之。

四、強化對於臺灣附近水域之監視與執法取締

為了強力打擊人口販運跨國活動，對於進入日本水域之船舶，警察機關、入國管理局及海上保安廳等執法機關之間，緊密地聯繫與合作，相互交換涉及人口販運活動之情資，共同合作打擊及取締人口販運活動。日本上述之作法，

頗值得臺灣學習。

五、正視人口販運罪行本質之殘酷性、暴力性、迫害性及嚴重性

以人文、歷史、東方宗教、倫理學及傳統道德等多重角度的觀點，重新定位及反思人口販運罪行的本質性、嚴重性及巨大危害性：古諺云——「奸近殺」，乃指姦淫一位女性，就如同把她殺了一樣殘酷，亦即傳統東方中國宗教所謂的：「殺人者，殺其一身；淫人者，殺其三世。」因為姦淫一位女性，不僅造成女性當事人終身在心理上的陰影及傷害，同時，也會讓她的家人，包括父母、配偶、兄弟、子女，感到羞恥及痛苦不堪，某些人（包含受害人）甚至因為忍受不了這種羞恥，而選擇結束自己的生命。故因姦淫所發生的兇殺案件，或男殺女，或女殺男，或婦殺夫，殺人犯罪手法（手段）都極為殘忍[12]。上述所謂的「奸近殺」中之姦淫，包括已取得女性本身之同意，其所造成之危害性，尚且如此地嚴重。以當今21世紀，人口販運罪犯所使用之各式各樣的犯罪手法，諸如：強暴、脅迫、恐嚇、拘禁、監控、藥劑、催眠術、詐術、故意隱瞞重要資訊、不當債務約束、扣留重要文件、利用他人不能、不知或難以求助之處境等犯罪手段，常造成人口販運被害女性長期處在被性剝削之中[13]，更有可能容易造成性剝削的行為，與殺害被害人及其家人的行為，兩者之間產生關連性。在此情形下，實宜正視人口販運罪行本質之殘酷性、暴力性、迫害性及嚴重性，不宜輕忽人口販運罪行對於被害人及其家人生命及身體，所造成的危險性及風險性。[14]

六、不宜對於拒絕協助臺灣刑事司法機關進行人口販運之偵審工作者，我國即拒絕對於人口販運被害人提供保護與協助

對於人口販運被害人所提供之保護與協助，宜符合國際人權法之標準：根據聯合國人權事務高級專員辦公室（United Nations High Commissioner for

---

[12] 周安士，欲海回狂，第一卷，2009年6月，http://www.buddedu.com/liaowu/yhkl/yhkl-40.htm。

[13] 在桃園縣，有受害個案顯示，女性被害人每人平均每7天要接客70至80次，每人每天接客約10餘次，2009年6月，http://www.newchinacity.com/bbs/redirect.php?fid=25&tid=19356&goto=nextnewset。

[14] 在這樣之思維下，更宜重視「人口販運防制法」的法治教育及訓練，令相關的執法人員及廣大的臺灣民眾，深切體認人口販運罪行的嚴重性及對基本人權的嚴重侵害，不僅拒絕人口販運犯行，並且，支持保護與協助人口販運被害人之相關措施。

Human Rights）之「人權保障及防制人口販運工作中被推薦使用原則與綱領（E/2002/68/Add.1）」第6個指導綱領之規定，即禁止對於人口販運被害人提供保護與協助之際，尚須有當事人協助刑事司法機關進行人口販運案件之偵審之附帶條件。假若對於人口販運被害人所提供之保護與協助，尚須有當事人協助刑事司法機關進行人口販運案件之偵審之附帶條件，業已明顯地違反「人權保障及防制人口販運工作中被推薦使用原則與綱領（E/2002/68/Add.1）」第6個指導綱領之規範，附帶條件之作法，係屬為一種違反國際人權法之措施，與國際人權思潮不相符合。

　　我國對於人口販運被害人所提供之保護與協助，似不宜以其在刑事訴訟過程之中，協助刑事司法機關進行人口販運之偵審工作，作為交換之條件。亦即，似不宜對於拒絕協助臺灣刑事司法機關進行人口販運之偵審工作者，我國即拒絕對於人口販運被害人提供保護與協助。主要之理由，人口販運被害人本質上之身分及角色，係為被害人，而非加害人，其基本人權及人性尊嚴，嚴重地受到國人之不法侵害，故即使其拒絕協助臺灣刑事司法機關進行人口販運之偵審工作，其本質之身分及地位，仍是屬於人口販運被害人，並未轉變成為罪犯，故我國對於此類之被害人，似仍負有提供保護與協助之國際道義。

　　在臺灣人口販運被害人停留居留及永久居留機制之中，尚須符合被害人協助偵查或審判之要件，恐非合理之要求。茲以「人口販運被害人停留居留及永久居留專案許可辦法」為例加以說明之，根據上述辦法第3條之規定，被害人因協助偵查或審判而於送返原籍國（地）後人身安全有危險之虞者，安置處所得依被害人之申請，出具被害人返國後人身安全有危險之虞說明書（以下簡稱說明書），並協助被害人向中央主管機關申請專案許可停留或居留。於上述之內容中，人口販運被害人如擬申請停留居留及永久居留之許可，尚須符合被害人協助偵查或審判之要件，恐非合宜作法。「人口販運被害人停留居留及永久居留專案許可辦法」第3條對於人口販運被害人所提供之保護與協助，尚須有當事人協助刑事司法機關進行人口販運案件之偵查或審判，作為附帶之條件，上述之規定，是否符合「人權保障及防制人口販運工作中被推薦使用原則與綱領（E/2002/68/Add.1）」第6個指導綱領之規定，以及是否會有子法違背母法（人口販運防制法第28條第3項）原始立法精神之虞，似值得進一步加以討論。

七、臺灣宜將針對人口販運被害人HIV／AIDS之各項防制服務及作為整合於遣返政策之中

　　我國於規劃及推展國家層級之反人口販運防制策略及行動方案（under their relevant national anti-human trafficking strategies and action plans）之際，亦宜考量納入HIV／AIDS之防制服務，確實可將HIV／AIDS之各項防制服務及作為，提供給處於易遭受人口販運脆弱情境之女性被害人。

　　我國宜考量及審視人口販運之被害人之遣返政策，將HIV／AIDS之事前預防及事後之照護服務，整合於遣返政策之中（to incorporate HIV/AIDS prevention and care services）。

八、臺灣宜大力宣導犯罪被害補償金之機制，令更多人口販運之被害人能獲實益

　　加拿大政府對於暴力犯罪被害人，包括人口販運之被害人，設計提供犯罪被害補償金之機制，此一部分，我國亦有相關之機制。如內政部於民國98年6月4日，以中華民國98年6月1日內政部台內移字第0980959975號令，以及法務部法檢字第0980021933號令會銜訂定發布「沒收人口販運犯罪所得撥交及被害人補償辦法」，依據本被害人補償辦法第3條之規定，被害人補償金之種類，計可分為：遺屬補償金、重傷補償金及精神慰撫金，我國此一方面之立法與執行，可謂相當符合先進國家之保護措施，是一個相當良善之機制。

　　承上所述，我國依照「沒收人口販運犯罪所得撥交及被害人補償辦法」所建構之犯罪被害補償金之機制，是一個非常良善之制度，相關主管機關及非政府組織，似宜透由多重管道，宜多加宣導及教育民眾，諸如網路及流通宣導小冊子等方式，鼓勵人口販運犯罪之被害人或遺屬，於符合條件之情況下，宜多加申請。以利人口販運犯罪之被害人，能夠獲得適當及合法之補償。被害補償金之經費部分，可考量提高遺屬補償金、重傷補償金及精神慰撫金之數額，俾令人口販運犯罪之被害人或遺屬，能獲得更多之補償金，彌補其身心之重大創傷與悲痛。

九、重視人口販運被害人心理之斯德哥爾摩症候群現象,積極鼓勵與宣導人口販運犯罪被害人勇於報案

我國應重視人口販運犯罪被害人患有斯德哥爾摩症候群(Stockholm syndrome)之特殊心理現象。所謂的斯德哥爾症候群,係指人口販運犯罪的被害者,對於犯罪者(加害者)會於心理上產生特殊之依附(依靠或依戀)情感,被害人之心理,並未認為其處於被害之情境之中。亦即,人口販運犯罪被害人其事實上是處在被加害人剝削之中,但不自知[15]。此時,亦透由多種管道及媒介,大力喚起人口販運犯罪被害人之被害意識,積極鼓勵人口販運犯罪被害人向執法人員或機關報案。

十、正視人口販運犯行之嚴重性而適度提升懲治人口販運罪行之處罰額度

根據加拿大刑法第279.01條之規定,對於行為人觸犯販運人口之罪行,最高可科處有期徒刑十四年。此外,依據加拿大刑法第279.01條之立法規範,假若行為人於觸犯人口販運犯罪之過程之中,尚且涉及綁架勒贖罪、加重暴行罪、加重性暴行罪或發生致人於死之情形,則最高可科處無期徒刑[16]。加拿大對於行為人觸犯販運人口之罪行,最高可科處有期徒刑十四年。兩相比較之結果,針對人口販運之性剝削罪行而論,加拿大刑罰之額度,高於臺灣約2.8倍(14年/5年=2.8),近約3倍之額度。

另外,根據南韓政府之「懲治媒介性交易暨相關行為條例」第18條第1項之規定,以不法手段,強迫他人出售性服務者,可科處十年以下有期徒刑或,科處1億韓幣(約臺幣300萬元)。反觀我國2009年之人口販運防制法,該法第31條規定意圖營利,利用不當債務約束或他人不能、不知或難以求助之處境,使人從事性交易者,處六月以上五年以下有期徒刑,得併科新臺幣300萬元以

---

[15] 邱念興(2009),我國防制人口販運之執法運作,發表於中央警察大學國境警察學系與移民研究中心共同舉辦之2009年防制人口販運國際研討會之專題演講,頁9-51。根據刑事警察局邱念興氏之專案報告,被害人缺乏被害意識,不認為其是被害人,縱使遭人口販運之剝削而不自知,常拒絕協助偵查或不願接受安排,影響刑事警察局執法人員之後續偵查作為。是以,如何有效喚醒人口販運被害人之被害意識,勇於向執法人員報案,亦是當前宣導重點之所在。

[16] US, Department of State, Office to Monitor and Combat Trafficking in Persons (2008). Trafficking in Persons Report 2008, pp. 52-292.

下罰金[17]。兩相比較之結果，我國有期徒刑之刑度，僅為南韓政府之「懲治媒介性交易暨相關行為條例」第18條第1項有期徒刑處罰額度之一半，顯見我國有期徒刑之刑度較低。

亦即，同樣之人口販運之性剝削罪行，臺灣人口販運防制法處罰之額度，僅為加拿大刑罰額度之三分之一，或為南韓政府之「懲治媒介性交易暨相關行為條例」第18條第1項有期徒刑處罰額度之一半，臺灣人口販運防制法處罰之額度，是否過輕？人口販運防制法處罰過輕，是否會變相地增進及鼓勵人口販運犯行？不無疑義。臺灣之反人口販運聯盟、其他相關團體及維權人士，對於人口販運防制法之罰則機制，大多表示人口販運犯罪之罰則太低[18]。關於人口販運防制法之罰則過低之問題，值得臺灣未來進一步深入加以研究。

十一、強調與建構共同打擊人口販運罪行之合作夥伴協力關係

我國官方政府及民間之非政府組織，對於打擊及防制人口販運犯罪之議題，除了傳統上之4P對策——預防、保護、起訴及夥伴合作關係之外，尤其是宜特別重視跨國夥伴關係之建構。加拿大政府與國際及地區層級之防制人口販運犯罪組織進行合作之作法，亦即，強化國內及國際合作協力之機制，相當值得我國學習之。臺灣在跨國（境）合作夥伴關係之建構方面，宜加強與週邊國家建立更加緊密合作之機制，透由國際法律文件（包括共同打擊及防制跨國人口販運犯罪備忘錄）之簽署，共同懲治跨國（境）人口販運之犯罪。

根據本文之研究，美、加兩國為了打擊跨國犯罪，業已共同建構一套「阻斷及辨識性交易買春者」（the Deter and Identify Sex Consumers, DISC）電子資料庫系統，此套系統能提供美、加兩國相互連線，並能交換情報（communicate information）。我國與中國大陸之間，基於打擊跨境犯罪之需，似亦可以考量共同建構一套類似於美、加兩國之「阻斷及辨識性交易買春者」（the Deter and Identify Sex Consumers, DISC）的電子資料庫系統，亦即，

---

[17] 人口販運防制法第31條（罰則）：
意圖營利，利用不當債務約束或他人不能、不知或難以求助之處境，使人從事性交易者，處六月以上五年以下有期徒刑，得併科新臺幣300萬元以下罰金。
前項之未遂犯罰之。

[18] 陳淑芬（2009），「人口販運防制法過關罰則太低」，http://news.sina.com.tw/article/20090113/1278291.html，瀏覽日期：2009年1月13日。

兩岸出資共同建構一套抗制跨境犯罪之網際網路情資分享系統，在此一情資分享系統之中，植入犯罪被告之相關情資，諸如：犯罪被告個人之基本資料、犯罪事實、罪犯之個人生物特徵（如指紋、外表……等）以利兩岸之執法機關能夠相互分享，及查詢犯罪被告之相關情資，以利強化兩岸執法機關打擊跨境犯罪之實際能量。

十二、臺灣宜從需求面降低人口販運之犯行——我國對於買春之人宜進行刑事制裁而非採取行政制裁，藉以強力壓制買春行為

有關南韓對於買春之人進行之處罰，係使用刑事制裁之手段，南韓從2004年9月開始實行「性買賣特別法」，截至同年11月為止，計有約2,600名男性，因買春被警察逮捕，並科處刑事處罰，南韓男性協會提出非常嚴重之抗議，主張男性的身體自由權、生存權及追求幸福權，已遭到「性買賣特別法」嚴重侵犯。「懲治媒介性交易暨相關行為條例」施行之後，依照後法優於前法（「性買賣特別法」）之原則，「懲治媒介性交易暨相關行為條例」則取代「性買賣特別法」之效力。

根據「懲治媒介性交易暨相關行為條例」第21條之規定，任何從事性交易之人，必須被科處一年以下之有期徒刑、罰金、拘役、或是300萬圓以下之韓幣（約9萬元之臺幣）。在南韓，買春之行為，被「懲治媒介性交易暨相關行為條例」第21條加以犯罪化，此種之行為，是必須受到刑事制裁。不過，實際上，對於買春之初犯，則是使用社區處遇，令其參與一日之「約翰學校」[19]研習會，用社區處遇之「約翰學校」，取代監禁。不過，其參與之條件，則必須是買春之初犯。

反觀臺灣，依照社會秩序維護法第80條之規定，從事性交易者，處新臺幣3萬元以下罰鍰，但符合第91條之1第1項至第3項[20]之自治條例規定者，不適用

---

[19] 英文中之Johns，中文翻譯為約翰，另外之意思，係指嫖客。此部分，可參見：汪毓瑋（2009），移民政策發展之國家安全、法治、人權內涵之平衡思考——兼論處理人口販運應有之改善作為，收錄於2009年防制人口販運國際研討會論文集，中央警察大學國境警察學系主辦，頁139。

[20] 直轄市、縣（市）政府得因地制宜，制訂自治條例，規劃得從事性交易之區域及其管理。
前項自治條例，應包含下列各款規定：
一、該區域於都市計畫地區，限於商業區範圍內。
二、該區域於非都市土地，限於以供遊憩為主之遊憩用地範圍內。但不包括兒童或青少年遊憩場。

之（性交易專區排外條款）。買春之人是不受到任何之法律制裁。此種作法，似乎是頗值得加以深入探討，因無任何之處罰，造成無法管制及消除人口販運性剝削之需求面，唯有澈底消除人口販運性剝削之需求面，才能有效防制人口販運之犯行，這是臺灣法制面較為缺陷之處。假若性交易之需求面能加以壓制，則人口販運性剝削之供給面必會減少[21]。相當可惜之處，是國內之民眾，對此尚未有共識，尚待贊同本文之學者、專家及政府廣加宣導。

　　從中華傳統文化、道德、東方宗教之觀點而論，已婚者其與配偶外之第三人，所進行之性交行為（含單身未結婚前之性交行為），儘管是雙方志願的性交行為，均是屬於淫邪之範圍，是要加以禁止。內政部似乎未注意到中華傳統文化、道德、宗教及生理健康之觀點。根據中國中醫學家彭鑫博士之近來研究成果[22]，過度之性交行為，會嚴重影響一個民族之平均智力。全世界智商最高的人種，係為德系猶太人，德系猶太人秉持極其嚴謹的性禁忌，由於對於性交行為有非常嚴謹之態度及規範，使其平均智商在130以上。

三、前二款之區域，應與學校、幼稚園、寺廟、教會（堂）等建築物保持適當之距離。

四、性交易場所應辦理登記及申請執照，未領有執照，不得經營性交易。

五、曾犯刑法第231條、第231條之1、第233條、第240條、第241條、第296條之1、兒童及少年性交易防制條例第23條至第27條或人口販運防制法之罪，經判決有罪者，不得擔任性交易場所之負責人。

六、性交易場所之負責人犯前款所定之罪，經判決有罪者，撤銷或廢止性交易場所執照。

七、性交易服務者，應辦理登記及申請證照，並定期接受健康檢查。性交易場所負責人，亦應負責督促其場所內之性交易服務者定期接受健康檢查。

八、性交易服務者犯刑法第285條或人類免疫缺乏病毒傳染防治及感染者權益保障條例第21條之罪者，撤銷或廢止其證照。

九、性交易服務者經健康檢查發現有前款所定之疾病者，吊扣其證照，依法通知其接受治療，並於治療痊癒後發還證照。

十、不得有意圖性交易或媒合性交易，於公共場所或公眾得出入之場所廣告之行為。

本法中華民國100年11月4日修正之條文施行前，已依直轄市、縣（市）政府制訂之自治條例管理之性交易場所，於修正施行後，得於原地址依原自治條例之規定繼續經營。

依前二項規定經營性交易場所者，不適用刑法第231條之規定。

直轄市、縣（市）政府應依第80條、本條第1項及第2項性交易服務者之申請，提供輔導轉業或推介參加職業訓練。

[21] 此部分之討論，尚可參閱：汪毓瑋（2009），移民政策發展之國家安全、法治、人權內涵之平衡思考—兼論處理人口販運應有之改善作為，收錄於2009年防制人口販運國際研討會論文集，中央警察大學國境警察學系主辦，頁138-139。汪毓瑋教授亦主張賣淫合法化絕對不是一個可行之經濟策略，此會增加執法人員之經費負擔，以及其他相關問題。言下之意，其亦反對合法化之主張。亦即，其似較傾向於將賣淫保留成為犯罪化，本文亦強烈支持此種觀點。

[22] 彭鑫（2009），「色情、手淫、婚外情對身體的巨大傷害」，http://blog.udn.com/bluest1937/3496910，瀏覽日期：2010年10月19。

另外，根據其他研究資料，亦顯示人類如性交氾濫，平均智商會嚴重下降。以南非沙漠高原的叢林人與非洲剛果雨林地區的人群為例，這些居民於成年之後，如男女雙方出於自願，即可以隱秘方式進行性交，致其平均智商約為54。亦有研究指出，根據人類之歷史，如一個種族，其社會對性交之規範愈低，則其男性生殖器官會愈大，大腦容量會愈小，整個族群之平均智商會愈低[23]。其他之中醫文獻及相關之資料，均顯示頻繁之性交行為，會非常嚴重地影響一個民族之平均智力及生理[24]。內政部在性交易專區所進行之性交易行為除罪化，此並非良善之法政策，本文不贊同設置性交易專區及將性交易行為除罪化。

本文建議，我國對於買春之人宜進行刑事制裁（中華傳統文化、道德、宗教及生理健康之觀點，可作為應刑罰化之基石），或可以比照南韓之刑事處罰方式，修訂相關之法律，諸如修正人口販運防制法，於該法之中，明文規範任何從事性交易之人，必須被科處一年以下之有期徒刑、拘役、或9萬元以下之罰金。

另外，我國亦宜同時建制用社區處遇之「約翰學校」，取代監禁之刑事政策。不過，其適用之對象，僅為從事性交易之男女初犯，對於從事性交易之男女累犯，則不宜使用社區處遇之「約翰學校」之模式。

十三、人口販運被害人與雇主之間之契約應屬無效契約

在南韓，根據「懲治媒介性交易暨相關行為條例」第10條之規定，媒介性交易暨相關行為、聘僱或召募出賣性服務、介紹與媒介出賣性服務及意圖使人從事性交易而販運人口等之犯罪人，其與人口販運被害人所簽訂之契約，上述犯罪人根據其與人口販運被害人所簽訂之契約之人內容，所主張之權利，並不具有法律效果。亦即，上述之契約，不具有法效力。

再者，從牴觸強制禁止規定之角度而論，因為性或勞力剝削人口販運行為，已為我國所明文禁止，是一種犯罪行為。根據民法第71條之規定，法律

---

23 冠龍（2010），「性縱欲過度智商降低：日本恐將面臨滅頂之災」，http://news.boxun.com/forum/201003/boxun2010/120700.shtml，瀏覽日期：2010年10月20日。

24 彭鑫（2009），「色情、手淫、婚外情對身體的巨大傷害」，http://blog.udn.com/bluest1937/3496910，瀏覽日期：2010年10月20日。

行為，違反強制或禁止規定者，無效[25]。是以，假若以性或勞力剝削為契約內容，則符合民法第71條之規定，契約屬於無效。未來，我國似可比照上述南韓「懲治媒介性交易暨相關行為條例」第10條之規範模式，於人口販運防制法中，增訂將不當債務約束之契約，明文規範是屬於無效之契約，更加明確地保障人口販運之權益。

十四、被害人部分違法行為宜加以除罪化

南韓政府對於遭受性剝削人口販運之被害人，所涉及部分違法之行為，諸如：意圖得利所為之出賣性服務行為、違法入出國行為、違法工作就業或是賣淫等行為，南韓政府採取非常寬容及包容之作法，亦即，不將上述被害人之違法行為加以犯罪化，不使用刑罰加以制裁，取而代之者，是用保護、安置及關懷之態度，對待這些外國籍遭受性剝削人口販運之被害人，不過，大前提必須是被害人要符合遭受性剝削人口販運之要件，亦即，必須是一名被害人始可。此外，所涉及之違法行為的範圍，是限於意圖得利所為之出賣性服務行為、違法入出國行為、違法工作就業或是賣淫等行為，並非所有之違法行為均加以除罪化。

十五、臺灣宜與多國簽訂共同打擊人口販運犯罪之備忘錄

打擊人口販運之犯罪，須藉助於國際合作，截至2002年止，與南韓政府簽訂雙邊刑事司法互助條約之國家，已達24個。就臺灣而論，因受限於我國之國際處境，本文建議我國政府可與外國政府簽訂共同打擊人口販運犯罪之合作備忘錄，以合作備忘錄之模式，取代條約，以擴展我國打擊人口販運犯罪之廣度與國際網絡，令人口販運之罪犯，即使身處外國，我國仍可透由共同打擊人口販運犯罪之合作備忘錄，獲得外國政府之協助，將其遣送回國，接受刑事制裁。

十六、臺灣宜大力推展「反性剝削旅遊」及「反兒童性剝削旅遊」運動

以南韓為例，在2007年之年中，南韓法務部推動一項名為「勿作一名醜惡

---

[25] 陳自強（2002），民法講義（1）──契約之成立與生效，學林文化，頁175-180。

韓國人」之運動（Don't Be an Ugly Korean campaign），法務部並向廣告商及外國旅遊公司進行宣導及教育，令其知曉南韓政府有能力懲治南韓民眾在國外所觸犯之兒童性剝削旅遊行為。南韓法務部並推行另外一項運動，主要在於鑑別與診斷具有良好商譽之南韓旅遊業者及相關之企業公司，同時，法務部呼籲南韓民眾應有預防及拒絕國外兒童性剝削旅遊之觀念與認知。南韓政府之法律機制，對於國民於國外旅遊時，所觸犯之性剝削不法行為，具有領域外之法律效力，仍可追訴前揭不法之行為。南韓上述作法，頗值得臺灣效法，臺灣宜大力推展民眾「反性剝削旅遊」及「反兒童性剝削旅遊」之運動。

復次，宜積極地修改我國相關之法律，令我國國民以海外觀光的名義，在國外從事兒童性交易的違法行為，能受到法律上的制裁。根據美國國務院2008年、2009年、2010年、2011年、2012年、2013年與2014年版本的TIP報告書，中華民國的國民（絕大多數為男性），常假藉國外觀光的美名，事實上，在海外從事兒童性交易，這種違法的行為，被稱為「兒童性觀光」。自從2006年迄至2014年之間，我國執法機關對於上述「兒童性觀光」的犯罪行為，仍然受限於國家管轄權的拘束，無法進行偵查。

換言之，截至2014年為止，我國政府仍是放任中華民國的國民，在海外從事「兒童性觀光」的犯罪行為，並無任何有效的反制行為。由於政府缺乏有效的反制作為，臺灣的男性民眾，仍是持續地至海外進行「兒童性觀光」。「兒童性觀光」是一個非常嚴重的人口販運的犯罪行為，會侵犯兒童的心理與生理上的健康，政府實宜重視之。

十七、以實證科學統計調查結果作為反制人口販運之對策

以南韓為例，南韓政府對於反人口販運相關政策之制訂，是植基於實證科學統計調查之上。於2003年，南韓「性別平等暨家庭部」進行一項實證性之科學調查研究，以統計調查為基礎，這是南韓政府第一次以實證科學之方式，委由學者專家針對外國女性於南韓性工作市場之實際相關情形，進行實證調查，研究調查之結果，可以有效解釋南韓買春及賣春之市場需求與現況，並且依據調查研究之結果與建議，以科學客觀方式，推衍出可行之保護及援助遭受性剝

削人口販運被害人之政策，俾利有效地保護外國籍人口販運之被害人[26]。南韓上述作法，相當值得臺灣加以學習，臺灣亦宜以實證科學統計調查之結果，供作為反人口販運之對策。

十八、積極改善臺灣目前對於人口販運罪犯的起訴率、定罪率與被定罪的刑度不高且有偏低的現象

根據美國國務院2014年的TIP，於2013年，我國地檢署依照「人口販運防制法」起訴130名涉嫌人口販運的被告，被法院定罪的被告，則為39人，定罪率為30%（39人／130人＝0.3）；多數的被告，其刑度均在一年以下的短期刑；對於人口販運犯罪人而論，無法產生威嚇力。有關於人口販運被告的刑度的高低程度，掌握在司法院所屬各個地方法院法官之手中；是以，如何令法官相信：人口販運犯行，是一項嚴重地侵犯人權的犯罪，是今後尚待處理的議題。於2013年，我國地檢署檢察官依「刑法」起訴35位涉嫌人口販運犯行的被告，案件繫屬於地方法院，經法官審理之後，僅有6名被告被定罪，被定罪比例為17%（6人／35人＝0.17），比例亦是相當地低。基於以上的介紹，約略可得知，在我國，如果擬依現行的「人口販運防制法」與「刑法」，欲將人口販運被告加以定罪的機率，並不是很高的，甚至，有偏低的情形。

亦即，被地檢署檢察官起訴的人口販運的被告，多數被地方法院的法官裁判為「無罪」，並加以釋放。即使被法官「定罪」，多數的刑度，大多在一年以下的短期自由刑，威嚇力道薄弱。以如此低的刑度，不僅無法嚇阻人口販運的罪行，甚至，或有可能「間接地」鼓勵人口販運犯罪之嫌，令人口販運集團的主謀與共犯等，更是有恃無恐。

十九、臺灣的偵查機關（含法務部各地檢署）宜非常積極地調查與起訴涉嫌在遠洋漁船之上，虐待或販運外籍漁工的臺灣籍漁船的船主或臺籍幹部

美國國務院在2013年與2014年的TIP之中，均一再地指出，臺灣宜重視在遠洋漁船之上，遭受人口販運暴行的外籍漁工的權益與人權。很可惜的，我國

---

[26] Korea. Ministry of Gender Equality (2003). Korean Government's Role in Preventing Transnational Trafficking in Persons— Focusing on Trafficking in Women, pp. 24

在保障遠洋漁船上外籍漁工的權益部分，仍處於「虛位」的狀態。本文擬指出，在遠洋漁船上的外籍漁工，其勞力與人權，正遭受臺灣船主與幹部嚴重地剝削之中，這是一個非常嚴重的人權問題，很可惜的，多數的國人，未重視在遠洋漁船上的外籍漁工的人權。這些外籍漁工的人權，面臨以下的嚴重困境：1.外籍漁工的薪資偏低：曾有個案顯示，在漁船上工作八個月，卻僅領到2萬元新臺幣左右，平均而論，每個月的薪資，約為2,500元新臺幣。臺灣的遠洋漁船船主與仲介，竟是如此般的剝削外籍漁工，令人感到非常地震憾；外籍漁工的人權，竟被國人踐踏到如此的程度；2.無法領取加班費；3.未有正常的休假日；4.外籍漁工的居留證件，被仲介公司非法扣留；5.工作與生活環境惡劣，未有盥洗室、浴室與熱水；6.外籍漁工常被船長與臺籍幹部毆打；7.當外籍漁工向警察與移民機關報案後，仲介公司立即向上述執法機關謊報其「逃跑」，遂容易被移民署驅逐出國。綜上，美國國務院的TIP，遂建議臺灣社會，應積極重視遠洋漁船上外籍漁工的人權的保障。不過，截至2016年上半年，臺灣仍缺乏積極的作為。

二十、臺灣宜積極改善外籍勞工被雇主與仲介剝削的情形

根據美國國務院2013年版本的TIP報告書，外勞在未到達臺灣之前，須向仲介公司繳交近約7,700美元的仲介與招募費用，近約24萬元新臺幣（7,700元×31元＝23萬8,700元）。如此高的招募與仲介費用，造成外勞前二年所賺取的薪資，幾乎全部用於清償上述的24萬元新臺幣的仲介與招募費用。再者，臺灣的仲介業者與雇主，得以利用外勞上述的脆弱人生處境，運用上述的高額債務，作為脅迫與剝削外勞的工具與籌碼，強制外勞從事勞力工作或性交易。更進一步分析，假若外勞不服從雇主或仲介業的脅迫，雇主與仲介業者兩者可攜手合作終止合同，強制遣送渠等外勞出國，利用其缺額，再引進新外勞。在臺灣，若干外籍家庭幫傭或家庭看護的雇主，會嚴厲禁止外勞離開其住戶，限制外勞的人身行動自由。另外，外勞遭受剝削的情形，係雇主利用上述外勞須清償24萬新臺幣的弱點，強制外勞從事合約以外的工作。

故美國國務院在2013年的TIP報告之中，即指出臺灣是「性販運與強制（迫）勞動」的目的國。亦即，臺灣是勞力剝削的目的國，關於此點，美國國務院在2014年所出版的2013年度「各國人權報告」（臺灣篇）之中，亦提及

之；根據上述的2013年度「各國人權報告」，美國國務院指出，在臺灣的外勞，相當擔心遭受雇主終止合約，或將其遣返，即使已遭受到雇主的剝削與虐待，亦不願向警察或移民機關告發。此外，在上述的2013年度「各國人權報告」（臺灣篇）之中，更指出若干在臺灣的外籍幫傭，每個月的實得工資，竟僅有新臺幣1,000元左右，約相當於我國政府所訂定貧窮標準的6.7%。綜合上述相關的資料，均可顯示出在臺灣境內的外籍勞工與外籍幫傭，其遭受雇主或仲介業者剝削的情形，仍屬相當頻繁與嚴重，值得國人重視之。

二十一、臺灣宜積極改善人口販運被害人無人可取得永久居留簽證之情況

根據美國國務院於2014年6月公布的TIP報告書，該TIP報告書指出，假若人口販運被害人被移民署遣返回母國之後，恐遭報復，或其處境會變得相當艱難；此時，我國的法制，可賦予該名人口販運的被害人永久居留的權利。但是，截至2014年為止，尚未有任何的人口販運被害人，已取得永久居留的權利，可以顯示出，在臺灣的人口販運被害人，最終，仍須被移民署遣返回母國，我國對人口販運被害人的保護，仍屬相當不足的。我國政府為了俾利司法警察在處理人口販運犯行的案件之時，有所依循，業已制定司法警察機關對於人口販運案件的處理標準的流程，它是一個SOP；假若司法警察機關針對於人口販運案件進行偵查，發現人口販運的被害人；依照上述SOP的規定，會將人口販運被害人轉交至權責的安置機關，由權責的安置機關對於被害人提供「安置保護服務」；在權責安置機關對於人口販運被害人提供適切的「安置保護服務」之後，依據上述SOP的規範，最終，係由移民署將人口販運被害人「安全地」送返原籍國（地）。

根據上述的SOP，可以發現臺灣在對於人口販運被害人所提供的保護機制之中，大前提的假設，並不希望賦予人口販運被害人永久居留的權利。假若，人口販運被害人被移民署遣返回母國之後，其處境會顯得相當艱難，依照目前SOP的保護機制，移民署仍是會將人口販運被害人遣返回原籍地。本文認為，此會造成人口販運被害人再次的傷害與被害。由於人口販運被害人截至2014年為止，仍無人取得我國永久居留的簽證，本文認為，人口販運被害人所獲得的保護與援助，仍屬不足的。

二十二、臺灣打擊人口販運犯罪的行動計畫與方針，宜重新修改至能符合當今人口販運犯罪的最新趨勢之狀態

　　根據美國國務院2014年版本的TIP報告書，該TIP報告書指出，全臺防制人口販運犯罪的行動方案與方針，業已與當今人口販運犯罪的發展趨勢脫節。我國在2006年制定「防制人口販運行動計畫」，然而，並未有進一步的更新版本。2006年版本的「防制人口販運行動計畫」的內容，在防制遠洋漁船上外籍漁工與外籍幫傭兩類族群避免遭受勞力剝削的區塊，並未特別地重視與著墨。很明顯地，上述外籍漁工與外籍家事勞工被剝削的情形，未受到上述「防制人口販運行動計畫」的監控，形成我國在打擊人口販運犯罪的嚴重缺失與漏洞，值得國人關注。主要的問題點，在於上述的計畫，已屬落伍，無法因應環境的變化。

二十三、我國打擊人口販運犯行的中央政府機關內的各個單位，其角色與職權宜加以明確地分工與劃分，且建置情報共享之機制，彼此之間，宜充分地協調各項打擊人口販運的執法作為

　　就臺灣而言，外勞的管理與聘用，係由行政院勞動部負責；而在外來人口的居留部分，則由移民署負責；另外，在人口販運犯行部分，能進行查緝的執法機關，包括：法務部各個地檢署、法務部調查局、行政院海岸巡防署、警政署與內政部移民署。在人口販運被害人的保護與安置部分，則分別由勞動部（負責勞力剝削被害人的安置）與內政部移民署（負責性剝削被害人的安置）為權責機關。在遣送人口販運被害人與犯罪人回國方面，則由內政部移民署負責。在上述的諸多機關之中，勞動部的角色與職權，較為模糊不清。勞動部僅負責外勞的聘用管理，但不負責查緝非法外勞，容易形成有權無責的現象。

　　事實上，外勞之所以受到勞力剝削，問題出在於勞動部的外勞聘用制度；是以，要解決外勞勞力被國人剝削的問題，勞動部有必要深入地精研外勞的招募、聘僱（用）與管理機制，這是外勞勞力被剝削的源頭點之所在。另外的問題，係行政院勞動部、法務部各個地檢署、調查局、行政院海岸巡防署、內政部移民署與警政署等執法機關，各自所擁有與建制的涉及外勞聘用、居留許可與逃逸資料等情報，相關的各式情報，無法相互分享，亦是相當可惜之處。

二十四、強化與建構國人對於各式的人口販運的犯行之正確認識

事實上，人口販運的犯罪行為，除了「性剝削」之外，尚包括「勞力剝削」與海外的「兒童性觀光」。就性剝削與勞力剝削而言，社會大眾常有一個盲點，即認為當初這些外勞或性工作者，均是自願簽訂合同的，被非被強迫簽訂的；然而，當事人最初的行使同意權，並不表示日後他（她）沒有權利行使「撤銷權」；事實上，他（她）乃保有隨時可終止性交易或勞動契約的自由權利，這是契約自由原則，國人的思考盲點，在於當事人的最初同意書，須一直令契約生效，當事人不能終止契約。

這種的思維邏輯，本文擬指出，它是極為錯誤的觀念，是違反當事人自由意願的，是侵犯當事人的基本人權的。另外的問題，國人常會質疑：既然外勞受到性或勞力剝削，為何不逃跑？為何不求救？因外勞處在特別脆弱的情境，如須清償24萬新臺幣的仲介與招募費用，他（她）沒有籌碼逃跑。在此種的情況下，假若外勞未逃跑，但仍受到雇主的勞力剝削，仍屬人口販運的被害人。另外，就「海外兒童性觀光」的行為而論，它的本質，仍是屬於人口販運的犯罪行為。

第五節　小結

壹、結論

全球人口販運犯行之問題，仍是一個相當嚴重之問題，為了有效打擊人口販運犯行，國際社會所採行之最優先之防制對策，仍是強調4P—起訴、保護、預防與夥伴關係。然而，近年來，全球在打擊人口販運犯行之際，亦遭受相當大之新阻礙與挑戰，此項新興之障礙，被命名為3D—收容、遣返與令人口販運被害人失能。未來，涉及防制人口販運之對策方面，宜朝向如何有效地掃除上述3D—收容、遣返與令人口販運被害人失能之障礙，並往良善之方向發展。同時，亦宜更深入及精進上述4P—起訴、保護、預防與夥伴關係之機制與功能，俾利人口販運被害人之人性尊嚴，獲得更佳之保障與保護。

貳、建議

在防制人口販運之建議方面，如下所述：

一、臺灣宜繼續精進4P（預防：prevention；保護：protection；起訴：prosecution；建立夥伴關係：partnership）之對策與作為，且是以保護被害人權利，及準確地辨識被害人為核心，加以開展之。

二、臺灣宜檢討3D——收容、遣返與令人口販運被害人失能之障礙問題，並強力掃除3D之障礙，俾利有效保障被害人之人性尊嚴及人權。

三、臺灣宜回應美國國務院良善及忠誠之建議，應大幅提升人口販運被害人被鑑別成功之比例。

四、強化與外國執法調查機關之連繫，並積極推展反制人口販運情報之交換。

五、正視人口販運罪行本質之殘酷性、暴力性、迫害性及嚴重性。

六、不宜對於拒絕協助臺灣刑事司法機關進行人口販運之偵審工作者，我國即拒絕對於人口販運被害人提供保護與協助。

七、臺灣宜將針對人口販運被害人HIV／AIDS之各項防制服務及作為整合於遣返政策之中。

八、臺灣宜大力宣導人口販運犯罪被害補償金之機制，令更多人口販運之被害人能獲實益。

九、重視人口販運被害人心理之斯德哥爾摩症候群現象，積極鼓勵與宣導人口販運犯罪被害人勇於報案。

十、正視人口販運犯行之嚴重性而適度提升懲治人口販運罪行之處罰額度。

十一、強調與建構共同打擊人口販運罪行之合作夥伴協力關係。

十二、臺灣宜從需求面降低人口販運之犯行——我國對於買春之人宜進行刑事制裁而非採取行政制裁，藉以強力壓制買春行為。勸導男性民眾宜從事正當的休閒，諸如：閱讀、運動、旅遊……，以正當的休閒與運動活動，消磨其體力，以取代買春行為。

十三、人口販運被害人與雇主之間之契約應屬無效契約。人口販運被害人有權利隨時可中止合同，而非任由雇主進行勞力與性剝削

十四、人口販運被害人部分違法行為宜加以除罪化。

十五、臺灣宜與多國簽訂共同打擊人口販運犯罪之備忘錄。

十六、強化對於臺灣附近水域的監視與執法取締。

十七、強化涉及人口販運情報的蒐集、整合、解析與運用等相關作為。積極落實資訊共享之合作備忘錄之機制，包括那些犯下兒童性剝削罪名之個人旅遊紀錄。

十八、以實證科學統計調查結果作為反制人口販運之對策。

十九、積極改善臺灣目前對於人口販運罪犯的起訴率、定罪率與被定罪的刑度不高且有偏低的現象。

二十、臺灣的偵查機關（含法務部各地檢署）宜非常積極地調查與起訴涉嫌在遠洋漁船之上，虐待或販運外籍漁工的臺灣籍漁船的船主或臺籍幹部。

二十一、臺灣宜積極改善外籍勞工被雇主與仲介剝削的情形。

二十二、臺灣宜積極改善人口販運被害人無人可取得永久居留簽證之情況。

二十三、臺灣打擊人口販運犯罪的行動計畫與方針，宜重新修改至能符合當今人口販運犯罪的最新趨勢之狀態。修改全臺打擊與防制人口販運的行動方案和方針，以符合與掌控當今臺灣社會人口販運犯罪的實際發展趨勢。

二十四、我國打擊人口販運犯行的中央政府機關內的各個單位，其角色與職權宜加以明確地分工與劃分，且建置情報共享之機制，彼此之間，宜充分地協調各項打擊人口販運的執法作為。

二十五、強化與建構國人對於各式的人口販運的犯行之正確認識。有些臺灣的雇主，缺乏法制觀念，禁止外勞離開住所，嚴重地限制外勞的人身自由，違反憲法第8條的規定。復次，臺灣國人至中國大陸與東南亞地區，運用「假結婚」或「不實工作的機會」的非法手法，將女性或女童誘騙來臺，並對於上述的婦女或女童恣意地，進行性剝削或勞力剝削。再者，若干的臺灣女性，受到不實商業或勞動分類廣告的誘騙，而被人口販運的私梟，運送至日本、澳洲、英國與美國，成為當地性剝削的被害人，處境非常悲慘。

二十六、重視與精進化對於人口販運受刑人的矯正、處遇與治療（Rehabilitation），令人口販運受刑人出監之後，能順利地重回社會，而非重操舊業——從事人口販運犯行。

　　二十七、臺灣政府應以防制人口販運之立法為根本，增加對人口販運罪犯之起訴和定罪之能量與力道。

　　二十八、藉由簡化直接聘僱外籍勞工之招募程序，以及向大眾推廣直接聘僱聯合服務中心之機制。目前，外籍勞工直接聘僱聯合服務中心（直聘中心）的機制，由於程序過於複雜，成效不佳，未能普及化；宜進一步減少外籍勞工被仲介剝削之情況，其中，包括臺灣之招募機構和僱主。

　　二十九、在臺灣之偵查執法與司法部門之中，特別指定防制人口販運之專責訓練人員，以提升防制人口販運之訓練成效，以及縮小檢察官與法官，對人口販運犯罪定義之認知落差。

　　三十、持續對執法人員、勞動部官員、勞動檢查員、檢察官及法官進行被害人識別措施和相關法律問題的訓練。

　　三十一、強制規定臺灣當局海外派駐單位之人員，務須接受人口販運防制之相關訓練。

　　三十二、將家庭看護與幫傭，納入基本勞工權益之保障範圍，適用「勞動基準法」。外籍的家庭看護工與外籍家庭幫傭，無法適用「勞動基準法」，這是一個非常嚴重的問題，不符合平等與正義原則；且未有加班費被迫無給加班；不受最低工時與基本工資的保障；每日或每週工時，未有設限；未受到休息與休假時間的保障；部分的外籍家庭幫傭，尚未受到就業服務法的保障；整體而言，外籍家庭幫傭的法律處境，相當可憐。外籍的家庭看護工與外籍家庭幫傭之勞力，受到國人嚴重之剝削，社會大眾宜重視此一問題之嚴重性，宜將心比心，將外籍之家庭看護與幫傭，納入基本勞工權益之保障範圍，適用「勞動基準法」之保障與規範。

　　三十三、正確地解析與判讀人口販運案件之情報，確保被舉報之人口販運案件，皆獲得正確之判別。

參考文獻

一、中文

汪毓瑋（2009），移民政策發展之國家安全、法治、人權內涵之平衡思考─兼論處理人口
販運應有之改善作為，收錄於2009年防制人口販運國際研討會論文集，中央警察大學
國境警察學系主辦。

邱念興（2009），我國防制人口販運之執法運作，發表於中央警察大學國境警察學系與移
民研究中心共同舉辦之2009年防制人口販運國際研討之專題演講。

柯雨瑞、蔡政杰（2014），論大陸地區人民來臺之源頭安全管理，中央警察大學國土安全
與國境管理學報，第21期。

陳自強（2002），民法講義(1)─契約之成立與生效，學林文化。

葉毓蘭（2010），涉外執法政策的擬定與執行：以人口販運為例，收錄於中央警察大學外
事警察研究所舉辦之「2010年涉外執法政策與實務學術研討會論文集」。

二、外文

Korea. Ministry of Gender Equality (2003). Korean Government's Role in Preventing Transna-
tional Trafficking in Persons— Focusing on Trafficking in Women.

U.S. State Department (2008). Trafficking in Persons Report 2008, U.S.A: State Department.

U.S. State Department (2010). Trafficking in Persons Report 2010, U.S.A: State Department.

三、網路資料

美國在臺協會（American Institute in Taiwan）（2014），http://www.ait.org.tw/zh/official-
text-ot1306.html，瀏覽日期：2014年3月4日。

美國在臺協會（2014），美國2014年人口販運問題報告（2014 Trafficking in Persons Re-
port）─臺灣部分（第一列），http://www.ait.org.tw/zh/2014-trafficking-in-persons-
report-taiwan.html，瀏覽日期：2014年7月3日。

美國在臺協會（2015），美國2015年人口販運問題報告（2015 Trafficking in Persons Re-
port）─臺灣部分（第一列），http://www.ait.org.tw/zh/2015-trafficking-inpersons-
report-taiwan.html，瀏覽日期：2015年12月8日。

周安士（2009），欲海回狂，第一卷，http://www.buddedu.com/liaowu/yhkl/yhkl-40.htm，
瀏覽日期：2009年6月8日。

陳淑芬（2009），「人口販運防制法過關罰則太低」，http://news.sina.com.tw/article/20090113/1278291.html，瀏覽日期：2009年1月13　日。

彭鑫（2009），「色情、手淫、婚外情對身體的巨大傷害」，http://blog.udn.com/bluest1937/3496910，瀏覽日期：2010年10月19日。

冠龍（2010），「性縱欲過度智商降低：日本恐將面臨滅頂之災」，http://news.boxun.com/forum/201003/boxun2010/120700.shtml，瀏覽日期：2010年10月20日。

「在桃園縣，有受害個案顯示，女性被害人每人平均每7天要接客70至80次，每人每天接客約10餘次」，2009年6月，http://www.newchinacity.com/bbs/redirect.php?fid=25&tid=19356&goto=nextnewset。

第八章　非法移民與國際執法合作

孟維德

第一節　前言

　　一個國家的執法功能，主要是表現在該國的地方和中央執法機關，不同層級的執法機關通常具有不同的管轄特性。雖然執法組織的型態與實務運作隨著不同國家而有所差異，但執法實務和功能愈來愈國際化，卻是不爭的事實。執法工作國際化的現象，造就了國際執法合作組織和相關機制，本章的目的即在於探討國際執法組織的發展及其機制的運作。儘管文獻指出，執法工作國際化的發展從1980年代開始大幅加速，惟本章的探討範圍，除包括1980年代以後的國際執法活動之外，尚包括先前的重要事件，以期有較完整與性統性的探討。本章的架構，係從國際執法合作的發展脈絡出發，貫穿1980年代前與後的發展，針對當代的國際執法合作組織與運作，本文另闢專節討論，並接續介紹四個當代國際社會中甚具知名與重要性的國際組織，分別是國際刑警組織（International Criminal Police Organization, Interpol）、歐盟警察組織（European Police Office, Europol）、東協警察組織（Association of Southeast Asian Nations Chiefs of Police, Aseanapol）及國際警察首長協會（International Association of Chiefs of Police, IACP）。

第二節　國際執法合作的發展脈絡

　　觀察先進國家的國際執法合作發展脈絡，可以發現兩個趨勢：一、早期的國際執法合作是基於政治目的，之後隨執法機關自主性的增高，國際執法合作的目的逐漸轉移至打擊犯罪。二、國際執法合作的架構，係從單邊、暫時、侷

限的模式，常設、結構化的模式[1]。

　　根據學者Deflem（2002）的考證，國際執法合作的緣起，至少可追溯至19世紀大型民族主義國家擴展形成的時期，歐洲尤為代表[2]。而美國的國際執法合作活動，早期大多聚焦在地區性的議題，諸如移民、變更國界等。歐洲國家由於地理位置鄰近、政治背景相近，執法合作的發展規模，相對的較大。早在19世紀，歐洲國家之所以進行國際執法合作，主要是專制政權為了排除政治威脅。當時，大多是某一國單邊派遣人員至外國進行合作，該人員若不是秘密派遣至國外，要不然就是以外交人員身分派遣。雙邊和多邊的國際執法合作活動，只發生在某些特定案件的調查上，而且是在受限和暫時性的條件下進行。

　　成立於1851年的「德語國家警察聯盟」（Police Union of German States），公認是第一個常設性的國際執法合作組織[3]。該組織係由七個政治理念相近、德語系國家指派的警察所組成，功能主要是蒐集政治情資，針對可疑的政治組織（如民主主義者、無政府主義者、社會主義者等）建立情資交換系統，排除他們對成員國政府所造成的威脅。由於該組織的成立是基於政治目的，而非打擊犯罪，當成員國出現政治歧見，組織也就難以發揮功能。1866年，成員國普魯士與奧地利爆發戰爭（普奧戰爭），該組織終告解散。該組織無法長久運作，僅維持十餘年，顯現出以政治目的為導向的國際執法合作，在本質上所存在的限制。另一方面也凸顯，在國際合作領域，執法組織具備自主性、降低政治干涉、以打擊犯罪為目的的重要。

　　19世紀下半葉，隨著犯罪研究知識的累積，以及執法專業的發展和犯罪問題的國際化，執法組織日趨科層化（bureaucratization）。而執法機關從過去所重視的政治目的，逐漸轉移至打擊犯罪的執法目的，正彰顯執法機關的科層化過程。然而，由於無政府主義所造成的政治脫序現象，使得許多國家直到19世紀末以前，仍對執法部門懷有政治需求，也因此妨礙了常設性國際執法

---

[1]　Deflem, M. (2002). Policing world society: Historical foundations of international police cooperation. Oxford: Oxford University Press.

[2]　同上註。

[3]　Kethineni, S. (2010). Comparative and international policing, justice, and transnational crime. Durham, NC: Carolina Academic Press.

合作組織的建立[4]。例如，19世紀末歐洲發生了反抗獨裁政權的暴力事件，而且數量持續增加，義大利政府因而在羅馬舉行國際會議，組織其他國家來壓制無政府主義者。1898年11月24日至12月21日期間，來自21個歐洲國家的54位代表，參加壓制無政府主義活動的「社會防衛無政府主義者羅馬國際會議」（International Conference of Rome for the Social Defense against Anarchists）。該會議力促各國執法機關成立特別監控單位及情資交換系統，來監視無政府主義者。該會議的舉行是基於政治目的，但執法當局也僅建立一些執法合作實務的標準，諸如採用統一的辨認罪犯方法，以及有關意圖暗殺國家元首的嫌犯引渡程序。1904年4月，俄國政府又於聖彼得堡舉行會議，倡議推動反無政府主義方案，並起草「反無政府主義國際戰爭秘密議定書」（Secret Protocol for the International War on Anarchism）。然而，羅馬和聖彼得堡兩項會議，都因為參與國的政治基礎及意識形態出現歧異，無法成立反無政府主義的中央情報系統，以利各國交換情資，建立常設性國際執法合作組織的目標終告失敗。

　　到了20世紀，國際執法合作的發展持續遠離政治目的，更加趨近於打擊犯罪的目的。這些針對犯罪的執法行動之所以能有更精進的發展，乃因執法部門從上層政府獲得較多的自主權，此種結構性的條件讓執法機關得以更具獨立與專業能力。根據社會學家Max Weber的理念，執法機關能獲得更充分的自主權，即是科層化的結果，經由科層化過程，執法組織開始根據「目的理性」（purposive-rational）的邏輯來尋求及使用最有效率的方法，達成維護治安的目的[5]。所謂目的理性，就是將理性運用於達成目的的過程，即根據理性選取最有效率的方法來達成目的。這種執法機關自主化的潮流，曾因為第一次世界大戰（1914-1918年）和俄國革命（1917年）等政治分裂事件而中斷，造成執法組織短暫的再政治化。然而，當執法組織獲得更高度的自主性之後，就更具排除政治影響的能力，創造出常設性和多邊的國際執法合作機制。此外，在全球化的潮流下，國際社會愈加互賴，犯罪機會逐漸增多，也加快了執法部門推動國際合作的步伐。

4　Casey, J. (2010). Policing the world: The practice of international and transnational policing. Durham, NC: Carolina Academic Press.

5　Weber, M. (1922). Economy and society: An outline of interpretive sociology. Berkeley and Los Angeles: University California Press. (Reprint published in 1978.)

　　在國際執法合作從政治目的轉移到打擊犯罪目的的過程中，娼妓販運可說是最早的打擊對象，也就是打擊所謂的「白奴」（White Slave）交易。第一個打擊白奴交易的國際執法合作行動，是法國在1902年於巴黎舉行的會議中所倡議的，促使12個歐洲國家以及一些包括美國的歐洲以外國家，於1904年簽署「禁止販運白奴國際協議」（International Agreement for the Suppression of White Slave Traffic），之後又在1910年，共有13個國家完成簽署「禁止販運白奴國際公約」（International Convention for the Suppression of the White Slave Traffic）[6]。只是這些國際法律文件並未將科層化的執法組織納入考量，會議及簽署文件的參與者亦未諮詢執法部門的人員，因此不論是會議或是法律文件，均未對國際執法合作行動產生實質的影響。

　　其他建立國際執法合作組織的嘗試，同樣的也都因為未將執法部門人員納入代表，而終告失敗。例如，1914年在摩納哥（Monaco，位於歐洲西南部的國家）所召開的「第1屆國際刑事警察會議」（The First Congress of International Criminal Police），政治人物和法務官員等主事者，即因未安排警界代表出席會議，而且將會議聚焦於警界不重視的議題，使其所欲建立國際執法合作組織的目的終告失敗。該會議結束後沒多久，發生第一次世界大戰，而在戰爭結束後，其方案亦未重啟。其他尚有一些建立國際執法合作組織的努力，雖然納入了執法人員的代表，但因重點在於警政改革的專業標準，而非打擊犯罪的國際執法合作。諸如此類的嘗試，例如1901年成立於美國華盛頓哥倫比亞特區的「國際警察首長協會」（International Association of Chiefs of Police）、1905年和1920年在阿根廷布宜諾斯艾利斯舉行的警察會議、1912年在巴西聖保羅所舉行的警察會議，以及在1922年美國紐約舉行的「國際警察大會」（International Police Conference in New York）等皆是[7]。

　　1923年創立於維也納的「國際刑警委員會」（International Criminal Police Commission, ICPC）被公認是當時所創設最成功的國際執法合作組織，即今日廣為人知的「國際刑警組織」（Interpol）。ICPC是單獨由警界人士所籌設，為促進國際警務合作以有效打擊跨國犯罪，且明確地將政治犯罪排除在

6　同註1。

7　同註4。

外。該組織後來更建立了總部以及許多情資交換機制。儘管ICPC創立之初是一個充滿歐洲國家色彩的組織，但在多邊國際成員的持續加入下，在當時已成為最具發展性的國際執法組織。二次世界大戰期間，德國納粹併吞奧地利後，ICPC亦更弦易主，由納粹所指派的維也納警察局長兼任ICPC首長，不久之後ICPC總部遷至柏林。到了1946年，ICPC在比利時布魯塞爾舉行的警察會議中獲得重生，並更名為「國際刑警組織」（International Criminal Police Organization），總部遷至法國。如今，Interpol擁有190個成員國，是目前最大的國際執法合作組織[8]。

第三節　當代的國際執法合作

執法組織所獲得的「科層自主」（bureaucratic autonomy），促進了以情資交換為基礎和打擊犯罪為目的之常設性合作機制的發展。褪去政治色彩的國際執法合作組織，讓來自不同政治和法律制度國家的執法人員，能夠進行較深入與廣泛的合作。不過，國際執法合作的「形式」和「目的」，也常受「國家本位」（Nationality）的影響。

壹、國際執法合作的形式

國際執法合作的發展與社會變遷關係密切，諸如政治和經濟的轉型、資本主義與民主政治的擴展，皆是典型實例。這些重要的社會變遷，都會給各國執法組織和實務帶來影響。換言之，社會變遷使得執法機關進入跨國性的作業領域，處理境內外國人及境外本國人的案件，以及與不同國家執法機關的多元合作，例如簽署暫時性或長期性的雙邊和多邊協定，合作偵查、分享情資和技術、建立常設性的多邊國際執法合作組織等。

無論國際警務工作的形式為何，長期以來，執法組織都存在所謂的「國家本位」問題，這個問題至少可以在底下三個地方觀察到（Casey, 2010）：一、

8　孟維德（2015），跨國犯罪，修訂第3版，五南圖書。

執法組織喜於單方面進行國際執法事務，而非與外國執法人員合作。這種情況，尤其常見於資源充裕、可以獨自進行國際警務的執法組織，美國所執行的國際警務工作即是如此。二、大多數的合作是臨時性的，因特定案件的偵查需求不得不與外國合作，而非透過多邊組織協調、計畫完成的。三、在常設性多邊組織脈絡下所進行的執法合作，並沒有創造出所謂的「超國家警察」，事實上，不同國家的執法機關之所以會合作，主要是爲了達成各自國家的目標。

　　觀察美國執法機關，可以很容易看到國際警務活動長期存在的「國家本位」問題，因爲美國強烈採取單邊式的跨國警務工作。在涉及美國執法機關的國際合作脈絡裡，美方常缺乏合作意願，原因是美國不信任外國執法機關，懷疑外國執法人員的操守和專業。由於美國執法機關對於跨國毒品販運、非法移民、國境管理、國際恐怖主義等議題甚爲關切，以至於美國執法機關，尤其是聯邦執法機關，較其他國家的執法機關更投入國際警務活動。現今，美國明顯在國際警務中扮演主導者角色，與19世紀和20世紀初的情況不同，近乎將國際警務活動「美式化」（Americanization）。此種現象可以在外國執法組織及活動中一覽無遺，例如，許多國家採用源自美國的警政原理和方法、仰賴美國援助設立毒品犯罪防制單位及執法訓練機構，以及受美國影響而合法化某些執法技術等。檢視一下國際警務領域裡最顯眼的組織，舉凡在參與層次或是所提供的協助等方面，都不難發現美國角色的份量[9]。不過在美國利益範圍之外，仍有一些自發性的國際執法合作組織在發展，如東協警察組織（Aseanapol）、歐盟警察組織（Europol）等，聚焦於當地或區域性的特定問題。

貳、國際執法合作的組織

　　參與國際行動的執法組織有很多，但國際刑警組織（Interpol）和歐盟警察組織（Europol）是最知名的常設性多邊國際執法合作組織，本章隨後將介紹。在許多參與國際執法活動的美國聯邦機關中，聯邦調查局（Federal Bureau of Investigation, FBI）和緝毒局（Drug Enforcement Administration, DEA）的曝光度最高，影響也最大。FBI是美國司法部轄下負責犯罪偵查的單

9　同註3。

位，偵辦諸如毒品販運、恐怖主義等聯邦犯罪（federal crimes）。FBI設有駐外法務專員（legal attaché），派駐到50多個國家，在外國參與案件偵辦，協助外國執法部門逮捕罪犯。FBI除了本身在維吉尼亞州Quantico設有培訓學校（FBI National Academy）提供外國執法人員國際培訓方案外，還與美國「外交安全處」（Diplomatic Security Service）合作，在匈牙利布達佩斯的「國際執法學校」（International Law Enforcement Academy）辦理外國執法人員國際培訓方案[10]。

美國緝毒局（DEA）主要負責查緝毒品交易，透過執行美國防制毒品的相關法律，DEA參與了許多在邊境和國外的國際活動，包括與毒品防制的國際組織進行定期聯繫。DEA的行動處（Operations Division）轄下設有「國際行動科」（Office of International Operations）負責策劃國際性任務以及駐外聯絡官作業機制，DEA駐外聯絡官的駐點範圍甚至比FBI還要廣泛。然而，在美國諸多執法組織中，海外駐點分布最廣的，莫過於美國「外交安全局」（Bureau of Diplomatic Security），該局主要任務是保護美國駐外使館的安全[11]。

雖然美國偏好執行單邊或雙邊的國際執法活動，但美國也是多邊組織——國際刑警組織的成員國，其國家中央局設於Washington, DC，又稱為Interpol Washington。該國家中央局包含五個單位，一、外國人及通緝犯執法事務組（Alien/Fugitive Enforcement Division），負責處理國際通緝犯相關事宜。二、金融詐欺及經濟犯罪調查組（Financial Fraud/ Economic Crime Division），負責處理經濟犯罪相關事宜。三、犯罪偵查組（Criminal Investigation Division），負責監控各種跨國犯罪活動。四、毒品偵查組（Drug Investigations Division），負責處理毒品犯罪相關事宜。五、國內聯絡組（State Liaison Division），負責與各州及聯邦執法機關的聯絡事宜[12]。

除了FBI、DEA之外，美國還有許多聯邦機關涉及國際執法活動，這些

---

[10] 同上註。

[11] Lemieux, F. (2010). International police cooperation: Emerging issues, theory and practice. Devon, UK: Willan Publishing.

[12] Brown, S. D. (2008). Combating international crime: The longer arm of the law. New York: Routledge-Cavendish.

機關包括：美國公民及移民服務局（U.S. Citizenship and Immigration Service, USCIS）、菸酒槍砲及爆裂物管理局（Bureau of Alcohol, Tobacco, Firearms, and Explosives, ATF）、秘勤局（Secret Service）、國家稅務局（Internal Revenue Service, IRS）、郵政檢查局（Postal Inspection Service）、司法部刑事局國際事務處（Criminal Division's Office of International Affairs in the Justice Department），以及外交安全局（Bureau of Diplomatic Security）等[13]。除上述聯邦機關外，許多地方及州警察機關，特別是鄰近國境的警察機關，也經常編排國際執法相關勤務。

參、國際執法合作的活動

全球化現象促使跨國犯罪的增加，也擴大了國際警務活動的範圍。此外，科技精進也為跨國犯罪及防制作為的性質和型態造成影響。換言之，犯罪國際化以及執法組織（即科層化和組織的自主性）與科技的精進，促進了國際執法合作事務的發展。特別是當國境管理、非法移民、毒品販運、跨國洗錢、網路犯罪及國際恐怖主義等議題愈加受到重視時，國際執法合作的發展就愈為明顯。

隨著走私和非法移民等跨國犯罪問題的惡化，國境管理便自然成為國際執法合作事務中的焦點。以美國為例，公民及移民服務局（USCIS）和海關及國境保衛局（Customs and Border Protection, CBP）所屬的國境巡邏隊（Border Patrol），即透過各種不同的預防措施，以及逮捕走私者和非法外國人的途徑來執行移民法規。當國境管理愈來愈被定義成具軍事色彩的國安議題時，政府就愈來愈將軍事力量布署在國境上，國境巡邏隊員所配備的武器亦隨之升級（例如使用半自動槍械）。美國菸酒槍砲及爆裂物管理局（ATF）就特別成立一個單位，專門處理有關槍械和酒品走私的國境管理案件[14]。此外，美國也與墨西哥和加拿大警察機關針對各自國境的巡邏及相關執法活動進行雙邊合作。

為防制非法移民和走私活動，從1990年代開始，美國國境巡邏隊的主要策

---

[13] 同註11。

[14] 同註8。

略就是增加國境警察的見警率，以遏止外國人非法進入美國。其他的執法活動包括追查和辨識非法及犯罪的外國人、查驗搭船及飛機入境美國的旅客，以及調查毒品、酒類和槍械走私案件。爲使這些執法活動更具效能，國境執法單位引進高科技的裝備，諸如指紋比對電腦系統等。

因爲毒品販運問題與國境管理有關，而且又是許多國家打擊毒品犯罪的重點，自然就成爲國際執法工作的另一焦點。事實上，毒品交易問題是美國執法機關積極參與國際執法活動、外國警政美式化、以及美國持續在國際執法領域居主導地位的背後驅力。美國有許多執法機關參與以打擊毒品販運爲目標的國際執法工作，當中最主要的機關，便是美國緝毒局（DEA）。DEA的任務就是與國內外執法機關合作，查處境內、邊界和境外違反美國毒品防制法規的案件[15]。爲有效執行毒品防制法規，緝毒局參與多種形式的國際合作活動，包括在眾多防制毒品犯罪的國際組織中擔任聯絡者，以及透過派遣數百名駐外國的專業人員，與外國執法人員合作偵辦毒品案件和辦理培訓方案。

由於美國「向毒品宣戰」政策愈來愈重視毒品交易的打擊成效，因此除緝毒局之外，還有許多其他機關積極參與國際活動。例如，聯邦調查局便將毒品販運問題納入聯邦犯罪的執法範圍。其他參與打擊毒品交易的機關，尚包括美國法警局（U.S. Marshal Service）、美國海岸巡防署（U.S. Coast Guard）和國境巡邏隊（Border Patrol）等。此外，美國軍方也設有反毒單位，以及在美墨邊境設有打擊毒品交易的聯合軍事任務小組[16]。而國際刑警組織美國中央局（Interpol Washington）的毒品偵查組，也處理與毒品有關跨國犯罪的偵查協調工作，其中有許多屬於多邊性的合作活動。

跨國洗錢與毒品販運、恐怖主義關係密切，洗錢常隨組織犯罪的增加而增加。洗錢目的主要是爲了隱藏不法所得，包括其來源和用途。防制跨國洗錢的執法工作是國際社會反洗錢機制的一部分，這些機制係透過執行雙邊和多邊國家的政策與管制來抑制洗錢。這些機制明示禁止洗錢行爲並將其犯罪化，執法機關根據相關法律執行反洗錢工作。洗錢常具有隱密及高科技的特性，顯見反洗錢工作並非容易之事，需要專業的技術和執法機關來克服困難。以美國

---

[15] 楊士隆、李思賢、朱日僑、李宗憲（2013），藥物濫用、毒品與防治，第二版，五南圖書。

[16] 同註4。

爲例，FBI和DEA均設置反洗錢的專責單位，FBI金融犯罪科（Financial Crime Section）即設有「洗錢組」（Money Laundering Unit），洗錢組針對FBI偵辦白領犯罪、組織犯罪、毒品及暴力犯罪案件中所發現的洗錢活動，負責監督反洗錢行動的進行[17]。此外，FBI還會與地方、州及聯邦的其他執法機關保持良好互動，針對特定洗錢案件共組任務小組，以提升打擊洗錢的效能。DEA也有類似策略，只是主要是針對毒品犯罪的洗錢活動。

值得注意的是，美國政府將洗錢視爲一種針對國際安全的威脅，並發現有些較脆弱的外國政府缺乏規避洗錢風險或誘惑的能力，而讓非法的金錢交易行爲發生在自己國家。因此，美國執法機關有時會在對方國不知情的情況下單邊性地安排臥底行動，或在對方國知情的情況下進行雙邊合作，以阻止洗錢活動的發生。反洗錢當然還包括多邊國際合作活動，例如國際刑警組織就透過情資交換管道促進成員國合作，以辨識、追蹤及扣押洗錢罪犯的資產。此外，諸如金融機構等私部門，也被要求與執法機關配合打擊洗錢犯罪。

從20世紀末，國際執法工作的焦點逐漸轉移至高科技犯罪。電腦科技的精進，爲網際網路和資訊科技的犯罪活動帶來新機會，使得這些犯罪易於跨越國界，涉入許多國家的司法管轄區。由於網路犯罪具有跨國性質，所以需要包括單邊、雙邊及多邊的國際警務合作機制。單邊性的跨國執法活動是必要的，因爲各國的法律制度均有其特殊性，並非是一致的。雖然不同國家的執法機關願意彼此合作防制網路犯罪，但可能因爲有關網路犯罪的法律各不相同，以致合作努力受阻。因此，能夠促進國際合作的國際法就存在的必要。例如，「歐洲理事會網路犯罪公約」（Council of Europe's Convention on Cyber Crime）就建置了有助於針對網路犯罪執法的合作程序。國際刑警組織和歐盟警察組織等多邊組織，也爲網路犯罪的防制提供了合作的平臺。國際刑警組織曾多次推動針對網路犯罪的執法行動，包括成立分布全球、專門防制資訊科技犯罪的系統性工作團隊，促進成員國進行電腦安全相關情資的交換等。

恐怖主義的擴散，可說是當代國際執法事務中最重要的課題之一。從1980年代以後，尤其是2001年911事件後，國際恐怖主義儼然成爲國際執法合作與執法力量擴及全球的主要催化劑。各種新出現的反恐協定及法律，促進了此趨

---

[17] 同註3。

勢的發展。例如，2001年的「美國愛國者法」（USA PATRIOT Act），執法機關的職權因該法案的通過而得以擴大。其後，全世界通過了許多類似的反恐協定及法律。執法人員的功能受到強化，影響了不同機關的管轄權，也增強了地方、州、聯邦及國際層級的執法合作。另外，爲了以最有效率的方法完成反恐目標，國際執法合作成爲必要途徑。總之，反恐不僅促進國際執法合作的發展，也造就美國執法組織成爲國際執法活動的中心。

隨著恐怖主義愈來愈受到關切，執法機關在執法手段、裝備、人事及預算方面的權力和資源就愈多，執法機關甚至重新與軍事單位進行整合。由於恐怖主義被概念化成與戰爭和國家安全有關的術語，軍事性的司法措施逐漸浮現[18]。例如，2001年11月13日，美國總統George W. Bush批准一項命令，讓涉及恐怖主義的外國嫌犯接受軍事審判。面對恐怖主義威脅下，執法機關的組織再造與重組持續進行，不因911事件的結束而停止。

許多國家的執法機關因911事件的影響而進行組織再造，令人聯想到過去社會動盪時期警務政治化的歷史記憶。然而，現今執法機關已具備前所未有的自主性，使執法人員得以抗衡被政治化的企圖，而持續以執法專業做爲發展依循的指標。即使面臨政治壓力，現今的執法機關仍然會在反恐方法及目標的決策上，展現高度的自主性。

第四節　國際刑警組織

壹、國際刑警組織的成立背景

「國際刑警組織」（International Criminal Police Organization, Interpol）是全球最知名、規模最大的國際警察合作組織，計有190個會員國（2013年）。該組織創立於1923年，其宗旨爲促進跨國執法合作，任務是防制跨國犯罪，它是目前唯一整合世界大多數國家執法機關的合作平臺，也就是「全球性的」（global）執法合作組織。國際刑警組織是一個資訊中心，本身沒有警察

---

[18] Sievert, R. J. (2003). War on terrorism or global law enforcement operation? Notre Dame Law Review 78 (2), pp. 307-353.

部隊，對各國亦無指揮權，其重要功能之一就是透過通報系統在各會員國間傳遞犯罪情資，舉凡失蹤人口、不明屍體、重大罪犯及犯罪手法等訊息[19]。國際刑警組織透過其秘書處（General Secretariat）、區域辦公室（Regional Offices）、各會員國的聯絡據點——國家中央局（National Central Bureaus, NCBs），對各會員國所需求的犯罪情資及協助提供支援。

「國際刑警組織」最早可追溯自1914年4月14日至18日在摩納哥舉行的「國際刑事警察會議」，但這項會議舉辦之後，即因第一次世界大戰爆發而停止，直到1923年9月23日經奧地利內閣總理兼維也納警察廳長Dr. Johann Schober發起，在奧地利維也納成立「國際刑事警察委員會」，當時會員國僅17國。至1936年舉辦第14屆大會後，因第二次世界大戰爆發及國際局勢變遷而使得活動中斷，直到1946年6月經由比利時警察總監Mr. Louwage在布魯塞爾重行召集，始接續舉辦第15屆大會，並將總部遷至法國巴黎。1956年「國際刑事警察委員會」改名為「國際刑警組織」，1989年10月經大會決議通過，總部再遷至法國里昂，以迄今日[20]。

為有效打擊國際犯罪、緝捕海外逃犯，我國自1951年即正式申請加入國際刑警組織，並於1979年7月1日成立國際刑警科，1980年核准架設國際刑警電臺，承辦國際刑警組織我國中央局一般業務之策劃與執行。其後雖於1984年因政治因素迫使我國退出該組織，但由於政府的努力爭取，相關通訊管道（國際電臺通訊、電報及函件）仍保持暢通。「國際刑警無線電臺[21]」（Interpol Radio Station），仍得以在沒有正式會籍的情況下，繼續維持獨立暢通的運作，每日仍定時透過無線電系統，傳送與接收里昂總部轉送的重大資訊，維繫國際犯罪情資流通。唯國際刑警組織於2003年全面改採「I-24/7全球警務通訊系統」（Interpol's Global Police Communications System, I-24/7）之後，由於我國非國際刑警組織之會員國，未裝設I-24/7全球通訊系統，乃致無法由國際刑警組織正式管道獲得相關犯罪情資[22]。

---

[19] 柯慶忠（2005），國際刑警組織與歐盟警察組織，刑事雙月刊，第5期，頁12-19。

[20] 同上註。

[21] 國際刑警無線電臺（Interpol Radio Station）原為秘書處與各國國家中央局之間24小時不間斷發送犯罪情資的一套封閉型國際通訊系統，隨資訊科技的進步，國際刑警組織目前已改採全新的「I-24/7全球通訊系統」。

[22] 江慶興（2009），中華民國警察防制跨國犯罪執法現況研析，臺灣警察專科學校警專學報，第4卷第6期，頁87-100。

貳、國際刑警組織的組織結構

國際刑警組織的組織章程第5條訂定組織結構如下：一、大會（General Assembly）及執行委員會（Executive Committee）；二、秘書處及區域辦公室；三、國家中央局；四、顧問（Advisers）及國際刑警組織檔案控管委員會（Commission for the Control of Interpol's Files, CCF）。

大會與執行委員會爲國際刑警組織的治理機構，大會是國際刑警組織的最高管理機制，每年舉行一次會議，與會成員包括各會員國代表，大會決議有關組織政策、資源分配、工作方法、財務、活動及方案等重要決定。執行委員會則是由大會選舉13位委員組成，成員包括主席，3名副主席和9名代表[23]。

秘書處設於法國里昂（Lyon, France），由秘書長領導，全年無休的運作，來自許多國家的人員並肩工作。該組織的官方語言有四種，阿拉伯語、英語、法語和西班牙語。秘書處在全球設有7個區域辦公室（RB, Regional Bureaus），分別在阿根廷（Argentina）、喀麥隆（Cameroon）、科特迪瓦（Côte d'Ivoire）、薩爾瓦多（El Salvador）、肯亞（Kenya）、泰國（Thailand）和辛巴威（Zimbabwe），並在聯合國及歐盟派駐特別代表。

國家中央局爲該組織於各會員國指定的聯絡點，與秘書處、區域辦公室和其他需要協助的會員國進行情資交換，以協助跨國犯罪偵查與逮捕嫌犯。國家中央局內的工作人員多爲該國執法人員。顧問是具備專業諮詢能力的專家，由執行委員會提命，並經大會通過後任命。國際刑警組織檔案控管委員會爲一獨立機構，其任務有三：一、確保個人情資的處理符合國際刑警組織規定；二、確保國際刑警組織所有計畫與行動符合情資處理規範；三、處理會員國執法機構向該組織調閱檔案資料的請求[24]。

參、國際刑警組織的功能

國際刑警組織得以提供適時且多元的全球警務服務，是經過漫長演進的。

---

[23] Cameron-Waller, S. (2008). "Interpol: a global service provider," pp. 43-58 in Brown, S. D. (ed.), Combating international crime: The longer arm of the law. New York: Routledge-Cavendish.

[24] 同註12。

早在1990年代，秘書處還在處理將書面資料轉換為數位資料庫的工作。在前任秘書長Raymond E. Kendall的領導下，首次提出一系列具迫切需求的措施，目的在於促進該組織的現代化，並使其服務工作能夠符合會員國的需求。在之後的幾年中，國際刑警組織推出了被視為當時最先進的通訊網絡，並向各國的國家中央局引介該組織第一套自動化遠端數位搜尋設備[25]。該組織也將犯罪分析納入其日常工作，建構區域辦公室的網絡，協同有關會員國建立前文所述的非洲區域性委員會，以及建立延盪多時的國家中央局作業標準。

自2000年以來，在秘書長Ronald K. Noble任內，國際刑警組織面臨許多新的挑戰。諸多挑戰中首當其衝的就是，在通信及資訊技術精進的時代，舊式通訊系統早已過時、不敷使用，I-24/7系統的引進可說是解決此項難題的方法。國際刑警組織除了必須克服推廣I-24/7系統至180多個國家所面臨諸多後援及技術層面的挑戰外，還須說服那些不願意將情資提供至I-24/7系統（以網際網路為基礎的系統）的國家。該系統包含了嚴密的資訊安全設計，只要有新會員國加入國際刑警組織，該系統立即就可與新會員國的國家中央局連結。

根據與國際刑警組織簽訂的正式協定或特殊協定（規範登入及使用條件），國際刑警組織也提供第三者進入通訊及資料庫的權限。另外，為充分顯現I-24/7全年無休的服務精神，秘書處的夜間留守與出勤，從過去僅處理緊急事件，到後來成立了全天24小時運作的「指揮暨協調中心」（Command and Coordination Center）。該中心對於情資流通進行全天候的監控，並在危機、災難或其他緊急事件發生時擔任第一時間的連絡站，秘書處可隨即分配資源。目前國際刑警組織的重要功能詳述如下。

一、I-24/7全球警務通信系統

國際刑警組織主要是透過「I-24/7全球警務通信系統」提供會員國所需要的專業支援與服務，這是一個使用網際網路協議的安全網絡，使用者可以透過加密的電子郵件，經由該網絡與里昂秘書處、區域辦公室及其他會員國的國家中央局交流資訊。也可從該網絡登入國際刑警組織資料庫，資料庫的內容包括：國際罪犯及通緝犯資料、遺失及失竊旅行證件、失竊車輛、指紋，DNA

---

[25] Haberfeld, M. & McDonald, W. H. (2005). "International cooperation in policing," pp. 286-309 in P. Reichel (ed.), Handbook of transnational crime and justice. Thousand Oak, CA: Sage Publications. Inc.

圖譜及失竊藝術品等。透過I-24/7還可獲得廣泛的網絡服務，諸如線上蒐尋、申請國際刑警組織通報（Interpol notices）及發送犯罪情資公告等。國際刑警組織通報，尤其是「紅色通報」（Red Notice），一直是該組織防制跨國犯罪的重要工具。該通報提醒國際刑警組織會員國注意某犯罪者的國際通緝令，以及當該犯罪者被逮捕時請求引渡協助的資訊。此外，紅色通報還包含通緝犯的詳細資料、指紋及照片等訊息。國際刑警組織通報原有五種通報，分別是（一）紅色通報：查緝國際通緝犯；（二）黃色通報：協尋失蹤人口；（三）藍色通報：追蹤及確定對象；（四）綠色通報：警示犯罪手法；（五）黑色通報：協查無名屍身分。近期又新增三種通報，一是橙色通報，對他人或財物造成立即威脅和危害的事件、個人、物體或過程，提出警示；另一是「國際刑警組織暨聯合國安全理事會特殊通報」（Interpol-United Nations Security Council Special Notice），針對聯合國安全理事會通過制裁的個人或組織所發出的通報；以及紫色通報，針對犯罪者所使用的犯罪手法、工具、隱藏手段，提供資訊（引自Interpol官方網站，瀏覽日期：2013年9月8日）。

會員國主要是透過國家中央局連結I-24/7系統交換犯罪情資，只要會員國國家中央局與I-24/7系統連結，國際刑警組織也可依據會員國的需求提供情資給國家中央局以外的執法機構。例如負責國境安全管理的機構可經由I-24/7即時獲知國際通緝犯及失竊旅行證件等情資，以有效管理入出境事務。在某些情況下，I-24/7可提供B2B（business-to-business）的連接方式，使會員國能相互使用對方的資料庫，進一步擴大情資交換的功能。

綜合前述，I-24/7的重要性不言可喻，該系統透過網路及資料庫提供全球執法機構即時、便利且安全的通訊服務。此外，該組織的服務不斷創新與突破，目的就是要讓會員國的犯罪偵查人員可以簡易地獲得外國執法單位的協助。如今，犯罪偵查人員進行跨國犯罪偵查幾乎都需要使用國際刑警組織的資料庫，該組織已成為偵辦跨國犯罪不可或缺的資源。

二、情資蒐集

身為全球犯罪情資的提供者，國際刑警組織肩負一項全年無休的長期任務，就是蒐集正確、即時且有意義的情資。在有限的範圍內，情資蒐集可以透過自動化的過程完成（例如在接受B2B作業模式的國家，可直接透過B2B蒐集

情資），但在大多數情況下，國際刑警組織的情資蒐集還是要靠人力的介入，諸如偵查人員、檢察官、國家中央局或其他國家層級官員的努力，才能提供國際刑警組織及會員國感到興趣的情資。事實上，唯有藉由獲取這些有用的情資，國際刑警組織才能夠將局部的線索串連起來描繪出完整的案件圖譜。多年以來，由於國際間穩定的經由情資公報（intelligence bulletin）及其他分析文件等方式回報各國查獲毒品販運的資料，因此國際刑警組織能夠很規律的獲取毒品販運的相關情資。證據顯示，這種作法有助於國家層級反毒策略的研擬與執行，並顯著提升毒品查獲量及逮捕人數。近期，國際刑警組織所推動的「聯合計畫」（Project Fusion），對於涉及恐怖主義敏感情資的有關案件，情資蒐集仍是相當有效的，在許多犯罪領域的問題處理上，建立了不少成功先例。情資蒐集工作，無論是對組織或個人而言，信用和信心都是不可缺少的。除此之外，里昂秘書處及各國國家中央局的人員還需有強烈的工作熱忱與奉獻精神，才能夠研發出有價值的情資。否則國內執法人員很可能草率結案，未考慮案件所隱含的情資價值，喪失其有助於某跨國犯罪調查行動的功能。由於國際刑警組織主要是靠會員國國家中央局在其國內執行相關情資蒐集工作，因此國家中央局承擔了主要的責任。但總是有些國家的國家中央局人員不相信他們所提供的情資或發送的查詢請求是很重要的，值得為這些工作與其他國家執法人員進行聯繫[26]。然而，這種冷漠想法與事實需求是完全不符的，國家中央局人員的素質、幹勁、熱忱及對重要情資的敏感度，都會對國際刑警組織的整體效能產生重大影響。國家中央局積極主動的蒐集及分享情資（包括從本國各執法機關蒐集情資，以及與本國各執法機關分享情資），可說是成功打擊跨國犯罪的關鍵。

　　雖然，在許多犯罪領域已有情資分享的機制，但這些機制仍是很脆弱的。在情資分享的過程中，彼此間的信用與信心，是非常重要的。因此，情資必須受到安全處理，任何由情資原始提供者所提出的條件也都應受到尊重。在這些事宜的處理上若有任何閃失，勢必影響未來的合作關係。值得注意的是，即使先前已建立高度的信任關係，也可能因工作人的輪調而嚴重影響關係。因此，國際刑警組織對於某些單位的人員配置及輪調設有特別規定，並將本身的經驗

---

[26] 同上註。

與會員國分享。

三、串聯區域合作警務

近年來，區域執法合作組織日益增多，這些組織的涵蓋範圍逐漸遍及全球。但仍有一些國家對國際執法合作貢獻卓著，卻未直接參與區域執法合作組織的活動。

理想上，所有區域性及全球性的執法合作組織，應該藉由共同的標準、作業程序及相同的任務，彼此「串聯」起來。當某一區域的執法工作延伸至另一個或多個區域時，相關執法機關（及其情資與資源）應該合作無間的整合在一起，共同執行正在進行中的或計畫中的執法方案。但在現實中，只要涉及區域性執法合作組織之間的直接合作，以及區域性執法合作組織會員國與第三國（非會員國）之間的直接合作，情況都會變得很複雜。實務上，大多數區域性執法合作組織的做法，不是拒絕將區域內分享的情資提供給區域外的第三者，要不然就是類似歐盟警察組織的方式，僅在雙方達成正式協議的前提下，才准許區域內的情資與外人分享。這些區域性執法合作組織之所以如此，主要理由是考量情資的機密性，以及情資接受方能否遵守情資提供方所訂定的保密條件。

乍看之下，國際間分享警務情資最有效的方式，似乎是以B2B（國家中央局對國家中央局）的方式連接各國資料庫，這可以讓使用者搜尋自己國家和全球其他國家的資料庫。然而，事實並非如此。儘管情資系統的跨國連結在某些區域是可行的，同時有些國家在情資系統網絡化已有相當程度的精進，但距離完善且普及的全球情資交換設施，仍有一段慢長的路要走。姑且不論整合各國情資系統可能要面臨五花八門的相容性問題，目前世界上仍有許多國家甚至連重要及關鍵的執法情資，都尚未建立國家層級或地方層級的檔案資料。

有鑑於此，我們仍不禁要問，國際間究竟有無可能建立一個全面性的情資分享體系。雖然，許多國家在處理情資分享的方法上日益成熟，同時面對犯罪情資的觀念也日趨宏觀與全面性。但關鍵是，當分享的情資愈有用，情資接收方愈能根據情資的機密程度擔負對應的義務與責任，那麼國際情資交換得以普及的機會才會愈大。遺憾的是，反之亦然。但在新行動方案計畫之初，這一部分往往在熱忱與外交辭令中被遺忘。

　　顯而易見的，並沒有一種放諸四海皆準的區域合作警務架構。在某種程度上，許多區域模仿國際刑警組織或歐盟警察組織的模式，並根據當地的執法需求及目的，量身打造的適合自己區域的解決方案，建立個別的區域性警察合作組織。雖然有些區域組織資源充足，只要新計畫及新方案通過成為政治命令，就能大刀闊斧的執行，但仍有許多區域組織正努力徵募維持組織基本運作所需要的資源。大多數區域性警察合作組織是獨立於國際刑警組織之外的，但國際刑警組織與這些區域性組織逐漸調整各自的運作模式，好讓彼此的全球性與區域性目標得以互補，避免資源浪費，更可將各區域性組織整合成為一個全球網絡。

第五節　歐盟警察組織

　　歐洲共同體（European Community）已成為西歐過去近半個世紀以來經濟和政治統合成功的代表，促進其政治整合的長程策略，是在循序漸進的過程中緩慢實現。在國際合作方面，歐盟國家必須解決重大的文化和歷史背景差異的問題，創造出一個不僅得以運作，而且還需令人滿意的成功機制[27]。就刑事司法領域而言，亦是如此。

　　然而，建構在歐盟旗幟下的國際執法合作模式，不一定能套用在世界其他區域。歐盟執法合作模式是在一個非常特別的框架下運作，該框架下的國家由於經濟彼此緊密聯繫及整合發展，使得它們相較於其他國家，具備了更強烈的參與動機。歐盟國家必須派代表參加歐盟警察組織及歐盟司法合作組織（及申根資訊系統[28]），其成員資格是強制性的。即便如此，歐盟會員國對於這些機構的支持態度，仍有不一致的現象。

---

[27] 黃偉峰（2007），歐洲聯盟的組織與運作，第2版，五南圖書。

[28] 申根資訊系統（Schengen Information System, SIS）為歐盟中央級的個人檔案資料庫，其目的主要使各會員國在入出境、核發簽證與警察合作事務上交換資訊，以作為歐盟內部廢除國境人員檢查的最重要替代措施。

壹、歐盟警察組織的成立背景

　　歐盟警察組織的成立，主要是由於1991年時德國總理Helmut Kohl的提議，他呼籲歐洲國家在德國聯邦刑事警察局（Bundeskriminalamt，以下簡稱BKA）的基礎上建立歐洲警察部隊（European Police Force）。雖然，歐盟警察組織與BKA的關係仍然相當深厚（歐盟警察組織前兩任首長都是曾經任職於BKA的高階警官），並且BKA也是該組織最積極的合作伙伴之一，但歐盟警察組織並非一個警察部隊。歐盟警察組織的警官實際上並沒有警察權，而且亦無執行偵查的權力。畢竟，沒有所謂的歐盟犯罪供他們偵查，也無歐盟刑事法庭供他們起訴。當然，歐盟警察組織的人員除非為原籍國執法機關的人員，否則他們並不歸屬於任何警察機關或其他部門。歐盟警察組織是：「處理犯罪情資的歐盟執法組織。它的任務是協助各成員國執法機關防制重大組織犯罪[29]。」歐盟警察組織的成立是根據名為「歐盟警察組織公約」（Europol Convention）的國際條約。雖然，當時該公約是一項重大的外交成就，但是自1998年10月1日生效實施以來，卻仍不勉遭受批評，諸如條約內容過於刻板、缺乏明確定義等。然而，事實證明修改公約是極為困難的，因此轉而採取修改法律基礎的途徑，使該組織更具有彈性，更能適應環境的變化。

貳、歐盟警察組織的組織架構

　　歐盟警察組織是一個國際執法的協調機構，服務於該組織的人員大致分為兩類，一般職員及聯絡官。一般職員人數約600人（2013年），負責辦理共同性事務，例如規劃及分析工作等。聯絡官人數約150人（2013年），他們是成員國執法機關（如警察、海關、憲兵、移民事務等）的派駐代表，彼此合作處理那些影響自己國家執法利益的案件。例如，情資分析結果顯示某案件與德國及西班牙有關，兩國的聯絡官就會合作研商處理該案件的方法，並與自己國家的執法機關聯繫，研擬後續的處理方法。

　　歐盟警察組織需向「歐盟司法暨內政事務部長理事會」（European Union

---

[29] 同註12。

Council of Ministers for Justice and Home Affairs）負責，該理事會負責監督與指導歐盟警察組織的功能。歐盟警察組織的首長及副首長由該理事會派任，組織的預算及規範也需經過該理事會的審查（黃偉峰，2007）。該理事會每年需向「歐洲議會」（European Parliament）提出歐盟警察組織的年度工作報告，如果歐盟警察組織公約或歐盟警察組織規範修正時，也需與歐洲議會研議。

　　各成員國指派一名代表組成「管理委員會」（Management Board），每名代表具表決權。管理委員會每年至少召開兩次會議，廣泛研討歐盟警察組織目前活動及未來發展的議題。歐洲執行委員會（European Commission, EC）的代表也會受邀參加該會議，但無表決權。歐盟警察組織的年度工作報告及未來活動、發展報告也需先經過管理委員會無異議通過後，始可提交給歐盟司法暨內政事務部長理事會。歐盟司法暨內政事務部長理事會在獲得管理委員會表述的意見後，必須經無異議通過，始可任命歐盟警察組織的首長，任期爲五年，得連任一次，第二任的任期爲四年。首長職責爲處理歐盟警察組織的日常行政工作、達成組織任務、組織的人員管理，以及歐盟警察組織公約及管理委員會交付的任務。首長之下設有三位副首長，同樣由歐盟司法暨內政事務部長委員會任命，任期爲四年，得連任一次。組織內部由三位副首長分別掌理「重大犯罪」、「情資管理」與「組織管理與發展」，其中「組織管理與發展」的性質屬內部管理，與跨國犯罪較無直接關係外，其餘兩項均以防制跨國犯罪和組織犯罪爲核心任務[30]。

　　該組織在本質上可分爲兩個部分，互相支援以達成組織任務，但是兩者各有不同的功能與管理回報方式。其中一部分是由一系列獨立但彼此相關的辦公室所組成，這些辦公室的工作人員是從27個歐盟成員國（外加少數其他國家的特邀代表）派來的執法人員。他們依據各國法律進行工作並且接受原籍國的管理，儘管他們被稱爲「歐盟警察組織聯絡官」（Europol Liaison Officers, ELOs），但更恰當的名稱應該是（各成員國）「派駐歐盟警察組織的聯絡官」。他們約占歐盟警察組織海牙總部全體工作人員的20%，大部分歐盟警察組織所策動的執法行動及情資交換是由他們負責的。歐盟警察組織的另一部分，則是由秘書及支援性功能的單位所組成，其人員係根據歐盟警察組織的法

----

[30] 同註25。

規執行工作[31]。此部分的歐盟警察組織就如同國際刑警組織設於里昂的秘書處一樣，其中設有針對毒品、人口販運與移民走私、高科技犯罪、恐怖主義及金融犯罪等專責單位。歐盟警察組織也是防制僞造歐幣的歐洲中央單位，與歐洲中央銀行密切合作。歐盟警察組織中的最大單位，負責處理分析工作。

　　歐盟警察組織的所有工作人員必須具有歐盟公民身分，並且至少能說兩種歐盟官方語言。組織內負責執法活動而非行政事務的人員，是各國「有關當局」（competent authority）所徵募的人員，如國際刑警組織一般，這些人員與歐盟警察組織簽有任期性的工作契約。然而，與國際刑警組織不同的是，這些人員中只有極少數是歐盟警察組織的附屬人員，他們大部分直接由歐盟警察組織所聘用，這項差別的最主要原因，是因爲歐盟警察組織具有較豐沛的預算。前述「有關當局」一詞，在歐盟文件中經常是與司法和執法有關，但也不一定指同一事物。在歐盟警察組織公約中，「有關當局」被定義爲：「在成員國內，依據國家法律具有預防及打擊犯罪責任的公共組織[32]。」

　　在部分成員國，有關當局一詞被解釋爲警察機關。然而，雖然歐盟警察組織的原文爲European Police Office，但組織內部的工作人員來自各種執法機關的人員，除警察機關外尚包括海關、邊防及國安人員。在如此設計下，組織的專業基礎不僅得以擴大，組織文化亦能愈加豐富。

參、歐盟警察組織的主要任務

　　歐盟警察組織的主要任務如下[33]：

一、情資交換。

二、分析。

三、培訓。

四、推廣最佳實務。

　　歐盟在成立歐盟警察組織後，又成立了「歐盟警察學院」（EU Police College, CEPOL），該學院與歐盟警察組織的後兩項任務（至少部分）相似。

---

[31] 同註12。

[32] 同上註。

[33] 同上註。

兩個機構爲能夠發揮較理想的效能，Europol與CEPOL於2007年簽訂了策略合作協定。

　　歐盟警察組織公約將歐盟警察組織的活動限於防制底下的犯罪行爲：「事實顯示，是組織犯罪集團涉及的犯罪行爲，並且該犯罪行爲影響兩個或兩個以上的成員國。由於該犯罪行爲的規模、重要性及後果，導致成員國必須採取共同的防制措施[34]。」該公約還進一步規定，歐盟警察組織只能處理恐怖主義、毒品販運及其他「重大跨國犯罪」等特定類型的犯罪，且將特定類型的犯罪列於公約附件。雖然，附件的內容相當完整，但在試圖整合各成員國有關這些犯罪的定義時，仍不免產生一些問題。例如：公約的英文版本所提及的「組織性強盜」（organized robbery）一辭，原公約所要表達的還包括「竊盜」（theft）及「不法目的之侵入」（burglary）等行爲。爲解決此問題，並未修訂公約內容，而是以補充條例修改之。由於公約的其他語文版本都具有相同效力，此錯誤明顯僅是翻譯失誤，因此此疏忽並未造成太大影響。惟相關錯誤可能造成各國議會的困擾，因爲各國議會通常以本國語文的版本，審議及批准公約議案。正因如此，成立歐盟警察組織的概念早在1991年即被提出，並以「歐洲反毒署」（European Drug Office）爲前身，但直到2001年歐盟警察組織才能夠著手處理組織公約所列的犯罪行爲。

　　在2007年各成員國批准了新的組織發展計畫之後，上述公約中的翻譯錯誤得以徹底修正。歐盟警察組織的職權範圍也擴大了一些，除組織犯罪之外，還可以處理其他重大犯罪及影響公共秩序的國際性活動（該組織已經對某些有關國際足球賽及奧運會的擾亂公共秩序活動進行處理）。

　　歐盟警察組織也是一個受歡迎且方便的舉辦活動平臺，諸如辦理犯罪防制實務會議及學術研討會，提供專家學者建立合作關係與知識交流的機會。此外，歐盟警察組織也辦理專業培訓活動，尤其在犯罪分析及瓦解製毒工廠等方面有卓越的的績效[35]。

---

[34] Friedrichs, D. O. (2010). Trusted criminals: White collar crime in contemporary society. Belmont, CA: Wadsworth Cengage Learning.

[35] Felsen, D. & Kalaitzidis, A. (2005). "A historical overview of transnational crime," pp. 3-19 in P. Reichel (ed.), Handbook of transnational crime and justice. Thousand Oak, CA: Sage Publications Inc.

肆、犯罪情資的蒐集與分析

「歐盟警察組織情資系統」（Europol Information System，以下簡稱EIS）為情資的儲存及控管中心，蒐集及儲存各成員國與歐盟警察組織行動相關的情資，該系統被視為歐盟警察組織公約及歐盟警察合作精神得以實踐的關鍵。EIS近年才開始運作，該系統是由歐盟警察組織負責管理與維護，各成員國在嚴格的限制條件下使用該系統。

如前所述，歐盟警察組織各成員國聯絡局之間大多數的情資分享作業是透過一套安全信息系統進行的。以2006年為例，共有21萬272件情資信息透過該系統傳遞，與這些情資信息有關的案件，共計有7,246個案件（Brown, 2008）。所傳遞的信息內容只有發送者與接收者有權查看，系統會詳細記錄每件傳遞信息的類型及發送、接收時間等管理資訊。每則新增的犯罪情資主題都會有個別的序號，該主題之後的所有傳遞信息都會記錄在該序號下。每件信息也會自動編上日期與時間，若協助請求未被答覆，系統會在寄件方與收件方的電子信箱內保持該信息，以便雙方採取後續行動。雖然該系統主要用於各成員國的信息往來，但聯絡官也可以將情資或協助請求寄給EIS、歐盟警察組織的專家小組及名為「分析工作檔案」（Analytical Work File, AWF）的特別專案。

歐盟警察組織的分析人員被指派處理不同主題的「分析工作檔案」，這些「分析工作檔案」各自有其明確的書面說明，規定工作人員的工作範圍。這些「分析工作檔案」實際上是重要情資的儲存庫，檔案中的情資內容受到相關規範的嚴格限制，只有指定的分析人員有權讀取或撰寫[36]。每個「分析工作檔案」均有一個小組人員負責處理，成員包括指派處理該文件的成員國代表，分析所得結果提供給相關國家使用。個人資料（personal data）的管理較為嚴格，個人資料由某國提供，其控制權就屬於某國，需先取得該國許可，個人資料才能傳遞分享。

近期，歐盟警察組織被指派製作「歐洲組織犯罪威脅評估報告」（European Organized Crime Threat Assessment, OCTA）及「歐盟恐怖主義趨勢與狀況報告」（EU Terrorism Trends and Situation Report, TE-SAT），這兩份報

---

[36] 孟維德（2015），犯罪分析與安全治理，增訂新版（第3版），五南圖書。

告書皆於2007年首次出版〔在這之前，歐盟警察組織曾經發行「歐洲犯罪狀況報告」（European Crime Situation Report）作為歐盟犯罪資料的整合報告〕。做為具重要分析資源的中央機構，歐盟警察組織可說是居於良好地位，以歐盟觀點蒐集及分析犯罪資料，但是資料蒐集及分析的品質，主要還是取決於各國的參與意願，以及所提供資料的品質。

歐盟對於資料保護一向採取相當高的標準，而歐盟警察組織對於個人資料的使用採取如此嚴格的限制與控制，已被認為「過於僵化」以及「過時」。這項問題是否可以在歐盟警察組織未來的改革中獲得解決，尚有待觀察。

國際刑警組織與歐盟警察組織之間的關係，也是常被提及的問題。歐盟警察組織具有國際刑警組織歐洲區域委員會（Interpol's European Regional Committee）觀察員的身分，兩組織並互設聯絡官。事實上，歐盟警察組織許多功能與國際刑警組織相似，諸如情資交換、資料庫維護與管理、犯罪分析、培訓、建立專家顧問團等。國際刑警組織的情資交換業務，過去曾有一段時間是由西歐國家所主控，在1990年代初期（正值建立歐盟警察組織的概念醞釀階段），國際刑警組織80%的情資源自歐洲理事會國家（其中40%是源自當年12個歐盟成員國）。當獨立國協（Commonwealth of Independent States, CIS）解體，產生之諸小國加入歐盟後，前述現象發生改變。儘管如此，目前所有歐盟警察組織的成員國也同時身為國際刑警組織的成員，並且擔付參與兩個組織所應善盡的義務[37]。

第六節　東協警察組織

「東協警察組織」（Association of Southeast Asian Nations Chiefs of Police, ASEANAPOL）負責東協十國（汶萊、柬埔寨、印尼、寮國、馬來西亞、緬甸、菲律賓、新加坡、泰國、越南）在警政方面的合作事項，該組織是從「東協警察首長會議」模式發展而成，當時與會者為參與國家的最高警察首長。第1屆東協警察首長會議是在1981年於菲律賓馬尼拉舉行，當時與會的國家代表

---

[37] 同註12。

只有馬來西亞、新加坡、泰國、印尼及菲律賓等5個國家,之後,汶萊於1984年加入,越南於1996年加入,寮國及緬甸於1998年加入,最後加入的是柬埔寨於2000年加入[38]。至2013年,東協警察首長會議已舉辦了33屆(第33屆於泰國舉行)。近年來,每屆會議都會針對會議共識及未來推動事項簽署聯合公報。

　　值得注意的是,東協警察組織為提升會員國警察機關之間的協調與溝通品質、有效執行聯合公報上的決議,並將聯合公報上的決議轉化成東協警察組織的行動計畫及工作方案,各國代表在第25屆會議(2005年於印尼舉行)所簽署的聯合公報中,清楚表述未來應儘快成立東協警察組織的「常設秘書處」(Permanent Secretariat)。後於第28屆會議(2008年於汶萊舉行)無異議通過常設秘書處設於馬來西亞吉隆坡。又於第29屆會議(2009年於越南舉行),正式確認東協警察組織常設秘書處的工作範圍及成立時間。2010年1月1日,該組織常設秘書處於馬來西亞首都吉隆坡正式成立。秘書處設秘書長一人,副祕書長二人,另有多名行政及技術人員。

　　有關東協警察組織的治理,包括底下諸項:

　　(一)東協警察首長會議(ASEANAPOL Conference):該會議每年由各會員國輪流辦理,各會員國警察首長參加。

　　(二)東協警察組織執行委員會(ASEANAPOL Executive Committee):執行委員會是由參加東協警察首長會議的各會員國代表團副團長所組成。東協警察首長會議召開之前,執行委員會應先開會。秘書處秘書長須向執行委員會報告東協警察組織的財務狀況、工作進度、支援合作、服務、合約控管等項目。在東協警察首長會議全體出席的閉幕典禮中,執行委員會須向各會員國代表團團長提出秘書處活動的總結報告。

　　(三)秘書長(Executive Director):由東協警察首長會議指派,按各會員國英文名稱字母順序為國籍代表,輪流擔任,任期兩年。秘書長須為資深警務人員,官階為上校(Colonel)或同等級以上之人員。另設副祕書長二人,一人負責警務,另一人負責計畫及方案,任期三年(引自ASEANAPOL官方網站,瀏覽日期:2013年7月5日)。

　　近年,在東協警察首長會議所簽署的聯合公報中,最具實質功能的幾項議

---

[38] 同註4。

題如下：第一，籌備成立東協警察組織常設秘書處。「東協警察組織」與「國際刑警組織」、「歐盟警察組織」不同之處，在於後兩者都是正式的國際組織，有組織的常設辦公機構。而東協警察組織在2010年以前還只是停留在各國輪辦國際會議的層次，秘書處是由該年辦理會議的國家來輪流承接，並無常設的辦公機構。換言之，東協警察組織當時還不能算是正式的國際警察合作組織。

第二，建構「東協警察組織電子資料庫系統」（Electronic ASEANAPOL Database System, e-ADS）。「東協警察組織電子資料庫系統」的構想，乃是希望將恐怖分子、毒品販運、通緝罪犯的資訊，置於統一的資料庫內供東協會員國查詢，作為打擊跨國犯罪的利器，形成與國際刑警組織I-24/7全球警務通訊網功能相似的資料庫，建立區域治安防護網。東協更希望與國際刑警組織簽訂備忘錄，與I-24/7全球警務通訊網進行情資交換與連線查詢。為此，東協已成立了「東協警察組織電子資料庫技術委員會」（ADSTC），迄今召開過多次會議，並已與國際刑警組織里昂總部的技術部門聯繫，會商e-ADS與I-24/7兩個資料庫連線的電腦介面事項。並於2007年7月，第27屆東協警察首長會議，啟動東協警察資料庫系統（e-ADS）第二期計畫。

第三，在刑事司法互助方面，2004年11月，東協國家在馬來西亞簽訂「東協國家刑事司法互助條約」，並依規定向聯合國登錄。第26屆東協警察首長會議聯合公報中，與會警察首長也強調東協國家應在此一條約的基礎上，提升目前的合作，為了快速有效提供各國警察間偵查犯罪的協助，公報中並明文籲請各國盡可能互派警察聯絡官。

另外，東協警察組織於2004年6月及2005年5月所召開之年會活動中，擴大邀請區域外國際警察組織及外國警察代表以觀察員身分與會，與會者除國際刑警組織、澳洲及紐西蘭警察代表外，日本、韓國、中共、巴布亞幾內亞等國警察首長亦於2005年首次受邀參加。2007年6月，新加坡主辦第27屆東協警察首長會議，除啟動東協警察資料庫系統（e-ADS）第二期計畫之外，並與國際刑警組織發表合作宣言（Declaration of Cooperation），加強防制恐怖主義、網路犯罪、商業犯罪及跨國詐欺等犯罪活動，並將澳洲、中國、日本、韓國及紐西蘭五個觀察員國家（observer）提升為對話伙伴（dialogue partner），拉近相互

合作距離，以利提升防制犯罪與提升警政效能[39]。近期，又將東南亞國家協會秘書處（ASEAN Secretariat）和國際刑警組織（Interpol）列爲對話伙伴，將俄羅斯列爲觀察員，目前共有7個對話伙伴及1個觀察員國家。

2013年2月泰國主辦第33屆東協警察首長會議時，邀請中、日、韓、澳洲、紐西蘭、國際刑警組織、東協秘書處等7個對話伙伴派代表與會，並對下列跨國犯罪及相關議題進行討論，包括毒品販運、恐怖主義、人口販運、網路犯罪、海事詐欺、僞造旅行證件、跨國詐欺、東協警察組織電子資料庫系統的工作進度、司法互助、東協各國警察交流及訓練計畫（引自ASEANAPOL官方網站，瀏覽日期：2013年7月5日）。

第七節　國際警察首長協會

依據聯合國檔案對於非政府組織之定義，可看出非政府組織應具有「非政府性」（Non-governmental）、「自治性」（Self-governing）及「非營利性」（Non-profit）等特質。另依國際協會聯盟（Union of International Associations, UIA）之界定，國際間非政府組織則係以目標、成員、組織結構、組織幹部、財政、與其他組織間關係及活動等作爲判別國際間非政府組織的標準[40]。「國際警察首長協會」（International Association of Chiefs of Police, IACP）以促進國際警察合作爲目標，其成員以美國及世界各國警察首長個人組成，組織依據協會章程獨立運作，組織幹部依據章程規則選舉而來，不受其他組織影響運作，並每年持續辦理年會活動。另協會之財政來源爲向政府機構、慈善機構、企業或個人徵募資金，並經由理事會審查，以確保獲得足夠資源且不偏離協會的宗旨與目標。綜言之，國際警察首長協會在性質上是屬於非政府組織。

美國Nebraska州Omaha市警察局Webber Seavey局長於1892年邀請了50幾位警察局長召開會議，研討共同打擊犯罪及改善警察服務工作的方法。與會人員在隔年正式成立了一個組織，期望能達成這些目標，該組織就是現今的「國際

---

[39] 張中勇、許文傑（2009），東南亞區域合作防制犯罪之現況與挑戰，執法新知論衡，第5卷第2期，頁105-124。

[40] 朱肇維（2006），非政府組織與京都議定書，政治大學外交研究所。

警察首長協會」。1893年國際警察首長協會於美國Illinois州Chicago市成立，當時的主要任務是逮捕並遣返逃離某執法機構管轄區的通緝犯。經過多年發展，該協會已成為全世界規模最大的警察首長組織之一，其目標也已擴大為促進警察科學與技術的發展、提升執法部門的工作效能、以及促進警務資訊交流與合作。

該協會於1934年開始發行「警察首長新聞通訊」（Police Chiefs Newsletter），之後擴大為「警察首長雜誌」（Police Chief），迄今一直都是執法專業領域中的重要發聲管道。該雜誌每月出刊，提供警察首長在執法領域從地方到國際層面各種深入的洞悉與觀察素材。

該協會於1940年在美國首都Washington D.C.設立總部辦公室，一方面是為了提升組織的穩定性，另一方面是為了擴大活動規模及對會員的服務。設置總部也讓IACP開啟與聯邦政府及世界各國政府長期合作的關係，這種關係一直延續至今，也使IACP得以持續秉持會員需求進行相關的倡議活動。至1970年代，由於IACP在世界各地舉辦多項專業培訓及促進警政研究的發展，聯合國特授諮詢身分（consultative status）予IACP以表彰其國際貢獻。1980年代IACP在歐洲成立了第一個「世界地區辦事處」（World Regional Division），發展迄今在全球已有7個辦事處。近年來，IACP針對影響全球警察的執法議題，諸如人口販運、毒品販運、恐怖主義等，竭盡所能推動相關的協助與倡議活動。

根據該協會的組織章程，其主要任務如下：
（一）精進警察專業服務。
（二）強化警察實務，包括行政、技術及行動等面向。
（三）促進全世界警察領導者之間及警察組織之間的合作及資訊、經驗的交流。
（四）支持在警察職場中招募與訓練專業合格的人員。
（五）鼓勵全世界警察人員具備並維繫高標準的倫理、廉潔、社區互動及專業工作。

另根據IACP 2011-2016年的策略計畫，該協會近年間的目標焦點如表8-1。

表8-1　2011-2016年國際警察首長協會的策略目標

策略目標	內容概述
提供會員服務	提供高品質及創新的服務，確保滿足會員的需求。擴大會員的數量及多樣性，並增進會員在地的與區域性的網絡連結機會。
增加國際能見度	擴增國際會員的數量，以強化及拓展IACP在國際間的能見度；強化世界地區辦事處的角色功能，辨識及倡議具全球重要性的執法議題。
訓練及發展領導者的能力	創造並傳遞最新的領導訓練服務，以符合21世紀執法機關的專業需求；持續栽培具前瞻性的領導者。
做為警政議題的發聲機構	善用協會的影響力、聲譽及關係，做為一個能夠充分滿足會員需求的有效倡議者；向公共領導者、非營利組織及社區夥伴宣導理念。
促進夥伴關係	發展及維繫策略性的夥伴關係，讓IACP有能力在執法界宣揚及促進IACP會員所關心的議題。
追求組織卓越	努力保持組織卓越的文化；具前瞻性的推動短期及長期計畫；有效管理資源，確保財政收支正當化。

資料來源：引自IACP官方網站International Association of Chiefs of Police: FY 2011-2016 Strategic Plan，瀏覽
日期：2012年12月26日

　　IACP的會員包含警察局長、副局長、督察長、各級主管等具有執行權的執法人員，以及在警政及執法領域經過訓練或擁有豐富經驗的執法人員，會員具有投票決定組織策略以及在每年年會推選協會幹部的權利。身為全世界執法部門的發聲機構，IACP的功能在於促進對話及研討，探究重要的警政議題，並向會員提供可靠的、精確的和及時的各項資訊。為獲取必要資源以利達成協會目標，IACP還會積極與其他執法組織、學術機構、政府官員及社區團體維繫良好的合作關係。

　　另就美國本土而言，IACP與美國聯邦政府，諸如司法部、國土安全部、國防部及國務院等在國家執法及安全議題上進行合作。IACP也與美國國會及相關決策人士維持一定程度的關係，以確保警察首長的需求能夠被清楚傳遞和理解。此外，IACP與各州、郡及地方政府在地方警政議題上進行合作，為執法機關在國家及國際層級上發聲。

　　自1893年成立以來，國際警察首長協會每年都舉行年會，會議主要內容為選舉協會幹部、修改組織章程、通過各項決議、聽取財政副會長、執行長及各委員會之報告，以及召開協會事務會議。

國際警察首長協會年會不僅爲警察人員提供專業的學習資源、使其接觸執法工作中最新的技術、產品和服務，提供與同業人員接觸的機會。執法管理者在分享學習經驗時，針對當前的問題和發展趨勢進行簡報。過去的會議主題，諸如針對警察文化重要變革的對策、如何獲取民眾信任、網上學習與實務支援、公共執法與私人保全合作、暴力犯罪、使用武力問題，以及培訓和案例研究等。以2012年於加州聖地牙哥所舉行的第119屆年會爲例，該屆年會達成的重要決議如下：

（一）執法機關應加強訓練人員對於環境犯罪（environmental crime）的認知與執法能力。

（二）推動大學校園禁絕槍械武器。

（三）執法機關應加強與教育機關及非營利組織的合作，以發展全面性的校園反霸凌方案。

（四）執法機關應建立新機制，讓臥底警察能獲得被保護的僞造身分，以提升偵辦重大刑案的效能。

（五）強化新進警察人員使用戰略武器（tactical firearms）的訓練。

（六）在進行防制暴力訓練時，應屏除受訓者的歧視與偏見。

（七）加強與美國國土安全部「恐怖主義分子監控中心」（Terrorist Screening Center）的合作。

（八）鼓勵警察人員實施社區警政，以提供更有效、更具方法性的警察服務。

（九）關注青少年使用大麻的情形及其與交通事故傷亡的關聯性。

（十）關注執法人員和平民遭受暴力攻擊的情形，以及大麻種植地區環境遭破壞的問題。

IACP在運作的過程中，也面臨了許多挑戰和困境。首先面臨的就是財政緊縮的問題，許多警察機關僅具備有限的財政資源，而美國聯邦、各州及地方的資助也逐漸減少。緊縮的預算將會影響成員的參與意願，因此IACP必須更多樣化地、更有效地幫助其成員，也必須重新檢視執行訓練及擬定目標的方法，使其資金投入得以獲得最大回饋。

在成員人數不斷增加且會員需求逐漸多元化的趨勢下，IACP必須更精確地訂立其優先事項，並提供成員有用的資源，以提升組織整體的效能。此外，

雖然會員數不斷增多，但仍有國家尚未有人員參與IACP，影響該組織更全面性的發展。

現今警察首長必須具備的主要能力就是管理與領導能力，而IACP除了訓練、培養現有的各國警察領導者之外，也必須發掘新一代的警界人才，使其未來能成功承接警政工作及推展IACP相關會務。

除上述問題外，IACP仍有其他待克服的問題，例如多方意見的整合、地理和語言的隔閡，以及協會成員經驗的傳承等。IACP除需擬定回應策略、發展執行及管理計畫外，還必須持續加強與學術領域、私部門及相關執法部門進行合作，募集資金補助研究，並提升其推展警政工作的效能與能見度。

第八節　小結

在國際執法合作的領域裡，具有多種的運作實務與組織架構。國際執法工作已從過去關注於政治性的不法行為，轉而聚焦於跨國犯罪活動。此外，以往單邊性跨國執法及雙邊性合作網絡的型態，也逐漸被多邊性國際執法組織所增補與強化。近年來，國境管理、非法移民、毒品交易、洗錢、科技犯罪及恐怖主義等議題成為許多國家的關注焦點，國際執法工作的範圍亦隨之擴大。儘管國際執法合作的發展方興未艾，但仍有一些國家的執法機關堅持國家本位，喜於單邊行動，只進行小規模及短期性的雙邊合作，或僅因國家特殊利益而參與多邊合作組織，這種現象較常見於強權國家。美國執法機關的強勢表現以及美式化的國際執法工作，也就不令人感到意外。

國際刑警組織、歐盟警察組織及東協警察組織，都是國際社會頗為重要的國際執法組織。國際刑警組織自1923年成立後，持續穩定發展，擁有190個成員國，成為現今規模最大的國際警察合作組織。國際刑警組織透過高科技通訊系統促進成員國之間的情資交換，以提升各國彼此的合作。自2001年911事件後，國際恐怖主義已成為國際刑警組織的主要關注焦點。在歐盟國家，為確實掌握全球安全問題及重大犯罪對於歐盟成員國的影響，歐盟警察組織也日益擴大其執法合作範圍。雖然歐盟警察組織的功能和架構受制於歐盟政體，但仍與國際刑警組織及其他國際警察組織類似，重視科層組織所強調的專業性及機關

自主性。東南亞國家為有效防制該區域的跨國犯罪，亦成立東協警察組織，該組織的發展與規模或許不及於國際刑警組織和歐盟警察組織，但近年確有明顯精進，對於該區域與鄰近國家的治安問題，逐漸發揮控制效能。由於我國與東協國家在地緣政治與經貿方面關係密切，東協警察組織的發展頗值得重視。而屬於非政府組織性質的國際警察首長協會，亦是重要的國際執法合作組織，近年我國均派代表參加該協會年會與各國代表進行交流。總之，處於全球化的世代，不僅日常生活受其影響，對於國際執法合作的需求亦將是日益擴大。

參考文獻

一、中文

朱肇維（2006），非政府組織與京都議定書，政治大學外交研究所。

江慶興（2009），中華民國警察防制跨國犯罪執法現況研析，臺灣警察專科學校警專學報，第4卷第6期。

孟維德（2015），犯罪分析與安全治理，增訂新版（第3版），五南圖書。

孟維德（2015），跨國犯罪，修訂第三版，五南圖書。

許春金（2011），刑事政策與刑事司法，三民書局。

柯慶忠（2005），國際刑警組織與歐盟警察組織，刑事雙月刊，第5期。

姜皇池（2008），國際公法導論，新學林。

曹俊漢（2009），全球化與全球治理：理論發展的建構與詮釋，韋伯文化國際出版有限公司。

張中勇、許文傑（2009），東南亞區域合作防制犯罪之現況與挑戰，執法新知論衡，第5卷第2期。

郭同寅、柯慶忠（2006），天涯若比鄰－國際刑警組織，刑事雙月刊，第12期。

游美齡、廖曉晶（2009），全球化觀念與未來，韋伯文化國際出版有限公司。

黃偉峰（2007），歐洲聯盟的組織與運作，第2版，五南圖書。

楊士隆、李思賢、朱日僑、李宗憲（2013），藥物濫用、毒品與防治（第二版），五南圖書。

二、外文

Anderson, M. (1994). "The agenda for police co-operation," pp.1-12 in M. Anderson & M. Den Boer (eds.), Policing across national boundaries. London: Pinter.

Andreas, P. & Nadelmann, E.(2006). Policing the globe: Criminalization and crime control in international relations. Oxford: Oxford University Press.

Benyon, J., Turnbull, L., Willis, A. & Woodward, R. (1994). "Understanding police cooperation in Europe: Setting a framework for analysis," in Anderson, M. & Den Boer, M. (eds.), Policing across national boundaries. London: Pinter.

Brown, S. D. (2008). Combating international crime: The longer arm of the law. New York: Routledge-Cavendish.

Casey, J. (2010). Policing the world: The practice of international and transnational policing. Durham, NC: Carolina Academic Press.

Callimachi, R. (2007). Africa a new conduit for Europe's drugs. Associated Press Report.

Cameron-Waller, S. (2008). "Interpol: a global service provider," in Brown, S. D. (ed.), Combating international crime: The longer arm of the law. New York: Routledge-Cavendish.

Deflem, M. (2002). Policing world society: Historical foundations of international police cooperation. Oxford: Oxford University Press.

Den Boer, M. (2002). "Law enforcement cooperation and transnational organized crime in Europe," in M. Berdal & M. Serrano (eds.), Transnational organized crime and international security: Business as usual? Boulder, CO: Lynne Rienner.

Felsen, D. & Kalaitzidis, A. (2005). "A historical overview of transnational crime," in P. Reichel (ed.), Handbook of transnational crime and justice. Thousand Oak, CA: Sage Publications Inc.

Friedrichs, D. O. (2010). Trusted criminals: White collar crime in contemporary society. Belmont, CA: Wadsworth Cengage Learning.

Grabosky, P. N. (1998). Crime in a shrinking world. Trends and Issues in Crime and Criminal Justice, no. 83. Canberra: Australian Institute of Criminology.

Haberfeld, M. & McDonald, W. H. (2005). "International cooperation in policing," in P. Reichel (ed.), Handbook of transnational crime and justice. Thousand Oak, CA: Sage Publications. Inc.

Harper, T. & Leapman, B. (2007). "Foreigners 'commit fifth of crime in London', " Sunday Telegraph, Sep. 23, 2007.

Kethineni, S. (2010). Comparative and international policing, justice, and transnational crime. Durham, NC: Carolina Academic Press.

Sievert, R. J. (2003). War on terrorism or global law enforcement operation? Notre Dame Law Review 78(2).

Weber, M. (1922). Economy and society: An outline of interpretive sociology. Berkeley and Los Angeles: University California Press. (Reprint published in 1978)

三、網路資料

Coughlan, A. (2007). "Why the EU cannot go on like this," retrieved from http://www.euobserver.com, Jul. 12, 2012.

Roure, M. (2006). "Policing Europe-Europol liaison officers," retrieved from http://www.europarl.europa.eu/news/expert/briefing_page/6149-087-03-13-20060313BRI06148-28-03-2006-2006/default_p001c014_en.htm, May 12, 2012.

第九章　情報導向之國際執法合作：我國警察聯絡官之經驗與實踐

黃文志

第一節　前言

　　隨著當今科技、交通、傳播媒體、電信產業的日新月異，全球化時代所帶來的巨大影響，跨國犯罪的演進一日千里，許多犯罪跨越了地理疆界，從單一國家，以輻射狀的方式，逐漸向外擴散至區域、甚至是全球性的犯罪。舉例來說，組織犯罪所造成的全球影響，遠遠超出一般民眾想像，國際刑警組織（Interpol）前任主席邱文暉先生（Khoo Boon Hui）於2012年5月在以色列特拉維夫的一場演講中指出：「根據倫敦城市大學研究，80%網路上的犯罪都與組織幫派有關，且均在境外犯案，對組織幫派而言，他們發現，跨國犯罪和網路犯罪獲利遠超過其他犯罪，而其風險卻低於其他犯罪。專家警告，全球網路犯罪一年的財產損失大於古柯鹼、大麻和海洛因這三項毒品的走私金額總和。在歐洲，網路犯罪的財產損失一年高達7,500億歐元，相當於9,640億美元。而2011年一年美國銀行搶案的財損金額達到9億美元，但網路犯罪的財損金額卻高達120億美元」（AFRWEEKEND, 2012）。

　　另一方面，網路犯罪與其他跨國境犯罪的結合愈趨嚴重。以人口販運為例，2015年以來地中海難民船難頻頻，許多難民在人口販運集團的安排下爭先恐後想要從地中海南岸逃到歐洲地區，造成預估已有超過2,000名難民不幸葬身地中海。2015年8月29日，71位難民被發現集體窒息在奧地利公路的一輛廂型車裡，幾天後，3歲敘利亞男孩Alan Kurdi與其他家人被發現溺斃在土耳其海邊，其屍體趴臥在海邊遭海浪無情拍打的畫面經由媒體放送震撼全球。當奧地利慘案發生，奧地利和匈牙利當局合作逮捕了3名保加利亞籍和1名阿富汗籍嫌

犯，但奧地利警方坦承，那些在奧地利被逮捕的嫌犯都是低階的執行人員，並非販運集團幕後老闆，歐洲與北非的跨國區域合作，其重要性顯得非常急迫。歐洲各國的警察將原本針對恐怖分子的社群媒體（social media）監控範圍擴大到人口販運分子（traffickers）。他們在網路上搜尋人口販運集團散布的廣告訊息，執法人員驚訝地發現，許多集團過去從事毒品走私，現在紛紛轉向走私北非移民或難民至歐洲，這些犯罪組織從逃離戰亂的敘利亞、伊拉克和阿富汗難民中獲得暴利，但其組織運作仍讓外界難以一窺究竟。由於偷渡人口帶來的龐大利益，已與走私毒品和黑市軍火的利潤相當，吸引了許多犯罪組織加入爭奪的行列。歐洲警察組織（Europol）主席Rob Wainwright於2015年9月接受一家愛爾蘭電臺訪問時強調，預估有3萬名犯罪集團成員涉入人口走私，多數集團成員從事是合法經濟活動的幫兇（facilitators），而目前歐洲警察組織在調查1,400件人口販運的案子。在利比亞，走私集團可自一艘擠滿150位非法移民的手中賺取15萬美元，有些木製拖網漁船可搭載的人數甚至達到二倍人數。[1]

　　依據美國喬治麥遜大學恐怖主義、跨國犯罪及貪腐中心的創辦人Louise Shelley教授的研究，當前人口販運之特色為跨國犯罪手法多樣化，例如，非法勞務輸出、非法出入境、非法收養、跨國婚姻、組織旅遊、傳教和網路等，有些契約關係從偷渡開始，後來變成人口販運。因人口販運常與國際犯罪集團有關而呈現國際化與跨國化，但其組織更加嚴密、分工更加精細。為能成功完成販運，犯罪集團需要販運人口的提供、偽造文件（含護照及簽證）、藏身處、周全的交通聯繫、具備網路名片行銷和洗錢的人頭公司等人際網路的支持，販運集團內的分工也包含投資者、招募者、運送者、貪腐的政府官員或保護者、線民、領隊和船員、管理人、收債人等8種角色。除此之外，公寓及建築公司老闆、計程車司機、卡車司機或老闆、酒吧及飯店侍者、會計師、律師、銀行行員、網路服務供應商等從事合法經濟活動的人都有可能是人口販運的幫兇。如此看似複雜的分工其實反映了合法商業的貿易模式，且各大洲的販運者通常互有關聯。[2]

---

[1]　美國之音（2015），「Europe's Migration Crisis a Boon for Organized Crime」，2015年9月8日，http://www.voanews.com/content/europe-migration-crisis-a-boon-for-organized-crime/2952482.html，瀏覽日期：2015年11月15日。

[2]　Louise Shelley（2015），人口販運國際性發展之探討及防制策略，2015防制人口販運國際工作坊，內政部移民署。2015年7月29日

　　跨國犯罪對一個國家、區域、甚至全球的影響不可小覷，已與傳統犯罪給社會帶來的傷害不可同日而語。由於跨國犯罪在一個以上國家實施的特徵，單一國家已無法獨立解決跨國犯罪，必須仰賴國際間的通力合作方可有效打擊及預防。國際刑警組織（International Criminal Police Organization, ICPO，簡稱Interpol）自1914年倡議以來，目前有190個會員國，是世界上僅次於聯合國（擁有193個會員國）的第二大國際組織，我國於1960年10月14日由內政部前部長連震東先生具函向該組織總部申請加入。1961年9月，國際刑警組織第30屆年會於丹麥首都哥本哈根舉行。我國申請案經當時50個國家投票，順利以國際刑警組織中華民國中央局名義成為國際刑警組織的會員國，但1971年10月25日，聯合國大會通過阿爾巴尼亞所提「排我納匪」案2758號決議，為聯合國體系下其他機構和組織立下了政治指導原則，亦為其他相關機構設下了解決「大陸代表權」的行為模式。我國在1971年退出聯合國之後，在聯合國專門機構和其他政府間國際組織也陸續面臨會籍問題，在不利的國際環境下，陸續被迫退出許多國際組織。1984年5月9日至17日，中國公安部劉復之部長正式以書面代表大陸向國際刑警組織總部提出入會申請，並附帶五項條件[3]，我國在國際刑警組織的問題正式浮上檯面。1984年9月4日至11日，國際刑警組織第53屆年會於盧森堡舉行，會員國總計有135個，其中與我國有外交關係者僅19國，與大陸有外交關係者則有91國。9月4日，主席菲律賓籍布加林（Bugarin）宣讀大陸的入會申請後，隨即陷入冗長的辯論，主要關鍵在於大陸申請加入有排除我國會籍的五項附帶條件。1984年9月5日上午，經過冗長辯論之後，我國提案遭否決，大陸加入成為該組織會員，我國在國際刑警組織中之地位及權益遂被大陸取代，對我國與各國合作打擊跨國犯罪及國境安全上產生重大影響。

　　根據警政署刑事警察局的資料顯示，大陸（含港澳地區）犯罪集團與其他亞洲國家如臺灣、馬來西亞、泰國等犯罪集團互有串聯，在世界各地互謀從事不法跨國犯罪，尤以跨國毒品、槍械、違禁品走私、人口販運、洗錢、偽造信用卡、電信詐欺、網路犯罪等案為最大宗，我國警方在偵辦上述跨國刑案中

3　這五項條件依序為：(1)依據國際刑警組織憲章第7條及第13條規定，唯有大陸在會中代表中國；(2)我國在該組織之會籍名稱應改為中國臺灣（China Taiwan）；(3)組織會議與文件不得使用「中華民國」或「臺灣」，亦不得使用我國旗幟；(4)我國無權指派出席會議代表團團長；(5)在大會中我國無投票表決權。

發現，不僅其犯罪具有組織態樣與結構，犯罪組織中亦有極高比率之臺籍人士與大陸人士合謀共同在第三國犯罪之情形。針對牽涉兩岸三地及其他國家之跨多國犯罪案件，大陸或可透過國際刑警組織會議、上海合作組織、國際緝毒會議[4]等方式，與其他相關國家開會共商策略，惟上述國際組織，我方均無法派員參加，此類犯罪有臺灣人涉案部分，相關與會國家執法機關均束手無策，無法有效監控國人在境外涉案動態及基資，僅能另外透過各與會國與臺灣警方長期雙邊合作關係，或透過「海峽兩岸共同打擊犯罪及司法互助協議」模式，間接獲取或輾轉提供我方之情資，無法當機掌握時效，喪失偵辦良機。而我國警方偵辦此類跨多國性犯罪案件，亦大都仰賴與各國長期合作之駐外警察聯絡官機制，尋求與他國進行雙邊以及多邊合作。

　　我國警察聯絡官構想的開端，始於犯罪國際化、暴力化、網路化的趨勢，在國際犯罪與國內治安狀況連動愈來愈高的情形下，希能建立我國與外國執法機關間即時且可靠的聯繫合作管道，將境外犯罪影響國內治安的程度降至最低。我國警察聯絡官自2005年首批派遣菲律賓、泰國、越南[5]，2007年派遣印尼、馬來西亞、日本，2008年派遣美國、南非，2013年派遣南韓等國，共計已於亞洲、美洲、非洲等9個國家派駐，自開始派遣以來，十年間警察聯絡官與各駐在國合作查緝跨國刑案、逮捕並遣返我國外逃通緝犯成果斐然，是我國在國際政治現實拘束下，進行雙邊或區域執法合作之最佳利器，而犯罪情報之蒐集與分享，是警察聯絡官偵辦跨國刑案之主要內容，本文即以作者曾經於2008年5月至2011年9月間擔任我國駐越南警察聯絡官之經驗與實踐，探討情報導向之國際執法合作，本文組織如下：第二節介紹情報導向警務之理論基礎，第三

---

[4] 「國際緝毒會議」（International Drug Enforcement Conference，簡稱IDEC），由美國緝毒署（Drug Enforcement Agency，簡稱DEA）發起，成立於1983年，會議成立的宗旨乃集合全球各國之高階緝毒官員，分享與毒品有關之情報，共同協商以擬定執法策略，藉以對抗國際販毒集團。該會議每年召開全球大會，亦有區域會議分別在亞洲、歐洲、美洲等地舉行，目前有78個國家或地區成為會員，31個國家或地區成為觀察員。亞洲地區有印尼、馬來西亞、菲律賓、南韓、新加坡、泰國、越南等7個會員國；大陸、香港、澳門、日本、柬埔寨等5個國家或地區成為觀察員。每一年大會改選會議主席及秘書處，擔任下一屆大會主席並準備年議報告，常務秘書處則由美國緝毒署擔任。

[5] 警政署為建構綿密的海內外治安網計畫，於1998年2月間首先向內政部黃前部長主文提出開創性的做法──「警政署刑事警察局駐外刑事警察聯絡官實施計畫」並獲支持，歷經多年的溝通協調，於2004年行政院第23次治安專案會議中獲得游錫堃前院長的重視與支持，裁示：請外交部協助警政署完成越南、泰國、菲律賓等三國刑事警察聯絡官派駐相關規劃作業，於2005年5月正式派遣駐外警察聯絡官。

節介紹當前我國打擊跨國犯罪國際執法合作模式，第四節介紹情報交換模式，第五節介紹情報導向之偵查實例，第六節為小結。

第二節　情報導向警務之理論基礎

　　何謂「情報導向警務」（Intelligence-Led Policing）自1980年代以來，「社區警務」（Community Policing）模式即強調情報，進而發展出「問題導向警務」（Problem-Oriented Policing）、CompStat警務策略，期能在情報基礎上進行分析，建構預防犯罪網絡達成預警之效果（汪毓瑋，2008）。「情報導向警務」是美國自2001年發生911恐怖攻擊事件後最新演進之警務模式，並已於美、英、澳、紐等國家行之有年。美國學者Jerry H. Ratcliffe指出，情報導向警務是一個新的警政工作典範，並歸納出其定義：「是一種經營模式和管理哲學，是促進犯罪和問題減少的決策架構，透過策略管理和有效率的執法策略，對經常且嚴重的違法者予以瓦解和預防，資料分析和犯罪情報是達成以上目標的關鍵」。情報導向警政是一個持續進化中的概念，相較於傳統重視偵查、快速反應的警政模式而言，較偏重預防及主動（proactive）作為。在美國，「情報導向警務」建立於聯邦、各州及地方警察機構之整合平臺上，將過去所謂的資訊（information）或資料（data）更進一步發展出有用的情報資訊（intelligence），以便能制敵機先，建立預警治安策略（陳明傳，2010）。

　　「情報導向警務」有兩項主要結構，一是「資料分析」，二是「犯罪情報」。資料分析應首重「犯罪分析」（Crime Analysis），在時序上與「犯罪情報」有所區分。「犯罪分析」著重在犯罪可能之環境脈絡、有組織犯罪之組織分工、犯罪行為剖繪、犯罪模式、被害類型、工具態樣等資訊，是犯罪情報之基本功，而「犯罪情報」鎖定犯罪發生之人、事、時、地、物，目標是偵破案件、逮捕犯嫌、瓦解組織犯罪集團、解救被害人或起出贓物、減少被害財損等。若從決策分析上加以區隔，又可分成戰術、行動與戰略三個層級，而各有其內容重點與相對應之作為。在戰術層次上，可行動之情報分析提供了犯嫌目標或地點而加以鎖定，惟決策者必須依據情報分析妥適規劃行動方案，方能決定行動本身是否得以成功。在行動層次上，決策者要依據可運用之現有資源，

選擇行動方案。而在戰略層次上，結合刑事司法系統的長期問題，經常與犯罪問題之衝擊無法區別。根據警政學者汪毓瑋的研究（2008），「犯罪分析」又可根據不同目的、範圍、資料、方法等，區隔成三種類型：

一、犯罪背景分析

分析目的是要找出犯罪的網路組織與活動，並協助逮捕犯罪者。此網路組織在傳統上是與組織犯罪、幫派、毒品走私、賣淫集團、詐欺集團、或是這些犯罪行業之結合有關。警方在建構犯嫌「剖繪」（profiling）的過程，使用平常持續蒐集與累積之犯嫌素行，而推論出與犯嫌個人有關的一些事情，包括人格特徵、社會習性與生活習慣等。分析之目的是藉由個人特徵，協助找出與排列出最可能之犯嫌。又可再仔細分析出「地緣關係」（geographic profiling），從犯罪的地理位置找出犯嫌可能的居住地、藏身地，這部分的資料大部分是透過監視、通訊監察、線民與臥底（在我國尚未有相關法律規範）等偵查手段而取得，其調查資訊之類型也不限於犯罪資訊，也包括了電話通聯、旅行資訊、金融／繳稅資訊、家庭與人際關係等。在進行分析時，要將這些資訊整合，排列出資訊之優先順序，找出彼此間之關係，並區隔出進一步調查之工作項目。

二、戰術性行動需求之犯罪分析

此分析是找出行為人的犯罪模式，並協助將模式與潛在犯罪者連結在一起。經由研究近期發生之犯罪事件，並透過人、事、時、地、物、如何（5W1H）等特徵，檢視潛藏的犯罪活動，其目的希能協助發展犯罪模式、引導偵查、找出嫌犯及釐清案情。此一分析聚焦於最近的犯罪與有關犯罪方法的特定資訊，包括個人與車輛等。分析的資料來自於警方的正式報告，包括犯罪特徵、方法、地點、受害者類型、使用武器類型、時間、日期等資訊；也檢視來自於巡邏員警關於潛在犯罪活動的紀錄，例如民眾曾經報案之可疑活動與現場報告等。

三、戰略性長程規劃之犯罪分析

此一分析是研究犯罪問題及其他與警察或刑事司法替系相關的議題，而決

定行動之長期模式，及評估警察之回應與組織程序。由於分析涉及到行動的長期模式，因此資料與分析方法主要是量化的，使用到各種不同的統計方法，去驗證數量龐大的電磁資料。所要處理的變數包括了日期、時間、地點、事件類型等，而不是描述事件之質化資料。此分析的兩個主要目的，第一，協助檢驗長期的犯罪問題，包括了分析犯罪率、重覆被害傾向、犯罪熱點、影響犯罪事件與機會的環境特徵等；第二，評估警察對於問題之回應，及警察單位之組織調整，包括警力部署、策略分析（打擊犯罪的優先順序重新界定）等。

　　為了處理不同層次之犯罪與警務問題，犯罪情報亦有不同層次之結構與分類：

　　一、戰術情報：是用來支持第一線偵查、調查與其他行動領域相關之情報，採取特定行動方案並達成偵查目標；

　　二、行動情報：是支持分局長與局長規劃壓制犯罪行動策略及支援部署，以達成行動目標之情報。

　　三、戰略情報：目標於提供警政首長與高階幕僚了解特定犯罪模式與特徵，有利擬定更寬廣有效之戰略、政策與資源分配。

　　其中戰術情報被廣泛用來進行犯罪控制分析，且就美國警察單位之實踐來檢證，一般警察單位之分析常集中於戰術結果與調查支援，而不是聚焦於造成這些犯罪之社會、政治、經濟等根本問題。雖然目前行動情報與戰略情報，既使在美國一般之警察單位並不多見，然已是推動發展之趨勢之一。例如行動情報，是警察單位資訊管理之重要部分，可用以引導犯罪減少行動與資源規劃，而展現爲紐約市警察局推動「電腦趨動犯罪統計」（CompStat）之重要組成部分。此三種類型，可存在於不同層級之警察單位，並以該等單位之規模與任務爲縱軸（汪毓瑋，2008）。

　　爲了能有效實踐「情報導向警務」，警察組織必須重新評估現行警務政策與做法，情報必須能融入到計畫擬定的過程，充分反應當前治安需求，並針對犯罪偵防所需重視的議題提出協助。更重要的是，情報分享必須成爲一項政策、一項正式的做法，透過量化分析技巧的訓練以及技術支援，情報得以隨著量化的犯罪數據而有所調整。但由於各警察機關大小規模和預算等因素不同，並非所有警察機關都得以聘請情報分析師或者是情報官，但所有的警察單位都應該朝著「情報導向警務」做出調整，包括訂定任務、情報政策與程序、情報

分享，建立適合的安全和法規標準，確保民眾的隱私權和人權不受侵害。

第三節　當前我國打擊跨國犯罪國際執法合作模式

　　跨國犯罪之追訴及處刑，涉及行為人、被害人、行為地、結果地等，影響司法及刑事管轄權歸屬、刑事訴追進行及刑罰執行，牽涉時空背景的因素、變化，致緝捕行動無法一體適用。因受我國特殊政治情勢影響，我國與其他國家簽訂引渡條約或司法互助協定，均遭遇不少挑戰，在偵辦跨國犯罪時，由於司法互助規範不足，更增加辦案困難。例如追捕力霸掏空案通緝犯王又曾所遇困境即是一例。解決跨國犯罪問題，各國所運用的司法互助模式包括引渡、行政協定、委託調查書、國際公約、刑事司法互助與警察對警察的合作等聯繫管道交流掌握犯罪情資，並推動警察聯絡官制度。我國在跨國合作打擊犯罪採多元管道並重的模式，茲說明如下：

　　一、透過國際刑警組織（Interpol）：「國際刑警組織」最早可追溯自1914年4月14日至18日在摩那哥舉行的「國際刑事警察會議」。目前一共有190個會員國家參與，為世界最大的國際警察組織。我國於1961年加入國際刑警組織，1984年中國大陸申請加入並附帶要求企圖強硬矮化我為地方政府，因而被迫退出。嗣後在政府積極努力且國際間亦有與我合作之實際需要下，與里昂總部及各會員國的聯繫管道仍然保留。迄今國際刑警組織仍是我國警政署與各國的聯繫管道之一。我國在國際刑警組織中之地位及權益雖被大陸取代，惟國際刑警組織總部及各會員國為因應實際需要，仍利用此一管道與我國警政署刑事警察局聯繫、合作。我國與國際刑警組織各會員國間往來之電報、信函多以協助偵辦案件、調查犯罪證據及提供犯罪情資為主，然自從國際刑警組織於2003年全面使用「I-24/7全球通訊系統」（I-24/7 Global Communication System）之後，國際刑警組織已不再寄送紙本紅色通報予我國。然而由於國際刑警組織是一個資訊中心，本身沒有打擊部隊，對各國亦無指揮權限，其重要功能之一，就是透過通報系統協助會員國轉知重大犯罪資訊，「I-24/7全球通訊系統」運用尖端科技，讓會員國可以利用網路即時從總部的資料庫取得相關資訊：舉凡國際通報、失竊車籍、遺失或失竊旅行文件、失竊文物、信用卡、指紋及相

片、恐怖分子名單、犯罪資料庫、國際武器走私及人蛇走私等等，是我國當前打擊跨國犯罪迫切需要的全球網路通訊平臺。

二、派駐警察聯絡官：仿效美、加、紐、澳、法、日等世界先進國家派駐警察聯絡官，納入各駐外使館編制，負責與駐在國之警察、執法機關協調聯繫，蒐集犯罪情資，迅速打擊犯罪。我國警察聯絡官於2005年5月正式派駐菲律賓、泰國、越南等3國、2007年3月派駐日本、馬來西亞及印尼等3國、2008年5月派駐美國、南非2國等（江慶興，2009），2013年派駐南韓，目前共計於亞洲、美洲、非洲等9個國家派遣警察聯絡官，與各駐在國之刑事業務合作成果豐碩。

三、透過各國執法單位駐外聯絡官：例如美國聯邦調查局FBI駐香港辦事處、國土安全部Homeland Security（所屬緝毒署DEA、海關USCS、祕勤局USSS）駐香港辦事處、加拿大皇家騎警RCMP駐香港聯絡處、澳洲聯邦警察AFP駐香港辦事處。此等管道是警政署刑事警察局近年來主要合作模式，透過此等管道所獲成果亦極為豐碩（江慶興，2009）。

四、透過外國駐臺機構：經常聯繫之單位例如美國在臺協會、日本交流協會臺北事務所、加拿大駐臺辦事處、荷蘭駐臺辦事處、澳洲駐臺辦事處等與我執法單位經常聯繫之機構，交換跨國犯罪情資（江慶興，2009）。

五、透過我國外交部、法務部調查局、內政部及移民署等：我國內政部移民署在海外有27個工作組、法務部調查局在海外亦派遣法務祕書。警政署刑事警察局對於外逃通緝犯之追緝及其他急迫性刑事業務，遇有必要時均會透過移民署駐外人員配合，或請調查局協助，於兩單位亦無外派人員時，則透過外交部協助。

六、出席國際會議：我國警政單位每年皆派員參加「國際警察首長協會」、「國際機場港口警察協會」、「亞太防制洗錢會議」、「亞裔組織犯罪暨恐怖主義國際會議」、「中日合作緝毒會議」等國際警察交流活動，可與全球執法人員交換情資，了解各國執法政策與最新犯罪模式與偵查科技（江慶興，2009）。

我國跨國合作打擊犯罪管道雖然多元，但因業務特殊，實際運作仍以透過警政署駐外警察聯絡官之運作最為順暢，成果立即而顯著。面對犯罪國際化，我警察機關不應只在國內被動地接受國外情報，而應主動到外國蒐集情報，推

動跨國警政合作共同打擊犯罪。設置駐外警察聯絡官,除可與駐在國警政單位合作,更可藉由對當地治安情境的了解,蒐集更多犯罪情資,延伸打擊犯罪觸角,防止大批槍械、毒品等違禁品走私來臺,達到阻絕犯罪於海外的目標。

第四節　我國警察聯絡官情報交換模式

目前我國警政署轄下唯一負責國際刑案偵查之單位為刑事警察局國際刑警科,其掌理事項包含:國際刑警組織及外國治安機關工作聯繫、案件協處;國際刑警組織及外國治安機關來往通訊處理;國際刑警組織及外國治安機關各種請求事項之協助處理;駐外警察聯絡官業務之規劃、執行、督導及考核;跨國合作打擊犯罪工作之規劃、執行及交流參訪;跨國刑事案件及國內重大特殊涉外案件之偵查;國際犯罪情報蒐集、傳遞及運用;潛逃外國通緝犯情資之蒐集、運用及協調查緝、遣返;其他有關國際刑警業務事項等。其中,非常重要的業務即是負責國際刑警組織與跨國刑事案件及國內重大、涉外案件之偵查,並且負責警察聯絡官業務之規劃與督導,茲將我國警察聯絡官任務、情報交換模式、內容、優劣點說明如下:

壹、警察聯絡官任務介紹

依據「內政部警政署駐外警察聯絡官實施要點」第四點之規定:本署駐外警察聯絡官於外派期間之任務包括「警政交流(對外工作關係開展及維繫)」、「刑事業務聯絡」及「其他交辦事項」,詳細任務內容如下:

一、警政交流(對外工作關係開展及維繫)

1. 與駐在國(及其他國家派駐於駐在國)之警察及執法機關建立直接聯繫管道。
2. 協助推動加入有關打擊跨國犯罪之相關國際組織及公約、與外國警察及執法機關簽訂警政合作協定、備忘錄,及推動地方警察機關與外國警察機關締結姐妹局關係。

3. 協助辦理本署與駐在國警用武器、裝備捐贈（助）、交換人員訓練或接受委託訓練事項。
4. 協助外交部駐外館處參與國際會議有關治安、反恐議題及討論。
5. 協助促進與外國警察及執法機關或國際警察組織人員互訪及接待。

二、涉外刑事業務

1. 蒐集跨國組織犯罪、槍械、毒品、網路、經濟犯罪、人蛇偷渡、國際恐怖分子活動、滲透及破壞等情資。
2. 協助駐在國警察及執法機關偵辦重大跨國犯罪。
3. 支援國內警察機關偵辦跨國刑事案件。
4. 潛逃國外罪犯之追緝及協調遣返。

三、其他任務及交辦工作

綜合上述任務，警察聯絡官有四大工作項目，包含警政交流、跨國刑案偵查、外逃通緝犯逮捕與遣返以及長官交辦事項。其中，又以跨國犯罪偵查為主要項目，次要項目是警政合作以及外逃通緝犯的遣返，如果以比重而言，前三項各占30%，最後一項占10%。以筆者工作經驗而言，現行警察聯絡官的機制，較多部分在犯罪偵查而非預防，不論是警政合作、高層互訪或教育訓練的交流，這些項目的效果較會反映在偵查案件的合作，尤其是與我國內相關的案件，筆者在越南擔任警察聯絡官期間，經手處理的90%案件均來自國內偵查單位的請求，舉例來說，犯罪嫌疑人潛逃越南，或者案件被害人、犯罪嫌疑人與越南有關，需要警察聯絡官協助了解被害情形或犯嫌情資。然而，上述四大工作項目並不是每個國家都有相同之比重，像美國比較偏向警政交流，越南、泰國、印尼、菲律賓這幾個國家則偏重跨國案件偵查，泰國和越南在外逃通緝犯遣返部分可能會相對吃重，每個國家與我國之警務合作不一而足，工作重點仍依照與國內治安狀況之連動，連動性愈高，相對跨國刑案偵查比例就愈高，連動性愈低，偵查刑案的比率則愈低。

貳、警察聯絡官接收和傳遞情報模式

以我國警察聯絡官而言，情報交換的模式有下列幾種管道：

1. 與駐在國的警察機關情報交換：由於駐在國不同的執法機關有不同的任務與組織職掌設計，比如說緝毒的專責單位、負責移民事務的單位，地方警察單位，這些都是在情報交換上必須密切合作之機關。

2. 與駐在國Interpol中央局進行交換：由於Interpol各會員國的互動型態與機制限制，我國警察聯絡官與當地的國際刑警組織中央局也有許多互動，原則上，各國Interpol中央局僅是情報接收與傳遞的單位，沒有負責實際偵查。

3. 情報交換最主要的管道來自國內：警察聯絡官基本上是一個承先啓後的中介角色，也就是我國警政署透過警察聯絡官向駐在國交涉偵查合作，情報的發展方向係從我國到駐在國，反過來說，如果係駐在國蒐報的情報與我國有關，那其發展方向即從駐在國到我國。國內相關的偵查單位如有涉外案件情資亦會透過公文傳遞方式通知駐外警察聯絡官。以我國駐外警察聯絡官而言，刑事警察局國際刑警科係情報整合分析中心，所有駐外聯絡官均須回報案件發展情況，並以「陳報單」作爲情報交換之主要載具，也就是說，陳報單由國際刑警科收文後，進一步分析整理，如有牽涉到其他國家，可將情報轉送相關駐地組參考，是我國警察聯絡官情資交換之最主要機制。

4. 其他國家派駐當地之聯絡官：例如美、日、韓、加拿大、澳洲等國派駐當地之聯絡官，通常各國外派人員在當地會組成執法人員協會等聯誼性質的組織，而這類組織亦係情報交換的另一管道。

5. 外交部駐外館處：我國外交部在全球設有一百多個館處，館處接收到當地與本國國民有關之犯罪訊息，即便當地未有設置聯絡官，外館也會主動蒐報，當地警方也會透過駐外館處與我國警方聯繫，進行情報交換。

6. 民眾檢舉案件或者由其他案所衍生出來的情報。

我國警察聯絡官主要是依照上述六個管道進行情報交換，情報路徑並非一致，通常是一主一副。基本上刑事警察局的國際刑警科扮演情報中心的角色，是主要情報交換的管道，所有的情資交換均是雙向且主、副線交叉運行，同樣的，警察聯絡官在駐在國也是這樣，他們要接收國內的指令跟訊息，同時要將犯罪的情資通報，在案件偵查等四個工作面向上隨時向刑事警察局國際刑警科

陳報，國際科再據以情資整合或分析，再交辦予各聯絡官協查，屬雙向交流的情報作業。

參、警察聯絡官傳遞犯罪情報內容介紹

1. 犯罪情報的內容通常包含與駐在國執法單位交換之毒品、詐欺、網路犯罪、人口販運、偷渡、外逃通緝犯等案類情報。
2. 當地民眾或報案人耳聞、親眼所見之犯罪情報。
3. 犯罪情報的蒐報，以犯罪的人、事、時、地、物為主，如果沒有相關訊息可做進一步連結跟整合，可先行將情報訊息提供給偵查單位分析，同樣地，如國內偵查機關在通訊監察了解訊息，亦可將這些情報傳遞給聯絡官進一步查證。

肆、情報判斷與整合

簡單的準則就是要去從情資的訊息去判斷案件的輕重緩急，舉例而言，如果是一個毒品走私情資，已知藏匿毒品之貨櫃提單號碼，第一時間即須儘快清查貨櫃是否已經入關？由何處報關？是否已被領出？有否時間攔截？如果貨櫃已經被領出，由何人領走？是否須報請最高檢察署檢察長同意進行控制下交付？調查人員一方面調查情資準確度，一方面依據清查結果部署規劃，此乃情報判斷與整合的基本原則。通常情報反應之時間，與查證管道、途徑、方式是否有效、即時有關。不同等級的情報處理，一定要經過查證的程序與情報分析，通常有人員查證、資料庫或科技方式的查證，還有其他訊息管道的交叉查證。查證本身很重要，必須運用技巧，犯罪情報可透過人員、機關、靜態資料等方式查證，或經由當地警方調閱資料查證，也可側面旁敲側擊詢問其他人，甚至直接去住所埋伏等不同的查證方式。所以查證必須運用犯罪偵查技巧，但要特別注意的是，由於警察聯絡官在海外沒有司法管轄權，無從主張司法管轄，只能利用技巧去作了解。所以情報交換本身所涉及到的就是人脈、資源與互信，整合起來統稱社會資本（social capital），必須要靠平日互動，與駐在國警方發展合作情誼，雙方從互不信任到信任，需要長時間，也需要在案件上

儘可能的合作，信任感建立起來後，情報交換在速度上會提升很多，雙邊偵查合作亦會更加順暢。

伍、聯絡官情報交換模式之優點

第一，情報交換即時。第二，情報交換管道安全，不管是透過書面、口頭、電子郵件，第三、警察聯絡官本身即是一情報資訊整合中心，透過各方面的情報交換，容易達到整合效果。第四，情報交換講究快速、精準與正確，警察聯絡官因為長時間在派駐國，了解當地民情與相關執法單位運作模式，可以有效地運用情報，將情資轉化成有助於犯罪偵查的具體情報，可以達到擴大調查的效果。

陸、聯絡官情報交換模式之困境

警察聯絡官四大工作面向上均強調跨國刑案偵查，然卻沒有相對等的資源來支持警察聯絡官，以美國為例，在開發中國家進行跨國毒品、人口販運的偵查等，美國聯邦執法機關均不斷強化並提升駐在國的偵查能量（capacity building），然而，偵查能量提升不是只有透過聯絡官的機制即可辦到，需要大量資源的投入，例如相關的教育訓練和設備捐贈等。

第五節　情報導向之偵查實例

一、案由：臺、越警方合作緝獲20塊海洛因磚。

二、案情摘要：警政署駐越南警察聯絡官與越南公安部歷經數月偵查合作，於○年○月間破獲臺越跨國海洛因毒品走私案，越南公安查扣運毒之寮國車輛乙臺，擊斃1名寮國犯嫌，另1名寮國籍共犯在逃，並於查扣車輛內起獲20塊海洛因磚，純度為74.76%，純質淨重為5,202.9公克。

三、資料分析：行政院海岸巡防署○○查緝大隊於○年○月○日，掌握一國內販毒集團將前往中南半島購買毒品一批，並擬以陸運方式將毒品運輸至越

南，俟雙方交易完成後，再聯絡走私管道（我國籍漁船）將此批毒品販運回臺。

　　四、犯罪情報

　　（一）警政署駐越南聯絡官於○年○月與越南公安部○副局長見面，並共同驅車前往寧順省預定交貨地點偵監埋伏多日，惟由於寮國毒品貨主因擔心共犯向越南公安檢舉，遲遲不願意確認交貨時間，故未能及時破案。

　　（二）○年○月臺籍嫌犯前來越南接貨，由警政署駐越南警察聯絡官蒐報後確認交貨地點、方式。經研判情資準確度高，立即與越南公安局召開專案會議，偵處作為如下：

　　1. ○月○日上午安排與越南公安部○副局長見面，雙方確認本次緝毒行動細節。

　　2. ○月○日上午驅車前往中部省分（距離胡志明市約六小時車程），等待臺籍嫌犯交貨。越南公安部○副局長隨即召開內部專案會議，並於交貨地點部署警力。

　　3. ○月○日下午，獲報寮國送貨人員已在附近，警政署駐越南警察聯絡官立即將情報提供予越南公安部○副局長。至送貨人駕車駛近時，○副局長下令圍捕，雙方發生第1次駁火，寮國貨主車輛激烈衝撞負責圍捕之越南公安警車後逃逸，未能於現場查扣車輛及毒品，寮國2名送貨人亦逃逸，本次行動宣告失敗。

　　4. ○月○日上午，○副局長發動第二波搜索，通報警政署駐越南警察聯絡官已查扣寮國車輛，經警政署駐越南警察聯絡官提醒專案小組，請渠務必將車輛拆解，或許可尋獲毒品。

　　5. ○月○日，○副局長通報越南公安擊斃1名在逃寮國犯嫌，追捕另1名嫌犯，順利於查扣車輛內起獲20塊海洛因磚，毛重約6公斤，全案順利偵破。

　　五、破獲結果：本案毒品販運之數量龐大（20塊海洛因，6959.7公克，純度為74.76%），自○年○月至今，經由警政署駐越南警察聯絡官獲得犯罪情報後，多次協調聯繫越南公安部○副局長大規模動員部署，終能順利破獲，有助於我國與越南公安部建立情報交換合作機制，為一成功國際合作攔截毒品於境外之案例，為臺越兩國建立良好緝毒合作模式。

第六節　小結

　　在跨國犯罪偵查的過程中，情報導向警務提供了一理論平臺，協助我國警政署刑事警察局國際刑警科以及各駐外警察聯絡官透過此一分析架構，得以了解資料分析轉化至犯罪情報之過程，並讓吾人了解，情報交換本身是一個細膩的過程，在這個細膩的過程中，犯罪偵查的每一個面向需要的是分享、整合與運用。情報分享與整合含括許多策略面向，比如說整合機制為何？整合的方法、工具為何？是否可建立一資料庫？現行的機制下，許多人習慣以文書處理的觀念來看待情報處理流程，未來在犯罪情報的整合跟分享、運用上，警察聯絡官仍必須靠內部機關整合，也必須與駐在國進行外部整合，否則，容易形成見樹不見林的情形，在零碎且不相關的事件中如何連結，必須透過強大資料庫，也是未來跨國犯罪偵查一定要走的趨勢。

參考文獻

一、中文

江慶興（2009），中華民國警察防制跨國犯罪執法現況評析。臺灣警察專科學校警專學報，第4卷第6期，頁87-100。

汪毓瑋（2008），「情報導向警務」運作與探討之評估，第4屆「恐怖主義與國家安全」學術研討會，頁49-67。

陳明傳、駱平沂（2010），國土安全之理論與實務，中央警察大學印行。

Louise Shelley（2015），人口販運國際性發展之探討及防制策略，2015防制人口販運國際工作坊，內政部移民署，2015年7月29日。

二、網路資料

美國之音（2015），Europe's Migration Crisis a Boon for Organized Crime，2015年9月8日，http://www.voanews.com/content/europe-migration-crisis-a-boon-for-organized-crime/2952482.html，瀏覽日期：2015年11月15日。

AFRWEEKEND, Cybercrime more profitable than drugs, says Interpol, May 9th, 2012, retrieved from http://www.afr.com/business/telecommunications/cyber-crime-more-profitable-than-drugs-says-interpol-20120508-j2vkx, Aug. 15, 2015.

第十章 婚姻移民與移民輔導

林盈君

第一節 前言

隨著我國政治民主化以及全球化時代來臨，人口移動愈加頻繁，國人與外國人結婚人數持續上升，跨國婚姻尤與大陸與東南亞女子通婚為主，自1980年代末期以來，不斷增加的婚姻移民人數，特別是大陸與東南亞女子（通稱為新移民）對我國社會無論是政治、經濟、文化與生活都產生眾多影響，這些影響無論是對我國社會或是對這些新移民都有其優點也有其挑戰，本章包含四大章節，第一節首先說明1987年解嚴之後至今這些婚姻移民人數的變化，其次由法律與政策面說明新住民如何入我國國籍以及討論新住民來臺所遇到的挑戰，與未來新住民政策方向。第二節則介紹自1999年起過去15年來移民輔導政策的內含與轉變。第三節介紹移民保護制度，包含新住民面臨婚姻暴力時的相關保護服務以及人口販運被害者的保護服務。第四節分析非法移民收容政策。

壹、婚姻移民人數變化

移民署統計資料顯示，由表10-1可看出我國2014年結婚對數14萬9,287對，其中配偶非我國籍者1萬9,701對，占總結婚對數13.2%。這些非我國籍的配偶當中，55.76%為中國大陸籍配偶最多，27.74%則為東南亞籍配偶。此外，雖然結婚人口配偶非我國籍對數由2001年起的27%呈現逐漸下降的趨勢，但近五年來始終維持在約13%至18%左右，而其中超過一半來自於中國大陸，1/4來自於東南亞。這些中國大陸與東南亞籍配偶人數一直以來穩定的增加。

表10-1　結婚人口配偶非我國籍對數及百分比一覽表

年別	結婚對數	配偶非我國籍對數	大陸地區		東南亞地區		其他地區		港澳地區	
			結婚對數	百分比	結婚對數	百分比	結婚對數	百分比	結婚對數	百分比
2001	170,515	46,202	26,516	57.39%	17,512	37.90%	1,893	4.10%	281	0.61%
2002	172,655	49,013	28,603	58.36%	18,037	36.80%	2,070	4.22%	303	0.62%
2003	171,483	54,634	34,685	63.49%	17,351	31.76%	2,292	4.20%	306	0.56%
2004	131,453	31,310	10,642	33.99%	18,103	57.82%	2,235	7.14%	330	1.05%
2005	141,140	28,427	14,258	50.16%	11,454	40.29%	2,354	8.28%	361	1.27%
2006	142,669	23,930	13,964	58.35%	6,950	29.04%	2,574	10.76%	442	1.85%
2007	135,041	24,700	14,721	59.60%	6,952	28.15%	2,602	10.53%	425	1.72%
2008	154,866	21,729	12,274	56.49%	6,009	27.65%	2,948	13.57%	498	2.29%
2009	117,099	21,914	12,796	58.39%	5,696	25.99%	2,924	13.34%	498	2.27%
2010	138,819	21,501	12,807	59.56%	5,212	24.24%	2,957	13.75%	525	2.44%
2011	165,327	21,516	12,800	59.49%	4,887	22.71%	3,166	14.71%	663	3.08%
2012	143,384	20,600	12,034	58.42%	4,784	23.22%	3,103	15.06%	679	3.30%
2013	147,636	19,171	10,829	56.48%	4,823	25.15%	3,127	16.31%	713	3.71%
2014	149,287	19,701	10,986	55.76%	5,466	27.74%	3,249	16.5%	942	4.78%

資料來源：內政部移民署[1]（統計至2014年12月31日）

　　截至2014年12月止，我國婚姻移民人口已達49萬8,368人，其中以中國大陸籍配偶31萬5,905人占非臺灣籍配偶64.91%最多，其次爲越南籍配偶8萬9,042人占18.29%，再其次爲印尼籍2萬7,943人占5.74%。表10-2顯示2004年以來中國大陸及東南亞籍外配不斷增加，在九年中尤以中國大陸增加最快，總人數也是中國大陸最多。然而詳細分析每年移入的人口比例可以發現唯有中國大陸移民人數逐年遞增，然而其他國家均呈現緩慢減少的現象，也許這是因爲透過婚姻仲介而與中國與東南亞女性結婚者已在逐漸減少。

---

[1]　請參見內政部移民署，https://www.immigration.gov.tw/，瀏覽日期：2015年9月2日。

表10-2　外籍與大陸（含港澳）配偶人數

單位：人（%）

年度	越南	印尼	大陸地區	港澳地區
2004	68,181(20.26%)	24,446(7.27%)	204,805(60.87%)	9,874(2.93%)
2005	74,015(20.30%)	25,457(6.98%)	223,210(61.22%)	10,487(2.88%)
2006	75,873(19.80%)	26,068(6.80%)	238,185(62.16%)	10,933(2.85%)
2007	77,980(19.54%)	26,124(6.55%)	251,198(62.95%)	11,223(2.81%)
2008	80,303(19.42%)	26,153(6.33%)	262,701(63.54%)	11,472(2.77%)
2009	82,379(19.18%)	26,486(6.17%)	274,022(63.80%)	11,771(2.74%)
2010	84,246(18.97%)	26,980(6.07%)	285,158(64.19%)	12,079(2.72%)
2011	86,249(18.77%)	27,261(5.93%)	296,095(64.45%)	12,440(2.71%)
2012	87,357(18.46%)	27,684(5.85%)	306,514(64.78%)	12,772(2.70%)
2013	89,042(18.29%)	27,943(5.74%)	315,905(64.91%)	13,168(2.71%)
2014	91,004(18.26%)	28,287(5.68%)	323,358(64.88%)	13,670(2.74%)

資料來源：內政部移民署[2]

貳、婚姻移民相關法規

　　跨國婚姻成立生效後，如該外籍配偶或大陸配偶有意移入國內居住，則須依相關法律規定申請入境居留、或定居。關於移入我國的規定，一般外籍配偶適用「國籍法」、「入出國及移民法」、「就業服務法」等法律，大陸配偶則適用「臺灣地區與大陸地區人民關係條例」等相關規定。

一、外籍配偶

　　外籍配偶移入我國首先應辦理結婚登記、辦理簽證、居留或永久居留、歸化。[3]

　　（一）結婚登記：外籍配偶在原屬國結婚後，須持原屬國核發之結婚登記

---

[2]　請參見內政部移民署，https://www.immigration.gov.tw/，瀏覽日期：2015年2月2日。

[3]　內政部移民署（2011），新家鄉新生活：外籍配偶在臺生活相關資訊簡冊。

書或結婚證書等結婚證明文件及中文譯本，向我國駐外館處申請文件驗證，國人配偶可持憑證返回臺灣，向個人戶籍地的戶政事務所辦理結婚登記。

　　（二）簽證：外籍配偶來臺前須向我國駐外館處申請依親簽證。依親簽證可分為依親停留簽證以及依親居留簽證。

　　（三）居留：依親簽證辦理完畢後，外籍配偶則可以持依親居留簽證查驗入國，入國後於15天內，夫妻一起前往內政部移民署服務站申請「外僑居留證」。如果持依親停留簽證的外籍配偶，在來臺灣後、停留期限屆滿30日前，得向移民署服務站申請改辦「外僑居留證」，但須依親停留簽證期限60天以上，且未經簽證核發機關加註不得延期或其他限制者才可申請。

　　（四）申請外僑永久居留證：取得外僑居留證之外籍配偶，合法連續居留滿五年且每年居住超過183日，可以向內政部移民署服務站（居留地）申請永久居留證。

　　（五）歸化：申請歸化我國國籍的外籍配偶，必須經過結婚登記、申請簽證、申請外僑居留證後，合法居留連續滿三年，且每年有183日以上居留之事實後，申請「準歸化中華民國國籍證明」。

　　依據國籍法第4條第1項規定：「外國人或無國籍人，現於中華民國領域內有住所，具備前條第一項第二款至第五款要件，於中華民國領域內，每年合計有一百八十三日以上合法居留之事實繼續三年以上，並有下列各款情形之一者，亦得申請歸化：一、為中華民國國民之配偶。二、父或母現為或曾為中華民國國民。三、為中華民國國民之養子女。四、出生於中華民國領域內。」此外，國籍法第3條規定：「外國人或無國籍人，現於中華民國領域內有住所，並具備下列各款要件者，得申請歸化：

一、於中華民國領域內，每年合計有一百八十三日以上合法居留之事實繼續五年以上。
二、年滿二十歲並依中華民國法律及其本國法均有行為能力。
三、品行端正，無犯罪紀錄。
四、有相當之財產或專業技能，足以自立，或生活保障無虞。
五、具備我國基本語言能力及國民權利義務基本常識。

　　前項第五款所定我國基本語言能力及國民權利義務基本常識，其認定、測試、免試、收費及其他應遵行事項之標準，由內政部定之。」依此規定，外籍

配偶欲申請歸化時，依上開條文第5款規定，應具備我國基本語言能力及國民權利義務基本常識。

　　所謂的基本語言能力及國民權利義務基本常識，則規定於「歸化取得我國國籍者基本語言能力及國民權利義務基本常識認定標準」，該認定標準第2條規定：「本法（即國籍法）第三條第一項第五款所稱具備我國基本語言能力，指在日常生活上能與他人交談、溝通，並知曉社會相關訊息。」又，認定標準第3條規定：「有下列各款文件之一者，認定具備我國基本語言能力及國民權利義務基本常識：

　　一、曾就讀國內公私立各級各類學校一年以上之證明。

　　二、曾參加國內政府機關所開設之課程上課總時數或累計時數達一定時間　　　以上之證明。

　　三、參加歸化取得我國國籍者基本語言能力及國民權利義務基本常識測試　　　合格之證明。」

　　總之，歸化取得我國國籍者基本語言能力及國民權利義務基本常識認定標準，必須具有下列文件之一：國內公私立各級各類學校一年以上就讀證明，或持有政府自辦或政府委託民間機構開辦之72小時上課時數證明，或歸化測試成績達60分以上之合格成績單。

　　之後外籍配偶須至原屬國政府或其駐華使領館或授權代表機構辦理申請喪失原屬國國籍，喪失原國籍後才可申請歸化我國國籍。

　　（六）申請臺灣地區居留證：取得內政部歸化國籍許可證書後即可申請臺灣地區居留證。

　　（七）申請臺灣地區定居證：自核准居留日起連續居住一年，或居留滿兩年且每年居住270日以上，或居留滿五年且每年居住183日以上則可申請臺灣地區定居證。

　　（八）申請戶籍登記及請領國民身分證：持內政部移民署通知申請人辦理戶籍登記的定居證，外籍配偶終於可以登記戶籍並請領國民身分證，真正的成為一個中華民國國民。

二、大陸籍配偶

至於大陸籍配偶，由於我國與大陸地區關係特殊，大陸籍配偶希望在臺灣設戶籍的過程則包含：團聚、結婚登記、依親居留、長期居留、定居、戶籍登記：

（一）**團聚**：大陸籍配偶在大陸地區結婚後持經海基會驗證之結婚公證書與申請大陸地區配偶來臺團聚資料表即可申請來臺。

（二）**結婚登記**：大陸籍配偶來到臺灣之後，通過移民署的線上面談之後，取得入出境許可證，並於30日內至戶政事務所辦理結婚登記。

（三）**依親居留**：團聚證、保證書。

（四）**長期居留**：依親居留滿四年，且每年在臺居住逾183日可申請長期居留，但有數額限制者（申請長期居留數額每年1萬5,000人）依申請先後順序定額核配。為維護配偶居住在臺灣的權利，申請長期居留的大陸籍配偶，其婚姻狀況可分為下列數種：婚姻存續、離婚後取得在臺灣地區已設有戶籍未成年親生子女權利義務之行使或負擔（戶籍已登載者免附）、遭受家暴離婚，且有未成年親生子女、依親對象死亡未再婚之證明，避免依親對象離婚或死亡則大陸籍配偶就被要求出境的情形。

（五）**定居**：長期居留滿二年，且每年在臺居住逾183日可申請定居。若依親對象死亡，在臺育有已設籍未成年親生子女者，得逕申請定居設籍。另一情形是許可長期居留後，依親對象死亡者，仍得在臺長期居留；惟如未再婚且在臺已連續居留滿四年，每年在臺居住逾183日仍可申請定居設籍。

（六）**初設戶籍登記**：取得定居證之後，大陸籍配偶則可以持定居證辦理初設戶籍登記，隨後即可申請中華民國國民身分證及護照。

目前外籍配偶歸化我國的程序與大陸籍配偶於我國設戶籍的過程有許多不同，因此也引發眾多討論，未來，國家政策發展期待將兩種不同身分的過程趨近相同，使得雙方在我國的處境可趨於平等。

參、婚姻移民的挑戰

外籍與大陸地區配偶來臺，不只是居住地的轉題，更要面臨異地的社會規

範、文化風俗、語言、文字、宗教信仰等各方面與母國的差異之處，面臨的挑戰相當多元且複雜，以下列舉五項新移民所面臨的挑戰：

一、語言與文化隔閡

　　來自大陸地區的配偶對於這方面的適應相較外籍配偶而言較爲良好，若是來自東南亞國家的外籍配偶，則可能會有必須面臨不同語言與文字的溝通障礙，語言差異也伴隨了資訊管道與法律知識的缺乏，文化差異則造成人與人相處上的許多不了解與誤會，因此語言與文化隔閡確實造成多面向的挑戰。

二、仲介式婚姻的價值觀扭曲

　　臺灣跨國婚姻由於仲介業者的操作，使得這樣的婚姻形式陷入類似買賣的行爲，讓臺灣男性趨之若鶩。臺灣的男方家許多抱持著娶媳婦是爲了家務管理、生養後代、照顧老弱傷殘、或增加家庭勞動人力的觀念，因此男方家庭認爲買了一個外籍新娘，這個新娘就應該滿足男方家庭所有要求。然而，所謂「買」的金錢多數是進到婚姻仲介業者口袋，住在鄉下的女方，爲了要結婚來到臺灣，反而需要借錢到城市尋求機會。所以男方認爲自己花了20、30萬買一個新娘，女方卻只有拿到少數的聘金，期待來到臺灣可以工作賺錢拿錢回鄉照顧家人，這個落差造成外籍婚姻在臺灣離婚率高達50%的現象。

三、社會價值觀錯誤

　　跨國婚姻的快速興起，往往讓社會大眾還來不及有適當的認識，便將「媳婦」迎娶進門，因此往往沒有正確的以「人」爲本的觀念，男方家漠視她們的權利、沒有對其給予尊重、關愛和照顧，這樣錯誤的社會價值觀，恐造成更多的家庭問題。父權主義的社會，對於「媳婦」的要求許多仍存在於嫁雞隨雞，「屬於」男方家庭的印象，然而，部分外籍與大陸配偶來臺，原本就是抱著要改善原生家庭的經濟環境，如果她們沒有賺錢回鄉的機會或有些外籍與大陸配偶可能在臺灣的家庭遭逢變故之後，爲取得繼續停留於臺灣而隨意再婚的狀況，或可能考量累積每次婚姻的財產所得，讓社會出現價值扭曲，人人相互猜疑的現象。使得許多人認爲這些外籍與大陸配偶只是爲了想要取得臺灣身分證或工作權而來臺，這樣錯誤的觀念亦加深社會對於新移民的不認同。

四、家庭支持薄弱

由於文化的差異，加上離鄉背井初到臺灣，對環境的陌生，加上剛建立新家庭，除了面臨人生階段的重大轉變外，還必須適應不同於原生母國的飲食習慣、對臺灣風俗民情的不了解、缺乏原生家庭親友的社會支持系統，面對困境時可獲得的社會支持鮮少，且不知如何尋求資源。

五、教育程度偏低或學歷認證問題

新移民在臺灣面臨的另一個挑戰則是她們多數因為家裡貧窮、缺乏教育機會，教育程度偏低。另外，愈來愈多新移民是在當地與臺灣人相遇結婚，許多有大學學歷，但是，目前我國對於大陸學歷認證有111所學校[4]，對於新移民在認證學歷部分，可能因為離認證城市遙遠，因此辦理耗時費力。另外，由於對於東南亞學歷使用語言和我國語言不通，造成無法學以致用。

第二節　移民輔導政策演變

雖然自1990年代以來在臺灣的中國大陸及外籍配偶人數快速增加，政府對這些新移民未採積極態度視之，所以在1994年以前我國政府對外籍配偶無任何正式的統計數據，亦無正式的移民政策，相關的法規大多沒顧及到新移民的特殊處境。反觀民間團體機構則較為積極，於1995年高雄美濃愛鄉協進會創立的「外籍新娘識字班」、新事社會服務中心與賽珍珠基金會提供外籍配偶支援服務，直至1999年政府部門開始重視新移民的權益問題（夏曉鵑，2003）。

為了讓這些新移民儘速融入臺灣生活，內政部與教育部陸續頒布「外籍新娘生活適應輔導實施計畫」、「全面辦理外籍與大陸配偶生活狀況調查」、「輔導外籍配偶補習教育」、「歸化取得我國國籍者基本語言能力及國民權利義務基本常識認定標準」等政策。

---

[4] 教育部高等教育司，http://www.edu.tw/pages/detail.aspx?Node=1088&Page=18494&wid=c0746986-1231-4472-abce-5c5396450ba9&Index=1。

壹、1999年「外籍配偶生活適應輔導實施計畫」[5]

目的爲落實外籍配偶照顧輔導措施，提升其在臺生活適應能力，使能順利適應我國生活環境，共創多元文化社會，與國人組成美滿家庭，避免因適應不良所衍生之各種家庭與社會問題，特訂定本計畫。服務對象包括臺灣地區人民之配偶爲未入籍之外國人、無國籍人、大陸地區人民及香港澳門居民，或已入籍爲我國國民而仍有照顧輔導需要者，並鼓勵其在臺共同生活親屬參與。

補助內容包含：

一、生活適應輔導班及活動：以提升外籍配偶在臺生活適應能力爲重點，施以生活適應、居留與定居、地方民俗風情、就業、衛生、教育、子女教養、人身安全、基本權益、語言學習、有關生活適應輔導及活動等課程，並鼓勵其在臺共同生活親屬參與。

二、種子研習班：培訓種子師資及志願服務者。

三、推廣多元文化活動：以提升國人對外籍配偶主要國家之多元文化認知爲目的之教育、講座。

四、生活適應宣導：設置外籍配偶服務專區網頁、攝製宣導影片、印製生活相關資訊等資料。

貳、2002年「外籍與大陸配偶照顧輔導措施」

一開始包含6大重點工作、36項具體措施，其間多次修正，直至2014年內政部修正增訂爲8大重點工作、56項具體措施。2014年6月修定版本包含：工作內容包括生活適應輔導、醫療優生保健、保障就業權益、提升教育文化、協助子女教養、人身安全保護、健全法令制度、落實觀念宣導等。

參、2005年「外籍配偶照顧輔導基金」

以附屬單位的預算方式，每年籌編3億元，分十年籌措，總計30億元。透

---

[5]　內政部移民署網站，https://www.immigration.gov.tw/public/Data/08271421771.doc，瀏覽日期，2015年12月25日。

過這項預算編列能有效整合政府與民間資源，以落實整體外籍配偶照顧輔導服務，進一步強化新移民體系、推動整體照顧輔導服務。

　　爲有效運用外籍配偶照顧輔導基金及便利各縣市政府撰擬計畫書，來落實業務需求及外籍配偶照顧輔導效益，故政府訂定「外籍配偶照顧輔導基金補助經費申請補助項目及基準」[6]，共有19項補助項目，分別爲設籍前外籍配偶社會救助計畫、設籍前外籍配偶遭逢特殊境遇相關福利及扶助計畫、外籍配偶人身安全保護計畫、設籍前外籍配偶健保費補助計畫[7]、外籍配偶參加學習課程及宣導時子女臨時托育服務計畫、文化交流活動及社區參與式多元文化活動計畫、辦理外籍配偶及其家人參加多元文化、技藝各類學習課程計畫、外籍配偶就、創業之輔導計畫、外籍配偶提升就業能力相關學習課程計畫、外籍配偶參與社區發展服務計畫、辦理外籍配偶相關權益之法律諮詢、服務或宣導計畫、宣導活動計畫、強化辦理外籍配偶家庭服務中心計畫、輔導外籍配偶參與及籌設社團組織計畫、辦理外籍配偶照顧輔導志工培訓及運用計畫、編製外籍配偶照顧輔導刊物計畫、輔導外籍配偶翻譯人才培訓及運用計畫、外籍配偶入國（境）前之輔導計畫及外籍配偶及其子女照顧輔導服務相關研究計畫等。從該基金補助內容可看出，政府列出新移民在成爲我國國民之前，在經濟、醫療、子女教養等生活上會遇到的困境，運用這筆經費來補助他們。從其中一項文化交流活動及社區參與式多元文化活動計畫，可以看到我國政府對待新移民的態度從希望他們以最快的速度適應並融入我國語言及風俗文化，到鼓勵新移民家人甚至國人來參與多元文化活動，讓我們認識新移民的原生國語言與文化，來共創多元文化的社會。這是有別於以往過甚父權主義觀念的轉變。

肆、2005年3月1日「外籍配偶專線0800-088-885」

　　另外，2005年起，內政部爲提供外籍配偶生活適應輔導、教育、就業、醫療等相關資訊諮詢及通譯服務，開闢「愛護外籍配偶專線0800-088-885」其服

---

[6]　2012年12月18日臺移字第1010934224號令修正之「外籍配偶照顧輔導基金補助經費申請補助項目及基準」。

[7]　補助項目及基準：
　　1. 低收入戶之設籍前外籍配偶，補助全民健康保險保險對象自付保險費全額。
　　2. 中低收入戶之設籍前外籍配偶，補助全民健康保險保險對象自付保險費二分之一。

務時段爲國語及越語，每週一至週五早上九時至下午五時，其餘印尼、泰國、英語、柬埔寨等四種語言服務時段爲下午一至五時。後來改爲外籍配偶諮詢專線，2014年1月1日起，「外籍配偶諮詢專線0800-088-885及外國人在臺生活諮詢服務熱線0800-024-111」整併爲「外來人士在臺生活諮詢服務熱線0800-024-111」。

伍、2006年「中華民國人口政策綱領」

爲解決少子女化、高齡化及移民等3大人口核心問題，行政院於2006年函頒修正「中華民國人口政策綱領」，明白宣示：「衡量國內人口、經濟、社會發展所需，訂定適宜之移民政策」作爲綱領的基本理念之一，其中包括規劃經濟性及專業人才之移入、強化協助移入人口融入本地社會機制、落實移入人口照顧輔導及對有意移居國外之國人，提供必要之資訊與協助等4項重要移民施政目標。內政部於2008年編訂人口政策白皮書，此白皮書中對於移民政策共規劃6大對策，包括掌握移入發展趨勢、深化移民輔導、吸引專業及投資移民、建構多元文化社會、強化國境管理、防制非法移民等及32項具體措施。

隨著新移民在臺灣的生根苗壯，她們的孩子也到了國小、國中階段，所以2012年內政部與教育部實施全國新住民火炬計畫，火炬計畫的目標包含了提供新移民及其子女完整的文教生活輔導機制與單一窗口的全方位服務，希望培養民眾對國際多元文化之了解、尊重與國際文教交流之參與推動，同時，亦能爲建立社會和諧共榮、追求社會公平正義、增進多元文化理解並促進健康幸福家庭的目標而努力，以營造繁榮公義的社會、建立永續幸福的家園，並與全球國際接軌發展[8]。這些目標的設定確實可以看見移民輔導的概念逐漸的強調多元文化與社會正義，而非單純的要求新移民適應臺灣社會。但是多元文化的概念固然非常良善，如何實踐於社會當中成爲政策，則是另一項難題，在火炬計畫當中，相關的多元文化措施包含新住民母語競賽、多元文化或國際日活動，及編印或購買多元文化教材、教學手冊及材料等活動。

8　參見2012年9月7日內政部台內移字第1010933482號、教育部臺國（一）字第1010156442B號修正發布「全國新住民火炬計畫行動方案」。

陸、2012年「全國新住民火炬計畫」[9]

一、計畫緣起

　　隨著全球化人口快速且頻繁的移動，我國人跨國（境）聯姻的現象也日益普遍，依據內政部統計資料顯示，累計至2012年5月底，新住民人數共計46萬5,053人。以婚姻移入的配偶，來臺展開新生活，不但與國人共同生活，並兼負家庭照顧及社會服務等重要角色，但由於語言、文化之差異，仍有生活適應等問題，政府有必要肩負起照顧輔導之責任。

　　依教育部「100學年度新移民子女就讀國中小人數分布概況統計」資料顯示，外籍配偶子女人數計19萬2,224人，較99年度成長8.6%；其中就讀國中者3萬3,640人，占國中學生總人數3.9%；就讀國小者有15萬8,584人，占國小學生總人數10.9%。為提供新住民關懷、服務與教育輔導，新北市政府（原臺北縣政府）於2007年訂定「新住民火炬計畫」，推動新住民及其子女之相關業務績效卓越，值得推廣至全國，爰擬訂本計畫。

二、目的

　　本計畫期能藉由內政部、教育部、各級學校及民間團體等之跨部會與跨域合作，共同提供全國新住民及其子女完整之文教生活輔導機制與單一窗口的全方位服務，使其能於臺灣穩定生活與長期發展，更希望培養民眾對國際多元文化之了解、尊重與國際文教交流之參與推動，同時，也為建立社會和諧共榮、追求社會公平正義、增進多元文化理解並促進健康幸福家庭的目標而努力，以營造繁榮公義的社會、建立永續幸福的家園，並與全球國際接軌發展。

三、具體目標

　　（一）整合服務資源，落實關懷輔導。
　　（二）推動親職教育，穩健家庭功能。
　　（三）提供多元發展，建立支持網絡。

---

[9] 內政部移民署，http://www.immigration.gov.tw/np.asp?ctNode=32967，瀏覽日期，2015年12月25日。

（四）推展多元文化，加強觀念宣導。

四、辦理單位及合作團體

（一）辦理單位：中央為內政部及教育部；地方為直轄市、縣（市）政府、新住民重點學校。

（二）合作團體：新住民重點學校可結合新移民學習中心、外籍配偶家庭服務中心、移民團體、公私立機關或公益團體等，共同推動辦理。

五、辦理方式

（一）各直轄市、縣（市）政府擇轄內小學新移民子女人數超過100名或超過十分之一比例者列為新住民重點學校為推動對象。

（二）各直轄市、縣（市）政府轄內小學新移民子女人數超過100名或超過十分之一比例者計1,974所，每學校每學年補助以60萬元為上限，推動經費為11億8,440萬元。考量相關預算及直轄市、縣（市）政府之推動意願等因素，爰依重點學校數分為60萬元、40萬元、20萬元三類補助，每類以101所計算，共303所，匡列經費1億2,120萬元予直轄市、縣（市）政府，依分配之學校數及補助金額，推薦轄內重點學校辦理。

（三）直轄市、縣（市）政府得考量轄區需求，於補助經費額度內調整增加重點學校數。新住民重點學校依每校每學年補助上限之60萬元、40萬元、20萬元等原則，研提實施計畫。

（四）新住民重點學校研提補助計畫向各直轄市、縣（市）政府提出申請，由各直轄市、縣（市）政府彙整並初審後，送請推動小組核定及撥款。

柒、2015年「新住民二代培力試辦計畫」[10]

一、計畫目的

為強化新住民以語言及文化鏈結婆家與娘家聯繫，透過新住民二代培力試

10　內政部移民署，http://w2.khvs.tc.edu.tw/ezfiles/0/1000/attach/56/pta_393_8711663_19271.pdf，瀏覽日期：2016年4月10日。

辦計畫，鼓勵新住民子女利用暑假回到（外）祖父母家進行家庭生活、語言學習與文化交流體驗及企業觀摩體驗，並於返臺後分享相關成果，透過學習交流，培育多元化人才的種子，以其母語及多元文化優勢接軌國際，拓展國家發展的新視野。

二、辦理機關

（一）主辦機關：內政部移民署。
（二）協辦機關：教育部及各級學校。

三、辦理內容

（一）體驗重點

1. 家庭生活、語言學習與文化交流體驗：暑假期間至父或母親原生家庭，進行至少兩週之浸潤式學習體驗，使新住民子女承襲（外）祖父母家庭豐厚的文化及熱絡彼此情誼，重新認識父（母）原生家庭，了解所具東南亞之文化優勢。另透過新住民家庭、新住民子女及老師組成團隊，進行跨界交流，推廣臺灣文化，體驗不同文化內涵，翻轉對不同文化之刻板印象。在全母語環境中，加強聽說能力與生活化用語，促進新住民子女學習及運用，累積語言資產，厚植未來競爭力。

2. 企業觀摩體驗：暑假期間至臺商企業，進行至少兩週學習，並規劃安排妥適的職場體驗及學習內容。透過臺商企業觀摩體驗，新住民子女未來可成爲擴展國際貿易之人才，廣泛延續臺灣經濟實力。

除了上述一系列的移民輔導政策之外，根據「102年外籍與大陸配偶生活需求調查摘要報告」，對未來新住民輔導政策提出下列建議：[11]

---

[11] 內政部移民署，https://www.immigration.gov.tw/lp.asp?ctNode=35627&CtUnit=19349&BaseDSD=7&mp=1，瀏覽日期：2016年4月10日。

一、照顧輔導措施服務輸送面向

（一）在臺久居之新住民權益保障，需透過在地化訊息傳遞

　　由本次調查中可發現，外籍與大陸地區配偶在臺居住初期，對各項照顧輔導措施均有一定程度之需求，且在來臺前，多不清楚自身權益或相關的規定。需要透過臺籍配偶、同鄉親友的經驗協助，或來臺辦理相關流程後，才得以窺知一二。政府單位提供之在臺生活訊息、協助資源等，除了公部門服務機關、單位、在地民間、社福團體相關資訊、聯絡方式外，亦應建立「在地種子人才庫」，以提供更為有效、快速、直接而正確的支援。

（二）善用電視、廣播媒介，訊息傳遞以影音、口語溝通為上

　　調查中發現，電視、廣播媒介是外籍與大陸配偶獲取生活資訊、政府照顧輔導措施主要管道之一。此外，外籍與大陸配偶中文能力方面「聽、說」均優於「讀、寫」。因此，在服務訊息的提供與傳遞，均應考量以影音、口語溝通為主。

（三）新住民權益法規雜沓，確保各層機關單位執行標準一致

　　外籍與大陸配偶在臺除了基礎的生活、語言適應、家庭相處適應外，更多的是來臺多年，面臨就業、考取證照、個人置產、親友來臺依親、種種與生活更為切身相關所面臨的議題，卻往往求助無門，或面臨各個執行單位、主管機關承辦人員認知、標準不一之困擾。

　　此外，我國對於不同原屬國（籍）者，亦需依循不同法規、條件。如何確保各機關、各層級相關人員對法規的執行標準與規定維持正確的認知，一致的執行標準，仍需主管機關會同各相關部會，共同討論，制訂政策增修存廢時執行方式及標準之宣告方法。

二、勞動權益促進面向

（一）促進跨國人力資本可攜性，規劃技術士檢定母語考照

　　調查中可發現，部分外籍與大陸配偶在原屬國具有良好的教育程度，或專

業技能，在臺就業或尋求職訓課程、就業媒合的種種過程中，僅能投入技術層級較低的產業別就業。高階人才的人力資本未能有良好的渠道引入臺灣就業市場。外籍與大陸配偶圍於「證照考試為中文」的侷限，使得無法取得證照從事相關工作。因此，建議技術士檢定亦應提供母語考照之機制，或針對外籍與大陸配偶欲從事相關職業者，規劃適當的技能檢定制度，以順利將原屬具備之的技能導入適當的產業中。

（二）職訓課程換位思考，提升原屬技能在臺運用之機會

由於政府單位提供技術層級低、服務性高的訓練課程供其選擇，外籍與大陸配偶在有限的選擇下，就業力自然傾向選擇服務業、餐飲、批發零售、支援服務業等類型，而未能由本身之專業能力、興趣出發，將其有效應用於臺灣的職場上。

就業服務廠商求才庫職缺類型、單位的侷限，也成為新住民人力資本無法有效投入勞動市場，具備專業能力之外籍與大陸配偶，即便使用就業服務求職，卻無法從中找到適合其能力的工作；或是找到有興趣的工作，卻沒有可提供其技能培訓之課程。在訓練課程、工作職缺、媒合服務之間仍有落差未能完整銜接。

（三）提升就服機構機能，創造服務可親性

由於各縣市、單位之就業服務單位人力、資源有限，無法迅速即時的提供最新職訓、徵才訊息。建議公部門可利用就業服務站，或其他公、私立部門就業媒合單位，在服務、接觸新住民的過程中，留下新住民聯絡資訊、個人資料、簡歷的方式，當有最新消息或適當的訊息，可主動發送通知，讓有需要的新住民僅需登錄一次平臺，即可收到最新訊息。另建議可採社區或鄰里長公布欄，將資訊更在地化的散布，讓新住民能夠更廣泛的使用就業服務。

（四）政策帶動鼓勵事業單位聘僱，創造新住民友善就業氛圍

調查中發現政府於2008年「促進外籍配偶及大陸地區配偶就業補助作業要點」，為吸引雇主聘僱，針對用人單位提出雇主僱用獎助機制，對於帶動企業聘僱，確有助益。此外，除創造短期人力需求或以獎勵金鼓勵聘用外，亦可透

過節稅、簡化所得申報或其他稅務機制，以減少事業單位聘僱外籍與大陸配偶行政作業的手續，創造更為友善的聘僱環境。

　　新住民友善就業氛圍的創造，除了提升事業單位聘僱意願外，下一階段更須關注的是如何確保其勞動權益。事業單位聘僱新住民需提供必要的勞動檢查或強制投保，以確實保障勞動權益。

三、家庭相處與子女教育面向

（一）推動幸福家庭觀念，臺籍家庭亦須做好跨國婚姻的準備

　　初來臺之外籍與大陸配偶對於各式在臺權益、健保、證件等均需依附於配偶或仰賴其家人。臺灣家庭也應做好跨國婚姻之準備與認知，調整心態與想法迎接、支持新住民的加入。

　　政府於推動多元文化活動讓新住民、新住民子女參與，可以「家庭」為單位思考，邀請家庭共同參與，透過公權力介入促使臺籍家庭亦須投入相關活動及課程，此舉亦可避免主要資訊均集中於臺籍配偶或家人一身，導致新住民支援網絡的掌握與壟斷。

　　除了基礎心理上的認同與支持外，對於在臺相關權益、保障，臺籍配偶（國人）或家庭亦須有一定的認識與了解，才能在外籍與大陸配偶需要協助或遭遇相關困擾時，提供正確的資訊與協助。

（二）優勢觀點推動母語學習，連結社區－學校－家庭資源

　　近年整體全球經貿環境的改變、社會風氣的認同以及政府推動新住民火炬計畫，開啟了母語學習的契機。母語學習方面，建議以優勢觀點推動家庭觀念的改變。強化孩子多語言、多文化的競爭優勢而非弱化其社會地位與能力，將能有助於臺灣家庭接納新臺灣子女學習母語。

　　調查中發現，新臺灣子女約有40.3%不會說新住民母語，新住民在母語教學上，沒有「母語環境」成為母語學習的一大困擾。因此，更需要連結學校、社區之力，創造母語的學習契機，再由家庭延續語言學習，鼓勵新住民與子女親子共學互動、落實社區學校與家庭學習制度之連結。

（三）結合教育政策，強化新住民子女人才培力

除了以輔導、鼓勵方式強化新住民子女學習母語之意願，更應透過教育政策的落實，讓新住民母語學習成為正式教育體制內的一環，如此將可強化學習之正當性與動機。如內政部移民署倡導與教育部規劃，將新住民母語納入十二年國教課綱，透過學校體制內正式的課程教學，彌補家庭中因新住民工作或其他家人的不理解而無法教導子女原屬國母語，在此同時，此一教育政策除了富含語言之教育意義外，亦具有強化新民子女競爭力，消弭社會對東南亞國家新住民歧見之多元意涵。

此外，內政部移民署亦推動新住民二代子女人才培力，幫助新住民二代青年了解東南亞新興市場產業概況，協助新住民二代發揮自身語言、文化雙重背景之優勢，培育並建立新住民子女世界觀與自信心，經由相關課程、研習，使其早日了解未來之語言、就業優勢，以運用其長才成為未來臺灣拓展東南亞市場尖兵。

四、構築多元文化、平等對待的社會

隨著外籍與大陸配偶教育程度、原屬國社經背景的改變，跨國婚姻已逐漸展現不同以往的樣貌。與調查中仍可見國人由於過往的成長經驗、文化背景而對於外籍與大陸配偶原國（籍）僅有粗淺甚至錯誤的認知，由於認知不足所造成的誤會與刻板印象，也造成雙方溝通、相處時的困擾。

不論國人或外籍與大陸配偶，獲取資訊來源主要均籠罩於電視媒體、新聞報導的影響之下，隨著負面報導、負面新聞曝光率高，也容易導致國人受到訊息的誤導認為大部分的外籍與大陸配偶存有某種特質或行為模式，而讓新住民蒙受汙名。此外，有關單位在查獲犯罪行為時，亦應考量訊息公布後機關績效與曝光後對新住民群體影響效應間如何求取平衡。建議應多進行新住民正面報導、多元文化的專題介紹，提升國人對多元文化的接納與認同，塑造臺灣社會為一更平等、多元的社會。

第三節　移民保護

除了提供移民人口相關輔導服務之外，移民在臺灣若受到侵害，政府也提供相關的移民保護服務，關於移民保護服務以下將介紹家庭暴力被害人與人口販運被害人保護為例：

壹、家庭暴力被害人保護

外國籍及大陸籍配偶目前在臺人數約50萬人次，約占全臺人口數2%，另依衛生福利部保護服務司所統計之資料，民國101年全國受暴人數約9萬8,399人，其中外國籍及大陸港澳籍受暴人數為4,977人（外國籍為2,620人、大陸港澳籍為2,357人），約占全國受暴人數5.05%之多，顯示在臺受暴之外國籍及大陸籍配偶已不在少數，且其比例高於臺灣籍被害人。

何謂家庭暴力，依「家庭暴力防治法」第2條，其定義如下：

一、家庭暴力：指家庭成員間實施身體或精神上不法侵害之行為。

二、家庭暴力罪：指家庭成員間故意實施家庭暴力行為而成立其他法律所規定之犯罪。

三、騷擾：指任何打擾、警告、嘲弄或辱罵他人之言語、動作或製造使人心生畏怖情境之行為。

四、跟蹤：指任何以人員、車輛、工具、設備或其他方法持續性監視、跟追之行為。

五、加害人處遇計畫：指對於加害人實施之認知教育輔導、心理輔導、精神治療、戒癮治療或其他輔導、治療。

何謂家庭成員？依「家庭暴力防治法」第3條，所定家庭成員，包括下列各員及其未成年子女：

一、配偶或前配偶。

二、現有或曾有同居關係、家長家屬或家屬間關係者。

三、現為或曾為直系血親或直系姻親。

四、現為或曾為四親等以內之旁系血親或旁系姻親。

表10-3　家庭暴力事件通報被害人籍別統計

單位：人（％）

國籍身分別 年度	越南籍	印尼籍	大陸籍	港澳籍
2010	3,354(3.98%)	550(2.03%)	4,023(1.41%)	38(0.31%)
2011	2,390(2.77%)	431(1.58%)	2,779(0.93%)	27(0.21%)
2012	1,836(2.10%)	366(1.32%)	2,337(0.76%)	20(0.15%)

資料來源：家庭暴力及性侵害防治委員會保護資料庫系統

　　（家庭暴力防治法於2009年修正後，包括沒有結婚的男女同居關係或同志伴侶也可適用家暴法，擴大保護令保護對象）。

　　由於新住民在臺灣沒有親人、語言隔閡、對於法律了解有限、缺乏社會支持，因此新住民成為家庭暴力被害人時很容易比我國籍被害人更加弱勢。表10-3以越南籍、印尼籍、大陸籍、港澳籍為例，分析2012年外國籍配偶家庭暴力被害人人數。計有外國籍（含大陸港澳）被害人4,977人，其中以越南籍1,836人最多（占該年度家庭暴力被害人人數2.1%），其次是印尼籍366人（占1.32%），大陸籍2,337人（占0.76%）及港澳籍20人（占0.15%）。目前各縣市設有家暴防治中心提供緊急救援與庇護安置等相關服務。

貳、大陸籍及外籍配偶家暴離婚與定居留之相關現象

一、大陸配偶

（一）依親居留

　　依「大陸地區人民在臺灣地區依親居留長期居留或定居許可辦法」，第14條，大陸地區人民申請依親居留，因遭受家庭暴力經法院判決離婚，且有在臺灣地區設有戶籍之未成年親生子女不撤銷或廢止其許可。

（二）長期居留

　　依「臺灣地區與大陸地區人民關係條例」第17條及「大陸地區人民在臺灣地區依親居留長期居留或定居許可辦法」第25條，大陸地區人民經許可依親居

留滿四年，且每年合法居留期間逾183日，離婚後取得在臺灣地區設有戶籍之未成年親生子女權利義務行使或負擔之證明可申請長期居留。

（三）定居

依「臺灣地區與大陸地區人民關係條例」第17條及「大陸地區人民在臺灣地區依親居留長期居留或定居許可辦法」第31條，大陸地區人民符合本條例第17條第5項規定，經許可長期居留連續滿二年，且每年合法居留期間逾183日，離婚後取得在臺灣地區設有戶籍之未成年親生子女權利義務行使或負擔之證明申請定居。

二、外籍配偶

依「入出國及移民法」第31條，入出國及移民署對於外國人於居留期間內，有下列各款情形之一者，得准予繼續居留：

1. 外國人為臺灣地區設有戶籍國民之配偶，其本人遭受配偶身體或精神虐待，經法院核發保護令。
2. 外國人於離婚後取得在臺灣地區已設有戶籍未成年親生子女監護權。
3. 因遭受家庭暴力經法院判決離婚，且有在臺灣地區設有戶籍之未成年親生子女。
4. 因居留許可被廢止而遭強制出國，對在臺灣地區已設有戶籍未成年親生子女造成重大且難以回復損害之虞。

綜上一、二所述，大陸籍配偶於依親居留期間如有遭受家庭暴力情事，如想續居留臺灣，則需符合「經法院判決離婚且有在臺灣地區設有戶籍之未成年親生子女」之條件，而外籍配偶於外僑居留期間如遭受家庭暴力情事，如想再續留臺灣，除需「經法院判決離婚且有在臺灣地區設有戶籍之未成年親生子女」之條件外，尚可以依「為臺灣地區設有戶籍國民之配偶，其本人遭受配偶身體或精神虐待經法院核發保護令」之條件，來延續其外僑居留之合法性。

三、內政部處理大陸或外國籍配偶遭受家庭暴力案件應行注意事項

有關處理大陸籍或外籍配偶家庭暴力案件時，依「內政部處理大陸或外國籍配偶遭受家庭暴力案件應行注意事項」指出，發現或受理家庭暴力案件時，

警察機關、移民署及其所屬人員應依本注意事項辦理，並立即通報當地主管機關，至遲不得逾二十四小時。發現或處理大陸或外籍配偶遭受家庭暴力案件時，應注意下列事項：

（一）若語言無法溝通時，應尋求通譯人員協助。

（二）製作相關書面紀錄，並應記載協助之通譯人員姓名、聯絡電話等資料。

（三）告知被害人應於在臺灣地區居（停）留期限屆滿前三十日內檢具護照、外僑居留證、戶籍謄本及保護令（或家庭暴力與兒童少年保護事件通報表、警察機關處理家庭暴力與兒少保護案件調查紀錄【通報】表、家暴中心函擇一），親自或委託他人向移民署各直轄市、縣（市）服務站申請延期（無須其配偶陪同），避免因逾期居（停）留受驅逐出國處分。受理申請時發現其檢附證件不齊全時，應請其儘速補正；居留住址或服務處所變更時，應申請變更登記。

（四）針對被害人為大陸配偶時，應：

1. 告知大陸配偶如須辦理居（停）留者，應於期限屆滿前三個月內，檢具居留證（或入出境許可證）、戶籍謄本及保護令（或家庭暴力與兒童少年保護事件通報表、警察機關處理家庭暴力與兒少保護案件調查紀錄【通報】表、家暴中心函擇一），親自或委託他人向移民署各直轄市、縣（市）服務站申請延期（無須配偶陪同），避免因逾期居、停留而遭限期離境或強制出境。

2. 告知大陸配偶在臺灣地區團聚及居留期間，如遭受保證人（其配偶）之家庭暴力，取得法院核發保護令者，無須辦理換保手續。於申請在臺灣地區依親居留、長期居留或定居時，得依大陸地區人民在臺灣地區依親居留長期居留或定居許可辦法第五條規定，另覓配偶以外臺灣地區人民一人為保證人。

（五）被害人若表明相關身分證明文件無法取回，得依被害人之請求聯繫住（居）所地警察分駐（派出）所派員陪同被害人取回，如相對人妨礙、規避或拒絕交還，警察分駐（派出）所應協助出具報案證明，被害人得檢附居留申請書、保護令（或家庭暴力與兒童少年保護事件通報表、警察機關處理家庭暴力與兒少保護案件調查紀錄【通報】表、家暴中心函擇一）等相關資料向移民署各直轄市、縣（市）服務站註銷無法取回之證件，及申請補發新證件。

（六）如臺灣籍配偶報案其遭受家庭暴力離家的大陸或外籍配偶行方不明

案件時，其方式如下：

1. 應請報案人至移民署各直轄市、縣（市）專勤隊辦理。

2. 受暴之大陸或外國籍配偶提具遭受家庭暴力之相關證明文件（如保護令、家庭暴力與兒童少年保護事件通報表或警察機關處理家庭暴力與兒少保護案件調查紀錄【通報】表、家暴中心函擇一）申請撤銷行方不明時，經專勤隊人員查明後撤銷註記，並得將撤銷事由事後通知報案人，避免家暴案件相對人以協尋人口名義尋找、騷擾被害人，並確實保密被害人之現址。

3. 受理行方不明協（撤）尋時，專勤隊人員應將詳實內容記錄於居留檔，並加以查證其是否為遭受家庭暴力被害人，以避免影響大陸或外國籍配偶申請居留證或延長居留之權益。

（七）移民署人員如遇犯家庭暴力罪或違反保護令罪案件時，應立即聯繫警察機關協同處理；被害人請求協助聲請保護令，或評估其狀況應代為聲請保護令時，應即聯繫檢察官、警察機關或當地直轄市、縣（市）主管機關向法院聲請。

（八）如果經現況評估或被害人表明需要接受庇護、安置時，應即聯繫當地直轄市、縣（市）主管機關處理。

參、人口販運被害人保護

關於人口販運被害人保護可由人口販運防制法第三章被害人保護部分分析其內涵，相關保護事項如下[12]：

第12條：「疑似人口販運被害人有診療必要者，司法警察應即通知轄區衛生主管機關，並協助護送其至當地醫療機構接受診療及指定傳染病之篩檢。疑似人口販運被害人經篩檢無染之虞者，由司法警察機關協助依本法或其他相關法律提供安置保護或予以收容。」

第13條：「人口販運被害人為居住臺灣地區設有戶籍之國民，經直轄市、縣（市）主管機關評估有安置保護之必要者，直轄市、縣（市）主管機關應依第十七條規定提供安置保護。」

---

[12] 立法院（2009），人口販運防制法。

第14條：「疑似人口販運被害人為臺灣地區無戶籍國民、外國人、無國籍人民、大陸地區人民、香港或澳門居民，有合法有效之停（居）留許可者，應依第十七條規定提供安置保護。其無合法有效之停（居）留許可者，於依第十一條規定完成鑑別前，應與違反入出國（境）管理法規受收容之人分別收容，並得依第十七條規定提供協助。」

第15條：「依前條分別收容之疑似人口販運被害人，經鑑別為人口販運被害人者，應依第十七條規定提供安置保護，不適用入出國及移民法第三十八條、臺灣地區與大陸地區人民關係條例第十八條第二項及香港澳門關係條例第十四條第二項有關收容之規定。依前條安置保護之疑似人口販運被害人，經鑑別為人口販運被害人者，應繼續依第十七條規定提供安置保護。」

第16條：「經鑑別為人口販運被害人，且無合法有效之停（居）留許可者，中央主管機關應核發六個月以下效期之臨時停留許可。」

第17條：「各級主管機關、勞工主管機關對於安置保護之人口販運被害人及疑似人口販運被害人，應自行或委託民間團體，提供下列協助：

一、人身安全保護。二、必要之醫療協助。三、通譯服務。四、法律協助。五、心理輔導及諮詢服務。六、於案件偵查或審理中陪同接受詢（訊）問。七、必要之經濟補助。八、其他必要之協助。」

依據上述的規定，受害人保護服務可分為上述八項。除了人口販運防制法規定之外，行政院每年度均發表行政院防制人口販運現況及成效報告，根據此報告可了解我國人口販運防制的最新發展與變化。在2007年的行政院防制人口販運現況及成效報告中，對於被害人保護評估部分，該報告直指被害人保護未來應有下列七項的改進部分：

一、加強被害人鑑別

二、提供被害人適當之安置處所

三、提供被害人其他相關照護

四、提供被害人之行政罰、刑罰免責部分

五、確保被害人之人身安全

六、被害人於偵查及審判程序中之保護措施

七、被害人訴訟權利及工作保障

其中，關於提供被害人適當之安置處所，目前人口販運被害人收容分為兩大部分，根據被害人來臺身分的不同分別歸於移民署以及勞工委員會負責。若來臺身分為觀光、結婚則由移民署負責安置與保護，若來臺身分為勞工則由勞動部負責。

移民署目前設有的收容所分為三種，包含收容所、分別收容所、庇護所。收容所包含宜蘭、臺北、新竹、南投、連江五個收容所，分別收容所有一個位於南投，以及三個庇護所分別在宜蘭、南投、高雄。除此之外，2007年度新增「人口販運被害人保護服務試辦計畫」，請地方政府結合民間團體辦理被害人支持及治療性團體、知性成長課程及其他服務活動，提供心理輔導相關活動。

在被害人保護服務部分，要求各地方政府相關預算項目下編列18歲以上人口販運被害人之安置補助、法律訴訟補助、醫療補助、心理治療補助等費用，提供被害人法律相關資訊，並依據相關法令提供必要之經濟補助，包括緊急生活扶助、子女教育補助。另外並有各地方政府設立專責人口販運被害人之醫療協助連繫窗口，協助轉介性剝削被害人至性侵害責任醫院（目前共指定160家）接受驗傷、採證及緊急醫療處置，對於合併有嚴重心理創傷之個案，則可轉介現行執行法院委託辦理性侵害加害人、被害人心理衡鑑業務之醫療機構，接受心理鑑定及諮商輔導。為保護被害人的人身安全，各市、縣警察局婦幼警察隊為各市、縣（市）政府社政機（構）關處理對人口販運案件被害人安置工作之對口單位及主要聯繫窗口。可視需要依危害程度向婦幼警察隊申請保護人口販運被害人安置處所與作證機制的安全維護。且治安機關針對被害人所採取之各項作為，應以確保被害人之人身安全為首要考量，避免其遭受加害人或其同夥之威脅、恐嚇或報復；檢察官應適時運用證人保護法之規定，核發保護書。被害人及其家人之姓名與其他可供辨識之資訊，應予以保密，不得公開揭露。對於非持工作簽證被害人及疑似被害人安置保護，應聯繫移民署各地專勤隊轉介安置；持工作簽證被害人及疑似被害人安置保護，應聯繫直轄市、縣（市）政府勞工主機關轉介安置；無合法有效停居留許可之疑似被害人分別收容，應聯繫移民署各地專勤隊辦理分別收容事宜。

過去，由於人口販運被害人通常都涉及犯罪，例如因強迫賣淫而違反社會秩序維護法、因強迫勞動而逃跑的外籍勞工則成為逃逸外勞、或是身分證件被

雇主或妓院老闆沒收而無合法證件，這些原因讓被害人害怕被警方查獲，而成為更弱勢的一群，在2007年的行政院版報告當中則提到提供被害人之行政罰、刑罰免責部分。在人口販運被害人權利保護部分，政府相關部門已積極檢討或修正現行法令，對於需要協助作證的被害人視案件偵審情形予以延長停留或給予合法停留資格。對於因被販運所直接造成違規行為，予以免除行政罰，如觸犯刑罰規定，被害人因被販運所直接造成的違法行為，例如使用假證件或非法入境等，法務部已函請檢察機關應考慮予以職權不起訴或緩起訴處分。

　　針對被害人訴訟權利及工作保障部分，認為對人口販運之加害人，被害人可以以刑事附帶民事方式提出賠償。我國並訂有洗錢防制法，其中檢察官可對於從事洗錢者之不法所得為禁止處分，並扣押、追徵其不法所得。另外，為鼓勵檢舉非法雇主與非法仲介，已修正發布「獎勵檢舉與查緝非法外國人非法雇主及非法仲介業者或個人獎勵金核發作業要點」。目前外勞涉訟如有法律協助之必要，除由財團法人法律扶助基金會提供訴訟協助外，每年亦提撥經費補助提供外勞法律諮詢服務。外勞如因案遭受損害，亦得透過民事請求賠償。另一項重要的政策是為保障外勞在臺工作權益，針對有雇主死亡或移民、雇主關廠歇業或不依勞動契約給付工作報酬經終止契約等其他不可歸責於外勞之事由，協助外勞轉換雇主，經核准後得轉換雇主或工作。另對有遭遇性侵害等特殊狀況之外勞，在兼顧外勞選擇意願以及保障外勞工作權益考量下，協助辦理跨業別轉換雇主事宜。

第四節　移民收容

　　全球經濟快速發展及地球村效應，跨國商務往來、旅遊、求學、工作及結婚絡繹不絕。加上兩岸關係日趨緩和，兩岸人民往來密切，在龐大的跨國性人口移動同時，也衍生不少外來人口在我國違法（規）的情事，因此，非法移民的管理工作日形重要。對於非法移民收容，依據入出國及移民法第38條第1項指出：

　　「外國人受強制驅逐出國處分，有下列情形之一，且非予收容顯難強制驅逐出國者，入出國及移民署得暫予收容，期間自暫予收容時起最長

不得逾十五日，且應於暫予收容處分作成前，給予當事人陳述意見機會：一、無相關旅行證件，不能依規定執行。二、有事實足認有行方不明、逃逸或不願自行出國之虞。三、受外國政府通緝。」

再依該法第38-4條：

「暫予收容期間屆滿前，入出國及移民署認有續予收容之必要者，應於期間屆滿五日前附具理由，向法院聲請裁定續予收容。續予收容期間屆滿前，因受收容人所持護照或旅行文件遺失或失效，尚未能發、補發或延期，經入出國及移民署認有繼續收容之必要者，應於期間屆滿五日前附具理由，向法院聲請裁定延長收容。續予收容之期間，自暫予收容期間屆滿時起，最長不得逾四十五日；延長收容之期間，自續予收容期間屆滿時起，最長不得逾四十日。」

又，第38-8條第2項指出：

「外國人再次收容之期間，應與其曾以同一事件收容之期間合併計算，且最長不得逾一百日。」

表10-4為歷年來大陸人民非法入境收容人數統計，由以下數字可發現大陸地區非法入境收容的人數持續減少，男性由1993年5,684人一路減少至2013年的44人，女性的高峰則在2003年，之後不斷減少至2012年剩15人，非法入境人數的快速減少和結婚與觀光開放有相當大的關係。偷渡是十分危險的行為，海象不佳或是接駁不順都可能讓偷渡集團或人口販運集團失敗，所以當國境開放後，犯罪集團選擇以假結婚或假觀光方式安排入境。

移民收容有很大一部分是收容查獲的「行蹤不明外勞」，目前在我國的行蹤不明外勞人數已超過18萬人，其中2/3是女性，其他為男性，印尼與越南均已超過7萬人，這些無法掌握的行蹤不明外勞可能成為犯罪者，也可能成為被害人，我國確實應改善目前的藍領勞工引進政策，以避免更多的行蹤不明外勞產生。

移民署目前設置北區、中區及南區3個事務大隊，下轄22個縣市專勤隊及4個大型收容所，掌理外來人口面（訪）談、訪查（察）、查緝、收容及遣送業務。平時由各縣（市）專勤隊編排勤務，針對外來人口在臺逾期停（居）留清冊進行實地查察，並列冊管控執行成效，若發現外來人口有涉嫌從事違法（規）活動情事，即依法偵辦。

表10-4　大陸地區人民非法入境歷年收容統計表[13]

年	男	女	小計
1992年	2,749	155	2,904
1993年	5,684	260	5,944
1994年	3,056	160	3,216
1995年	2,094	154	2,248
1996年	1,449	200	1,649
1997年	1,071	106	1,177
1998年	1,183	111	1,294
1999年	1,656	116	1,772
2000年	1,201	326	1,527
2001年	872	597	1,469
2002年	826	1,206	2,032
2003年	538	2,920	3,458
2004年	706	1,077	1,783
2005年	936	177	1,113
2006年	747	87	834
2007年	398	48	446
2008年	228	57	285
2009年	170	76	246
2010年	100	21	121
2011年	56	12	68
2012年	22	5	27
2013年	44	15	59

　　外來人口非法入境或在臺從事違法（規）活動，經專勤隊及各司法警察單位查獲後，即由移民署辦理收容及遣送作業。自104年2月5日起，修正入出國及移民法第38-8條，外國人暫予收容期間屆滿前，應將受收容人移送法院聲請裁定續予收容及延長收容，收容上限為100日。

---

[13] 內政部移民署，https://www.immigration.gov.tw/ct.asp?xItem=1247109&ctNode=29699&mp=1，瀏覽日期：2016年4月10日。

表10-5　內政部入出國及移民署行蹤不明外勞人數統計表（2013年12月截止）

國籍	性別	累計行蹤不明人數
印尼	男	10,274
	女	60,226
馬來西亞	男	24
	女	5
蒙古	男	12
	女	14
菲律賓	男	3,003
	女	13,862
泰國	男	15,153
	女	3,140
越南	男	34,723
	女	40,921
合計	男	63,189
女		118,168
總計		181,357

第五節　小結

　　本章介紹我國婚姻移民現象與法規，以及移民輔導相關政策暨轉變。隨著超過50萬的新住民人口，國家對於這個新移民人口確實需要省思新移民在臺灣的生活是否有困境能未解決，這麼多年來相關的法制與政策是否完備，未來當這50萬人口年老之後，相關的政策該怎麼修正以保護這些奉獻一生在臺灣的新移民。

　　最初，這些新移民對國家而言，是一群弱勢者，需要被保護與照顧。逐漸的，國家看見這些新移民的優勢，以及二代孩子的優勢，因此設計了二代培力計畫。另外，在「102年外籍與大陸配偶生活需求調查摘要報告」中也看見，國家期待建立一個更加多元文化的社會，發展新移民的專長，使她們更能參與職場，將這些人力發揮所長，促進整體社會的進步。

　　另一方面，對於新移民在臺灣社會中往往面臨的困難，也是需要關注與突破的，因此，無論是婚姻暴力議題、人口販運議題，在既定的法制與服務之外，仍需要考量她們原生家庭遙遠、社會支持有限、語言文字使用限制等現實，減少對於福利可近性與可及性可能產生的限制。

　　總言，國家與社會對於新住民的存在，應以重視其人口與積極面對她們的可能困難、發展可能潛力等態度，以期創造整體社會更加的效果。

參考文獻

一、中文

立法院（2009），人口販運防制法。
內政部移民署（2011），新家鄉新生活：外籍配偶在臺生活相關資訊簡冊。
夏曉鵑（2003），實踐式研究的在地實踐：以「外籍新娘識字班」為例，臺灣社會研究季刊，第49期。

二、網路資料

內政部移民署，https://www.immigration.gov.tw/，瀏覽日期：2015年9月2日。
內政部移民署，http://w2.khvs.tc.edu.tw/ezfiles/0/1000/attach/56/pta_393_8711663_19271.pdf，瀏覽日期：2016年4月10日。
內政部移民署，https://www.immigration.gov.tw/lp.asp?ctNode=35627&CtUnit=19349&BaseDSD=7&mp=1，瀏覽日期：2016年4月10日。
教育部高等教育司，http://depart.moe.edu.tw/ED2200/，瀏覽日期：2015年12月25日。

第十一章
我國專技移民及移工之政策與實務

王智盛

第一節　前言

　　自1987年宣布解嚴之後，我國對於國境管制逐漸開放，同年也開放大陸探親，此時大量的移民快速移入我國。同時，東南亞邊陲國家爲了延續積累資本、資金需求，運用了很多政策吸引外資，因此，臺灣的外資逐漸變成東南亞國家的主要部分。臺商西進與南進的現象，一方面向大陸與東南亞擴張設廠，成爲重要的外資，另一方面，加深了雙邊人口的交流。此一時期，大陸與東南亞人口快速移入我國，有的以跨國婚姻形式，有的則是以藍領移工身分。跨國婚姻與藍領移工同樣是資本主義發展的倒影，在邊陲國家的女性，一方面學歷與專業技術低落，另一方面，女性又是社會中相對男性弱勢的族群，因此，經濟落後國家中的貧窮家庭其向上流動的方式，便以女性成爲藍領移工或是跨國婚姻方式尋找經濟出路。1980年代末期，隨著臺灣經濟自由化、政治民主化、社會多元化，國民視界與世界接軌，跨國婚姻情況形成前所未有之發展趨勢，藍領移工的引入也快速增加，此兩族群人口成爲我國目前最主要的移入人口。

　　除了婚姻移民與藍領移工之外，我國的移入人口仍包含白領專技勞工以及非法移民。身爲一個少子化嚴重的國家，我國尤其需要白領專技移民的移入，一來高階移民可帶來新的知識與能力，二來可增加我國年輕人才。此外，除了上述婚姻移民與白領／藍領移工之外，移入人口還包含了非法移民，我國非法移民主要來臺方式包括偷渡、以觀光名義來臺卻滯留臺灣、以結婚名義來臺卻無實際結婚事實而從事其他目的（即所謂假結婚眞賣淫或假結婚眞打工）、以及行蹤不明外勞（即過去所稱逃逸外勞）。

　　在各國經濟競爭背景之下，我們一方面需要高技術勞工、需要廉價的低技

術勞工以提高企業獲利，但是面對20多年來大量增加的藍領移工以及婚姻移民，國家角色該如何扮演，社會政策又如何制定以最大化移民的優勢且最小化其缺點與挑戰，即是本章將討論的部分。

綜上所述，本章將於第二節介紹我國白領專技移民政策與法制，第三節介紹藍領移工政策與法制，希望從中探索我國專技移民及移工政策之未來走向，並於第四節進行小結。

第二節　臺灣專技移民政策與法制

壹、前言

面對21世紀的全球化浪潮，長期以來跨越國家藩籬，國界、種族、語言、文化等隔閡已一一被打破，原本可以明顯區分的個人、地方、國家、國際事務，界限愈趨模糊，全世界的資金、技術與人才等也愈快速流動到足以適當發展的環境。國家與區域界限的交錯，國與國之間政策的相互連結，資訊擴散日趨普及均質。這些特質讓各地區的人們，有一更廣闊的世界觀，補足過去封閉年代對其他種族文化知識的空乏[1]。

在全球化的浪潮下各國爭搶資源的背後，是各國人才的競爭，世界各國不得不面臨「人才赤字」的窘況，尤其是高度開發和發展較快的國家，人才短缺的問題愈是明顯。在知識經濟的社會裡，知識經濟活動需要相當質量的從業人員，人才不足將直接影響到國家的競爭力，對經濟和社會發展有長期的制約作用。為維持競爭力，有些國家已注意到跨國人口遷移將嚴重影響國家社經發展，人力資本的流失因而被視為影響組織的不利因素與危機。專業人士及工作機會移轉的人力資本流失方式，已變為當今移民政策的一項重要影響要素[2]，諸如新加坡、德國等國家，為提升產業素質，大力招攬優秀科學家、企業家、藝術家，乃至學生及迴流人才，致力於制定相關政策法規，提供各方面政策支

---

[1] 王文誠、施鴻志（2002），全球化趨勢，于施鴻志編著，地區發展與管理，頁15。

[2] Ite, U. E. (2000). Turning brain drain into brain gain: Personal reflections on using the diaspora option. African Issues, 30(1), pp. 76-80.

援，包含修訂移民政策，冀望吸引更多海外人才，以強化國家競爭力。

近年來，臺灣也面臨著人才流失的危機——當鄰近國家正爲延攬人才而投注龐大資源時，在臺灣卻有不少擁有專業能力的菁英，早已出走中國大陸、香港、新加坡等地，如新加坡網羅前我國撞球好手吳珈慶入籍、提供冠軍麵包師傅吳寶春EMBA的入學邀請，更遑論大陸重金挖腳大量的民航機師、醫師與教授等專業人才，這些現象都透露著臺灣專業人才出走的趨勢隱然形成[3]，馬英九總統更曾多次表示「臺灣人才流失已成爲國安問題」。有鑑於此，政府爲吸引優秀專技人才來臺，政策也逐漸起步，近年來已經陸續修正或發布了「就業服務法」、「雇主聘僱外國人許可及管理辦法」、「外國人從事就業服務法」第46條第1項第1款至第6款工作資格及審查標準」等法規，也開放「梅花卡」、「學術及商務旅行卡」、「就業pass卡」等外國高級專技人才的申請，期待吸引更多專技人才來臺。本節即就我國現階段的專技移民政策，介紹如下。

貳、概念界定：移民與專技移民

一、移民與專技移民的類型化

移民係指廣義的「移入人口」，包括取得國籍（或永久居留權）爲目的之移民，以及經核准爲特定目的而移入的短期居留和（或）工作之外籍人士（曾嬿芬，2005）。就名詞上的概念而言，依據Stalker（2000）對移民的分類，移民的類型可分爲[4]：

　　（一）合法定居者（settlers），指意圖於另一國家永久居住者，主要國家爲美國、加拿大與澳洲，多數移民是以依親方式前往；

　　（二）契約工作者（contract workers），指依契約時間長短在某一國家短暫居住，部分爲季節性工作者（season workers）；

　　（三）專業工作者（professionals），指包含跨國性企業工作者，數量並不龐大；

[3] 謝明瑞、周信佑（2013），正視「人才出走」現象，國家政策研究基金會，http://www.npf.org.tw/post/1/12325。

[4] Stalker, P. (2000). Workers without Frontiers: The impact of globalization on international migration. International Labor Organization.

（四）非法移民（unauthorized workers），指未經合法認可在移民國居住者，許多是以走私方式、因簽證逾期或以觀光簽證工作而成爲非法移民；

（五）尋求庇護及難民（asylum seeker and refugees），指爲遠離危險而離開家園，如其庇護理由被接受，即被歸爲難民。

從上述移民類型來看，「專技移民」其實是屬於「專業工作者」。但事實上，世界各國學者迄今對國際專業人員的類別定義，尚未有一客觀標準。大多數的評論認爲專業人員是擁有大學學歷或與其相當者[5]。然而，許多大學畢業生並未從事專業工作；相反的，許多專業工作者亦非大學畢業，例如：運動家與藝術家。工作本質、專業需要以及多樣性往往是造成定義上複雜性的主要原因。McLaughlan即指出：「專業人員的定義係按慣例是依其資格而定，資格依實際情況各異，而依據薪資多寡是較專業資格爲人所接受。」[6]

經濟合作發展組織（Organization for Economic Co-operation and Development, OECD）於1993年及1995年以國際科技工作者爲對象，進行統計分析，分別以資格（qualification）、所進行的活動（activity）、部門（sector）、職業（occupation）作爲區分科技人員之認定標準；Iredale（2001）則是以動機（motivation）、資源本質與定居地（nature of source and destination）、申請項目或機制（channel or mechanism）、居住時間長短（length of stay）、與移入國結合模式（mode of incooperation）作爲區分標準。除了分類標準外，亦有學者直接以「職業」類別定義專業人員，例如：Mahroum將技術人員分爲七種族群，分別是企業經理人、工程師、技師、學者、科學家、企業投資者，以及學生[7]；Mario Cervantes以學生與工作者、短期與長期工作者、卓越研究科學家、資訊科技專家、研究科學家、企業家作爲分

---

[5]　Florida R. (2002). The economic geography of talent. Annals of the Association of American Geographers, 92(4), pp. 743-755.

[6]　Mahroum, S. (2000). Highly skilled globetrotters: The international migration of human capital. R and D Management, 30(1), pp. 168-185.

[7]　Mahroum, S. (2000). Highly skilled globetrotters: The international migration of human capital. R and D Management, 30(1), pp. 168-185.

類[8]。Hall認為專業人員即是知識工作者，包含研究員、科學家與工程師[9]。

二、專技移民的實務認定

　　而在實務面上，主要移入國家對於專業人員的認定亦有所不同，而對專業人員的認定亦影響移民對該國未來產業上的貢獻：有「科技大國」之稱的美國，以科技與學術研究為主；加拿大與澳洲的職業類別富有彈性；向來著重吸引外來人才的新加坡，含括層面從科技至社會工作，種類繁多。該四國的專業人員認定，可參見表11-1。

表11-1　主要國家專業人員類別一覽表

國家	專業人員類別
美國	1.優先工作者：科學、文藝、教育、商業、體育⋯⋯等各界卓越人士、傑出教授與研究員、某些跨國公司主管和經理。 2.專業人員：持有大學學位之專業人士和在科學、文藝和商業中具有特殊才能者。
澳洲	經理與行政人員。 1.特定專業人士（如：醫療人員、會計師、飛行員、教師等）。 2.與相關特定專業有聯結之工作者（如：齒模師、社會工作者）。 3.商人及與其相關者。
加拿大	以國家職業分類表（National Occupational Classification List）作為技術移民職業參考類別，並以下列三項特性作為技術移民職業之判定標準： 1.管理職務。 2.具專業特性。 3.具技術性（technical）、貿易專業（skilled trade）及專業輔助性（paraprofessional）職務。
新加坡	1.藝術：包含媒體、娛樂、電影製作。 2.財務金融：包涵銀行、金融、貨幣證券、商品貿易。 3.資訊：包含通訊、資訊、資訊技術。 4.建築：包含遺產、博物館、土地勘測。 5.休閒：包含旅遊、旅館行業。 6.其他：包含製造、海事、醫藥、衛生、研發、治安、防衛、社會工作、教學、運輸業。

資料來源：鄭翔徽（2007），頁12。

---

[8]　Cervantes, M. (2004). Attracting, retaining and mobilizing high skilled labour. In Global knowledge flows and economic development. Paris: OECD.

[9]　Hall, P. (2005). Brain drains and brain gains: causes, consequences, policy. International Journal of Social, 32(11), pp. 939-950.

　　而我國「就業服務法」第46條第1項即明訂外國人在我國工作，除該法另有規定外，以下列為限：

（一）專門性或技術性工作；

（二）華僑或外國人經政府核准投資或設立事業之主管；

（三）私立或經立案之大專院校以上、外國僑民學校、高等中學以下之合格外國語文教師、實驗高級中學以下學校之雙語部或雙語學校之學科教師；

（四）依補習教育法立案之短期補習班之專任外國語文教師；

（五）運動教練及運動員；

（六）宗教、藝術及演藝工作；

（七）商船、工作船及其他經交通部特許船舶之船員；

（八）海洋漁撈工作；

（九）家庭幫傭；

（十）為因應國家重要建設工程或經濟社會發展需要，經中央主管機關指定之工作；

（十一）其他因工作性質特殊，國內缺乏該項人才，在業務上確有聘僱外國人從事工作之必要，經中央主管機關專案核定者。

　　此外，行政院勞委會（現為勞動部）亦訂定「外國人從事就業服務法第46條第1項第1款至第6款工作資格及審查標準」與「外國人從事就業服務法第46條第1項第8款至第11款工作資格及審查標準」，該會將重大公共工程建設、重要生產行業、家庭幫傭、監護工、外籍船員列為外籍勞工之類別；其所受理外國專業人員之類別則為專門性及技術性工作、華僑或外國人經政府核准投資或設立事業之主管、學校教師工作、依補習教育法立案之補習班專任外國語文教師、運動教練及運動員工作、宗教、藝術與演藝工作、履約、外國留學生、僑生與港澳生。依就業服務法與行政院勞委會之分類來看，明顯有所謂「藍領」與「白領」之分別，因其在工作資格、薪資、工作內容方面有很大差別，即便外籍勞工之工作性質趨向於技術性，但顯然並未將其列為專業工作者，且政府在考量國家人口素質與未來發展下，法律雖無明確禁止外籍勞工移民我國，卻嚴格限制外籍勞工僅能在我國工作一定之時間，即須返回母國。這些短暫居住

我國、提供勞務之外籍勞工，僅能稱之為「客工」（guest workers），無法將其列為「專業人員」。

參、臺灣專技移民的現況

一、外國專技移民來臺的現況

　　1993年行政院提出振興經濟方案（加速產業升級與發展臺灣地區成為亞太營運中心兩大方案），以及於1995年起積極發展亞太營運中心計畫，促使國內外人員、貨品、資金及資訊加速流通，以強化臺灣地區經濟自由貿易化程度。而我國爭取加入WTO亦促使我國檢討專業外國人入出國問題。因此，在此背景下，專業外國人在臺受僱與管理問題，自1995年起成為重要課題[10]。為減少外國人在臺工作障礙，行政院遂指示經建會與勞委會，自2004年1月13日起成立統籌辦理外國人來臺工作許可單一專責機構，正式將原有的多元管理機制整併為單一窗口。此單一窗口將過去分權時代二十多種法規彙整為「雇主聘僱外國人許可及管理辦法」與「外國人從事就業服務法第46條第1項第1款至第6款工作資格及審查標準」二個法案，減少各主管機關多頭馬車之不便民情形。

　　根據勞委會的統計，截至104年底，外國專業人員有效聘僱許可計3萬185人次。依申請類別觀察，以專門性技術性工作1萬6,982人次居首，占56.26%；其次為補習班語文教師工作5,000人次，占16.56%；華僑或外國人投資設立事業之主管工作2,357人次居第三，占7.81%；學校教師工作為第四，計有2,299人，占7.62%。如依國籍別觀察，104年以「日本」8,663人次居首，約占36%，其次「美國」5,397人次，約占22%20.0，再其次則是馬來西亞、菲律賓、印度、英國、加拿大等國。相關數據可如表11-2、圖11-1、圖11-2所示。

---

[10]　張秋蘭（2004），外國專業人員在臺僱用與管理機制之探討，就業安全半月刊，第3卷第2期，頁103-111。

表11-2 外國專業人員有效聘僱許可人數統計表

單位：人次

	總計	專門性技術性工作	華僑或外國人投資設立事業之主管工作	學校教師工作	補習班語文教師工作	運動教練及運動員工作	宗教、藝術及演藝工作	履約
93年底	20,751	11,228	633	1,604	5,934	41	1,311	0
94年底	25,933	13,118	1,044	2,061	6,630	27	1,516	1,537
95年底	29,336	16,292	1,440	2,212	6,392	47	1,488	1,465
96年底	28,956	15,467	1,451	2,243	5,983	39	1,792	1,981
97年底	27,319	14,509	1,452	2,356	5,839	42	1,546	1,575
98年底	25,909	13,380	1,503	2,375	5,841	51	1,518	1,241
99年底	26,589	13,938	1,503	2,397	5,640	36	1,699	1,376
100年底	26,798	13,981	1,644	2,406	5,715	40	1,685	1,327
101年底	27,624	14,465	1,853	2,445	5,615	29	1,948	1,269
102年底	27,627	14,855	2,010	2,408	5,094	39	1,818	1,403
103年底	28,559	15,672	2,207	2,291	5,040	45	1,962	1,342
104年底	30,185	16,982	2,357	2,299	5,000	46	1,782	1,719

資料來源：勞動部勞動情勢及業務統計資料庫，網址：http://statdb.mol.gov.tw/statis/jspProxy.aspx?sys=100。

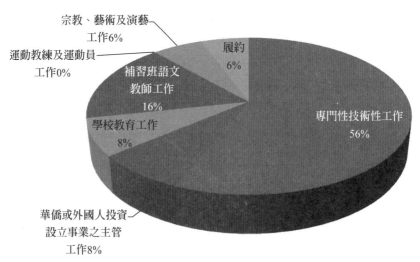

圖11-1 外國專業人員有效聘僱許可人次分布圖（按國籍分）

資料來源：勞動部勞動情勢及業務統計資料庫，網址：http://statdb.mol.gov.tw/statis/jspProxy.aspx?sys=100。

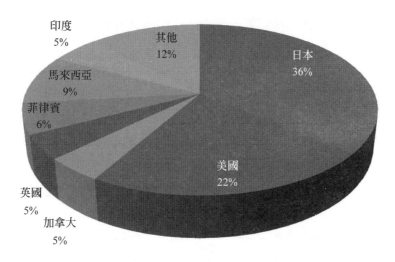

圖11-2　104年外國專業人員有效聘僱許可人數申請國籍別分布圖

資料來源：勞動部勞動情勢及業務統計資料庫，網址：http://statdb.mol.gov.tw/statis/jspProxy.aspx?sys=100。

二、大陸專技人才來臺的現況

　　政府為發展科技產業，除了引進外國專技人士外，也自1993年起訂定法規，開放中國大陸高科技人才可以在臺灣從事專業活動，符合一定條件者，並可以申請在臺灣長期居留。但截至目前為止，來臺的大陸科技人士，多為短期性的專業交流為主，長期性的科技人來臺居留極為少見。而目前大陸專技人士來臺的法源依據，在2014年之前，原本是「大陸地區專業人事來臺從事專業活動許可辦法」和「跨國企業內部調動之大陸地區人民申請來臺服務許可辦法」，該二法雖然於2014年1月1日起整併於「大陸地區人民進入臺灣地區許可辦法」，但主要類型並未有改變。目前主要還是區分為三種類型，分別是學術科技研究、產業科技研究和跨國企業商務人士。前兩者毫無疑問是在臺灣從事科學技術相關工作，第三者則有跨國公司技術部門主管、工程師和技術諮詢者等。其類型可參表11-3。

　　但在大陸科技人士來臺的實務發展上，儘管近年來隨著兩岸關係的正常化發展，大陸地區專業人士來臺有大幅增加的趨勢（如表11-4），但就具體了解，從事文教與經貿交流的專業人士仍是大宗，上述「學術科技研究」或「產

業科技研究」的人數則相當有限，其中以「學術科技研究」名義來臺者，多半是以參加研討會、專案研究、演講等短期學術交流為主；此外，若為跨國企業內部調動之大陸人士，來臺申請案件也相當稀少（如表11-5）。均顯示歷年引進大陸科技專業人士的政策發展並未有所突破。

表11-3 來臺大陸專技人士類型表

類別	身分	在臺停留時間
學術科技研究	研究講座	3年
	客座人員	3年
	博士後研究	6年
產業科技研究	長期產業科技人士	6年
	海外長期產業科技人士	6年
跨國商務人士	跨國企業內部服務調動	4年
	專家履約	1年

表11-4 歷年大陸地區專業人事來台從事專業活動人數申請統計表

年度	申請人數	核准人數	出境人數	入境人數
77年	5	5	5	5
78年	116	82	39	71
79年	143	135	97	78
80年	298	277	184	205
81年	1,058	1,448	984	1,029
82年	4,676	4,582	3,436	3,653
83年	4,146	4,047	3,592	3,525
84年	6,936	6,899	5,373	5,379
85年	8,953	8,735	6,250	6,195
86年	11,722	11,520	9,330	9,426
87年	20,355	15,860	12,511	12,665
88年	22,916	18,655	14,368	14,575
89年	25,101	19,634	14,918	15,105
90年	40,631	32,911	25,079	25,718

表11-4　歷年大陸地區專業人事來台從事專業活動人數申請統計表（續）

年度	申請人數	核准人數	出境人數	入境人數
91年	54,025	46,656	38,264	38,656
92年	41,423	31,770	23,764	23,723
93年	43,022	36,149	28,602	28,868
94年	36,925	28,085	24,380	24,261
95年	43,021	34,888	28,429	28,572
96年	46,554	39,125	31,390	31,786
97年	64,834	57,932	44,203	45,106
98年	142,107	133,715	111,745	113,673
99年	205,847	184,709	157,184	158,530
100年	193,442	179,889	153,395	156,221
101年	190,393	179,378	152,805	155,173
102年	174,175	167,939	146,353	150,260
103年	183,709	168,312	149,103	154,799
104年	195,892	183,547	171,624	174,795

資料來源：內政部入出國及移民署。

表11-5　歷年跨國企業內部調動之大陸地區人民進入台灣地區申請案件統計表

年度	申請人數	核准人數	出境人數	入境人數
90年	0	0	0	0
91年	5	3	0	2
92年	591	490	240	255
93年	2,086	1,962	1,298	1,408
94年	262	256	805	722
95年	169	96	217	226
96年	309	209	348	352
97年	307	228	393	400
98年	414	386	611	607
99年	487	440	702	742

表11-5   歷年跨國企業內部調動之大陸地區人民進入台灣地區申請案件統計表（續）

年度	申請人數	核准人數	出境人數	入境人數
100年	960	857	1,216	1,217
101年	1,021	965	1,815	1,840
102年	588	535	1,353	1,371
103年	570	531	1320	1369
104年	477	451	1771	1742

資料來源：內政部入出國及移民署。

三、臺灣專技移民的與挑戰

隨著政府於1979年開放觀光、1987年解嚴，讓國人對世界能擴大認識與接觸，且適逢經濟起飛，國人經濟好轉，遂興起一股移民熱潮，政府乃採取開放態度，並加以輔導。由於我國移民政策向來採取「移出從寬、移入從嚴」之政策原則，在移出方面，基於憲法保障人民遷徙自由，對於有意移居國外者均允許移民，此乃尊重憲法之意旨，而長年鼓勵移民。在移入方面，因我國地狹人稠，資源有限，不宜接納大量移民，對於移入人口採嚴謹規範，使得移入人口之數量與重要性微不足道[11]。而目前臺灣專技移民政策發展的整體挑戰有：

（一）白領人才流失、廠商外移

1995年臺海飛彈危機前後，我國掀起近十年的移民風潮，依據2007年行政院主計處之往國外遷出人口統計資料顯示，1996年至2006年止，已有超過84萬人移至國外，加上長期在大陸發展之臺商人口，已超過75萬人，移出我國人數超過160萬人。此外，近年來我國高科技產業蓬勃發展，許多公司選擇至海外設立分公司，科技人才亦隨著工作移至國外，造成白領與技術人才流失及高失業率情形。近來，於全球化風潮下各投資企業及專業技術人員積極選擇最能發揮所長與獲得報酬最高的地區，在世界各國流竄，原在臺灣之外資亦紛紛撤離遷廠國外。臺灣科技人才隨工作移至國外及臺灣外資隨世界潮流遷廠他國等二

---

[11] 黃煌雄，李伸一（2005），我國移民政策與制度總體檢案調查報告，監察院，頁336。

現象，均加速我國白領人才流失與廠商外移速度。

（二）高階專技人短缺

　　依據經濟部投資業務處（2006）公布資料顯示，近年在專科學校改制技術學院數目增加，使科技類大學畢業生人數大幅成長，大學生人口比例快速提高，業界對科技人力素質的要求亦相對提高。該處並針對「長期科技人力供需」所作推估，2003年至2011年我國碩士以上程度之資訊工程、電機通訊、資訊管理、食品營養、生物科技、工業工程及物理短缺7,400人，高階人力將供不應求。此外，根據經建會「科技人力中長期供需趨勢推估」報告指出，儘管未來學識程度的供給大於需求，但其背後的主因乃是近年來大專及技術學院大量改制大學所致；至碩士以上人力，因資訊化社會重視研發及產業升級，以及政府推動半導體、影像顯示、數位內容及生技產業，使得就業市場的高級人力需求增加，電機資訊相關人力需求亦大幅提高，包括基礎科學、電機資訊、工業工程的碩士以上高級人才皆有供不應求的現象。

肆、現階段臺灣專技移民政策與法制

一、外國專技移民政策與法制

（一）法令規範

　　2004年1月5日後外籍專業人才來臺工作的規範法規主要包括「就業服務法」、「雇主聘僱外國人許可及管理辦法」，以及「外國人從事就業服務法第四十六條第一項第一款至第六款工作資格及審查標準」，其他絕大多數部會的許可及管理辦法陸續相繼廢止。上述法規訂有外國人適用範圍、免聘僱許可對象、須申請轉僱許可對象、開放聘僱的工作類型（職類別為主，部分為行業別）、外國人資格條件（如學歷、證照、工作經驗、月薪低限、健康檢查、年齡）、雇主資格條件（如資本額、營業額、機構類型、個人身分）、履約人員規定、申請程序、時期、轉換雇主或調動、收費、處罰等，規定相當詳細，資不贅述[12]。

---

[12] 藍科正、朱柔若、張秋蘭、呂建德、林嘉慧、徐柏謙、鄭建裕（2005），建立引進外國專業人員

　　此外，另依就業服務法同法第52條：「聘僱外國人從事第四十六條第一項第一款至第七款及第十一款規定之工作，許可期間最長為三年，期滿有繼續聘僱之需要者，雇主得申請展延。」此為工作期間之許可；另居留期間之核准，為依「外國人停留居留及永久居留辦法」之規定辦理。有關禮遇外國高級專業人才之居留，我國並特別給予其永久居留之身分。

（二）審查機關單一化

　　早期政府為發展經濟，對於外國專技人士至臺灣工作，即訂定聘僱許可辦法，惟由各部會自行許可，在核發聘僱許可中，以經濟部許可人數最多，而經濟部審查之單位也由早期由貿易局、工業局、投審會等單位最後在1990年代才由經濟部投審會擔任單一窗口，統一處理核發有關經貿外國專技人士之聘僱。惟對於長期聘僱後之專技移民，若要辦理長期居留，則仍闕如[13]。

　　在1990年代中後期，鑑於臺灣經濟勞力密集產業以及較具污染性產業的外移，發展技術密集型產業或是知識型產業為臺灣經濟發展之出路，也是政府當時之政策。因此，加速引進外國專技人才，為政府重要政策，聘僱外國專業許可辦法也進行數次修正，並朝放寬方向調整。另鑑於處理外國專技人士之聘僱，始終由各部會審查，雖然大部分為經貿之專技人士，且均由投審會負責審查，部分非經貿專技人士後來也由投審會擔任單一窗口，惟為單一窗口化，經過多年之協調，立法院於2002年通過就業服務法後，即由勞委會為主管機關，各部會包括經濟部投審會之審查業務也改由勞委會接手，除了顧及科學園區有時效考量，仍授權委託科學園區管理局審查等外，均由勞委會統一許可。

　　故自2004年1月15日起，勞委會正式幾乎全面負責聘僱許可的審查，由職訓局負責，其他部會的許可及管理辦法陸續相繼廢止，形成所謂單一窗口機制，此為我國引進外籍專業人力政策的一大變革。但勞委會單一窗口下，仍有三種例外情形：

1. 聘僱外國籍船員應向交通部申請許可（船員法）。
2. 律師聘僱外國籍顧問及助理應向法務部申請許可（律師法）。

　　之管理機制，行政院勞工委員會職業訓練局委託研究報告。

[13] 汪毓瑋（2008），我國專技移民及投資移民之策略研究，內政部入出國及移民署委託研究報告。

3. 科學園區內廠商聘僱外國籍專門性技術性人員及外僑投資事業主管，應向科學園區管理局申請許可（因科學園區內廠商都符合雇主資格，以及考量科學園區內單一窗口之便，而由勞委會委託之）。

（三）推動三卡制度

對於國際重量級或高階專業人士之禮遇措施，2008年4月起，經建會參考美國之「綠卡」、歐盟之「藍卡」、南韓之「IT Card」、「Gold Card」、「Science Card」等三卡、新加坡之「個人化就業簽證」、「企業家社交探親簽證」、「商業入境簽證」等制度，並結合我國現有相關措施，自2009年1月起推動「吸引全球外籍優秀人才來臺方案」，核發「學術及商務旅行卡」、「就業PASS」及「永久居留卡（梅花卡）」三卡，及其他建立國際化友善環境相關配套措施等，以期提高外籍優秀人才來臺工作及交流之意願。茲分述如下：

1. 核發「學術及商務旅行卡」

對於國際重量級人士核發「學術及商務旅行卡」，給予長效期、多次入國及快速通關禮遇，停留期間在30日以下，無須另行向勞委會申請工作許可，提高國際重量級人士來臺工作及交流之意願。自2009年1月方案核定實施後，截至2012年12月底，已禮遇核發8位國際重量級人士來臺交流、指導。

2. 核發「就業PASS」

對一般外籍白領專業人士來臺工作，核發「就業PASS」，結合簽證、工作許可、重入國許可及居留證等，將其「四證合一」，並協調設置跨部會之「單一窗口」，大幅簡化外國人來臺各項申辦作業，對建立外國人友善環境、提升我國國際形象有所助益。截至2012年12月底，透過本方案完成之「單一窗口」、「四證合一」等簡政措施，共核發335位高階人士來臺工作，協助提升我國產業技術水準。

3. 核發「梅花卡」（永久居留卡）

結合我國移民政策，對外國白領人才來臺申請投資或專技移民，核發「永久居留卡」（梅花卡），簡化申辦作業，以吸引外籍白領移民及對我國之投

資。截至2012年12月底，共核發27位高階人士在臺設立公司或投資。

二、大陸專技人士來臺政策與法制

（一）大陸專技人士來臺管理法規

由於高科技產業蓬勃發展帶來的人力短缺，政府積極延攬外籍科技人才，以彌補短期的人才缺口，擁有豐富科技人力資源的中國大陸，加上同文同種的優勢，成為臺灣人才延攬的主要對象。而且，隨著兩岸經貿往來日益頻繁，跨國企業和本國企業的管理專業人士在兩岸間調動的需要也日益迫切，政府不得不正視大陸經理人士調動來臺的問題，調整過去以防堵大陸人口流入為主的管理方式。現階段在臺灣可以專業活動名義在工作的大陸專業人士可以分為三種類型，分別是學術科技研究、產業科技研究、和跨國企業商務人士，前兩者毫無疑問是在臺灣從事科學技術相關工作，第三者則有跨國公司技術部門主管、工程師、和技術諮詢者。

大陸專業人士來臺長期停留法源依據，最重要的是原先的「大陸地區專業人士來臺從事專業活動許可辦法」和「跨國企業內部調動之大陸地區人民申請來臺服務許可辦法」，然現已併入「大陸地區人民進入臺灣地區許可辦法」。根據「臺灣地區與大陸地區人民關係條例」第10條規定：「大陸地區人民非經許可，不得進入臺灣地區。經許可進入臺灣地區之大陸地區人民，不得從事與許可目的不符之活動」。據此，「大陸地區專業人士來臺從事專業活動許可辦法」規定了允許來臺從事專業活動的大陸地區專業人士所使用的一般規範。此外，大陸地區科技人才透過跨國企業邀請來臺長期停留，其法源依據除了專業活動許可辦法所依據的「臺灣地區與大陸地區人民關係條例」第10條第3項之外，還有該條例第16條第1項授權主管機關制定「大陸地區人民來臺從事商務活動辦法」，以及「自由貿易港區設置管理條例」第32條第2項規定，「大陸地區商務人士以兩岸關係相關法規進入自由港區從事商務活動，其辦法另定之」。據此，陸委會制定「跨國企業自由港區事業臺灣地區營業達一定規模之企業邀請大陸地區人民來臺從事商務相關活動許可辦法」，允許跨國企業邀請大陸地區人士基於內部調動服務來臺、基於專家履約或商務訪問理由來臺、或者是來臺受訓，其中可以用於延攬大陸科技人才來臺長期服務者。

表11-6　來臺大陸專技人士類型表生活待遇比較

類別	身分	領取報酬	攜帶配偶子女
學術科技研究	研究講座	可領取	可攜帶
	客座人員		
	博士後研究		
產業科技研究	長期產業科技人士	可領取	可攜帶
	海外長期產業科技人士		
跨國商務人士	跨國企業內部服務調動	可領取	可攜帶
	專家履約		

（二）生活待遇

在生活待遇上，這三類大陸地區專業人士或商務人士，除了可以申辦多次往返簽證之外，也能夠攜帶配偶和18歲以下子女，其本人和眷屬在臺期間還享有健保。這三類人士和其他大陸籍人士來臺條件的區別，最主要的是前者基於其專業能力可以從是專業活動的理由，在臺長期停留並且從事領取報酬的活動，而其他大陸籍人士來臺，不是僅能短期停留且不能領取報酬，就是其雖然可以從事領取報酬的工作，但是其來臺係基於該大陸人士的在臺親屬關係，而非基於其專業資格或能力。而如表11-6。

伍、臺灣專技移民政策與法制的問題

一、外國專技移民部分

（一）欠缺考慮吸引外國人（包括僑生在內）來臺學習有專業技能者之條文

外國專業人才的引進，關乎未來產業發展，確保我國國際的競爭力。實際上，因產業需求而為企業即時國際招募的專技人才，外國人來臺與否，企業界自然有其吸納誘引的作法，主管機關只要建制規範平臺即可，因此，對於外國人（包括僑生在內）來臺學習專業技能者，似可仿效德國移民法之例，如可考量在其學業結束後，給予半年或一年的尋找工作就業的居留緩衝期，對於吸納

外國專業人才有一定的效益。

（二）專技移規範欠缺明確的評量標準，易使外國人不得其門而入

經濟移民是以促進本國經濟發展，吸收本國所需要的資金和技術人才爲目的之移民制度。技術移民是指移民接收國根據本國對專業技術人才的需求，確定並適時調整外國技術性人才永久移民的條件、程序和配額，按照遞交申請先後予以審批的一項移民管理制度，有獨立、依親、雇主擔保、政府擔保、留學畢業生、傑出人才、技術匹配、指定地區技術移民等類別，多通過計分考核制進行審批；而投資移民之目的是通過提供永久居留權或公民權吸引外國人進行實質性投資以創造就業機會、促進經濟發展。

（三）專技移民的衡平家庭團聚權納入考量

外國人停留居留及永久居留辦法第15條增列申請投資移民，取得永久居留後，其配偶及未成年子女亦得申請，不僅增加申請投資移民之誘因，更符合尊重家庭團聚的國際法人權潮流。然而僅限於投資移民之家庭團聚權規定，應可考慮擴及至其他移民類別。

二、大陸專技人士部分

（一）開放大陸專技來臺法令用語與實務用語不同，造成實務運作困難

對於三種大陸專業人士來臺工作居留，相關法令和統計數據的用語就缺乏統一，以致造成主管機關和申請人的混淆。例如第一類的學術科技研究，在「大陸地區專業人士來臺從事專業活動許可辦法」中和第二類的產業科技研究，皆稱爲「大陸地區科技人士」。但是在「大陸地區專業人士來臺從事專業活動邀請單位及應備具之申請文件表」中第15類的「大陸地區科技人士」，則專指從事基礎或應用科學研究或科技管理的學術科技人才，而和第19類所指的具備一般學經歷，而可以從事產業科技研發或產業技術指導的「大陸地區產業科技人士」有所區別。

然而，在入出國及移民署所提供的大陸來臺人士統計資料方面，從事學術科技來臺者又依其在臺停留時間，可分爲短期停留的「學術科技」，和長期停

留的「學術科技研究」，同理，從事產業科技活動者亦分為短期停留的「產業科技」和長期停留的「產業科技研究」。亦即，僅在法令和內部文件上，大陸來臺工作居留的專業人士，即有三種不同的名稱，未加以統一。官方用語的模糊，對於案件申請人和審查單位，乃至於相關的主管官署，都有可能造成混淆。就政策執行面加以考察，無論中央或地方執行官員，對於工作居留制度的存在，仍然認識不足，企業對於工作居留制度的認識，也多限於短期人員交換。上述之問題，當然亦會影響申請工作居留的數量。

（二）大陸專技人才來臺「供給與需求不和」和「居留權的取得不易」，致來臺數量不如預期

實際來臺的大陸科技人才數量卻遠不如預期，深究其原因，有「供給與需求不和」和「居留權的取得不易」的因素：在供給與需求不和方面，願意至臺灣工作者，主要是集中於中階層的科技勞動力，廠商所需求之部分，亦是中低階層穩定的勞動力。但政府過去的想法與政策，係延攬海外的高級人才，經過幾次放寬措施，目前資格之要求，仍然是較偏高（學士五年工作經驗、碩士三年工作經驗、博士二年工作經驗），此令雇主和受雇者都缺乏足夠之誘因。在取得居留權方面，大陸科技人才不易取得在臺居留權，進而影響產業科技人才來臺意願。由於產業科技人才和學術科技研究在本質上不同，因為從事學術研究工作者到其他研究機構訪問或進修一年或半年，此種情形十分常　，訪問結束後仍然回到原工作單位，而產業科技研究除了公司內部調動之外，要到其他公司就職，即面臨生涯跑道轉換，如缺乏長期居留的可能性，勢必會影響其來臺謀職意願。因此，可以看到過去來臺的學術科技研究人才，遠遠多過於來臺的產業科技人才。

（三）大陸科技人士返鄉問題

大陸科技人士返鄉問題亦是另一項困擾之事，因為以學術科技研究或產業科技研究來臺，返回大陸後要再進入臺灣，都必須經過冗長的入臺證申請程序，因此，往往來臺後大陸科技人士，選擇停留到工作結束始返鄉。要吸引大陸人才，基本上在人才條件上，可參考聘僱外國人許可辦法之條件，或採逐步放寬作法，最後則與聘僱外國人許可辦法之條件一樣。而國內公司之資本額也

應放寬，令其等同於聘僱外國人許可辦法所訂立之條件。至於在提供誘因上，則應與外國專技人士同，如此才能引進眞正臺灣所需要之專技人才。

陸、臺灣專技移民政策與法制的未來發展

一、建立多階段臨時性簽證

臺灣的人口組成，已經從封閉系統進入開放系統，非法移民前仆後繼冒著偷渡危險來臺非法打工，不如創造一個「多階段臨時性簽證」的身分合法的容納他們，政府合理收取簽證、服務、登記、擔保等費用，不但可增加國庫收入；由合法管道出入國境，亦必減少偷渡的成本及風險，於效期屆滿前，應鼓勵其與本國連繫並返國，以符合國際人流移動的趨勢。於核發簽證同時，政府應針對那些臺灣目前所欠缺之技術人才有通盤掌握，然後比照美國第一類工作移民「優先工作者」，豁免其必須取得勞工證之條件。

二、設立單一窗口擴大移民迴流服務

在全球化的趨勢下，遷移的觀念已有所改變，移民不再只是單向、單次的移動，往返於移居地與原居地間的頻率將會增加。同時，這些擁有經濟實力的中產階級及其子女，在國外經商、受教育甚至從政，無論在資金、經驗及拓展第二外交上，不啻是政府的重要資金與人力資源。因此，政府宜加強對於迴流移民的關注與輔助，對於國家整體經濟或外交面向而言是有助益的。政府於移出政策規劃時，可設立「單一窗口」統一辦理僑民之諮詢服務與綜合輔導事項。一則可讓即將移民者於受惠後抵達移居地能宣揚國家政策，能減低移民在海外的風險及適應困難；再則移居海外的臺灣移民對於子女的教育極爲重視，加上華人文化對於家庭與國族的重視，政府應有政策性措施以協助其下一代仍能學習華語文及對中華文化有一定的認識，以加強僑民之向心力，擴大迴流服務，並建立動態資料庫。此外，移民政策亦應提升爲保僑護僑的戰略目標，例如中共除了編制龐大的僑務工作組織，更甚而將僑務工作提升至戰略層次，並且列爲國家級重點工作之一，由戰略到戰術，由人才、資本吸收到留學生照顧、聯繫，由一般僑民到特定的臺胞都曾觸及，此一事實，政府應有更好的戰

略及戰術對應，莫不可等閒視之。

三、宜建立專技移民計分制

入出國及移民法第25條第3項、第4項，已有專技移民與投資移民的法源；然而，就專技移民之規範言，要件過於概括，欠缺明確的評量標準，對於有意申請者而言，無法事先評估自己是否符合我國標準，或有不得其門而入之嘆。據此，宜參酌加拿大、紐、澳、英等國之計分制，訂定配額及依人才需求、學歷、工作經驗、市場需求技能評估、年齡，語言能力等條件，以資明確。

四、增加「移民擔保制度」

移民擔保制，是指移民擔保人與移民接收國政府約定，當移民申請人不履行申請承諾的義務時，由移民擔保人按照約定履行義務或者承擔責任的行為。如果申請人有擔保人保證，其申請將被優先考慮。移民擔保制可以密切掌握移民申請人與移民接收國的關係，有助於移民申請人申請前了解移民接收國的情況，以獲得永久居留簽證後融入當地社會，並且減輕移民接收國的經濟風險。

五、建立在臺外國人人力資源資料庫

對於新移民中不乏年輕、具有學經歷的專業人才；尤其是大陸地區人民入境後工作權及學歷認證，受到限制，政府宜建立人力資源資料庫，以應用其專長特點，發揮所長，以充分利用人力資源。

第三節　臺灣藍領移工政策與法制

壹、前言

在臺灣，所謂的移駐勞工（migrant worker）依「白領」、「藍領」各有不同的法令規範。隨著全球化的發展，白領和藍領人才跨國移動的現象日益頻繁。當我國於2002年加入WTO之後，有關貿易服務總協定（GATS）促進自然人移動的趨勢，使得人才跨國共享的議題更顯重要。事實上，1960年代我國鼓

勵外商投資以來，即有白領外國人（外國專業人員）來臺工作，而1980年代後期，肇因於勞力短缺，始開放藍領外國人（外勞）開始來臺工作。「白領」專技移工的相關政策法制，在上一節中已有整體說明，而針對「藍領」移工（即一般官方及民間所稱的「外籍勞工」）本節以下將有完整介紹。

為有效管理外國人的引進，我國於1992年5月8日制訂「就業服務法」和相關子法。藍領外國人的引進一開始就由勞委會負責，白領外國人的引進則自2004年1月15日起，才由勞委會正式幾乎全面負責，形成所謂單一窗口機制。「藍領移工」（或稱「外籍勞工」[14]）係指依「就業服務法」第46條第1項第8至10款引進，工作於工廠、營造工地、家庭、養護機構、漁船的藍領移工。1989年，我國為了因應國內經濟發展之需要，在「補充性」與「限業限量」之原則下，首度開放外籍勞工之引進[15]，迄目前為止（2013年），我國約有38萬餘外勞人數，主要來自泰國、菲律賓、越南和印尼等國，其中產業外勞略高於福利外勞（即一般所為家庭看護工或安療養機構看護工）；依據移民署統計，過去十年（2005-2015）每年在臺居停留之外籍人士由57萬7,784人增加至75萬948人，其中外勞約占86%，依序為印尼勞工21萬餘人、越南勞工14萬餘人、菲律賓勞工12萬餘人，也為我國未來管理增加許多不確定的變數，增加外勞管理的困難度。

不可否認，二十多年來，這群來自泰國、菲律賓、越南、印尼、馬來西亞與蒙古等國家之外籍勞工對我國產業發展與國人照護有相當具體之貢獻。然而，為保護國人就業權益、防止外勞變相移民、避免外勞製造社會問題以及不得妨礙產業升級[16]，我國有關外勞之政策、法令與措施的制訂係以「管理控制」為原則，外籍勞工人權也因此較易受到忽視，外籍勞工人權受到侵害之事件層出不窮[17]，例如，印尼籍勞工被雇主強迫吃豬肉事件、知名補教教師於電

---

[14] 為求讀者閱讀之便，本節以下所稱「藍領移工」或「外籍勞工」，均屬同一概念。

[15] 當時國內有許多事業單位在產業升級過程當中發生勞力不足之問題，有些工作則是因為國人從事意願不高因而缺工，但為了防止雇主過度依賴外籍勞工，排擠國人之就業機會，故以「補充性」與「限業限量」為外籍勞工管制之最重要原則。參見莊國良、高愛玲（2006），當前外籍勞工的引進措施及再出發，臺灣勞工雙月刊，創刊號，頁83。

[16] 劉家綾（2006），我國外籍勞工管理法制合憲性之探討，國立臺北大學法學系碩士論文，頁39-40。

[17] 外籍勞工之政策及人權保障之檢視報告人：國立中正大學法律系鄭津津教授。

視節目中談論外籍看護遭立委質疑將看護工當外傭使用事件、醫荣工廠越籍外籍勞工被迫簽全年無休同意書事件等等，更突顯出檢視我政府藍領移工法制的重要性。以下，本節茲就臺灣藍領移工政策與法制的演變、現況、挑戰及建議等面向，分述如次。

貳、臺灣藍領移工政策的演變

我國引進外國勞動力的基本政策理念，不同於其他歐洲國家，歐洲國家的外勞政策採取所謂「移工制度」，而我國則採取「客工制度」。所謂「移工制度」係指外國勞工一旦被允許入境工作，外籍勞工可以自由選擇職業、行業、工作地點、薪資水準等，只要有雇主願意僱用。至於「客工制度」則限制外勞的工作地點、工作時間、甚至工資水準，簡言之，「客工制度」既管量（外勞數量）又管價（給付外勞的工資價格）。也因為我國採取「客工制度」，增加外勞管理上的負擔。但是，我國也不可能採取「移工制度」，因為我國的勞力供需，整體而言是供需失衡，而不是勞力短缺的問題。

一、藍領移工政策的開放期

1950年至1987年的臺灣政治，可歸屬「威權主義」，並以「國家領導市場」的發展模式，於1970與1980年代創造了經濟奇蹟；由於經濟發展，創造出中產階級，社會日趨多元化，推展了臺灣民主化的進程[18]。自1980年代後，由於少子化與高齡化的進展、國民所得增加、教育水準提升、土地與勞動力價格提高等因素，使勞動市場環境急速變化，同時年輕族群對於所謂3D勞動職種[19]產生了抗拒心態之傾向；加以全球化的市場競爭，中國與東南亞廉價勞力市場的興起，臺灣亦面臨了產業結構轉變與勞動力短缺現象，於是資本家不斷向政府提出引進外籍勞力的要求。

為了因應此種需求，臺灣1989年推動十四年國建計畫，在勞力短缺的迫使下，即以專案引進外勞。1992年5月就業服務法立法通過後，設有外籍勞工專

---

[18] 彭懷恩（2003），臺灣政治發展，風雲論壇出版社，頁174-243。

[19] 所謂「三D」工作，包括：骯髒（dirty）、危險（danger）、困難（difficulty）的工作。

章，同年又陸續頒布「外國人聘僱許可及管理辦法」、「私立就業服務機構許可及管理辦法」、「就業安定費繳納辦法」、「就業服務法施行細則」。其中，「就業服務法」是外人聘僱許可及管理辦法的主要規範，包括：未經許可申請不得工作，規定申請工作之類別、條件、期限及許可機關，規定僱主之管理責任與非法僱用之處罰，規定外人非法工作的處罰，仲介非法工作之罰責等。

自1992年通過「就業服務法」以規範外籍勞工之僱用後，政府開始允許民間產業進用外勞，並逐步放寬外勞引進行業的種類，外籍勞工人數從此逐漸遞增，至2000年底外籍勞工在臺總人數已超過30萬人，2009年底外籍勞工在臺總人數已達35.1萬人。自此，引進外勞成為挽留產業外移與鞏固國民經濟的一種策略，而臺灣外勞多來自東南亞，除地理親近性因素外，也顯示出當時政府外勞政策配合早期南向政策的企圖，及考慮由東南亞區域引入外籍勞動人力，可降低勞動移轉所產生的投資成本等。雖然政府對於外籍勞工的引進採取總量管制，其人數占總人口比例仍不到2%，但近年來外籍勞工人數的急速增加，已於國內引起各種正負面不同觀點。

二、藍領移工政策的緊縮期

從開放製造業、營造業移工，到開放外籍看護及家庭幫傭，外籍勞工的人數不斷成長。1990年在臺灣的合法外籍勞工數量大約3,000人，2000年時已經增加到了32萬6,515。然而，原本以補充產業勞動力缺乏而引進的勞工，逐漸有替代本國基層勞工的趨勢。而隨著國內產業結構轉變，產業因大陸市場優勢而外移，使國內就業市場職缺快速流失，失業率升高，基層勞工受外勞引進的影響最大，特別是原住民勞動人口首當其衝[20]。於是原本立意填補產業缺工的移工們便被國內勞工視為失業的禍首。

1999年制定了「入出國及移民法」，2000年修訂「國籍法」全文23條（初次制定為1929年）。從歷史發展的軌跡來看，臺灣本來就是個移民移入的國家。然而在過去，無論就政府的相關措施或是法規來看，臺灣很少觸及有關於移入人口權利及建立移民國家的政策和議題。這兩個法律的制定，使臺灣的移

---

[20] 林如昕，（2009），政黨輪替後的外勞政策，2000-2006，臺灣大學政治學研究所學位論文，頁75。

民政策邁入了一個新的階段，宣示了政府關注到在臺外籍居留者的存在與其權益保障的需要。但其中不難看出國家對於防止移入者成爲國族一分子的努力。因爲引進外勞在臺灣被視爲單純於勞動相關的政策，預防性排除了移工成爲移民的可能性。

2000年政黨輪替後，扁政府爲實踐其競選承諾（每年減少1萬5,000外勞的引進），推動緊縮外勞政策。然而在減少法定工時、緊縮外勞政策到調漲基本工資及移工薪資與基本工資脫鉤等議題上，又再度引發朝野及勞資間的爭議，而政府各部會（主要爲經濟部、經建會與勞委會）立場並非一致，使政府在政策制定時受到諸多因素制肘。最後在確立了補充性、總量管制及行業檢討的原則下，以促進本國勞工就業爲目標後，政府實行了緊縮移工的政策。然而，2003年在經建會協調各部會檢討緊縮移工政策後，又達成放寬總量限制的共識，並將移工分爲產業及社福移工分別計算，同時將營建業及製造業的比例重新逐漸放寬，對臺灣產業有幫助的業者可以專案申請，使此政策與移民相關的部分很少受到關注。這一觀點也同樣反應在「入出國及移民法」與「國籍法」的規範中。

2004年後，我國的外勞政策再度轉向。由於扁政府第一個任期之內所進行的緊縮外勞政策效果並不如預期：國內失業率並未因此改善，特別在營造業的部分，國內營建業勞工並未因未移工的減少而獲得工作，以8%遠高於行業別平均失業率。而想藉由緊縮移工刺激產業轉型的企圖，因中國崛起而成效不彰。許多產業在成本與市場的考量下，乾脆選擇出走大陸。

時逢全球景氣回溫，扁政府藉此一契機，重新放寬移工政策，提供產業充沛的基層勞動力，留住企業，並發展自由貿易港區，吸引臺商回流，創造就業，以減緩失業問題。此外，有鑑於國內少子化與人口老化的趨勢，照顧服務業在國內體系尙未完備前，也有繼續引進外籍看護工的需求。勞委會與職訓局在分別委外研究緊縮外勞政策的利弊之後，也有意鬆動引進移工的限制。失業率維持高點、企業缺工無解、產業放棄升級代以出走，迫使政府重新檢討外勞緊縮政策。

三、藍領移工政策的擺盪期

然而，隨著臺灣政治民主化，公民社會各種團體組織的大量興起，對於政

府政策的決定、與政府與人民間的關係發展,產生若干影響。而以勞工權益為訴求的各種組織團體,如全國產業總工會、臺灣勞工陣線、新事社會服務中⋯⋯等,也不斷為相關議題發聲、抗爭,同時也引其對於外勞政策的思辨討論。例如:2006年行政院經濟永續發展會議,財經部門及產業界在勞動市場及人力資源規劃意見上,不斷要求「外勞政策鬆綁」,引發許多基層工會和勞工的關切與強烈不滿。其中,工商界代表屢屢提出「外勞薪資與基本工資脫勾」要求,但全國產業總工會、勞工陣線及新事社會服務中心等團體表示:「這個違反勞動人權的主張,無論是在2001年的經發會,以及立法院審議自由貿易港區設置管理條例時都已遭否決,不應持續在經續會中討論」(全國產業總工會,2006)。因此,勞工團體一直持續觀察此議題後續發展,並召開「反對外勞政策鬆綁記者會」,嗣後遊行、不斷聲明:「堅決反對外籍勞工薪資與基本工資脫勾」、「反對鬆綁外勞政策」等口號,以促使執政者引進外勞採取相應的原則,持續外勞緊縮政策。產業界和勞工界的對立,又再次突顯出了我政府在藍領移工/外勞政策上的擺盪。

事實上,自1989年引進外勞以來,外勞政策的正當性一直是國內勞工團體所批判的,尤其,廠商欲大舉引進外勞,主要是藉由壓低工薪以獲取利潤,這種作法將不利於產業升級及永續經營。因此,勞工團體對於資方力主鬆綁外勞政策,甚至於設立排除適用本國勞動法規的「外勞專區」等意見,深感不妥(全國產業總工會,2006)。政府部門近來雖對外籍勞工的勞動年限有鬆綁,然而在「基本工資」、「總量管制」等外勞政策上,仍堅持以往的措施,以回應勞工團體訴求。由此顯現勞工團體對政府外勞政策的影響力已逐漸增高。隨著臺灣社會與政治結構的變遷,臺灣的勞動移民政策已與其臺灣獨特的地理位置與政治因素結合,成為政治議題上角力的場域。

參、現階段臺灣藍領移工的政策與法制[21]

一、外籍勞工引進方面

誠如上述,我國之外籍勞工引進政策,是基於國內經濟社會之發展需求,

---

[21] 以下同容,主要參酌並轉引自:鄭津津(2010),外籍勞工之政策及人權保障之檢視,監察院第4

以開放外籍勞工來臺工作之方式來解決國內特定產業勞工不足的問題，因此，不論是在外籍勞工的數量上，或是引進外籍勞工的產業上，皆有所限制。爲避免外籍勞工的引進排擠國人之就業機會，我國外籍勞工政策採「限業限量」方式引進外籍勞工[22]，因此聘僱外籍勞工之規範從工作的「類型」、「資格」到「期間」均有嚴格之限制。

在工作類型的限制上，目前我國僅對外籍勞工開放一部分工作類型[23]，外籍勞工在我國亦無選擇工作的自由；在工作資格的限制上，除就業服務法第46條第1項第10款中，經中央主管機關許可從事「製造」及「營造」工作之勞工無資格限制外，其他類型之外籍勞工皆有專業技術、學歷、證照、年資與年齡等之資格限制；在工作期間的限制上，相關法令對外籍勞工之工作期限多設有限制，以免外籍勞工長期占據某些工作，影響國人之就業機會[24]。

我國自1989年開放外籍勞工引進至今已超過20年，這當中由於有不肖外籍勞工仲介業者剝削外籍勞工、侵害外籍勞工人權事件頻傳，對我國國家形象傷害甚大。爲有效解決此項問題，勞委會推動「仲介評鑑制度」提供雇主選擇人力仲介公司之資訊，以提升人力仲介業者服務品質，並促進仲介業者良性競爭。另外，在外籍勞工引進方面，侵害外籍勞工人權最嚴重的問題是我國外籍勞工仲介業者對外籍勞工收取不合理之費用。許多外籍勞工來臺工作之前，已有舉債借款以支付外籍勞工輸出國仲介業者所收取之費用[25]；來臺之後，還要向我國外籍勞工仲介業者繳交「管理費」，許多外籍勞工因此受到相當大之剝削。爲維護外籍勞工權益，避免外籍勞工仲介公司過度剝削外籍勞工，就業服務法第40條第5款之規定，私立就業服務機構及其從業人員從事就業服務業

居人權保障工作研討會報告。

[22] 參見：行政院勞動部，外籍勞工事宜，http://www.cla.gov.tw/cgi-bin/SM_theme?page=41cfb01b。

[23] 目前針對外籍勞工得從事之工作類型主要規定於就業服務法第46條第1項，惟該條文之部分內容屬於概括性規定，故必須同時參考勞動部所發布之相關法規命令，其中包括雇主聘僱外國人許可及管理辦法、外國人從事就業服務法第46條第1項第1款至第6款工作資格及審查標準、外國人從事就業服務法第46條第1項第8款至第11款工作資格及審查標準。

[24] 目前有關外籍勞工工作期間的規定，主要係規範於就業服務法第52條，其按照同法第46條所列之工作類型，分別定有不同的工作期間與展延期間。

[25] 陳菊（2001），植基於勞動人權與勞動競爭力之臺灣外籍勞工政策，國立中山大學公共事務管理研究所碩士論文，頁46。

務，不得要求、期約或收受規定標準以外之費用，或其他不正利益。若有違反，主管機關得按其要求、期約或收受超過規定標準之費用或其他不正利益相當之金額，處10倍至20倍罰鍰。此外，勞委會亦已於「私立就業服務機構收費項目及金額標準」中，對營利就業服務機構所得接受之登記費、介紹費、職業心理測驗費、就業諮詢費及服務費等訂出上限規定，明定我國外籍勞工仲介業者不得向外籍勞工收取仲介費，僅可按月向外籍勞工收取「服務費」。服務費之收取標準為「第一年每月不得超過新臺幣1,800元，第二年每月不得超過1,700元，第三年每月不得超過1,500元」[26]。若人力仲介公司要求、期約或收受超過規定標準之費用時，雇主或求職者得向縣、市政府勞工局逕行告發，主管機關有權對該人力仲介公司祭出重罰。勞委會除了約束我國之外勞仲介公司外，還同時協調外勞輸出國，由外勞輸出國明文規定該國業者之仲介費收取標準，以不超過外勞一個月基本工資為原則[27]。

此外，勞委會自1999年開始即陸續與越南、菲律賓、泰國、蒙古及印尼等外籍勞工輸出國協商建立「直接聘僱」機制[28]，提供我國雇主直接向外籍勞工輸出國辦理外籍勞工引進事宜，期能藉此增加我國雇主引進外籍勞工之管道，並減少外籍勞工遭仲介業者不當剝削之機會。「直接聘僱聯合服務中心」初開放申請對象僅有外籍家庭看護工之雇主，2009年起開放給其餘類別之雇主。但有鑑於「直接聘僱」機制實施之後，雇主反應直接聘僱外籍勞工之流程過於繁複冗長，勞委會又於2007年底在臺北成立「直接聘僱聯合服務中心」，並修正「雇主聘僱外國人許可及管理辦法」以推動「直接聘僱」制度[29]。

二、外籍勞工聘僱方面

在外籍勞工聘僱方面，我國之重要政策有：

1. 為保障國民工作權，外籍勞工未經雇主申請許可，不得在中華民國境內工作；

26 苦勞網，「勞動部：透明化仲介收費，避免外勞被剝削」，http://www.coolloud.org.tw/node/14635。

27 莊國良（2006），在臺外籍勞工人權問題之探討，臺灣勞工雙月刊，第3期，頁35。

28 高愛玲（2008），成立外籍勞工「直接聘僱聯合服務中心」的意義及效益，臺灣勞工雙月刊，第13期，頁92。

29 同上註。

2. 爲避免妨礙我國人民之就業機會及勞動條件，雇主申請聘僱外籍勞工來臺工作，應先以合理勞動條件在國內辦理招募，經招募無法滿足其需要時，始得就該不足人數提出申請；

3. 雇主與外籍勞工所簽訂之勞動契約依勞動基準法有關定期契約之規定辦理；

4. 雇主聘僱外籍勞工，其聘僱許可期間最長爲二年，雇主得申請展延以一次爲限，其展延期間不得超過一年。如有重大特殊情形者，得申請再展延，其期間由行政院以命令之。但屬重大工程者，其再展延期間，最長以六個月爲限；

5. 受聘僱之外國人於聘僱許可期間無違反法令規定情事而因聘僱關係終止、聘僱許可期間屆滿出國或因健康檢查不合格經返國治癒再檢查合格者，得於出國一日後再入國工作，但累計在華工作期間不得逾九年。

此外，目前我國相關法令針對外勞工作的「類型」、「資格」、「期間」到「轉換雇主」均有限制，其規範要點如下：

（一）工作類型之限制

由於無限制開放外勞來臺從事各類工作定會對國人的就業機會產生排擠作用，目前我國僅對外勞開放一部分工作類型[30]，故外勞在我國並無選擇工作類型的自由。

（二）工作資格之限制

目前有關外勞工作資格之規範係以「外國人從事就業服務法第四十六條第一項第一款至第六款工作資格及審查標準」與「外國人從事就業服務法第四十六條第一項第八款至第十一款工作資格及審查標準」爲主要依據。在前述規定下，除就業服務法第46條第1項第10款中，經中央主管機關許可從事「製

---

[30] 目前針對外勞得從事之工作類型主要規定於就業服務法第46條第1項，惟該條文之部分內容屬於概括性規定，故必須同時參考勞動部所發布之相關法規命令，其中包括雇主聘僱外國人許可及管理辦法、外國人從事就業服務法第46條第1項第1款至第6款工作資格及審查標準、外國人從事就業服務法第46條第1項第8款至第11款工作資格及審查標準。

造」及「營造」工作之勞工無資格限制外，其他類型之外勞皆有專業技術、學歷、證照、年資與年齡等之資格限制。

（三）工作期間之限制

我國目前之外勞政策係採暫時性與補充性原則，一旦未來我國相關勞動力已不虞匱乏，即應停止外勞的引進，因此相關法令對外勞之工作期限多設有限制，以免外勞長期占據某些工作，影響國人就業。另一個限制外勞在臺工作期間的原因是基於人口政策的考量，臺灣地狹人稠，外勞一旦在臺長期居留，即有可能在臺落地生根，故必須限制外勞的工作期間。目前有關外勞工作期間的規定，主要係規範於就業服務法第52條，其按照同法第46條所列之工作類型，分別定有不同的工作期間與展延期間。

（四）轉換雇主之限制

外籍勞工聘僱許可有效期間內，如需轉換雇主或受聘僱於二個以上之雇主者，應由新雇主申請許可[31]。外國人受聘僱從事就服法第46條第1項第8款至第11款規定之工作，有法定情事者[32]，經中央主管機關核准，方得轉換雇主或工作。外籍勞工可轉換雇主之次數為三次，轉換新雇主僅能補足原聘僱許可期限。對遭受人身侵害之外籍勞工，經勞委會核定後，得不限業別跨業轉換雇主，轉換雇主次數上限為六次。外籍勞工因檢舉雇主或仲介公司違規指派外籍勞工工作，致使外籍勞工無法保障自身工作權益，且無法於法定三次公告次數內轉換雇主時，得在縣市政府調查事實確認之後，再給予三次轉換雇主之機會[33]。

---

31 參見就業服務法第53條之規定。

32 該法定情事包括：1.雇主或被看護者死亡或移民者。2.船舶被扣押、沉沒或修繕而無法繼續作業者。3.雇主關廠、歇業或不依勞動契約給付工作報酬經終止勞動契約者。4.其他不可歸責於受聘僱外國人之事由者，參見就業服務法第59條之規定。

33 參見「外國人受聘僱從事就業服務法第四十六條第一項第八款至第十一款規定工作之轉換雇主或工作程序準則」；蘇裕國、莊國良、蔡玉鳳、鍾銘源（2006），回應「外籍勞工跑本勞哭—外籍勞工政策何去何從」乙文，臺灣勞工雙月刊，第4期，頁91。

三、外籍勞工管理方面

外籍勞工來到臺工作，因其文化、語言、宗教、習慣、飲食等因素，會在生活上產生不同程度之障礙與需求，再加上離鄉背井的思鄉情緒，外籍勞工生活管理是外籍勞工人權保障中非常重要的一環。為協助外籍勞工適應在臺工作與生活，「雇主聘僱外國人許可及管理辦法」規定，產業外籍勞工集中管理應依比例規定設置生活照顧服務員，或委託私人就業服務機構辦理外籍勞工生活管理事宜[34]，家庭看護工則由雇主自行管理。

此外，為避免外籍勞工的引進成為防疫的漏洞，外籍勞工來臺工作必須在入境後3日內辦理健康檢查，如果檢查不合格，但並非法定傳染病，則必須接受治療與複檢，若再不合格，即預立即予以遣返。此外，外籍勞工開始工作後，每滿六個月、十八個月及三十個月需各接受健檢一次，外籍勞工健檢項目任一項不合格者，若為就業服務法第73條第4款之檢查不合格，應廢止其聘僱許可，並即令其出國，但外籍勞工健康檢查不合格項目如屬腸內寄生蟲糞便檢查不合格非屬侵入性痢疾阿米巴，而於「30日內」複檢合格者，仍可繼續留在臺灣工作。

另外，為「加強預防行蹤不明外勞」，政府要求各醫院通報無法出具證件之外勞，此項政策之目的主要在於「落實外籍勞工管理並保護國人就業機會」，因為醫療院所中常有病患家屬非法僱用外籍勞工擔任短期看護，此種外籍勞工因擔心曝光，被不當對待與剝削的情況相當嚴重，對我國國際形象、外籍勞工人權以及國人就業機會皆是負面影響，故政府要求醫療院所若發現此種情況時應主動通報，以利主管機關查處。

---

[34] 參見雇主聘僱外國人許可及管理辦法第40與40條之1。

肆、現階段臺灣對藍領移工的政策配套措施

一、勞動條件[35]

（一）月薪門檻

臺灣引進藍領外國人的月薪門檻爲基本工資的15,840元，此係欲防阻雇主以低薪的外國人取代本勞；且若放任月薪由市場機制決定，藍領外國人的月薪將遠低於15,840元，勢必引起侵害外勞人權的爭辯。但月薪門檻若高於市場行情，易引起高額的仲介費（引進藍領外國人時）、雇主的額外支出和可能的造假（引進白領外國人時）等現象。未來勞委會若能建立勞動市場測試制度，或可取代月薪門檻的直接規範。

（二）社會保險

合法引進的外國移工可立即參加全民健保和勞工保險，但不適用「就業保險法」和「勞工退休金條例」。後者看似違反國民待遇原則，卻符合發展中國家（如印度）對暫時性移民免除社會保險的訴求。

（三）健康檢查

目前所有合法引進的藍領移工、外國語文教師（白領）和港澳居民等，需定期進行健康檢查[36]，而其他白領專技人才並無，顯然較爲寬待白領外國人。

（四）聘僱許可期限和雇主轉換

藍領移工的聘僱許可期限，初次最長爲兩年，後可展延一年，再允許展延一次，故最長六年；非經許可，不得轉換雇主。究其原因，由於藍領移工來臺者眾多，確實追蹤係管理上的一大挑戰，故自由轉換雇主尚不可行。此外，值得一提的是，藍領移工原則上「不可能」失業，因一旦失業，政府會協助尋找

---

[35] 藍科正（2006），臺灣引進藍領和白領外國人政策的比較評析，「全球化之下的人權保障與人才共享」研討會論文，臺北大學。

[36] 參就業服務法第48條第2至第4項、「受聘僱外國人健康檢查管理辦法」、「取得華僑身分香港澳門居民聘僱及管理辦法」等規定。

新雇主，若找不到新雇主，則予以遣返。

（五）配合本勞招募培訓制度

我國引進藍領移工時，要求雇主先行招募本勞；惟執行上難以排除雇主的取巧作法。然，先行招募本勞的機制若可落實，可防範本國人的就業機會遭替代。倘我國未來欲建立勞市測試制度，則可納入優先招募本勞的措施，同時適用於引進藍、白領外國移工的特定行職業。

（六）仲介費

在供需差距下，藍領移工的仲介費多由外國人負擔。藍領移工負擔的高額仲介費一直是國內勞動人權關注的議題焦點之一，民進黨在2000年政黨輪替後，曾積極試圖降低藍領移工的仲介費（由15萬元變成5萬6,000元），發函提醒（警告）雇主依法不可代仲介業者自外勞薪資中扣款、鼓勵國對國直接聘僱引進外勞、開放非營利組織可仲介外勞（收費為營利機構標準的八成），但在各利害當事體角力下，仍未能全面澈底降低。未來，在市場機制下，較有效的方式應是大幅提高就業安定費或審核費，同時對藍領移工增加提供各項仲介無法取走的福利（如休閒、健康服務、保險）。

（七）數量管制

我國引進藍領移工時，原係採總量控管警戒指標、限行業、限量、限來源國方式，後來行業範圍漸擴大、量漸增、來源國亦漸增。合法藍領移工（外勞）總量控管目標由引進初期的3萬，至1993年調高為10萬，1996年再調高為30萬，2005年底，再增加3D工作配額2萬人，致調高為32萬。在總量控管和其他原因（如個別配額和就安費高低）之下，藍領移工的引進呈現以下現象：總量控管目標提高時，產業外勞（如製造業生產工、體力工、營造業營造工、漁業船員）和社福外勞（家庭幫傭、看護工）都增加；總量控管目標固定時，社福外勞持續增加。另一方面，新移民、以探親或觀光名義來臺打工、中國漁工、偷渡客等的人數亦有增加，其從事的工作與藍領移工近似，但免繳就安費。這些類型的人數若遭忽視，則易誤導調整引進藍領移工政策的正確方向，實值政府更加關注。

（八）權益的申訴管道

　　政府提供的申訴管道多以協助藍領移工為主，勞委會設有多種外語諮詢專線，多個縣市設有外勞諮詢中心，都可接受外國人申訴，此外，經常性的查察也可接受申訴、地方政府的勞資爭議處理機制亦可處理申訴（即使是非法工作者）；教會、駐臺外館、特定NGO也會代為申訴。

伍、臺灣藍領移工政策與法制的思考

　　臺灣在全球化、區域化與國內的經濟形勢下，面臨低生育率和人口老化的現象，為追求社會結構穩定與解決勞動力不足問題，已將移民政策由「入境趨嚴」轉向採取有限制的移民政策，臺灣社會趨向於認為勞動遷移的經濟效果是正面的，雖然正視人口結構與公民社會發展的問題，但為追求經濟發展、挽留產業外移，企圖最大化移民工人對本國的經濟利益，同時將移工對當地的社會與政治衝擊降到最小，因此對低階勞動移民採用「客工計畫」，對於白領勞動移民則採取居留期限較寬鬆的措施。

　　隨著威權體制的轉型，政黨輪替的效應，臺灣國家機關自主性已不似以往的威權，公民社會對於政府勞動民政策的決定與發展，產生若干影響。而勞動移民政策雖是經濟發展與人口結構之所需，但在考慮國民權益、社會觀感，勞動移民政策之制定呈現國家機關與公民社會互相角力的互動過程。究其移民政策模型的光譜而言，傾向採取有限制性的移民措施。只是在面對企業全球化布局與「經濟掛帥」的競爭情勢下，若支持勞動移民團體的遊說更加有效，國家機關可能傾向採取較鼓勵性的勞動移民措施。因此，臺灣勞動移民政策特別著重於運用「客工計畫」，限業、限量的引進藍領外勞，以擔任本國人較不願從事的骯髒、危險、困難等之3D工作。

　　但我們仍必須正視，限量、限業、限輸出國別的藍領移工，遠渡重洋來臺履行定期勞動契約，入境後立即面對各式政策性的壓迫，包括：不得自由轉換雇主、嚴格的居留年限、費用高昂的私人仲介、家務工被勞基法排除適用、移工不得自組工會等，形成集體移工遭受奴化的客觀條件，勞動權益受到嚴重剝奪。特別是占總體移工數量逾半的家務移工，因不受勞動法令的保障，加以工作於隱蔽的家庭私領域，普遍有全年無休、超時工作、證件被扣等孤立處境，

甚而因社會支援網絡受到阻絕，而遭受文化及宗教歧視、家庭暴力及性侵害等不公對待，也間接形成高「逃跑率」的現象。而人數較少的漁工，則因勞動環境遠在海上，多半處於無勞健保、無居留證、無雙語薪資單等隔離狀態。臺灣在國境空間開放移工進入，時間上卻以「三年一期」快速汰換，藍領移工無法轉化爲長期留置的公民，也無以參與攸關己身權益的政策制定過程，其勞動權受到不平等的對待，社會權與政治權也被一併剝奪。

特別是政府積極推動實施的「公民與政治權利國際公約」和「經濟、社會和文化權利國際公約」兩公約，其中也規定或強調了「反歧視」、「法律平等保護權」以及包括「同工同酬」在內的勞工基本權益。我們任何勞工政策的制定與調整，都不應違背上述的普世價值，否則，除了必將產生不公外，也必會使國際社會認爲我國不重視人權、不重視基本勞動人權而陷我國於不義。得大家深思的是，外勞來臺幫我們解決了家中長輩的照顧問題，幫我們完成了重大工程的建設，幫我們充實工廠中必要的人力。所以，他們是我們的幫手（Helpers），而不是乞討者。對於外勞，我們既應「愼用之」、「善用之」，也應「善待之」，因此，未來政府若要考慮在大幅增加外勞引進名額之同時，亦應同步強化對外勞的服務、協助、輔導和管理，以達到我「人權立國」的核心價值。

第四節　小結

本書首先介紹移民理論以及各國移民現況，隨後於本章探討我國移民政策的發展……身爲一個土地面積有限人口有限的國家，移民政策應該著重於何處？首先臺灣是一個以人力資本爲優勢的國家，當然吸引優秀的高階人才爲重要的移民政策，然而政策面面對的問題包含：第一，哪些領域與專長是國家所需要的人才？第二，國家有甚麼優勢吸引他們至我們而非他國？第三，該如何有效率的辦理人才移入？因應上述問題，本章提出移民計分制政策，政策規劃時政府可以分析那些人才是我國目前急需以建立積分方式。另外積分制也提供對於有興趣移入我國的外國人一個清楚的規則，知道他們是否有機會移入。此外，創造國家優勢吸引人才也是必須面對的現實，國家必須建立一個讓人想居

住的環境以吸引人才，例如良好的治安、健康的環境、穩定的政治、友善的人民等……本章第二節建議部分也提到審查機關單一化、三卡制度等促進移入手續辦理的方法更爲便利可得。

　　高階人才的移民困境是要人卻沒人要來，但面對藍領移工的困境則是人太多管理困難。至2015年底，我國的藍領移工人數已經超過58萬人口，另外行蹤不明外勞也超過5萬人。這龐大的藍領移工背後也存在許多議題，首先面對的是我國是否需要這麼多藍領外勞，我國傳統產業外移嚴重，對於低階勞動力的需求到底有多少？這58萬人口代表的是58萬個工作機會，這些人是否剝奪了國民藍領工作機會一直是藍領移民政策探討的議題之一。再來面對的便是如何管理以及避免外籍勞工逃逸（逃逸後便無法管理）議題……外籍勞工爲何會逃逸？原因包含實質薪水太低、工作時間太長等等……本章也提出不得自由轉換雇主、嚴格的居留年限、費用高昂的私人仲介、家務工被勞基法排除適用、移工不得自組工會等困境，上述問題待解決也才能解決不斷增加的行蹤不明外勞問題。

參考文獻

一、中文

內政部（2008），內政部人口政策白皮書。

立法院（2009），人口販運防制法。

移民署（2011），新家鄉新生活：外籍配偶在臺生活相關資訊簡冊，內政部入出國及移民署。

王保鍵（2013），解析美國2013年移民改革政策，國會，第41卷第9期。

王文誠、施鴻志（2002），全球化趨勢，地區發展與管理，建都文化。

汪毓瑋（2008），我國專技移民及投資移民之策略研究，內政部入出國及移民署委託研究報告。

吳孟璇（2009），臺灣專業人力移民及投資移民政策之研究，逢甲大學公共政策研究所碩士論文。

林如昕（2009），政黨輪替後的外勞政策，2000-2006，臺灣大學政治學研究所學位論文。

馬福美（2008），我國移民法制之研究，師範大學政治學研究所碩士論文。

高愛玲（2008），成立外籍勞工「直接聘僱聯合服務中心」的意義及效益，臺灣勞工雙月刊，第13期。

張秋蘭（2008），外國專業人員在臺僱用與管理機制之探討，就業安全半月刊，第3卷第2期。

莊國良（2006），在臺外籍勞工人權問題之探討，臺灣勞工雙月刊，第3期。

莊國良、高愛玲（2006），當前外籍勞工的引進措施及再出發，臺灣勞工雙月刊，創刊號。

陸永盛（2001），人才政策建議書，香港新世紀論壇。

陳 菊（2001），植基於勞動人權與勞動競爭力之臺灣外籍勞工政策，國立中山大學公共事務管理研究所碩士論文。

曾嬿芬（2005），誰可以打開國界的門？—移民政策的階級主義，臺灣社會研究季刊，第61期。

彭懷恩（2003），臺灣政治發展，風雲論壇出版社。

鄭又平（2006），全球化與國際移民：國家安全角度的分析，臺北大學公共行政暨政策學系主辦「政府再造與憲政改革系列研討會，2006年2月21日。

鄭安玲、宋鎮照（2012），勞動移民政策之政經分析：臺星兩國之比較研究稻江學報，第5卷第2期。

鄭津津（2010），外籍勞工之政策及人權保障之檢視，監察院第4屆人權保障工作研討會報告。

鄭翔徽（2007），外國專業人員移民我國策略選擇之研究，中山大學公共事務管理研究所碩士論文。

劉梅君（2000），廉價外勞論述的政治經濟學批判，臺灣社會研究季刊，第38期。

藍科正、朱柔若、張秋蘭、呂建德、林嘉慧、徐柏謙、鄭建裕（2005），建立引進外國專業人員之管理機制，行政院勞工委員會職業訓練局委託研究報告。

藍科正（2006），臺灣引進藍領和白領外國人政策的比較評析，「全球化之下的人權保障與人才共享」研討會論文，臺北大學。

蘇裕國、莊國良、蔡玉鳳、鍾銘源（2006），回應「外籍勞工跑本勞哭—外籍勞工政策何去何從」乙文，臺灣勞工雙月刊，第4期。

龔尤倩（2008），客工制度安魂曲？—由臺灣與德國客工政策的比較談起，收錄於：跨界流離—全球化下的移民與移工（上冊），夏曉鵑、陳信行、黃德北主編，臺灣社會研究雜誌社。

顧玉玲（2009），移工運動的主體形塑：以「家事服務法」推動過程為例，臺灣社會研究

季刊，第74期。

二、外文

Everett S. Lee (1996). "A Theory of Migration," Demography, Vol. 3, No. 1.

Florida R. (2002). The economic geography of talent. Annals of the Association of American Geographers, 92(4).

George J. Borjas (1989). "Economic Theory and International Migration," International Migration Review, Vol. 23, No. 3.

Hall, P. (2005). Brain drains and brain gains: causes, consequences, policy. International Journal of Social, 32(11).

Iredale (2001). The migration of professionals: Theories and typologies. International Migration, 39(5).

Ite, U. E. (2000). Turning brain drain into brain gain: Personal reflections on using the diaspora option. African Issues, 30(1).

Jeffrey S. Passel, D'Vera Cohn and Ana Gonzalez-Barrera (2013). "Population Decline of Unauthorized Immigrants Stalls, May Have Reversed," Pew Research Center, Sep. 23, 2013, retrieved from http://www.pewhispanic.org/2013/09/23/population-decline-of-unauthorized-immigrants-stalls-may-have-reversed/.

John F. Simanski and Lesley M. Sapp (2013). "Immigration Enforcement Action: 2012," US Department of Homeland Security, Dec. 2013, retrieved from http://www.dhs.gov/sites/default/files/publications/ois_enforcement_ar_2012_0.pdf.

Mahroum, S. (2000). Highly skilled globetrotters: The international migration of human capital. R and D Management, 30(1).

McLaughlan, G., Salt, J (2002). Migration policies towards highly skilled foreign workers. London: Migration Research Unit.

OECD (2002). International mobility of the highly skilled. Paris: OECD.

Samuel P. Huntington (2004), Who Are We? The Challenges to America's National Identity, NY: Simon & Schuster.

Stalker, P. (2000). Workers without Frontiers: The impact of globalization on international migration. International Labor Organization.

"The Madness of U.S. Immigration Policy, Continued," Bloomberg, Sep. 26, 2013, retrieved from http://www.bloomberg.com/news/2013-09-26/the-madness-of-u-s-immigration-policy-continued.html.

三、網路資料

內政部移民署，https://www.immigration.gov.tw。

內政部戶政司，http://www.ris.gov.tw/zh_TW/346。

教育部高等教育司，http://www.edu.tw/pages/detail.aspx?Node=1088&Page=18494&wid
=c0746986-1231-4472-abce-5c5396450ba9&Index=1。

臺北歌德學院（2011），歐洲移民潮的新動向，2011年11月http://www.goethe.de/ins/cn/tai/
ges/pok/cn8368613.htm。

大紀元（2013），「美國遣返有犯罪紀錄移民5年增89%」，2013年11月5日，http://www.
epochtimes.com/b5/13/11/5/n4002957.htm。

梁勇（2013），「波城爆炸案移民改革延遲」，梁勇律師事務所，2013年4月16日，http://
www.lianglaw.com/illegal-immigrant-reform/illegal-immigrant-plan-update.htm。

中國新聞網（2014），「美國參議院提議移民改革為保通關可延後實施」，2014年2月10
日，http://www.chinanews.com/gj/2014/02-10/5816123.shtml。

苦勞網，「勞動部：透明化仲介收費，避免外勞被剝削」，http://www.coolloud.org.tw/
node/14635。

第十二章　移民面談制度

蔡庭榕

第一節　前言

　　國家任務在於維護國家安全與利益，對於非本國人（包括外國人、無國籍人、大陸或港澳人士等）之入出國境管理與移民常有面談之必要。因此，各國入出國及移民的相關法制都有面談之規定[1]。我國入出國及移民法第65條規定：「入出國及移民署[2]受理下列申請案件時，得於受理申請當時或擇期與申請人面談。必要時，得委由有關機關（構）辦理：一、外國人在臺灣地區申請停留、居留或永久居留。二、臺灣地區無戶籍國民、大陸地區人民、香港或澳門居民申請在臺灣地區停留、居留或定居。（第1項）前項接受面談之申請人未滿十四歲者，應與其法定代理人同時面談。（第2項）第一項所定面談之實施方式、作業程序、應備文件及其他應遵行事項之辦法，由主管機關定之。（第3項）」因此，依據前述第3項授權於2008年8月1日訂定「內政部入出國及移民署實施面談辦法」（以下簡稱移民面談辦法），內政部移民署（以下簡稱移民署）據以實施移民面談。然而該辦法第2條特別指出大陸地區人民進入臺灣（以下簡稱入臺）之面談須適用「臺灣地區與大陸地區人民關係條例」（以下簡稱兩岸條例）及其相關規定辦理，故依據兩岸條例第10條之1授權訂定「大陸地區人民申請進入臺灣地區面談管理辦法」（以下簡稱大陸人民面談辦法）；又同樣由上述條例第10條授權訂定之「大陸地區人民進入臺灣地區許可辦法」，該辦法第12條第13款亦規定：「大陸地區人民申請進入臺灣地區，

---

[1] 例如，美國在臺協會（AIT）明定移民與非移民簽證面談程序，並有要求年滿14歲至79歲（未滿80歲）之間的申請人在面談開始時，其左右手指紋必須先經過無墨電子掃描，以進行生物特徵採集，http://www.ait.org.tw/zh/immigrant-interview-procedures.html.

[2] 2013年8月21日已立法修正公布將「內政部入出國及移民署組織法」修正爲「內政部移民署組織法」。

有未通過面談或無正當理由不接受面談或不捺指紋之情形者，得不予許可；已許可者，得撤銷或廢止其許可，並註銷其入出境許可證。」再者，同辦法第13條第2項規定略以：「大陸地區人民為臺灣地區人民之配偶，且須接受面談、按捺指紋者，應經由指定之機場、港口入境。」又如移民署處務規程之北、中、南區事務大隊掌理事項：「九、國境內面談」及國境事務大隊掌理事項：「二、國境線入出國安全管制及面談之執行。」

　　由上述之行政組織法或作用法規定，均可推知移民面談乃有其必要性，且屬於移民署重要業務之一。因此，基於面談乃為基於國家入出境管理機關做成處分前之蒐集資料之執法作為，對其規範與執行允宜具有合理正當性，在實質正當的公益規範之法制模式下達到人權保障之內涵，是民主法治國之基本原則。故對於非本國人面談之法令規定與執行，仍應遵守我國憲法第23條之公益需求，並考量比例原則下，以明確法律規範或授權之命令執行，以達到人權保障與國家安全與利益之衡平。

　　另一方面，臺灣海峽兩岸之政治關係在1987年解除戒嚴後快速進展，兩岸四地人民交流綿密，基於入出境管理之必要，乃以法律或授權以法規命令規定相關面談措施，以確保境管安全與國家利益。

　　我國政府近年來在全球化浪潮下，採取積極進取之移民政策[3]，除保障合法婚姻及家庭權，亦積極規範與取締非法或因虛偽結婚入境之大陸與外籍人民，故依法啟動面談機制，藉以發現真實與蒐集違法資料，以管控不合許可目的入境之非國民。雖結婚係屬民法規範之私法關係，而臺灣地區人民與非大陸或外籍人士結婚，即有入出國之必要，基於國家安全與利益，遂有必要制訂規範，遂有「面談」、「按捺指紋」、「入出國檢查」等多項措施，本章旨在對大陸與外籍配偶之「面談」之法理基礎做一釐清，探討「面談」之憲法與法律面考量，進一步說明其法律內涵、性質，及其與一般法律原則之關係，最後並提出我國法律規範與執行應予著重之處。

3　例如，入出國及移民法第25條規定有依親（含婚姻）、專技、投資、人道永久居留等移民類型。

第二節 移民面談之法理基礎

以政府公權力進行面談，乃屬對人民蒐集資料以進行公權力處分之行為，對於執法客體具有權利上之影響，應有明確性之法律規定為依據，並在進行時需符合正當程序，若對處分所依據之面談有所不服者，得許其於對該處分依法提起救濟時一併聲明之[4]，始為民主法治國家符合人權的公權力作為。憲法除規定人民之權利與義務外，亦寓有國家安全與利益之保障，故在國家依據憲法成立政府，以保障基本人權，並在符合國家安全與利益或社會公益及公序之下，得以公權力干預、限制或剝奪之[5]。因此，對大陸或外籍配偶「面談」之公權力作為，是否符合憲法規範目的，即有探討必要。

壹、基本人權保障

基本人權具有普世價值，為「人」所應享有的，並不區分國籍、種族、宗教、膚色、地區而有不同。一般而言，各國對於憲法保障之權利，可區分為三種：第一，作為「人」即應享有的權利，如生命權、人身自由權等；第二，有強烈國家主權意識關連性的，屬於本國人之基本權利，如入境權、參政權等；第三，中間型態之權利，多屬受益性質，如工作權、生存權等是[6]。我國憲法內容雖規定有中華民國人民，但並未對之明確區分或限制其確切範圍。因此，仍得依據個別種類或個案歸納區分上述3種類型。至於是否得享有國民待遇之國民權或國家選舉之公民投票之公民權，則尚有討論餘地，由於此並非本文範圍，故不於此探討。茲僅就對大陸地區及外國人民（例如成為本國人之配偶）入臺依法必須面談與其基本人權關係加以析論之。

---

[4] 行政程序法第174條規定：「當事人或利害關係人不服行政機關於行政程序中所為之決定或處置，僅得於對實體決定聲明不服時一併聲明之。但行政機關之決定或處置得強制執行或本法或其他法規另有規定者，不在此限。」

[5] 公權力與私權利之衡平原則為我國憲法第23條所明確揭示之。

[6] 李震山（2009），論外國人之憲法權利，收錄於「人性尊嚴與人權保障」學術論文集，第3版，元照出版，頁346。

一、隱私權、資訊自決權、人格發展權、及人性尊嚴

　　面談可能影響外籍或大陸配偶基本權益，例如隱私權、資訊自決權、人格發展權、及人性尊嚴等基本權利[7]。雖然以上所列之權利並非憲法所明文列舉之基本權利，然基於憲法第22條規定：「凡人民之其他自由及權利，不妨害社會秩序公共利益者，均受憲法之保障」，以上人民權利仍應受到憲法保障。

　　由於面談內容可能侵及隱私、歧視作為或其他程序上之不適當方式等作為，均可能影響其隱私與人格發展權利，甚至侵及人性之基本尊嚴；若因而形成個人資料蒐集、傳遞與利用，亦可能影響個人資料保護與自決權利。再者，有時面談可能或刻意問及有關性生活間令人難以啟齒之敏感問題，亦有問及數字或其他一般人均容易混淆之內容，若非基於調查真實所確切必要時，均應予以避免作為問題。

二、婚姻自由與家庭團聚權

　　世界人權宣言之序言開宗明義的第一句即指出：「鑑於對人類家庭所有成員的固有尊嚴及其平等的和不移的權利的承認，乃是世界自由、正義與和平的基礎」。該宣言第16條更強調婚姻與家庭權[8]。婚姻係屬於人與人之間的自然行為，為人民之基本權利，實不得亦不應以任何公權力加以干涉、限制或剝奪。婚姻自由與國家主權應並行而不悖，故婚姻不宜與面談結合，亦即不得以面談作為婚姻存在與否之判斷基礎。再者，結婚只要符合法定要件，並無所謂「『假』結婚」，即使是虛偽婚姻在法定之形式要件上亦屬合法。至於是否以共同生活為目的之婚姻基礎，來審查其實質婚姻關係，作為是否准許其入境、停居留之基礎，則需進一步之觀察蒐證與處分。由於面談後之錯誤處分將影響臺灣人民及其外籍或大陸配偶之權利，例如，將對外籍或大陸配偶不予許可入境或強制其出境，除限制了外籍或大陸配偶之入境，亦影響臺灣地區配偶與其

---

[7]　隱私權、資訊自決權、人格發展權、及人性尊嚴等基本權利之意涵與憲法保障意旨，可參閱大法官釋字第603號解釋，述之甚詳。

[8]　世界人權宣言第16條：「一、成年男女，不受種族、國籍或宗教的任何限制，有權婚嫁和成立家庭。他們在婚姻方面，在結婚期間和在解除婚約時，應有平等的權利。二、只有經男女雙方的自由的和完全的同意，才能締結婚姻。三、家庭是天然的和基本的社會單元，並應受社會和國家的保護。」

共同經營家庭生活與團聚權利。因此，如何將婚姻之「形式要件」與「實質要件」做出區隔，並將入境與停居留之特性加以配合考量，對於入境前之單方面資料蒐集與面談加重規範與責任，在境管線上則應以「無罪推定」為考量，避免稍有懷疑，即不准入境，以致侵害人權。入境後之同居生活上，再予以觀察蒐證，以使之違犯者，再予以嚴懲之。因此，由以上面談管理規定，得以面談結果作為行政處分之唯一依據，則可能因判斷資訊不足而致錯誤裁量處分，影響人民權利極大。另一方面，更不可以婚姻移民面談作為控制外籍或大陸配偶來臺之手段，將違反行政法理上之「禁止不當連結」之法理。

三、入境權

　　一般而言，基於國家主權考量，非國民並無自由入境權，亦無返鄉權[9]。因此，非本國人多被歸為國家統治權中經由許可，始得進入一國之國境。在臺人民之大陸或外籍配偶，仍須遵循國家之法律規定之機制。各國常以法律明確規定入境之條件與程序，通常只要能確定結婚屬於真實，基於人性尊嚴之人道考量，應享有婚姻團聚與家庭權，而許可其得以入境，並可居留或永久居留，使配偶雙方能共同生活，經過法定期限，亦得依法申請入籍，取得國民或公民資格。然而，若入境許可與否與婚姻及家庭團聚權有牽連尚無法釐清時，若無具體明確證據確證該婚姻係屬虛偽時，仍宜以許可其配偶入境，使其營共同生活時，再予面談或訪查證實其情況，避免造成冤枉而損及基本人權。

四、程序基本權

　　面談，屬於行政調查方法之一，故應遵守行政正當程序，而相關行政程序在我國行政程序法已經有基本規定。面談前應先預知面談時間、地點、目的、方式、及應遵守事項。面談內容應與其行政目的有正當合理之連結，並應遵守誠信、平等、比例原則等，不得以出言恐嚇、要脅方式逼供。面談時宜請受面談人提供相關證件、資料或其他證據，以確證其婚姻之真實性，做出正確的處分。處分做成後，亦應告知被面談人相關救濟程序，以使程序更為完備。

9　國際人權宣言第13條第2項：「人人有權離開任何國家，包括其本國在內，並有權返回他的國家。」

五、救濟權

　　有關人民之請願、訴願及訴訟權利，爲我國憲法第16條所保障。廣義而言，訴願及訴訟權亦應屬於基本正當程序之一，對於與我國人結婚之外籍或大陸配偶，亦有其適用。面談之目的在發現其婚姻是否眞實，以爲作成入境許可、團聚停留、依親居留、長期居留及定居設籍之許可或撤銷其原處分之基礎。至於依據面談結果作成之實體決定，爲行政處分之性質，屬於形成處分。若有大陸人民面談辦法第14條規定5款情形[10]之1者，其申請案不予許可；已許可者，應撤銷或廢止其許可。由此規定可知，一爲依據面談結果作成入境許可或不許可處分，另一爲依據面談結果認定係虛僞婚姻而撤銷原入境許可及團聚、居留或定居許可處分。在面談及作成處分之過程中，若對屬於程序性質之面談，有所異議，依行政程序法之規定，僅得於對實體決定聲明不服時一併聲明之[11]。至於不服面談結果所爲處分之救濟，大陸或臺灣配偶僅得對不服實體處分，得依法提起訴願及行政訴訟，以爲救濟。

　　大陸或外籍人民因結婚入臺給予查證面談，但若無具體證據，應以許可入境爲原則，俟入境後，再賡續進行查訪確證其婚姻是否爲眞實。故原則上，應以許可其先行入境一個月，俟二度面談與查訪後[12]，始作成最後決定。若僅以面談結果作爲決定兩岸人民結婚之眞實與否，並據以作成處分，猶如僅以自白內容做爲刑事證據，而即據以作成許可其入境許可及團聚停留許可與否之處分，是否妥適，實不無疑義。

10　參考：大陸地區人民申請進入臺灣地區面談管理辦法第14條：「大陸地區人民有下列情形之一者，其申請案不予許可；已許可者，應撤銷或廢止其許可：一、無正當理由拒絕接受或未通過面談。二、申請人、依親對象無同居之事實或說詞有重大瑕疵。三、面談時發現疑似有串證之虞，不聽制止。四、無積極事證足認其婚姻爲眞實。五、經查有影響國家安全、社會安定之虞。」

11　依據行政程序法第174條之規定：「當事人或利害關係人不服行政機關於行政程序中所爲之決定或處置，僅得於對實體決定聲明不服時一併聲明之。但行政機關之決定或處置得強制執行或本法或其他法規另有規定者，不在此限。」雖臺灣地區與大陸地區人民關係條例第95條之3規定：「依本條例處理臺灣地區與大陸地區人民往來有關之事務，不適用行政程序法之規定。」然而，是否全部不予適用，應有斟酌之必要。筆者認爲受面談者對於「面談」程序不服，仍宜參照行政程序法第174條之精神，俟作成實體處分時，若對之有不服，始得一併提出之。

12　大陸地區人民申請進入臺灣地區面談管理辦法第9條：「申請人及臺灣地區配偶或親屬依第五條第二項規定接受面（訪）談後，入出國及移民署認案件複雜，無法爲即時之認定者，得同意申請人經查驗後先行入境，並以書面通知其偕同臺灣地區配偶或親屬於一個月內，至指定處所接受二度面（訪）談。」

貳、國家安全與利益維護

一、國家防衛權

　　基於憲法增修條文第11條之規定：「自由地區與大陸地區間人民權利義務關係及其他事務之處理，得以法律為特別之規定。」因此，大陸地區人民入臺之規範主要係以兩岸條例為基礎，而「大陸地區人民」之定義，依據該條例第2條第4款指：「在大陸地區設有戶籍之人民」。雖然廣義而言，大陸地區人民並未完全排除為「中華民國人民」，法制上並未將之視為「外國人」，然亦非與臺灣地區有戶籍國民同等對待，並因而訂定有大陸人民面談辦法。基於司法院大法官釋字第497號解釋亦容許特別立法及授權訂定命令規範之[13]。故基於現行我國法制，似將「大陸地區人民」視為「準外國人」之地位，亦有以「特別外國人」[14]稱之，對於大陸地區人民入臺必須符合各種法定條件，依法申請入境許可，並經各項檢查手續始得進入臺灣地區。更且，在兩岸關係的現實中，基於國家安全與社會利益考量，國家安全防衛機制與法理，仍有實施公權力管制之必要。

　　另一方面，對於外國人之面談，則依據「外國護照簽證條例施行細則」第5條第3項規定：「外交部及駐外館處得要求申請人面談、提供旅行計畫、親屬關係證明、健康檢查合格證明、無犯罪紀錄證明、財力證明、來我國目的證

---

[13] 司法院大法官釋字第497號解釋文及理由書明指：內政部依該條例第10條：「大陸地區人民非經主管機關許可，不得進入臺灣地區（第1項）、經許可進入臺灣地區之大陸地區人民，不得從事與許可目的不符之活動或工作（第2項）、前二項許可辦法，由有關主管機關擬訂，報請行政院核定後發布之（第3項）」，第17條第1項：「大陸地區人民有左列情形之一者，得申請在臺灣地區居留：一、臺灣地區人民之配偶，結婚已滿二年或已生產子女者。二、其他基於政治、經濟、社會、教育、科技或文化之考量，經主管機關認為確有必要者」，同條第7項（現行條文為第8項）：「前條及第一項申請定居或居留之許可辦法，由內政部會同有關機關擬訂，報請行政院核定後發布之」，及同條例第18條第1項第2款，進入臺灣地區之大陸地區人民，經許可入境，已逾停留期限者，治安機關得逕行強制出境等規定，於82年2月8日以內政部台（82）內警字第8273466號令發布：「大陸地區人民進入臺灣地區許可辦法」、台（82）內警字第8273459號令發布：「大陸地區人民在臺灣地區定居或居留許可辦法」，明文規定大陸地區人民進入臺灣地區之資格要件、許可程序、定居或停留期限及逾期停留之處分等規定，符合該條例之立法意旨，尚未逾越母法之授權範圍，為維持社會秩序或增進公共利益所必要，與上揭憲法增修條文無違，於憲法第23條之規定亦無牴觸。

[14] 李震山（2003），移民制度與外國人人權問題座談會，議題討論記錄，收於臺灣本土法學，第48期，頁78。

明、在我國之關係人或保證人資料及其他審核所需之證明文件。」再者，基於恐怖活動、間諜蒐情、或其他犯罪行為等跨國性作為日益猖獗，故基於國家防衛權，應可由法律規定相關查察之公權力作為，面談應屬於有效作為方法之一。

二、公共安全與利益

大陸或外籍配偶經許可入境後，其是否為真實婚姻之目的而營共同生活，抑或僅以結婚作為入境目的之手段，以達到其他目的，基於公共安全與社會利益，政府仍有繼續調查清楚之必要[15]。因此，應有法律授權入境後，應可由公權力機關依法前往訪查並面談調查其是否與入境許可目的相符合，以維護公益及私利。

移民面談機制旨在達成私權與公益兼籌並顧與衡平。我國憲法第23條規定：「以上各條列舉之自由權利，除為防止妨礙他人自由、避免緊急危難、維持社會秩序，或增進公共利益所必要者外，不得以法律限制之。」基於公權力執法原理，係以公序與公益維護為主，遵守公共目的原則，非有法律規定，原則上「民事不干預」與尊重「私生活自由」。因此，面談並非旨在干預其婚姻關係或調查是否履行婚姻約定，而是在執行是否與許可入境目的相符合之調查，作為其得否依法入境、停留、居留或永久居留，甚至入籍成為國民之必要調查。故面談屬於移民法規範中作為事實調查方法之一，作為蒐集證據資料之手段，以期正確做成處分，避免造成危害或人權侵擾。再者，縱然經面談或其他相關調查後，最後作成不予許可入境或居留之處分，其婚姻關係亦不因而終止，此乃公法與私法上之分殊處理。若有處分錯誤或其他不合法或不合理之權益侵害，則可經由法律途徑，提起相關救濟，以符合憲法保障人權之意旨。

---

[15] 蔡培源（2005），臺灣地區與大陸地區人民關係條例第10條之1「面談」規定之剖析及其實施現況之研究—並提出修法建議，中國文化大學法律學研究所碩士論文，頁8。

第三節　移民面談之立法目的、規範內涵與法律性質

壹、立法目的

一、為發現真實所必要

　　政府除了保障兩岸人民之合法婚姻，給予必要之生活輔導與協助，以使之更易融入臺灣社會外，對於大陸配偶來臺所衍生的問題，政府非常重視，也採取相關因應措施。在過去兩岸關係開放初期，由於兩岸間之經濟、政治及社會狀況差異極大，大陸地區人民極欲來臺生活，而現今兩岸人民交往頻繁，東南亞各國之經濟亦不如臺灣，基於追求更佳生活條件之「推拉」法則，有些外籍或大陸人民利用各種合法管道掩護其非法入境臺灣。而且，曾因非法偷渡風險大及成本高，故不法分子乃以虛偽結婚管道，安排大陸人民非法進入臺灣地區，其主要目的是來臺從事非法活動、工作或賣淫，以賺取更多之金錢，許多更是由人蛇集團以各種方法誘騙，使之配合辦理虛偽結婚而取得入境手續，造成臺灣地區之社會治安重大影響，乃至於國家安全亦受有危害之可能，政府乃立法規範之。

　　基於兩岸關係現階段之特殊情況，憲法增修條文第11條明定，兩岸人民權利義務關係及其他事務之處理，得以法律為特別之規定。因此，除外籍配偶之移民面談由外交部執行外，政府基於現階段大陸地區人民結婚入臺情形有些係虛偽結婚入臺，以從事非法工作或其他不法目的，政府乃增定兩岸條例第10條之1，授權主管機關實施面談，內政部亦據以訂定「大陸地區人民申請進入臺灣地區面談管理辦法」及依據入出國及移民法第65條訂定移民面談辦法，以期有效管理。自2003年9月1日起由當時之「內政部警政署入出境管理局」（現為「內政部移民署」）正式對與大陸配偶結婚者應實施面談，於當年12月1日起全面對大陸地區人民因結婚入臺團聚停留、依親居留、長期居留及定居設籍者實施面談，而且男女配偶雙方均需接受面談。若因而發現虛偽結婚，除撤銷大陸地區人民入境許可以外，將依法追訴國人相關刑責。因此，當時在作用法上，除增定兩岸條例第10條之1，並由兩岸條例授權訂定各相關法規命令[16]，以為

16　相關法規命令有：「大陸地區人民申請進入臺灣地區面談管理辦法」、「大陸地區人民按捺指紋

規範。因此，面談以蒐集資料以供作成處分，爲行政調查方法之一。而藉由虛偽結婚取得入國及居留許可，在世界許多國家，均不乏其例，然各相關國家亦多採用面談及訪查爲發現眞實之方法，以杜絕非法移民。

二、法律明確規範干預性作為

　　世界人權宣言第12條規定：「任何人的私生活、家庭、住宅和通信不得任意干涉，他的榮譽和名譽不得加以攻擊。人人有權享受法律保護，以免受這種干涉或攻擊。」因此，外籍或大陸配偶之權利應受到法律明確保護，以避免不法侵害。我國現行對外籍配偶之面談規定，僅有外國護照簽證條例施行細則第5條第3項：「外交部及駐外館處得要求申請人面談、提供旅行計畫、親屬關係證明、健康檢查合格證明、無犯罪紀錄證明、財力證明、來我國目的證明、在我國之關係人或保證人資料及其他審核所需之證明文件。」另一方面，大陸配偶之面談規定，則有臺灣地區與大陸地區人民關係條例第10條之1規定：「大陸地區人民申請進入臺灣地區團聚、居留或定居者，應接受面談、按捺指紋並建檔管理之；未接受面談、按捺指紋者，不予許可其團聚、居留或定居之申請。其管理辦法，由主管機關定之。」因而，據以訂定大陸人民面談辦法。然仍有許多問題，尚待進一步解決，甚至法律規定不足或不明確之情形。例如：

　　（一）現行法規似寓有不准入境、停居留是否即認爲婚姻無效？其關係如何？如何以面談或其他有效方式來判定其爲「假結婚」而不准其入境、停居留？是否應以「無罪推定」及美國之「條件式永久居留」（Conditional Permenent Residence）[17]方式而規定「條件式入境、停居留」方式（我國目前以三段式面談：即入境時、條件入境後一個月內、及入境後爲之），但入境後到府察看面談並未實施。

　　（二）對外國人及大陸配偶之面談規定與執行差異，是否適宜？對外國人：「得」面談，入國後是否明確追蹤查察或面談，並未受注重，以致跨國婚姻仲介業者亦可能利用此管道造就「假結婚」（Sham or Fake Marriage）之外

及建檔管理辦法」、「大陸地區人民進入臺灣地區許可辦法」、大陸地區人民在臺灣地區依親居留長期居留或定居許可辦法」、「大陸地區人民及香港澳門居民收容處所設置及管理辦法」、「大陸地區人民及香港澳門居民強制出境處理辦法」。

[17] Retrieved from http://www.uscis.gov/green-card/after-green-card-granted/conditional-permanent-residence, Jan. 22, 2014.

國配偶入境非法工作；對大陸則「應」面談，在移民署的辛苦把關下，固然遏阻許多欲循假結婚入境非法工作，然亦有許多對人權侵犯之可能事件發生（如面談後之錯誤處分、面談內容侵及隱私、歧視作爲或其他程序上之不適當方式等）。

（三）對於防止假結婚，除了形式書面資料審查外，初次之面談是否應以「無罪推定」原則做成處分，而給予「條件式入境、停居留」觀察一段時間後（例如：美國爲二年有條件式之永久居留之後，可申請取消條件而成爲永久居留身分），得由當事人舉證申請取消該條件限制（與附停止條件不完全相同），而得以取得永久居留權，在經過一定條件之後，使得歸化成爲國民，而取得國民身分證。

由於結婚登記必須以「通過面談」始得爲之，又大陸配偶入臺之團聚停留、依親居留、長期居留及定居設籍均以合法眞實婚姻爲基礎，爲避免虛僞結婚以取得入境及相關留臺資格。因此，政府有必要研訂更嚴密之移民面談機制，以發現其是否爲眞實婚姻的相關措施之一，以蒐集充分資料，作成正確之許可、不許可或撤銷、廢止其原許可處分等。至於有關結婚登記、依親居留、長期居留及定居設籍亦均有調整規定，其相關流程、權責單位及應備文件，移民署將「大陸配偶團聚至初設戶籍登記流程表」，陳列於該局網頁[18]，以供公開參考，值得肯定。

三、踐行正當行政程序

爲求取行政處分之正確無誤，必須有正確之資料作爲判斷與裁量之基礎，因此，用以發現眞實之行政調查方法之一的面談，乃有其必要。「面談」乃蒐集資料作爲要件判斷與結果裁量之基礎，在許多領域均有實施面談之情形，例如求職招募面談、績效考核面談、離職解僱面談等。因此，功能與性質上，移民面談與其他面談一樣，應屬於資料蒐集過程中之一種方法，用於公權力機關之面談，屬於行政調查之性質，爲行政行爲之一種，應遵守行政程序規範及一般法律原則，始能達到保障人民權利。因此，面談應遵守之正當程序可略列如下：

---

[18] Retrieved from https://www.immigration.gov.tw/ct.asp?xItem=1211532&ctNode=34138&mp=S021, Jan. 22, 2014.

（一）面談應事先告知

面談爲行政調查方法之一，旨在蒐集正確之事實資料，爲我國行政程序法第39條之調查事實與證據之手段之一。其進行方法與程序應遵守法律及一般法律原則，特別是行政上正當程序，含括受面談人事先被告知、得依自由意志陳述意見、提供有利自己之資料、免於自證其罪、受公平對待、以及處分事由與救濟程序之告知等正當程序。

（二）面談時間與等候時間應合理

面談時間，隨著個案性質之不同，面談之時間長短不一定，若無可疑，應不必然要面談。然而，我國兩岸條例規定，對於婚姻移民之大陸配偶採「應」面談之方式爲之[19]。面談等候時間應盡可能縮短，避免民眾無謂浪費時間，目前各國作法多以網路連結，進行預約，並取得代號，可查詢預約狀況、面談時間、面談後之處理進度等[20]，極爲人性化。

（三）面談程序

面談爲行政程序之一，應有其正當程序，有關時間、流程、面談目的、問題等均應有與行政目的具有正當合理之連結，符合明確性、比例原則、平等原則等。例如，爲求明確與避免事後爭議，乃由法律規定，對於面談過程加以錄音、錄影[21]。

（四）面談內容

面談機關備有基本題組，另配合個案得有隨機變換題型，以求在不侵擾當事人隱私權與尊嚴之餘，能發揮面談應有之行政調查之發現眞實的功能，達成

---

[19] 臺灣地區與大陸地區人民關係條例第10條之1規定：「大陸地區人民申請進入臺灣地區團聚、居留或定居者，應接受面談、按捺指紋並建檔管理之；未接受面談、按捺指紋者，不予許可其團聚、居留或定居之申請。」以上規定「應」面談，屬於羈束行政之性質。

[20] 內政部移民署已設有「大陸配偶面談時間查詢」網站，供查詢面談安排時間，網址：https://www.immigration.gov.tw/sp_immig.aspx?xdurl=aspcode/x094_2.asp，瀏覽日期：2014年1月23日；亦有專門網站供了解移民事務之申辦進度，網址：https://www.immigration.gov.tw/sp.asp?xdurl=onlineapply/inqueryApplyStatus.asp&ctNode=32318，瀏覽日期：2014年1月23日。

[21] 內政部入出國及移民署實施面談辦法第9條及大陸地區人民申請進入臺灣地區面談管理辦法第10條規定。

國家公權力目的與保障人民權利之衡平效果。

貳、規範內涵

　　爲因應政策要求，我政府於2003年9月1日正式對大陸地區人民結婚入臺進行面談作業，遂於同年12月4日入出境管理局爲辦理面談相關事項，依當時之大陸地區人民入臺許可辦法第14條辦理大陸地區人民申請入臺許可作業，特訂定發布「大陸配偶申請進入臺灣地區實施面談作業規定」[22]以爲內部行政規則性質之實施規範，並無對外之直接拘束效力。現行「大陸地區人民進入臺灣地區許可辦法」[23]第25條規定：「大陸地區人民爲臺灣地區人民之配偶，申請進入臺灣地區團聚，主管機關審查後得核給一個月停留期間之許可；通過面談准予延期後，得再核給五個月停留期間之許可（第1項）。前項通過面談之大陸地區人民申請再次入境，經主管機關認爲無婚姻異常之虞，且無依法不予許可之情形者，得核給團聚許可，其期間不得逾6個月（第2項）。」。同辦法第12條規定略以：「大陸地區人民申請進入臺灣地區，有未通過面談或無正當理由不接受面談或不捺指紋者，得不予許可；已許可者，得撤銷或廢止其許可，並註銷其入出境許可證。」再者，同辦法第13條規定略以：「大陸地區人民爲臺灣地區人民之配偶，且須接受面談、按捺指紋者，應經由指定之機場、港口入境。」

　　再者，2004年3月1日亦修正「大陸地區人民在臺灣地區依親居留長期居留或定居許可辦法」，依據該辦法第14、26及33條分別規定大陸地區人民申請依親居留、長期居留及定居之面談規定，若無正當理由拒絕接受面談或未通過面談，將分別不予許可；已許可者，撤銷或廢止其許可，並自不予許可、撤銷或

---

[22] 蔡庭榕（2001），論大陸地區人民申請進入臺灣地區面談作業規定」，警學叢刊，第35卷第4期。按該面談作業規定係於2003年92年12月4日內政部以台內警字第0920080988號函發布之行政規則，該規則共六點。第1點規定：「內政部警政署入出境管理局爲辦理面談相關事項，依「大陸地區人民進入臺灣地區許可辦法」第14條辦理大陸地區人民申請許可進入臺灣地區作業，特訂定本作業規定。」以及同規則第2點規定：「境管局應於大陸地區人民申請進入臺灣地區許可時，對婚姻關係可疑之大陸配偶及其在臺配偶實施面談。」惟實施迄今，均未曾修正，多有不合時宜之處，若已不再適用，應公布廢止之。

[23] 大陸地區人民進入臺灣地區許可辦法於1994年依據臺灣地區與大陸地區人民關係條例第14條初次訂定，經多次修正之。

廢止許可之翌日起算一年以上、五年以下之一定期間，不許可其再申請。

　　由上可知，面談爲行政調查方法之一種，其目的在於蒐集相關資料，以確證大陸地區人民與臺灣地區人民是否眞正結婚關係，以其從面談中發現其婚姻關係是否眞實，來作爲是否得以合法許可其入境處分或撤銷其入境或居留許可的依據之一。因此，面談除爲蒐集資料之行政調查方法之一外，若拒絕面談調查，其本身亦得爲處分要件之一。如上規範所列，面談幾已成爲處分之唯一要件，拒絕面談或未通過面談遂成爲行政處分之基礎，面談結果遂對當事人之影響非常大[24]，其應有嚴謹之相關規範與實施程序，有關事項規定如下：

一、面談地點

　　面談地點可區分爲入境前、中、後三種類型。在入境前之面談，亦即境外面談，外籍配偶由外交部於當地國爲之。至於大陸配偶基於兩岸政治僵局未解，以致無法在大陸進行面談。例如，依據移民面談辦法第3條規定，移民署得於受理申請當時與申請人面談，或以書面通知申請人依下列規定辦理：

　　　（一）申請人在海外地區者：至我駐外使領館、代表處、辦事處或其他外交部授權機構接受面談；

　　　（二）申請人在大陸地區者：至兩岸條例第4條第1項所定之機構或依第2項規定受委託之民間團體在大陸地區分支機構接受面談；

　　　（三）申請人在香港或澳門者：至行政院於香港或澳門所設立或指定之機構或委託之民間團體接受面談；

　　　（四）申請人在臺灣地區者：至入出國及移民署指定處所接受面談。

　　再者，若入境時在國境線上之面談，則如依移民面談辦法第4條規定，入出國及移民署得對臺灣地區無戶籍國民、大陸地區人民、香港或澳門居民先予核發入國（境）許可；俟其入境時，至入出國及移民署設於機場、港口之指定處所接受面談。若仍有懷疑其婚姻之眞實性，乃先發給一個月之入境許可，要求其於一個月內應再至移民署進行二度面談。因此，在入境後，可由移民署進行二度面談。例如，移民面談辦法第10條規定，入出國及移民署對申請人接受

---

[24] 對於大陸配偶可能影響其入境、遷徙自由、婚姻、家庭團聚權、人格發展權、人身自由權（若遭收容及強制出境）與人性尊嚴及程序保障；對於臺灣配偶亦有婚姻、家庭團聚權、人格發展權、與人性尊嚴及程序保障受到影響。

面談之說詞認有瑕疵，有再查證之必要者，應通知二度面談。臺灣地區無戶籍國民、大陸地區人民、香港或澳門居民依第4條規定接受面談後，入出國及移民署認案件複雜，無法為即時之認定者，得同意其經查驗後先行入境，並以書面通知其於一個月內，至指定處所接受二度面談。經初步面談後，若未發現問題，則許可其入境，依法規定進行團聚、居留，惟於此期間內，主管機關仍得派員前往查訪面談，以查證其婚姻之眞實性。

二、面談應具備之文件

移民面談辦法第5條規定，申請人接受面談時，應備之文件有（一）面談通知書。但受理申請當時面談者，免附；（二）身分證明文件；（三）其他佐證資料。

三、其他相關應注意事項

（一）通譯規定

依據移民面談辦法第6條規定，若申請人爲聾、啞或語言不通者，入出國及移民署於面談時，得用通譯或以文字詢問並命以文字陳述。

（二）面談人員之編組與發現犯罪之處理

依據移民面談辦法第7條第1項規定，實施面談人員由入出國及移民署指定人員擔任，以2人一組爲原則，其中1人應爲委任四職等以上人員。但指定薦任六職等以上人員者，得以1人爲之。同條第2項則規定，實施面談人員若發現有涉及犯罪嫌疑情事時，應依刑事訴訟法規定辦理。

（三）面談人員之態度與面談時間

依據移民面談辦法第8條之規定，在態度上，實施面談人員應服裝儀容整齊、態度懇切，不得施以強暴、脅迫、利誘、詐欺、疲勞詢問或其他不正當之方法。在面談時間上，則實施面談時，經受面談者同意，得於夜間爲之，並於22時截止。於機場、港口實施面談時，逾時由面談人員安排住宿處所，等候翌日接受面談。於住宿處所等候面談之食宿費用，由受面談者自行負擔。

（四）面談記錄內容

依據移民面談辦法第9條之規定，實施面談時，應由面談人員當場製作面談紀錄，並全程錄音；必要時，得全程錄影。面談紀錄，應記載下列事項：1.受面談者姓名、國籍、出生年月日、身分證明文件字號、國外住址及來臺住（居）所。2.對於受面談者之詢問及其陳述。3.面談之年月日及處所。面談紀錄應當場由面談人員或通譯人員朗讀，或交受面談者閱覽後，由受面談者親自簽名。面談紀錄、錄音及錄影資料，由移民署負責彙整，併同申請資料、文書驗證證明文件及其他相關文件，製作專卷建檔保存及管理。於國（境）外面談製作之面談紀錄，應製作二份，一份由面談機關（構）保存，另一份併同錄音、錄影資料，附於申請書核轉移民署。

參、法律性質

一、行政調查——以面談作為蒐集資料之方法

「面談」為行政調查方法之一，與按捺指紋並建檔管理措施同為管理大陸地區人民申請進入臺灣地區團聚、居留或定居者之有效方法。證之移民面談辦法第11條規定：「申請人接受面談後，其申請案許可及不予許可之處分，依相關法令規定辦理。」可知面談乃蒐集非本國人入境資料，以作為其入境或移民申請許可與否之處分依據。然而，面談與按捺指紋不同，前者之目的在於作為許可或撤銷處分之主要基礎，而後者旨在符合許可入境後之管理需要。由於目前我國在國際上之政治處境與兩岸不明確與不穩定之關係，以致在執行入出境管理機制之入境人民身分確認與發現真實上，產生一些困難，例如：（一）無法或困難在境外面談確認；（二）外籍或大陸配偶真實身分資料確認常有困難；（三）僅憑線上或辦公室面談，很難做成正確處分等。

面談為行政程序中之行政調查性質，雖屬於公權力之強制作為，除具有公權力之發現事實和證據之方法，在保障人民權利上，亦符合正當法律程序所必須之程序，亦即相對地可以使得當事人當面說清楚講明白，並可據以提出有利證據，如文件或其他有力之證據，以彰顯事實。因此，面談並非僅為公權力之單方思考，亦在於人民權利之保障上有其合理性，另則必須具有正當行政程

序,如預為告知、公平處理及相關救濟程序之教示等,均有其必要。

二、行政處分──以面談結果作為處分之依據

外籍配偶由外交部於我國駐當地國之代表處進行面談,另有規定與依法施行。至於,與臺灣人民結婚之大陸配偶入臺申請,已經到達國境線上以及境內面談者,應可給予較為嚴謹之程序保障,例如配合訪查比對措施,以發現真實,作成正確處分,勿枉勿縱,保障人權。「移民面談辦法」規定分別有境外、國境線上及境內面談。境外與國境線上面談為作成入境許可處分之行政調查方法,應擇一為之,若無法境外面談,則以機場、港口入境時面談補充之。目前基於兩岸互信基礎不足,委託民間團體在中國實施入境前面談,尚無法進行,否則應以境外面談為主,入境時之線上面談為輔。面談結果之決行,而作成許可或不許可其入境之處分。許可入境與否,雖涉及國家主權,但若受面談人已有結婚證書與公證書,已符合形式申請入臺要件,若經面試,無法證實其為虛偽結婚,則以許可其入境團聚停留為原則,再進行二度面談或其他訪查。至於是否以虛偽結婚入境,則需以入境後之訪查配合面談為最後裁量之基礎。為落實人權保障,應以境外面談為原則,明確規定其境外面談要件,作為入境許可基礎。

入境後,一律應該二度面談與查訪,若大陸地區人民虛偽結婚入臺,則其冒險入境後被遣返,乃其應負擔之風險。若以國境線上僅一次面談或入境後之一次面談為基礎,作成是否為虛偽結婚入臺之決定裁量,而予以撤銷入境許可之處分,以一次面談所得之發現真實及證據確定力是否充足?除非結婚當事人雙方均已經坦言承認虛偽結婚以取得入境許可,否則,僅以面談,甚至並未自白承認虛偽結婚,只以社會通念認知顯不相當而逕以否准申請,是否尚嫌武斷,值得斟酌。而且,已經到達境管線上,並非境外之情形可比,雖得以國家主權為由,不予入境,仍需嚴謹考量,若僅以經驗法則,而無具體事證,即判斷可能為虛偽結婚取得入境,極為容易因錯誤而侵害人權。況且,若因錯誤造成影響真婚姻,除對大陸配偶有所影響,亦對屬臺灣國民的另一半造成權利侵害,不可不慎。更且,以境外面談所作成之結果,係作為決定是否許可入境之處分,屬於形成處分之許可入境設定法律關係;而到達國境線上或入境後之境內面談結果所作成之處分,係可能為作成入境許可處分或撤銷(或廢止)入境

許可及團聚停留、依親居留、長期居留及定居設籍之法律關係。故在入境前後之否准，在法律性質上不同，在人權保障程度上亦有相當差異，不可一概而論而等同視之。

因此，依據大陸人民面談辦法第5條之規定，可分為境外、國境線上、境內面談，另有二度面談之規定。「境外面談」是為「作成入境許可」處分之行政調查，「線上面談」應為確認其入境許可與入境目的是否相符，以供是否「撤銷團聚、居留或定居許可」處分之依據，並附隨有不予許可入境之法律效果。再者，境內面談或二度面談之目的在於確認是否虛偽結婚之行政調查，以作為是否撤銷其團聚、居留或定居之處分，而予以強制收容與強制出境。解決之道在於境外面談以發現真實，若有虛偽結婚，即不予許可其入境，但由於目前我國移民署並未於大陸設分支機構，無法於入境前先行面談，而僅為書面形式審查，亦對於在臺配偶面談，作為是否許可大陸地區人民入臺之許可處分，由於並無法直接對於大陸配偶直接面談進行實質審查，或交叉詢問比對，以發現其婚姻之真實狀況，故若無明確證據證實為虛偽婚姻，應與許可其入境為原則，因其具有結婚證明又有保證人，並符合相關申請手續。惟可於入境時對於大陸配偶進行面談，並比對原先在臺配偶之面談內容，以發現真實，據以作成是否許可其入境之依據。若仍有疑義，則得依據現行規定，先予同意入境後，給予停留效期，並進行二度面談，若執法人力充足，允宜進行實地訪查，以蒐集確切資料，使依法作成正確處分。因此，境外及國境線上面談為入境及團聚停留許可前之面談；至於二度面談或取得依親居留、長期居留或定居設籍之面談，則可能為作成或撤銷（或廢止）處分之基礎。

無罪推定原則之適用，不可以「寧可錯殺一百，而不能放走一個」之心態來進行調查蒐證與處分。由於「面談」僅是發現真實與證據之行政調查方法之一，若執法人員以調查有錯誤而致處分瑕疵仍可依法救濟之心態執法，將造成基本人權之嚴重斲傷。特別是面談常涉及主觀看法，而在客觀證據尚不足時，允宜以無罪推定原則進行處分，以保障基本人權。然而，在法制上，應可加強大陸或外籍配偶入境前之在臺之調查與規範，並透過2009年兩岸簽訂之「海峽兩岸共同打擊犯罪及司法互助協議」[25]之合作事項，以強化其真實之責任確

25　2009年4月30日行政院院台陸字第0980085712A號函依「臺灣地區與大陸地區人民關係條例」第5條第2項予以核定；並送立法院備查。

保；以及在大陸或外籍配偶入境後之訪查、面談或相關調查，以查察其是否與許可入境目的相符合，而非因不當或不法之公權力作為，以致嚴重侵害人民之婚姻權、家庭團聚權、以及其他基本人權。

第四節　移民面談應遵守之一般法律原則

政府若基於國家安全與利益及社會治安與秩序理由，而干預、限制或剝奪人民基本權利，應符合一般法律原則。因此，面談相關法令規定，乃有以一般法律原則加以探討之必要。

壹、法律保留原則

外籍配偶之面談要件或方式未有明確規定，僅有外國護照簽證條例施行細則第5條第3項：「外交部及駐外館處得要求申請人面談、提供旅行計畫、親屬關係證明、健康檢查合格證明、無犯罪紀錄證明、財力證明、來我國目的證明、在我國之關係人或保證人資料及其他審核所需之證明文件。」另一方面，大陸配偶之面談規定，有臺灣地區與大陸地區人民關係條例第10條之1：「大陸地區人民申請進入臺灣地區團聚、居留或定居者，應接受面談、按捺指紋並建檔管理之；未接受面談、按捺指紋者，不予許可其團聚、居留或定居之申請。其管理辦法，由主管機關定之。」因而，訂有「大陸地區人民申請進入臺灣地區面談管理辦法」。然而，在兩岸人民結婚之戶籍登記，新增「面談通過」要件，應有法律保留原則之適用。因其「登記」許可與否，係影響人民權益之處分，如健康保險權益等。再者，大陸人民面談辦法規定許可入境或撤銷、廢止入境許可之實質法律效果之妥當性，尚有爭議。由於大陸人民面談辦法應非大陸人民進入臺灣地區許可處分之法律依據，而是屬於行政調查資料之面談規定，卻在大陸人民面談辦法第14條第1項第1款規定，大陸地區人民無正當理由拒絕接受或未通過面談，其申請案不予許可；已許可者，應撤銷或廢止其許可。又同條項第3款規定，面談時發現疑似有串證之虞，不聽制止。

由於未通過面談者，其申請（團聚、居留或定居）案不予許可，已許可

者，應撤銷或廢止其許可。又依據同辦法第15條規定，未通過面談者，亦將附隨有嚴重之法律效果，亦即「大陸地區人民抵達機場、港口或已入境，經通知面談，有前條各款情形之一者，其許可應予撤銷或廢止，並註銷其入出境許可證件」。在線上或境內面談之後，可能導致有撤銷有效入境許可、一併撤銷有效入境許可及團聚、居留或定居許可，並附隨有逕行強制出境或限令出境之法律效果。因此，移民面談應依據法律及一般法律原則爲之。

貳、法律明確性原則

由於面談關係到對於接受詢問人之權利與義務。因此，必須有法律之明確規定，以符合法律明確性原則。特別是面談乃行政調查判斷與蒐證作爲行政處分之裁量基礎，牽涉當事人權利至鉅，特別是面談時間、地點、程序（錄音、錄影）、面談內容、面談類型，均有影響。因此，應以法律明確規定，而非僅如目前法律規定依附於兩岸條例及進入臺灣地區面談管理辦法。

參、比例原則

面談內容應以達成目的並對受問對象最小侵害爲原則，故對於與面談或執法目的無關之問題，應避免作爲詢問內容。又如申請定居案件之面談，應避免臺灣地區配偶利用「面談」，惡意阻攔大陸配偶入境，而達到離婚或報復之目的。再者，面談旨在作爲處分時協助判斷或裁量方法之一，若無具體明確事證可以證明虛僞結婚之情形，實不宜僅以面談之主觀上認知即作爲處分之唯一依據。否則將有違比例原則。

肆、平等原則

世界人權宣言第1條之主體思想與第2條之平等原則，均宣示了人之平等

權利應受尊重與保護[26]。我國憲法第7條[27]規定平等權保障，並將之落實於法律中執行，例如行政程序法或其他相關行政法之要求，經應依法行政，平等對待之。特別是關於非屬於國民或公民權而爲普世價值之「人權」範疇，更不宜基於國家安全或利益，而將大陸與外籍配偶爲不同之對待。雖各國對於不同國家，基於「國家主權」與利益考量，亦得給予不同對待，亦有免簽證、落地簽證、及必須簽證之區別，而且，美國對於日本及中東人士之集體行動自由限制等。然而，若面談後否准大陸地區人民結婚入臺之處分，除大陸配偶爲當事人，而臺灣地區配偶亦爲利害關係人，均得依據行政程序法規定，參與行政程序。由於現行規定，面談結果爲處分之唯一依據，將嚴重影響兩岸配偶權利，一爲對臺灣配偶之婚姻團聚及人格發展，另一爲對大陸地區人民而言，更多加上可能之人身自由剝奪（收容）及入境權之影響。

伍、正當法律程序

如何從面談中發現眞實或不眞實？因而做成正確處分與否？是爲最大困難。因此，面談官之裁量基準與程序之建立，是否有可能？亦即明確錯誤、模糊錯誤等不同程度之懷疑，例如美國警察執法或醫生判斷之「徵兆」、「臆測」、「合理懷疑」或「相當理由」、「無庸置疑」來決定處分種類（並非入境與否之「零和」，可以有多種方式爲之）。否則僅由面談官主觀上決定，極易造成錯誤，而有更多之訴願、訴訟之救濟案件發生。

外籍或大陸配偶面談及其處分之作成，應遵守實體與程序正當。面談與因面談結果所作成之處分，在實體上，由於大陸地區人民結婚入臺，配偶之一方分別爲臺灣與大陸居民，對於其權利之限制或剝奪，應基於合理且實質正當之法律規定爲宜，故對其權利之干預，應基於公益原則，且以法律作明確之規定，並應避免不合目的性之法律規定與執法措施，例如，面談係爲了發現是否

---

[26] 世界人權宣言第1條：「人人生而自由，在尊嚴和權利上一律平等。他們賦有理性和良心，並應以兄弟關係的精神相對待。」第2條：「人人有資格享受本宣言所載的一切權利和自由，不分種族、膚色、性別、語言、宗教、政治或其他見解、國籍或社會出身、財產、出生或其他身分等任何區別。並且不得因一人所屬的國家或領土的政治的、行政的或者國際的地位之不同而有所區別，無論該領土是獨立領土、托管領土、非自治領土或者處於其他任何主權受限制的情況之下。」

[27] 憲法第7條：「中華民國人民，無分男女、宗教、種族、階級、黨派，在法律上一律平等。」

虛僞結婚，而非用來遏阻大陸人民來臺，並應避免濫用裁量，而以完全非相關內容質問受面談者，並以其不相關之事由作爲處分決定之裁量基礎。再者，對於隱私權保障亦應予以兼顧，面談蒐集之資訊，應保障隱私及資訊自決權。在程序上，仍有遵循行政程序法規範意旨之必要。例如，告知面談之目的與其相關權利，如移民署面談筆錄內容，即曾印有面談時：（一）得保持緘默，無需違背自己之意思而爲陳述；（二）得選任辯護人；（三）得請求調查有利之證據。使其自主任意回答或陳述意見，並得提供相關證據，有利不利之情形均予以兼顧。若能面談與訪查兼顧，進行交叉比對後，對於發現是否眞實婚姻將有極大幫助。

再者，對於大陸地區人民入臺許可辦法第19條第1項第13款規定，「未通過面談」爲得不予許可大陸地區人民入臺，或已許可者，得撤銷或廢止其許可，並註銷其入出境許可證。對於大陸地區人民結婚入臺之申請者而言，其已經具有結婚證明及在臺保證人時，若僅以在臺配偶一方未通過面談，而否准大陸地區人民結婚入臺許可申請，從配偶雙方之人權保障而言，眞實結婚與否，僅依據一次單方之面談結果，並由行政機關依據其裁量權，甚至面談官之裁量權，即作成否准其入境申請、婚姻登記、停留、居留、及定居之許可。其可能因程序權保障不足導致實體處分錯誤，造成眞實有效之婚姻、家庭權及人格發展權受到嚴重影響，而大陸配偶更可能因未通過面談而遭「收容」及「強制出境」之處分。如此，僅以「未通過面談」而不予許可之法律規定內涵，是否符合「實質正當」原則與程度之檢驗，不無斟酌餘地。若仍僅以此屬於國家主權之統治權決定，而以「入境權」爲處分主要且優先考量之基礎，係忽略人民之其他權利之保障，其妥適性，值得進一步思考。

舉證責任不宜完全由受面談人負擔。雖然可以要求受面談人有協力之義務，例如，提供相關身分證明文件或結婚證書等，亦可由當事人提供對其有利之證據，然不宜強制當事人舉證，否則即推定面談不通過而不予許可其入境之處分。再者，訪查爲進行面談之必要前置程序：依據大陸人民面談辦法第4條規定第1項：「入出國及移民署受理大陸地區人民申請進入臺灣地區團聚、居留或定居案件時，應於受理申請後一個月內，訪查申請人之臺灣地區配偶或親屬之家庭、身心、經濟等狀況，供作爲審核申請案之依據。」及同辦法第2項規定：「申請人之臺灣地區配偶或親屬在臺灣地區者，經審認有進行訪談之必

要時，入出國及移民署應以書面通知其臺灣地區配偶或親屬接受訪談。」再者，如執行人力充足，將「訪查」與「面談」均由同一組男女2名執法人員所組成進行作業，除可收訪查與面談之比對效果，亦可由同性別人員進行訪查與面談，而進一步保障人權。另一方面，依據大陸人民面談辦法第4條之規定方式，若是針對大陸配偶未入境而已經在大陸辦妥結婚手續者之申請，如僅有臺灣配偶之單方面生活情況訪查及訪談，是否對於防止虛偽結婚之預期效果有幫助，值得觀察。

第五節　現行相關面談之規範議題與執行注意事項

壹、規範議題

一、大陸配偶與外國籍配偶之對待，非有正當理由，不宜為差別待遇

目前對於大陸地區人民在入出境及停、居留管理規範上，似具有「準外國人」或「特殊外國人」之地位，然與外國人之規範法律不同。我國將大陸地區人民結婚入臺與外國人與臺灣地區人民入臺之入出境及停居留許可作不同對待。前者適用兩岸條例，而後者適用「入出國及移民法」及「國籍法」辦理，然其權益若無正當理由，則不宜有差別待遇。

二、面談及其處分之作成，應遵守實體與程序正當

面談乃入出國及移民行政中蒐集相關對象資料方法之一，故藉由面談取得之資料旨在供給主管機關作成相關人等申請入出國或移民之准駁處分之基礎。依據兩岸人民關係條例之規定，面談取得之參考資料乃影響大陸地區人民結婚入臺與否，配偶之雙方分別為臺灣與大陸居民，面談通過與否將對於其權利之限制或剝奪，嚴重影響其權益，故應符合實質正當法律程序（Substantive Due Process of Law），亦即其規範應以明確地法律規定為依據。另一方面，面談及其處分之作成，亦應遵守程序正當法律程序（Procedural Due Process of Law），亦即在面談及處分之程序上，仍有遵循行政程序法規範重要內涵之必

要。面談時先告知其面談之目的與其相關權利與義務，將各種面談之注意事項均給予明確依序告知相對人。例如，移民署面談筆錄內容，即曾印有面談時：1.得保持緘默，無需違背自己之意思而爲陳述；2.得選任辯護人；3.得請求調查有利之證據。因此，面談之環境與程序宜使被面談人能自主回答或陳述意見，並得使之提供相關佐證，有利不利之情形均予以兼顧。因此，宜避免僅以此屬於國家主權之統治權決定，而以犧牲「入境權」爲處分之考量基礎，忽略人民其他權利之衡平，其妥適性，允宜斟酌。

三、入境前後面談之性質差異

大陸地區人民結婚入臺申請，已經到達國境線上以及境內面談者，應可給予較爲嚴謹之程序保障[28]，例如配合訪查比對措施，以發現眞實，作成正確處分，勿枉勿縱，保障人權。相關「面談辦法」規定分別有境外、國境線上及境內面談。境外與國境線上面談爲作成入境許可處分之行政調查方法，應擇一爲之，若無法境外面談，則以機場、港口入境時面談補充之。目前基於兩岸尚無法互設辦事處，以致仍無法在大陸地區即實施入境前面談，而必須以入境時之線上面談或入境後再二度面談。許可入境與否，雖涉及國家主權，然臺灣地區已經改採登記結婚方式，若受面談人已有結婚證書與公證書，已符合形式申請入臺要件，若經面試，無法證實其爲虛僞結婚，則以許可其入境團聚停留爲原則，再進行二度面談或其他訪查。

四、是否虛僞結婚入境需以入境後之訪查配合面談為最後裁量之基礎

若大陸地區人民虛僞結婚入臺，則其冒險入境後被遣返，乃其應負擔之風險。若以國境線上僅一次面談或入境後之二次面談爲基礎，作成是否爲虛僞結婚入臺之決定裁量，而予以撤銷入境許可之處分，以一次面談所得之發現眞實及證據確定力是否充足？除非結婚當事人雙方均已經坦言承認虛僞結婚以取得入境許可，否則，僅以面談，甚至並未自白承認虛僞結婚，只以社會通念認知

---

28 面談及其許可、不許可處分作成，應遵守行政程序法之規定，應預先告知面談之事由及可能產生之法律效果，並將面談之時間及順序予以公開透明（目前移民署均置之於網站，以供相關民眾公開查詢，值得肯定）；給予充分陳述之機會，甚至得由其提出有利證據，並以訪查或其他方法進行調查事實和證據，以作爲處分之裁量基礎（由應避免裁量濫用），態度上應避免主觀臆測或惡意對待；應告知處分之內容與理由，以及若有不符之相關救濟程序。

顯不相當而逕以否准申請，恐嫌武斷，值得斟酌。而且，已經到達境管線上，並非境外之情形可比，雖得以國家主權爲由，不予入境，仍需嚴謹考量，若僅以經驗法則，而無具體事證，即判斷可能爲虛僞結婚取得入境，極爲容易因錯誤而侵害人權。況且，若因錯誤造成影響眞婚姻，除對大陸配偶有所影響，亦對屬臺灣國民的另一半造成權利侵害，不可不愼。更且，以境外面談所作成之結果，係作爲決定是否許可入境之處分，屬於形成處分之許可入境設定法律關係；而到達國境線上或入境後之境內面談結果所作成之處分，係可能爲作成入境許可處分或撤銷（或廢止）入境許可及團聚停留、依親居留、長期居留及定居設籍之法律關係。故在入境前後之否准，在法律性質上不同，在人權保障程度上亦有相當差異，不可一概而論而等同視之。因此，境外及國境線上面談爲入境及團聚停留許可前之面談；至於二度面談或取得依親居留、長期居留或定居設籍之面談，則可能爲作成或撤銷（或廢止）處分之基礎。

五、訪查為進行面談之必要前置程序

依據大陸人民面談辦法第4條規定第1項：「入出國及移民署受理大陸地區人民申請進入臺灣地區團聚、居留或定居案件時，應於受理申請後一個月內，訪查申請人之臺灣地區配偶或親屬之家庭、身心、經濟等狀況，供作爲審核申請案之依據。」及同辦法第2項規定：「申請人之臺灣地區配偶或親屬在臺灣地區者，經審認有進行訪談之必要時，入出國及移民署應以書面通知其臺灣地區配偶或親屬接受訪談。」然若僅憑面談結果，即作成或撤銷入境或居留之許可，似與此規定並不完全相符。再者，如執行人力充足，將「訪查」與「面談」均由同一組男女2名執法人員所組成進行作業，除可收訪查與面談之比對效果，亦可由同性別人員進行訪查與面談，而進一步保障人權。另一方面，依據大陸人民面談辦法第四條之規定方式，若是針對大陸配偶未入境而已經在大陸辦妥結婚手續者之申請，如僅有臺灣配偶之單方面生活情況訪查及訪談，是否對於防止虛僞結婚之預期效果有幫助，值得觀察。

六、面談管理辦法規定實質法律效果之妥當性

由於大陸人民面談辦法並非「大陸人民進入臺灣地區非許可辦法」，而是屬於行政調查之面談規定，卻在該辦法第14條規定：「大陸地區人民有下列情

形之一者，其申請案不予許可；已許可者，應撤銷或廢止其許可：一、無正當理由拒絕接受或未通過面談。」該條文中之「其申請案不予許可」未指明係「申請面談案」、「申請入境案」或「申請因結婚入籍案」或其他申請案，並不明確，值得斟酌之。

貳、執行注意事項

茲列舉「面談」相關執行程序與其他注意事項如下，藉供參考：

一、面談通過始得為婚姻登記之商榷

自2004年3月1日起，兩岸人民婚姻登記，並需多加一道手續，亦即通過面談後，必須蓋上「面談通過」始得至戶政事務所辦理結婚登記。戶政事務所受理臺灣地區與大陸地區人民結婚登記案件，申請人除應依現行規定檢附經海基會驗證之結婚證書正本等相關證明文件外，另須檢附該大陸配偶進入臺灣地區入出境許可證有內政部移民署加蓋「通過面談，請憑辦結婚登記」章戳，及停留效期更改為「六個月」之延期戳記，作為大陸配偶入境辦理結婚登記之核驗依據。惟此變革應有法律保留原則之適用，否則，以命令規定法律對人民所無之限制，將不合憲法規定。況且結婚登記之准否，亦可能具有法律效果，例如，將有影響當事人之健康保險權及其他相關權利。「大陸地區人民入臺面談」之性質屬於蒐集資料以供作為行政形成處分之入境許可或將已經許可之入境團聚停留、依親居留、長期居留或定居設籍撤銷。因此，面談及其產生處分，對當事人權益影響極大，應依法行政，在實體及程序上予以完備規範與合理正當實行之。

二、二度面談考量

大陸人民面談辦法第9條之二次面談規定，值得肯定，若能輔以實地訪查，將更能發現真實，況面談辦法已有規定，並屬於羈束性，應有依法實施之必要，並宜補足執法人力，避免未依法踐行此程序規定。

三、面談室之安全考量

面談室之安全設備需完善，四面安全牆面，部署宜簡單實用，除必備之電腦機件、文具及錄音、影設備外，並無他物。

四、全程錄音、錄影

面談室依法設置全程錄音錄影設備。並可容許由律師到場。再者，需作成要式面談記錄，朗讀或閱覽後，親自簽名。若記錄有誤，可要求更正；如拒簽名，則載明拒簽事由。

五、資料妥善保存

面談紀錄、錄音及錄影資料，由移民署負責彙整，併同申請資料、文書驗證證明文件、面談辦法第4條第1項訪查結果資料及其他相關文件，製作專卷建檔保存及管理，以供參考。於境外面談製作之面談紀錄，應製作二份，一份由面談處所保存，另一份併同錄音、錄影資料，附於申請書核轉移民署，留存以供查考。

六、以正當方法實施面談

大陸人民面談辦法第11條規定：「實施面談人員於面談時，應服儀整齊、態度懇切，不得施以強暴、脅迫、利誘、詐欺、疲勞詢問或其他不正當之方法爲之。」關於是否具有緘默權？依據大陸地區人民入臺許可辦法第19條第1項第12款規定：「未通過面談或無正當理由不接受面談或不按捺指紋」得不予許可進入臺灣地區，已許可者，得撤銷或廢止其許可，並註銷其入出境許可證。由此規定推論，若緘默不答，將無具體資料據以作成處分，而且當事人應有協力之義務，亦得舉證或提供有利資料，使面談官信服，以證實其婚姻係眞實，裨作成正確處分。

七、面談人員編組與詢問内容

考慮面談官之素質，又面談多有可能涉及性別相關隱私，應可考慮男女面談官2人爲一組，分別對於男女配偶進行面談查證。且以一組到底方式爲之，

例如美國描述虛偽婚姻以期起得永久居留身分之「綠卡」（Green Card）影片內移民官作法，可以避免尷尬，值得參考。再者，由於法律規定需有2人為一組，則實務上應受其羈束。目前實務上應避免面談人力與能力不足，而影響做成正確決定之品質。再者，同時以隔離詢問方式為之，若為虛偽結婚之背誦套招方式，將容易被問出破綻。面談之詢問內容，應符合目的性，合義務性裁量。並宜避免非必要之涉及隱私之問題。又面談後係採自由心證原則，如行政程序法第43條之規定。行政裁量之外部，只要在法律授權範圍內，皆應受合法之評價。然就內部而言，行政機關負有尋求正確方法以達成目的之義務。亦即法律授權之裁量，其內部仍應有妥當性因素之指導，是為「合義務性裁量」。若執法者有主觀上之不良動機，可能構成裁量瑕疵[29]。

第六節　小結

移民面談在世界各國移民制度中均有其必要性，而移民面談法制與執行均須顧及人民基本權利保障之衡平。尤其是婚姻與家庭團聚權為世界人權宣言所強調之主體思想之一，亦為我國憲法所保障之基本人權。若該等權利與國家主權之國境管理之入境或居留許可有牴觸時，政府應詳細廣泛收集正確資訊，以發現真實，避免僅因面談之主觀判斷而尚缺乏客觀具體事證，即拒絕外籍或大陸配偶入境，允宜加強相關配套措施，訂定與執行明確規範，以保障人權，並達成行政任務。面談，係行政調查方法之一，其目的在於蒐集資料，藉以發現真實，而以其結果作為外籍與大陸配偶入臺許可及撤銷或廢止其入境許可與停留、居留或定居許可處分之主要依據之一。對於外籍配偶之面談於2005年1月起由集體面談改為個別面談後，對遏止虛偽結婚以取得入境與居留許可之情形，具有相當成效。另一方面，對於大陸配偶則在兩岸條例新增面談規範之後，亦據以訂定多項法規命令，以為執法依據，大陸人民面談辦法施行後，對

---

[29] 德國行政法院判例提出有下列裁量行為內部之主觀瑕疵：1.依行政人員個人意欲而來之隨意；2.無動機之情緒；3.對事物之誤解而引起之恣意；4.加以損害之意圖；5.奸計或惡意之妨害；6.政治上偏見引起之濫用權利；7.直覺地反感或嫌惡；8.對個人有利之同情；9.行政人員個人之利益或好惡；10.援用其他合法目的掩飾真正目的（事件之無關聯性與違背目的性）。

於防制或查緝虛僞結婚極具成效，然相關配套措施，允宜嚴謹規制，以使公益維護與人權保障得到最佳衡平。特別是如何能在發現眞實之面談作爲及相關配套措施中，亦達到保障人權要求，考驗著政府之智慧、誠意與能力。基於保障人權，若「面談」能輔以實地「訪查」作爲，並進行交叉比對資料，對發現眞實必有幫助，惟必須有充足之執法人力爲前提，來確保調查品質及其處分之正確性，以保障人權及提升行政效能。

境外面談結果，可以作爲許可其入境與否之參考依據，若基於目前之政治現實考量，兩岸尚未互設分支機構來執行境外面談，則可以機場、港口之國境線上面談替代其功能。至於境內面談之目的，在於發現其婚姻眞僞，以爲是否撤銷其入境許可及居留或定居許可之參考要件。然而，基於保障人權，在國境線上之面談，尤其是境內面談之結果，若能輔以訪查作爲，並進行交叉比對資料，對發現眞實必有幫助。而且在面談後相關許可、不許可入境之處分或撤銷、廢止已許可之處分，宜以「無罪推定」之精神考量之，而非如大陸人民面談辦法第14條第3款：「面談時發現疑似有串證之虞，不聽制止」或第4款：「無積極事證足認其婚姻爲眞實，即爲不通過情形之一。如此以無法證實其婚姻爲眞實，即爲不通過之邏輯，似乎主觀上已經預設其婚姻爲虛假，若面談無法證明其爲眞實，即構成其不予許可入境或撤銷已有許可之事由，如此將對人權保障有所不足，並非所宜。最後，應使實施面談人力充足、加強專業能力、完備相關配套法令，提升面談品質與正確度。須知人權之尊重與公權力之貫徹，乃不可偏廢。故面談及其後續有關處分之作成，必須在實體及程序上考量其實質正當，以保障人權，維護治安。

參考文獻

一、中文

李震山（2009），論外國人之憲法權利，收錄於「人性尊嚴與人權保障」學術論文集，第3版，元照出版。

李震山（2003），移民制度與外國人人權問題座談會，議題討論記錄，收於臺灣本土法學，第48期。

蔡培源（2005），臺灣地區與大陸地區人民關係條例第10條之1「面談」規定之剖析及其
　　實施現況之研究－並提出修法建議，中國文化大學法律學研究所碩士論文，2005年6
　　月23日。
蔡庭榕（2001），論大陸地區人民申請進入臺灣地區面談作業規定，警學叢刊，第35卷第
　　4期。

二、網路資料

內政部移民署，「大陸配偶面談時間查詢」，網址：https://www.immigration.gov.tw/sp_
　　immig.aspx?xdurl=aspcode/x094_2.asp，瀏覽日期：2014年1月23日。
內政部移民署，供了解移民事務之申辦進度，網址：https://www.immigration.gov.tw/
　　sp.asp?xdurl=onlineapply/inqueryApplyStatus.asp&ctNode=32318，瀏覽日期：2014年1
　　月23日。
http://www.uscis.gov/green-card/after-green-card-granted/conditional-permanent-residence, re-
　　trieved from Jan. 22, 2014.
https://www.immigration.gov.tw/ct.asp?xItem=1211532&ctNode=34138&mp=
　　S021, retrieved from Jan. 22, 2014.
http://www.ait.org.tw/zh/immigrant-interview-procedures.html, retrieved from Jan. 22, 2014.

第十三章　移民管理的發展

陳明傳

第一節　前言

　　移民管理之未來發展，應可包含移民理論之未來發展、移民管理在法制方面之未來發展、移民管理在政策方面之未來發展以及移民管理在實務方面之未來發展等多項之議題。本章擬逐一的將此類議題，作詳盡之討論如下列各節之論述。

　　當然移民之管理議題，不僅是包括上述之問題，然如何先擬定一個較完整且具體之移民政策，來規範我國移入與移出之人流之管制，確實爲移民管理求其有效的首要與最爲基礎之工作。唯可惜者，乃我國至今仍較爲缺乏此具體與完整的移民政策之規範，故而實應在此方面多下功夫加以處理與研發。至於據此政策規範而修定相關之移民法制與實務之作爲，亦將更能逐漸的完備，而能直接或間接的促進我國社會之安寧秩序與經濟之發展。

　　至於移民理論之發展，亦爲幫助研究者了解與解釋移民之現象，亦能讓移民政策之釐定時有所憑藉，進而使得移民之管理實務能漸臻圓滿與有效。因此了解與認知當今之移民相關之理論，以及促進更爲有解釋能力之移民理論之產生，亦誠爲移民研究者之重要使命與責無旁貸之任務。

第二節　移民理論的發展

　　人口移動或移民（Migration）的研究領域，根據本書第二章之論述，必須是多方面的提供多層次的分析。然而人口移動的研究具有四個不同的研究議題，其中包括人口移動的起源、人口移動的方向和連續性、如何利用移民的勞

力,以及移民的社會與文化之適應等等議題。[1]此四個議題,可以用不同層級或者不同的工具加以分析,並且都要加以個別的關注與研析。時至今日某些移民之理論已經有針對一個或兩個議題予以研究,然而一個全方位的移民研究模式卻不甚普遍。但是釐定一個可以解釋此四個面向的理論發展,仍然是移民理論研究的終極目標。[2]

如本書第二章所述,在人口移動決定因素的研究領域中,目前有各種理論模型或援用不同的概念、假設、研究架構以及不同模式的分析觀點。因為大部分的移民理論模型,大都從實證觀察研究之中發展出來,因此其往往受到不同學門的隔離,因此產生了門戶之見而無法作全方位的整合。[3]現代人口移動的文獻資料就曾論述,各類移民理論之研究方法,雖然提供不同的假說,然而其不應該是相互排斥的,而是必須相互的補充,以便研究出人口移動的真實全貌。

爾來移民理論之最新論述與創新的理論架構建議,應屬牛津大學的牛津馬丁學院(Oxford Martin School)之論說。至其主要的論述乃認為,移民之研究需要更緊密地整合起來,故而其不僅是關注移民問題未來發展的方向,更需要專注於其與大環境變遷、社會轉型以及經濟發展等較為廣泛問題之關聯性。因此當研究移民理論之發展以及移民政策之相關問題時必須認知到,移民不只是社會發展中不想要的副產品,而是當社會和經濟的發展進程中,融入全球經濟不可避免的過程。[4]

移民研究學者Castles曾提議必須考量學者Polanyi的研究移民議題時,其所倡導的必須同時整合社會轉型與其對社會的經濟影響等兩種因素。[5]冷戰結束後的全球化,體現了重大的社會變化,其導致不同形式的社會轉型,其中例如於已開發國家中之社會福利的敗壞、生產的重新規範等問題;或者在發展中國家之農業與社會秩序的敗壞,以及在大城市區域中的簡陋城鎮之不斷形成等等社會的問題。因此人口移動之研究以及任何移徙與其發展關係的研究,必須在

---

1   Portes (1999). Immigration theory for a new century: Some problems and opportunities.

2   Kurekova (2011). Theories of migration, pp. 3-4.

3   Castles (2008). Development and Migration-Migration and Development: What comes first?

4   De Haas (2007). Turning the Tide? Why development will not stop migration.

5   Castles (2009). The Age of Migration-International Population Movements in the Modern World.

更廣泛跨領域的分析其社會結構，以及其與全球化的相互影響關係。而此研究之模式，就需要以巨觀（macro）、中庸觀（mezzo）與微觀（micro）等觀點與方法來衡量人口移動因素的變革，同時認知全球變遷之相關因素，對於各地方與全國有不同的影響效果；同時此影響效應亦會受到各地區之不同歷史經驗與文化因素之左右。

在上述人口移動之基本概念和其所提議的研究方法影響之下，前述牛津馬丁學院之移民研究者，回應了此人口移動之的觀點與研究方法。至其觀點簡述之乃爲：「綜觀人口移動之理論與研究，在解釋國際的遷徙時，一個較令人滿意的理論論點，則應必須包含至少四個元素：1.已開發國家促使發展中國家人民移入的結構性措施；2.必須周延規劃此結構性的措施，吸引發展中國家人民之移入；3.考量移民者之動機、目標和願望，及其對於這些結構的吸引力有所反應，而成爲國際移徙者；以及4.相關之社會與經濟的結構或措施，其必須能影響移出或移入之選擇」。[6]

因此移民研究學者Castles、de Haas以及Collinson三者，即曾定義較佳之移民理論所需的特性與概念框架。而此理論建構的主要目標，乃期望釐訂出一種讓社會科學研究者，能夠檢視所有人口移動之過程，並且能提供理論研究的概念框架與研究模式。所以它必須是全面的、整體的，以及能夠具體而微的觀察遷移之經驗，並且適用於分析各類不同的社會層次，亦能整合歷史之移民經歷與現時之移民的動態。Collinson說明這個理想的理論結構，可以透過整合政治與經濟之發展以及現時移民之發展的關聯性研究而達成。這將使移民之研究學者，能夠理解影響人民移徙決定和連結到其生計之一系列的政治、經濟和社會因素之關係，以及影響其移民或不移民的過程；因此這個研究模式，將成爲在特定的社、經環境情況之下，能夠較深入了解與解釋移民之結果。這些研究方法的目的，乃是提供對於人口移動過程更爲全面的理解。故而其乃設法調整以往移民研究之「移民結構與相關機構」之二分法的研究模式，並重新規範個人或族群的移民行爲的關聯性，以及更廣泛的移民之進程與其之變化。其亦指出一個快速變遷的世界，以及市場機制與政治環境的改變等因素，均可能成爲影

6　Kurekova (2011), op. cit., p. 17.

響移民者是否願意嘗試到不同的世界去冒險與發展的意願。[7]

　　另外亦如前述第二章第一節所論，移民之探究隨著不斷的討論與演進，也同樣的朝向同化、整合（assimilation and integration）的方向來發展。例如早期歷史學者、社會學者以及人類學者所主張，研究移民之主流模式應朝著同化模式（assimilation model）來發展，然而亦有批評者稱其模式僅預測一個單一之結果，仍不足以說明多元的移民因素的解釋。因此就有移民之研究者於前述第二章中提出一個更多元的移民模式，其即為融合之模式（model of incorporation）。近期對於人口移動之研究，如前所述雖然有不同的學門提出不同之議題、假設、變項與預測之途逕或模式，唯建立一個整合的觀點或多元聯結的平臺（bridge building），或許為探討移民現象較為究竟與完整的方式。至其整合的平臺，可以將各學門相關之自變項與依變項列入其實徵研究與資料蒐集之範圍內，以便作為較有系統的全面分析。然而，當各學門間在相互融合與援引之時，經濟學者卻主張其雖然亦整合其他學門之觀點與方法，唯其從經濟的理性選擇模式（rational choice model），其之科學理性之分析則較具備有科學之真確性。至本文作者則主張，經濟學門之主張及其變項，雖較具實徵研究之可能與實用方便性，唯其仍需整合其他學門之變項與解釋因素，才能更具備真實與全面解釋或預測移民趨勢的正確性。然而以當今各類觀點與理論之發展情況以觀，則此理論整合平臺之完備建置，則尚有甚多之移民假設必須去研究與測試，才足以建構一個較有解釋與預測移民趨勢的理論結構。

第三節　移民管理在法制方面的發展

壹、移民與人權

　　人權是人類社會最高形式和最具普遍性的權利。它包括生命權和生存權、政治權和公民權、經濟社會和文化權、民族權與和平權、發展權與環境權等等，這些權利是密不可分的。今之國際法上要求對待外國人應合乎國際之最

---

[7]　Ibid., pp. 16-18.

低標準，在有關外國人之基本權與法律之平等保護方面，國家應遵守不歧視原則，亦即，一個有文化的民族至少應如下述來對待外國人或移民：1.承認每一外國人或移民皆爲權利主體；2.外國人或移民所獲得之私法權利，原則上應予尊重；3.應賦予外國人或移民重要之自由權；4.應給予外國人或移民有法律之救濟途徑；5.應保護外國人或移民之生命、自由、財產、名譽免受犯罪之侵犯。[8]

　　與移民人口有關之重要人權條約有1928年國際聯盟通過「外國人地位宣言」，1985年聯合國通過「非居住國公民個人人權宣言」[9]，以及1990年第45/158號決議通過的「保護所有移徙工人及其家庭成員權利國際公約」（決議通過之當時，則尚未滿足多國之簽署生效）。後者之公約於1990年12月18日獲得聯合國大會通過，並向聯合國所有會員國開放供簽署，總共分爲九個部分，共93條。隨後各國可以批准公約，此公約之批准需要得到該國家之主管機構，通常是議會的批准。各國還可以在加入公約時，將簽署和批准合成一個步驟來作處理。該公約將在20個國家批准或加入之後生效。國家一旦批准或加入該公約，即成爲締約國，必須遵守該公約保護移徙工人及其家庭成員權利之規定。1993年6月國際人權委員會會議中更曾通過的「維也納宣言和行動綱領」（A/CONF.157/23），促請所有國家保證保護所有移徙工人及其家庭成員，並請它們考慮儘早簽署和批准公約的可能性。因此雖然截至1995年11月14日，只有6個國家（哥倫比亞、埃及、摩洛哥、菲律賓、賽舌爾和烏干達）批准了該公約，智利、墨西哥和摩納哥則簽署了公約。[10]然而在各國移民與工人權團體的奔走下，終於在2003年7月1日正式在20個國家批准或加入之後生效。該公約明定移徙工人或其家庭成員之接受國有責任確保移民的權利。國際之人權組織或團體均疾呼各國簽署，並指出接收國需要有符合國際標準的反歧視法律，必須採取措施鼓勵文化多元性，而各國領導人應清楚地認識到，對移民任何形式的歧視都是對「世界人權宣言」中確立的公正社會原則的一種違背。因爲人權是移民議題和移民政策的核心，當國家邊界管制愈益緊縮而簡化處理移民問題時，人權便愈易遭到踐踏，因之更應簽署該公約，以便符合國際人權之規範。

---

[8]　刁仁國（2000），論外國人入出國的權利，中央警察大學學報，頁443-455。

[9]　李明峻（2006），針對特定對象的人權條約，新世紀智庫論壇，頁32-35。

[10]　臺灣非政府組織國際交流協會（2004），移徙工的權利—人權概況介紹，頁1-16。

此外，國家保障外國人應遵守之處置原則，則亦宜如下列所述來運作與執行：1.不能低於一般文明標準，而這個標準應是可隨時代潮流變動而改善，並且在於一個國家是否願遵守有關人權之國際協定，致力將其國內化；2.合理差別待遇原則，這是基於平等原則中「本質相同同其處理，本質相異異其處理」之理念，不排除差別待遇，但是否能更趨近於國際認同之標準而合理且不構成歧視，可作為一個國家文明化與國際化程度之指標；3.以法律為依據限制外國人基本權利，此為基於法治國依法行政中法律保留原則，限制人民基本權利應依據由立法機關所制定之法律為依據。[11]

貳、我國對於移民人權之規範

我國在移民事務的發展上，國家應有充分之法規範以保護人民權益，並適時提供關於移民諮詢之服務。因此如前各章所述，我國在入出國及移民法即有明文規定移民輔導之規範。其中，例如外國人如若依法已取得在我國之居留、永久居留許可，而有違反移民相關法規時，移民署於強制驅逐其出國前應召開審查會，並給予當事人陳述意見之機會。前項審查會之組成、審查要件、程序等事宜，由主管機關定之。至其之規範原因與目的，從法條及立法意旨以觀，即為重視當事人之權益而給予陳述意見之機會；然從審查會之程序設計以觀即為求公允、透明，並顯示出我國對於國際人權之重視與彰顯。我國在移民輔導方面之政策與努力，亦有一定之著力。此乃因為交通工具的進步，各國間交流愈趨頻繁，移民也成為主要交流的方式之一。世界人權宣言認為移民為人類之基本權利，同時我國憲法第10條也明文規定，人民有居住遷徙的自由，因此如前述各章所述，我國近年來在移民人權之法制規範與處理措施上，均有甚為周延與進步之立法與作為。

另外，我國亦曾於2009年3月31日立法院審議通過「公民與政治權利國際公約」、「經濟社會文化權利國際公約」（以下簡稱兩公約），及「兩公約施行法」，同年4月22日馬總統公布「兩公約施行法」，同年12月10日（世界人權日）行政院公布正式實施「兩公約施行法」。從此，我國即須善盡兩公約所

---

[11] 李震山（2000），人性尊嚴與人權保障，學術論文集，頁392-394。

揭示之國際人權義務。[12]因之，有關移民人權之相關法制與立法規範，以及移民事務之管理自當依此兩公約之精神，來落實推展。

參、國際間在防治人口販運法制上之發展

所謂人口販運，依據國際公約及歐美法制，其所指範圍較其字義為廣。根據2000年議定書（2000年打擊有組織犯罪公約關於預防、禁止和懲治販運人口特別是婦女和兒童之補充議定書（Protocol to Prevent, Suppress and Punish Trafficking in Persons, Especially Women and Children, Supplementing the United Nations Convention Against Transnational Organized Crime）的定義，人口販運至少包括下列不法行為：1.以不法手段利用他人賣淫進行剝削或其他形式的性剝削；2.強迫勞動或服務；3.奴役或類似奴役的做法；4.器官切除；5.2000年關於兒童之選擇性議定書，甚至包括兒童色情（child pornography）之情形。[13]

而在聯合國曾經通過或觸及有關違反人口販運之公約或協議至少包括下列：

一、1949年禁止販運人口及取締意圖營利使人賣淫之公約（Convention for the Suppression of the Traffic in Persons and the Exploitation of the Prostitution of Others）；

二、1966年公民權利和政治權利國際公約（International Covenant on Civil and Political Rights）第8條；

三、1979年消除對婦女一切形式歧視公約（Convention on the Elimination of All Forms of Discrimination against Women）第6條；

四、1982年海洋法公約（Convention on the Law of the Sea）第99條；

五、1989年兒童權利公約（Convention on the Rights of the Child）第34條；

六、2000年打擊有組織犯罪公約關於預防、禁止和懲治販運人口特別是婦女和兒童之補充議定書（Protocol to Prevent, Suppress and Punish Trafficking in Persons, Especially Women and Children, Supplementing

---

[12] 監察院人權保障委員會（2011），2008-2009年監察院人權工作實錄，第二冊。

[13] 高玉泉、謝立功等（2004），我國人口販運與保護受害者法令國內法制化問題之研究。

the United Nations Convention Against Transnational Organized Crime），並於2003年9月29日生效；[14]

七、2000年兒童權利公約關於販賣兒童、兒童賣淫及兒童色情選擇性議定書（Optional Protocol to the Convention on the Rights of the Child on the sale of Children, Child Prostitution, Child Pornography）；

八、2000年婦女被性剝削販運案件之調查人員執法手冊（Manual for investigators on Trafficking in Women for Sexual Exploitation）。[15]

其中，為改進偵查人口販運案件，國際刑警組織（Interpol）特別於2002年3月通過前述第八項之婦女被性剝削販運案件之調查人員執法手冊（Manual for Investigators），供各會員國參考。上述多項國際規範，針對人口販運，規定最完整者為一、六、七及第八項之調查人員手冊。其餘皆為原則性之揭示或部分涉及人口販運議題，但其內容均不超越前四者。[16]

其次，在國際規約方面，有觸及或有相關性之違反人口販運的規約，1900年之後亦可包括以下各項規約，今僅再舉數例補充述明之。其中當然亦包含上述聯合國曾經通過或觸及有關違反人口販運之公約或協議，茲不贅述：

一、1904年「禁止販賣白奴國際協定」。

二、1910年「禁止販賣白奴國際公約」。

三、1921年「禁止販賣婦女和兒童公約」。

四、1926年「禁奴公約」。

五、1930年「禁止強迫勞動公約」。

六、1933年「禁止販賣成年婦女國際公約」。

七、1947年修改1921年「禁止販賣婦女和童公約」及1933年「禁止販賣成年婦女國際公約」的議定書。

八、1949年修改1904年「禁止販賣白奴國協定」及1910年「禁止販賣白奴國際公約」的議定書。

九、1956年「廢止奴隸制、奴隸販賣及類似奴隸制的制度與習俗補充公約」。

---

[14] Interpol, United Nations Convention against Transnational Organized Crime and the Protocols Thereto.

[15] United Nations Office on Drugs and Crime (2014). Human Trafficking and Migrant Smuggling.

[16] Interpol, Manual for investigators on Trafficking in Women for Sexual Exploitation.

十、1973年「准予就業最低年齡公約」。

十一、1999年「禁止並立即採取行動消除最惡劣童工形式的公約」。

十二、2003年「打擊跨國有組織犯罪公約」關於預防、壓制及懲治販運人口（特別是婦女和兒童）之補充議定書生效。

十三、2004年「打擊跨國有組織犯罪公約」關於打擊陸、海、空偷運移民補充議定書生效。[17]

　　美國國務院於每年均公布「年度人口販運報告」（Annual Report on Trafficking in Persons），美國國務院亦曾於2015年公布「2015年度人口販運報告」[18]，臺灣名列為第一級國家，我國連續六年名列防制人口販運成效最佳的第一級名單中（2010至2015年），顯示我國對於投入防範與打擊人口販運的成就，獲得國際高度肯定。美國亦曾於2000年所制定之「人口販運被害人保護法」（Trafficking Victims Protection Act；以下簡稱TVPA）[19]，強調防制現代奴隸之人口販運的必要與急迫性，並進而提出預防（Prevention）、起訴（Prosecution）與保護（Prevention）之3Ps策略來防制跨國人口販運問題。防制跨國人口販運問題非單一國家，或一個機關可以處理解決，並需進一步透過學術或實務界，近年來所倡導所謂之第4P之合作（Partnership），始能克盡其全功。至於美國國務院對於各國評等之分級（Tiers），則為規範如下：

一、第一級：列入本等級的國家完全符合美國「人口販運受害者保護法」所規範之最低標準。

二、第二級：列入本等級的國家並未完全符合本法之最低標準，惟其正致力於滿足該標準。

三、第二級觀察名單：列入本等級的國家並未完全符合本法之最低標準，惟其正致力於滿足該標準，且：1.確認為嚴重人口販運受害者的人數非常顯著或正在顯著地增加中；或2.無法提供自上一年度迄今致力於打擊嚴重人口販運的證據；或3.判定一國是否正致力於達致上述標

---

[17] Interpol, United Nations Convention against Transnational Organized Crime and the Protocols Thereto.

[18] US Department of State (2015). Trafficking in Persons Report 2015, retrieved from http://www.state.gov/j/tip/rls/tiprpt/2015/index.htm.

[19] Trafficking Victims Protection Act Fact Sheet, retrieved from http://www.markwynn.com/trafficking/trafficking-victims-protection-act-of-2000-fact-sheet.pdf.

準，係依據該國是否承諾於下一年度採取額外措施。

四、第三級：列入本等級的國家並未完全符合本法之最低標準，且未致力於滿足該標準。

肆、我國在防治人口販運法制上之發展

至於在防止人口販運方面的努力，我國曾於2006年11月頒布「防制人口販運行動計畫」，並於2006年1月成立「行政院防制人口販運協調會報」作為聯繫平臺，整合各部會資源，全力執行防制工作。另核定「防制人口販運執行計畫（2008-2010年）」。我國更進一步曾於2007年12月修定入出國及移民法，增訂其第七章與跨國（境）人口販運防制及被害人保護之相關專章——「第七章跨國（境）人口販運防制及被害人保護」，行政院並規定自2008年8月1日開始施行。又於2009年1月23日制定公布「人口販運防制法」專法，其之第一章總則，第二章規範預防及鑑別，第三章規範被害人保護，第四章罰則，其條文共45條。至於「人口販運防制法施行細則」則於2009年6月1日發布，其條文共16條；可見在人口販運之防治、因應之上著力甚深。[20]唯其二法則仍難免有疊床架屋之嫌，故現在正研議整併與修法之中。

然而我國人口販運防制工作重點，可以區分為4P，包括Prevention（預防）、Protection（保護）、Prosecution（查緝起訴）、Partnership（夥伴關係），從一開始的犯罪預防工作，進而強化對於犯罪被害人的妥適保護及加害人的查緝起訴，乃至結合民間資源，強化政府效能與加強國際交流與合作等，整體化作業讓臺灣防制人口販運評比達到第一級的水準，值得國人驕傲。

至於我國法制上之周全規範，則例如人口販運防制法第16條之規定，經鑑別為人口販運被害人，且無合法有效之停（居）留許可者，中央主管機關應核發六個月以下效期之臨時停留許可。又例如依人口販運防制法第17條之規定，各級主管機關、勞工主管機關對於安置保護之人口販運被害人及疑似人口販運被害人，應自行或委託民間團體，提供下列協助：1.人身安全保護。2.必要之醫療協助。3.通譯服務。4.法律協助。5.心理輔導及諮詢服務。6.於案件偵查或

---

[20] 許義寶等編著（2011），國境警察專業法規彙編。

審理中陪同接受詢（訊）問。7.必要之經濟補助。8.其他必要之協助。各級主管機關、勞工主管機關爲安置保護人口販運被害人及疑似人口販運被害人，應設置或指定適當處所爲之；其安置保護程序、管理方式及其他應遵行事項之規則，由中央主管機關會商中央勞工主管機關定之。

　　又依據入出國及移民法第42條之規定，對於跨國（境）人口販運被害人，主管機關應提供下列協助：1.提供必須之生理、心理醫療及安置之協助。2.適當之安置處所。3.語文及法律諮詢。4.提供被害人人身安全保護。5.受害人爲兒童或少年，其案件於警訊、偵查、審判期間，指派社工人員在場，並得陳述意見。6.其他方面之協助。以上我國之立法，可謂對於人口販運之防制與事後之處置，均可視之爲與全球先進之移民管理法制同步的進步立法規範。然而如前所述，雖然可以特別法優於普通法、後法優於前法來適用，但此二法顯然有重複規範之處，現正在整併與修法之中。

　　至於近年臺灣與中國大陸、東南亞地區在經貿、勞工及通婚等多層面緊密交流，因此產生之性剝削、強制或非自願勞役、假結婚及非法走私等形式之人口販運罪行日益增多，美國國務院於2005年公布之「年度人口販運報告」中說明，雖然我國已致力於打擊人口販運罪行，惟並未完全達到消除人口販運之最低標準，故將我國評等由第一級（Tier 1）調降爲第二級（Tier 2），2006年復將我國調降爲第二級觀察名單（Tier 2 Watch List），嚴重衝擊我國形象及良好人權紀錄。[21]人口販運是嚴重危害人權之犯行，世界各國均極爲重視並持續推動相關防制工作，基於保障人權，並展現打擊人口販運犯罪之決心。因之我國遂於2006年11月頒布「防制人口販運行動計畫」，並於2007年1月成立「行政院防制人口販運協調會報」作爲聯繫平臺，整合各部會資源，全力執行防制工作。另如前所述，我國亦曾核定「防制人口販運執行計畫（2008-2010年）」，編列新臺幣4.9億元預算，以期達成防制人口販運各項執行目標，落實人權保障。又我國「人口販運防制法」於2009年1月23日經總統公布，並於同年6月1日施行，該法授權訂定之法規命令並配合於同日施行，其訂有對加害人從重求刑之刑事處罰規定及被害人安置保護措施，對於推動防制人口販運及保護被害人工作有重大助益。我國2010年防制人口販運工作辦理成效，在

---

[21] 楊子葆（2007），如何防制跨國人口販運及改善面談機制。

查緝起訴方面，在保護面向，在預防面向，在保護外籍勞工服務措施方面等等均有甚佳之具體績效[22]，因而如前所述，美國國務院近年來於2010、2011、2012、2013、2014、2015公布之該年度之人口販運報告（Trafficking in Persons Report），六度臺灣名列為第一級國家，我國連續六年名列防制人口販運成效最佳的第一級名單中，顯示我國對於投入防範與打擊人口販運的成就，獲得國際高度肯定。

伍、我國移民法制上之檢討與發展方向

　　如本書第一章第二節之所論述，我國之移民法制、政策或實務工作上，所謂之移民，則較偏向「移民入境或移入」之規範與管理，對於移出則較無著墨。亦即雖然我國在入出國及移民法第九章「移民輔導及移民業務管理」中之第51條至第54條，及其之施行細則之第五章「運輸業者責任及移民輔導」中之第24條至28條等對於國民之移出有所簡要之規定，然而並未在我國國民之「移出」或者「移入與移出」，在移民政策或者相關之移民綱領中，作更為有系統之規範。至於在我國之移民法制方面，亦應據此移民政策之發展與新的政策之趨向，而擬定更為適合時代需求之新移民法制規範。

　　因之，如若從內政部移民署，101年年報中推動移民事務之成果之檢討論述中，有關我國移民法制之發展方面，則有以下數點法制上之新發展，值得關注、研析與發展之。至其法制發展之主軸則定調為——「鬆綁不合時宜法令，吸引優秀人才」。其重點為：

一、已完成簡化與鬆綁之項目

　　移民署於2012年10月25日以內政部臺內移字第1010933919號令修正發布「外國人停留居留及永久居留辦法」部分條文，包括：1.簡化外國人申請永久居留應備文件，外國人於合法連續居留五年期間，每次出國在三個月以內者，申請永久居留時，得免附健康檢查合格證明及本國刑事紀錄證明（第11條）。2.擴大吸引外籍人士來臺投資，增加外國人投資中央政府公債面額新臺幣3,000

---

[22]　內政部入出國及移民署（2010），2010年防制人口販運成效報告。

萬元以上滿三年者，給予永久居留權（第12條）。3.放寬白領外籍人士聘期屆滿前，其與配偶、未成年子女離境期間，由15日放寬為90日，並簡化申請手續，以利離境準備（第22條）。

二、研議簡化與鬆綁之項目

移民署擬具入出國及移民法部分條文修正草案，並於2012年11月15日由行政院函報立法院審議，主要簡化與鬆綁之相關規定如下：1.刪除國人於海外出生子女持用我國護照回臺申請定居（拿身分證）之年齡限制（修正草案第10條）。2.放寬外國人取得居留許可入國後，申請外僑居留證之期限（修正草案第22條）。3.在臺居留或永久居留之白領外籍人士，其未婚且身心障礙之成年子女，亦可申請居留（修正草案第23條）。4.優秀外籍人才及投資移民之配偶及未成年子女，可隨同申請永久居留（修正草案第25條）。5.取消在臺永久居留之外國人，每年須在臺居住183日以上之限制（修正草案第33條）[23]。

若進一步依內政部移民署，102年年報中之「移民政策暨移民人權」一節之檢討論述中，其之鬆綁不合時宜法令，吸引優秀人才方面，又其之發展演進為：[24]

1. 102年1月25日修正發布「大陸地區人民來臺從事商務活動許可辦法」放寬邀請單位資格、核發多次入出境許可證之條件及逐次加簽入出境許可證之申請文件。

2. 102年4月10日修正發布「跨國企業內部調動之大陸地區人民申請來臺服務許可辦法」，放寬在臺設有營運總部之臺資跨國企業得調動企業內部大陸地區人民來臺服務。

3. 102年8月1日修正發布「大陸地區專業人士來臺從事專業活動許可辦法」，放寬大陸優秀教育、藝文及大眾傳播專業人士來臺得核發多次入出境許可證。

4. 102年8月2日修正發布「香港澳門居民進入臺灣地區及居留定居許可辦法」部分條文，便利持英國（海外）護照之香港居民來臺，配合簡化入出境查

---

[23] 內政部入出國及移民署（2013），101年年報，頁39。

[24] 內政部入出國及移民署（2014），102年年報，頁50-51。

驗程序，放寬來臺研修宗教教義得申請居留及居留延期年限。

5. 102年9月12日修正發布「臺灣地區無戶籍國民申請入國居留定居許可辦法」第8條條文，放寬臺灣地區無戶籍國民臨時入國停留時間，由現行30日放寬為三個月，便利需在臺停留較長期間者。

6. 102年10月4日修正發布「外國人停留居留及永久居留辦法」第20條條文，取消僑生於居留期間內，有出國後再入國之必要者，應於出國前申請核發單次重入國許可之規定，以營造境外學生友善就學環境、簡化相關行政流程及吸引優秀僑生返國就學進而留臺服務，衡平外國學生、僑生與港澳學生申請出、入國規定。

7. 102年12月9日修正「香港澳門居民進入臺灣地區及居留定居許可辦法」第24條條文，放寬港澳學生得申請居留入出境證，便利渠等入出境事宜，營造友善學習環境。

8. 102年12月13日修正發布「臺灣地區無戶籍國民居留配額表」，放寬緬甸越南地區之前國軍官兵及其直系血親申請來臺居留，暫不限制配額以表彰政府對泰緬國軍官兵及其後裔之照顧；另放寬緬甸越南地區無戶籍國民申請來臺居留之配額以利延攬優秀海外僑民回國服務。

9. 102年12月30日修正發布「大陸地區人民進入臺灣地區許可辦法」，整併現行大陸地區人民來臺停留的4個相關許可辦法，大幅簡化大陸地區人民來臺申請程序及事由，輔以全面線上申辦系統，縮短發諸時間，俾提升大陸優秀人才來臺意願。

另外有鑑於全球化帶來跨國人口遷徙，新移民移入改變社會人口結構，同時也衍生生活與文化適應、經濟就業、子女教養與學習及社會參與等新課題，亦突顯出移民法制必須配套的革新。觀諸目前移入我國之人口，係以婚姻移民及外籍勞工為大多數，故因應移入人口發展趨勢，移民署持續推動積極的移民政策，整合運用各部門資源，以保障移民人權。並且為了與國際人權接軌，落實移民人權之保障，使相關服務更貼近移民需求，移民署於2009年3月13日率先成立「移民人權諮詢小組」，邀集專家學者及關心移民權益之民間團體代表共同組成，協助落實移民人權保障作為之研議與諮詢，並對於特定議案提供專業之建言等，擴大移民人權宣導，促進不同族群間之相互尊重與關懷，期能充

分保障移民人權。[25]而亦爲落實外籍與大陸配偶權益衡平，行政院大陸委員會亦已於2009年修法將大陸配偶取得身分證的時間由八年縮短爲六年，移民署並刪除大陸配偶申請定居時，須檢附財力證明之規定。爲使大陸配偶取得身分證時間與外籍配偶一致，由六年縮短至最快四年，移民署當時亦已研擬相關條文修正意見，並送請行政院大陸委員會作爲檢討修正「臺灣地區與大陸地區人民關係條例」第17條之參據。

而爲保障移民人權，建立尊重人權友善社會環境，移民署主動檢視不合時宜法令，於2012年曾經研修相關法令如下：

一、修正「大陸地區人民按捺指紋及建檔管理辦法」

2012年10月19日以臺內移字第1010930972號令修正發布「大陸地區人民按捺指紋及建檔管理辦法」第3條條文，已指紋建檔之大陸配偶及專案居留之大陸地區人民，再次入境時得無須按捺指紋比對身分，惟爲維護兩岸交流秩序與確認身分眞實性，於入出境查驗實務上，經主管機關認有身分眞實性相關疑慮時，仍可要求按捺指紋以核對身分之規定，以確保國境安全。

二、修正「外國人停留居留及永久居留辦法」

2012年10月25日以臺內移字第1010933919號令修正發布「外國人停留居留及永久居留辦法」第6條第4項「無國籍人民持停留簽證入國者，不得申請居留」之規定，增列「但持停留期限在六十日以上，且未經簽證核發機關加註限制不准延期或其他限制之有效簽證入國，有特殊情形經主管機關會同相關機關專案審查許可者，不在此限」之但書規定，以維護國人婚姻與家庭團聚生活之基本權利，並保障兒童受家庭、社會及國家特別保護之權利。

三、修正「大陸地區人民在臺灣地區依親居留長期居留或定居許可辦法」

2012年11月23日以臺內移字第1010933982號令修正發布「大陸地區人民在臺灣地區依親居留長期居留或定居許可辦法」，促進大陸配偶在臺身分權益保

---

[25] 內政部入國及移民署（2013），同註23，頁15。

障，並進一步賦予其更完整的家庭團聚權。

四、修正「大陸地區人民進入臺灣地區許可辦法」

2012年12月28日以臺內移字第1010910008號令修正發布「大陸地區人民進入臺灣地區許可辦法」相關規定，並於同年12月30日起施行，更進一步落實保障大陸配偶在臺權益。

至於在落實聯合國人權公約方面之移民相關法制之努力方面，則對於新近聯合國之「公民與政治權利國際公約」與「經濟社會文化權利國際公約」的保障人權相關之兩公約意旨，我國之移民署亦於民國2011年11月23日修正入出國及移民法部分條文，並於2011年12月9日發布施行。依據入出國及移民法第36條第2項規定：「入出國及移民署依前項規定強制驅逐已取得居留、永久居留許可外國人出國前，應組成審查會審查之，並給予當事人陳述意見之機會。」，又同法第5項規定：「第二項審查會之組成、審查要件、程序等事宜，由主管機關定之。」為符合前揭規定，移民署爰配合修正「強制驅逐外國人出國案件審查會設置要點」及「強制驅逐外國人出國案件審查會作業要點」，分別於2012年8月9日及同（8）月13日發布，修正符合該審查會之適用對象，配合妥善保障當事人陳述權益，並明定得通知列席人員範圍。移民署於2012年6月19日以臺內移字第1010904513號令訂定發布「外國人強制驅逐出國處理辦法」，並自發布日施行，外國人受強制驅逐出國前，因身體或其他特殊原因，得暫緩強制驅逐出國；同日以臺內移字第1010904514號令修正發布「臺灣地區無戶籍國民強制出國處理辦法」第5條，並增訂同條第2項規定，對於在臺逾期停留、居留之無戶籍國民，不論其逾期日數，將可自行至移民署辦理出國手續後，依限自行出國。又基於人道考量，爰修正同辦法第6條條文，增訂無戶籍國民於受強制出國前，因身體或其他特殊因素，得暫緩強制出國之情形及要件。

第四節　移民管理在政策方面之發展

壹、我國早期移民政策發展之過程
——移民政策綱領草案與移民政策白皮書

　　移民政策是解決移民問題的基本原則或方針，然而我國尚無所謂的全盤性的「移民政策」，原因在於自1950年中華人民共和國成立以後，我國人口的移入、移出，都受到嚴格限制，幾乎成為封閉狀態，再加上我國政府認為臺灣地狹人稠，非移民國家，所以即使1987年解除戒嚴，逐漸開放出入境的管制，我國的移民政策仍以「移入從嚴、移出從寬」為原則，並以吸引專技人才居留為目標。

　　然我國之內政部亦曾於1988年8月25日第2095次行政院會院長曾提示：「請內政部依據憲法第108條第1項第16款之規定，迅速蒐集各國有關移民之制度及法規，積極深入探討，研擬現階段我國的移民政策及有關法案報院。」內政部遂於1988年12月16日重新修正「我國現階段移民政策綱領（草案）」並於1989年5月27日函陳報行政院核議。行政院於1989年7月14日核復，略以：「當前移民政策上，凡人民有意移居國外，並能取得移居國家之許可者，政府應採開放態度予以必要之輔導。請迅就現行有關法令詳加檢討，並參酌國外作法，擬訂必要之輔導措施，以加強移民之輔導、協助與聯繫，並維護其權益，目前尚無訂為綱領之必要。」內政部復研擬「我國現階段移民輔導措施方案」（草案），於1990年4月16日函報行政院核議，嗣經行政院於1990年5月22日修正核定為「我國現階段移民輔導措施」，惟該項措施之目的係為輔助有意移居國外發展之本國人，並協助移入國之開發，增進移入國政府與人民對我國的聯繫與了解，以開展國民外交，加強雙邊關係，然其輔導對象並未包括移入我國之人口。

　　之後行政院亦曾於2003年9月召集研商內政部所報「中華民國移民政策綱領」草案相關事宜會議，決議由經建會負責研擬經濟性移民部分、陸委會負責大陸地區人民移民部分、內政部負責非經濟性移民部分；同年10月內政部彙整後，邀請國家安全局等機關成立專案小組及相關領域專家學者分別召開3次會議研商完竣「現階段移民政策綱領（草案）」，其內容分別為：前言、目標、

策略、措施、附則，並訂定5大策略、11項措施，以及建議成立移民專責機關以統合辦理入出國及移民業務。[26]之後內政部遂於2004年草擬「現階段人口政策綱領」，其重要之論述與內容為，我國十幾年來「移入從嚴，移出從寬」之移民政策必須重新調整修正。因為1992年修正「中華民國人口政策綱領」，雖已將移民政策納為人口政策之一環，但時移勢遷，已難因應現實需求，亟需衡酌我國國家安全、社會資源、人口結構、經濟發展、族群和諧及人權保障等因素，制訂一套符合我國國情，完善周延的移民政策，作為政府推展移民業務之依據。因此2004年當時之移民政策綱領草案中所載之5大策略則為：1.建立移入人口適量調節機制；2.創造包容多元文化社會機制；3.完善移入人口管理機制；4.建立婚姻媒合及強化移民業務機構管理機制；5.建立移出人民諮詢、協助與保護之輔助機制。[27]

　　然而移民政策為解決移民問題的基本原則或方針。舉凡政策之制訂與實施，需要有經過合法手續制成的法律，如無法定條文為依據，將無執行機制，對於問題的處理，會無目標可循，且無程序可茲依循，並會遭遇各種阻撓和困難。因而移民政策應包含移民立法與執行機制，此二者乃是移民政策的主要成分，然而我國一直以來並無明確移民政策之規劃。然於2004年內政部亦曾委請專家學者撰擬「移民政策白皮書」，分別對：1.臺灣與各國移民政策比較；2.多元種族社會；3.大陸配偶；4.外籍配偶；5.外籍勞工；6.專業技術人才與投資移民；7.移民法制與行政等七項提出建議。[28]內政部並於2004年12月14日公布該移民政策白皮書。因而亦有移民學者認為，移民政策白皮書作為「現階段移民政策綱領」的具體說明，白皮書屬於正式公文，其公布亦表示我國新移民政策之確立。[29]然而筆者以為透過法制之立法程序，明文規範移民相關之策略與執行之機制，可能為未來我國移民政策釐定與落實執行的根本之道。

---

[26] 謝立功、邱丞爗（2005），我國移民政策之前瞻規劃，我國入出國與移民法制之變革與挑戰研討會論文集，中央警察大學，頁30。

[27] 內政部（2004），現階段移民政策綱領草案。

[28] 蔡青龍、謝立功、曾嬿芬等（2004），移民政策白皮書。

[29] 吳學燕（2004），我國移民政策與輔導之探討，國境警察學報，頁73-74。

貳、我國近期移民政策之檢討與發展過程

　　根據監察院於2003年至2004年進行之我國移民政策與制度總體檢之調查報告之論述稱，鑑於國際間之政經關係日益密切，政府爲因應此種世界潮流，目前在移出政策係採取「移出從寬、移入從嚴」的開放態度，對於國人有意移居海外並能取得移居國家之許可者均准許移民，惟此一移民政策係在尊重國人選擇移居海外之權利，使得國人移居海外定居、創業者日趨增加，復以近年來由於交通科技快速進展，國際間訊息往來頻繁，且經貿及外交關係日益密切，故現階段國人移居海外或異國人士入境臺灣地區工作、經商、依親之情事，日趨頻繁，雖「移民」對國家而言，象徵國力的延伸，惟當前我國移民制度仍需面對之主要議題仍然甚多，待改進之處亦有在政策上必須強化之處。[30]至於當時我國移民政策有關之應興應革之處則可包括：1.移民事權未能統一；2.移民統計未能完整；3.缺乏吸引優秀專業人才之機制；4.未能及早訂定移入人口的因應措施；5.尙未訂定難民庇護法；6.教育部迄未訂定吸引外來優秀留學生之機制；7.勞委會未能正視外勞生活適應、技能加強及安全保護問題；以及8.衛生署未能掌握移入人口中涉及健康或傳染病因素遭拒絕移民之統計資料等八大移民政策之不足處。

　　而在未來移民政策與實務之發展上，經監察院前述兩年深入與廣泛之資料蒐集與研析之後，羅列了12項改進之建議，可謂是對於當時我國移民政策的全方位之整體分析，亦可成爲對於當時移民政策之關鍵性之針砭，甚值得參考與運用。至其當時對於移民政策發展之12項建議中之前三項則爲：1.長期以來，由於行政院未能建立明確的移民政策及制度，導致我國移出與移入人口呈現兩極化發展，人口結構出現五十年來未有之變化，影響國家發展，實有嚴重怠失。2.長期以來，由於行政院未能建立有效的獎勵機制，導致我國在技術與投資移民的移出和移入人口結構與數量，已呈現兩極化的發展，嚴重影響國家發展，顯有怠失。3.行政院事先未縝密規劃移入人口輔導方案，亦未曾謹愼考量我國移入人口總量管制問題，導致各項問題叢生，實有嚴重怠忽。此前三項之檢討與建議，誠對於我國當時移民政策之檢視可謂是鞭辟入裡，即時援用於今

---

[30] 監察院，監察院公報，我國移民政策與制度總體檢案調查報告（五）。

日移民政策之檢討上，亦甚有參考運用之價值。

至當時監察院對於移民政策發展之九項建議則為：

一、入出國及移民法於1999年5月21日公布後，至今已近五年，行政院仍未設置專責移民業務之主管機關，實有未當。（然而，此項建議已於2005年11月8日由立法院三讀通過設置入出國及移民署，並於同年11月30日由總統公布，於2007年1月2日正式成立運作）。

二、行政院允宜儘速研議制訂難民庇護法，以落實人權跨越國界之普世價值，並與國際人權接軌。

三、行政院允應督促各部會正視外籍與大陸配偶來臺生活適應過程中所遭遇之種種問題與需求，並研擬具體解決方案。

四、行政院未能統合移出及移入之移民統計資料，致無法獲得正確數據，以作為規劃與執行移民政策之參據，亟待檢討改進。

五、內政部僅針對外籍與大陸配偶訂定相關輔導措施，對於其他非以婚姻移民方式來臺者，則未有相關具體輔導方案，實有不當。

六、教育部迄今仍未能擬訂相關獎勵措施或法令制度，以吸引外來優秀留學生來臺，實應積極檢討改進。

七、教育部在辦理外籍配偶家庭教育活動允應與內政部加強互動協調，以落實辦理外籍配偶及大陸配偶之家庭教育工作。

八、勞委會辦理各項外籍勞工管理輔導工作及加強雇主與外籍勞工溝通能力，成效有限，允應積極檢討改進。

九、衛生署允應正視我國人口結構之改變與大量婚姻移民人口移入之現象，積極倡導優生觀念，確實落實衛生管理，以提升我國人口素質。

以上這些檢討與建議，確實對於當時移民政策之規劃與應注意之人權關注措施，產生一定之影響與作用，同時對於爾後我國移民政策之規劃與改革亦產生正面的促進作用。其中，內政部入出國移民署於2007年1月2日正式成立運作之後，在移民之輔導、照顧與協助等方面，確實在法制與措施作為方面有很大之革新改進，並且能整合各部會相關資源，來更有效的處理移民管理之相關事務。唯如本書前述各章所述，與其他先進之國家比較，或衡諸國際法之規範來檢視，則如本章下列所論，亦仍有相當大的改進之空間。

參、我國當代移民政策之建構與未來之發展

移民政策爲人口政策之一環，近年來行政院曾於2008年3月函頒「人口政策白皮書」，其中移民部分，依據現階段我國人口政策綱領之內涵，規劃「掌握移入發展趨勢」、「深化移民輔導」、「吸引專業及投資移民」、「建構多元文化社會」、「強化國境管理」及「防制非法移民」等6大對策32項重點措施，並持續滾動檢討修正。[31]後又於2013年6月4日修正該「人口政策白皮書—少子女化、高齡化及移民」，其中計有18項對策，107項具體措施，232項績效指標。其內容包括人口變遷趨勢、問題分析、因應對策、期程分工、預期效益及願景等。[32]該政策白皮書綜合考量我國經濟性與非經濟性移入人口分布現況，歸納其對我國社會、經濟與文化產生以下幾大面向之挑戰：1.經濟性移民誘因不足，2.社會調適與互動，3.整合就業條件與人力運用，4.新移民第二代養育與教育，5.非法停居留、工作及人口販運等等新議題與困境。[33]至於我國移民事務，其認爲乃經緯萬端，爲執簡馭繁，規劃一套可長可久的移民政策，故依據現階段我國人口政策綱領之內涵，規劃掌握移入人口發展動態、深化移民輔導、吸引所需專業人才及投資移民、建構多元文化社會、完備國境管理及深化防制非法移民等各項對策，期建構一個兼容並蓄、多元繁榮之社會等多項的移民管理措施。[34]然而，本次人口政策白皮書之修訂，亦如2008年之人口政策一般，僅止於總體人口政策之規劃，對於我國移民之政策亦僅是附帶之說明，並無整體移民政策之規劃。

審視國內外總體環境，在世界愈趨國際化、自由化之際，政府亟須確立產業發展及人力需求方向，建構國際友善移民環境，使各國新移民均能在自由、安全、平等的環境中適性發展及實現自我；此外，政府亦應肯定並推廣移民帶來的多元文化，並在保障人權、族群和諧及維護民主價值等廣泛目標中，讓一般國人有更多的接觸機會，進而理解及尊重新移民爲這塊土地帶來的種種益處，而此終將成爲國家發展之原動力。鑑於移民政策涉及經濟發展、文化、教

---

[31] 內政部入出國及移民署（2013），同註23，頁37-38。
[32] 行政院（2013），人口政策白皮書。
[33] 同上註，頁44-46。
[34] 同上註，頁116-129。

育、人力資源規劃、社福資源配置及國境安全等多重面向，攸關國家長遠發展，而在現行人口政策架構下之移民對策尚不足以涵蓋的情況下，移民署刻正研擬移民政策綱領草案，冀望透過內政部移民政策小組會議之討論，建制一套周延積極之移民政策，以因應國家長期發展之需要。移民政策規劃涉及各相關部會之業管，為強化執行及協調成效，爰於2012年5月25日修正移民政策小組設置要點，將移民政策小組之層級由署提升至部，並由內政部長兼任召集人，次長兼任副召集人，移民署長兼任執行秘書，委員人數由13人增加至27人，包括機關代表17人及專家學者10人，就移民政策相關議題進行深入且廣泛之討論。[35]

　　而為了落實人口政策白皮書之移民對策，入出國及移民署亦曾於2010年邀集人口、經濟、社會福利、法律、醫療、勞工及人權等領域之學者專家及相關機關代表，共同組成移民政策小組，協助對我國移民政策進行滾動式檢討，使政策內涵更符合我國經濟、社會及文化發展所需。而內政部移民政策小組之任務則包括：1.移民政策及其執行策略之諮詢、推動方向或相關議題之擬議。2.提供專業諮詢意見，協助內政部進行移民政策之檢討、研議、撰擬、推動與遊說等政策制訂相關作為。3.落實督導移民政策及各項具體措施。4.促進移民政策之研究與發展。而更有鑑於移民政策涉及勞動、教育、產業等多個面向，爰必須透過跨部會協調與整合，以凝聚共識。基此，內政部移民政策小組於2012年8月27日召開第1次會議，由內政部長親自主持，並邀集外交部、教育部、經濟部、銓敘部、文化部、衛生署、大陸委員會、勞工委員會、經濟建設委員會、國家科學委員會、中央選舉委員會及僑務委員會等相關部會代表列席，共同討論研訂「移民政策綱領」（草案），以作為未來執行移民政策之指導方針。

肆、全球移民政策之發展與我國的因應之道

　　如本書前述各章所論，在全球化（globalization）的過程中，人口移動本是自然的現象。而國際移民組織（International Organization for Migration,

---

IOM）亦曾說明，2050年全球移民總數將高達4億500萬人。[36]截至2010年世界上有2億1,400萬移民，比前十年增加6,400萬的移民人口，占世界人口總數的3.1%。在發展中國家的很多地區，季節性、循環性、臨時性以及永久性人口流動，已經成為人民生活不可分割的一部分。對於收入狀況不斷惡化的很多人來說，移徙將為自己和家人帶來更好的生活甚至是生存的希望。然而，聯合國全球移民委員會亦曾經公布全球移民報告指出，2005年全球近2億移民人口前往其他國家工作，總共貢獻2兆美元收益，並匯出2,400億美元回到母國，成為推動全球經濟成長的重要因素。

又外如前數章所述，外勞有助改善亞洲貧窮狀況。亞洲5,400萬外勞有助改善廣泛的貧窮狀況，故而亞洲國家均在思考或改善外勞移動與工作申請程序的簡化。而移民也有助人口高成長與經濟疲弱不振的國家降低其之失業壓力。其中香港、臺灣、南韓與新加坡等地由於人口結構改變，已成為亞洲外勞的重要移入之目的國，而這些外勞主要來自東南亞。[37]

又根據德國之聲的報導，那些在富裕國家生活的移民寄往國內的匯款被稱做無聲之國家發展援助。這些移民的匯款往往可以幫助他們的家庭擺脫困境，過個相對富裕的生活。雖然每個移民的匯款數額比較小，但正是這涓涓細流最後匯成了大江大河。據八大工業國集團（G8）工作組的調查報告顯示，全球這些匯款的總量遠遠超過了官方的發展援助資金數額。[38]

而先進民主國家則亦重新考慮移民問題，其中例如德國公布的一份高層報告建議，該國移民領域的政策應得到澈底的重新考慮，以結束其經濟停滯之狀況。設在柏林的移民委員會所作的這份報告呼籲，移民領域的政策應得到澈底的重新考慮。又例如德國、日本、義大利和其他一些發達國家的絕對人口數量預計將急劇下降，另外一個社會之壓力則是技術人員的短缺。儘管目前全球經濟發展減緩，許多發達國家的經濟還是因缺少電腦技術人員、醫生、工程師和其他關鍵性科技人員而受到阻礙。在這樣的背景下，一些國家開始重新考慮對

---

[36] Pchome個人新聞臺，「全球移民2050年破4億」。

[37] Yahoo奇摩部落格，引述網路新聞（法新社馬尼拉二日電），「亞洲開發銀行：外勞有助改善亞洲貧窮狀況」。

[38] DW在線報導，「三千億移民匯款：靜靜的發展援助」；BBC CHINESE.com，「分析：發達國家的移民問題」。

待移民的態度，其都想要從其他國家吸引最好和最聰明的人才。例如，美國放鬆了對入境簽證的限制，這使得50萬名有電腦技能的移民，於近年來在美國找到了工作。英國政府也在考慮如何放鬆其極為嚴格的入境要求，以使得更多有技能的人才得以定居。[39]因此全球先進國家之移民政策，就在如何吸引優秀人才移入，以便更促進其國力之開展，以及在如何防堵非法移民或人口販運等問題之叢生等等之正面與負面兩種議題的影響之間，評估與規劃其最適合之移民政策。至於開發中國家則在思索如何作人口移出之輔導與管理，以便僑資與僑匯能協助其國內之經濟發展。總之，較佳之移民政策確實要以科學的評估模式，並且考量社會面、經濟面與安全面等之議題，而作最適切的規劃才是正途。

因此，我國之移民政策規劃，如前所述，因為政治因素早期並無較完整之關注與規劃，至近期雖因為解嚴與社經之快速發展，以及與兩岸關係改善及全球接軌發展的催化下，逐漸有移民政策綱領與移民政策白皮書的產出。唯在政策、法制規劃面的全方位開展、政策面的落實執行與組織運作面的全力配套推展等方面，並不若前述之移民先進國家的落實而見其成效。質言之，我國雖因社會之快速變遷與發展，而具體之移民政策似乎已漸具其雛形，唯比照先進之移民大國，則在移民法制立法、移民政策規劃與移民組織之確立，以及落實管理與執行等等方面，則仍有相當大的成長與努力之空間。

第五節　移民管理在實務方面之發展

壹、我國移民管理相關措施之發展

截至2012年12月底，內政部移民人權諮詢小組已召開12次會議，協助檢視各項移民管理之施政作為與法令增修，結合實務與理論，提升服務效能，至其主要討論議題包括：

一、衡平外籍及大陸配偶各項權益事項；

---

[39] 大紀元，「發達國家應重新考慮移民問題」。

二、賡續提升與改善面談運作機制；

三、強化移民署專勤隊移民官之面談訓練；

四、設計受面談人問卷調查案，以提升面談工作品質；

五、持續加強關注外籍與大陸配偶家庭及預防家暴事件；

六、賡續實施外籍與大陸配偶家庭性別平權教育；

七、研修外國人收容作業程序及人口販運被害人認定標準；

八、增訂多國語言（含中、英、印尼、泰國、越南語等）之驅逐出國處分書；

九、通譯人才服務案；

十、擬給予無證居留臺灣多年外國人居留權之可行方案。[40]

以上我國移民管理實務工作與措施之新發展，可謂考量周延面面俱到，唯其落實之成效與移民管理對於整體國內治安與社經發展之影響如何，則仍有待進一步的科學評估加以驗證。

至於在促進被收容人權益之新移民管理革新方面，入出國及移民署為積極改善收容環境，已委託營建署代辦宜蘭收容所新建行政大樓及舊收容區改善工程，並於2012年10月25日榮獲行政院公共工程委員會第12屆「公共工程金質獎」優良獎，同年12月10日落成啟用，該收容所規劃設置溫馨會客室，提供麥加朝聖方向、寬敞舒適起居空間及增設籃球場等，讓收容環境兼具戒護安全又人性化。各大型收容所每月定期舉行座談，提供法律扶助，每年三節及特殊節日辦理聯歡會，定期醫療服務，定時實施戶外活動、會客、撥打電話及提供電視書報雜誌觀賞，並提供各種技藝學習。另印製17國語言之入所須知，告知其權利義務，以保障被收容人權益。基於保障人權、符合前述國際人權相關之所謂「兩公約」之精神，並配合修正「入出國及移民法」第38條規定，以避免發生收容代替羈押情形，截至2012年止，涉案被收容人平均收容天數由修法前142.75天減少為91.61天，降幅達35.82%；非涉案被收容人平均收容天數由修法前47.05天減少為34.40天，降幅達26.89%，落實保障被收容人權益。[41]然而2013年2月6日司法院大法官會議公布之釋字第708號解釋，卻對於暫予收容之

---

[40] 內政部入出國及移民署（2013），同註23，頁15。

[41] 同上註，頁18。

入出國及移民法第38條有不同之見解，並要求於二年內修訂該法條，以確保移民者之人權保障。

大法官會議釋字第708號解釋之意旨略以：「……中華民國100年11月23日修正入出國及移民法第38條第1項：『外國人有下列情形之一，……入出國及移民署得暫予收容……』之規定，其因遣送所需合理作業期間之暫時收容部分，未賦予受暫時收容人即時之司法救濟；又逾越上開暫時收容期間之收容部分，非由法院審查決定，均有違憲法第八條第一項保障人民身體自由之意旨，應自本解釋公布之日起，至遲於屆滿二年時，失其效力。」[42]因此，移民署已對入出國及移民法提出修法之草案；該條文亦於民國104年2月4日修正完竣，已符合釋字第708號解釋之精神。

因此觀諸大法官會議釋字第708號之解釋文，其內容論曰：「所稱之收容，雖與刑事羈押或處罰之性質不同，但仍係於一定期間拘束受收容外國人於一定處所，使其與外界隔離，亦屬剝奪人身自由之一種態樣，係嚴重干預人民身體自由之強制處分，依憲法第八條第一項規定意旨，自須踐行必要之司法程序或其他正當法律程序。惟刑事被告與非刑事被告之人身自由限制，在目的、方式與程度上畢竟有其差異，是其踐行之司法程序或其他正當法律程序，自非均須同一不可。而雖然外國人並無自由進入我國國境之權利，而入出國及移民署依規定收容外國人之目的，在儘速將外國人遣送出國，非為逮捕拘禁犯罪嫌疑人，則在該外國人可立即於短期間內迅速遣送出國之情形下，入出國及移民署自須有合理之作業期間，以利執行遣送事宜，例如代為洽購機票、申辦護照及旅行文件、聯繫相關機構協助或其他應辦事項，乃遣送出國過程本質上所必要。因此，從整體法秩序為價值判斷，相關移民法之規定賦予移民署合理之遣送作業期間，且於此短暫期間內得處分暫時收容該外國人，以防範其脫逃，俾能迅速將該外國人遣送出國，當屬合理、必要，亦屬國家主權之行使，並不違反憲法第八條第一項保障人身自由之意旨，是此暫時收容之處分部分，『尚無須經由法院為之』……至於因執行遣送作業所需暫時收容之期間長短，則應由立法者斟酌行政作業所需時程及上述遣送前應行處理之事項等實際需要而以法律定之。惟考量暫時收容期間不宜過長，避免過度干預受暫時收容人之人身自

由，並衡酌入出國及移民署現行作業實務，約百分之七十之受收容人可於十五日內遣送出國等情，是得由該署處分暫時收容之期間，其上限不得超過十五日。至受收容人於暫時收容期間內，未表示不服或要求由法院審查決定是否收容，且暫時收容期間將屆滿者，入出國及移民署倘認有繼續收容之必要，因事關人身自由之長期剝奪，基於上述憲法保障人身自由之正當法律程序之要求，系爭規定關於逾越前述暫時收容期間之收容部分，自應由公正、獨立審判之法院依法審查決定。」[43]

如前所述，民國104年2月4日入出國及移民法第38條已修正完竣，從38條及38條之1至38條之9已有詳盡之規範與人權保障之立法。

另外有關司法院大法官會議釋字第710號之「大陸地區人民之強制出境暨收容案」，其對於兩岸條例就強制大陸地區人民出境，未予申辯機會；又就暫予收容，未明定事由及期限，均公布為違憲。以及強制出境辦法所定收容事由未經法律明確授權，亦作違憲之解釋。[44]因此對於大陸地區人民之強制出境暨收容之管理事項，必須本諸此解釋案之意旨，將相關之臺灣地區與大陸地區人民關係條例第18條第1項之強制出境規定，以及大陸地區人民及香港澳門居民強制出境處理辦法第6條得暫予收容之規定，應自該710號解釋公布之日起，至遲於屆滿二年時失其效力。因此民國104年6月17日該兩岸人民關係條例已修正完竣，並於修正之第18條及第18條之1、18條之2中據此解釋意旨修正之。

又釋字第712號之「收養大陸地區人民限制案」，有關已有子女或養子女之臺灣地區人民欲收養其配偶之大陸地區子女，法院應不予認可之規定，乃為違憲之解釋，[45]亦值得理解與關注，以便更合法與合憲的來執行移民之管理。其解釋文之要旨為：臺灣地區與大陸地區人民關係條例第65條第1款規定：「臺灣地區人民收養大陸地區人民為養子女，……有下列情形之一者，法院亦應不予認可：一、已有子女或養子女者。」其中有關臺灣地區人民收養其配偶之大陸地區子女，法院亦應不予認可部分，與憲法第22條保障收養自由之意旨及第23條比例原則不符，應自本解釋公布之日起失其效力。本解釋雖與移民之管理實務工作，較無直接的關聯性，唯若在處理此類之移民輔導實務時，亦可

---

[43] 司法院大法官解釋，釋字第708號「受驅逐出國外國人之收容案」。

[44] 司法院大法官解釋，釋字第710號「大陸地區人民之強制出境暨收容案」。

[45] 司法院大法官解釋，釋字第712號「收養大陸地區人民限制案」。

以提供新移民者較為完整之諮詢意見與協助。

另外在保障人口販運被害人權益之移民管理措施與發展方面，移民署業已落實人口販運防制法以保障人權，並依規定提供人口販運被害人之安置保護措施、再次清查鑑別疑似人口販運被害人、提供被害人臨時停留許可、工作許可、沒收加害人財產補償被害人、落實偵審保護，以及安排陪同偵訊服務並即時告知被害人司法調查程序及案件偵辦進度等等作為。並建議對加害人從重求刑之刑事處罰規定，以遏阻人口販運犯罪之發生。

貳、警政與移民相關議題之新發展方面

一、社區警政與移民管理（全國新住民火炬計畫）

社區警政是一種經營警政的想法或治警哲學，及因而衍生的一系列行政措施。它是隨著時代之脈動與變遷，而於1980年代之後新形成的一種警政概念。然亦是一種警政的復古運動，也就是將1829年英國皮爾爵士（Sir Robert Peel）創立現代警察之概念，再從新加以發揚光大，與推陳出新。[46]至於社區警政雖然在全世界的警察實務與學術界形成一種風潮，唯其因時地之置宜而發展出不同風格的社區警政模式。因而對於社區警政之界定，也就眾說紛紜。綜合各家說法，及筆者之心得，所謂社區警政者無非是尋求預防與偵查犯罪並重，並且結合社區資源的較有效之治安新策略。其所發展出之措施，即對外要預防偵查並重，運用社區資源，並以顧客及品質為警政運作之取向；對內則強調參與、授權及激發同仁的工作意願、成就與責任感。

然綜觀社區警政在歐、美、日等國均有相當不錯的改革成果。其欲達成之目的及未來追求之目標，可歸納為如下的三個指標：

（一）客觀的犯罪發生率及刑案破獲率，能否較有效的控制。

（二）民眾主觀上的安全感及對警察之態度與工作滿意度可否改善。

（三）員警工作成就感與工作滿足感，可否得到較適當的舒發。

在本文作者所閱讀之國外文獻及研究報告中，大多對社區警政持正面肯定之看法，且視它為值得去嘗試與研究發展的警政「復古之新策略」。至於

---

[46] 陳明傳（1992），論社區警察之發展，頁6-31。

國內，在筆者所執行之準實驗研中，亦發現社區警政確實在前述之（二）、（三）兩項得到較佳之效果，但對於犯罪之掌控，則仍待努力。總之，社區警政是另一種警政推展的策略，它是值得去研究與推展的。不過若能結合傳統專業化警政模式之優點，則整合後之新警政策略，或許是年輕一代的警察，必須積極的去追求與發展的。而亦因近年來全球人口移動的方興未艾，因此運用社區警政的策略來整合新移民之資源，在各人口移入的大國，咸認爲是一個值得嘗試的移民管理之新策略。

至於我國在警察機關處理入出境問題，原本就以其所下轄之「內政部警政署入出境管理局」爲管理入出境之相關業務。其中除了入出境之管制外，有關涉外之治安事件，則交由外事警察處理。而不論原先之入出境管理局或外事警察，基本上大都以管制入出境與強制執法之角度來維護國境之安全。然而至2007年1月2日入出國及移民署經立法通過，並正式掛牌運作之後，對於移民之管理才有此專業、專責之機構來專辦此項業務。雖然在脫逃外勞等業務，仍需警察機構之職務協助之外，但新成立之入出國及移民署對於移民業務之推展亦在任事用法，與政策之推廣上，有較周延與全面之考量。其中，例如入出國移民法定訂有專章；第七章，在規範「跨國（境）人口販運防制及被害人保護」之規定，以及2009年新立法之「人口販運防制條例」之專法規定等是。

至其進年來移民業務演進之過程，爲1999年5月21日，「入出國及移民法」公布施行，依據該法規定內政部設入出國及移民署，以統一事權，有關設置入出國及移民專責機關相關法案，再度送立法院審查，因當時擬訂中央機關總員額法而再遭擱置，直至2005年11月8日，始由立法院三讀通過，機關名稱爲內政部入出國及移民署，於2007年1月2日正式掛牌運作。因此，境管工作從更早期之入、出分管到軍、民分管，又統合軍民入出境聯合審查處，成爲入出境管理處，再轉而隸屬於內政部警政署。然而每次之隸屬變革，都是以新格局迎接新社會環境之變遷來執行國境之管制工作。至2007年入出國及移民署正式掛牌運作之後，歷經三十四年之中，凸顯入出境管理之組織職能問題，包括有違法居停留、假結婚來臺、移民輔導、資訊系統整合運用、難民及非法入境之收容遣送問題等，在在顯示需要強化「新移民」的管理與輔導，及設置移民專責機構以符合國際慣例。故「入出國及移民署」於民國104年1月2日依據102年

修正公布之「內政部移民署組織法」，更名為「內政部移民署」。[47]基於時代的需要，與新的快速增加之新移民議題的挑戰，因此援引與研發新的移民政策，實成為刻不容緩的社會安全管理之問題。

至於有關新移民增長方面，根據統計自1987年1月至2007年4月，外籍配偶合法在臺人數共計13萬5,363人，男性配偶9,924人，女性配偶12萬5,439人。[48]至2007年底止，累計我國外籍與大陸配偶人數約達39萬9,000餘人。依據最新之統計資料顯示，我國婚姻移民人數已逾48萬人，新住民子女人數計20萬3,346人；[49]復以少子化、老年化及人口負成長將成為我國人口發展未來的趨勢。因而2008年2月，行政院新通過的「人口政策白皮書」中規劃2008至2009年，兩年加強延攬國際專業人才，同時研議臺灣所需專案人才及投資人士申請永久居留資格要件等，並透過跨部會審查簡化申辦作業與流程；而且持續檢討修正相關法令，提供更多誘因，以吸引屬於經濟性的外籍專業人士移入我國，並將此目標納入政府既定之政策。

由於全球化趨勢，我國面臨經濟轉型及社會變遷，我國與鄰近區域國家交流日漸多元密切，特別是近年來引進約35萬來自東南亞地區外勞在臺灣工作，並有超過40萬的外籍與大陸配偶居住在我國，對我國社會發展產生相當程度之影響，因此產生之性剝削、強制或非自願勞役、假結婚及非法走私等形式之人口販運罪行時有所聞，而美國國務院曾於2005年公布之「年度人口販運報告」（Annual Report on Trafficking in Persons），認為我國雖已致力於打擊人口販運罪行，惟並未完全達到消除人口販運之最低標準，因此將我國評等由第一級（Tier 1）調降為第二級（Tier 2）。對於東南亞地區我國國人之外籍配偶與跨國人口販運之問題，近年來亦漸受政府及民間團體重視，如何兼顧我國引進外來移民之需求，並防杜不當之剝削行為已成為政府當前重要之課題。[50]而警政與移民機構亦應認知此新發展趨勢，而據以提出有效的防治措施。唯截至2015年，美國國務院連續六年將我國列為防制人口販運成效最佳的第一級（Tier 1）名單中。顯見我國在投入防制及打擊人口販運的成效，逐漸受到國際高度

---

[47] 內政部移民署，移民署沿革。

[48] 行政院主計處（2007），大陸與外籍配偶人數統計。

[49] 內政部入出國及移民署，103學年度全國新住民火炬計畫。

[50] 楊子葆（2007），同註21。

肯定。

　　至於婚姻移民方面的人數增加，亦加快了移民政策制訂的腳步，因而行政院遂於2004年開始制訂「移民政策綱領草案」。其從過去的「移出從寬、移入從嚴」，到當時改變成「生活從寬、身分從嚴」的基調。亦即政府在對婚姻移民來臺團聚之規範上，似乎已朝人權保障邁進一大步，但是在現實生活中，仍可見外籍配偶一旦與依親之本國配偶婚姻關係消滅（死亡或離婚），其之居留地位即會不保的情況發生。然而以身分論，我國民之外籍配偶與一般外國人之不同處，在於具有婚姻與家庭之法律關係與地位，故對於外籍配偶之管理亦應有別於一般外國人。因此在維護婚姻與家庭之前提下，似乎應訂立較符合人權之規定。也就是保障外籍配偶首要權益之家庭團聚權不應被任意剝奪，期能使外籍配偶在法律及社會之上獲得更平等之待遇及國人之尊重。

　　根據內政部人口統計資料顯示，自2001年起至2005年止，合法登記之結婚當中，與本國國民結婚之外籍配偶（不含大陸配偶）計有9萬多人。至2006年6月底止，持有效外僑居留證之外籍配偶已達7萬9,000多人，越南籍最多、泰國籍次之。[51]如前所述依據最新之統計資料顯示，我國婚姻移民人數已逾48萬人，新住民子女人數計20萬3,346人。由於外籍配偶人口激增，已明顯衝擊到我國移民管理與面臨修訂移民法規以及其之組織需要變革之狀態。因此歷經朝野與民意代表取得共識，遂於2005年11月8日立法院三讀通過內政部入出國及移民署組織法，並於同年11月30日總統華總一義字第09400192921號令制定公布在案，因而確立內政部入出國及移民署組織法源依據。揆諸內政部入出國及移民署組織法第2條，對於移民事務之規範，與外籍配偶入臺團聚、在臺依親居留有關，我國對於外籍配偶之家庭團聚之保障與管理是否合理，家庭團聚權與國家利益兩者該如何取得平衡，均成為國境安全與移民政策與管理必須面對與探討之重要議題。

　　因而，我國近期移民議題較為重要之新移民管理策略，則例如內政部與教育部曾經於2012年6月21日會銜函頒「全國新住民火炬計畫」是。其乃於2012年，全國選定304所新住民重點學校，分為60萬元、40萬元、20萬元3類補助，藉由跨部會與跨區域合作方式，提供新住民及其子女全方位服務，使多元文化

---

[51] 內政部統計處，內政統計通報2006年第30週。

素養及族群和諧共處觀念從小紮根,共創繁榮公義社會;並藉由公部門,尤其是教育、移民與警政等之執法部門的多元移民治理策略,期更能幫助新移民融入社區,藉此更能促進社會之安寧、安全與共榮、和諧。其新住民火炬計畫,辦理單位及合作團體則包含:1.辦理單位:中央為內政部及教育部;地方為直轄市、縣(市)政府、新住民重點學校。2.合作團體:新住民重點學校可結合新移民學習中心、外籍配偶家庭服務中心、移民團體、公私立機關或公益團體等,共同推動辦理。[52]而其之推動委員會則置成員24人,其中2人為共同召集人,由教育部部長及內政部部長兼任;2人為副召集人,由教育部次長及內政部次長兼任。其餘組員由教育部、內政部、直轄市、縣(市)政府、專家學者及民間團體代表聘兼。該推動委員會負責督導全國新住民火炬計畫之辦理、核定直轄市、縣(市)政府之補助計畫、訂定督導考核機制及其他有關該計畫推動方向或相關議題之研議等。

二、各國移民管理與社區警政的調和,暨國土安全管理策略之新發展

(一)美國亞利桑納州之新移民法與英國、南非、加拿大等國移民與社區警政策略關聯性之個案討論

2010年4月23日,亞利桑納州州長Janice Brewer簽署一項州級移民法(Senate Bill, SB 1070),明定非法進入亞利桑納州就是違反該州法律,警察有權要求「可疑人士」出示身分證明,「如果顯示為非法移民,警察有權將其逮捕,並遣返回來源國」。該法於2010年7月29日生效。此一被稱為「反移民」及「反人權」的法律引起全美一連串的抗爭及各方嚴厲的批評。[53]該新的移民法,引起歐巴馬總統與民權團體強烈反彈,但亞利桑納州民調卻顯示,七成州民支持該法。為何會有如此的落差。質言之,非法移民長期以來在亞利桑納形成的問題,一方面是邊境漏洞仍存在,非法移民不斷湧入,而已入境的非法移民身分遲遲無法合法的漂白,聯邦政府始終未能解決,亞利桑納州政府及議會的當權派在忍無可忍之下,才導致嚴厲新移民法引爆修法之效應。原先之亞利桑納州法律規定,警察只能在嫌犯涉及其他犯罪案件時,查詢嫌犯的

---

[52] 內政部入出國及移民署,全國新住民火炬計畫。

[53] 大紀元,「全美最嚴厲移民法」。

移民身分。而新法則賦予警察權力，可以在具有「合理的懷疑」（reasonable suspicion）的情況下，盤查任何人的合法居留身分，同時新法規定，凡不具有合法居留證明文件者均屬觸犯輕罪（misdemeanor）。未來亞利桑納州警方在執行該法時，必然會有非常大的爭議。警方到底該用什麼樣的標準，決定誰「長得像不像」非法移民。如果以族裔、膚色、口音來判定，每一項都有對少數族裔歧視之嫌。因此民眾最好隨身攜帶合法居留證件，以備警察不時攔檢之用。亞利桑納州目前約有46萬非法移民，如果都被警方逮捕移送法辦，州政府則必須先興建幾十座監獄、增加數百位法官和相關官員，以免使亞利桑納州的司法系統被非法移民案件癱瘓。

　　因而未來可以預見的是，將有一連串的法律訴訟挑戰新移民法，贊成與反對的民眾與團體，將有愈來愈多的言語和肢體衝突，整個州都會籠罩在不祥和的氣氛之中。新移民法是否能減少非法移民；然而只要美國仍有吸引力，偷渡入境者依然會源源不絕從邊境湧入，他們就算被抓到，也不過是遣返而已，沒有什麼損失。至於已經入境的非法移民，或許會因為鋒頭甚緊，暫時轉移陣地到別的州，以地緣性和生活條件來看，最可能的就是隔鄰的加州。因此聯邦政府和民權團體或許應該設身處地為亞利桑納著想。歐巴馬總統認為亞利桑那州的族裔關係與警方關係，將會變得非常緊張，非法移民即使受害也不願向警方報案，也不願意出庭作證，讓不法之徒有機可乘。是以州的新移民法若為不當，就應該拿出方法以便來解決非法移民為亞利桑納帶來的種種問題。然而如果只是祭出州法與聯邦憲法牴觸的大旗，最多也只有讓人口服心卻不服的效果。[54]

　　紐約亨特學院（Hunter College）教授、移民專家鄺治中說，亞利桑納州的這項法律主要是針對墨西哥移民。表面上看，其對華人沒有什麼影響，然而實際上對華人影響很大。因為新的移民情況乃是，墨西哥偷渡客在下降，而中國偷渡者在增加。這個現象已經引起主流社區的側目。紐約華裔移民律師李亞倫表示，亞利桑納州通過移民法可能違憲，因為移民法屬於聯邦政府的權限。該法在亞洲的不良名聲，使得該州不僅對非法移民失去吸引力，而且對所有的有色人種都有影響。因此他進一步建議，華人應該離開這樣的環境，以免遇到

---

54 世界新聞網，「洛杉磯，美國的南非」。

麻煩。一旦出現像家庭爭吵、損壞車尾燈、狗吠聲太吵或者醉酒駕車，「外國人長相」的當事人就有可能被盤查和逮捕。鄺治中表示，由州政府制定的這類反移民法歷史上曾經有過。例如1943年美國參加第二次世界大戰後，男性勞工前往前線或者生產軍備，致使農工嚴重不足。美國國會通過一個「客工計畫」（guest worker），要求墨西哥勞工到美國種植農作物。但是戰爭結束後，許多參戰之美國勞工返回職場，使得勞工市場人力充足。農場主人希望繼續聘用這批墨西哥農工，但遭到很多人的反對。後來，德州政府通過一項法律，授予警察一定的權力，亦即如果警察發現非法移民，就可以將此人逮捕，送回墨西哥。據上述所論，亞利桑納州通過之新移民法有下列幾個原因：1.當地人反對非法移民；2.美國經濟存在問題；3.一些政客依靠攻擊外國人來獲取政治資本。例如1882年美國國會通過「排華法」，試圖把華人趕出美國，政客們攻擊華人，而沒有任何反對聲音。至於今日則因為美國經濟不景氣，民眾對政府不滿，而政府又無法解決相關之問題，因此一些政客又通過攻擊外國人之新移民法，以便獲取更多政治資本與支持。

　　亞利桑納州移民法簽署後，美國著名民調機構蓋洛普（Gallup poll）於該（2004）年4月27日至28日調查了1,013個美國成人居民，發現超過四分之三的美國民眾已經聽到亞利桑納州通過的移民法。在這些知情者中，51%的民眾支持該法律，反對者占39%。民調專家分析，多數美國人聽到過亞利桑納州的這個法律，一般持支持態度。這個法律通過的部分原因是對聯邦政府缺乏行動的反應。自從亞利桑納州移民法通過，國會之民主黨人正在考慮未來討論這個議題。「紐約時報」在新法簽署的當天發表一篇報導指出，亞利桑納州是美國要求移民攜帶身分證明的第一個州。然而在一些其他國家，包括法國在內，警察在地鐵、高速公路和公共場所要求提供身分證明是很常見的。[55]亞利桑那州有爭議的移民法已於2010年開始施行。亞利桑那州警方，已經為可能發起大規模示威而反對這項法律執行的抗議者，開始做準備；聯邦政府亦為阻止該法而努力，並主張該移民法之管轄權應屬聯邦政府。[56]

　　因此於2012年6月美國聯邦之最高法院對於亞利桑納州此一新移民法

---

[55] 韓傑，世界新聞網，「面對移民苛法華人怎麼辦？」，2010年5月30日。

[56] SodaHead News, Will Judge's Ruling Kill Arizona Immigration Law?

（Senate Bill, SB 1070）之規定，終於作出其解釋判例，此一判例即為Arizona v. United States之聯邦最高法院大法官會議之判例。此判例認為亞利桑納州新移民法，規定該州執法人員對於民眾之移民身分之攔檢是合乎法律之規範的；不過該州新移民法之中的另三項之規定是不被允許的，因為其已違反了美國憲法對於人權保障的相關規範。[57]此三項不被允許的規定分別為：1.合法入境者必須隨時隨地攜帶入境之相關證件；2.允許州警察隨時逮捕任何懷疑為非法入境之人；3.非法入境者若在尋找工作，或者有一份工作時，則被認定為是一種犯罪之行為。另外，雖然所有大法官都同意該州新移民法之規定中，有關亞利桑那州警察若有合理之理由懷疑（reasonable suspicion）民眾非法入境之身分，則可以使用攔停、留置，或逮捕等方式來查明該人之身分。然而，州警察不可以用未攜帶移民之相關證件，而過長時間的留置該民眾。而其若以種族相貌等因素，來作為非法移民調查之依據，則亦可被該民眾用作向法院申訴之理由。另亦主張州移民法之規定，不可與聯邦法之相關規定相左，亦不可侵犯美國憲法最高之規範性權限（Supremacy Clause of the U.S. Constitution）。[58]因此，美國政府與聯邦最高法院，雖然對於亞利桑納州新移民法作出判例與解釋，當然對於州與地方之執法機構會產生一定之影響，不過州警察對於非法移民之查處，仍然有其法律之依據，以及比以往較為嚴格的執法作為。而此方面之憲法與移民人權之爭議與訴訟，將會是層出不窮與不斷的面臨挑戰。

其中例如亞利桑納「公民自由」（American Civil Liberty Union）的法律總監，Dan Pochoda說：「要求地區的員警請民眾提供證明文件，以及逮捕那些不能立即證明其身分的人，不會使我們更為安全」。此政策僅會使得原本不足的警力與資源，錯用於虛假的治安威脅之上，亦即要求員警優先執行此移民之政策，而凌駕於其他公共安全的責任之上。如此將使得警民關係更為緊張，並使得原社區警政政策之效益受到減損，且對真正的民眾之安全與社區之問題解決無所助益。[59]

亞利桑納州新移民法的支持者稱，此新立法乃在降低犯罪。然而，誠如共和黨參議員Russell Pearce稱，犯罪案件已經在亞利桑納州下降，即便多年來已

---

[57] Wikipedia, the free encyclopedia, Arizona SB 1070.

[58] Supreme Court of the United States (2012). Arizona v. United States 567 U.S. ___ (2012).

[59] American Civil Liberty Union, Law Will Poison Community Policing Efforts.

存在有非法的移民，且根據一個甚爲嚴謹的研究曾發現，移民或入境者鮮少犯下罪行，而且被監禁之比率亦比本地之公民爲低。然而各地執法機構卻努力推廣此新移民法，並給第一線執法人員提供相關之培訓。而此培訓之教材，將於不同之管轄區之間，產生不同的執法與認定之標準，如此一來將使得員警形成沉重的負擔，以及執法成本之提高，和扭曲應有的執法優先順序，而有礙於治安維護之眞正遂行。[60]

至於英國劍橋郡（Cambridgeshire）亦吸引了大量的流動人口，2002年至2008年近48000非英國國民，亦均已在此劍橋郡做保險的註冊與登記。外國工人在此郡的實際數目可能比官方資料還更多，各種語言在此郡內已超過100種。與移民社區的聯繫與合作暨解決其犯罪問題，使得警察的時間和人力成本的需求大增。警察在語言和文化的服務努力與投資，其財務成本於2008年2009年之間67萬7,000英鎊。管理非英國裔之有組織犯罪集團，也成爲員警一個很重要的責任與挑戰。目前亦約有20%郡內的有組織犯罪集團由非英國國民所操縱。這些發展可能會對當地社區產生顯著的不良影響。[61]因此警方不但一方面要遏止此歪風的惡化，另一方面亦提出聯繫移民社區的社區警政策略，以便結合其資源來共同維護移民社區之治安。

南非亦有相當多的外國人居住在其邊界內，同時仇外心理已成爲一個嚴重的社會問題。高登省（Gauteng）正面臨著快速的從各省，以及其他地區或國際社會的大量移入之移民。其發展已影響到治安的維護，也已構成多元化的社區之警務工作，面臨嚴峻的挑戰。然而南非警方研議其對應策略乃爲：1.應增加有關移民社區問題執法策略之培訓；2.警方和社區應更廣泛的和移民社區聯繫，例如提高這些社區之接觸，將移民者融入更爲廣泛的社區警政網絡之內（the broader community policing net）；3.提高南非警政署、社區安全部門以及內政部之間的協調與合作。此種部門間之合作工作可協助警方，提升對於移民者之資料檔案的查證與核實之效率。如此對於非法移民之遞解出境、遣返，或者一般行政程序與移民有關的核心職能工作之了解與共同的合作，能使警方

---

[60] Immigration Policy Center, Arizona SB 1070, Legal Challenges and Economic Realities.

[61] Cambridgeshire Constabulary, Migrant Community.

更有效的達成任務。[62]

　　至於加拿大皇家騎警（Royal Canadian Mounted Police, RCMP）原住民警務工作計畫中的「原住民警務工作」核心（Aboriginal Policing），乃與原住民警務單位（First Nations Police Services）、安大略省警察、社區領袖以及各社區組織結合成伙伴關係，以便提供給原住民社區更爲優質的服務，並滿足原住民社區之眞正需求。[63]

　　在美國國土安全部下屬之美國公民與移民署（US Citizen and Immigration Services, USCIS）的公民辦公室（Citizen Office）所負責之「新美國移民專案小組」（Task Force on New Americans），其乃爲跨機關的工作小組，協助新的美國移民學習英語，並接受美國的民主文化，使其成爲眞正的美國人。[64]綜上，各國之新警政與移民管理之策略發展，均對於移民問題之處理有所裨益。

（二）美國國境保護與國土安全策略之爭議與發展

　　移民之管理與國境安全之保護，在移民之大國往往是進退兩難的議題。因爲移民政策與邊境之管制若太過於寬鬆，則難免無法有效的遏止非法移民之活動。然而若過於嚴苛，則除了受違反國際公約或移民人權之批判外，亦可能阻斷了高科技或高素質人才的移入，而影響到社會與經濟的發展。因此，移民大國與受恐怖攻擊最爲嚴峻的美國，其在政府與民意機構，以及移民學術界與執法之實務界之爭辯，甚值得各國以他山之石加以參酌與評估。

　　因之基於上述之議題爭議與考量，美國國境執法的保護措施有下列目標：1.國境保護爲美國首要目標之一；2.國土安全部負責國境保護，其相關機關有美國海關與邊境保護署（U.S. Customs and Border Protection, CBP）、美國移民與海關執行署（U.S. Immigration and Customs Enforcement, ICE）和海岸巡防隊；3.運輸安全署（Transportation Security Administration, TSA）負責美國機場的保護，其人員經由聯邦執法訓練中心（The Federal Law Enforcement Training Centers, FLETC）訓練保護國境之技能；4.許多國土安全部成員具有司法警察權；5.美國有好幾個具脆弱性的邊境區域，如美國之北方和南方，未能有效

---

[62] South African Government Information, Gauteng focuses on policing migrant communities.

[63] RCMP, The "O" Division Fact Sheet.

[64] US Citizen and Immigration Services, USCIS, Overview of Task Force on New Americans.

而設防的邊境，還有許多海港需要被保護，例如美國海岸巡防隊（U.S. Coast Guard），必須巡防美國海岸及五大湖區等是。因此，自2001年9月11日美國紐約州遭受恐怖攻擊之後，美國的國土安全防衛與移民策略之間，就有甚多的政策辯論以及策略之調整，以便能更安全與有效的處理此二議題。至其之政策爭辯與兩難處，總結各方之論點，則有下列之各關鍵點，值得各國之參考：

1. 國土安全部政策之爭點[65]

(1)國土安全部的任務過於廣大，須借助中情局或調查局的情報協助以及建立新的科技以便保護美國國境，如以生物特徵、身分辨識護照等科技。

(2)美國911事件調查委員會認為911之發生，在於美國官僚體系無法有效監控外國人進入美國，故其建議成立專責單位（國土安全部）並採取生物辨識等科技方式去監控之。

(3)批評者認為國土安全部雖然成立並整併許多單位，但是其內部小單位之官僚體系仍維持一貫保守之作風，並無因為組織之大幅改制而改變。

(4)某些國土安全政策並不被其他國家所支持，例如美國要求實施指紋和照相存取外國訪客之記錄，因此導致巴西等國的不太滿意，進而規定美國之訪客至巴西，亦必須按捺指紋和照相之反制措施。

(5)而地方政府雖被要求一同保護國境，但某些地方政府依賴當地外國人的合作與信任以便提供治安之情報，以及教育體系或醫療體系亦可能因此被打亂，而導致地方政府也不太願意配合中央之政策。

2. 移民之爭點[66]

(1)移民政策乃另一個爭議之議題。因為只有少數人認為要完全阻隔移民，多數人則認為只要阻絕對美國有敵意之移民或非法移民即可。但亦有人認為美國乃以移民立國，移民對國土安全可能產生的危害與影響，可能遭受到過度的渲染。

(2)國境安全牽涉到合法及非法之移民，而大部分的研究者均將重心放在如何訂立一個完整之國境或移民法規，以便維護國境之安全。而這些國境安全

---

[65] 陳明傳、駱平沂（2013），國土安全專論，頁515-517。Also see White (2012). Terrorism and HomeSecurity 7th ed. pp. 515-516.

[66] White (2012), op. cit., p. 517.

的威脅，包括恐怖主義和其他犯罪活動。美國移民之研究者Kerry Diminyatz總結主要的國境安全威脅有恐怖主義和大規模毀滅性武器、毒品走私、人口販運、傳染疾病等，因此必須強化邊境之管理，以維護國土之安全。

(3)然而現今保護美國國境的單位過廣及過多，無法一次應付上述問題，故前述之Kerry Diminyatz建議由美國軍方介入保護美國邊境，一直到警力有能力去保護國境為止。

(4)聯邦政府尋求地方執法單位一同打擊非法移民，但地方政府有時並不願意，乃因治安之維護重點在於情資，故而犯罪調查和治安維護均需要此種情資，而其乃為達成成功警政之必要關鍵。故而移民社群（無論合法或非法）乃提供重要情資給地方上之警方，並成為維護社群治安和調查犯罪之重要環節。

故而為了強化國境安全，美國之國會議員逐想出一些對應之策略或辦法[67]，例如：(1)引進「國民身分卡」（national identification cards）；(2)立法規範那些對美國不友善國家來的難民；(3)立特別法來規範那些雖屬合法移民，但對國家產生威脅之移民者；(4)不要驅逐非法移民；(5)提升執法機關的法定機關層級，但有論者認為這樣會造成政府濫用權力。

美國之911調查委員會的成員之一Janice Kephart，她認為國境安全的漏洞在於執法的懈怠。研究指出有三分之二的恐怖分子在發動恐怖攻擊前，都曾違犯刑事法律。華盛頓郵報的專欄作家Sebastian Mallaby，他認為非法移民並非國土安全的重心。非法外籍勞工犯罪件數要比本國人來的少，且沒有證據指出他們與回教有關聯，是故國土安全與移民政策之改革關係不大。他認為安全工作應該要著重在兩方面，其一乃是針對那些易遭攻擊的目標；另一是針對那些會造成大規模死傷的目標。[68]總之，有些論者認為非法移民不是個大問題；然而反對論者卻認為，合法移民都是個問題了，更何況是非法移民，因而移民可能正摧毀著人類的文明。因此聯邦機關遇到上述之棘手議題與爭議，因為聯邦政府同時扮演著維護國境安全維護，以及移民機關的雙重任務與角色。故而處此兩大議題之間，必須有更周全的政策規劃，才能兩全其美的達成此雙重之職責。

---

67 White (2012), op. cit., pp. 518-519.

68 White (2012), op. cit., p. 518.

參、兩岸在司法互助共同打擊犯罪暨國境管理的相關協議之新發展

　　大陸與臺灣僅一水之隔，有相近甚至相同的語言、文字、習俗，使得兩岸人民在從事走私、販毒、買賣槍械、偷渡、劫船等跨境犯罪時，具備了更多的地理優勢與人文淵源便利。自1987年臺灣開放赴大陸探親後，由於兩岸地理位置相近、語言文化相通，復因交通、資訊科技便捷，如本書前述各章所論，兩岸間之民間互動與人口之移動漸趨頻繁，而跨境犯罪亦已從量增而質惡，加上因兩岸政治現實，司法互助合作無法完整的落實與實現，不法分子洞悉此種空隙，遂勾結串聯，進行跨境擄人勒贖、偽造貨幣、詐欺洗錢及走私毒品等重大犯罪，嚴重危害人民生命、財產安全。復以2001年1月，臺灣地區已開始實施小三通，並於2002年初加入世界貿易組織（World Trade Organization, WTO），在兩岸經貿商務、教育、文化等愈加開放的潮流下，跨境犯罪不僅是數量上的增加，更在犯罪手法上推陳出新，甚至形成跨國性組織犯罪集團，以近乎企業經營模式從事違法行為。其所造成的危害，除嚴重影響社會治安外，更損及臺灣的經濟與金融秩序，已對臺灣經濟發展以及人民生活品質帶來不容忽視的威脅。[69]

　　故而為了保障合法之人口移動，並期有效的取締非法之移民或其他跨境之違法事件，多年來兩岸間最具代表性的刑事司法互助協定，就是1990年的「金門協議」。其為海峽兩岸紅十字組織代表於1990年9月11日至12日進行兩日工作商談，就雙方之主管部門執行海上遣返事宜，達成以下協議：

一、遣返原則：應確保遣返作業符合人道精神與安全便利的原則。

二、遣返對象：1.違反有關規定進入對方地區的居民（但因捕魚作業遭遇緊急避風等不可抗力因素必須暫入對方地區者，不在此列）；2.刑事嫌疑犯或刑事犯。

三、遣返交接地點：雙方商定為馬尾至馬祖，但依被遣返人員的原居地分布情況及氣候、海象等因素，雙方得協議另擇廈門到金門。

四、遣返程序；

---

[69] 孟維德（2003），行政院國家科學委員會專題研究「跨境犯罪原因論及防制對策之實證研究」。

五、其他。

之後兩岸在司法互助共同打擊犯罪暨兩岸國境管理的相關協議共有八次我方之江丙坤先生與對岸之陳雲林先生之會談。其誠與兩岸的國境管理有直接或間接之關聯，茲羅列如下，以便了解兩岸在國境管理之互助之上的實務發展近況：

第一次：江陳會談於2008年6月在北京舉行，針對兩岸包機及大陸人民來臺觀光簽訂協議。

第二次：江陳會談於2008年11月在臺北舉行，簽訂「海峽兩岸空運協議」（包機直航新航線及增加班次與航點）、「海峽兩岸海運協議」（海運直航）、「海峽兩岸郵政協議」（全面通郵）、「海峽兩岸食品安全協議」（食品安全管理機制）等四項協議。

第三次：江陳會談於2009年4月在南京舉行，簽訂「海峽兩岸金融合作協議」、「海峽兩岸空運補充協議」（增加航線、航點，由包機轉為定期航班）、「海峽兩岸共同打擊犯罪及司法互助協議」等三項協議。由海峽交流基金會董事長江丙坤率領代表團前往南京，與海峽兩岸關係協會會長陳雲林舉行會談，針對共同打擊犯罪及司法互助、兩岸定期航班、兩岸金融合作等議題進行協商。根據「海峽兩岸共同打擊犯罪及司法互助協議」，兩岸同意在民事、刑事領域開展協助，採取措施共同打擊雙方均認為涉嫌犯罪的行為。重點打擊之犯行涉及綁架、槍械、毒品、人口販運及跨境有組織犯罪等重大犯罪，以及侵占、背信、詐騙、洗錢、偽造或變造貨幣及有價證券等經濟犯罪。相互協助送達司法文書、調查取證、罪贓移交，認可及執行民事裁判與仲裁裁決，移管被判刑人等。此次之會談所簽訂之協議與兩岸之國境管理或人口移動之問題，有最直接之關係與影響。

第四次：江陳會談，於2009年12月在臺中舉行的兩岸協商談判。雙方針對兩岸租稅問題、兩岸標準檢驗與認證合作、兩岸農產品檢疫檢驗以及兩岸漁業勞務合作等問題進行協商。

第五次：江陳會談在2010年6月29日於大陸重慶舉行。會中雙方簽署「海峽兩岸經濟合作架構協議」（即所謂之ECFA，Cross-Straits Economic Cooperation Framework Agreement），以及「海峽兩岸智慧財產權保護協

議」。然而前者之「海峽兩岸經濟合作架構協議」，是兩岸的雙邊經濟協議，由我國政府於2009年提出，被視為是加強臺灣經濟發展的重要政策；後於2010年6月29日在重慶簽訂第一次協議，亦即為江陳的第五次會談。至其後續之貨品貿易、服務貿易、投資保障及爭端解決協議協商自此逐步的展開。依據行政院大陸委員會2010年7月6日公布民調顯示，這次會談簽署的2項協議，最高有七成三的民眾持正面肯定的評價，且有高達近八成（79.3%）的民眾贊成繼續透過兩岸制度化協商，來處理兩岸交流問題。

第六次：江陳會談，是於2010年12月20日至22日在臺北舉行的兩岸協商談判。會中雙方僅簽訂海峽兩岸醫藥衛生合作協議，並決定成立協議落實的檢討機制，但在經濟合作方面仍無法達成共識。

第七次：江陳會談，於2011年10月19日至21日在天津市舉行，是臺灣海峽交流基金會與中國大陸海峽兩岸關係協會之間進行的第七次兩岸協商談判，簽署「海峽兩岸核電安全合作協議」，公布了關於繼續推進兩岸投保協議協商和加強兩岸產業合作兩項共同意見。

第八次：江陳會談，2012年8月9日在臺北圓山舉行，完成「海峽兩岸投資保障和促進協議」及「海峽兩岸海關合作協議」的簽署。另針對投保協議，雙方也共同發表了「人身自由與安全保障共識」。兩岸投保協議內容與一般國際投資協議的架構大體上相符，同時具有兩岸特色及雙方投資人的關切事項。主要內容包括擴大「投資人」定義、有條件式的投資待遇、人身自由與安全保障、透明合理的徵收及補償、多元爭端解決管道、聯繫機制等重要條款。[70]

以上兩岸間之協議或會談，均對於兩岸間日漸頻繁之合法與非法人口移動，產生一定之規範或促進的效果。因之對於此人口移動重大影響的兩岸互動與司法互助之資訊，與其規範之規則或細節，必須完整的掌握，才能對於人口移動之管理實務，達到面面俱到與確實掌控之效果。

肆、我國警政與移民機構處理移民議題之小結

綜上所述，我國實宜建立人權與社會安寧兼容並蓄的人口移動政策，以便

---

70 維基百科，兩岸兩會高層會談。

有效的執法並可結合外來之人力資源。在全球化（globalization）的過程中，人口移動本是自然的現象。人口移動包括「移民」、「國內移民」、「國際移民」、「非法移民」等類型。但是如何保障合法與結合其人力資源，以及取締非法人口之移動，則必須建立我國人口移動的政策，並必須兼顧人權與社會安寧的兩項原則。因為，如前述之聯合國全球移民委員會曾經公布全球移民報告指出，2005年全球近2億移民人口前往其他國家工作，總共貢獻2兆美元收益，並匯出2,400億美元回到母國，成為推動全球經濟成長的重要助力。此委員會亦曾表示，各國承接移民人口少則數萬，有時甚至達數百萬，但國際社會並未掌握移民帶來重大之契機，也無法因應或控管因為此人口大量之移動，所帶來的極大挑戰。

因此先進民主國家，則亦重新考慮移民問題，因為德國、日本、義大利和其他一些先進國家的絕對人口數量，預期將急劇下降。另一個原因乃是技術人員的短缺。在這樣的背景之下，一些國家開始重新考慮對待移民的態度。它們都想要從其他國家吸引最佳與最具競爭力的人才，到其國來貢獻專才。因此我國之警察或移民之執法機構，在執行移民管理或涉外事件的處理時，必須透過在職教育與訓練，使其理解全球在此人口移動的議題之上，所持之態度與策略，以及我國相關的人口移動之法制規範、人權與政策，才能更圓滿與有效的處理此進退兩難的21世紀之新社會問題。

再者，我國亦應建構移民社區資源整合之社區警政新概念。如前所述，在本文作者所閱讀之國外文獻及研究報告中，大多對於社區警政持較為正面肯定之看法，且視它為值得去嘗試與研究發展的警政「復古之新策略」。至於國內，在筆者所執行之準實驗研中，亦發現社區警政確實在民眾主觀上的安全感及對警察之態度，以及員警工作之成就、滿足感等兩項指標之上，得到較佳之效果。但對於犯罪之掌控，則仍有力有未逮之處。因之，社區警政是另一種警政推展的策略，它是值得去研究與推展的。不過若能結合傳統專業化警政模式之優點，則整合後之新警政策略，或許是年輕一代的警察，必須積極的去追求與發展的。

至於前述美國亞利桑納州之新移民法，對於社區警政之推展，容或與移民者或移民之社區產生警民間之緊張關係，而有害於移民社區資源之整合，而無助於有效的維護社區之安全。因為從英國劍橋郡（Cambridgeshire）之經驗

中，了解到其爲了與大量增加的移民人口相處，故推展與移民社區的聯繫與合作的新社區警政之策略，來解決其犯罪問題。而南非亦有相當多的外國人居住在其邊界，其發展已影響到治安的維護，也使構成多元化社區之警務工作，面臨嚴峻的挑戰。因此南非警方之對應策略中，增加有關移民社區問題執法策略之培訓，以及警方和社區應更廣泛的和移民社區聯繫等等新社區警政之措施，實能使得警方或移民單位更有效的達成移民管理與治安維護的雙重任務。

而加拿大皇家騎警原住民的警務工作計畫中的「原住民警務工作」之核心（Aboriginal Policing），乃與原住民警務單位、安大略省警察、社區領袖以及各社區組織結合成伙伴關係，以便給原住民社區提供優質的服務，並滿足原住民社區之眞正需求。[71]至於美國國土安全部設置之新美國移民專案小組，其乃爲跨機關的工作小組，協助新的美國移民學習英語，並接受美國的民主文化，使其成爲眞正的美國人。

以上各國警政或移民機構的經驗，即強力的說明人口之移動對於國內之治安利弊互見，但若能成功的運用社區警政推展之原則，並汲取前述各國之經驗，必能作好新移民之管理與治安的有效維護。而前述我國之內政部（移民署）與教育部會銜函頒之「全國新住民火炬計畫」，實屬一個好的開始，唯更應以科學評量的方式，來逐步檢證與修正其策略作爲，但更重要的是，要以更多元與寬廣的方式來建立新的移民管理策略。同時亦應建立起警政、移民、教育、非政府組織（Non-Governmental Organization, NGO）等機制的合作與管理的新平臺，以便更有效的處理我國新移民的相關議題。

第六節　小結

移民之探究隨著不斷的討論與演進，雖朝著同化與整合的方向來發展，唯至今仍不足以建構起一個能放諸四海而皆準之移民理論。近期對於人口移動之研究，如前所述雖然有不同的學門提出不同之議題、假設、變項與預測之途逕或模式，唯建立一個整合的觀點或多元聯結的平臺（bridge building），或許

---

[71] RCMP, The "O" Division Fact Sheet.

爲探討移民現象較爲究竟與完整的方式。至其整合的平臺，可以將各學門相關之自變項與依變項列入其實徵研究與資料蒐集之範圍內，以便作爲較有系統的全面分析。

　　至於有關我國當今移民法制的發展方面，其發展之主軸則定調爲－「鬆綁不合時宜法令以吸引優秀人才」。另外有鑑於全球化帶來跨國人口遷徙，新移民移入改變社會人口結構，同時也產生生活與文化適應、經濟就業、子女教養與學習及社會參與等新課題，亦衍生出移民法制必須配套的革新。並且爲了與國際人權接軌，落實移民人權之保障，使相關服務更貼近移民需求，以便促進不同族群間之相互尊重與關懷，期能充分保障移民之人權。

　　我國之移民政策規劃方面，如前所述，因爲政治因素早期並無較完整之關注與規劃，至近期雖因爲解嚴與社經之快速發展，以及兩岸關係改善與全球接軌發展的催化下，逐漸有移民政策綱領與移民政策白皮書的產出。唯在政策、法制規劃面的全方位開展、政策面的落實執行與組織運作面的全力配套推展等方面，並不若前述之移民先進國家的落實而見其成效。唯比照先進之移民大國，則在移民法制立法、移民政策規劃與移民組織之確立，以及落實管理與執行等等方面，則仍有相當大的成長與努力之空間。

　　在移民之實務管理方面，根據前述各國警政與移民執法機構之經驗，即強力的說明人口之移動對於國內之治安利弊互見，但若能成功的運用社區警政推展之原則，並汲取前述各國之經驗，必能作好新移民之管理與治安的有效維護。而前述我國之內政部（移民署）與教育部會銜函頒之「全國新住民火炬計畫」，實屬一個好的開始，唯更應以科學評量的方式，來逐步檢證與修正其策略作爲，但更重要的是，要以更多元與寬廣的方式來建立新的移民管理策略。同時亦應建立起警政、移民、教育、非政府組織等機制的合作與管理的新平臺，以便更有效的處理我國新移民的相關議題。

參考文獻

一、中文

刁仁國（2000），論外國人入出國的權利，中央警察大學學報，第37期，2000年10月。

內政部（2004），現階段移民政策綱領草案，2004年10月14日。

內政部入出國及移民署（2010），2010年防制人口販運成效報告。

內政部統計處（2006），內政統計通報2006年第30週，2006年7月27日。

楊子葆（2007），如何防制跨國人口販運及改善面談機制，外交部。

李震山（2000），人性尊嚴與人權保障學術論文集，元照出版。

吳學燕（2004），我國移民政策與輔導之探討，國境警察學報，第3期。

孟維德（2003），行政院國家科學委員會專題研究「跨境犯罪原因論及防制對策之實證研究」（計畫編號：NSC 91-2414-H-015-009-SSS）。

高玉泉、謝立功等（2004），我國人口販運與保護受害者法令國內法制化問題之研究，內政部警政署刑事警察局委託研究報告，臺灣終止童妓協會執行。

許義寶等編著（2011），國境警察專業法規彙編，中央警察大學印行。

陳明傳（1992），論社區警察之發展，中央警察大學出版社。

陳明傳、駱平沂（2010），國土安全之理論與實務，中央警察大學印行。

陳明傳、駱平沂（2013），國土安全專論，五南圖書出版公司。

蔡青龍、謝立功、曾嬿芬等（2004），移民政策白皮書，於2004年12月14日公布。

謝立功、邱丞寶（2005），我國移民政策之前瞻規劃，我國入出國與移民法制之變革與挑戰研討會論文集，中央警察大學，2005年5月5日。

二、外文

Castles, Stephen (2008). "Development and Migration-Migration and Development: What comes first? Social Science Research Council Conference Migration and Development: Future Directions for Research and Policy," Feb. 28-Mar. 1, 2008, New York City.

Castles, Stephen and Mark J. Miller (2009). The Age of Migration-International Population Movements in the Modern World, 4th ed., Palgrave Macmillan.de Haas, Hein. 2007.

Kurekova, Lucia (2011). Theories of migration: Conceptual review and empirical testing in the context of the EU East-West flows, Paper prepared for Interdisciplinary conference on Migration

Economic Portes, Alejandro (1999). "Immigration theory for a new century: Some problems andopportunities," in: Charles Hirschman et al. (eds.), The Handbook of InternationalMigration, The Russell Sage Foundation.

White, Jonathan R. (2012). Terrorism and Home Security 7th ed., Wadsworth Cengage Learning.

三、網路資料

李明峻（2006），針對特定對象的人權條約，新世紀智庫論壇，第34期，2006年6月。http://www.taiwanncf.org.tw/ttforum/34/34-08.pdf，瀏覽日期：2014年2月11日。

大紀元，發達國家應重新考慮移民問題，http://www.epochtimes.com/b5/1/7/5/n106500.htm，瀏覽日期：2013年12月11日。

大紀元，全美最嚴屬移民法，http://www.epochtimes.com/b5/10/4/24/n2886765.htm，瀏覽日期：2013年12月9日。

內政部移民署，移民署沿革，http://www.immigration.gov.tw/ct.asp?xItem=1083964&CtNode=29674&mp=1，瀏覽日期：2013年12月9日。

內政部入出國及移民署，國境管理國際研討會署長致詞，https://www.immigration.gov.tw/ct.asp?xItem=1183166&CtNode=32423&mp=bac，瀏覽日期：2013年12月9日。

內政部入出國及移民署（2013），101年年報。http://www.immigration.gov.tw/public/Data/37211562629.pdf，瀏覽日期：2013年12月9日。

內政部移民署（2014），102年年報。http://www.immigration.gov.tw/public/Data/4122410252729.pdf，瀏覽日期：2015年12月12日。

內政部入出國及移民署，全國新住民火炬計畫，http://www.immigration.gov.tw/ct.asp?xItem=1192408&ctNode=33977&mp=1，瀏覽日期：2013年12月9日。

內政部移民署，103學年度全國新住民火炬計畫。http://www.immigration.gov.tw/lp.asp?ctNode=29712&CtUnit=16443&BaseDSD=7&mp=1，瀏覽日期：2015年12月9日。

司法院大法官解釋，釋字第708號「受驅逐出國外國人之收容案」， http://www.judicial.gov.tw/constitutionalcourt/p03_01.asp?expno=708，瀏覽日期：2014年2月12日。

司法院大法官解釋，釋字第710號「大陸地區人民之強制出境暨收容案」，http://www.judicial.gov.tw/constitutionalcourt/p03_01.asp?expno=710，瀏覽日期：2014年6月27日。

司法院大法官解釋，釋字第712號「收養大陸地區人民限制案」，http://www.judicial.gov.tw/constitutionalcourt/p03_01.asp?expno=712，瀏覽日期：2014年6月27日。

世界新聞網，「洛杉磯，美國的南非」，2010年4月26日，http://la.worldjournal.com/view/full_la/7199190/article-%E7%BE%8E%E5%9C%8B%E7%9A%84%E5%8D%97%E9%9D%9E?instance=la_news2 ，瀏覽日期：2013年12月11日。

行政院（2013），人口政策白皮書。行政院102年7月12日院臺法字第1020138245號函核定修正，http://www.ris.gov.tw/zh_TW/c/document_library/get_file?uuid=6ef3e274-b225-4b21-bcb2-5a24a03f562f&groupId=10157，瀏覽日期：2014年5月16日。

行政院主計處（2007），大陸與外籍配偶人數統計，http://www.ris.gov.tw/ch4/static/st1-9-95.xls，瀏覽日期：2007年5月28日。

臺灣非政府組織國際交流協會（2004），移徙工人的權利—人權概況介紹，系列24號，http://www.nafia.org.tw/htm/unrights24.doc，瀏覽日期：2014年2月11日。

監察院，監察院公報，我國移民政策與制度總體檢案調查報告（五），http://tpr.link.net.tw/newPage/MICO/2584/2584_type21_01_p01.htm，瀏覽日期：2014年2月10日。

監察院人權保障委員會（2011），2008-2009年監察院人權工作實錄，第二冊：經濟、社會與文化權利，http://humanrights.cy.gov.tw/dl.asp?fileName=162817301260.doc，瀏覽日期：2014年2月10日。

維基百科，兩岸兩會高層會談，http://zh.wikipedia.org/zh-tw/%E6%B1%9F%E9%99%B3%E6%9C%83%E8%AB%87，瀏覽日期：2014年2月10日。

韓傑，世界新聞網，「面對移民苛法，華人怎麼辦？」，2010年5月30日，http://www.worldjournal.com/view/full_weekly/7720054/article-%E2%98%85%E5%B0%88%E9%A1%8C%E5%A0%B1%E5%B0%8E%E2%98%85%E9%9D%A2%E5%B0%8D%E7%A7%BB%E6%B0%91%E8%8B%9B%E6%B3%95-%E8%8F%AF%E4%BA%BA%E6%80%8E%E9%BA%BC%E8%BE%A6%EF%BC%9F?instance=wjwb，瀏覽日期：2013年12月11日。

BBC CHINESE.com, 分析：發達國家的移民問題，news.bbc.co.uk/chinese/trad/hi/newsid_1420000/newsid_1423000/1423032.stm，瀏覽日期：2013年12月11日。

DW 在線報導，「三千億移民匯款：靜靜的發展援助」，www.dw-world.de/dw/article/0,2144,3806129,00.html，瀏覽日期：2013年12月11日。

PChome個人新聞臺，「全球移民2050年破4億」，http://mypaper.pchome.com.tw/thecaiyi/post/1321856097，瀏覽日期：2013年12月9日。

Yahoo 奇摩部落格，引述網路新聞（法新社馬尼拉二日電），「亞洲開發銀行：外勞有助改善亞洲貧窮狀況」，http://tw.myblog.yahoo.com/jw!zYCKfwCLHwC6xy3XjhnJ94KH/article?mid=1056，瀏覽日期：2013年12月11日。

Supreme Court of the United States, Arizona v. United States 567 U.S. (2012), retrieved from http://www.supremecourt.gov/opinions/11pdf/11-182b5e1.pdf, Apr. 24 , 2014.

American Civil Liberty Union, Law Will Poison Community Policing Efforts, retrieved from http://www.aclu.org/immigrants-rights/arizona-immigration-law-threatens-civil-rights-and-public-safety-says-aclu?amphttp://www.aclu.org/immigrants-rights/arizona-immigration-law-threatens-civil-rights-and-public-safety-says-aclu?amp=, Dec. 12, 2013.

Cambridgeshire Constabulary, Migrant Community, retrieved from http://www.cambs.police.uk/about/policingInCambs/migrantCommunities.asp, Dec. 12, 2013.

Change, Social Challenge, Apr. 6-9, 2011, University College London, retrieved from http://cream.conference-services.net/resources/952/2371/pdf/MECSC2011_0139_paper.pdf, Dec. 10, 2013.

Immigration Policy Center, Arizona SB 1070 , Legal Challenges and Economic Realities, retrieved from http://www.immigrationpolicy.org/clearinghouse/litigation-issue-pages/arizona-sb-1070%E2%80%8E-legal-challenges-and-economic-realities, Dec. 12, 2013.

Interpol , Manual for investigators on Trafficking in Women for Sexual Exploitation, retrieved from http://www.interpol.int/Public/Icpo/Publications/default.asp, Apr. 2010.

Interpol, United Nations Convention against Transnational Organized Crime and the Protocols Thereto, retrieved from http://www.unodc.org/unodc/en/treaties/CTOC/index.html, Feb. 2014.

RCMP, The "O" Division Fact Sheet, retrieved from http://www.rcmp-grc.gc.ca/on/about-apropos/fs-fd-eng.htm, Dec. 10, 2013.

SodaHead News, Will Judge's Ruling Kill Arizona Immigration Law? posted Jul. 29, 2010, retrieved from http://www.sodahead.com/united-states/will-judges-ruling-kill-arizona-immigration-law/question-1124835/, Dec. 10, 2013.

South African Government Information, Gauteng focuses on policing migrant communities, retrieved from http://www.info.gov.za/speeches/2005/05082312151002.htm, Dec. 10, 2013.

US Citizen and Immigration Services, USCIS , Overview of Task Force on New Americans, retrieved from http://www.uscis.gov/outreach/overview-task-force-new-americans, Dec. 12, 2015.

US Department of State, Trafficking in Persons Report 2015, retrieved from http://www.state.gov/j/tip/rls/tiprpt/2015/index.htm US, Dec. 12, 2015.

U.S. Department of State, Trafficking in Persons Report 2013-Tiers Placement, retrieved from http://www.state.gov/j/tip/rls/tiprpt/2015/243366.htm, Dec. 12, 2015.

"Turning the Tide? Why development will not stop migration," development and Change 38(5). Department Of Homeland Security, Fact Sheet: Task Force on New Americans, retrieved from http://www.uscis.gov/archive/archive-news/fact-sheet-task-force-new-americans, Dec. 10, 2013.

Trafficking Victims Protection Act Fact Sheet, retrieved from http://www.markwynn.com/trafficking/trafficking-victims-protection-act-of-2000-fact-sheet.pdf, Dec. 12, 2015.

United Nations Office on Drugs and Crime, Human Trafficking and Migrant Smuggling, retrieved from http://www.unodc.org/unodc/en/human-trafficking/index.html?ref=menuside, Feb. 2014.

國家圖書館出版品預行編目資料

移民理論與移民行政／陳明傳等著. — 初
版. — 臺北市：五南，2016.06
　　　面；　公分.
ISBN 978-957-11-8596-5（平裝）

1.入出境管理 2.移民 3.文集

573.29　　　　　　　　105006360

1PTD

移民理論與移民行政

作　　者 ─ 陳明傳(263.6)、高佩珊、許義寶、謝文忠
　　　　　　王寬弘、柯雨瑞、孟維德、黃文志、林盈君
　　　　　　王智盛、蔡庭榕

發 行 人 ─ 楊榮川

總 經 理 ─ 楊士清

副總編輯 ─ 劉靜芬

責任編輯 ─ 張若婕

封面設計 ─ P.Design視覺企劃

出 版 者 ─ 五南圖書出版股份有限公司

地　　址：106台北市大安區和平東路二段339號4樓

電　　話：(02)2705-5066　傳　　真：(02)2706-6100

網　　址：http://www.wunan.com.tw

電子郵件：wunan@wunan.com.tw

劃撥帳號：01068953

戶　　名：五南圖書出版股份有限公司

法律顧問　林勝安律師事務所　林勝安律師

出版日期　2016年 6 月初版一刷
　　　　　2019年 5 月初版三刷

定　　價　新臺幣600元